钟 基——编著

诸子锦言录

四

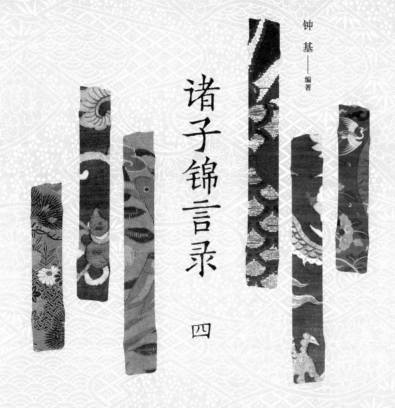

中华书局

抱朴子外篇

《抱朴子外篇》，东晋葛洪撰。

与《抱朴子内篇》讲神仙道教不同，《抱朴子外篇》讲治国安民，以儒家思想为主，吸收了道家、法家及少量道教神仙养生思想，论时政得失，以古刺今。主张在下者藏器待时，克己思君；在上者任贤举能，爱民节欲；强调治国要德刑并用，在重视仁政的前提下，更强调刑罚的使用；反复阐述用人和教育的重要性；特别说明隐居的意义和隐士的社会作用，提倡清净的品格、简朴的生活。《四库全书总目提要》谓其"辞旨辨博，饶有名理"，鲁迅赞其"论及晋末社会状态"。

本书选文据中华书局三全本《抱朴子外篇》。

嘉遁

思眇眇焉若居乎虹霓之端①,意飘飘焉若在乎倒景之邻②。

———

①眇眇焉:高远的样子。虹霓:彩虹。

②倒景(yǐng):道教指天上最高之处。景,同"影"。

【译文】

思绪高远得就好像是置身于彩虹的顶端,神思飘飘就好像是来到了九天的上方。

万物不能搅其和,四海不足汩其神①。

———

①汩(gǔ):扰乱。

【译文】

万物都无法搅动他的平和心态,四海也不足以扰乱他的清净心境。

空谷有项领之骏者①,孙阳之耻也②;太平遗冠世之才者,赏真之责也③。

———

①空谷:空旷的山谷。《诗经·小雅·白驹》:"皎皎白驹,在彼空谷。"项领之骏:身体强健的骏马。项领,肥胖的脖子。这里指身体健硕。

②孙阳:即伯乐。伯乐,姓孙名阳,字伯乐。善相马。

③赏真:鉴赏、选拔真才实学的人。

【译文】

空阔的山谷里还有没被发现的健壮骏马,这是伯乐的耻辱;太平盛世遗漏了盖世英才,这是选拔真才者的责任。

切论则秋霜春肃^①,温辞则冰条吐葩^②。

———

①切论:严厉的批评。肃:萎缩,肃杀。

②葩:鲜花。

【译文】

严厉的批评能够像秋霜一样使春天变得肃杀,温和的言词能够使结冰的枝条开出鲜花。

藏器者珍于变通随时^①,英逸者贵于吐奇拨乱^②。

———

①藏器:胸怀才能。珍于:重于,看重。

②吐奇:拿出奇计。拨乱:平定祸乱。

【译文】

胸怀奇才的人看重的是随着时代灵活变通,才华出众的人重视的是出奇谋拨乱反正。

耀灵翳景于云表^①,则丽天之明不著^②;哮虎韬牙而握爪^③,则搏噬之捷不扬^④。

———

①耀灵:太阳。翳(yì):隐藏。景:阳光。

②丽天:依附于天,即天上。丽,附着。明:明亮的阳光。

③哮虎:咆哮的老虎。韬:掩藏。

④噬(shì):咬。捷:敏捷。也可理解为胜利。扬:显示。

【译文】

如果太阳把自己的光辉隐藏在云层之上，那么太阳的光明就不可能显现；如果咆哮的老虎藏起牙齿收起利爪，那么搏击撕咬的敏捷就无法显示。

高拱以观溺①，非勿践之仁也②；怀道以迷国③，非作者之务也④。

———

①高拱：双手相抱于胸前。形容袖手旁观的样子。溺：溺水的人。

②勿践之仁：爱护万物的仁义。《诗经·大雅·行苇》："敦彼行苇，牛羊勿践履。"意思是，丛生的路边芦苇，牛羊不要去践踏。后来成为爱护万物的典故。

③怀道：胸怀着治国的大道。迷：乱。

④作者：首创者。指圣人。《礼记·乐记》："作者之谓圣，述者之谓明。"

【译文】

袖手旁观别人的溺水，不符合爱护万物的仁义精神；胸怀治国之道而使国家混乱不堪，不是圣贤之人应该做的事情。

至人无为①，栖神冲漠②。不役志于禄利③，故害辱不能加也④；不躅跱于险途⑤，故倾坠不能为患也。

———

①至人：思想境界最高的人。

②栖：处于。冲漠：虚寂恬静。

③役志：役使自己的精神，用心。

④加：加于身，落在自己身上。

⑤蹰峙（chú chí）：徘徊、行走的样子。

【译文】

精神境界最高的人清静无为，用心虚寂。他们不会劳烦精神去追求俸禄金钱，因此伤害与羞辱就不会落在他们身上；他们不会行走在险恶的道路上，因此就不会出现翻车坠落的灾祸。

其贵不以爵也，富不以财也。

【译文】

一个人的尊贵靠的不是官爵，富有靠的不是财富。

夫玄黄遐邈①，而人生倏忽②。

①玄黄：天地。《周易·坤卦》："天玄而地黄。"遐邈：遥远。这里指时间上的无穷无尽。

②倏（shū）忽：顷刻之间。形容时间短暂。

【译文】

天地是无穷无尽的，而人生却非常短暂。

聊且优游以自得①，安能苦形于外物哉②！

①聊且：姑且。优游：悠闲从容的样子。

②苦形：使身体受苦。外物：身外之物。指名利之类的身外之物。

【译文】

姑且悠闲从容、自得其乐地生活，怎能为了名利把自己搞得疲惫不堪？

禄厚者责重,爵尊者神劳。

【译文】

俸禄丰厚的人责任重大,官爵尊贵的人心神操劳。

尘羽之积,则沉舟折轴①;三至之言,则市虎以成。

———

①折轴:压断车轴。

【译文】

很轻的尘埃、羽毛如果不断地积累,照样能够压沉船只、压断车轴;如果有三个人说市场上出现了老虎,那么市场上有老虎的谎言就会被人信以为真。

金虽克木①,而锥钻不可以伐邓林②;水虽胜火,而升合不足以救焚山③。

———

①金虽克木:古代有五行相克的思想,五行相克的次序是:木克土、金克木、火克金、水克火、土克水。

②邓林:传说中的树林。这里泛指大树林。

③升合(gě):容量单位。十合为一升。

【译文】

虽然金可以克木,但一锥一钻是不可能砍伐大树林的;虽然水能够克火,而一升一合的水是不可能扑灭山火的。

寸胶不能治黄河之浊①,尺水不能却萧丘之热②。是以身名并全者甚稀,而先笑后号者多有也③。

①胶:一种粘性物质,用动物的皮、角或植物分泌物熬制而成。把胶放在水中搅拌,可以使水澄清。

②萧丘:传说中的海岛名。据说此处有自生之火,春起秋灭。

③先笑后号:先欢喜后悲伤。比喻事情先吉利而后凶险。号,大声哭喊。《周易·旅卦》:"旅人先笑后号咷。"

【译文】

一寸长的胶不可能澄清黄河的浑浊,一尺长的水不可能消除萧丘的炎热。因此生命和美名能够两全的人非常罕见,而先欢笑后痛哭的人却比比皆是。

夫七尺之骸①,禀之以所生②,不可受全而归残也;方寸之心③,制之在我,不可放之于流遁也④。

①骸:形体,肉体。

②禀:禀受,来自。所生:生养自己的人。指父母。本句中的"以"疑为衍文。

③方寸之心:指心。因为心有方寸大小,所以又称心为"方寸"。

④流遁:流浪放荡而找不到归宿。

【译文】

七尺高的身体,是来自父母,不能在接受时完整而归还时却残缺不全;方寸大的心,我个人可以控制,不能让它放任自流而找不到归宿。

夫安贫者以无财为富,甘卑者以不仕为荣。

【译文】

安于贫苦生活的人把没有金钱当作富有，甘于卑贱的人把不去做官视为荣耀。

达者以身非我有，任乎所值。隐显默语，无所必固。时止则止，时行则行。

【译文】

那些通达事理的人认为自己的身体并不属于自己所有，因此无论遇到任何情况都能接受。或隐居或显达、或沉默或讲话，从来都不会固执于一端。需要隐居时就隐居，需要出仕时就出仕。

居其所长①，以全其所短耳。

———

①居：守着，使用。

【译文】

自己只能坚守着自己的长处，而掩盖着自己的不足而已。

逸民

夫锐志于雏鼠者①，不识驺虞之用心②；盛务于庭粒者③，安知鸳鸾之远指④？

———

①雏：本指幼鸟，这里泛指幼小。

②驺（zōu）虞：传说中的瑞兽。

③盛务：努力追求。

④鹓鸾：鹓与鸾鸟。都是传说中凤凰一类的瑞鸟。鹓，同"鹓"。远指：远大的志向。指，旨意，志向。

【译文】

一心要效法小老鼠的人，自然无法懂得瑞兽驺虞的用心；努力追求庭院中米粒的小鸟，又怎么能理解鹓与鸾鸟的远大志向？

害一介之士，则英杰不践其境。

【译文】

杀害一位贤士，英雄豪杰就不会进入这个国家。

俗之所患者，病乎躁于进趋①，不务行业耳②；不苦于安贫乐贱者之太多也。

①病乎：对……担心，发愁。

②不务行业：不务本业，不守本分。行业，品行和事业。

【译文】

这个社会最让人担心的事情，就是过于浮躁而急于进取，以及不务本业不守本分；并不是苦于安贫乐贱的人太多了。

义不使高世之士，辱于污君之朝也。

【译文】

我的原则就是不让出类拔萃的贤士，受辱于无道昏君的朝堂之上。

将为立身，非财莫可。

【译文】

要想在社会上立足，没有金钱万万不行。

凡所谓志人者，不必在乎禄位，不必须乎勋伐也。太上无已，其次无名。

【译文】

大凡人们所谓的志向远大的人，他们并不需要去获取俸禄爵位，也不需要去建立丰功伟绩。思想境界最高的是忘却自我，其次是不要美名。

物各有心，安其所长。莫不泰于得意，而惨于失所也。

【译文】

事物各有自己的想法，都安心于适合自己的地方。万物都是在自己的得意之处感到舒心，流离失所就会感到忧伤。

士之所贵，立德立言①。

———

①立德：建立圣人的美德。立言：建立自己的学说。《左传·襄公二十四年》："大上有立德，其次有立功，其次有立言。虽久不废，此之谓不朽。"

【译文】

士人所重视的，就是树立圣人品德、建立个人学说。

身名并全，谓之为上；隐居求志，先民嘉焉①。

———

①先民：从前的人们。

【译文】

身体和名声都能保全，可以说是最好；隐居山林去实现自己的志向，也受到前人的赞许。

世人所畏唯势，所重唯利。盛德身滞①，便谓庸人；器小任大，便谓高士。

———

①身滞：自己滞留不前。这里指仕途不顺利。

【译文】

世人所惧怕的只有权势，所重视的只有利益。品德美好而仕途不顺，就被说成是平庸之人；才能不大而官位很高，就被说成是高妙之才。

天下不可以经时无日，不可以一旦无火，然其大小，不可同也。

【译文】

天下任何时候都不能没有太阳，也任何时候都不能没有火，然而它们的大小，是不可同日而语的。

今见比于桀、纣①，则莫不怒焉；见拟于仲尼，则莫不悦焉。尔则贵贱果不在位也②。

———

①见比：被比作。见，被。

②尔则：这就说明。尔，这。

【译文】

现在如果有人被比作夏桀、商纣，没有不生气的；如果被比作孔子，没有不高兴的。这就说明贵贱的确并不取决于地位。

官高者其责重,功大者人忌之,独有贫贱,莫与我争,可得长宝而无忧焉①。

①宝:珍藏。

【译文】

官爵高的人责任重大,功劳大的人遭到忌妒,只有贫贱这个东西,没有人和我争夺,可以长久地珍藏而没有任何忧患。

王者无外①,天下为家。日月所照,雨露所及,皆其境也。

①王者无外:对于天子来说,没有统治不到的地方。外,天子的领土之外。

【译文】

天子没有统治不到的地方,天子是以天下为家的。日月所能照耀的地方,雨露所能降落的地方,都是天子的疆域。

勖学

仰观俯察①,于是乎在②;人事王道,于是乎备。进可以为国,退可以保己。

①仰观俯察:仰观天象,俯察地理。《周易·系辞上》:"仰以观于天文,俯以察于地理。"

②于是乎在：都在于学习之中。是，代指学习。

【译文】

仰视天象俯察地理的学识，全在学习之中；人间事务和治国道理，也可以在学习之中全部获得。进可以治理国家，退可以保全自我。

瑶华不琢，则耀夜之景不发；丹青不治，则纯钩之劲不就。火则不钻不生，不扇不炽；水则不决不流，不积不深。故质虽在我，而成之由彼也。

【译文】

美玉不加以琢磨，那么能够照亮夜晚的光亮就无法显现；铜锡不经过冶炼，那么纯钩宝剑的强劲锋利也就无法形成。火，不钻木就不能燃烧，不扇风就不会炽烈；水，不决口就不会流出，不聚积就不会变深。因此虽说好的素质在于自身，然而要想成功却在于学习。

不学而求知，犹愿鱼而无网焉，心虽勤而无获矣①；广博以穷理，犹顺风而托焉，体不劳而致远矣。

———

①勤：勤苦，迫切希望。

【译文】

不学习而想获得知识，就好像希望得到鱼而没有渔网一样，虽然心里很迫切却不会有任何收获；广泛地学习以穷究事理，就好像顺着风乘坐着舟船一样，身体不用劳累就能够到达远方。

欲超千里于终朝①，必假追影之足②；欲凌洪波而遏济③，必因艘楫之器；欲见无外而不下堂④，必由之乎载籍；欲测渊微而不役神⑤,必得之乎明师。

——

①终朝:一个早晨。

②假:凭借。追影之足:指奔跑迅速的骏马。

③凌:踏着;在……之上。退:远方。济:渡河。

④无外:指无所不包的所有知识。下堂:走出住房。

⑤渊微:深邃微妙。役神:役使精力,使精神疲惫。

【译文】

要想在一个早晨就走到千里之外去,就必须借助奔跑迅速的骏马;要想渡过大江大海到远方去,就必须乘坐舟船这些器具;要想不走出住房就能获取无所不包的知识,就必须通过书籍;要想了解深奥微妙的道理而不使自己的精神疲惫,就必须跟随明师学习。

朱绿所以改素丝①,训诲所以移蒙蔽。

——

①朱绿:指红色和绿色的颜料。素丝:白色的丝绸。

【译文】

红绿颜料是改变白色丝绸的东西,训导教诲是改变愚昧无知的方法。

运行潦而勿辍①,必混流乎沧海矣;崇一篑而弗休②,必钧高乎峻极矣③。

——

①行潦(lǎo):路上的积水。潦,雨后的积水。辍:停止。

②崇:加高,堆积。篑(kuì):盛土的竹筐。

③钧：通"均"，等同。峻极：极高的山峰。

【译文】

路上的雨水只要不停地流淌积累，就一定能够与大海一样；一筐一筐的土只要不停地堆积起来，就必然能够与高山等同。

大川滔漾①，则虬、螭群游②；日就月将③，则德立道备。

————

①滔漾：波涛汹涌的样子。

②虬（qiú）：传说中的一种龙。螭（chī）：传说中一种没有角的龙。

③日就月将：日积月累。就、将，都是不断进取的意思。

【译文】

大河波涛汹涌，就会有成群的虬龙到这里畅游；日积月累不断进步，就能够道德完备。

学以聚之①，问以辩之②，进德修业，温故知新③。

————

①聚之：积累知识。

②辩之：辨析疑难问题。辩，通"辨"。

③温故知新：在温习、巩固已经掌握的知识的基础上，又能不断地获取新知识。《论语·为政》："子曰：'温故而知新，可以为师矣。'"

【译文】

他们不断学习以积累知识，虚心请教以辨析疑难，提高品德修习学业，温习旧的学问以获取新的知识。

才性有优劣，思理有修短①，或有夙知而早成，或有提耳而后喻②。

——

①思理:思辨能力。修:长。

②提耳:提着耳朵教育。也即耳提面命。形容恳切教训。喻:明白。

【译文】

人的天分素质有优劣之分,思辨能力也有高低不同,有的人很早就能明白就能成功,有的人经过耳提面命的恳切教训后才能懂得。

少则志一而难忘,长则神放而易失①。故修学务早。

——

①长:年长。神放:精神分散而无法集中。

【译文】

年少的时候精神专一学到的知识不易忘记,年龄大了思想分散学到的知识就容易遗忘。因此学习应该趁早努力。

良田之晚播,愈于卒岁之荒芜也①。

——

①愈于:胜过。卒岁:整年。

【译文】

在良田中虽然播种得晚了一点,但总比让它整年荒芜要好。

崇教

澄视于秋毫者①,不见天文之焕炳②;肆心于细务者,不觉儒道之弘远。

①澄视：清晰地看见。这里是"只注意看清"的意思。秋毫：秋天新生的兽毛。

②天文：这里指天上的日、月、星。焕炳：明亮的样子。

【译文】

只注意看清秋毫的人，就看不到天上日、月的明亮；只关心细微小事的人，就不懂得儒家学说的博大精深。

饰治之术①，莫良乎学。学之广在于不倦，不倦在于固志。

①饰治：精心制作，精心培养。

【译文】

培养造就人才，最好的方法就是学习。知识要想渊博就在于孜孜不倦地学习，要想做到孜孜不倦则在于要有坚定的志向。

前事不忘，今之良鉴也。

【译文】

不忘记以前的历史，就可以作为现在的最好借鉴。

朋友师傅，尤宜精简①。必取寒素德行之士，以清苦自立，以不群见惮者②。

①简：选拔。

②不群：卓然不群。见惮：被人敬畏。

【译文】

朋友和老师，尤其应该精心挑选。一定要选拔出身寒微而品行高尚的人士，他们能够在清苦的生活中自立，能够卓然不群而让人感到敬畏。

君道

君人者，必修诸己以先四海①，去偏党以平王道②，遣私情以标至公，拟宇宙以笼万殊③。

———

①先四海：作天下的表率。四海，整个天下。

②偏党：偏私结党。

③拟：效仿。宇宙：天地。笼：笼罩。这里有保护的意思。万殊：各种不同的事物，万物。

【译文】

作为治国安民的君主，必须修养自身以成为天下的表率，不可结党营私以便能够使圣王的治国理念顺利推行；抛开私情以建立最公平的标准，效仿天地来覆罩爱护万物。

使规尽其圆，矩竭其方①，绳肆其直②，斤效其斫③。器无量表之任④，才无失授之用。

———

①使规尽其圆，矩竭其方：比喻人尽其才。规、矩，两种工具。用来画圆的叫"规"，用来画方的叫"矩"。

②绳：绳墨。木工用来画直线的工具。肆：尽情。这里指尽情发挥。

③斤：斧头。斫（zhuó）：砍削。

④器：人才。量表：这里指表面的才能。

【译文】

让圆规充分发挥它画圆的功能，让方矩完全发挥它画方的作用，让墨线尽情展现它能够画直线的特长，让斧子尽情施展它砍削木头的本领。不会仅仅通过观察人的外表就去任命，也不会把权利授予那些没有能力的人。

枝虽茂而无伤本之忧①，流虽盛而无背源之势②。石磐岳峙③，式遏觊觎④。

———

①枝：树枝。比喻诸侯与郡守。也即地方政权。本：树的主干。比喻中央政府。

②流：支流。比喻诸侯与郡守。源：源头。比喻中央政府。

③石磐岳峙：像大石一般屹立，像山岳一样耸峙。比喻中央政权的稳固。磐，大石。这里是形容大石屹立的样子。

④式遏觊觎(jì yú)：以此来遏制他人的非分之想。式，用。觊觎，非分的希望或企图。

【译文】

枝叶虽然茂盛也不会有损伤树干的忧虑，支流虽然很大也不会出现背离源头的局面。国家像磐石大山那样稳固，就能遏止他人的非分之想。

金城汤池，未若人和。守在海外，匪山河也。

【译文】

铜墙铁壁与灌注开水的护城河，不如君民团结一心。守卫国家的关键在于美德施于海外,而不是依靠山河的险要。

不使敦朴散于雕伪^①,不使一体浇于二端^②。

> ①散于:毁坏于。
> ②一体:团结一致的局面。浇:浇薄。二端:分歧,不一致。

【译文】

不让淳朴敦厚的品质毁坏于浮夸虚伪之风,不让上下一心的深厚感情因为意见分歧而变得浇薄。

民之饥寒,则哀彼责此^①;百姓有罪,则谓之在予^②。

> ①彼:代指百姓。此:代指君主自己。
> ②在予:责任在自己。

【译文】

百姓有了饥寒,明君就会在同情他们的同时责备自身;百姓犯了罪过,明君就会认为责任全在自己。

怒不越法以加虐,喜不逾宪以厚遗^①。割情于所爱,而有犯者无赦;采善于所憎,而有劳者不遗。

> ①遗(wèi):赠送。

【译文】

即使发怒的时候也不能超越法律以加重惩罚,即使高兴的时候也不可逾越原则去过分赏赐。对喜欢的罪人也要割舍感情,犯了过错决不宽恕;对厌恶的人也要采纳他们的善言,有了功劳也决不遗漏。

掩细瑕而录大用①,忘近恶而念远功。

————

①细瑕:细微的毛病。瑕,瑕疵。

【译文】

忽略别人的细微缺点而使用他们大的长处,忘掉别人最近的短处而考虑他们的长远作用。

使附德者,若潜萌之悦甘雨①;见归者,犹行潦之赴大川②。

————

①潜萌:还藏在土中的萌芽。

②行潦(lǎo):路上的积水。潦,雨后的积水。

【译文】

让那些追随美德的人,就好像土中的萌芽渴望甘甜的雨水一样;让那些归服明君的人,就如同路边的积水流向大江一般。

黎民安之,若绿叶之缀修柯①;左衽仰之②,若众星之系北辰③。

————

①修柯:长长的枝条。

②左衽:代指异族。衽,衣襟。古代少数民族的衣服前襟向左,与中原人的右衽不同。

③系:维系,向往。北辰:北极星。

【译文】

百姓安于明君的治理,就像绿叶安心于长长的树枝;外族仰慕明君,就像众星向往着北斗。

夫根深则末盛矣,下乐则上安矣。

【译文】

树根扎得深枝叶才会茂盛,百姓生活幸福君主才能安稳。

危亡不可以怨天,微弱不可以尤人也①。夫吉凶由己,汤、武岂一哉?

———

①尤人:责怪他人。

【译文】

国家灭亡了就不要抱怨上天,国家衰弱了也不可责怪他人。吉凶福祸都是自己造成的,商汤、周武那样的明君难道就只能出现一次吗?

望在具瞻①,毁誉尤速。得失之举,不在多也。

———

①望在具瞻:为众人所关注、瞻望的人。指地位显赫的人。具,都。

【译文】

对于那些被众人所关注的地位显赫的人,批评和赞誉来得尤其迅速。行为的正确和错误,并不在于它的多少。

小善虽无大益,而不可不为;细恶虽无近祸,而不可不去也。

【译文】

小的善事虽然不能带来大的益处,但也不能不做;小的恶行虽然不会马上就招来灾祸,但也不能不改正。

上圣兼策载驰^①,犹惧不逮前^②;而庸主缓步按辔^③,而自以为过之。

——

①兼策:加倍地鞭策。载驰:驾车奔驰。形容急切的样子。

②逮前:赶上从前的圣君。逮,赶上。

③按辔:扣紧马缰绳让马缓行。

【译文】

最为圣明的帝王快马加鞭日夜兼程,依然担心自己赶不上从前的圣君;而那些平庸的君主扣紧马缰绳缓步慢行,还自认为已经超过了先圣。

臣节

喻之元首^①,方之股肱^②,虽有尊卑之殊邈,实若一体之相赖也。

——

①喻之元首:把君主比作人的头颅。之,代指君主。

②方之股肱:把大臣比作大腿和胳膊。方,比喻。股,大腿。肱,胳膊。

【译文】

把君主比作头颅,把大臣比作大腿和胳膊,虽说君臣之间有着巨大的尊卑差别,而实际上就好像是整个身体的各部位互相依赖一样。

先意承指者,佞谄之徒也;匡过弼违者,社稷之髋也。

【译文】

预先揣摩并顺从君主旨意的人,则是巧言谄媚之徒;能够纠正君主过失的人,才是国家的骨干之臣。

夙兴夜寐,戚庶事之不康也①;俭躬约志②,若策奔于薄冰也。

———

①戚:担忧。庶事:众多的政务。康:安妥,成功。

②俭躬:自身节俭。约志:约束自己的欲望。志,欲望。

【译文】

早起晚睡,担忧各种政务没有处理稳妥;自身节俭约束欲望,就像鞭打快马奔跑在薄冰之上一样战战兢兢。

立朝则以砥矢为操①,居己则以羔羊为节②。

———

①砥矢:磨石和箭。比喻公平正直。砥,磨刀石。磨石很平,比喻公平。矢,箭。箭杆很直,比喻正直。

②居己:个人,自己。羔羊:比喻品德洁白高尚。

【译文】

在朝为官时要以公平正直作为自己的操守,个人生活则要以纯洁高尚作为自己的气节。

出不辞劳,入不数功;归勋引过,让以先下。

【译文】

外出时不辞劳苦,回来后不夸功劳;功劳让给别人过错归于自己,虚心谦让以属下为先。

履信思顺,天人攸赞①;畏盈居谦②,乃终有庆③。

①攸赞:所帮助的。攸,所。赞,赞助,帮助。

②畏盈:担心极盛带来的灾难。

③有庆:有值得庆贺的事情。也即有福报。

【译文】

坚守诚信心怀忠顺,上天和人们都会前来帮助;担心盈满带来的灾难自居谦虚,最终就会吉祥美满。

举足则蹈道度,抗手则奉绳墨①,褒崇虽淹留②,而悔辱亦必远矣。

①抗手:抬手。泛指行动。绳墨:本指木匠画直线的墨绳,这里比喻法度。

②淹留:停留。这里指推迟。

【译文】

任何行为都要合乎道义,任何举动都要遵守法度,那么即使受褒奖被提拔的时间会推迟,然而总会远离灾祸和屈辱。

非贲、获之壮①,不可以举兼人之重②;非万夫之特③,不可以总异言之局。

——

①贲（bēn）、获：孟贲、乌获。二人都是战国的勇士。据说孟贲能生拔牛角，乌获能力举千钧。

②兼人之重：两个人才能举起的重量。

③万夫之特：万人中的最杰出者。特，特出，俊杰。

【译文】

如果没有孟贲、乌获那样的强壮，就不可以去举两个人才能举起的重量；如果不是万里挑一的杰出人才，就不可以去统领众多官员。

常人贪荣，不虑后患，身既倾溺，而祸逮君亲，不亦哀哉！

【译文】

一般人贪图荣华富贵，而从不考虑后患，不但自身毁灭了，而且还连累了君主和父母，这不是太悲哀了吗！

良规

智者藏其器以有待也①，隐其身而有为也。

——

①器：才华。有待：等待时机。《周易·系辞下》："君子藏器于身，待时而动。"

【译文】

有智慧的人深藏自己的才华以等待适当的机会，隐居起来以便今后有所作为。

不苟且于干没^①，不投险于侥幸矣。

——

①干没：侵吞公家或他人的财物。

【译文】

不要用不正当的手段去谋取他人的财富，也不要带着侥幸的心理去冒险。

夫危而不持，安用彼相^①？

——

①相：搀扶盲人的人。《论语·季氏》："危而不持，颠而不扶，则将焉用彼相矣？"

【译文】

盲人处于危境而不去扶持，那么要搀扶盲人的相干吗？

功盖世者不赏，威震主者身危。

【译文】

功劳盖世的人不被奖赏，权威震动君主的人就会陷入危险。

虽有好伤圣人者，岂能伤哉！

【译文】

即使有人喜欢中伤圣人，难道他们能够伤害得了圣人吗？

时难

非言之难也，谈之时难也。

【译文】

不是进谏困难,而是要找到一个进谏的好时机困难。

官理

良骏败于拙御,智士踬于暗世①。

———

①踬(zhì):绊倒。这里指受到挫折。

【译文】

良马失败于笨拙的驾车人之手,智者受困于黑暗的时代。

夫君犹器也①,臣犹物也,器小物大,不能相受矣。

———

①器:这里指容器。

【译文】

君主就好像是一件容器,臣下就好像是要放进容器里的东西,容器小而东西大,自然就无法放进去了。

务正

南溟引朝宗以成不测之深①,玄圃崇本石以致极天之峻②。大夏凌霄③,赖群橑之积④;轮曲辕直,无可阙之物⑤。

———

①南溟:南海。溟,海。朝宗:本指臣下朝见君主,比喻百川流向大海。

②玄圃:传说中的神山,在昆仑山上。崇:重视。本石:应作"木石"。《道藏》及其他各本均作"木石"。极天:高耸入云天。

③夏:通"厦",大厦。

④橑(lǎo):屋椽。这里泛指木材。

⑤阙:缺乏。

【译文】

南海引来了百川之水而成就了自己难以测量的深度,玄圃重视一木一石的积累而使自己达到了耸立入云的高峻。大厦直冲云霄,依赖的是众多木材的构架;车轮是圆的而车辕笔直,任何材料都不可缺少。

众力并,则万钧不足举也①;群智用,则庶绩不足康也②。

①钧:古代的重量单位。三十斤为一钧。

②庶绩:众多的事务。康:成功。

【译文】

众人把力量用在一起,就可以轻松地举起万钧重的东西;大家把智慧用在一处,就可以轻松地处理好繁多的事务。

剑戟不长于缝缉①,锥钻不可以击断,牛马不能吠守,鸡犬不任驾乘。役其所长②,则事无废功;避其所短,则世无弃材矣。

①缝缉:缝纫衣服。

②役:使用。

【译文】

利剑和长戟的长处并不在于缝纫衣服,锥子钻子不能够用来砍断东西,牛马不能吠叫着看守家门,鸡狗也不能胜任于驾车乘坐。使用人们的长处,那么做起事来就不会出现无效的劳动;避开人们的短处,那么世上就没有被抛弃的人才。

贵贤

舍轻艘而涉无涯者[1],不见其必济也;无良辅而羡隆平者,未闻其有成也。

———

①轻艘:轻快的船只。无涯:指无边的大海。

【译文】

舍弃轻快的船只去涉过无边的大海,我们将看不到他顺利渡过;没有优秀的辅佐大臣而想实现太平鼎盛的局面,我们将听不到他的成功消息。

招贤用才者,人主之要务也;立功立事者,髦俊之所思也。

【译文】

招纳使用贤人,是君主最重要的事情;而建功立业,则是贤人的理想追求。

世有隐逸之民,而无独立之主者[1];士可以嘉遁而无忧[2],君不可以无臣而致治。

———

①独立之主:不需要别人帮助的君主。

②嘉遁:正确的隐居。

【译文】

世上有隐逸独居的百姓,却没有不需要别人帮助的君主;士人可以隐居而无忧无愁,而国君却不可能没有臣下的辅佐而治理好国家。

任能

疾步累趋^①,未若托乘乎逸足^②;寻飞逐走^③,未若假伎乎鹰、犬^④。

————

①疾步:快步行走。累趋:不停地奔跑。趋,小步跑。

②逸足:跑得很快的骏马。

③寻飞逐走:寻找飞鸟,追逐走兽。

④假伎:凭借技能。

【译文】

快步行走不断奔跑,不如骑上快速的骏马;寻找飞鸟追逐走兽,不如借助于鹰犬的技能。

夫劲弩难彀^①,而可以摧坚逮远;大舟难乘,而可以致重济深;猛将难御,而可以折冲拓境^②;高贤难临^③,而可以攸叙彝伦^④。

————

①彀(gòu):把弓拉满。这里泛指拉弓。

②折冲:使敌人的战车后退,即击退敌人。冲,战车的一种,用于冲锋陷阵。拓境:开拓疆土。

③临：从上监视着，治理。

④攸叙彝伦：安排好社会的正常秩序。也即治理好国家。攸叙，犹言"所叙"。安排社会秩序的方法。彝伦，常理。

【译文】

强劲的弓弩难以拉满，然而可以穿透坚甲射到远处；巨大的船只难以驾驶，然而可以负载重物渡过深水；勇猛的大将难以驾驭，然而可以战无不胜开拓疆土；出类拔萃的贤臣难以管理，然而可以治理好国家。

钦士

不吝金璧，不远千里，不惮屈己，不耻卑辞，而以致贤为首务，得士为重宝。

【译文】

要不吝惜金玉，要不远千里，要不怕委屈自己，要不耻于使用谦卑的言辞，把招揽贤人作为自己的首要任务，把获得贤人视为获得了最贵重的宝物。

举之者受上赏，蔽之者为窃位。

【译文】

举荐贤人的官员要受到最高赏赐，隐瞒贤人的官员则被视为窃居其位。

用刑

莫不贵仁，而无能纯仁以致治也；莫不贱刑，而无能废刑以整民也①。

———

①整民：使百姓的行为整齐划一。

【译文】

没有人不重视仁慈，但也没有人能够完全使用仁慈而使国家安定；没有人不看轻刑罚，但也没有人能够不使用刑罚就把百姓治理得很好。

仁者养物之器，刑者惩非之具。

【译文】

仁慈是用来养育万物的品德，刑罚是用来惩治罪恶的武器。

夫匠石不舍绳墨①，故无不直之木；明主不废戮罚，故无陵迟之政也②。

———

①匠石：战国时的一位木工。见于《庄子》的《人间世》《徐无鬼》。这里泛指木匠。

②陵迟：衰败，败坏。

【译文】

木工不舍弃墨线，因此就没有不会变直的木材；明君不废除刑罚，因此就没有被败坏的政务。

天地之道，不能纯仁，故青阳阐陶育之和①，素秋厉肃杀之威②。

———

①青阳：春天。古代把春天与五行中的木相配。木色青。阳，阳和，温暖。因此称春天为"青阳"。阐：阐述。引申为发挥。陶育：养育。

②素秋:秋天。素,白。古代把秋天与五行中的金相配,金(金属)色白,因此称秋天为"素秋"。厉:严厉。用作动词,严厉地推行、发挥。

【译文】

天地运行的规律,不能单纯地使用仁慈,因此春天发挥的是养育万物的作用,秋天发挥的是摧残万物的威严。

温而无寒,则蠕动不蛰①,根植冬荣②;宽而无严,则奸宄并作③,利器长守④。

————

①蠕(rú)动:昆虫爬动的样子。这里代指昆虫。蛰:蛰伏;冬眠。

②根植冬荣:有根的植物就会冬天开花。荣,花。

③奸宄(guǐ):违法作乱的人。

④利器长守:指叛乱作恶的人永远不会放弃武器。

【译文】

如果只有温暖而没有寒冷,昆虫就不会冬眠,植物就会冬天开花;如果只有宽容而没有严厉,那么邪恶之人就会成群结队地出现,他们永远也不会放下手中的武器。

绳曲,则奸回萌矣①;法废,则祸乱滋矣。

————

①奸回:邪恶。回,奸邪。

【译文】

法律一旦过分宽容,邪恶的事情就会出现;法律一旦被废除,祸乱就会发生。

夫赏,贵当功而不必重;罚,贵得罪而不必酷也。

【译文】

奖赏,重要之处在于要与功劳相称而不必太重;惩罚,重要之处在于要与罪过相等而不必严酷。

爱,待敬而不败,故制礼以崇之;德,须威而久立,故作刑以肃之①。

————

①肃之:敬畏它。

【译文】

爱护臣民,需要臣民的尊敬才能够使这种爱护不会衰退,因此要制定礼制以便让人们尊重这种爱护;仁爱美德,必须依靠权威才能够使这种美德持久确立,因此要制定刑罚以便让人们敬畏这种美德。

明治病之术者,杜未生之疾;达治乱之要者,遏将来之患①。

————

①遏:制止。

【译文】

懂得治病方法的人,要预先防止疾病的发生;明白社会安定与混乱的主要原因的人,要预先防备灾难的出现。

当怒不怒,奸臣为虎;当杀不杀,大贼乃发。

【译文】

君主应当发怒时而不发怒,奸臣就会变成老虎;君主应当杀人时而不杀人,大盗就会出现。

明君治难于其易，去恶于其微^①，不伐善以长乱^②，不操柯而犹豫焉^③。

——

①微：微小。这里指邪恶的苗头。

②伐善：自夸长处。伐，夸耀。

③操柯：执法。柯，斧柄。比喻执法的权力。

【译文】

明君处理困难之事是在它还容易解决的时候就着手了，清除邪恶是在它还微小的时候就动手了，明君不夸耀自己的仁慈优点以助长动乱，不在执法的时候犹豫不决。

刑之为物，国之神器^①，君所自执，不可假人^②，犹长剑不可倒捉，巨鱼不可脱渊也。乃崇替之所由^③，安危之源本也。

——

①神器：神圣的器物。比喻有力的工具。

②假：借出去。

③崇替：兴废，盛衰。崇，兴起。替，衰落。

【译文】

刑法作为一种事物，属于国家的神圣之器，君主要亲自掌握，不能借给别人使用，这就好像长剑不可倒着握持，大鱼不能离开深渊一样。执法是国家兴废的原因，是君主安危的根源。

立人之道，唯仁与义。

【译文】

立身处世的根本原则，就在于仁爱和正义。

多仁则法不立,威寡则下侵上。

【译文】

仁慈太多了法制就无法建立,威严太少了下级就会冒犯上级。

夫法不立,则庶事汩矣①;下侵上,则逆节明矣②。

————

①庶事汩(gǔ):众多的政务就会被扰乱。汩,扰乱。

②明:应作"萌"。《道藏》及其他各本均作"萌"。萌生。

【译文】

法制无法建立,众多的事务就会被扰乱;下级冒犯上级,叛逆的事情就会发生。

刑由刃也①,巧人以自成,拙者以自伤。

————

①由:通"犹",好比。

【译文】

刑法就好像刀剑一样,聪明人可以使用它让自己办事成功,而愚笨的人使用它却反而割伤了自己。

明主留神于上,忠良尽诚于下。

【译文】

贤明的君主在上边留心,优秀的大臣在下面尽忠。

审举

华、霍所以能崇极天之峻者①,由乎其下之厚也;唐、虞所以能臻巍巍之功者^②，实赖股肱之良也^③。

――――

①华、霍：华山、霍山。华山在今陕西境内。霍山在今安徽境内，又叫天柱山。

②臻：达到；获得。巍巍：伟大的样子。

③股肱之良：优秀的大臣。股肱，大腿和胳膊。比喻大臣。股，大腿。肱，胳膊。

【译文】

华山和霍山之所以能够像天那样的高峻，是由于它们下面的基础深厚；唐尧与虞舜之所以能够成就自己的伟大功业，确实是有赖于优秀的辅佐大臣。

人君虽明并日、月^①，神鉴未兆^②，然万机不可以独统^③，曲碎不可以亲总^④，必假目以遐览，借耳以广听。

――――

①明并日、月：与日、月一样的圣明。并，可以与……相提并论。

②神：形容极为聪明。鉴：洞察，预测。

③万机：纷繁复杂的政务。

④曲碎：琐碎的事务。曲，局部的，细小的。

【译文】

君主即使圣明得可与日、月相提并论，能够极为聪明地预测到还没有任何先兆的事情，但是也不可能独自一人去处理各种政务，更不可能独自一人去包揽众多的繁杂小事，必须借助别人的眼睛去看得更远，借助别人的耳朵去听得更多。

圣君莫不根心招贤^①，以举才为首务。

———

①根心：发自内心。

【译文】

　　圣明的君主无不是发自内心地去招纳贤人，把举荐人才当作自己的首要任务。

劳于求人，逸于用能。

【译文】

　　君主辛苦于寻求贤人，而悠闲于任用贤人之后。

设官分职，其犹构室，一物不堪^①，则崩桡之由也^②。

———

①不堪：不能胜任。

②崩桡(náo)：房屋倒塌。桡，弯曲。这里指屋梁弯曲。

【译文】

　　设置官员以分掌职务，就好像建造房子那样，任何一个构件承受不住，都会成为房屋倒塌的原因。

夫铨衡不平^①，则轻重错谬；斗斛不正^②，则少多混乱；绳墨不陈^③，则曲直不分；准格倾侧，则淆杂实繁^④。

———

①铨衡：称量重量的工具。也即秤。平，公平。这里引申为准确。

②斗斛(hú)：两种量器名。十斗为一斛。

③绳墨：木工用来画直线的工具。

④滓杂:渣滓杂物。比喻坏人。

【译文】

秤杆不准确,那么轻重就会弄错;斗斛没摆正,那么多少就会混乱;墨线不使用,那么曲直就分不清;原则不公平,坏人就会多起来。

举善而教,则不仁者远矣;奸伪荣显,则英杰潜逝。

【译文】

举荐善人以教育民众,那么没有仁德的人就会远去;邪恶虚伪的人荣耀富贵了,那么英雄豪杰就会悄然离开。

夫选用失于上,则牧守非其人矣①;贡举轻于下,则秀、孝不得贤矣②。

——

①牧守:地方官员。东汉时各州之长叫"牧",古代各郡之长叫"守"。

②秀、孝:秀才、孝廉。是当时举荐人才的两个科目。

【译文】

上边选用人才失当,那么任命的地方官员就不是恰当的人选;下边忽视举荐贤士,那么举荐的秀才、孝廉就不是真正的贤人。

知人则哲,上圣所难①。

——

①上圣:头等的圣人。

【译文】

能够了解别人可以称为明智,即使头等的圣人对此也深感困难。

夫丰草不秀塉土①,巨鱼不生小水,格言不吐庸人之口,高文不堕顽夫之笔②。

———

①秀:庄稼吐穗开花。这里指生长茂盛。塉(jí):土地贫瘠。

②堕:落下。这里指写出。

【译文】

茂盛的草不会生长在贫瘠的土地上,巨大的鱼不会生长在狭小的水坑里,格言不会出自平庸之人的口中,优秀的文章不会出自顽劣之人的笔下。

虎狼见逼①,不挥戈奋剑,而弹琴咏诗,吾未见其身可保也;燎火及室,不奔走灌注,而揖让盘旋②,吾未见其焚之自息也。

———

①虎狼见逼:被虎狼所逼。见,被。

②揖让:作揖谦让。盘旋:形容行礼时回旋进退的模样。

【译文】

虎狼逼了过来,不挥起长矛刀剑,而是去弹琴吟诗,我看不出他能够保护好自身;大火烧到了房屋,不去奔跑着浇水,而是文质彬彬地相互谦让,我将看不到大火会自己熄灭。

学精而不仕,徇乎荣利者①,万之一耳。

———

①学精而不仕,徇乎荣利:疑为"学精而不徇乎荣利者"。"仕"字疑为衍文。

【译文】

学业精深而不去追求荣华富贵的人,万人之中也就只有一人而已。

夫明君恃己之不可欺,不恃人之不欺己也。

【译文】

圣明的君主应当保证自己无法被人欺骗,不能依赖别人不来欺骗自己。

交际

朋友之交,不宜浮杂。

【译文】

在交朋友的时候,不应该太浮泛杂乱。

穷之与达①,不能求也。

———

①穷:困窘,不得意。达:顺利,得意。

【译文】

生活的困窘和顺利,是不能够依靠人力来决定的。

通塞有命①,道贵正直,否泰付之自然②,津涂何足多咨③!

———

①通塞:穷达。通,顺利。塞,不顺利。

②否(pǐ)泰:穷达吉凶。"否泰"本为《周易》中的两个卦名,否卦不吉利,泰卦吉利,后遂用"否泰"代指吉凶。

③津涂:渡口与道路。代指人生之路。咨:感叹。

【译文】

生活的顺利与困窘自有命运的安排,为人处事的原则贵在正直,命运的吉凶好坏全付与自然,人生之路上的艰难哪里值得感叹!

详交者不失人^①,而泛结者多后悔。

①详交:交友慎重。详,慎重。失人:错过应该交往的朋友。

【译文】

交友慎重的人不会错过应该交往的朋友,而交友浮泛的人往往会后悔莫及。

知人之明,上圣所难。

【译文】

能够明确地了解别人,对于上等的圣人来说都是很困难的事情。

夫厚则亲爱生焉,薄则嫌隙结焉,自然之理也,可不详择乎!

【译文】

感情深厚就会相互爱护,感情淡薄就会相互猜忌,这是自然而然的道理,能不谨慎选择朋友吗!

天地不交则不泰^①,上下不交即乖志。夫不泰则二气隔并矣^②,志乖则天下无国矣。

——

①泰:安泰。这里指万物昌盛。古人认为天气(又叫做阳气)与地气(又叫做阴气)相互交合就能够产生万物。

②二气:指阴阳二气。古人认为,阴阳二气相互融合就能够产生万物,二气相互隔离万物就无法出现。

【译文】

天和地不交合就不能产生万物,君主与百姓不交往就会思想乖背。万物不能产生就说明阴阳二气被隔离了,思想乖背就会使天下没有国家了。

玄圃极天①,盖由众石之积;南溟浩瀁②,实须群流之赴。

——

①玄圃:传说中的神山,在昆仑山中。

②南溟:南海。溟,海。浩瀁(yǎng):浩瀚无边的样子。

【译文】

玄圃高耸云天,那是由众多的石头堆积起来的;南海浩瀚无边,那是由无数的河流汇集形成的。

善交狎而不慢,和而不同①,见彼有失,则正色而谏之;告我以过,则速改而不惮。

——

①和而不同:坚持个人的正确看法,不随便附和别人。无原则地处处附和别人叫"同",赞成别人正确的方面、批评别人的错误叫"和"。《论语·子路》:"君子和而不同,小人同而不和。"

【译文】

善于交友的人亲密而不轻慢,坚持正见而不随便附和,看到对方有了过错,就态度严肃地劝告他;如果对方告诉自己有了过错,就马上改正而没有任何畏难情绪。

备阙

能调和阴阳者①,未必能兼百行②,修简书也③;能敷五迈九者④,不必能全小洁⑤,经曲碎也⑥。

———

①调和阴阳者:指宰相。宰相协助皇帝治理天下,主要的责任是使阴阳有序,风调雨顺。《史记·陈丞相世家》:"平谢曰:'……宰相者,上佐天子理阴阳,顺四时,下育万物之宜,外镇抚四夷诸侯。'"

②百行:各种品行。

③修简书:写文章。简,用来书写的竹简。

④敷五迈九:施行五常之教,具备九种美德。敷,施行。五,指五教,也即五常之教。指关于父义、母慈、兄友、弟恭、子孝的教育。迈,行,实行。九,指九德。《尚书·皋陶谟》指宽而栗、柔而立、愿而恭、乱而敬、扰而毅、直而温、简而廉、刚而塞、强而义。

⑤小洁:小节上都很高洁。

⑥经:经办,做到。曲碎:琐碎的小事。

【译文】

能够调和阴阳的宰相,未必就能够在各个方面都做得很好,未必就能够著书立说;能够施行五常之教并具备九种美德的人,不一定就能够在小节上也很高洁,不一定就能够办好各种琐碎的小事。

若以所短弃所长,则逸侪拔萃之才不用矣①;责具体而论细礼②,则匠世济民之勋不著矣③。

——

①逸侪(chái)拔萃:出类拔萃。逸,超越。侪,同类。

②具体:"具体而微"的省略。原指大体具备而规模较小。这里泛指小事。《孟子·公孙丑上》:"昔者窃闻之:子夏、子游、子张皆有圣人之一体,冉牛、闵子、颜渊则具体而微。"

③匠世:治理社会。匠,木工。这里用作动词,整修,治理。一说"匠"为"匡"字之误。是匡正的意思。

【译文】

如果因为他们有短处就抛弃他们的长处,那么出类拔萃的人才就不会得到重用;如果要求对方在具体的小事和细微的礼节上都要做到周全,那么能够治理国家拯救百姓的功勋也就无法建立。

天不能平其西北,地不能隆其东南,日、月不能摛光于曲穴①,冲风不能扬波于井底②。

——

①摛(chī):舒展。引申为照耀。

②冲风:强风;烈风。

【译文】

上天不能使自己的西北方平整,大地不能使自己的东南角隆起,日、月不能把自己的光芒照耀在曲折的洞穴里,大风不能使井底的水扬起波澜。

弹鸟,则千金不及丸泥之用①;缝缉②,则长剑不及数分之针。何必伏巨象而捕鼠③,制大鹏以司晨乎④?

———

①金：黄金的重量单位。先秦二十两黄金为一金。一说二十四两黄金为一金。丸泥：泥丸。

②缝缉：缝纫，缝衣服。

③伏：驯服。

④司晨：又叫做"时夜""司夜"。也即公鸡报晓。

【译文】

弹打小鸟，千金不如泥丸适用；缝纫衣服，长剑不如几分长的针。为何一定要驯服大象让它去捕捉老鼠、制服大鹏让它去报晓呢？

擢才

华章藻蔚①，非矇瞍所玩②；英逸之才，非浅短所识。

———

①华章：美丽的花纹。章，花纹。藻蔚：光彩鲜艳的样子。

②矇瞍（méng sǒu）：盲人。玩：玩赏，观赏。

【译文】

光彩鲜艳的美丽花纹，不是盲人所能够观赏的；出类拔萃的杰出人才，不是见识浅薄的人所能够认识的。

眼不见，则美不入神焉；莫之与①，则伤之者至焉。

———

①莫之与：即"莫与之"。没有人帮助贤人。与，帮助。之，指贤人。

【译文】

如果眼睛看不见，那么美好的东西就不能被内心感受；如果没人帮助贤人,那么伤害贤人的人就会到来。

　　耀灵、光夜之珍①,不为莫求而亏其质,以苟且于贱贾②;洪钟、周鼎③,不为委沦而轻其体④,取见举于侏儒⑤。

──

　　①耀灵:太阳。光夜:即"夜光"。指月亮。这里的耀灵、光夜指的是像太阳、月亮那样明亮的夜光宝珠。

　　②贱贾:贱价。贾,同"价"。

　　③洪钟:大钟。周鼎:周朝铸造的大鼎。

　　④委沦:抛弃埋没。委,抛弃。

　　⑤侏儒:身材矮小无力的人。

【译文】

　　像日、月那样明亮的宝珠,不会因为无人求取而亏损自己的美质,以便随意地低价售出;像大钟和周鼎那样的重器,不会因为被抛弃埋没而减轻自己的重量,以便能够被侏儒举起。

任命

　　昼竟羲和之末景①,夕照望舒之余耀②,道靡远而不究③,言无微而不研。

──

　　①羲和:神话中为太阳驾车的神。这里代指太阳。末景:最后一点阳光。景,阳光。

　　②望舒:神话中为月亮驾车的神。这里代指月亮。

　　③靡远:无论如何深远。

【译文】

白天要争取太阳的最后一点光线,晚上还要用月亮照明读书,无论如何深邃的大道也要去思考,无论多么微妙的言论也要去研究。

年期奄冉而不久^①,托世飘迅而不再^②。智者履霜则知坚冰之必至^③,处始则悟生物之有终。

——

①年期:指寿命。奄冉:逐渐,慢慢消失。

②托世:生活在人间。飘迅:如同飘风那样迅速。飘,狂风,大风。不再:不再有第二次生命。

③履霜:踩着霜。《周易·坤卦》:"初六:履霜,坚冰至。"

【译文】

寿命渐渐地逝去而不会长久,人生在世如同飘风那样迅速而且没有第二次生命。聪明的人踏着霜就能知道结冰的严冬必然到来,处于生命的开始就知道所有的生物都会有终结。

金宝其重,羽矜其轻^①。

——

①矜:注重。

【译文】

金属注重的是它的沉重,羽毛注重的是它的轻捷。

笃隘者^①,执束于滓涅^②;达妙者^③,逍遥于玄清^④。

——

①笃隘者:极为狭隘的人。笃,极为,非常。隘,狭隘。

②执束:固执,约束。滓涅(niè):污泥。滓,渣滓。涅,黑泥。

③达妙者:通达微妙道理的人。

④玄清:天空。玄,天。

【译文】

过于狭隘的人,会被固执地束缚在污泥当中;懂得妙理的人,会自由自在地游荡于天空。

运屯①,则沉沦于勿用②;时行,则高竦乎天庭。

①运屯(zhūn):命运不佳。屯,艰难。

②沉沦:隐居。勿用:不被朝廷所重用。这里指自己不要主动地去有所作为。

【译文】

运气不佳,就隐居起来不要有所作为;时来运转,就可以出仕到朝廷为官。

君子藏器以有待也①,稽德以有为也②;非其时不见也③,非其君不事也;穷达任所值,出处无所系④。

①器:才能。

②稽(xù):通"蓄",收藏,胸怀着。

③见(xiàn):同"现",显现。这里指现身社会做官。

④出处:出仕与隐居。

【译文】

君子胸怀才华以等待有利的时机,修养德行是为了有所作为;然而如果没有遇到恰当的时机就不会现身社会,没有遇上合适的君主就不会前去侍奉;无论是困窘还是得志都能够随遇而安,不管是出仕还是隐居都能够无拘无束。

士能为可贵之行,而不能使俗必贵之也;能为可用之才,而不能使世必用之也。

【译文】

士人能够做出值得世人尊敬的行为,但不能让世人一定尊敬自己;能够成为对社会有用的人才,但不能让社会一定重用自己。

时至道行,器大者不悦;天地之间,知命者不忧。

【译文】

时来运转能够推行自己的大道,胸怀宽广的人也不会因此而喜悦;生活在天地之间,懂得天命的人是不会忧愁的。

名实

闻格言而不识者,非无耳也;见英异而不知者,非无目也;由乎聪不经妙①,而明不逮奇也②。

①聪:听力。经:经营,理解。

②明:视力。逮:达到,认识。

【译文】

听到格言而不能理解,并不是他没有耳朵;看见英才而不能认识,并不是他没有眼睛;而是因为他的耳朵没有能力去理解美妙的格言,他的眼睛没有能力去认识奇异的人才。

夫智大量远者,盘桓以山峙^①;器小志近者,蓬飞而萍浮^②。

①盘桓:盘踞不动。

②蓬:一种野草名。秋枯根拔,随风飞扬,因此又称"飞蓬"。萍:在水上漂动的一种野草。

【译文】

那些智慧高远胸怀阔大的君子,屹立不动就好像高耸的山峰一样;那些器量狭小志向浅近的小人,就好像到处飞舞漂动的飞蓬萍草一般。

虽穷贱,而不可胁以威;虽危苦,而不可动以利。

【译文】

即使困窘贫贱,也不能用权威去胁迫他们;即使危难困苦,也不能用利益来打动他们。

名实虽漏于一世^①,德音可邈乎将来。

①漏:漏掉,错过。

【译文】

贤人的名声和实利虽然一生都没有能够获取,然而他们的美好声誉却可以流传到未来。

乐天知命^①,何虑何忧! 安时处顺^②,何怨何尤哉^③!

①乐天知命：理解并乐于接受天命的安排。《周易·系辞上》："乐天知命，故不忧。"

②安时处顺：安于接受客观时机，顺应自然变化。《庄子·养生主》："适来，夫子时也；适去，夫子顺也。安时而处顺，哀乐不能入也，古者谓是帝之县解。"

③尤：指责，怨恨。

【译文】

理解并乐于接受天命的安排，又有什么值得担心又有什么值得忧愁！安于接受时运而顺应着自然变化，又有什么值得抱怨又有什么值得嫉恨！

清鉴

区别臧否①，瞻形得神，存乎其人②，不可力为③。

①臧否（pǐ）：善恶。

②存乎其人：指一个人形貌与思想境界的好坏都自然而然地存在并显示于这个人的身上。《周易·系辞上》："神而明之，存乎其人。"

③不可力为：无法人为地勉强假装出来。

【译文】

鉴别一个人的好坏，要注意观察他的外貌以了解他的思想境界，一个人的形貌与思想境界的好坏都自然而然地存在并显示于这个人的身上，这是无法人为地勉强假装出来的。

同乎己者，未必可用；异于我者，未必可忽也。

【译文】

与自己意见一致的人，未必可以重用；和自己意见不一致的人，未必就可以忽视。

咆哮者不必勇，淳淡者不必怯①。或外候同而用意异②，或气性殊而所务合。非若天地有常候，山川有定止也。

———

①淳淡：淳朴恬淡。

②外候：外表相貌与行为。候，征候，表象。

【译文】

大声吼叫的人不一定勇敢，淳朴淡泊的人也未必胆怯。有些人的外在相貌与行为相同而目的却不一样，有些人脾气禀性差异很大而追求的目标却完全一致。人们并不像天地那样具有固定的征候，不像高山流水那样具有不变的行为。

物亦故有远而易知，近而难料，譬犹眼能察天衢①，而不能周项领之间②；耳能闻雷霆，而不能识蚁虱之音也。

———

①天衢：广阔的天空。

②周：完全看清。项领：脖子。

【译文】

事物中也确实有一些非常遥远的却容易知道，而近在身边的却难以了解，比如眼睛能够看到广阔的天空，却无法完全看清楚自己的脖子周围；耳朵能够听见雷霆的声响，却无法听到蚂蚁与虱子的声音。

行品

居寂寞之无为①,蹈修直而执平者②,道人也。

———

①寂寞:清静恬淡。无为:清静无为。即顺应着自然原则去做事。

②蹈:脚踏。引申为遵循。修直:美好正直的原则。修,美好。

【译文】

处身于清静无为的状态,遵循着美好正直的原则而坚守着公平,这样的人是有道的人。

尽烝尝于存亡①,保发肤以扬名者②,孝人也。

———

①烝(zhēng)尝:祭祀祖先。《尔雅·释天》:"秋祭曰尝,冬祭曰蒸。"蒸,通"烝"。存亡:偏义复词。这里主要指死去的祖先。

②保发肤:保护好自己的身体。发肤,毛发与肌肤。代指身体。

【译文】

尽心尽力地祭祀自己已经去世的祖先,保护好自己的身体以扬名天下的人,是孝顺的人。

垂恻隐于有生①,恒恕己以接物者②,仁人也。

———

①恻隐:同情。有生:有生命的万物。

②恕己:以爱己之心去爱人。《论语·卫灵公》:"其恕乎! 己所不欲,勿施于人。"

【译文】

对待具有生命的万物都能予以同情爱护，永远能够用爱护自己一样的爱心去接人待物，这是仁慈的人。

端身命以徇国①，经险难而一节者②，忠人也。

——

①端：应作"竭"。

②一节：节操始终如一。

【译文】

竭尽自己的一生而为国献身，经历艰险困苦而节操始终如一的人，是忠诚的人。

量理乱以卷舒①，审去就以保身者②，智人也。

——

①量：估量，依据。理乱：即治乱。卷舒：隐居和出仕。卷，比喻退隐。舒，展开。比喻出仕。

②去就：去职与就职。

【译文】

能够依据社会的治乱以决定自己是隐居还是出仕，能够明白是应该离职还是应该就职以保全自我的人，是有智慧的人。

顺通塞而一情①，任性命而不滞者②，达人也。

——

①顺：顺从，顺应。通塞：顺利与艰难。一情：一样的平静心境。即不为生活顺利而高兴，也不为生活艰难而伤心。

②任:顺应。性命:天性。滞:固执。

【译文】

顺应着生活的顺利或艰难的境遇而保持着同样的平静心态,顺应着自己的天性生活而不固执于一端的人,是通达的人。

不枉尺以直寻①,不降辱以苟合者②,雅人也③。

①枉尺以直寻:比喻委屈自己以获取更大的利益。枉,弯曲,委屈。寻,古代的长度单位。八尺为"寻"。尺小寻大,用"枉尺直寻"比喻牺牲小利益以换取大利益。

②降辱:降低志向,羞辱自身。

③雅:正;正直。

【译文】

不去委屈自己以获取更大的利益,不去降低志向有辱自身以苟且迎合别人的人,是正直的人。

据体度以动静①,每清详而无悔者②,重人也③。

①体度:疑为"礼度"。体,疑为"礼"字之误。动静:代指行为。

②清详:清楚仔细。无悔:没有做过值得后悔的事情。

③重:稳重。

【译文】

根据礼法制度来决定自己的行为,每次行动时都清楚仔细而不会做出让自己后悔的事情,这样的人是稳重的人。

体冰霜之粹素^①,不染洁于势利者^②,清人也。

——

①体冰霜:思想如冰霜一样高洁。体,体会,效法。粹素:纯粹素洁。

②染洁:污染了自己的高洁品质。

【译文】

思想如同高洁的冰霜那样纯粹素洁,美好品德不受权势与利益污染的人,是清高的人。

笃始终于寒暑^①,虽危亡而不猜者^②,义人也。

——

①笃:坚守信念。寒暑:比喻或好或坏的各种生活环境。

②猜:怀疑,动摇。

【译文】

无论在任何情况下都能够始终坚守自己的信念,即使在危亡的时候也毫不动摇,这是能够坚守正义的人。

守一言于久要^①,历岁衰而不渝者^②,信人也。

——

①久要:长期地约束自我。要,约束。《论语·宪问》:"见利思义,见危授命,久要不忘平生之言,亦可以为成人矣。"

②岁衰:疑作"盛衰"。"岁"疑为"盛"字之误。渝:变化。

【译文】

能够坚守着一句诺言而长期地约束自我,即使经历了兴败盛衰的变故也不改变的人,是讲信用的人。

摛锐藻以立言①,辞炳蔚而清允者②,文人也。

①摛(chī):铺设。这里指书写。锐藻:优美的辞藻。

②炳蔚:华美的样子。清允:文字清丽而内容允当。

【译文】

能够书写出优美的辞藻以著书立说,文字华美而内容允当的人,是有文学才能的人。

奋果毅之壮烈,骋干戈以静难者①,武人也。

①骋:挥舞。干:盾牌。静难:平定动乱。

【译文】

能够发挥果敢刚毅的壮烈精神,挥舞着干戈以平定动乱的人,是勇武的人。

锐乃心于精义①,吝寸阴以进德者,益人也②。

①锐:一心进取,专心致志。乃心:他们的心思。乃,本为第二人称,你的。这里引申为第三人称。

②益:增益,进步。

【译文】

专心致志地钻研精深的思想含义,珍惜每一寸光阴以提高个人品德的人,是不断进步的人。

识多藏之厚亡①,临禄利而如遗者②,廉人也。

——

①多藏之厚亡:多多积累财富后的重大损失。《老子·四十四章》:"甚爱必大费,多藏必厚亡。"

②临:面对。遗者:被抛弃的无用废物。

【译文】

懂得聚财越多必定损失越大的道理,面对利禄就好像是面对被丢弃的无用废物一样,这样的人是清廉的人。

不改操于得失,不倾志于可欲者①,贞人也。

——

①倾志:丧失志向。可欲:能够勾起欲望的东西。《老子·三章》:"不见可欲,使民心不乱。"

【译文】

无论是得是失都不改变自己的节操,不会因为那些能够勾起欲望的东西而丧失自己志向的人,是有贞操的人。

洁皎分以守终①,不逊避而苟免者②,节人也。

——

①洁皎分:以洁白无瑕的品质作为自己的应有本分。

②苟免:采取不正当手段以逃避灾难。

【译文】

把洁白无瑕的品质作为自己的应有本分而坚守终生,不去退缩也不去用不正当的手段去逃避灾难的人,是有气节的人。

每居卑而推功①,虽处泰而滋恭者②,谦人也。

——

①居卑:态度谦卑。也可理解为居于卑贱地位。

②处泰:处境安泰。滋:更加。

【译文】

总是态度谦卑并把功劳推让给别人,即使处境安泰而处世更加谦恭的人,是谦逊的人。

临凝结而能断①,操绳墨而无私者②,干人也③。

——

①凝结:纠结,疑难。

②绳墨:本指木匠用来画直线的墨线。这里比喻法度。

③干:干练。

【译文】

遇到疑难问题时能够当机立断,遵循法度而不偏私的人,是干练的人。

凌强御而无惮①,虽险逼而不沮者,黠人也②。

——

①凌:欺凌。这里指打击。强御:强悍之人,豪强恶霸。

②黠(xiá):坚强。《说文・黑部》:"黠,坚黑也。"

【译文】

打击豪强恶霸而毫不恐惧,即使处于危险境地也毫不沮丧的人,是坚强的人。

执匪懈于夙夜①,忘劳瘁于深峻者②,勤人也。

①匪懈：不松懈。匪，通"非"。夙夜：早晚，日夜。
②深峻：深山峻岭。

【译文】

无论白天黑夜都能够坚持不懈，即使在深山峻岭之中劳作也会忘记自己辛苦困病的人，是勤奋的人。

闻荣誉而不欢，遭忧难而不变者，审人也①。

①审：明白。

【译文】

听到别人的赞誉而不会感到高兴，遭遇到忧愁艰难也不改变平静心境的人，是明白的人。

知事可而必行，不犹豫于群疑者，果人也①。

①果：果敢决断。

【译文】

知道事情可行就坚决去做，不会因为众人的怀疑而犹豫不决的人，是果断的人。

不原本于枉直①，苟好胜而肆怒者②，暴人也。

①原本：探索根本原因。原，探索根源。枉直：是非曲直。枉，曲。
②肆怒：滥发脾气。

【译文】

不探究是非曲直的根本原因，只是一味地去占上风而滥发脾气的人，是暴躁的人。

言不计于反覆[1]，好轻诺而无实者[2]，虚人也。

————

①不计：不考虑，不在乎。

②轻诺：轻易地许诺。

【译文】

说话不在乎反覆无常，喜欢轻易许诺而又不去实际兑现诺言的人，是虚假的人。

见成事而疑惑，动失计而多悔者[1]，暗人也[2]。

————

①失计：失算。

②暗：愚昧。

【译文】

已经看到事情成功了仍然心存疑惑，一行动就失算而多有后悔事的人，是愚昧的人。

被抑枉而自诬，事无苦而振慑者[1]，怯人也。

————

①无苦：没有大的痛苦。也即无关大局。振慑：震惊恐惧。

【译文】

被人冤枉欺侮了而自己还违心地承认这些罪名，发生了无关紧要的事情而感到震惊恐惧的人,是怯懦的人。

情局碎而偏党[1],志唯务于盈利者,小人也。

———

①情:性格,心胸。局碎:狭隘猥琐。局,局促,狭隘。偏党:偏私。

【译文】

心胸狭隘猥琐而偏私,一心只想获取最大利益的人,是小人。

既无心于修尚[1],又怠惰于家业者,懒人也。

———

①修尚:修养。

【译文】

既没有心思去提高自己的品德修养,又懒惰于家庭生产的人,是懒惰的人。

捐贫贱之故旧[1],轻人士而踞傲者[2],骄人也。

———

①捐:抛弃。

②踞:通"倨",傲慢。

【译文】

抛弃贫贱的故人旧友,轻视士人并傲慢的人,是骄傲的人。

当交颜而面从[1],至析离而背毁者[2],伪人也。

———

①交颜:面对面。面从:表面顺从。

②析离:离开。析,分开,分手。背毁:背后毁谤。

【译文】

当面对面的时候表示顺从,而分手之后就在背后毁谤对方的人,是虚伪的人。

夫物有似而实非,若然而不然①。料之无惑,望形得神,圣者其将病诸②,况乎常人? 故用才取士,推昵结友③,不可以不精择,不可以不详试也。

①然:这样。

②病诸:对此也难以做到。病,筋疲力尽,力量不足。诸,"之乎"的合音字。

③推昵:推荐亲近的人。

【译文】

有的事物非常相似而实际不同,好像是这样而实际不是这样。辨别事物不受迷惑,看见外貌就知道内心,圣人对此恐怕也很难做到,更何况一般的人呢? 因此任用人才选拔士人,举荐亲人结交朋友,不可以不去精心选择,不可以不去仔细考察啊。

酒诫

智者严檃括于性理①,不肆神以逐物②,检之以恬愉,增之以长算③。

①檃(yǐn)括:用来矫正曲木的工具。这里用作动词,指矫正。

②肆神:放纵自己的情欲。神,精神,情欲。逐物:追求身外之物。也即追逐名利。

③增之:提高自己的品德。长算:长远打算。

【译文】

聪明的人会严格地矫正自己的情绪和理智,不会放纵自己的情欲去追逐名利富贵,会用恬静愉悦的心情来约束自己的思想,会用长远的打算以提高自己的品德。

计得则能忍之心全矣①,道胜则害性之事弃矣②。

——

①计得:计划得当。

②道胜:正道战胜了欲望。也即能够按照大道行事。

【译文】

因为人生谋划得当的人能够保全自己那颗忍受饥寒的心,遵循正道战胜欲望的人能够抛弃那些损害心性的事物。

宜生之具,莫先于食。

【译文】

适宜于人生存的东西,没有比食物更重要的了。

疾谬

枢机之发①,荣辱之主②。三缄之戒③,岂欺我哉?

——

①枢机之发:比喻讲话是非常重要的事情。枢,指门上的转轴。机,

指弩牙。比喻关键部分。发，发话，讲话。《周易·系辞上》："言行，君子
之枢机；枢机之发，荣辱之主也。"

②荣辱之主：是招致荣辱的主要原因。

③三缄之戒：三缄其口的告诫。缄，封口，封闭。《说苑·敬慎》："孔
子之周，观于太庙，右陛之侧，有金人焉，三缄其口，而铭其背曰：'古之慎
言人也。'"

【译文】

讲话是非常重要而关键的问题，是招致荣辱的主要原因。铜铸人像
的嘴巴贴上三道封条的告诫，难道是哄骗我们的吗？

尊其辞令①，敬其威仪，使言无口过，体无倨容②，可法可
观，可畏可爱。盖远辱之良术、全交之要道也③。

①尊其辞令：使自己的言语恭敬。其，代指自己。

②倨（jù）：傲慢。

③全交：保全友谊。要道：主要方法。

【译文】

使自己的言谈恭敬，使自己的仪表庄重，使自己的谈话不出现失误，
使自己的外表没有傲慢的模样，使自己的言行值得别人效法值得别人观
瞻，使自己值得别人敬畏值得别人爱戴。这大概就是远离耻辱的好办
法，是保全友谊的主要途径。

毫氂之失①，有千里之差；伤人之语，有剑戟之痛。

①氂（lí）：同"厘"。《史记·太史公自序》："故《易》曰：'失之毫厘，差

以千里。'"

【译文】

失之毫厘,差之千里;伤人的语言,就会像剑戟一样刺痛别人。

积微致著,累浅成深,鸿羽所以沉龙舟,群轻所以折劲轴①,寸飙所以燔百寻之室②,蠹蝎所以仆连抱之木也③。

①劲轴:刚劲的车轴。

②寸飙:一点火星。飙,通"熛",飞火。燔(fán):烧毁。寻:古代的长度单位。八尺为一寻。

③蠹(dù):虫名。蛀蚀树木、器物的虫子。蝎(hé):木中蠹虫的总称。仆:倒下。连抱:几个人才能环抱。

【译文】

不断地积累微小的事物就会最终成为巨大的事物,不断积累很浅的水就会最终成为深渊,这就是鸿雁的羽毛之所以能够压沉龙船,众多的轻物之所以能够压断强劲的车轴,一点小火星之所以能够焚毁百丈高的楼房,蠹虫之所以能够啃倒几人合抱的大树的原因所在。

高世之士,望尘而旋迹①;轻薄之徒,响赴而影集②。

①望尘而旋迹:望见飞尘就转身返回。比喻一看见错误就知道马上悔改。旋,回转。迹,足迹,脚步。

②响赴而影集:像回声一样响应,像影子一样追随。比喻小人看到错误,不仅不知悔改,反而变本加厉地追随错误。

【译文】

那些出类拔萃的士人，一望见错误就知道马上悔改；而那些轻浮浅薄的人们，则像回声一样响应，像影子一样追随着错误。

夫德盛操清，则虽深自挹降①，而人犹贵之；若履蹈不高②，则虽行凌暴，而人犹不敬。

————

①挹(yì)降：谦卑退让。挹，通"抑"，降低。

②履蹈不高：行为不高尚。履蹈，脚踏。这里引申为行为。

【译文】

如果品德美好操行高洁，那么即使自己非常谦卑退让，而人们还是会很尊重他的；如果行为不高尚，那么即使对别人使用了暴力，而人们还是不会尊敬他。

信不由中，则屡盟无益；意得神至，则形器可忘①。

————

①意得神至，则形器可忘：精神修养达到了极致，就可以忘却形体。也即古人所津津乐道的精神大于肉体。这里主要说明交友重在精神交流，而不在物质财富。

【译文】

如果真诚不是发自内心，那么即使屡次发誓也是没有用的；精神修养达到极致，就可以忘却形体。

君子之交也，以道义合，以志契亲①，故淡而成焉。

——

①志契：志同道合。契，合。

【译文】

君子之间的交往，靠的是道义的默契，靠的是志同道合，因此他们的交往看似淡泊却很成功。

讥惑

出门有见宾之肃，闲居有敬独之戒①。

——

①敬独：一人独居时也要严肃恭敬。《礼记·大学》："此谓诚于中，形于外，故君子必慎其独也。"

【译文】

出门时要严肃得就像去会见重要宾客一般，闲居在家时要记住独处须谨慎的告诫。

人之有礼，犹鱼之有水矣。鱼之失水，虽暂假息①，然枯糜可必待也②；人之弃礼，虽犹觍然③，而祸败之阶也。

——

①假息：指鱼刚刚离开水时的那种艰难呼吸。也即苟延残喘。

②枯糜：干枯糜烂。也即死亡。

③觍（tiǎn）然：面目具备的样子。《国语·越语下》："余虽觍然而人面哉，吾犹禽兽也。"

【译文】

人们有了礼仪，就好像鱼有了水一样。鱼如果失去了水，虽然暂时还能苟延残喘，然而干枯腐烂的死亡命运是必然到来的；人抛弃了礼仪，虽然暂时还能人模人样地活着，然而却是走向了通往祸败的台阶。

刺骄

非夫超群之器，不辩于免盈溢之过也①。盖劳谦虚己②，则附之者众；骄慢倨傲，则去之者多。附之者众，则安之征也；去之者多，则危之诊也③。

——

①辩：通"辨"，辨别，明白。盈溢：自满，傲慢。

②劳谦：勤劳而谦逊。

③诊：症状，征兆。

【译文】

如果不是出类拔萃的人才，就无法明白如何去避免自满带来的过失。能够勤劳谦逊而虚己待人的，那么归附他的人就多；骄傲轻慢待人无礼的，那么离开他的人就多。归附的人多，这就是平安的征兆；离开的人多，这就是危险的症状。

自尊重之道，乃在乎以贵下贱，卑以自牧①。

——

①自牧：自我约束。

【译文】

真正的自我尊重的办法，在于以尊贵的身份谦卑地对待地位低贱的人，用谦卑的原则进行自我约束。

求之以貌,责之以妍①,俗人徒睹其外形之粗简,不能察其精神之渊邈。

——

①妍(yán):美好。这里指容貌美好。

【译文】

如果以貌取人,要求对方的外表漂亮,那么世俗人就只能看到贤人的外貌粗陋简朴,而不能体会到他们精神上的深邃高远。

欲人之敬之,必见自敬焉①。不修善事,则为恶人;无事于大,则为小人。

——

①必见(xiàn)自敬:一定要首先表现出自己尊重自己。见,同"现",表现。

【译文】

要想别人尊重你,你一定要首先表现出自己尊重自己。不做善事的人,就是恶人;不干大事的人,就是小人。

若力之不能,末如之何,且当竹柏其行,使岁寒而无改也。

【译文】

如果自己的力量不够,没有办法改变这种情况,也应当使自己的个人行为像竹子松柏那样高洁,即使在一年最为寒冷的季节里也不会有任何改变。

百里

夫百寻之室①,焚于分寸之飙②;千丈之陂③,溃于一蚁之穴。

①寻:古代的长度单位。八尺为一寻。

②分寸之飙:很小的一点火星。飙,通"熛",飞火。

③陂(bēi):河岸,堤坝。

【译文】

百寻高的楼房,会焚毁于很小的一点火星;千丈长的堤坝,会溃决于很小的一个蚂蚁洞。

接疏

明者举大略细,不忮不求①,故能取威定功,成天平地。

①不忮(zhì)不求:不嫉妒,不苛求。《诗经·邶风·雄雉》:"不忮不求,何用不臧?"

【译文】

明智的人在选拔人才时举用他大的优点而忽略他小的毛病,对人才不嫉妒不苛求,因此能够获得威望取得成功,成就天地伟业。

钧世

夫论管穴者①,不可问以九陔之无外②;习拘阂者③,不可督以拔萃之独见④。

①管穴:竹管的小孔。比喻很小的事物或道理。

②九陔(gāi)：也写作"九垓"。犹言"九州"。指整个天下。一说指中央至八极之地，实际也是整个天下的意思。无外：指找不到外围的巨大空间。也即天地之间。

③拘阂(hé)：约束而固执。拘，约束。阂，阻隔，不通达。

④督：要求。

【译文】

对于那些研究细小学问的人，不能够与他谈论广大无边的整个天下的事物；对于习惯于受到约束而且固执的人，不可以要求他拿出出类拔萃的独到见解。

贵远贱近，有自来矣。

【译文】

看重古代而轻视当今，这是由来已久的现象。

尚博

德行者，本也；文章者，末也。故四科之序，文不居上。

【译文】

德行，是根本；文章，是末节。因此德行、言语、政事、文学这四科在排序时，文学一科不能居于前列。

清浊参差，所禀有主①。朗昧不同科②，强弱各殊气。

———

①所禀有主：各自都有自己的禀赋。主，指禀受的主要气质。

②朗昧：明白与愚昧。

【译文】

清澈与浑浊参差不齐,各自有着不同的禀赋。明白与愚昧品性不同,坚强和软弱气质各异。

夫本不必皆珍,末不必悉薄①。

——

①悉:全部。薄:轻视。

【译文】

所谓的根本性的东西不一定都值得珍贵,末节性的事物也不一定全都可以轻视。

夫赏其快者①,必誉之以好;而不得晓者,必毁之以恶,自然之理也。

——

①赏其快者:欣赏时感到愉悦的事物。快,快意,愉悦。

【译文】

对于那些欣赏时能够感到愉悦的事物,一定就会称赞它好;而对于自己弄不明白的东西,一定就会批评它不好,这是自然而然的道理。

重所闻,轻所见,非一世之所患矣。

【译文】

看重耳朵听到的,而轻视眼睛看到的,这种现象不仅仅是某一个时代的弊病了。

吴失

主昏于上，臣欺于下。不党不得，不竞不进。

【译文】

君主在上面昏庸无能，群臣在下面欺骗君主。不结党营私就得不到官职，不残酷竞争就无法加官进爵。

虚谈则口吐冰霜，行己则浊于泥潦①。

———

①泥潦(lǎo)：肮脏的泥水。潦，雨后的积水。

【译文】

空谈的时候满口都是高洁清白的言辞，做事的时候则比泥水还要污浊肮脏。

以毁誉为蚕织，以威福代稼穑①。

———

①威福：作威作福。稼穑：农耕。种庄稼叫做稼，收庄稼叫做穑。以上两句的意思是说，这些人把褒贬别人、作威作福当作了自己的日常生活。

【译文】

把褒贬别人当作了日常的养蚕织布，把作威作福当作了日常的耕种庄稼。

有德无时，有自来耳①。

———

①有自来耳：由来已久了。

【译文】

具备了美好的品德却没有遇到一个美好的时代，这是由来已久的事情。

守塉

夫知礼在于廪实①，施博由乎货丰；高出于有余②，俭生乎不足。

———

①廪(lǐn)实：仓库充实。廪，粮仓。《管子·牧民》："仓廪实，则知礼节；衣食足，则知荣辱。"

②高：疑为"享"字之误。享受，舒适。余：丰盛。

【译文】

懂得礼仪的关键在于粮仓要充实，施舍广泛的原因则是由于财产的丰厚；生活舒适是因为财富充裕，生活节俭是因为财富不足。

夫睹机而不作，不可以言明；安土而不移①，众庶之常事。

———

①安土：安于故土。也即一直住在故乡。

【译文】

看到了时机而不奋起抓住，不可以叫做明智；安于故土而不迁徙，这只是一般民众的平庸行为。

夫聩者不可督之以分雅、郑①，瞽者不可责之以别丹漆②；井蛙不可语以沧海，庸俗不中说以经术③。

———

①聩:耳聋。雅:高雅的音乐。郑:指先秦时期郑国的音乐。因为这个国家的音乐淫靡,所以后来就成为靡靡之音的代称。

②瞽(gǔ):瞎眼。丹:红色。漆:漆为黑色,因此这里代指黑色。

③不中:不适合,不可以。

【译文】

耳聋的人不可以督促他去区分高雅的音乐与靡靡之音,眼瞎的人不能够要求他去辨别是红色还是黑色;井中的青蛙不可以与它谈论大海,庸俗的世人不能够和他谈论经学。

清者,福之所集也;奢者,祸之所赴也。

【译文】

清贫的人,福气就会聚集到他的身上;奢侈的人,灾难就会降临到他的身上。

君子欲正其末,必端其本;欲辍其流①,则遏其源。故道德之功建,而侈靡之门闭矣。

———

①辍:停止,断掉。

【译文】

君子想要端正末端的东西,一定要先端正它们的根本;要想断掉水的末流,就要先去遏制它的源头。因此道德美好的功业成就了,奢侈淫靡的风气也就自然消失了。

北辰以不改为众星之尊①,五岳以不迁为群望之宗②。

———

①北辰：北极星。

②五岳：指东岳泰山、西岳华山、南岳衡山、北岳恒山、中岳嵩山。群望：这里指众山。望，古代祭祀山川的专称。遥望而祭，故称。宗：主。

【译文】

北斗星因为不改变自己的方位而受到众星的尊崇，五岳因为不改变自己的位置而成为群山的宗主。

立不朽之言者，不以产业汩和①；追下帷之绩者②，不以窥园涓目③。

———

①汩（gǔ）：扰乱。

②下帷：放下帷幕读书。

③不以窥园涓目：不去观赏园林以扰乱自己的目光。涓，疑为"滑"字之误。滑，扰乱。《汉书·董仲舒传》记载董仲舒为了读书而"三年不窥园"。

【译文】

那些立志写作不朽著作的人，不会因为购置产业而打扰自己的平和心境；追求闭门治学功业的人，不会因为观赏园林而扰乱自己的眼睛。

安贫

达者贵其知变，智士验乎不匮①。

———

①匮：财物匮乏。

【译文】

通达之人的可贵之处就在于他懂得权变，明智的人就表现在他不会缺乏财物。

张鱼网于峻极之巅，施钓缗于修木之末①，虽自以为得所②，犹未免乎迂阔也。

———

①缗（mín）：钓鱼的丝绳。修木：高大的树木。修，长。

②得所：找到了恰当的地方。

【译文】

把渔网安置在极为高峻的山顶上，把钓鱼的丝绳放置在高大的树梢上，虽然自认为自己找到的地方非常恰当，然而依旧未免有些太迂阔了。

事无身后之功，物无违时之盛。

【译文】

一个人不可能在死后再去建功立业，任何事物也不可能在不合时宜的时候出现兴盛。

夫藏多者亡厚①，好谦者忌盈；含夜光者速剖②，循覆车者必倾；过载者沉其舟，欲胜者杀其生③。

———

①藏多者亡厚：过多收藏财富的人会招致严重的损失。《老子·四十四章》："多藏必厚亡。"

②含夜光者：腹含夜光珠的蚌。夜光，指夜光珠。《潜夫论·遏利》："象以齿焚身，蚌以珠剖体。"

③欲胜者:欲望过于强烈的人。

【译文】

过多收藏财富的人会招致严重的损失,爱好谦逊品德的人最忌讳盈满;腹含夜光宝珠的蚌很快就被人剖解,重蹈覆辙的人必定会倾覆;超量装载的人会使自己的船只沉没,欲望过分强烈的人会丧失生命。

仁明

夫料盛衰于未兆,探机事于无形,指倚伏于理外①,距浸润于根生者②,明之功也。

————

①倚伏:代指祸福转化。《老子·五十八章》:"祸兮,福之所倚;福兮,祸之所伏。"

②距:通"拒",抗拒,杜绝。浸润:浸泡。这里比喻连续不断的谗言如同水浸一样慢慢地影响着一个人。

【译文】

在事情还没有显示出任何征兆的时候就能够预测出是兴盛还是衰败,在事情还没有显示任何行迹的时候就能够探查出其中的秘密,能够在常理之外指明祸福的转化,能够从根源上杜绝谗言的渗透,这都是明智的功劳。

杀身成仁之行可力为而至,鉴玄测幽之明难妄假①。

————

①鉴玄测幽:洞察微妙深邃的道理。妄假:随便借用。假,假借,借用。

【译文】

杀身成仁这样的行为可以依靠自己的努力去做到,而洞察微妙深邃道理的明智却是很难随便就能够获取。

孟子云:"凡见赤子将入井^①,莫不趋而救之。"以此观之,则莫不有仁心,但厚薄之间。而聪明之分,时而有耳^②。

———

①赤子:刚生的孩子,幼儿。《孟子·公孙丑上》:"今人乍见孺子将入于井,皆有怵惕恻隐之心。"

②时而有耳:偶然才会具备而已。时,有时,偶然。

【译文】

孟子说:"凡是看到婴儿快要掉进井里,人人都会跑过去救助。"由此看来,每个人都有仁爱之心,只是有多少的区别而已。而聪明这种天分,只能是偶然获取。

博喻

盈乎万钧,必起于锱铢^①;竦秀凌霄^②,必始于分毫^③。

———

①锱铢(zī zhū):比喻重量很轻。锱、铢都是古代很小的重量单位,六铢等于一锱,四锱等于一两。

②竦秀凌霄:高入云霄。指大树。秀,秀出,高出。

③分毫:指细小的萌芽。

【译文】

达到万钧的重量,必定是从一锱一铢积累起来的;高入云霄的树木,必定是从细小的萌芽一点一点成长起来的。

骋逸策迅者^①,虽遗景而不劳^②;因风凌波者^③,虽济危而不倾。

———

①骋逸策迅者:指乘坐骏马的人。逸、迅,都是快速的意思。这里代指骏马。策,马鞭。这里用作动词。鞭打骏马。

②遗景:超过阳光的速度。遗,留下。这里指使阳光落在后面。景,阳光。

③因风凌波者:指乘坐船只的人。因,凭借。凌波,行驶在波浪之上。

【译文】

扬起马鞭乘坐骏马的人,即使奔跑的速度超过了阳光也不会感到疲劳;凭借着风力乘坐船只的人,即使渡过危险的大江大海也不会倾覆。

冰炭不衒能于冷热^①,瑾瑜不证珍而体著^②。

———

①衒(xuàn):炫耀。

②瑾瑜:两种美玉名。证珍:证明自己的珍贵。体著:自身自然名贵。

【译文】

冰和炭不会在冷和热这些方面炫耀自己的能力,瑾和瑜这样的美玉不必去证明自己值得珍惜而自然会显得名贵。

冲飙倾山^①,而不能效力于拔毫^②;火铄金石,而不能耀烈以起湿^③。

———
①冲飙:冲天的狂风。

②效力:显示功效;有效果。拔毫:拔掉毫毛。

③起湿:点燃湿漉漉的东西。

【译文】

狂风可以吹倒山峰,却没有能力拔掉一根毫毛;烈火可以熔化金石,却不能用自己的烈焰点燃湿漉漉的东西。

循名者①,不以授命为难②;重身者,不以近欲累情③。

———
①循名:追求名声。

②授命:献出自己的生命。

③近欲:眼前的欲望。累情:拖累自己的精神。古人认为,养生重在养神,只有保养好自己的精神,才能有利于健康。

【译文】

追求名声的人,不会把献出自己的生命当作一件困难的事情;看重自己生命的人,不会因为眼前的欲望而拖累自己对精神的保养。

否终①,则承之以泰②;晦极,则清辉晨耀。

———
①否(pǐ):不顺利,困窘。

②泰:顺利,吉祥。"否泰"本为《周易》中的两个卦名,否卦不吉利,泰卦吉利,后人遂用"否泰"代指吉凶。

【译文】

困窘的日子到了极点,紧接着就会是美好的生活;黑夜到了尽头,明亮的太阳就会在清晨升起。

必死之病，不下苦口之药；朽烂之材，不受雕镂之饰。

【译文】

必死的重病，不必再去服用苦口的药物了；腐朽的木头，无法承受雕绘和镂刻这样的装饰了。

登峻者，戒在于穷高①；济深者，祸生于舟重。

——

①穷高：穷尽其高度。也即登上最高处。

【译文】

攀登高山的人，特别要警惕不可穷尽山的最高处；涉渡深水的人，祸患就在于船只装载得过于沉重。

刚柔有不易之质①，贞桡有天然之性②。是以百炼而南金不亏其真③，危困而烈士不失其正。

——

①易：改变。

②贞：坚贞，正直。桡：弯曲。

③南金：产于南方的黄金。《诗经·鲁颂·泮水》："元龟象齿，大赂南金。"

【译文】

事物的刚强和柔弱有其无法改变的本质，正直和弯曲有其天然形成的本性。因此千锤百炼也不会使南方出产的黄金改变自己的本质，危险困难也不能让壮烈之士失去自己的正直品德。

不以其道①，则富贵不足居；违仁舍义，虽期颐不足吝②。

———

①以：依照，通过。

②期颐：指百岁。《礼记·曲礼上》："百年曰期颐。"吝：吝惜，贪恋。

【译文】

如果不是通过正当途径去获取，那么即使富贵的地位也不值得去占有；如果是违背了仁德舍弃了正义，那么即使能活一百岁也不值得去贪恋。

卑高不可以一概齐①，餐廪不可以劝沮化②。

———

①一概：一样。概，量粮食时用来括平斗斛的木板。

②餐廪(lǐn)：吃粮食。也即饭量。廪，粮仓。这里代指粮食。劝：鼓励，表彰。沮：毁坏，劝阻。

【译文】

有低有高不能要求它们整齐划一，饭量大小也不能用鼓励或劝阻的办法去加以改变。

适心者，交浅而爱深；忤神者①，接久而弥乖②。是以声同③，则倾盖而居昵④；道异，则白首而无爱。

———

①忤神：思想相互抵触。忤，抵触。神，精神，思想。

②弥乖：越发地矛盾。弥，更加。乖，矛盾。

③声同：声音相同。比喻志同道合。

④倾盖：指初次相逢。倾，指车盖交接在一起。盖，车盖。《史记·鲁仲连邹阳列传》："谚曰：'有白头如新，倾盖如故。'何则？知与不

知也。"司马贞《索隐》引《志林》:"倾盖者,道行相遇,车对语,两盖相切,小敧之,故曰'倾'。"

【译文】

感情彼此融洽的人,交往的日子虽然短暂但相爱的感情却会很深;思想相互抵触的人,交往的时间越久而矛盾就会越发严重。因此如果志同道合,那么即使初次交往也会相处亲密;如果彼此的思想不同,那么即使相识到老也没有感情。

劲兵锐卒,拨乱之神物也;用者非明哲,则速自焚之祸焉①。

①速:招来。

【译文】

强悍的兵卒精锐的军队,是用来拨乱反正的最有效工具;然而如果不是由明哲的人去指挥的话,就会招来惹火烧身的灾难。

谤讟不可以巧言弭①,实恨不可以虚事释。

①谤讟(dú):批评。弭:消除。

【译文】

别人的批评不能够用花言巧语来消除,实在的仇恨不能够靠虚假的事情来化解。

明主官人①,不令出其器②;忠臣居位,不敢过其量。

①官人:授官职予人。

②器:才华。

【译文】

贤明的君主在授人官职的时候,不能让官职超出此人的才能;忠诚的臣子在身居官位的时候,不敢让官位越出自己的才华。

睹百抱之枝,则足以知其本之不细①;睹汪涉之文②,则足以觉其人之渊邃。

①本:树的主干。

②汪涉(huì):水深广的样子。这里用来形容文章内容的丰富。

【译文】

看到百抱粗的枝条,就足以知道这棵树的树干不会细小;看到内容丰富的文章,就足以明白作者思想的深邃。

识远者贵本,见近者务末。

【译文】

见识远大的人重视事物的根本,见识浅薄的人只知道追逐事物的末端。

体粗者系形①,知精者得神。

①体粗者:能够体会粗略事物的人。系:联系,关注。

【译文】

只能体会粗略事物的人只是关注事物的外表,能够了解事物精华的人才能获取事物的精髓。

昼见天地，未足称明^①；夜察分毫，乃为绝伦。

———

①明：眼力好。

【译文】

大白天能够看见天地的人，不能称之为眼力好；只有在夜间能够明察分毫的人，才算是出类拔萃的眼力。

学而不思，则疑阂实繁^①；讲而不精^②，则长惑丧功。

———

①疑阂：疑问与障碍。阂，隔阂，障碍。

②讲：研究，探讨。

【译文】

只学习而不思考，那么疑问和障碍就会很多；研究而不精深，就会增加迷惑而白费了功夫。

身与名难两济^①，功与神鲜并全^②。

———

①济：成功。

②功：指建功立业。神：指保养精神。

【译文】

生命与美名很难同时保全，建功立业与精神保养很少能够同时成功。

怀英逸之量者，不务风格以示异^①；体邈俗之器者，不恤小誉以徇通^②。

①不务风格:不去刻意地修饰自己的风度仪表。务,刻意追求。

②恤:担忧,考虑。徇通:谋求通达。徇,追求。

【译文】

胸怀英异超凡的才能的人,不会去刻意追求风度仪表来显示自己的与众不同;具备出类拔萃的器量的人,不会去关心小小的赞誉来谋求自己的通达。

善言之往,无远不悦;恶辞之来,靡近不忤①。

①靡:无,无论。忤:抵触,反对。

【译文】

好话所传到的地方,无论多么遥远也没有人不喜欢;坏话所传到的地方,无论多近也没有人不反感。

影无违形之状,名无离实之文①。故背源之水,必不能扬长流以东渐;非时之华②,必不能稽辉藻于冰霜③。

①文:纹饰。这里指美好。

②非时之华:不合时节的鲜花。华,花。

③稽:稽留。这里指长久。辉藻:鲜艳美丽。

【译文】

影子不会出现不合原形的模样,名声不会出现脱离实情的美好。因此脱离了源头的河流,必定无法扬起长长的浪花流向东方;不合季节的鲜花,肯定不能长期地保持自己的鲜艳美丽于冰霜之中。

聪者贵于理遗音于千载之外^①，而得兴亡之迹；明者珍于鉴逸群于寒瘁之中^②，而抽匡世之器^③。

———

①聪者：听力好的人。实际指聪慧之人。遗音：前人遗留下来的音乐。比喻前人留下的学问。千载之外：千年之前。

②明者：眼力好的人。实际指明哲之人。珍于：可贵之处在于。鉴：鉴别。逸群：出类拔萃的人。寒瘁：贫寒困窘。

③抽：选拔。匡世：匡救社会。

【译文】

聪慧者的可贵之处在于能够整理千年之前留下的学说，从中发现国家兴亡的规律；明智者的可贵之处在于能够把出类拔萃的人才从贫寒困窘之中鉴别出来，从而选拔出能够匡救社会的贤士。

志合者，不以山海为远；道乖者^①，不以咫尺为近。故有跋涉而游集，亦或密迩而不接^②。

———

①道乖者：原则不同的人。乖，背离，矛盾。

②或：有的人。密迩：距离很近。

【译文】

志同道合的人，不认为隔着高山大海就是遥远；操守不同的人，不认为咫尺之间就算很近。因此有的人跋山涉水前去交往相见，有的人近在身边却从不交往。

官达者，才未必当其位；誉美者，实未必副其名。

【译文】

官位显达的人,他的才能未必就能够和他的地位相称;名声美好的人,他的实际品行未必就能够和他的声望相符。

邈世之勋,必由绝伦之器^①;定倾之算^②,必吐冠俗之怀^③。

———

①绝伦之器:出类拔萃的人才。

②定倾:使即将倾覆的国家安定下来。

③冠俗:超越常人。冠,在……之上。

【译文】

能够盖过一世的卓绝功勋,必定是由出类拔萃的人才所建立;能够挽救国家的谋略,必定是出于超越常人者的胸怀。

偏才不足以经周用^①,只长不足以济众短。

———

①经:经营,从事。周用:全面地使用。

【译文】

偏才没办法对他进行全面的使用,单一的长处无法弥补众多的不足。

锐锋产乎钝石^①,明火炽乎暗木^②。贵珠出乎贱蚌,美玉出乎丑璞^③。

———

①钝石:指不锋利的矿石。

②暗木:没有光亮的木头。

③璞：含玉的石头。

【译文】

锋利的刀剑产自并不锋利的矿石，明亮的火焰燃于并不明亮的木头。宝贵的珍珠出自低贱的蚌壳，美好的玉石出自丑陋的璞石。

志得则颜怡①，意失则容戚②。

———

①颜怡：表情愉悦。颜，表情。

②戚：忧伤。

【译文】

得意的人就会神情愉悦，失意的人就会面容忧伤。

本朽则末枯①，源浅则流促②。

———

①本：树的主干。末：枝叶。

②促：短。

【译文】

树的主干腐烂了枝叶就会干枯，水源浅的河流就会很短促。

有诸中者，必形乎表；发乎迩者①，必著乎远。

———

①迩：近。

【译文】

内心如果具备了高尚的情操，就必然会表现在他的外表；身边做的一些事情，就一定会影响到远方。

利丰者害厚,质美者召灾。

【译文】

获利丰厚的人招来的灾难也会深重,质地美好的事物就会为自己招致祸患。

价直万金者,不待见其物,而好恶可别矣;条枝连抱者,不俟围其木①,而巨细可论矣。

――――

①俟:等待,必要。围:测量树围的粗细。

【译文】

价值万金的东西,不必仔细地观察它,好坏就可以区别开来;枝条有合抱那么粗的树木,不用去围量树干,它的粗细就可以明白了。

善言居室,则靡远不应①;枉直不中②,则无近不离。

――――

①靡远:无论多么遥远。靡,不,无论。

②枉直不中:好人、坏人不分。枉,弯曲。这里指不正直的人。中,恰当。

【译文】

即使住在室内讲的善言,也会使无论多么遥远的人都来响应;如果好人坏人不分,也会使无论多么亲近的人都要逃离。

英儒硕生,不饰细辩于浅近之徒;达人伟士,不变皎察于流俗之中①。

———

①变：通"辨"，分辨。这里引申为显示。皎（jiǎo）：明亮。这里引申为明白、聪慧。

【译文】

杰出的儒者和博学的士人，不会与才学浅近的人去争辩细小的问题；通达的俊才与伟岸的人士，不会在平庸的世俗人中间去炫耀自己的智慧。

可知者，小也①；易料者，少也。

———

①小：指小事。《淮南子·泰族训》："凡可度者，小也；可数者，少也。"

【译文】

那些可以知道的事情，都是一些小事情；容易估算的数字，都是一些小数字。

肤表或不可以论中，望貌或不可以核能①。

———

①核能：验证其能力。核，核实，验证。

【译文】

只看外表有时就无法确定其内在的品德，只看相貌有时就不能证明其实际的能力。

至大有所不能变，极细有所不能夺。

【译文】

最大的事物也有一些地方不能改变，最小的东西也有一些地方不可剥夺。

得意于丘园者,身否而神泰①;役己以恤物者②,形逸而心劳。

———

①否(pǐ):穷困,受苦。泰:安泰,愉悦。

②役己:役使自己的心神。恤物:为身外之物而忧郁。也即为追逐名利而忧愁。

【译文】

在山林田园里自得其乐的人,身体虽然劳苦但心神安逸;役使自己的心神去追逐身外之物的人,身体虽然安逸而心神劳苦。

仁、忍有天渊之绝①,善、否犹有无之觉。

———

①忍:残忍。

【译文】

仁慈与残忍有着上天与深渊之间的差别,善良与凶恶就像存在与不存在给人的感觉那样差距巨大。

用得其长,则才无或弃;偏诘其短①,则触物无可。

———

①偏诘:片面地责备。诘,追究,责备。

【译文】

能够任用人们的长处,那么没有一个人才会被丢弃;片面地责备人们的短处,那么遇到的所有人没有一个值得肯定。

小疵不足以损大器,短疢不足以累长才①。

──────

①短疢(chèn)：小毛病。疢，疾病。

【译文】

小小的瑕疵不足以损害巨大的器物，小小的毛病不足以拖累杰出的人物。

时命不可以力求，遭遇不可以智违。

【译文】

时机与命运不可以靠人力去强行谋求，遭遇好坏也不可以靠智慧去勉强改变。

有用，人之用也；无用，我之用也①。

──────

①无用，我之用也：无可用之处，对自己却是有作用的。古人认为，一个人如果有用，就会被国家所用而受到束缚；如果没用，就会不受束缚而自由自在。《庄子·人间世》："山木，自寇也；膏火，自煎也；桂可食，故伐之；漆可用，故割之。人皆知有用之用，而莫知无用之用也。"

【译文】

有用，就会被别人所使用；没用，对自己却是大的作用。

徇身者①，不以名汩和②；修生者，不以物累己。

──────

①徇身：保护个人生命。徇，谋求。

②汩(gǔ)和：扰乱平和的心境。汩，扰乱。

【译文】

一心保护自身的人,不会为了求名而扰乱了自己的平和心境;注重养生的人,不会因为身外的名利而拖累了自己的健康。

量才而授者,不求功于器外①;揆能而受者②,不负责于力尽③。

———

①器:才华。

②揆(kuí):揣度,揣摩。

③不负责于力尽:在竭尽心力于本职事务之外,不再负有其他责任。

【译文】

根据对方的才能而授予官职的人,就不会要求对方去建立其才能之外的功劳;依据自己的能力去接受职务的人,就不用在竭尽心力于本职事务之外再去负有其他责任。

论珍,则不可以细疵弃巨美;语大,则不可以少累废其多①。

———

①少累:少量的拖累。也即少量的毛病。

【译文】

谈论珍宝的时候,就不能因为有小的瑕疵就抛弃它们的总体美好;谈论伟大事业的时候,就不能因为一些小的毛病而废弃它们的巨大成就。

广譬

澄精神于玄一者①,则形器可忘②;邈高节以外物者③,则富贵可遗。

①玄一：指大道。道家把大道称为"玄""一"或"玄一"。葛洪也接受了这一称呼。《抱朴子内篇·地真》："玄一之道，亦要法也。"

②形器：形体。指自己的肉体。

③外物：置名利于度外。物，身外之物。也即名利。

【译文】

能够在大道的境界中澄清精神的人，他就可以忘却自己的形体；情操高尚以轻视身外名利的人，他就能够抛弃荣华富贵。

粗理不可浃全①，能事不可毕兼。

①浃(jiā)：普遍，周遍。

【译文】

即使非常粗糙的道理人们也不可能完全掌握，即使非常有本事的人也不可能什么都能干。

灵龟之甲，不必为战施；麟角凤爪，不必为斗设。

【译文】

神龟的硬甲，不一定就是为打斗而长的；麒麟的角和凤凰的爪，不一定就是为争斗而生的。

南金不为处幽而自轻①，瑾瑶不以居深而止洁②。志道者不以否滞而改图，守正者不以莫赏而苟合③。

①南金：产于南方的黄金。幽：偏僻之处。

②瑾瑶：两种美玉名。

③苟合：不正当地去迎合世俗。

【译文】

贵重的南金不会因为身处偏僻之处就轻贱自我，洁白的美玉不会因为处于深处就改变自身的高洁。有志于获取真理的人不会因为仕途不畅而改变自己的志向，操守正直的人不会因为无人欣赏而随便去迎合世俗。

钩曲之形，无绳直之影①；参差之上，无整齐之下。

——

①绳直：笔直。绳，木工用来画直线的墨绳。

【译文】

弯弯曲曲的形体，不可能有笔直的影子；上边参差混乱，下边就不可能整齐划一。

猛兽不奋搏于度外①，鹰鹞不挥翮以妄击②。

——

①度外：把握之外。度，限度，能力。

②翮（hé）：鸟的健羽。这里泛指翅膀。

【译文】

猛兽不会在自己的掌控之外去奋力搏杀，鹰鹞也不会挥动着自己的翅膀去胡乱搏击。

覆头者，不必能令足不濡①；蔽腹者，不必能令背不伤。

———

①濡(rú)：沾湿。

【译文】

覆盖住头部的人，不一定能保证让自己的腿脚也不沾湿；遮住腹部的人，不一定能保证让自己的脊背也不受伤。

人才无定珍，器用无常道①。

———

①常道：固定不变的方式。

【译文】

人的才能不可能固定不变地一直受到重视，器物的功用不可能具有固定不变的使用方法。

进趋者以适世为奇①，役御者以合时为妙②。

———

①进趋者：一心出仕为官的人。

②役御者：供人役使的人。御，使用。

【译文】

一心追求仕进的人以适应社会为奇才，供人役使的人以合于时用为美好。

色不均而皆艳，音不同而咸悲；香非一而并芳，味不等而悉美。

【译文】

色彩虽然不同但都同样艳丽，乐声虽然不同但都同样悲哀动人；香味不同但都一样芬芳,味道不同但都一样甜美。

物贵济事,而饰为其末;化俗以德,而言非其本。

【译文】

物品的可贵之处在于它能够对事情具有实际作用,而外表装饰则属于细枝末节;教化世俗靠的是美好的道德,而语言文字不是用来教化的根本。

未有上好谦而下慢,主贱宝而俗贫。

【译文】

没有君主喜好谦逊而臣下却很傲慢,君王轻视金银财宝而百姓却很贫穷的。

事有缘微而成著,物有治近而致远。

【译文】

有时做好微小的事情就能够获取巨大的成功,有时治理好眼前的事情就可以收到长远的效应。

诛贵所以立威,赏贱所以劝善。

【译文】

诛杀显贵者可以建立个人威望,赏赐低贱者可以勉励人们向善。

明君赏犹春雨,而无霖淫之失[1];罚拟秋霜,而无诡时之严[2]。

———

[1]霖淫:过量的雨。三日以上的雨叫做"霖",久雨叫做"淫"。

②诡时：不合时宜。

【译文】

圣明的君主赏赐臣民时就如同春雨润物，而没有雨水过量的失误；惩罚臣民时就好似秋霜杀物，而决无不合时宜的严酷。

得人者，先得之于己者也①；失人者，先失之于己者也。未有得己而失人，失己而得人者也。

——

①先得之于己者也：先要从自身做起。也即先要修养好自己的品德。

【译文】

要想得到别人的拥戴，必须先修养好自己的品德；失去别人的拥戴，一定是因为自己先失去了自己的美德。没有自己品德美好而失去别人的拥戴，也没有自己失去了美德却能得到别人拥戴的。

常制不可以待变化，一涂不可以应无方；刻船不可以索遗剑，胶柱不可以谐清音①。

——

①胶柱：固定住弦柱。《文子·道德》："老子曰：'执一世之法籍，以非传代之俗，譬犹胶柱调瑟。'"

【译文】

固定不变的制度不能够用来应对千变万化的社会，一条道路不可能通向无数的目的地；在移动的船上刻记号无法找到落入水中的宝剑，固定住弦柱就不可能调出和谐清越的音乐。

人有识真之明者，不可欺以伪也；有揣深之智者，不可诳以浅也。

【译文】

具有识别真伪能力的人，不能拿假东西来欺骗他；具有探测深邃智慧的人，不能用浅薄的道理去蒙骗他。

世有雷同之誉，而未必贤也；俗有讙哗之毁①，而未必恶也。

———

①讙(huān)哗：大声喧哗。形容人们异口同声。

【译文】

世人会众口一辞地赞誉某人，然而受到赞誉的人未必就是贤人；众人会异口同声地批评某人，然而被批评的人未必就是坏人。

潜朽之木，不能当倾山之风；含隟之崖①，难以值滔天之涛②。

———

①隟(xì)：同"隙"，缝隙。崖：堤坝。

②值：抵挡，经受。

【译文】

内部腐朽的树木，无法抵挡可以吹倒大山的狂风；有了裂缝的堤岸，难以经受滔天的大浪。

贵远而贱近者，常人之用情也；信耳而疑目者，古今之所患也①。

———

①患：毛病。

【译文】

重视古代的人物轻视现代的人物,这是一般人的情感;相信耳朵听到的事物怀疑眼睛看到的事物,这是古今人们所共有的毛病。

绵驹吞声①,则与喑人为群②;逸才沉抑,则与凡庸为伍。

———

①绵驹:春秋时的善歌者。

②喑(yīn):哑,不能说话。

【译文】

绵驹如果闭口而不出声,那就和哑巴一样;杰出的人才如果被埋没,那就与平庸的人相同。

开源不亿仞①,则无怀山之流;崇峻不凌霄,则无弥天之云。

———

①仞(rèn):古代长度单位。七尺或八尺为一仞。

【译文】

开辟的水源如果没有达到上亿丈之深,那么就不会涌出能够淹没山峰的水流;高耸的大山如果不能够直上云霄,那么就不可能从中飘出满天的云雾。

财不丰,则其惠也不博;才不远,则其辞也不赡①。

———

①赡:丰富。

【译文】

财富不多,那么他所施的恩惠就不会广博;才能不出众,那么他的言辞就不会丰富。

超俗拔萃之德，不能立功于未至之时。

【译文】

具备了出类拔萃的德才，也不能在时机未到的时候就建功立业。

朱绿之藻①，不秀于枯柯；倾山之流，不发乎涸源。

———

①藻：文采。这里指有文采的红花绿叶。

【译文】

色彩斑斓的红花绿叶，不可能茂盛地生长在干枯的树枝上；能够冲倒大山的洪水，不可能发源于干涸的源头。

凡夫朝为蜩翼之善①，夕望丘陵之益，犹立植黍稷、坐索于丰收也②。

———

①蜩（tiáo）翼：知了的翅膀。比喻非常轻微。蜩，蝉，知了。

②立：刚刚。黍稷：两种庄稼名。黍子与谷子。

【译文】

凡夫俗子早晨做了一点蝉翼那么轻微的好事，晚上就盼望能够获取丘陵般巨大的收益，这就好像刚刚种上庄稼，马上就希望得到丰收一样。

沧海扬万里之涛，不能敛山峰之尘①；惊风摧千仞之木，不能拔弱草之荄②。

――――

①敛:收敛,约束。

②荄(gāi):草根。

【译文】

大海能够激扬起万里的波涛,却不能约束山峰上的尘埃;狂风能够吹断千丈高的树木,却不能拔出柔弱小草的根。

坚志者,功名之主也;不惰者,众善之师也①。

――――

①师:师长。这里引申为首要的优点。

【译文】

坚定的志向,是建立功勋获取美名的根本;不懈的努力,是众多长处中的首要优点。

登山不以艰险而止,则必臻乎峻岭矣;积善不以穷否而怨①,则必永其令问矣②。

――――

①穷否(pǐ):穷困潦倒。否,困窘,不得意。

②令问:美好的名声。令,美好。

【译文】

登山时不会因为艰难险阻而停下脚步,就一定能够登上险峻的高峰;积累善行时不会因为自己的困窘生活而怨天尤人,就必然能够获得永久的美名。

播种有不收者矣,而稼穑不可废;仁义有遇祸者矣,而行业不可惰①。

———

①行业：品行与事业。

【译文】

种地的人有时候没有收成，然而种地的事情却不能废弃；仁义之人有时候会遇到灾祸，然而提高仁义德行建立功业却不可懈怠。

金以刚折，水以柔全；山以高陊①，谷以卑安。

———

①陊（duò）：崩塌。

【译文】

金属的东西因为太刚硬而被折断，水凭借着柔和的品性而能保全自我；山峰因为高峻而崩塌，山谷由于低洼而安稳。

一抑一扬者，轻鸿所以凌虚也①；乍屈乍伸者②，良才所以俟时也。

———

①凌虚：飞上天空。

②乍：忽然。引申为有时。

【译文】

翅膀一上一下地扇动着，这是轻捷的鸿雁飞上天空的方法；有时忍受屈辱有时施展抱负，这是优秀人才等待时机建功立业的策略。

微飙不能扬大海之波，毫芒不能动万钧之钟①。

——

①毫芒:毫毛的细尖。芒,草或毛的末端。钧:古代重量单位。三十斤为一钧。

【译文】

小风不可能掀起大海的波涛,毫毛的细尖不可能撞响万钧的大钟。

短唱不足以致弘丽之和①,势利不足以移淡泊之心。

——

①短唱:低劣的歌声。

【译文】

低劣的歌声不足以招致宏大华丽的应和,权势利益不足以改变淡泊名利的思想。

夫云翔者①,不知泥居之洿②;处贵者,鲜恕群下之劳③。

——

①云翔者:在云霄中飞翔的。根据下文,这里指的不是鸟类,而是指在空中摇动的大树枝叶。

②洿(wū):污秽。本句讲的是大树的根部。

③鲜:很少。

【译文】

在空中摇摆的枝叶,不知道扎在土里的根部所承受的肮脏污浊;身居显贵地位的官员,很少能够体谅众多百姓的劳苦。

声希者①,响必巨;辞寡者,信必著。

---

①希:希少。《老子·四十一章》:"大音希声。"

【译文】

声音稀少的,响声必定巨大;言辞很少的,信誉必定卓著。

千羊不能扞独虎①,万雀不能抵一鹰。

---

①扞(hàn):抵御。

【译文】

一千只羊也无法抵御住一只老虎,一万只小鸟也不能抗拒住一只鹰鹞。

庸夫盈朝,不能使彝伦攸叙①;英俊孤任,足以令庶事根长②。

---

①彝伦攸叙:安排好社会的正常秩序。也即治理好国家。彝伦,常理。攸叙,犹言"所叙"。安排社会秩序的方法。攸,所。

②庶事:众多的政务。根长:有根本性的进步。

【译文】

平庸之辈即使站满了朝堂,也无法使社会井然有序;只要杰出的人才一人受到重用,就完全能够让各项政务有根本性的改观。

非分之达,犹林卉之冬华也①;守道之穷,犹竹柏之履霜也②。

———

①卉：草。华：同"花"。

②履霜：经历霜雪的考验。

【译文】

非分得来的富贵荣华，就好像草木在冬天开出的鲜花一样；坚守正道而困窘不堪，就好像青竹翠柏经历了霜雪的考验一样。

风不辍则扇不用，日不入则烛不明，华不堕则实不结①，岸不亏则谷不盈②。

———

①华：同"花"。

②岸：高地，高山。

【译文】

风不停下来扇子就用不上，太阳不落山火把就不用点燃，花朵没有落下果实就结不出来，山峰不亏损山谷就不会被填满。

好荣，故乐誉之欲多；畏辱，则憎毁之情急。

【译文】

如果喜好荣耀，那么喜欢别人赞誉自己的欲望就会因此而多起来；如果害怕耻辱，那么憎恶别人诋毁自己的情绪就会因此而急切产生。

与夺不汩其神者①，至粹者也②；利害不染其和者，极醇者也。

———

①汩（gǔ）：扰乱。

②粹：精华。这里指境界高尚。

【译文】

获得与丧失都不能扰乱他的平静心神的人，是精神境界最高的人；利益与伤害都不能影响他的平和心境的人，是品德最为淳厚的人。

声希所以为大音，和寡所以崇我贵①。

①和寡：能够唱和的人少。

【译文】

因为声音稀少所以能够发出最大的声音，因为能够唱和的人少所以更能显示出自己的难能可贵。

刃利则先缺，弦哀则速绝①。

①弦哀则速绝：琴弦发出的声音清亮悲哀就会很快断掉。绝，断。据说琴弦绷得越紧，发出的声音越发清哀，然而这样的琴弦越容易断掉。

【译文】

刀刃锋利的刀剑先被砍出缺口，声音清亮悲哀的琴弦很快就会断掉。

瑰货多藏，则不招怨而怨至矣；器盈志骄，则不召祸而祸来矣。

【译文】

珍奇的物品收藏得多了，那么不去招怨而怨恨也会自然到来；志得意满傲慢无礼，那么不去惹祸而灾祸也会自然发生。

乐天任命,何怨何尤!

【译文】

乐于接受并听从天命的安排,又有什么值得抱怨又有什么值得责备的呢!

大鹏无戒旦之用^①,巨象无驰逐之才。

——

①戒旦:提醒天亮。也即报晓。

【译文】

大鹏没有报晓的作用,大象没有奔跑追逐的才能。

明暗者,才也,自然而不可饰焉;穷达者,时也,有会而不可力焉^①。

——

①会:机会,机缘。

【译文】

是明智还是愚昧,这属于才能,是自然生成的而不能假装出来;是困窘还是显达,这属于机遇,是需要机缘和合而不能人力强求。

奔骥不能及既往之失,千金不能救斯言之玷^①。

——

①玷:白玉上的斑点。这里比喻语言上的过失、瑕疵。《诗经·大雅·抑》:"白圭之玷,尚可磨也;斯言之玷,不可为也。"

【译文】

即使乘坐飞奔的骏马也无法追回已往的过失,即使花费千金也不能挽回已经说出的错话。

天居高而鉴卑①，故其网虽疏而不漏②；神聪明而正直，故其道赏真而罚伪。

———

①鉴卑：监察着人间。鉴，观察，监察。卑：低处。这里指人间。

②其网虽疏而不漏：网眼看似稀疏而从不遗漏任何东西。《老子·七十三章》："天网恢恢，疏而不失。"

【译文】

上天虽然处于高处却监察着人间的一切，因此天的网眼看似稀疏却从不会遗漏任何东西；天神耳聪目明并且正直，所以他们的原则是奖赏真诚而惩罚虚假。

影响不能无形声以著①，余庆不可以无德而招②。

———

①响：回音。著：出现。

②余庆：很多的福祉。余，多，盛。《周易·坤卦》："文言曰：'……积善之家，必有余庆。'"

【译文】

影子与回音不可能没有形体与声音就独自出现了，盛多的福祉不可能不去积德行善就能够获得。

理尽者不可责有余，一至者不可求兼济①。

———

①一至者：在某一方面有特别造诣的。兼济：事事成功。

【译文】

把自己的道理全部讲尽的人就不可能要求他再讲出更多的东西,在某一方面具有特殊造诣的人不可能要求他事事都能够成功。

洪涛之末,不能荡浮萍;冲风之后,不能飏轻尘①。劲弩之余力,不能洞雾縠②;西颓之落辉③,不能照山东。

―――

①飏(yáng):飘扬,吹起。

②洞:穿透。縠(hú):有皱纹的轻纱。

③西颓:向西落下的太阳。颓,落下。

【译文】

巨大波浪的最后一点力量,无法摇动浮萍;狂风的最后一点力气,不能吹起轻尘。强劲弓弩射出去的箭,到了最后连雾一样的轻纱也无力穿透;西落太阳的余晖,也无法照亮山峰的东面。

山虽崩,犹峻于丘垤①;虎虽瘠,犹猛于豺狼。

―――

①丘垤(dié):小土丘。垤,蚂蚁做窝时堆在洞口的小土堆,又叫做"蚁封""蚁冢"。也用来指小土堆。

【译文】

山峰即使崩塌了,依然比小土堆要高大;老虎即使瘦弱,还是比豺狼要凶猛。

久忧为厚乐之本,暂劳为永逸之始。

【译文】

长期的忧虑劳苦是获得极大欢乐的根本,暂时的辛劳是长久安逸的开始。

观听殊好,爱憎难同。

【译文】

人们的耳目爱好各不相同,感情的爱憎也难以一样。

君子之升腾也①,则推贤而散禄;庸人之得志也,则矜贵而忽士②。

———

①升腾:晋升高位。

②矜贵:夸耀自己的高贵。矜,夸耀。

【译文】

君子身居高位之后,就会举荐贤人而散发自己的俸禄;庸人得志为官之后,就会夸耀自己的高贵而轻视士人。

辞义

知夫至真,贵乎天然也。

【译文】

可知最为本真的东西,其可贵之处就在于是天然形成的。

音贵于雅韵克谐①,著作珍乎判微析理②。

———

①克谐：能够和谐。

②判微析理：分析微妙的道理。

【译文】

清丽音乐的可贵之处在于雅正的声音十分和谐，著书立说的可贵之处在于能够剖析微妙的道理。

何必寻木千里，乃构大厦？鬼神之言，乃著篇章乎？

【译文】

为什么一定要高达千里的寻木，才能够构筑高楼大厦呢？为什么一定要神奇得如同鬼神的语言，才能写入文章呢？

夫才有清浊，思有修短，虽并属文，参差万品。

【译文】

人的才情有清浊之分，人的才思有长短之别，虽然都在著书立说，但是高低好坏却有着千差万别。

五味舛而并甘①，众色乖而皆丽。近人之情②，爱同憎异，贵乎合己，贱于殊途。

———

①舛：不同。

②近人：思想浅近的人。

【译文】

各种味道相互不同但都很甘美适口，各种颜色彼此有异但都很艳丽悦目。思想浅近者的感情，就是喜爱与自己相同的而讨厌与自己不同的事物,看重与自己相合的,而轻贱与自己不合的。

振翅有利钝①,则翔集有高卑;骋迹有迟迅,则进趋有远近。

———

①利钝:这里指飞翔能力的高低。

【译文】

展翅飞翔的能力有大小之分,那么它们的飞翔就有了高低的不同;奔驰的速度有快慢的区别,那么它们的前进道路就有了远近的差别。

古诗刺过失,故有益而贵;今诗纯虚誉,故有损而贱也。

【译文】

古代的诗歌批评人们的过失,因此有益于社会而受到了重视;现在的诗歌完全是对别人的虚浮赞美,因此有害于社会而受到了轻视。

循本

莫或无本而能立焉。是以欲致其高,必丰其基;欲茂其末,必深其根。

【译文】

没有任何事物能够失去了根本而还可以存在。因此想要使山峰变得高大,必先使它的基础丰厚;想要使树木的枝叶茂盛,必先加深它的根基。

圣贤孜孜,勉之若彼;浅近跻跻①,忽之如此。

———

①浅近：指思想浅薄的人。骄骄（jiǎo）：傲慢放纵的样子。

【译文】

圣贤们孜孜不倦，是那样勤奋地修养自己的德才；思想浅薄的人傲慢放纵，是如此忽略对个人德才的培养。

应嘲

君臣之大，次于天地。思乐有道，出处一情①。

———

①出处：出仕与隐居。

【译文】

君臣之间关系的重要性，仅次于天地。无论忧思还是快乐都要合乎正道，无论是出仕还是隐居感情上都应一致。

何必身居其位，然后乃言其事乎！

【译文】

为什么一定要身居其位，然后才谈论其事呢！

夫制器者，珍于周急，而不以采饰外形为善；立言者，贵于助教，而不以偶俗集誉为高①。

———

①偶俗：迎合世俗。

【译文】

制造器具的人，看重的是这些器具能够解决急用，而不是以外表彩绘得漂亮为美好；著书立说的人，看重的是这些学问有助于社会教化，而不是以迎合世俗获取荣誉为高妙。

喻蔽

两仪所以称大者[①]，以其函括八荒、缅邈无表也[②]；山海所以为富者，以其包笼旷阔、含受杂错也。

———

①两仪：指天地。

②八荒：八方荒远的地方。指整个天下。缅邈：辽阔的样子。无表：无外，无边无际。

【译文】

天地之所以被称为广大，是因为它们能够包容整个天下，是那样的辽阔无边；山岳大海之所以如此富饶，是因为它们的涵容与广阔，能够容纳各种各样的不同东西。

雷霆之骇，不能细其响[①]；黄河之激，不能局其流；骐骥追风，不能近其迹[②]；鸿鹄奋翅[③]，不能卑其飞。

———

①响：回音。

②近其迹：跑的路程很短。

③鸿鹄：两种鸟名。大雁与天鹅。

【译文】

令人震惊的雷霆，不能使自己的回音变得细微；汹涌奔腾的黄河，不能限制自己的洪流；能够追上风速的骏马，不能缩短自己的奔驰路程；展翅奋飞的鸿鹄,不能降低自己的飞翔高度。

云厚者雨必猛,弓劲者箭必远。

【译文】

云层浓厚下的雨必然猛烈,弓弩强劲射出的箭肯定遥远。

玉以少贵,石以多贱。

【译文】

玉因为稀少而珍贵,石因为太多而低贱。

言少,则至理不备;辞寡,即庶事不畅。

【译文】

语言太少,至高的道理就无法阐述全面;词汇太贫乏,众多的事物就无法描述充分。

五材并生而异用①,百药杂秀而殊治②。

———

①五材:五种物质。指金、木、水、火、土。

②秀:茂盛。

【译文】

五种物质同时产生而用途不同,各种药草全都生长茂盛但药效各异。

音为知者珍,书为识者传。

【译文】

乐曲被知音的人所珍惜,书籍被认识其价值的人所流传。

百家

正经为道义之渊海，子书为增深之川流。

————

①正经：正统的经典。主要指儒家的正统经典。

【译文】

正统的儒家经典好比是包含道义的深广大海，那么诸子著作就是能够增加大海深度的河流。

犹彼操水者，器虽异而救火同焉；譬若针灸者，术虽殊而攻疾均焉。

【译文】

这就好像那些运水的人一样，虽然他们所使用的器具不同而能够救火的作用却是相同的；还好像针灸治病那样，虽然各自所使用的方法不同而治疗疾病的效果却是同样的。

文行

德行者，本也；文章者，末也。

【译文】

德行，是根本；文章，是末节。

弹祢

犹枭鸣狐谨，人皆不喜，音响不改，易处何益？

①枭（xiāo）：猫头鹰。古人以为是不祥之鸟。讙（huān）：大声呼叫。

【译文】

这就好比猫头鹰的叫声和狐狸的叫声一样，人人都不喜欢，如果它们不改变自己的叫声，即使改变一个地方居住又有什么益处呢？

诘鲍

乾坤定位，上下以形。

【译文】

天地的位置固定以后，上下的关系也因此而形成。

贵贱有章，则慕赏畏罚；势齐力均，则争夺靡惮①。

①靡惮：肆无忌惮。靡，无。

【译文】

有了高贵与低贱的制度，人们就会向往赏赐而畏惧惩罚；如果人们势均力敌，那么争夺起来就会肆无忌惮。

备物致用，去害兴利。

【译文】

他们备齐了各种事物以供人们使用，消除了各种祸害以兴办有利的事情。

夫有欲之性，萌于受气之初；厚己之情①，著于成形之日。

———

①厚己:厚待自己。类似我们今天说的自私。

【译文】

人有欲望这种本性,产生于最初获得阴阳二气的时候;人们厚待自己的情感,形成于身体成形之时。

盖我清静①,则民自正;下疲怨,则智巧生也。

———

①我:代指统治阶级。

【译文】

大概是只要统治者做到了清静无为,而百姓自然而然就会品德端正;如果下边的百姓疲惫怨恨,那么智谋巧诈的事情就会产生。

民有所利,则有争心。富贵之家,所利重矣。

【译文】

百姓遇到可以获利的东西,就会产生争夺之心。富贵的人家,所看重的利益则更为重大。

网疏犹漏,可都无网乎?

【译文】

网眼稀疏了尚且会有漏网之鱼,怎么可能完全不要网呢?

蜘蛛张网,蚤虱不馁①;使人智巧,役用万物,食口衣身,何足剧乎!

---

①馁（něi）：饥饿。

【译文】

蜘蛛尚且知道张网捕食，跳蚤虱子也能够填饱自己的肚皮；人们使用自己的智慧，役使着世上的万物，吃饱穿暖，怎么会有困难呢！

岂可以一蹶之故①，而终身不行。

---

①蹶：跌倒。

【译文】

怎么能够因为一次跌倒的缘故，而一辈子都不再走路了。

王者，临深履尾，不足喻危。

【译文】

做君主的人，即使用面临深渊踩上虎尾一类的事情，也不足以比喻他们所处的危险境地。

夫王者德及天，则有天瑞；德及地，则有地应①。

---

①地应：大地有祥瑞作为回应。

【译文】

帝王的美德如果能够上达于天，那么上天就会出现祥瑞；美德如果能够下及于地，那么大地就会出现吉兆。

夫见盈丈之尾，则知非咫尺之躯；睹寻仞之牙，则知非肤

寸之口。

【译文】

看到一丈长的尾巴,就知道它的身躯不只一尺左右;看到七八尺长的牙齿,就知道它的嘴巴不只一寸大小。

兕之角也①,凤之距也②,天实假之③,何必日用哉!

————

①兕(sì):动物名。即犀牛。

②距:爪子。

③假:借给,赋予。

【译文】

犀牛的角,凤凰的爪,确实是上天赋予它们的,但又何必每天都去使用它们呢!

苟无可欲之物,虽无城池之固,敌亦不来者也。

【译文】

如果没有可以勾起人们欲望的东西,那么即使没有坚固的城池,敌人也不会前来进攻。

夫可欲之物,何必金玉? 锥刀之末,愚民竞焉。

【译文】

能够勾起欲望的东西,何必一定就是金玉呢? 即使锥刀尖那样小的一点利益,愚蠢的百姓也会争抢的。

知止

祸莫大于无足,福莫厚乎知止。

【译文】

最大的灾难就是不知满足,最大的福气就是懂得适可而止。

不避其祸,岂智者哉!

【译文】

不能避开灾祸,怎么能够算得上是明智之人呢!

吉凶由人,可勿思乎? 逆耳之言,乐之者希。

【译文】

是吉祥还是凶险全掌握在个人手中,对此能够不用心考虑吗? 逆耳的言语,爱听的人很少。

情不可极,欲不可满。达人以道制情,以计遣欲。

【译文】

不可以极度地去发泄自己的情感,不可以完全地去满足自己的欲望。通达的人能够用理智控制自己的情感,用各种方法去排遣自己的欲望。

盖知足者,常足也;不知足者,无足也。常足者,福之所赴也;无足者,祸之所钟也①。

———

①钟:聚集。

懂得满足的人，永远是满足的；不懂得满足的人，永远是没有满足的。永远是满足的人，幸福就会来到他的身边；不懂得满足的人，灾难就会聚集在他的身上。

生生之厚^①，杀哉生矣。

①生生之厚：保养生命的办法太过分。第一个"生"为动词，保养。第二个"生"为名词，生命。厚，多。引申为过分。

【译文】

用来养护生命的方法如果太过分了，反而会伤害自己的生命。

盈则有损，自然之理。

【译文】

太盈满了就会减损，这是自然而然的道理。

成功之下，未易久处也。

【译文】

成功之后，是不容易过上安然生活的啊。

夫饮酒者不必尽乱，而乱者多焉；富贵者岂其皆危，而危者有焉。

【译文】

饮酒的人不一定都会变得昏乱，但昏乱的人很多；富贵的人岂能都会遇到危险，但遇到危险的人时有出现。

智者料事于倚伏之表^①，伐木于毫末之初^②。

①倚伏：代指可以相互转化的祸福。《老子·五十八章》："祸兮，福之所倚；福兮，祸之所伏。"

②毫末：毛的尖端。比喻细小的萌芽。毫，长而尖锐的毛。本句比喻在灾难还处于萌芽状态时，就消除它。

【译文】

明智的人在祸福出现之前就能够有所预料，消除灾祸就好像在树木还处于幼芽状态时就把它砍掉。

日中则昃^①，月盈则蚀^②；四时之序，成功者退。

①昃：太阳偏西。

②蚀：亏缺。《周易·丰卦》："象曰：'……日中则昃，月盈则食。'"

【译文】

太阳升到了天空最高处紧接着就会西斜，月亮到了最圆满的时节紧接着就会亏缺；春夏秋冬四季按秩序运行，完成使命的季节就会自动退去。

岂觉崇替之相为首尾^①，哀乐之相为朝暮？

①崇替：盛衰，兴废。崇，兴起。替，衰落。相为首尾：指相互交替出现。

【译文】

他们怎么能够懂得兴盛与衰落互为首尾交替出现，悲哀和欢乐互为朝暮相互跟随？

穷达

夫器业不异,而有抑有扬者,无知己也。故否泰^①,时也;通塞,命也。

———

①否(pǐ)泰:穷达吉凶。"否泰"本为《周易》中的两个卦名,否卦不吉利,泰卦吉利,后遂用"否泰"代指吉凶。

【译文】

人的才能学识和从事的事业没有区别,有的人受到了压抑有的人却飞黄腾达,这是因为受压抑者没有遇到知己的人。因此是困窘还是安泰,靠的是时机;是顺利还是受阻,凭的是命运。

可珍而不必见珍也^①,可用而不必见用也。

———

①见珍:被珍视。见,被。

【译文】

值得珍视的宝物不一定就会受到珍视,值得重用的人才不一定就会受到重用。

悬象不丽天^①,则不能扬大明灼无外^②;嵩、岱不托地^③,则不能竦峻极概云霄^④。

———

①悬象:指悬挂于天空的日、月、星辰。丽:依附。

②扬大明:施放出自己的光明。无外:无边无际。也即整个天地之间。

③嵩、岱：嵩山、泰山。泰山又称岱岳。

④概：与……一样高，等齐。

【译文】

日、月、星辰如果不依附于上天，那么就不能够施放出自己的光明普照天地之间；嵩山、泰山如果不依托于大地，那么就不能够高耸入云。

丰华俟发春而表艳①，栖鸿待冲飙而轻戾②。

———

①丰华：繁茂的鲜花。华，花。俟：等待，依赖。

②冲飙：自下而上的狂风。戾：到，飞到。这里指飞到天上。

【译文】

繁盛的鲜花必须在春天才能显现自己的艳丽，栖息的鸿雁必须借大风才能飞上天空。

修德而道不行，藏器而时不会①。

———

①时不会：时机不到。会，遇到。

【译文】

修养好了自己的美德却无法推行自己的主张，胸怀着超凡的能力却遇不到施展才华的时机。

瞻径路之远①，而耻由之②；知大道之否③，而不改之。

———

①径路：小路。比喻邪路。远：根据上下文意，"远"字疑为"近"字之误。

②由:通过,走上。

③大道:比喻正道。否(pǐ):不顺利,走不通。

【译文】

看到小路虽然走起来很近,然而耻于走这样的邪路;明知道大道走起来不顺利,然而还是不会放弃这条正道。

小年之不知大年①,井蛙之不晓沧海,自有来矣②。

———

①小年:寿命短的。年,寿命。

②自有来矣:应作"有自来矣"。《四库全书》文溯阁本即作"有自来矣"。有自来矣,由来已久啊。

【译文】

寿命短的不能理解寿命长的,井中的青蛙无法懂得大海,这是由来已久的事情啊。

重言

古人六十笑五十九,不远迷复①,乃觉有以也②。

———

①迷复:迷途知返。

②有以:有道理。

【译文】

古人六十岁的时候嘲笑自己五十九岁时的幼稚,迷途不远趁早返回,现在觉得他们说得很有道理。

夫玉之坚也,金之刚也,冰之冷也,火之热也,岂须自言然后明哉?

【译文】

玉石的坚硬,金属的刚强,冰的寒冷,火的炎热,难道还需要它们自己说明然后别人才能够明白吗?

未若希声以全大音,约说以俟识者矣①。

——

①约说:很少讲话。俟:等待。

【译文】

还不如很少出声以保全最大的声音,尽量少说话以等待未来的知音。

自叙

世人多慕豫亲之好①,推暗室之密②。

——

①豫亲:快乐亲密。豫,快乐。

②暗室之密:指纯属个人的私密。暗室,密室。

【译文】

世上的人们大多喜欢快乐亲密的友好交情,推崇无话不说的私密关系。

受人之施,必皆久久渐有以报之①,不令觉也。非类②,则不妄受其馈致焉。

——

①有以:有办法,想办法。

②非类：不是自己的同类人。

【译文】

接受了别人的恩惠，自己一定要在一个很长的时间里慢慢地想办法报答别人，而且还不让此人觉察到。如果不是自己的同类人，那么就不会随便地接受他的馈赠。

未尝论评人物之优劣，不喜诃遣人交之好恶。

【译文】

不曾评论过别人的优劣，也不喜欢批评别人交往的好坏。

永惟富贵可以渐得①，而不可顿合②，其间屑屑③，亦足以劳人。

——

①永惟：一直觉得。惟，思考，觉得。

②顿：突然；很快。

③屑屑：琐碎烦杂的样子。也可理解为劳碌不安的样子。

【译文】

自己一直觉得荣华富贵可以慢慢得到，而不可能突然间获取，而在追求荣华富贵时所遇到的琐碎烦杂的事情，也实在是太拖累人了。

荣位势利，譬如寄客①，既非常物，又其去不可得留也。

——

①寄客：暂时寄宿的外地人。客，外地人。

【译文】

那些荣华富贵，就好像暂时寄宿的外地人，既不是自己所能够永久占有的东西,而且当它离开时也无法挽留。

隆隆者绝,赫赫者灭,有若春华,须臾凋落。得之不喜,失之安悲?

【译文】

地位高贵的人总有倒台的一天,声势显赫的人也会有消亡的时候,就好像春天的鲜花一样,转眼之间就会凋落。因此得到它们时不值得高兴,失去它们时又怎么值得悲哀呢?

悔吝百端^①,忧惧兢战,不可胜言,不足为也^②。

———

①悔吝:灾难。百端:各种各样。

②为:追求。

【译文】

为追求富贵而带来的各种灾难,以及心理上的担忧害怕、战战兢兢,真是一言难尽,富贵实在不值得自己去追求啊。

作文章每一更字^①,辄自转胜^②。

———

①更:更换,修改。

②辄:就。转胜:更胜一筹。

【译文】

撰写文章时每修改一个字,就感到确实更胜一筹。

怨不在大,亦不在小,多召悔吝^①,不足为也。

———

①悔吝:灾祸。

【译文】

仇怨不在于大,也不在于小,都会为自己带来灾难,因此不应该与他人结怨。

惟诸戏,尽不如示一尺之书①。

———

①尽:完全。示:视,看。一尺之书:一尺长的书籍。古代书籍为卷幅,打开一尺长,形容内容很少。

【译文】

我认为参与各种赌博游戏,完全不如阅读一点点书籍。

金楼子

　　《金楼子》，南朝梁元帝萧绎撰。萧绎，字世诚，梁武帝萧衍第七子，初封湘东王。侯景之乱时，手握重兵镇守江陵的萧绎派王僧辩、陈霸先率军平乱，即位称帝，都江陵。后西魏军攻陷江陵，被俘杀。性好读书，藏书达十四万卷，城破时自行焚毁。生平著述极多，但多已散佚。

　　《金楼子》是萧绎最重要的著作，《隋书》、两《唐书》等均著录为十卷，大约到元代尚有全本流传。今世所传六卷本系修《四库全书》时从《永乐大典》中辑出。其书内容博杂，有助于研究梁代社会，且多存周秦古籍之一斑，可资考证。

　　本书选文据中华书局《金楼子校笺》。

戒子篇

夫物速成而疾亡①,晚就而善终。

———

①疾:快速。

【译文】

事物长成得快的灭亡也快,成熟得晚的则有好的结局。

朝华之草,戒旦零落;松柏之茂,隆冬不衰。

【译文】

早上开花的草木,不久就零落了;松柏那样茂盛,即使深冬时节也不衰减。

枚叔有言:"欲人不闻,莫若不言。欲人不知,莫若勿为。"

【译文】

枚乘说过:"要想别人听不到,没有比不说更好的了。要想别人不知道,没有比不做更好的了。"

子夏曰:"与人以实,虽疏必密;与人以虚,虽戚必疏。"

【译文】

子夏说:"以真心实意跟人交往,即使关系生疏也一定会变得亲密;以虚情假意跟人交往,即使关系亲密也一定会变得生疏。"

立言篇上

人之为行,不可不恒。

【译文】

为人行事,不能没有恒心。

溺于情者,忘月满之亏;在乎道者,知日损之为贵①。

———

①"在乎道者"两句:《老子·四十八章》:"为学日益,为道日损。损之又损,以至于无为,无为而无不为。"

【译文】

沉溺于情感的人,忘记了月满就会亏损;在乎道理的人,知道每天减损是可贵的。

镌金石者难为力,摧枯朽者易为功。

【译文】

在金石上镌刻的人难以用力,摧毁枯枝朽木的人容易成功。

智者之谋,万有一失;狂夫之言,万有一得。

【译文】

智者的谋略,也有万分之一的失误;狂者的言论,也有万分之一的正确。

君子当去二轻,取四重。言重则有法,行重则有德,貌重则有威,好重则有观。言轻则招罪,貌轻则招辱。

【译文】

君子应当消除"两轻",做到"四重"。言语庄重就有法度,行为庄重就有德行,相貌庄重就有威严,爱好庄重就会被瞻仰。言语轻浮就会招致罪过,相貌轻浮就会招致耻辱。

驰光不留,逝川倏忽;尺石为宝,寸阴可惜。

【译文】

飞驰的时光不会停留,飞逝的流水倏忽而过;直径一尺的玉石是宝贝,一寸光阴都值得珍惜。

治国须如治家,所以自家刑国^①。

————

①刑:通"型",典范。

【译文】

管理国家就像管理家庭一样,所以要从家庭开始为国家树立典范。

见善则喜,闻恶则忧,民之情也。

【译文】

见到善的就高兴,听说恶的就忧愁,这是人之常情。

日月不齐光,参辰不并见^①,冰炭不同室,粉墨不同橐^②。

————

①参(shēn)辰:参星和辰星(也叫商星),一在西,一在东,出没各不相见。

②粉墨:化妆用的白粉和黛墨。橐(tuó):装东西的袋子。

【译文】

日月不会同时光亮,参星辰星不会同时出现,冰炭不能放在一起,粉墨也不能装在一个袋子里。

鉴镜则辨形,鉴人则悬知善恶。

【译文】

照镜子就能看清形貌,以人为镜就能让我们明白善恶。

蒿艾有火①,不烧不燃;土中有水,不掘无泉。

———

①蒿艾:即艾蒿,一种野草。

【译文】

蒿艾可以燃烧,但不点火就不会燃烧;土中有水,但不挖掘就找不到泉水。

夫聪明疏通者,戒于太察;寡闻少见者,戒于壅蔽;勇猛刚强者,戒于太暴;仁爱温良者,戒于无断也。

【译文】

聪明通达的人,要防止太苛察;见闻不广的人,要防止被蒙蔽;勇猛刚强的人,要防止太暴虐;仁爱温良的人,要防止没有决断。

富贵不可以傲贫,贤明不可以轻暗。

【译文】

富贵的人不能对贫穷的人傲慢,贤明的人不能轻视愚暗的人。

立言篇下

金樽玉杯,不能使薄酒变厚;鸾舆凤驾,不能使驽马健捷。

【译文】

金玉做的酒杯,也不能使薄酒的味道变得醇厚;装饰华丽的宫廷车乘,也不能让驽马变得矫健快捷。

千里之路,不可别以准绳;万家之邦,不可不明曲直。

【译文】

长达千里的路途,不可用绳子来校正;一万户人家的邦国,却不能不分清是非曲直。

失火而取水于海,海水虽多,火必不灭矣,远水不可救近火也。

【译文】

失火后到海里取水来灭,海水虽然很多,但火一定灭不了,因为远水救不了近火。

夫翠饰羽而体分,象美牙而身丧,蚌怀珠而致剖,兰含香而遭焚,膏以明而自煎,桂以蠹而成疾,并求福而得祸。

【译文】

翠鸟因为羽毛漂亮而导致身体被剖分,大象因为象牙美丽而导致身体被消灭,蚌因为藏着珍珠而导致被剖开,兰草因为含有香气而导致被焚烧,油膏因为可以照明而被煎烧,桂树因为蠹虫而生病,都想求福却得了祸。

指水不能赴其渴,望冶不能止其寒①。

———

①冶:此指冶炼金属用的熔炉。

【译文】

指着水并不能减轻口渴,望着熔炉也不能减轻寒冷。

雨以时降则谓之甘,及其失节则谓之苦。

【译文】

按照时令下的雨是甘霖,等到它失去了节制就成了苦雨。

君子之用心也,恒须以济物为本,加之以立功,重之以修德,岂不美乎?

【译文】

君子的用心,永远要以救助世人为本,如果再能建立功业,又能修养德行,那不是很好吗?

夫水澄之半日,必见目睫;动之半刻,已失方圆。静之胜动,诚非一事也。

【译文】

水如果沉淀半天,一定清得可以照见眼睫毛;如果搅动它,只要半刻,就浑浊得连方圆都照不出来了。静比动更好,确实不止这一件事啊。

著书篇

平路康衢①,从容之道进;危途险径,忠贞之节兴。

———

①衢（qú）：大路。

【译文】

在平坦的康庄大道上，就会有从容不迫的人走来；在危险的路途中，就会有忠贞节烈之士出现。

登平路者易为功，涉险途者难为力。

【译文】

走在平坦大路上的人容易成功，走在艰险路途中的人难于用力。

从容之用，代不乏人；忠贞之概，时难屡有。

【译文】

从容不迫的姿态，每个时代都不缺人；忠贞不悔的气概，时局艰难时也屡屡出现。

杂记篇

形动则影动，声出则响应。

【译文】

身形一移动，身影就会移动；声音一发出，就会有回声响应。

大器不可小用，小士不可大任。

【译文】

大器不能用来干小事，小士不能用来承当大任。

刘
子

　　《刘子》，又名《刘子新论》。其作者长期存在争议，《隋
书·经籍志》未载作者姓名，《旧唐书·经籍志》《新唐书·艺文
志》皆作刘勰。宋晁公武以至近代学者杨明照、余嘉锡等，认为
《刘子》为南北朝时北齐刘昼所作。

　　《刘子》属杂家类著作，全书共十卷五十五篇，综论修身治国
之要，以儒道互补的思想倾向杂糅以法、名、兵、农等各家学说精
神，以探求养性修身、强国富民之旨。《刘子》广泛征引《吕氏春
秋》《淮南子》《说苑》《史记》《汉书》等文献，结合前人论述，阐释著
者的思想主张。该书是唐以前保存最为完好的杂家类著作，亦被
称为"北朝子书之最优秀者"。

　　本书选文据中华书局《新编诸子集成·刘子校释》。

清神章

恬和养神①,则自安于内;清虚栖心②,则不诱于外。

———

①恬和:恬静平和。

②清虚栖心:清虚栖于心。谓内心清虚。

【译文】

恬静平和地调养精神,就会使自己内心安宁;清虚存于内心,便不会受到外物的诱惑。

防欲章

林之性静,所以动者,风摇之也;水之性清,所以浊者,土浑之也;人之性贞,所以邪者,欲眩之也①。

———

①眩:迷惑,迷乱。

【译文】

树林的本性是安静,之所以摆动,是风使之摇荡;水的本性是清净,之所以脏污,是土使之浑浊;人的本性是坚贞,之所以邪恶,是欲望使之迷乱。

将收情欲,必在脆微①。

———

①脆微:指情欲初发之时。

【译文】

要收敛情欲,一定要在初发之时。

韬光章

古之有德者,韬迹隐智①,以密其外;澄心封情②,以定其内。内定则神府不乱③;处密则形骸不扰。以此处身,不亦全乎?

———

①韬迹:隐藏踪迹。

②澄心:使内心清静。封情:收敛情感。

③神府:精神所居之处。

【译文】

古代有德行的人,埋没形迹、隐藏智慧,以对外界隐匿;清净内心、收敛情感,以安定自身。自身安定就会使精神没有烦乱,对外隐匿就会使形体不受惊扰。以这样的方式来居处世间,不是可以保全生命吗?

崇学章

未有不因学而鉴道①,不假学以光身者也。

———

①鉴:明察。

【译文】

没有不通过学习而明察大道,不借助学问而名显于世的人。

沿浅以及深,披暗而睹明。

【译文】

在学习中,经过浅显才可以到达深刻,驱散黑暗才可以看见光明。

为山者基于一篑之土①，以成千丈之峭；凿井者起于三寸之坎②，以就万仞之深③。

———

①篑（kuì）：盛土的筐。

②坎：坑。

③万仞：形容极深。仞，古代长度单位。

【译文】

堆土成山的人是以一筐土为基础，才形成千丈的峭壁；凿井的人是从三寸的坑开始，才形成了万仞的深度。

悬岩滴溜①，终能穴石②；规车牵索③，卒至断轴。水非石之钻，绳非木之锯，然而断穴者，积渐之所成也。

———

①滴溜：液体一滴一滴地下坠。

②穴：穿透。

③规车：车轮。这里代指车子。索：绳子。

【译文】

陡峭的山崖向下滴水，终能穿石成穴；用绳索拉动车子前进，最终导致车轴被磨断。水滴并非可以穿石，绳索并非可以锯木，然而木轴被折断、石头被穿透，都是渐渐积累才形成的。

耳形完而听不闻者①，聋也；目形全而视不见者，盲也；人性美而不监道者②，不学也。

———

①完：完整无损。

②监:通"鉴",明察。

【译文】

耳朵完整却听而不闻,是失聪;眼睛健全却视而不见,是失明;人的本性美好却不明察道理,是因为不学习。

履信章

信者,行之基,行者,人之本。人非行无以成,行非信无以立。

【译文】

诚信,是行为的根基,行为,是做人的根本。人没有行为就不会做成事,行为中没有诚信就无以立足。

虽欲为善而不知立行,犹无舟而济川也①;知欲立行而不知立信,犹无楫而行舟也②。

———

①济:渡。

②楫(jí):船桨。

【译文】

虽然想要行善却不知道端正自己的行为,就好像没有船而想过河;知道要端正行为却不知道树立诚信,就好像没有桨而要行船。

君子知诚信之为贵,必抗信而后行①。指麾动静②,不失其符③。以施教则立,以莅事则正④,以怀远则附,以赏罚则明。

———

①抗信:犹言举信。

②指麾:同"指挥",发令调遣。

③符:法度,法则。

④莅(lì)事:临事。

【译文】

君子懂得诚信的可贵,一定会先举信而后行事。言行举止,不失法度。以诚信施行教化就可以立人,面对事情就可以端正,用来安抚远方的人就可以使之归附,用来实行奖赏和惩罚就可以分明。

思顺章

忠孝仁义,德之顺也;悖傲无礼①,德之逆也。顺者福之门,逆者祸之府②。

———

①悖傲:狂悖傲慢。

②府:聚集之处。

【译文】

忠孝仁义是顺应品德的,傲慢无礼是违逆操守的。顺应是福气产生之门,违逆是祸害所出之处。

循理处情,虽愚蠢可以立名;反道为务,虽贤哲犹有祸害。

【译文】

顺应规律来处理感情,即使愚蠢的人也可以树立好的名声;违反道义来做事,即使圣贤也可能招致祸害。

贵农章

民恃衣食,犹鱼之须水;国之恃民,如人之倚足。鱼无水,则不可以生;人失足,必不可以步;国失民,亦不可以治。

【译文】

民众依赖衣服和食物,就像鱼需要水一样;国家依靠民众,就像人依赖脚一样。鱼没有水,就不能生存;人失去脚,就不能行走;国家失去民众,也就无法治理。

其耕不强者,无以养其生;其织不力者,无以盖其形。衣食饶足①,奸邪不生,安乐无事,天下和平。

———

①饶足:富足。

【译文】

耕作不用力,就没有供养生命的物品;纺织不用力,就没有用来遮盖形体的衣物。衣食富足,奸诈邪恶的事情就不会发生,快乐地生活而相安无事,天下才会太平安宁。

爱民章

人饶足者,非独人之足,亦国之足也;渴乏者①,非独人之渴乏,亦国之渴乏也。

———

①渴乏:口干困乏。这里指贫穷、贫乏。

【译文】

民众富足并非只是自己富足,也是国家的富足;百姓贫穷并不只是个人的贫穷,也是国家的贫穷。

荐贤章

峻极之山[1],非一石所成;凌云之榭[2],非一木所构;狐白之裘[3],非一腋之毳[4];宇宙为宅,非一贤之治。

————

①峻极:谓极为陡峭、险峻。

②榭:建在高台上的房屋。

③狐白之裘:用狐腋的白毛皮做成的衣服。语本《礼记•玉藻》:"君衣狐白裘,锦衣以裼之。"

④毳(cuì):鸟兽的细毛。

【译文】

高大险峻的山峰,不是一块石头可以堆成的;高耸入云的阁榭,不是一根木头可以构建的;用狐狸白毛制作的裘衣,不是一只狐腋下的毛能够制成的;以整个天下为家,不是一位圣贤能够治理的。

才苟适治,不问世胄[1];智苟能谋,奚妨秕行[2]。

————

①世胄:世家子弟,贵族后裔。

②秕(bǐ)行:犹恶行。秕,本指瘪谷,引申为不良、坏。

【译文】

一个人的才能如果适于治理,便不问他是否是贵族出身;一个人的智慧如果能够用来谋划,又怎么能被他的小节所影响呢?

为国入宝,不如能献贤。

【译文】

为国家进献宝物,不如能进献贤才。

通塞章

处穴大呼,声郁数仞①;顺风长叫,响通百里;入井望天,不过圆盖;登峰眺目,极于烟际。

———

①郁:这里指声音积聚于内,难以传播得很远。

【译文】

处在洞穴大声呼喊,声音只能传播到几仞之内;如果顺着风向高声喊叫,回音会响彻几百里;进入深井仰望天空,天空的大小不超过圆形的井盖;登上高峰极目远眺,会看到云烟渺茫的天边。

遇不遇章

怨不肖者①,不通性也;伤不遇者②,不知命也。如能临难而不慑③,贫贱而不忧,可为达命者矣。

———

①不肖:不成材。

②不遇:不得志,不被赏识。

③慑(shè):恐惧。

【译文】

埋怨自己不成材,是不通晓本性;感伤自己不得志,是不了解命运。如果能够做到面临危难而不恐惧,身处贫贱而不忧虑,就可以成为知晓命运的人了。

妄瑕章

人之情性,皆有细短。若其大略是也,虽有小过,不足以为累;若其大略非也,虽有衡门小操①,未足与论大谋。

———

①衡门小操:指浅薄之术。衡门,横木为门,指简陋的屋舍。语出《诗经·陈风·衡门》:"衡门之下,可以栖迟。"

【译文】

人的性格当中都有微小的缺失。如果大体上正确,即使有小的缺点,也不足以成为负累;如果整体是错误的,即使有些浅薄之术,也不足以与其讨论大事。

适才章

物有美恶,施用有宜,美不常珍,恶不终弃。

【译文】

物品有美好的和丑陋的,使用起来却各有适合的地方,美好的并非永远都显得珍贵,丑陋的也并不是终将被废弃。

均任章

智小不可以谋大,狭德不可以处广。以小谋大必危,以狭处广必败。

【译文】

智慧微小不可以谋划大的事情,品德狭隘不可以居于广阔的地方。用小智慧来谋划大事情必然危险,用狭隘的品德来居于广阔之地必然失败。

慎言章

出言之善,则千里应之;出言之恶,则千里违之。

【译文】

说出来的话好,千里之外都会响应;说出来的话不好,千里之外都会违逆。

身亡不可复存,言出不可复追。

【译文】

身死就不可能复生,话说出去就不可能再追回。

明者慎言,故无失言;暗者轻言,身致害灭。

【译文】

明智的人说话慎重,所以不会出言失当;昏昧的人说话轻率,所以自身招致伤害和毁灭。

礼然后动,则动如春风,人不厌其动;时然后言,则言如金石①,人不厌其言。

——

①金石:金和美石之类。常用来比喻坚固、坚贞。

【译文】

按照礼制做事,那么行为就像春风,人们不会厌恶他的行为;该说话的时候再说话,那么言语就像金石,人们不会厌恶他的言语。

贵言章

面之所以形,明镜之力也;发之所以理,玄栉之功也①,行之所以荣,善言之益也。

——

①玄栉(zhì):黑色的梳篦。

【译文】

脸面之所以能够呈现出来,是明镜的作用;头发之所以能够梳理好,是黑色梳子的功劳;行为之所以荣耀,是听取良言带来的好处。

君子重正言之惠①,贤于轩璧之赠②;乐闻其过,胜于德义之名。

——

①正言:犹善言。

②轩璧:华美的车子与美玉。形容贵重的物品。

【译文】

君子重视良言所带来的好处,胜过赠送自己的轩车和美玉;乐于听到别人指出自己的过失，胜过称述自己的道德信义。

明者纳规于未形①，采言于意表②，从善如转圆，遣恶如仇敌③。

———

①纳规：接纳别人的规劝。

②意表：意外。

③遣恶：犹除恶。

【译文】

明智的人会在事情还没显示迹象时就接受规劝，在意外的情况下随时采纳良言，听取良言就像转动圆形物体一样顺畅，排斥邪恶就像对待仇敌一样无情。

慎隙章

小过之来，出于意表；积怨之成，在于虑外。

【译文】

小过失的到来，常出于意外；怨恨积聚而成，常在考虑之外。

智者，识轻小之为害，故慎微细之危患，每畏轻微，懔懔焉若朽索之驭六马也①。

———

①懔懔(lǐn)焉若朽索之驭六马也：语出《说苑·政理篇》："孔子曰：'懔懔焉如以腐索御奔马。'"懔懔，危惧、戒慎的样子。朽索，腐烂的绳索。六马，古代帝王的车驾用六马。

【译文】

明智的人，懂得轻视小事会造成祸害，所以慎重对待细微之处可能造成的危险和祸患，常常敬畏细微的事情，就好像用腐烂的绳索驾驭帝王的六马车一样小心戒慎。

祸之所伤，甚于邑室，将防其萌，急于水火。

【译文】

祸患所造成的伤害，比城市中房屋的毁灭还要严重，在它萌芽的时候有所防备，比防备凶猛的水火还要紧急。

诚盈章

知进而不知退，则践盈满之危；处存而不忘危，必履泰山之安。

【译文】

只知道前进而不知道后退，就会遇到满而倾覆的危险；身处安宁而不忘记危难，一定会像脚踏泰山一样安稳。

圣人知盛满之难持①，每居德而谦冲②。虽聪明睿智而志愈下③，富贵广大而心愈降，勋盖天下而情愈惕，不以德厚而矜物④，不以身尊而骄民。

———

①盛满：盛极，满盈。

②谦冲：谦虚。

③愈：副词。愈发。

④矜:自负,自夸。

【译文】

　　圣人懂得盛极满盈的现象难以保持,因此常常保有谦虚的美德。越是聪明睿智而心志越发低调,越是富贵广大而心境越发减退,越是功勋显赫于天下而心思越发谨慎,不因为道德深厚而恃才傲物,不因为身份尊贵而对人骄横。

明谦章

　　在贵而忘贵,故能以贵下民;处高而遗高,故能以高就卑。

【译文】

　　身处尊位而忘却尊贵,就能够以尊贵来接近百姓;居处高位而遗忘高位,就能以高位屈就低位。

　　情常忘善,故能以善下物;情恒存善,故欲以善胜人。

【译文】

　　心中常常遗忘自己的优点,所以能够凭借优点虚心对待事物;心中常常存有善良,因而能够以善良超越他人。

大质章

　　生苟背道,不以为利;死必合义,不足为害。

【译文】

　　如果违背道义地生存,便不会得到什么好处;遵守道义而死,也不足以成为危害。

不可以威胁而变其操,不可以利诱而易其心。

【译文】

不要因为被威胁而改变操守,不要因为利益的诱惑而改变思想。

观量章

注思于细者①,必忘其大;锐精于近者②,必略于远。

————

①注思:集中精神思考。

②锐精:犹言锐意专精。

【译文】

过度专注于细小琐碎的事情,必然会忽视宏观方面的事物;过度计较眼前的事情,必定会忽略长远的打算。

仰而贯针,望不见天;俯而拾虱,视不见地。

【译文】

仰起头来穿针,就会看不到天空;俯下身来拾取地上的虱子,就会看不到大地。

利害章

人皆知就利而避害,莫知缘害而见利;皆识爱得而憎失,莫识由失以至得。

【译文】

人们都知道追逐利益而躲避灾祸,却不知道通过灾祸也可以受益;

都知道喜欢得益而憎恶损失，却不知道通过损失也可以有所得。

智者见利而思难，暗者见利而忘患。思难而难不至，忘患而患反生。

【译文】

有智慧的人看到好处就想到可能会发生的灾难，愚蠢的人看到好处却忽略了可能发生的祸患。想到了灾难，灾难不一定到来；忘记了祸患，祸患反而会发生。

祸福章

人有祸必惧，惧必有敬，敬则有福，福则有喜，喜则有骄，骄有祸。

【译文】

人们遇到灾祸必定会恐惧，恐惧必定会心生敬畏，心存敬畏便容易得到好处，得到好处就会欢喜，心中欢喜就容易骄躁，骄躁又容易招致灾祸。

祥至不深喜，逾敬慎以俭身[1]；妖见不为戚[2]，逾修德以为务。

———

[1]逾：更加。

[2]妖：妖异凶险的事。见：同"现"，出现。戚：忧愁，悲哀。

【译文】

吉祥降临却不过分欢喜，而是更加恭敬谨慎地勤俭自身；凶险出现却不忧愁悲哀，而是更把修养德行当作要事。

贪爱章

苟贪小利则大利必亡,不遗小吝则大祸必至。

【译文】

如果贪图小的利益必然会伤害大的利益,不放弃对小事的吝惜就会有大的灾祸降临。

达人睹祸福之机,鉴成败之原,不以苟得自伤^①,不以过吝自害。

①苟得:不应得而得。

【译文】

通达事理的人观察灾祸和幸福的征兆,审察成功和失败的原由,不因为非分的所得而使自己受到伤害,不因为过分的吝惜而使自己遭受灾难。

激通章

居不隐者,思不远也;身不危者,志不广也。

【译文】

不隐居的人,思虑不会深远;不处于危难的人,志向不会远大。

以险而陟^①,然后为贵;以难而升,所以为贤。

①陟(zhì):由低处向高处走。

【译文】

在危险中攀登,然后才显得珍贵;在危难中向上,所以才成为贤者。

惜时章

昔之君子,欲行仁义于天下,则与时竞驰,不吝盈尺之璧,而珍分寸之阴。

【译文】

先代的君子,要在世间施行仁义,就要与时光赛跑,不吝惜直径满尺的璧玉,却珍惜点滴的光阴。

言苑章

信让者,百行之顺也;诞伐者①,百行之悖也。

———

①诞伐:指说话诞妄不经,自以为是。

【译文】

诚信谦让是顺应各种品行的;荒诞虚妄是违背各种品行的。

宿不树惠①,临难而施恩;本不防萌,害成而修慎。是以临渴而穿井,方饥而植禾,虽疾,无所及也。

———

①宿:平时,素常。

【译文】

平时不给予他人好处,面临危难时才施与恩惠;开始的时候不防止祸患的萌生,形成危害时才处世谨慎。这就像口渴时才凿井,饥饿时才种庄稼一样,即使速度快,也没有用处。

农家

氾胜之书

　　《氾胜之书》，西汉氾胜之撰。氾胜之，生平不详，汉成帝时任议郎，曾在关中地区教民耕种，获丰收。该书总结了关中一带的农业生产经验，记述了农作物耕种的基本原则以及播种、栽培、养护的方法。书中所记载的区田法、溲种法等技术，反映了汉代较高的农业生产水平。

　　《汉书·艺文志》著录《氾胜之书》十八篇，《隋书·经籍志》著录二卷，宋代史志多不载，原书或已散佚于唐宋之际。清人马国翰从《齐民要术》《艺文类聚》《太平御览》等文献中辑录佚文，共三千余字，收入《玉函山房辑佚书》。

　　本书选文据石声汉《氾胜之书今释》。

凡耕之本,在于趣时^①,和土^②,务粪泽^③,早锄早获。

——

①趣(qū)时:抓紧时机,赶上时令。

②和土:使土地和解。

③粪:使土地保持肥沃。泽:使土地保持水分。

【译文】

大凡耕种的基本要点,在于赶上时令,使土地和解,保持土壤肥沃、水分充足,及早锄地,及早收割。

得时之和,适地之宜,田虽薄恶^①,收可亩十石^②。

——

①薄恶:指土地贫瘠。

②石:古代容积单位,十斗为一石。

【译文】

赶上合适的时令,配合适宜的土地,即使土地贫瘠,收成也可达到每亩十石。

四民月令

《四民月令》，东汉崔寔撰。崔寔另有《政论》一书，已经选入本书法家类，其生平参见《政论》介绍。

《四民月令》，"四民"指士、农、工、商，"月令"本指王者根据月份安排生产生活的政令（《礼记》中即有一篇《月令》），这里指士农工商等普通人按季节月份安排生产和生活。内容涉及作物种植及食物加工、养蚕及布料加工、住房修治及水利工程、祭祀礼仪活动、生产生活工具收藏修理等诸多方面，是了解东汉时期人民生活及思想观念的重要资料。

本书选文据中华书局《新编诸子集成续编·四民月令校注》。

二月

随节早晏，勿失其适。

【译文】

随着节气的早晚，不要错过合适的时机。

三月

无或蕴财，忍人之穷；无或利名，罄家继富；度入为出，处厥中焉。

【译文】

不要积聚钱财，忍心看着别人受穷；也不要贪图美名，耗光家财去给富人增加财富；根据收入来安排支出，维持在适中的水平。

齐民要术

　　《齐民要术》，北魏贾思勰撰。贾思勰，齐郡益都（今山东寿光）人，曾任高阳太守。

　　《齐民要术》是我国完整保存至今的最早的一部农书。全书共十卷，九十二篇，内容包含谷物、蔬菜、果树、竹木以及各类特种作物的耕作、选育、栽培、养护的方法，畜牧、渔业、酿造以至食品加工、烹饪等方面的技术经验，都概括无遗，堪称一部农业百科全书。

　　本书选文据中华书局三全本《齐民要术》。

序

力能胜贫,谨能胜祸。

【译文】

劳力可以克服贫穷,谨慎可以克服祸患。

勤力可以不贫,谨身可以避祸。

【译文】

勤于劳动可以不穷,谨于立身可以免祸。

智如禹汤,不如尝更①。

———

①尝更:曾经经历过。

【译文】

哪怕你有禹和汤一样的聪明才智,还是不如亲身经历过。

家犹国,国犹家;是以家贫则思良妻,国乱则思良相,其义一也。

【译文】

家庭的经济就好比国家的经济,国家的经济也好比家庭的经济;所以家里贫穷,就希望有一位勤俭持家的主妇;国家乱的时候,就希望有一位公忠体国的宰相,道理是相同的。

舍本逐末,贤哲所非。

【译文】

丢掉生产的根本大计,去追逐琐屑的利钱,贤明的人是不肯作的。

杂说

若昧于田畴^①,则多匮乏。

——

①田畴:本义泛指田地。这里指农业。

【译文】

如果不懂种田的事情,就往往缺乏日用。

悦以使人,人忘其劳。

【译文】

让工作的人心里畅快,就会忘记疲劳。

耕锄不以水旱息功,必获丰年之收。

【译文】

不因为水灾旱灾,就停止耕田锄地,必定可以得到丰年的收成。

种谷

顺天时,量地利,则用力少而成功多。

【译文】

顺随天时,估量地利,可以少用些人力,多得到些成功。

任情返道^①,劳而无获。

———

①返:在此作"反转"解,写成"反"字更合适。

【译文】

要是根据主观,违反天然法则,便会白费劳力,没有收获。

杂说

度入为出^①,处厥中焉。

———

①度(duó):估量。

【译文】

量入为出,守在适中的地方。

夏至先后各十五日,薄滋味,勿多食肥酞^①。

———

①肥酞(nóng):肥腻且口味浓厚。

【译文】

夏至之前和夏至之后的十五天之内,要口味清淡,不要多吃重油和味道过浓厚的食物。

伐木

孟夏之月^①,无伐大树。

———
①孟夏：夏季的第一个月，农历四月。

【译文】

农历四月不要砍伐大树。

货殖

以贫求富，农不如工，工不如商。

【译文】

穷人想发财：种田不如作手艺，作手艺不如把店开。

小说家

燕丹子

《燕丹子》，作者不详，或谓系汉代人所作。记述燕太子丹使荆轲刺秦王的故事，情节与《战国策》《史记》所载略同，但又多了不少荒诞不经的情节。明代胡应麟称其为"古今小说杂传之祖"，今人程毅中先生认为它是现存的唯一一部比较完整的汉人小说。

此书《隋书·经籍志》著录一卷，《新唐书》同，《旧唐书》及《宋史》并作三卷。清修《四库全书》时，从《永乐大典》中辑出，列入存目。后孙星衍据纪昀处钞本刊校补辑，刻有多种版本，以《平津馆丛书》本最精。今有程毅中先生点校本。

本书选文据中华书局《古小说丛刊·燕丹子》。

卷上

丈夫所耻,耻受辱以生于世也;贞女所羞,羞见劫以亏其节也。故有刎喉不顾、据鼎不避者,斯岂乐死而忘生哉! 其心有所守也。

【译文】

大丈夫所羞耻的,是受到侮辱却苟活于世;贞洁女子所羞耻的,是受到劫持而有损节操。所以有刀剑刺喉而不回头、面对沸鼎也不逃避的人,这难道是乐于去死而忘记了生命吗! 这是因为他们心有所守。

快于意者亏于行,甘于心者伤于性①。

———

①性:生命。

【译文】

只求意气痛快就会损害品行,只求内心满足就会伤害生命。

智者不冀侥幸以要功①,明者不苟从志以顺心②。事必成然后举,身必安而后行。故发无失举之尤③,动无蹉跌之愧也④。

———

①要(yāo):求取。

②从(zòng):放纵。

③尤:错误。

④蹉跌:跌倒。这里比喻失误。

【译文】

　　智慧的人不会希望通过侥幸来获取成功，聪明的人不会随便放纵意气来满足心愿。事情必定能够成功然后才会开始做，自身必定能确保安全然后才会行动。所以不会有行动不当的过失，不会有举措失利的惭愧。

卷中

心向意，投身不顾；情有异，一毛不拔。

【译文】

如果志趣相投，就会奋不顾身；如果情感不合，就会一毛不拔。

卷下

　　士无乡曲之誉，则未可与论行；马无服舆之伎，则未可与决良。

【译文】

　　士人如果没有乡里的赞誉，就难以论定他的德行；马没有可以驾车的技能，就难以判断他的优良。

兵家

司马法

《史记·司马穰苴列传》记载齐威王"使大夫追论古者《司马兵法》而附穰苴于其中,因号曰《司马穰苴兵法》"。这部编成于齐威王时期的《司马穰苴兵法》即《司马兵法》,简称《司马法》。

《司马法》是一部兼容了西周、春秋后期、战国中期等不同时代军事思想的兵书。概括而言,其主体内容包括三个部分:其一,"古者《司马兵法》",即西周时期的军法著作;其二,司马穰苴独创的治兵理论;其三,齐威王时"大夫"在追记、阐释"古者"所夹杂表现出来的战国中期的文化理念和军事思想。书中对周代军礼的记述,对"以仁为本""以礼为固""忘战必危"、依法治军等军事文化理念的阐扬,对"轻重""重寡"战略战术范畴的深入研究,均具有重要的研究价值。

本书选文据中华书局三全本《吴子·司马法》。

仁本

古者,以仁为本,以义治之之谓正①,正不获意则权②。权出于战,不出于中人③。

——

①正:指常法,正常的方法。

②不获意:指用仁义方法遇阻而不能达到目的。权:权变,变通,指战争等非常规的方法。

③中人:指思想僵化、不懂权变的人。

【译文】

古时候,人们以仁德为根本,用合乎仁义的方法治国治军,可称之为常法;一旦用常法达不到目的就采用非常规的手段,可称之为权变。权变的手段来自懂得战争效用的人,而不是来自思想僵化的人。

杀人安人,杀之可也;攻其国爱其民,攻之可也;以战止战,虽战可也。

【译文】

如果杀人能使民众安康,那么杀人是可以的;如果进攻一个国家,其目的是爱护该国的人民,那么进攻是可以的;以战争的方式制止战争,即使发动了战争,也是可以的。

仁见亲,义见说①,智见恃②,勇见身③,信见信。

——

①说:同"悦"。喜悦,喜爱。

②恃:倚靠,倚重。

③身：方法，原则，此处指效法。

【译文】

君主仁慈，就会被民众亲近；君主正义，就会被民众喜爱；君主睿智，就会被民众倚靠；君主勇敢，就会被民众效法；君主诚信，就会被民众信任。

内得爱焉，所以守也；外得威焉，所以战也。

【译文】

在国内民众能得到君主给予的仁爱，他们才会愿意守卫国家；在国外民众能察知君主法纪的威严，他们才会拼死投入作战。

不违时①，不历民病②，所以爱吾民也。不加丧③，不因凶④，所以爱夫其民也。

———

①不违时：不违背农时，指不在百姓从事农耕生产时兴兵。

②历：《广雅·释言》："历，逢也。"病：疾疫，流行病。

③丧：丧事，这里指敌国君主的丧期。

④凶：饥凶，饥荒。

【译文】

不违背农时，不在疾病流行时兴兵，这是对我国民众的爱护。不在敌国有国丧时兴兵，也不趁敌国闹灾荒时兴兵，这是对敌国民众的爱护。

国虽大，好战必亡；天下虽安，忘战必危。

【译文】

国家即使强大，若一味好战，就必定灭亡；天下即使安定，若忘记备战，就一定危殆。

争义不争利，是以明其义也。

【译文】

争大义而不争小利，这是用来彰显我军正义的。

知终知始，是以明其智也。

【译文】

能够预见与敌作战的开端与结局，这是用来彰显我军智慧的。

先王之治，顺天之道，设地之宜，官民之德。

【译文】

上古先王治理天下的时候，能做到合乎自然规律，适应地理环境，任用民众中的有德之士当官。

同患同利以合诸侯，比小事大以和诸侯①。

———

①比：亲厚。

【译文】

以共同的利害关系使各地诸侯联合起来，大国亲厚小国，小国敬事大国，国与国之间和睦相处。

凭弱犯寡则眚之①，贼贤害民则伐之②。

———

①眚（shěng）：通"省"，减弱，削弱。

②贼:杀戮,杀害。

【译文】

凡是恃强凌弱、以大侵小的,就削弱他;凡是杀戮贤良、祸害民众的,就兴师讨伐他。

天子之义

虽有明君,士不先教①,不可用也。

———

①士:士庶,人民。先:事先。

【译文】

即使有贤明的君主,百姓如果没有事先接受军事教育,也是不能让他们走上战场的。

德义不相逾,材技不相掩,勇力不相犯,故力同而意和也。

【译文】

德义原则不被逾越,才干技艺者不被埋没,勇猛多力者不敢违命,这样大家就会同心协力、和谐相处了。

国容不入军①,军容不入国,故德义不相逾。

———

①容:指礼仪法规。

【译文】

国中的礼仪法规不用于军中,军中的礼仪法规不用于国中,这样德义原则就不会被逾越。

上贵不伐之士，不伐之士，上之器也。苟不伐则无求，无求则不争，国中之听^①，必得其情，军旅之听，必得其宜，故材技不相掩。

———

①听：治理，断决。

【译文】

君主应珍视不自夸的人才，不自夸的人才，才是君主需要的人才。如果不自夸，就无奢求，如果没有奢求，就不会与人争斗，在朝廷处理政务，必定合情合理，在军队处理军务，必定适宜恰当，这样有才干技艺者就不会被埋没了。

从命为士上赏，犯命为士上戮，故勇力不相犯。

【译文】

对于遵从命令的士兵，将领要给予奖励；对于抗命不从的士兵，将领要实施惩罚，这样勇猛多力者就不敢违命了。

事极修则百官给矣，教极省则民兴良矣^①，习贯成则民体俗矣^②，教化之至也。

———

①省：检查，督察。一曰简明扼要。

②习贯：即"习惯"。

【译文】

各项公事都得到很好地治理整顿，百官就会各尽其责；各种教育工作都得到很好地督察,民众就会普遍向善;行为习惯一旦养成,民众就会依据习俗办事了,这是教育的最大成效。

逐奔不远,纵绥不及。不远则难诱,不及则难陷。

【译文】

追逐败逃的敌兵不能追得过远,追击退却的敌兵不必一定追上。追得不远,就很难被敌诱骗;没有追上,就很难被敌兵伏击。

以礼为固,以仁为胜。

【译文】

以礼治军就能巩固军队,以仁带兵就能取得胜利。

兵不杂则不利[1]。

———

[1]兵:兵器。不杂:指对各种兵器合理搭配使用。

【译文】

对各种兵器如果不能很好地搭配使用,将不利于发挥兵器的威力。

师多务威则民诎[1],少威则民不胜。

———

[1]诎:同"屈",压抑。

【译文】

治军如果过于威严,士卒就会感到压抑而畏惧不安;治军如果缺乏威严,士卒就会难以控制而无法克敌制胜。

军旅以舒为主,舒则民力足。

【译文】

军事行动当以舒缓为主,只有做到了舒缓,士卒才能体力充足。

军旅之固,不失行列之政,不绝人马之力,迟速不过诫命。

【译文】

军队的稳固,体现于不丧失作战队形的部署,不耗尽人、马的体力,行动快慢不超过命令规定的速度。

军容入国则民德废,国容入军则民德弱。

【译文】

军中的礼仪法规用于国中,民众谦逊有礼的品德就会被毁坏;国中的礼仪法规用于军队,士卒尚武刚强的品德就会被削弱。

礼与法表里也,文与武左右也。

【译文】

礼与法互为表里,相辅相成;文与武分列左右,不可偏废。

赏不逾时,欲民速得为善之利也;罚不迁列[①],欲民速睹为不善之害也。

———

①不迁列:不等人走出队列,喻指时间极短。

【译文】

行赏不要越过时限,这是要让民众快速获得做善事的利益;施罚不要等人走出队列,这是要让民众快速看到做坏事的害处。

大捷不赏，上下皆不伐善。上苟不伐善，则不骄矣；下苟不伐善，必亡等矣①。上下不伐善若此，让之至也。

———

①亡等：没有等差，喻指不分彼此，关系融洽。

【译文】

大胜之后不行赏，这样军中上下就都不夸功争誉。君主如果不夸功炫耀，就不会骄傲自满；官兵如果不夸功争誉，就会不分你我，关系融洽。如果上上下下都像这样不夸功争誉，那就表明谦让风气好到了极致。

大败不诛①，上下皆以不善在己。上苟以不善在己，必悔其过；下苟以不善在己，必远其罪。上下分恶若此②，让之至也。

———

①诛：惩罚，责罚。

②分恶：分担过错。

【译文】

打了大败仗以后不加责罚，君主与官兵都认为是自己做得不好。君主如果认为是自己做得不好，就一定会痛悔错误；官兵如果认为是自己做得不好，就一定会远离罪过。如果上上下下都像这样分担过错，那也表明谦让风气好到了极致。

定爵

凡战：定爵位，著功罪①，收游士②，申教诏③，讯厥众④，求厥技⑤。

——

①著:显著,明确。

②游士:说客。

③申:陈述,说明。诏:这里指的是军队的法规。

④讯:询问。厥:其。众:大众,民众。

⑤技:技能,技艺。

【译文】

用兵的原则是:制定军功爵位,明确奖惩法令,收揽各地说客,说明军队法规,征询民众意见,寻求才技之人。

方虑极物①,变嫌推疑②,养力索巧,因心之动③。

——

①方:并列,排列,这里是广泛参考的意思。极物:彻底弄清事物的本质。

②变:改变,这里是排除的意思。推:移去,这里是解决的意思。

③心:这里指民意。

【译文】

广泛参考不同意见,弄清事情的来龙去脉,排除疑虑,解决疑难,积蓄实力,索求巧计,根据民心所向采取行动。

凡战:固众、相利、治乱、进止、服正、成耻、约法、省罚①。

——

①固众:稳固军心。相利:观察地利。相,视,观察。治乱:指整顿军纪,不使混乱。进止:指申明进退原则。服正:听从正确意见。成耻:激发廉耻。约法:使法令简约。省罚:减少刑罚。

【译文】

用兵的原则是:稳固军心,观察地利,整顿军纪,申明进退原则,听从正确意见,激发廉耻,简约法令,减少刑罚。

小罪乃杀①,小罪胜,大罪因②。

①杀:制止。

②因:承袭。

【译文】

发现小罪过就要及时制止,因为如果让小罪过有了胜算,大罪恶就会承袭而来。

顺天、阜财、怿众、利地、右兵①,是谓五虑。顺天,奉时②;阜财,因敌;怿众,勉若③;利地,守隘险阻;右兵,弓矢御,殳矛守,戈戟助。

①顺天:顺应天时。阜财:增多财富。阜,多,丰富。怿众:悦服民众。怿,悦服。利地:意即重视地利。

②奉:信奉。

③若:顺应,顺从。

【译文】

顺应天时、增多财富、悦服民众、重视地利、注重武器装备,这是用兵打仗需要考虑的五件事情。顺应天时,表现在用兵时能信奉自然规律;增多财富,表现在能利用敌人获得物资装备;悦服民众,表现在能勉励士卒的斗志、顺应士卒的愿望;重视地利,表现在能守好狭隘险要之地;重视武器装备,用弓、箭御敌,用殳、矛守阵,用戈、戟辅助。

见物与侔①,是谓两之②。

①侔:齐等,一样。

②两之:指保持双方力量平衡。

【译文】

一旦看到敌人有新型兵器,我军就要造出与之同样的,这叫作保持敌我双方武器装备力量的平衡。

主固勉若,视敌而举。

【译文】

主将要巩固军心,勉励士卒,顺从大家的意愿,观察敌情虚实,伺机举兵攻击。

将心,心也;众心,心也。

【译文】

将帅的心是心,众人的心也是心;上上下下都要将心比心,同心同德。

教惟豫①,战惟节②。

①教:指对士卒的军训。豫:预先,指平时。

②节:法度,法则。

【译文】

士卒训练要在平时进行,对敌作战要遵循军中法则。

将军,身也;卒^①,支也^②;伍^③,指拇也。

———

①卒:春秋时军队的编制,以一百人或二百人为一卒。

②支:同"肢",四肢。

③伍:古代军队编制,以五人为一伍。指拇,大拇指。

【译文】

将军就像人的躯干,卒就像人的四肢,伍就像人的手指。

凡战,智也^①;斗,勇也;陈^②,巧也。

———

①智:一作"权"。

②陈:同"阵",布阵。

【译文】

打仗比的是智谋,格斗比的是勇敢,布阵比的是巧妙。

用其所欲,行其所能,废其不欲不能,于敌反是。

【译文】

让士卒做他们想做的事情,干他们能干的事情,不让他们做那些不想做也做不好的事情,对敌人则反其道而行之。

凡战:有天,有财,有善^①。时日不迁^②,龟胜微行^③,是谓有天。众有^④,有因生美^⑤,是谓有财。人习陈利,极物以豫,是谓有善。

———

①善：善物，指精良的武器装备。

②迁：迁移，这里是错过的意思。

③龟胜：以龟甲占卜获知胜利吉兆。古人用龟甲占卜，根据它烧灼后的裂纹判断吉凶。

④众有：指民众生活殷实富足。

⑤因生美：指国家依靠民众而生财。

【译文】

用兵的原则是：要有天，有财，还要有善。一旦作战时机出现就不能错过，以龟甲占卜获得胜利吉兆，就要隐秘地采取行动，这样就可称作"有天"。民众富足，国家依靠民众而生财，这样就可称为"有财"。士卒军事技术娴熟，掌握战阵之利，这样就可称作"有善"。

人勉及任，是谓乐人①。

———

①乐人：人人乐于战斗。

【译文】

士卒相互勉励，尽职尽责完成作战任务，这样就可称作"乐人"。

大军以固，多力以烦①，堪物简治②，见物应卒③，是谓行豫④。

———

①烦：繁多。

②堪：胜任。简：选拔。

③卒:同"猝",仓促。

④行豫:预先做好准备。

【译文】

军队强大而阵地坚固,兵力充足,人数繁多,选拔称职人才以处理复杂事务,观察敌情以应付突发事变,这样就可称作"行豫"。

凡战:间远①,观迩②,因时③,因财,贵信,恶疑。

——

①间:侦伺,侦察。

②迩:近处。

③因时:意即抓住时机。

【译文】

作战的原则是:打探远处的敌情,观察近处的事态,抓住时机,用好财物,重视诚信,厌恶猜疑。

作兵义,作事时,使人惠。

【译文】

出兵要合乎道义,做事要抓准时机,用人要施以恩惠。

见敌静,见乱暇,见危难,无忘其众。

【译文】

遇敌要沉着冷静,遇乱要从容不迫,遇见危险艰难不要忘记部众。

居国惠以信,在军广以武,刃上果以敏。

【译文】

治国要既施恩又讲信,治军要既宽厚又威严,与敌交锋要既果敢又敏捷。

居国和,在军法,刃上察。

【译文】

治国要和睦团结,治军要法纪严明,交战要明察敌情。

人教厚静乃治,威利章①。

①利:有利,获益。章:显示,彰显。

【译文】

士卒接受训练,养成敦厚、沉静的品性,部队就能治理好;威严的法令获益于充分彰显。

相守义,则人勉;虑多成,则人服。时中服,厥次治①。

①次:次序,秩序。治:整齐,严整。

【译文】

上下恪守道义,就会人人自勉;谋略多能成功,就会人人信服。时人心悦诚服,军队秩序就能严整井然。

进退无疑①,见敌无谋,听诛②。

①疑:疑惑。

②听诛：接受惩罚。诛，责罚。

【译文】

若进退疑惑，遇敌无谋，就要予以惩罚。

灭厉之道：一曰义，被之以信，临之以强，成基，一天下之形，人莫不说，是谓兼用其人①；一曰权，成其溢，夺其好，我自其外，使自其内。

———

①兼用其人：意即使天下之士为我所用。

【译文】

消灭的方法：一是用道义，即以诚信打动人，用军威震慑人，建成王者基业，形成统一天下的态势，人人无不欣喜，这可说是使天下之士为我所用；再者是用权谋，即助长敌人的骄傲自满，除掉敌君喜好信赖的人，我军从外面进攻，派间谍在内部策应。

容色积威，不过改意，凡此道也。

【译文】

主将时而和颜悦色，时而严厉威胁，不过是为了让人改变思想以从善弃恶，这些都是治军的方法。

唯仁有亲，有仁无信，反败厥身。

【译文】

只有仁者才能让人亲近，单有仁爱而没有诚信，反而会让自己失败。

凡人之形①，由众之求，试以名行②，必善行之③。若行不行,身以将之。若行而行,因使勿忘,三乃成章。

———

①形:通"型"。指行为法则,规章,制度。

②试:试行。名:名称,概念。

③行:实际行动。

【译文】

凡是人类的行为法规,都源自民众的要求,要试行一段时间考察法规是否名实相符,法规确定下来以后就必须要求人民妥善执行。如果法规要求做到的,士卒却做不到,将帅就要以身作则,带头做到。如果法规要求的士卒能做到,就可让士卒牢记法规,不能遗忘,经过多次重复执行,规章就形成了。

人生之宜谓之法。

【译文】

凡是符合义理的规章,就可称作法。

凡治乱之道:一曰仁,二曰信,三曰直,四曰一,五曰义,六曰变,七曰专①。

———

①专:指专权,集权。

【译文】

治理纷乱的方法如下:一是仁爱,二是诚信,三是正直,四是统一,五是道义,六是权变,七是集权。

立法①:一曰受,二曰法,三曰立②,四曰疾③,五曰御其服④,六曰等其色⑤,七曰百官无淫服。

————

①法:这里指法令严明。

②立:这里指法规确立不移,不能动摇。

③疾:这里是说执行法规要雷厉风行。

④御其服:意即规定各级军制。

⑤等其色:意即用颜色区分军中等级。

【译文】

建立法制的原则是:一是人人能接受,二是法令严明,三是不能动摇,四是雷厉风行,五是规定各级军制,六是用颜色区分军中等级,七是各级军官按规定着装,不能乱穿。

使法在己曰专,与下畏法曰法。

【译文】

由主将自己随意制定的法规,叫作专一;主将与下属都畏惧遵守的法规,才能叫法。

军无小听,战无小利。

【译文】

军中不要听信小道消息,作战不要贪图小利。

正不行则事专①,不服则法,不相信则一。

————

①专:专制。

【译文】

正常的办法行不通就要采用专制的手段,士卒不服从指挥的就要用法规制裁,互相不信任就要统一认识。

若怠则动之,若疑则变之,若人不信上,则行其不复。

【译文】

如果士卒怠惰就要鼓舞他们的士气,如果士卒心存疑惑就要改变他们的想法,如果士卒不信任上级,就要命令他们执行,不可反复改变指示。

严位

以力久,以气胜;以固久,以危胜;本心固,新气胜①;以甲固,以兵胜。

────

①新气:指士卒的蓬勃锐气。

【译文】

战斗力充沛就能持久,士气旺盛就能取胜;阵地坚固就能持久,陷入危境反能取胜;士卒一心杀敌,军队就能稳固,士卒锐气蓬勃就能取胜;用盔甲来坚固阵地,用武器来杀敌制胜。

舍谨甲兵,行慎行列,战谨进止。

【译文】

军队驻扎时要战备严整,行军时要行列整齐,作战时要进退有序。

敬则慊^①,率则服^②。

———

①慊(qiè):满足,满意。

②率:树立表率,以身作则。

【译文】

将帅能恭敬做事,士卒就会满意;将帅能以身作则,众人就会心服。

上烦轻^①,上暇重。

———

①烦:繁多,繁杂。

【译文】

将帅指令繁杂,就会让人轻视;将帅悠闲沉着,就会让人敬重。

上同无获^①,上专多死^②,上生多疑,上死不胜。

———

①上:指主将。同:阿比,偏袒勾结。

②专:专横。

【译文】

主将偏袒勾结,就会一无所获;主将专横跋扈,就会兵败身亡;主将贪生怕死,就会疑虑重重;主将只会拼死,就会一败涂地。

教约人轻死,道约人死正。

【译文】

用教化来约束人,就会让人不惧死亡;用道德来约束人,就会让人为正义而战。

凡战：若胜、若否、若天、若人①。

———

①若：顺应。

【译文】

作战的原则是：顺应士卒而有制胜气势的，就可出战取胜；顺应士卒却没有制胜气势的，就不战固守；顺应天时，又能顺应人事，就无往不胜。

三军之戒，无过三日；一卒之警，无过分日；一人之禁，无过皆息①。

———

①息：瞬息。

【译文】

对三军下达的诫命，须在三天以内执行；对一支百人小队下达的号令，须在半天内执行；对一个士卒下达的禁令，必须立即执行。

凡大善用本①，其次用末②。执略守微，本末唯权③，战也。

———

①大善：指用兵的最高境界。本：指深奥微妙的谋略。

②末：指作战，如斩将搴旗、攻城略地等。

③权，权变。

【译文】

用兵的最高境界是以深奥微妙的谋略制胜，次一等的境界是靠作战打仗制胜。掌握深奥微妙的谋略，或用本，或用末，随机变通，这就是用兵之道。

三军一人,胜①。

——

①胜:一人,指主帅。

【译文】

军队获胜起决定作用的是主将。

凡众寡,既胜若否。兵不告利,甲不告坚,车不告固,马不告良,众不自多,未获道。

【译文】

　　无论是以少胜多还是以多胜少,都要戒骄戒躁像没有取胜一样。不炫耀兵器锋利,不炫耀盔甲坚固,不炫耀兵车牢固,不炫耀战马优良,众士不夸赞自己的功绩,获得战功就像没有获得一样。

胜则与众分善①。……若使不胜,取过在己。

——

①分善:指与人分享战功。

【译文】

　　打仗胜利了将领要与众人分享战功。……如果不幸战败,就要把过错归于自己。

凡民:以仁救,以义战,以智决①,以勇斗,以信专②,以利劝③,以功胜。

——

①决:决疑,解决疑难问题。

②专:专一,忠诚。

③劝:激励,鼓励。

【译文】

对待士卒的原则是:用仁爱救助他们的困厄,用正义激励他们作战,用智慧为他们解决疑难问题,用勇敢激发他们的斗志,用诚信获取他们的忠诚,用财货激励他们获取战功,用功勋鼓舞他们战胜敌人。

心中仁,行中义①,堪物智也②,堪大勇也,堪久信也。

①中:合乎。

②堪:能,能够。

【译文】

思想要合乎仁爱,行为要合乎道义,能辨明事情的是非,叫有智慧;能承担大任,叫有勇气;能持久获得民心,叫有诚信。

让以和,人自洽。自予以不循,争贤以为人。

【译文】

将领谦让和蔼,与士卒的关系自然就会融洽。犯了错误自己能主动承认,士卒就会争做好事,奋发有为。

击其微静,避其强静;击其倦劳,避其闲窕;击其大惧,避其小惧。

【译文】

攻击兵力微弱而故作镇静的敌人,避开兵力强大而真正镇静的敌人;攻击疲惫不堪的敌人,避开士气安闲、行动敏捷的敌人;攻击非常惧怕我军的敌人,避开小心谨慎的敌人。

孙子兵法

　　《孙子兵法》，相传为春秋时齐国人孙武所著。孙武，曾佐吴王阖庐伐楚，事见《史记·孙子吴起列传》。《史记》载《孙子》十三篇，《汉书·艺文志》著录为八十二篇、图九卷。今存十三篇，后人认为是由魏武帝曹操删减而成。

　　《孙子兵法》首次站在国家政治的高度理性地审视战争，论述了决定战争胜负的基本因素，又主张"不战""慎战"，以最小代价获取最大胜利。《孙子兵法》思想博大深邃，后世兵家的著述，基本都是在《孙子兵法》的思想理论基础上展开的，正如唐太宗李世民所说，"观诸兵书，无出孙武"。它不仅是我国古代军事文化遗产中的瑰宝，在世界军事思想史上也具有崇高地位。

　　本书选文据中华书局三全本《孙子兵法》。

计篇

兵者,国之大事,死生之地,存亡之道,不可不察也。

【译文】

军事学研究是国家的大事,它是关乎百姓死活、国家存亡的一个思想领域,不能不深入考察。

兵者,诡道也。故能而示之不能,用而示之不用,近而示之远,远而示之近。利而诱之,乱而取之,实而备之,强而避之,怒而挠之①,卑而骄之,佚而劳之②,亲而离之,攻其无备,出其不意。

———

①挠:挑逗,激怒。

②佚(yì):安闲,安逸,指军队休整充分。

【译文】

军事领域应以诡诈多变为原则。所以有能力却装作没有能力;要出兵却装作不出兵;进攻的时间或距离近的,要表现出远,反之亦然。以小利诱惑敌人;扰乱敌人而趁乱战胜它;敌人实力强大就严加防备它;敌人兵强气锐就避开它;敌将性躁易怒就要想法激怒他;以卑词或佯败迷惑敌人,使其骄傲轻战;敌人休整充分,就想法使其疲惫;敌人团结和睦,就设法离间它;进攻敌人毫无准备之处,出击敌人毫无意料之地。

多算胜,少算不胜,而况于无算乎!

【译文】

战略筹划周密就有可能取胜,战略筹划不周密就不可能取胜,更何况根本不作筹划呢！

作战篇

其用战也胜，久则钝兵挫锐，攻城则力屈①，久暴师则国用不足②。

———

①屈（jué）：竭，尽。

②暴（pù）：暴露，显露。

【译文】

用兵作战应要求速胜，时间久了部队会疲惫，士气会挫伤，攻城会感到气力衰竭，如果长期让军队在国外作战，那么国家的财政就会紧张。

兵闻拙速，未睹巧之久也。夫兵久而国利者，未之有也。

【译文】

在军事上听说过那种因指挥笨拙而速战失败的，没听说过那种指挥巧妙却将战争久拖不决的。战争拖得很久却对国家有利，这种情况是没有的。

不尽知用兵之害者，则不能尽知用兵之利也。

【译文】

不完全了解用兵的危害，就不会完全懂得用兵的好处。

善用兵者，役不再籍①，粮不三载②。取用于国，因粮于敌③，故军食可足也。

———

①籍：名册，户口册，此处作动词，按名册征发。

②载：运输，运送。

③因：增加，补充。或解为依靠、凭借。

【译文】

善用兵的人，不多次按照名册征发兵役，也不多次运送军粮。武器装备从国内取用，粮草从敌国补充，这样粮草供给就可充足。

杀敌者，怒也；取敌之利者，货也①。

———

①货：指用财货鼓励。

【译文】

要使士卒奋勇杀敌，就要激发他们的仇恨心理；要使士卒夺取敌人的财货，就要给予他们物质鼓励。

兵贵胜，不贵久。

【译文】

战争以速胜为贵，不宜久拖不决。

知兵之将，生民之司命，国家安危之主也。

【译文】

懂得用兵规律的将领，他们既是百姓生死的掌控者，也是国家安危的主宰者。

谋攻篇

凡用兵之法：全国为上，破国次之；全军为上，破军次之；全旅为上，破旅次之；全卒为上，破卒次之；全伍为上，破伍次之。

【译文】

用兵的一般规律是：使敌人城邑完整地向我们投降，我们不战而胜，这是上策，攻破敌人的城邑而取得胜利，这是下策；使敌人的一个军完整地向我们投降是上策，击破一个军则为下策；使敌人的一个旅完整地向我们投降是上策，击破一个旅则为下策；使敌人的一个卒完整地向我们投降是上策，击破一个卒则为下策；使敌人的一个伍完整地向我们投降是上策，击破一个伍则为下策。

百战百胜，非善之善者也；不战而屈人之兵，善之善者也。

【译文】

百战百胜，不算是高明之中最高明的；不经交战而使敌人屈服，才是高明之中最高明的。

上兵伐谋①，其次伐交，其次伐兵，其下攻城。攻城之法，为不得已。

———

①伐：破坏，挫败。

【译文】

最高级的军事手段是挫败敌人的谋略，其次是挫败敌人的外交，再次是挫败敌人的军队，最低级的是攻破敌人的城邑。采用攻打城邑的方法，是出于不得已。

善用兵者，屈人之兵而非战也，拔人之城而非攻也，毁人之国而非久也，必以全争于天下，故兵不顿而利可全，此谋攻之法也。

【译文】

善于用兵的人，使敌军屈服而不靠交战，拔取敌人的城邑而不靠硬攻，毁灭敌人的国家而不靠持久作战，一定要以全胜为策略与天下诸侯竞争，所以不使军队受挫便能保全利益，这就是以智谋攻敌的方法。

用兵之法，十则围之，五则攻之，倍则分之，敌则能战之，少则能逃之，不若则能避之。故小敌之坚，大敌之擒也。

【译文】

用兵的规律是，兵力十倍于敌军就包围它，兵力五倍于敌军就进攻它，兵力两倍于敌军就分散敌人兵力，兵力与敌军相等就要能设奇兵打它，兵力少于敌军就要能避开它，兵力弱于敌军就要能逃避它。所以实力弱小的军队如果固执硬拼，就会被强大的敌人擒获。

将者，国之辅也①。辅周则国必强，辅隙则国必弱。

————

①国：这里指国君。

【译文】

将领是国君的辅佐。辅佐周密，国家就必定强大；辅佐稍有失误，国家就必定变弱。

知胜有五：知可以战与不可以战者胜，识众寡之用者胜，上下同欲者胜，以虞待不虞者胜①，将能而君不御者胜。

---

①虞：事先有准备。

【译文】

可从以下五种情况预测战争胜负：知道可以作战或不可以作战的，能够取胜；懂得兵力多时该如何用兵，兵力少时该如何用兵的，能够取胜；全军上下同心同德的，能够取胜；以自己的有准备对付敌人无准备的，能够取胜；将领有治军能力，而国君能不干预其指挥的，能够取胜。

知彼知己者，百战不殆；不知彼而知己，一胜一负；不知彼不知己，每战必败。

【译文】

如果既了解敌人，又了解自己，那么每次作战都不会有危险；如果不了解敌人，只了解自己，那么就胜负不定，有可能打胜，也有可能打败；如果不了解敌人，也不了解自己，那么每次作战必定失败。

形篇

昔之善战者，先为不可胜，以待敌之可胜。不可胜在己，可胜在敌。故善战者，能为不可胜，不能使敌之可胜。故曰：胜可知，而不可为。

【译文】

过去擅长打仗的将帅，首先做到实力强大而不被敌人战胜，其次等待战胜敌人的时机。不被敌人战胜的关键在于自己不犯错误，能够战胜敌人的关键在于敌人是否出错。所以擅长打仗的将帅，能做到不被敌人战胜，却不能使敌人必然被战胜。所以说，若我军实力强大，胜利是可以预知的,但若仅凭实力强大而敌人却无隙可乘,就不一定能战胜敌人。

不可胜者,守也;可胜者,攻也。守则不足,攻则有余。善守者藏于九地之下,善攻者动于九天之上,故能自保而全胜也。

【译文】

不能战胜敌人,就要采取防御;可以战胜敌人,就要采取进攻。采取防御是由于实力不足,采取进攻是由于实力强大。善于防御的人,将其实力隐蔽得如同藏于深不可测的地下;善于进攻的人,把其兵力调动得如同从云霄之上从天而降,所以既能保护自己,又能取得完全的胜利。

见胜不过众人之所知,非善之善者也;战胜而天下曰善,非善之善者也。故举秋毫不为多力①,见日月不为明目,闻雷霆不为聪耳。

————

①秋毫:鸟兽在秋天新长的细毛,比喻微小的事物。

【译文】

预见胜利时没有超过一般人的见识,这不算是高明中最高明的;通过争锋力战取得胜利,一般人都说好,这也不算高明中最高明的。所以一个人能举起秋毫不能说他力气大,能看见日月不能说他视力好,能听见雷霆之声不能说他听力好。

善战者,立于不败之地,而不失敌之败也。

【译文】

善于打仗的人,首先要让自己立于不败之地,而后不失去任何一个击败敌人的机会。

胜兵先胜而后求战，败兵先战而后求胜。

【译文】

胜利的军队总是先具备战胜敌人的实力，而后才与敌人决战；失败的军队却总是先冒险与敌决战，而后期盼侥幸取胜。

善用兵者，修道而保法，故能为胜败之政。

【译文】

善于用兵的人，需研究兵家之道，确保必胜的法度，才能成为战争胜负的主宰。

势篇

凡治众如治寡，分数是也[①]；斗众如斗寡，形名是也[②]；三军之众，可使必受敌而无败者，奇正是也[③]；兵之所加，如以碬投卵者[④]，虚实是也。

———

①分数：指军队的组织编制。

②形名：指旗帜、金鼓等军队通讯手段。

③奇正：原指阵法中的奇兵与正兵，后引申为特殊战术与常规战术，以及机动灵活、出奇制胜的作战方法。

④碬（xiá）：磨刀石。此处指坚硬的石头。

【译文】

凡是管理大部队如同管理小部队一样容易的，那是因为组织编制的问题处理得好；凡是指挥大部队如同指挥小部队一样容易的，那是因为通讯手段使用得好；凡是指挥三军，可使部队做到即使遭遇敌人攻击也不会失败的,那是因为奇正战术运用得好;军队进攻的效果,如同石头砸鸡蛋一样,那是因为虚实原则使用得当。

凡战者,以正合,以奇胜。故善出奇者,无穷如天地,不竭如江河。终而复始,日月是也;死而复生,四时是也。

【译文】

凡是作战,总是以正兵抵挡敌人,以奇兵取胜。因此,善于出奇制胜的将帅,其战法既像苍天大地一样无穷无尽,又像长江黄河一样奔流不息。结束了又重新开始,就像日月的出没;死亡了又重生,就像春夏秋冬四季的更替。

声不过五,五声之变,不可胜听也。色不过五,五色之变,不可胜观也。味不过五,五味之变,不可胜尝也。战势不过奇正,奇正之变,不可胜穷也。

【译文】

声音不过五种音节,然而五声的变化却多得听不过来。颜色不过五种色素,然而五色的变化却多得看不过来。滋味不过五种味道,然而五味的变化却多得尝不过来。兵力部署与作战方式不过奇与正两种,然而奇与正的变化,却是无穷无尽的。

乱生于治,怯生于勇,弱生于强。治乱,数也[①];勇怯,势也;强弱,形也。

———

①数:即分数,军队的组织编制。

【译文】

示敌混乱,实则组织严整;示敌怯懦,实则英勇无畏;示敌弱小,实则实力强大。严整或混乱的军队管理,取决于它的组织编制水平;勇敢或怯弱的军人士气,取决于战场上的态势;强大或弱小的战斗力量,取决于军队的实力。

善动敌者,形之,敌必从之;予之,敌必取之。

【译文】

善于调动敌人的将帅,制造假象迷惑敌人,敌人必定信从;给敌人一点好处,敌人必定接受而将空虚薄弱之处暴露出来。

虚实篇

凡先处战地而待敌者佚①,后处战地而趋战者劳。故善战者,致人而不致于人。能使敌人自至者,利之也;能使敌人不得至者,害之也。故敌佚能劳之,饱能饥之,安能动之。出其所不趋,趋其所不意。

———

①佚(yì):安逸,闲逸。

【译文】

凡是先到达作战地区而等待敌人的就会安逸,后到达作战地区而仓促应战的就会疲惫。所以善于指挥作战的将帅,能调动敌人而不被敌人调动。能使敌人按照我方意愿而自动到达战区,这是因为敌人受到了利益的诱惑;能使敌人按照我方意愿而无法到达战区,这是因为敌人担心会有祸害。所以敌人安逸,能使它疲劳;敌人饱食,能使它饥饿;敌人安静,能使它骚动。向敌人急行军也无法到达的地方行进,快速到达敌人意想不到的地方。

攻而必取者,攻其所不守也;守而必固者,守其所不攻也。故善攻者,敌不知其所守;善守者,敌不知其所攻。

【译文】

进攻而必能取胜,是因为进攻的是敌人没有防守的地方;防守而必能巩固,是因为防守的是敌人无力攻下的地方。所以善于进攻的军队,敌人不了解该如何防守;善于防守的军队,敌人不知该如何进攻。

进而不可御者,冲其虚也;退而不可追者,速而不可及也。故我欲战,敌虽高垒深沟,不得不与我战者,攻其所必救也;我不欲战,画地而守之,敌不得与我战者,乖其所之也①。

———

①乖:违,相反,指诱导敌人产生错误的思想。

【译文】

部队前进而敌人不能抵御,是因为袭击了敌人的空虚之处;部队撤退而敌人无法追击,是因为行军速度很快而敌人追赶不上。所以我方想要开战,敌人即使有高垒深沟,也不得不与我军作战,是因为进攻了敌人必定要救援的地方;我方不想作战,在地上画出界限便可作为防守之地,敌人也无法与我作战,是因为诱导敌人产生并实施了错误的思想。

形人而我无形,则我专而敌分。我专为一,敌分为十,是以十攻其一也,则我众而敌寡;能以众击寡者,则吾之所与战者,约矣。

【译文】

使敌人暴露形迹，而我方却隐蔽实情，没有显示形迹，这样我方就能集中兵力，而敌人却分散兵力。我军的兵力集中而形成一个合力，敌人的兵力却分散为十，所以就等于是用十倍的兵力攻击敌人，这样我方兵力就多而敌人兵力就少；我方能做到以优势兵力攻击敌人的劣势兵力，那么有能力与我方作战的敌人就少了。

寡者，备人者也；众者，使人备己者也。
【译文】

兵力薄弱，是分兵防备对方的结果；兵力众多，是调动对方分兵防守自己的结果。

知战之地，知战之日，则可千里而会战。
【译文】

能预先了解作战的地点，预先了解作战的时间，那就可以奔赴千里而与敌交战。

胜可为也。敌虽众，可使无斗。
【译文】

胜利是可以取得的。敌人即使众多，也可以分散它的兵力而使其无法与我争斗。

策之而知得失之计，作之而知动静之理，形之而知死生之地，角之而知有余不足之处。

【译文】

通过筹策计算，可以了解敌人计谋的得失；通过触动敌人，可以了解敌人的动静规律；通过有意制造假象，可以了解敌人的优势或薄弱致命之处；通过对敌人的试探性较量，可以了解敌人的强弱之处。

夫兵形象水，水之形，避高而趋下，兵之形，避实而击虚。水因地而制流，兵因敌而制胜。故兵无常势，水无常形。能因敌变化而取胜者，谓之神。

【译文】

用兵打仗的一般情况就像流水，流水的特性，是避开高处而往低处流，用兵打仗的特性，是避开敌人兵力集中而强大的地方，而攻击敌人兵力分散而虚弱的地方。水依据地形的变化而决定着水的流向，军队也要依据敌情的变化而制服敌人取得胜利。所以军队没有固定不变的态势，水也没有固定不变的形态。能根据敌情变化而夺取胜利的人，可称为神。

军争篇

兵以诈立，以利动，以分合为变者也①。

①分合：指兵力的分散与集中。

【译文】

用兵打仗是凭借诡诈手段获得成功的，是依据获利多少来决定是否行动的，处理兵力分散与集中的问题，要根据战场实际采取灵活变通的战术思想。

其疾如风,其徐如林,侵掠如火,不动如山,难知如阴,动如雷震。

【译文】

部队行军迅速犹如急风;行军缓慢则严整不乱如树林;侵略敌国时,就像熊熊烈火般无可阻遏;部队驻守时,就像巍峨山岳般不可动摇;部队的状态如阴云蔽天般难以把握;部队发起冲击时,如雷击般无可躲避。

三军可夺气,将军可夺心。是故朝气锐,昼气惰,暮气归。故善用兵者,避其锐气,击其惰归,此治气者也。以治待乱,以静待哗,此治心者也。以近待远,以佚待劳,以饱待饥,此治力者也。无邀正正之旗①,勿击堂堂之陈②,此治变者也。

——

①邀:阻截,截击,阻击。正正:严整的样子。

②堂堂:壮大的样子。陈:同"阵"。

【译文】

可以使三军士卒失去战胜敌人的锐气,也可以使将军失去战胜敌人的心理意志。在打仗过程中,士气始而锐不可当,继而士气怠惰,终则士气衰竭。所以善于用兵的将领,应避开敌人锐不可当的时候,而在敌人士气衰落时出击,这是掌握了敌我双方士气变化的规律。用自己的严整有序对付敌人的混乱不堪,用自己的安宁镇静,对付敌人的喧哗骚动,这是掌握了敌我双方的心理特点。用自己的近道便捷对付敌人的远途奔波,用自己的安逸对付敌人的疲劳,用自己的饱食对付敌人的饥饿,这是掌握了敌我双方的战斗力情况。不要截击旗帜齐整的敌人,不要攻击军容壮大的敌人,这是采取了灵活变通的战术思想。

九变篇

智者之虑，必杂于利害^①。杂于利，而务可信也^②；杂于害，而患可解也。

——

①杂：掺杂，这里是兼顾的意思。

②务：事情，事物，这里指作战目的。信：通"伸"，伸展，达到。

【译文】

聪明人考虑问题，一定会兼顾有利与有害两方面。在不利的情况下看到有利的一面，作战目的才可达到；在有利的情况下看到有害的一面，祸患才可解除。

用兵之法，无恃其不来，恃吾有以待也；无恃其不攻，恃吾有所不可攻也。

【译文】

用兵打仗的法则是，不要寄希望于敌人不来攻打，而要寄希望于我方的不懈备战；不要寄希望于敌人不来进攻，而要寄希望于我方实力强大敌人无法进攻。

行军篇

凡军好高而恶下，贵阳而贱阴，养生而处实^①，军无百疾，是谓必胜。

——

①养生：指驻扎在水草丰美、便于放牧的地方。实：高。

【译文】

一般说来军队安营扎寨，喜好干爽的高地，厌恶潮湿的低地，重视向阳的地方，避免向阴的地方，在水草丰茂、便于放牧且地势高的地方宿营，军中没有各种疾病流行，这是必胜的重要前提。

兵非益多也，惟无武进，足以并力、料敌、取人而已。夫惟无虑而易敌者，必擒于人。

【译文】

兵力并非越多越好，不可一味迷信武力，轻举妄动，而是要足以做到集中兵力、查明敌情、战胜敌人罢了。既无深谋远虑又一味轻敌的人，一定会被敌人擒获。

地形篇

夫地形者，兵之助也。料敌制胜，计险厄远近①，上将之道也。

————

①险厄：险要。

【译文】

地形是用兵的辅助因素。判断敌情，夺取胜利，考察地形险厄远近，这是贤能之将的用兵原则。

进不求名，退不避罪，唯人是保，而利合于主，国之宝也。

【译文】

进不求功名，退不避罪责，只求保护民众，而且有利于君主，这种将领是国家的珍宝。

视卒如婴儿,故可与之赴深谿;视卒如爱子,故可与之俱死。

【译文】

对待士卒像对待婴儿一样,所以可以与之共赴幽深的河涧山谷;对待士卒像对待爱子一样,所以可以与之一起赴死。

知彼知己,胜乃不殆;知天知地,胜乃不穷。

【译文】

既了解对方也了解自己,就能获胜而不会失败;既了解天时也了解地利,胜利就会无穷无尽。

九地篇

所谓古之善用兵者,能使敌人前后不相及,众寡不相恃,贵贱不相救,上下不相收①,卒离而不集,兵合而不齐。

———

①收:聚集,联系。

【译文】

所谓古代善于用兵的人,能使敌人的部队前后不能相互策应,主力和小部队不能相互依靠,官兵之间不能相互救应,能使敌军上下失去联系,能使敌军的士卒散乱而无法集中,队伍集合起来了却不整齐。

兵之情主速,乘人之不及,由不虞之道①,攻其所不戒也。

①不虞：意料不到。

【译文】

用兵的原则是贵于神速，神速就能趁敌人尚未赶到，从敌人意料不到的路径，攻击敌人不加戒备的地方。

投之无所往，死且不北①；死焉不得？士人尽力。

①北：打了败仗往回跑。

【译文】

将士卒置于走投无路的境地，他们就会死战而不会败逃；士卒死战，哪有不得胜之理？士卒人人尽心竭力。

夫吴人与越人相恶也，当其同舟而济，遇风，其相救也如左右手。

【译文】

吴国人和越国人彼此相互敌视，但是当他们同船共渡的时候，遇上大风，他们也能像左手帮右手一样相互救援。

善用兵者，携手若使一人，不得已也。

【译文】

善于用兵的将领，能使全军携起手来，就像一个人一样齐心，这是客观形势不得已使然。

将军之事，静以幽，正以治。

【译文】

将军处事要做到,冷静而又幽深,公正无私而又善于治理。

投之亡地然后存,陷之死地然后生。

【译文】

把士卒置于危亡之地,这样之后他们才能存活;让他们深陷死地,这样之后他们才能活命。

夫众陷于害,然后能为胜败①。

———

①胜败:偏义词,意即胜利。

【译文】

把兵众陷入危险的境地,士卒就会专心作战,这样才能获胜。

为兵之事,在于顺详敌之意①,并敌一向,千里杀将,此谓巧能成事者也。

———

①顺详:慎密地审察。顺,通"慎"。

【译文】

用兵打仗这种事,在于谨慎地审察敌人的意图,集中兵力攻击敌人的一点,出征千里,杀死敌将,这可称之为巧妙完成作战任务的将领。

始如处女,敌人开户;后如脱兔,敌不及拒。

【译文】

军事行动开始阶段好像未嫁的女子一样沉静柔弱,敌人就会打开门户，放松警惕；然后就像逃脱的兔子一样，迅速出击，敌人就会来不及抵御。

火攻篇

非利不动，非得不用，非危不战。

【译文】

没有好处不要行动，不能取胜不要用兵，没到危急关头不要作战。

主不可以怒而兴师，将不可以愠而致战；合于利而动，不合于利而止。怒可以复喜，愠可以复悦，亡国不可以复存，死者不可以复生。

【译文】

君主不可因一时愤怒而起兵，将帅不可因一时恼怒而出战；符合国家利益就行动，不符合国家利益就停止。愤怒可以重新转为欢喜，恼怒可以重新转为喜悦，但是国家灭亡了就不能再建立，人死了就不能复活。

用间篇

先知者，不可取于鬼神，不可象于事①，不可验于度②，必取于人，知敌之情者也。

———

①象：类比，类推。

②度：度数，指日月星辰运行的位置。

【译文】

若要事先探明敌情，就不可使用求神问卜的迷信手段来获取，不可用类比于其他事物的方法来获取，不可用推验日月星辰运行位置的方法来获取。一定要取之于人，取之于了解敌情的人。

惟明君贤将，能以上智为间者，必成大功。此兵之要，三军之所恃而动也。

【译文】

明智的君主和贤能的将领，能任用智慧超群的人当间谍，必定可以成就伟大的功业。这是用兵的关键，三军都要依靠他们提供的情报来部署军事行动。

吴

子

　　《吴子》，是记述战国初期著名军事家吴起军事思想的兵书经典。吴起，生年不详，卒于公元前381年，卫国左氏（今山东曹县西北）人。历仕鲁、魏、楚等国。其生平事迹见《史记·孙子吴起列传》。

　　《吴子》一书，基本采用的是对话体的撰述方式，围绕"内修文德，外治武备"八字展开，既有思想深邃的"文德"主张，又有丰富多彩的"武备"理念；既有高瞻远瞩的战略思考，也有灵活机动的战术设计。早在战国后期，《吴子》就与《孙子兵法》一起，成为当时影响最大的兵书经典。

　　本书选文据中华书局三全本《吴子·司马法》。

图国

内修文德,外治武备。

【译文】

对内修明政治,对外治理战备。

当敌而不进,无逮于义①;僵尸而哀之,无逮于仁矣。

——

①逮:及,达到。

【译文】

应当与敌作战却不采取军事行动,不算是义;目睹将士的尸骨而哀痛不已,以致丧失了与敌作战的勇气,这不算是仁。

图国家者,必先教百姓而亲万民①。

——

①百姓:春秋前期贵族的通称。万民:指庶民。

【译文】

谋求国家富强的君主,首先一定会教化百姓而亲近万民。

不和于国,不可以出军;不和于军,不可以出陈①;不和于陈,不可以进战②;不和于战,不可以决胜③。

——

①陈:同"阵"。

②进战:指下令作战。

③决胜:取得胜利。

【译文】

国家内部君臣关系不和谐,在这种情况下不可以派军队出征;军队内部将士关系不和谐,在这种情况下不可以部署作战;部队人心不齐,队形不整,在这种情况下不可以下达作战命令;在战斗中军士行动不统一,在这种情况下就不可能取得胜利。

有道之主,将用其民,先和而造大事①。

①造大事:指从事战争。造,从事,进行。大事,指战争。

【译文】

贤明的君主,要想动用民众从事战争,定会首先营造和谐环境,然后才会发动战争。

夫道者①,所以反本复始②;义者③,所以行事立功;谋者,所以违害就利④;要者⑤,所以保业守成。

①道:为先秦时期儒家、道家的重要理论范畴之一,但内涵却各有不同。《吴子》此处的道,应是对儒、道两家"道"论的综合,既有道德思想原则的意思;同时也蕴含了这种思想原则是合乎宇宙运行法则的内涵。

②反本复始:指返回宇宙万物的本源,回归原始人性的善端。反,同"返"。

③义:儒家的重要理论范畴之一,指合乎正义或道德规范。

④违害就利:意即避害趋利。

⑤要:要领,纲领,此处指统治者必须把握的政治上的关键问题。

【译文】

道，是用来返回宇宙万物本源、回归原始人性善端的；义，是用来实行征伐以建功立业的；谋略，是用来避害趋利的；要领，是用来保全国基、守护功业的。

若行不合道，举不合义，而处大居贵①，患必及之②。

————

①处大：指握有大权。居贵：指位居显贵。

②及：到，降临。

【译文】

如果行为与道不合，举动与义不符，却握有大权，位居显贵，灾患必将降身。

圣人绥之以道①，理之以义，动之以礼②，抚之以仁。

————

①绥：安，安抚。

②动：移动，变动，这里是约束、规范的意思。

【译文】

圣人用道来安抚百姓，用义来治理百姓，用礼来规范百姓，用仁来爱抚百姓。

凡制国治军①，必教之以礼，励之以义，使有耻也。夫人有耻，在大，足以战；在小，足以守矣。

————

①制：义同"治"，治理，管理。

【译文】

凡是管理国家治理军队,一定要用礼来教育民众,用义来激励民众,使他们懂得羞耻。民众懂得羞耻了,力量强大,就足以出战;力量弱小,就足以坚守。

战胜易,守胜难①。

———

①守胜:巩固胜利。

【译文】

战胜敌人容易,巩固胜利却很难。

天下战国,五胜者祸,四胜者弊,三胜者霸,二胜者王①,一胜者帝。

———

①王:成就王业。

【译文】

天下征战的国家,五战五胜的会招来灾祸,四战四胜的会国力疲弊,三战三胜的会称霸诸侯,两战两胜的会成就王业,一战一胜的会成就帝业。

数胜得天下者稀,以亡者众①。

———

①以:因为。

【译文】

多次战胜敌人而赢得天下的很少,因此而亡国的却很多。

凡兵之所起者有五①:一曰争名,二曰争利,三曰积恶,四曰内乱,五曰因饥。

———

①起:起因。

【译文】

战争的起因概略而言有五种:一是争名,二是争利,三是有长期积累的仇怨,四是内乱,五是饥荒。

古之明王,必谨君臣之礼①,饰上下之仪②,安集吏民③,顺俗而教,简募良材,以备不虞。

———

①谨:谨慎,慎守。

②饰:修饰,整饰,整顿。

③安集:安抚团结。

【译文】

古代的贤明君主,一定会慎守君臣之间的礼法,整顿上下等级之间的礼仪,团结官吏安抚民众,以顺应习俗为前提教导他们,选拔征募精锐之士,以防备敌人的突然侵袭。

君能使贤者居上,不肖者处下,则陈已定矣。民安其田宅,亲其有司①,则守已固矣。百姓皆是吾君而非邻国②,则战已胜矣。

———

①有司:指官吏。

②是:拥护,支持。非:反对。

【译文】

国君如果能把贤能人士提拔到高位，让没有才能的人居于低位，那么布阵必能安定。国君如果能让百姓安居乐业，亲近管理他们的官员，那么防守必能稳固。百姓如果都认可自己的国君而反对邻国的国君，那么打起仗来一定能够取胜。

世不绝圣，国不乏贤，能得其师者王，得其友者霸。

【译文】

世上的圣人不会断绝，国中的贤人不会缺乏，能得到可以作为老师的人才的君主可以称王，能得到可以作为朋友的人才的君主可以称霸。

料敌

夫安国家之道，先戒为宝。

【译文】

安国保家的方法，最先重视的是要有所戒备。

见可而进，知难而退。

【译文】

发现可以获胜就进军，知道难以获胜就后退。

用兵必须审敌虚实而趋其危。

【译文】

行军打仗，必须明察敌人的虚实，集中兵力攻打敌人的薄弱之处。

治兵

进有重赏,退有重刑。

【译文】

前进杀敌就有优厚奖赏,后退逃跑就有严厉惩罚。

以治为胜。

【译文】

依靠严格治兵就能获胜。

若法令不明,赏罚不信,金之不止[1],鼓之不进[2],虽有百万,何益于用?

———

[1]金:金属打击乐器,如钲、铎等。此处作动词讲,即鸣金。

[2]鼓:此处作动词讲,即击鼓。古代以鼓声作为战场上前进、冲锋的信号。

【译文】

如果法令不严明,赏罚不讲信用,鸣金时士卒不停止,击鼓时士卒不冲锋,即使有百万之众,又有什么益处呢?

所谓治者,居则有礼[1],动则有威[2],进不可当,退不可追,前却有节[3],左右应麾[4],虽绝成陈[5],虽散成行[6]。

———

[1]居:平居,平时。

[2]动:指展开军事行动的战时。

③却：退却，后撤。节：节制。

④左右：指部队向左或向右行动。应麾：指听从将领的指挥。麾，指挥。

⑤绝：阻绝，阻断，隔断。

⑥散：冲散。

【译文】

所谓治兵治得好，就是平时士卒的行为合乎礼法，战时士卒的行为具有威势，前进时无可抵挡，退却时追赶不上，前进与后撤均有节制，向左或向右行动时均能听从将领的指挥，部队即使被冲断了，也能很快恢复阵形；部队即使被冲散了，也能迅速恢复队列。

与之安，与之危，其众可合而不可离，可用而不可疲，投之所往，天下莫当。名曰父子之兵。

【译文】

将领与士卒同享安乐，共赴危难，这样的军队可以紧密团结而不会被离散，可以使用而不会疲惫，无论把他们派往何处，天下谁也无法阻挡。这叫做父子之兵。

凡行军之道，无犯进止之节①，无失饮食之适②，无绝人马之力③。

———

①节：节制，节奏。

②适：适时。

③绝：尽，耗尽。

【译文】

凡是军队在不同地形条件下作战、驻扎与宿营的原则,是不要打乱前进、停止的节奏,不要忘记让士卒适时饮食,不要耗尽人马的精力。

任其上令,则治之所由生也。

【译文】

士卒能服从将领的命令,是治理好军队的根基所在。

上令既废,以居则乱①,以战则败②。

———

①居:平时,此处指和平时期。

②战:此处指战争时期。

【译文】

将领的命令被废弃了,和平时期军队就会混乱,战争时期就会打败仗。

凡兵战之场,立尸之地①,必死则生,幸生则死②。

———

①立:成,成为。

②幸生:侥幸求生。幸,侥幸。

【译文】

凡是冲突征战的战场,就是尸体横陈之地,若抱着必死的决心就能活下来,若怀着侥幸求生的想法反而必死无疑。

其善将者,如坐漏船之中,伏烧屋之下,使智者不及谋,

勇者不及怒,受敌可也①。

——

①受敌:迎战敌人。

【译文】

善于领兵打仗的人,要让士卒如同坐在漏船之中,或者就像身处着火的房屋之下,使得有智谋的人来不及谋划,勇敢的人来不及发怒扬威,让他们以这种状态去迎战敌人,就能取得胜利。

用兵之害,犹豫最大;三军之灾,生于狐疑。

【译文】

用兵打仗最大的危害就是犹豫不决,军队战败的灾难来自狐疑多虑。

人常死其所不能①,败其所不便②。

——

①不能:指未经学习而能力达不到的事。

②不便:此指虽曾练习而尚未熟练掌握的技能。

【译文】

人常常死于未能学习的某件事情,败于未能熟练掌握的某项技能。

用兵之法,教戒为先。

【译文】

用兵的方法,首先在于士卒的教育与训诫。

以近待远,以佚待劳,以饱待饥。

【译文】

用近道便捷对付敌人的远途奔波,用安逸对付敌人的疲劳,用饱食对付敌人的饥饿。

论将

夫总文武者^①,军之将也。兼刚柔者^②,兵之事也。

———

①总:总括,总揽。

②兼刚柔:意即刚柔兼济。

【译文】

文武兼备的人,才能成为军队的将领。刚柔兼济的人,才能尽知兵机。

勇之于将,乃数分之一尔。

【译文】

勇敢对于将领来说,只不过是考察其素质的诸多项目中的一项罢了。

将之所慎者五:一曰理,二曰备,三曰果,四曰戒,五曰约。理者,治众如治寡^①。备者,出门如见敌。果者,临敌不怀生。戒者,虽克如始战。约者,法令省而不烦^②。

———

①众:指人数众多的大部队。寡:指人数少的小部队。

②省:简明。烦:繁杂。

【译文】

将领需慎重对待以下五个方面的要求:一是理,二是备,三是果,四是戒，五是约。理，指的是管理大部队如同管理小部队一样有条不紊。备，指的是部队刚开拔就像遇见敌人一样保持高度警惕。果，指的是临敌交战时不贪生怕死。戒，指的是即使战胜了敌人也要像刚开始打仗一样心存戒备。约，指的是法令简明扼要，不繁杂琐碎。

受命而不辞，敌破而后言返，将之礼也。

【译文】

接受上级命令时不避重担，战胜敌人以后才班师返回，这是将领应遵守的礼节。

师出之日，有死之荣，无生之辱。

【译文】

在军队出征之日，要怀有光荣战死的决心，绝不屈辱苟活。

凡兵有四机①：一曰气机②，二曰地机③，三曰事机④，四曰力机⑤。三军之众，百万之师，张设轻重⑥，在于一人，是谓气机。路狭道险，名山大塞，十夫所守，千夫不过，是谓地机。善行间谍，轻兵往来⑦，分散其众，使其君臣相怨，上下相咎⑧，是谓事机。车坚管辖⑨，舟利橹楫⑩，士习战陈，马闲驰逐⑪，是谓力机。知此四者，乃可为将。

――――

①机：关键，要点。

②气机：指士气。

③地机：指地形。

④事机：指谋略。

⑤力机：指战斗力。

⑥张设：掌握，了解。轻重：指士气的萎靡不振与高昂充沛。

⑦轻兵：指小股部队。

⑧咎：责怪，埋怨。

⑨管辖：指战车车轴两边的铁插销，用以固定车轮。

⑩橹楫：均指船桨，在船后单摇且形制较大的为橹，在两侧双划的为楫。

⑪闲：通"娴"，熟练掌握。

【译文】

用兵大概有以下四种要领：一是气机，二是地机，三是事机，四是力机。三军将士，百万军队，掌握士气的盛衰情况而做出正确部署，全在于将领一人，这就叫掌握了气机。道路狭窄险恶，名山要塞关隘，令十名士卒把守，便使一千敌人无法通过，这就叫掌握了地机。善于使用间谍，派遣小股部队机动来往于敌阵，分散敌人的兵力，使其君臣互相怨恨，上下抱怨，这就叫掌握了事机。能让战车的轮轴坚固，战船的船桨好使，士卒熟习于战地阵法，战马熟练于驰骋奔腾，这就叫掌握了力机。懂得这四种要领，才可以成为将领。

然其威、德、仁、勇，必足以率下安众^①，怖敌决疑，施令而下不敢犯，所在寇不敢敌。

————

①率下：指将领成为部下的表率。

【译文】

将领还要具备威、德、仁、勇的品质，必须足以成为表率，安抚部众，震慑敌人，判定疑难，一旦发布命令，下属便不敢违犯，所到之处敌人不敢抵御抗衡。

得之国强，去之国亡，是谓良将。

【译文】

得到他国家就会强大，失去他国家就会危亡，这就是所谓良将。

夫鼙鼓金铎^①，所以威耳^②；旌旗麾帜，所以威目；禁令刑罚，所以威心。

———

①鼙（pí）鼓：泛指军鼓。鼙，一种军用小鼓。铎：大铃。

②威：威慑。

【译文】

鼙鼓金铎，是用来震慑士卒听觉的；旌旗麾帜，是用来震慑士卒视觉的；禁令刑罚，是用来震慑士卒心理的。

将之所麾^①，莫不从移；将之所指，莫不前死。

———

①麾：指挥。

【译文】

将领下达的指挥命令，没有一个士卒不执行；将领指明的作战目标，没有一个士卒不前往赴死。

凡战之要，必先占其将而察其才^①，因形用权^②，则不劳而功举。

①占:了解,察明。

②因:利用,依据。权:权变,随机处置。

【译文】

大概说来,作战的关键在于首先必须了解敌将的特点,清楚他的才能,根据敌方的客观情况灵活应对,就能不太费劲便取得成功。

应变

三军服威①,士卒用命②,则战无强敌,攻无坚陈矣。

①服威:服从指挥。

②用命:听从命令。

【译文】

三军服从指挥,士卒听从命令,这样就不会有战胜不了的强大敌人,也不会有攻克不了的坚固阵势。

用众者务易,用少者务隘。

【译文】

指挥人数众多的军队就要在平坦地势上与敌作战,指挥人数少的军队就要在狭隘险要的地势上作战。

励士

夫发号布令而人乐闻①,兴师动众而人乐战,交兵接刃而人乐死^②，此三者，人主之所恃也。

①乐闻：乐于听从。

②交兵接刃：指在战场上交锋拼杀。

【译文】

发号施令而人们乐于听从，兴师动众开启战端而人们乐于作战，与敌人交锋拼杀而人们乐于战死，这三点，才是君主应该依赖的关键所在。

举有功而进飨之^①，无功而励之^②。

①进飨(xiǎng)：进献酒食，宴请。

②励：勉励，激励。

【译文】

挑选出作战有功的将士，举办酒席宴请他们，对那些无功的将士则勉励他们。

人有短长，气有盛衰。

【译文】

人有短有长，士气则有盛有衰。

一人投命^①，足惧千夫。

①投命：意即拼命，不要命。

【译文】

只要有一个人拼命，就足以使上千人恐惧。

孙膑兵法

　　《孙膑兵法》，又名《齐孙子》，以别于《孙子兵法》。一般认为是战国时齐国军事家孙膑及其弟子所撰。《汉书·艺文志》著录八十九篇、图四卷，《隋书·经籍志》已不见记载。1972年，山东临沂银雀山汉墓出土该兵书竹简四百多枚，使失传已久的《孙膑兵法》复现于世。

　　从现有的内容看，《孙膑兵法》对战争态度、作战方法、治军思想等问题都有论述，其中"以寡击众""必攻不守""势备"等作战思想，继承和发展了《孙子兵法》等早期兵书的观点，在军事思想史上占有十分重要的地位。

　　本书选文据中华书局《新编诸子集成·孙膑兵法校理》。

见威王

夫兵者,非士恒埶也^①。

———

①士:借为"恃",依赖,依靠。埶(shì):同"势",形势。

【译文】

军事上没有永恒不变的形势可以依赖。

乐兵者亡^①,而利胜者辱^②。

———

①乐兵:好战。

②利胜:贪图胜利。

【译文】

好战者会招致灭亡,贪图胜利者会遭遇耻辱。

城小而守固者,有委也^①;卒寡而兵强者,有义也。

———

①委:委积,即物资储备。

【译文】

　城池很小,却能防守坚固,是因为有物资储备;兵力很少,但战斗力却很强,是因为这支军队秉持正义。

威王问

夫赏者,所以喜众,令士忘死也;罚者,所以正乱^①,令民畏上也②。

———

①正乱：整饬军纪。

②畏上：敬畏上级。

【译文】

奖赏是用来让士卒高兴，使他们舍生忘死的；惩罚是用来整饬军纪，使士卒敬畏上级的。

夫权者，所以聚众也；埶者①，所以令士必斗也；谋者，所以令適无备也②；诈者，所以困適也。

———

①埶(shì)：同"势"，这里指造势。

②適(dí)：通"敌"，敌人。

【译文】

权力是用来调集部队的，造势是用来使士卒敢打善战的，权谋是用来使敌人无法防备的，诈术是用来使敌人困惑不解的。

篡卒

兵之胜在于篡卒①，其勇在于制②，其巧在于埶③，其利在于信④，其德在于道⑤，其富在于亟归⑥，其强在于休民⑦，其伤在于数战⑧。

———

①篡卒：选卒，挑选士卒。篡，借为"选"。

②制：制度，法纪。

③埶(shì)：同"势"，这里指造势。

④利：锐利，指作战锐不可当。

⑤德：指军人的政治素质。道：指与国君同心同德。《孙子兵法·计篇》："道者，令民与上同意也。"

⑥富：指军用物资供应充足。亟(jí)归：指速战速决。亟，急，快速。

⑦休民：指养精蓄锐。

⑧伤：指战斗力的削弱。数战：频繁作战。

【译文】

军队作战胜利的关键在于挑选士卒，士卒作战勇敢的关键在于军法严明，用兵机动灵活的关键在于善于造势，作战锐不可当的关键在于赏罚有信，军人具有良好政治素质的关键在于与国君同心同德，军用物资供应充足的关键在于速战速决，军队战斗力强的关键在于养精蓄锐，战斗力削弱的关键在于频繁作战。

恒胜有五①：得主剸制②，胜。知道，胜。得众，胜。左右和，胜。量適计险③，胜。

———

①恒胜：常胜。

②得主剸(zhuān)制：指将帅得到君主信任，有指挥军队的全权。剸，专一。

③適(dí)：通"敌"，敌人。

【译文】

军队常胜的情况有五种：将帅得到君主信任，能独立指挥军队，会取胜。懂得用兵打仗的规律，会取胜。得到士众的支持，会取胜。将帅之间同心协力，会取胜。善于分析敌情，了解地形险易，会取胜。

不忠于王,不敢用其兵;不信于赏,百生弗德^①;不敢去不善,百生弗畏。

——

①百生:民众。这里指士卒。生,通"姓"。

【译文】

将帅不忠于君王,就不敢让他指挥军队;将帅赏赐无信,士卒就会离心离德;将帅不敢除掉坏人,士卒就不会有敬畏之心。

月战

天时、地利、人和,三者不得,虽胜有央^①。

——

①央:通"殃",祸患。

【译文】

天时、地利、人和,这三个条件如果不具备,即使打了胜仗,也会有后患的。

八阵

知不足,将兵,自恃也^①;勇不足,将兵,自广也^②;不知道,数战不足^③,将兵,幸也。

——

①自恃:盲目自负。恃,通"恃",自负。

②自广:盲目自大。

③数战不足:指打仗次数不多,缺乏作战经验。

【译文】

智慧不足的人，却要去领兵打仗，这属于盲目自负；勇气不足的人，却要去领兵打仗，这属于盲目自大；不了解战争规律、缺乏作战经验的人，却要去领兵打仗，这属于贪图侥幸。

知道者，上知天之道，下知地之理，内得其民之心，外知適之请①，陈则知八陈之经②，见胜而战，弗见而诤③，此王者之将也。

————

①適（dí）：通"敌"，敌人。请：通"情"，情况。

②陈：同"阵"，前一个"陈"作动词，布阵；后一个"陈"作名词，阵法。经：规则，要领。

③诤：银雀山汉墓竹简整理小组编《孙膑兵法》："诤，借为静。意谓没有取胜的把握就按兵不动。"

【译文】

了解战争规律，就要做到上通天文，下知地理，在内取得民心，在外了解敌情，布阵时要懂得各种阵法的规则，看到有取胜的把握再出战，没有看到取胜的把握就按兵不动，这才是辅助君主成就王业的良将。

太公六韬

《太公六韬》，又称《六韬》，旧题西周吕尚（姜太公）撰，但普遍认为此书是战国末年学者假托姜太公之名而作。

"韬"即"用兵之谋略"，全书分为《文韬》《武韬》《龙韬》《虎韬》《豹韬》《犬韬》六部分，以周文王与姜太公对话的形式展开。《六韬》中提出的"全胜"战略、"文伐"主张、将帅选拔与考核、参谋总部人员编制理论，以及各种克敌制胜的战术思想，继承与发展了《孙子兵法》等早期兵书的观点，对后世军事理论的发展具有重要影响。北宋时，《六韬》被列为"武经七书"之一。

本书选文据中华书局三全本《六韬》。

文韬

文师

君子乐得其志,小人乐得其事。

【译文】

君子喜欢的是实现远大志向,小人喜欢的是得到物质利益。

源深而水流,水流而鱼生之,情也;根深而木长,木长而实生之,情也;君子情同而亲合,亲合而事生之,情也。

【译文】

水源深就会有流水,有流水就会有鱼类生存,这是自然而然的实情;根扎得深,树木就会茁壮生长,树木茁壮生长,就会有果实结出,这也是自然而然的实情;君子情性相投,就会亲密合作,亲密合作就能成就事业,这同样也是自然而然的实情。

言语应对者,情之饰也①;言至情者,事之极也。

———

①饰:掩饰。

【译文】

言语敷衍应付,是对实情的掩饰;只有敞开心扉吐露实情,才是最好的状态。

唯仁人能受至谏,不恶至情。

【译文】

只有仁德之人才会接受坦率正确的劝谏，不厌恶真实的情感。

缗微饵明①，小鱼食之；缗调饵香，中鱼食之；缗隆饵丰②，大鱼食之。

①缗(mín)：钓鱼用的丝线。

②隆：粗大。

【译文】

鱼竿丝线细微，鱼饵隐约可辨，小鱼会来吞食；鱼竿丝线粗细适中，鱼饵喷香，中鱼会来吞食；鱼竿丝线粗长，鱼饵丰盛，大鱼会来吞食。

以饵取鱼，鱼可杀；以禄取人，人可竭；以家取国，国可拔；以国取天下，天下可毕①。

①毕：原指古代田猎用的长柄网，以网络捕获野兽，此处引申为征服。

【译文】

用鱼饵得鱼，鱼可烹杀；用俸禄得人，人会竭力；以家为资本去夺取国家，国家可被获得；以国为资本去夺取天下，天下可被征服。

天下非一人之天下，乃天下之天下也，同天下之利者，则得天下；擅天下之利者①，则失天下。

①擅：专，独占。

【译文】

天下不是某一个人的天下,而是天下人的天下,能与天下人共享利益的,就能得天下;独占天下人利益的,就会失去天下。

天有时,地有财,能与人共之者,仁也。仁之所在,天下归之。免人之死,解人之难,救人之患,济人之急者,德也。德之所在,天下归之。与人同忧同乐,同好同恶者,义也。义之所在,天下赴之。凡人恶死而乐生,好德而归利①,能生利者,道也。道之所在,天下归之。

———

①德:通"得",得到,获得。

【译文】

天有四时,地有财货,能与天下人共享的就是仁君。仁君所在之处,天下人会向那个地方聚拢。免除人们的死难,消除人们的灾难,解救人们的祸患,救济人们的急难,能做到这些的就是有德之君。有德之君所在之处,天下人会向那个地方聚拢。能与人们同忧同乐、同好同恶的,就是有义之君。有义之君所在之处,天下人会向那个地方奔赴。一般人厌恶死亡而乐于活着,喜好收获而趋利避害,能使天下人都获得利益的,是得道之君。得道之君所在之处,天下人会向那个地方聚拢。

国务

利而勿害,成而勿败,生而勿杀,与而勿夺,乐而勿苦,喜而勿怒。

【译文】

给人民利益而不要损害他们的利益，帮助人民从事生产活动而不要耽误他们的农时，要保障人民的生命而不要滥杀无辜，要给人民福利而不要掠夺他们的财产，要使人民安乐而不要让他们痛苦，要使人民喜悦而不要让他们愤怒。

善为国者，驭民如父母之爱子，如兄之爱弟，见其饥寒则为之忧，见其劳苦则为之悲，赏罚如加于身，赋敛如取己物。此爱民之道也。

【译文】

善于治理国家的君主，就像父母爱护子女、兄长爱护弟弟一样去统领人民，见其饥寒就为之忧愁，见其劳苦就为之悲哀，对人民施行赏罚时就好像赏罚自己一样，向人民征收赋税时就好像夺取自己的财物一样。这就是爱民的道理。

大礼

为上唯临①，为下唯沉②。临而无远③，沉而无隐④。为上唯周⑤，为下唯定⑥。周则天也，定则地也。或天或地，大礼乃成。

———

①临：从高处往低处看，这里指君主俯身爱民。

②沉：陷入，入迷，这里指臣民潜心国事。

③无远：指君主不远离臣民。

④隐：隐藏，隐瞒，这里指隐瞒不报，欺骗君上。

⑤周：周全，这里指君主治理国家思虑周全。

⑥定：安定，这里指臣民安分守己。

【译文】

做君主的需做到俯身爱民，做臣民的需做到潜心国事。君主俯身爱民，就不会远离民众，臣民潜心国事，就不会欺君瞒上。做君主的需做到思虑周密，做臣民的需做到安分守己。君主思虑周密，就能像上天一样施恩万物，臣民安分守己，就能像大地一样深沉厚重。君主与臣民，前者法天，后者效地，就能成就君臣之间的大礼。

安徐而静①，柔节先定，善与而不争②，虚心平志，待物以正。

①徐：和缓。

②与：给予。

【译文】

要做到安详从容而宁静淡泊，柔和节制而事先心中有数，善于给予而不与民争利，虚心待人而公平无私，办事公正不偏不倚。

勿妄而许，勿逆而拒。许之则失守，拒之则闭塞①。

①闭塞：指君主听不进臣民良善有益的劝谏。

【译文】

不要轻率接受，不要粗暴拒绝。轻率接受就会丧失主见，粗暴拒绝就会听不进善言。

高山仰之，不可极也；深渊度之①，不可测也。

诸子锦言录

———

①度:揣度,思量。

【译文】

要像高山一样让人仰望,让人感觉高不可攀;要像深渊一样让人揣度,让人感觉深不可测。

明传

见善而怠,时至而疑,知非而处,此三者道之所止也。

【译文】

明知善事可为却心生怠惰,时机到了却疑惑不决,明知有错却不去纠正,这三种行为是古代圣贤要废弃的。

柔而静,恭而敬,强而弱,忍而刚,此四者道之所起也。

【译文】

柔和而清静,谦恭而严肃,能强又能弱,隐忍又刚强,这四种品质是古代圣贤要提倡的。

义胜欲则昌,欲胜义则亡;敬胜怠则吉,怠胜敬则灭。

【译文】

正义战胜私欲,国家就昌盛;私欲战胜正义,国家就灭亡;严肃战胜怠惰,国家就吉祥;怠惰战胜严肃,国家就灭亡。

六守

富之而不犯者仁也,贵之而不骄者义也,付之而不转者忠也,使之而不隐者信也,危之而不恐者勇也,事之而不穷者谋也。

【译文】

富裕起来而不触犯礼法的是符合仁爱标准的人,身居高位而不骄傲的是合乎正义标准的人,肩负重任而不转动私念的是合乎忠诚标准的人,处理国事而不有所隐瞒的是合乎诚信标准的人,身处险境而不心生恐惧的是合乎勇敢标准的人,处理突发事变而不局促不安的是合乎智谋标准的人。

守土

无借人国柄,借人国柄,则失其权。

【译文】

不要将国家权力交给别人,如果将国家权力交给别人,自己就会丧失威权。

无掘壑而附丘,无舍本而治末。

【译文】

不要挖掘深谷以增高山丘,不要舍弃根本而追逐末节。

日中必彗①,操刀必割,执斧必伐。日中不彗,是谓失时;操刀不割,失利之期;执斧不伐,贼人将来。

①彗:通"篲",暴晒。

【译文】

到了晌午必须及时晾晒东西,拿起刀子必须及时切割物品,手中持有斧钺必须及时征伐。到了晌午却未能及时晾晒东西,这就叫丧失良机;拿起刀子却没有及时切割物品,就会失去有利的时机;手持斧钺却没有及时征伐,坏人就会来施暴。

涓涓不塞①,将为江河;荧荧不救②,炎炎奈何③;两叶不去④,将用斧柯⑤。

①涓涓:指细小的水流。

②荧荧:指微弱的光星。

③炎炎:指熊熊大火。

④两叶:刚长出的嫩叶,这里指草木初生。

⑤柯:斧柄。

【译文】

细小的水流不加堵塞,将会汇集成江河;微弱的火星没有熄灭,就会蔓延成熊熊大火而无可奈何;草木初生时不除去,一旦长成大树就要用斧头才能砍掉。

无借人利器,借人利器则为人所害,而不终其正也。

【译文】

不要把国家权力借给别人,将国家权力借给别人就会被人所害,最终身死国灭。

顺者任之以德,逆者绝之以力。

【译文】

对于顺从你的人,要以怀柔姿态去使用他;对于反对你的人,要动用武力去消灭他。

守国

天下治,仁圣藏;天下乱,仁圣昌。

【译文】

天下清平,仁人圣君就会隐藏起来;天下动乱,仁人圣君就会昌盛壮大。

因其常而视之①,则民安。

———

①常:指自然规律,自然法则。之:代指国家大事。

【译文】

按照自然法则去处理国事,民众就会生活安定。

上贤

有名无实,出入异言,掩善扬恶,进退为巧,王者慎勿与谋。

【译文】

有虚名无实才,言行不一,遮掩别人的优点,夸大别人的缺点,做事投机取巧,君王切记不要与这类人谋议国事。

朴其身躬，恶其衣服，语无为以求名，言无欲以求利，此伪人也，王者慎勿近。

【译文】

行为质朴，衣着劣质，嘴里说着无为，内心却谋求声誉，口头讲着无欲，内心却谋求利益，这类人是虚伪的人，君王切记不要与他们接近。

民不尽力，非吾民也；士不诚信，非吾士也；臣不忠谏，非吾臣也；吏不平洁爱人，非吾吏也。

【译文】

民众若不尽力，就不是国家的良民；士人若不讲诚信，就不是国家的善士；大臣若不忠心进谏，就不是称职的大臣；官吏若不公平廉洁爱护百姓，就不是称职的官吏。

举贤

举贤而不用，是有举贤之名而无用贤之实也。

【译文】

推举贤人却不加使用，这是有推举贤人的虚名却没有使用贤人的实效。

以世俗之所誉者为贤，以世俗之所毁者为不肖①，则多党者进，少党者退。

———

①毁：与"誉"相对，批评，诽谤，讲别人的坏话。

【译文】

以一般人所称赞的为贤人,以一般人所批评的为不贤之人,这就导致党羽多的会得到提拔,党羽少的会遭到黜退。

各以官名举人,按名督实^①,选才考能,令实当其名^②,名当其实。

————

①督:督察,考察。

②当:适合。

【译文】

各自根据不同职位的用人标准去推举人才,按照岗位标准去考察工作情况,选拔出人才,考核出能力,让官员的能力与官位相符,官位与能力一致。

赏罚

用赏者贵信,用罚者贵必^①。赏信罚必于耳目之所闻见,则所不闻见者,莫不阴化矣。

————

①必:表示一定要实行。

【译文】

赏赐贵在讲求信用,惩罚贵在一定要实行。要对耳朵能听到、眼睛能看到的事情做到奖赏守信与惩罚必行,这样对于人们没有听到、见到的事情,就无一不潜移默化了。

夫诚畅于天地,通于神明,而况于人乎?

【译文】

诚信能畅行于天地之间,通达于神灵之处,更何况是人呢?

兵道

凡兵之道,莫过乎一。一者能独往独来。

【译文】

用兵的原则,最重要的莫过于军事指挥权的集中统一。指挥权统一了,才能使部队不受羁绊,所向披靡。

外乱而内整,示饥而实饱,内精而外钝。

【译文】

部队要做到表面看起来混乱不堪,实则内部严整有序;士卒看起来饥饿,实则吃得很饱;是精锐之师,但表面看起来却迟钝愚笨。

武韬

发启

争其强,强可胜也。

【译文】

敢与强敌竞争,就能战胜强敌。

全胜不斗,大兵无创。

【译文】

完全彻底的胜利应无须通过战斗就能获得,强大的军队应征服了敌人而自身却毫发无损。

与人同病相救,同情相成,同恶相助,同好相趋。故无甲兵而胜,无冲机而攻①,无沟堑而守。

———

①冲机:此指兵器,器械。

【译文】

对臣民的病痛感同身受,就能获得相互救援;与臣民情意相投,双方就能互相成就;与臣民憎恶相同,双方就能互相帮助;与臣民爱好一致,双方就能奔向同一个目标。能做到这些,即使没有铠甲与士兵也能战胜敌人,没有战车与机弩也能向敌人发起进攻,没有沟垒也能防守御敌。

大智不智,大谋不谋,大勇不勇,大利不利。

【译文】

有大智慧的人不炫耀自己的智慧,有大谋略的人不炫耀自己的谋略,有大勇气的人不炫耀自己的勇气,获得大利的人不炫耀自己的利益。

无取民者,民利之;无取国者,国利之;无取天下者,天下利之。

【译文】

不掠取民众利益的,民众就会让他获利;不掠取国家利益的,国家会让他获利;不掠取天下人利益的,天下人会让他获利。

道在不可见,事在不可闻,胜在不可知。

【译文】

道理之高妙在于一般人看不到,事情之机密在于一般人听不到,获胜之机巧在于一般人不懂得。

鸷鸟将击①,卑飞敛翼②;猛兽将搏,弭耳俯伏③;圣人将动,必有愚色。

①鸷鸟:凶猛的鸟,如鹰、雕等。

②卑飞:低飞。

③弭(mǐ)耳:帖耳。

【译文】

凶狠的禽鸟将要发动袭击,一定会低飞收翼;凶猛的猛兽将要搏击猎物,一定会帖耳伏地;圣人将要展开军事行动,一定会显出愚笨的表情。

文启

何忧何啬①,万物皆得;何啬何忧,万物皆遒②。

①啬:吝啬。

②遒:劲健,强劲,强壮。

【译文】

圣人既不忧虑什么也不吝啬什么,宇宙万物都会各得其所;圣人既不吝啬什么也不忧虑什么,宇宙万物都会茁壮生长。

天地不自明^①,故能长生;圣人不自明,故能名彰。

———

①自明:意即不炫耀自己的功德。

【译文】

天地从不炫耀自己的功德,所以长生不衰;圣人从不炫耀自己的功德,故而声名昭彰。

天下之人如流水,障之则止^①,启之则行,静之则清。

———

①障:阻碍,阻塞。

【译文】

天下人心如同流水,阻塞它就会停止,开放它就会流动,让它保持安静就会清澈。

天有常形,民有常生,与天下共其生,而天下静矣。

【译文】

上天有恒常不变的现象,民众有恒常不变的生活,与天下百姓共同遵循繁衍生息的准则,天下就会清静。

顺启

大盖天下,然后能容天下;信盖天下,然后能约天下^①;仁盖天下,然后能怀天下^②;恩盖天下,然后能保天下;权盖天下,然后能不失天下;事而不疑,则天运不能移^③,时变不能迁。

——

①约：约束，束缚。

②怀：安抚。

③天运：指天命。

【译文】

以宏大的器量覆盖天下，这样做了以后就能容纳天下；用诚信覆盖天下，这样做了以后就能约束天下；用仁慈覆盖天下，这样做了以后就能安抚天下；用恩惠覆盖天下，这样做了以后就能保住天下；用权力覆盖天下，这样做了以后才能不失去天下；遇事果断不疑惑，犹如天命不可改变，时令更替不能变易。

利天下者，天下启之；害天下者，天下闭之；生天下者，天下德之①；杀天下者，天下贼之②；彻天下者③，天下通之④；穷天下者，天下仇之；安天下者，天下恃之；危天下者，天下灾之。

——

①德：感激。

②贼：杀，除掉。

③彻：明，显明。

④通：顺，归顺。

【译文】

让天下人获利的，天下人就会与他一起开创事业；让天下人受害的，天下人就会阻塞他的事业；使天下人得以生存的，天下人就会感激他；使天下人遭到杀戮的，天下人就会除掉他；使天下人能够明晰表达见识的，天下人就会归顺他；使天下人生活困窘的，天下人就会憎恨他；使天下人生活安定的，天下人就会依靠他；使天下人陷入危殆的，天下人就会把他看成祸害。

三疑

夫攻强必养之使强，益之使张，太强必折，太张必缺。

【译文】

要攻克强敌必须放纵它，使它强大起来，必须增强它，使它壮大起来。太过强大就必会遇挫，太过壮大就必有失误。

攻强以强，离亲以亲，散众以众。

【译文】

用让敌人愈加强大的方式去攻克强敌，用收买敌人亲信的方式去离间他的亲信，用争取敌人民心的方式去瓦解他的民众。

凡谋之道，周密为宝。

【译文】

在使用计谋的方法当中，以思虑周密最为重要。

惠施于民，必无爱财，民如牛马，数喂食之，从而爱之。

【译文】

施恩于人民，一定不要吝惜钱财，民众就像牛马，要经常喂养它们，民众才会追随与爱戴你。

心以启智，智以启财，财以启众，众以启贤，贤之有启，以王天下。

【译文】

用思考开启智慧，用智慧开启财富，用财富赢得民心，用民心赢得贤才，能够拥有贤才，就可以依靠他们称王天下了。

龙韬

王翼

因能受职，各取所长，随时变化，以为纲纪^①。

———

①纲纪：制度，法规。

【译文】

要做到因材授职，各取所长，随时变化调整，以此作为用人方面的制度。

论将

所谓五材者：勇、智、仁、信、忠也。勇则不可犯，智则不可乱，仁则爱人，信则不欺，忠则无二心。

【译文】

将领应当具有的五种美德是：勇敢、智慧、仁慈、诚信、忠诚。勇敢就不会被侵犯，智慧就不会思虑惑乱，仁慈就懂得爱人，诚信就不会欺诈，忠诚就会对君主没有二心。

立将

见其虚则进，见其实则止。

【译文】

发现敌人虚弱就进兵攻击，发现敌人强大就停止进攻。

士未坐勿坐，士未食勿食，寒暑必同。

【译文】

士兵没有坐下休息自己就不要先坐，士兵没有吃饭自己就不要先吃，与士兵一同忍受寒冷与酷热。

国不可从外治，军不可从中御。

【译文】

国事不能让境外的人去治理，军队在外不能让朝中的人去指挥。

二心不可以事君，疑志不可以应敌。

【译文】

大臣若怀有二心，就不能忠心侍奉国君；若心存疑虑，就不能专心对付敌人。

将威

杀贵大，赏贵小。杀及当路贵重之臣[①]，是刑上极也；赏及牛竖、马洗厩养之徒[②]，是赏下通也。

————

①当路:指身居要职。

②牛竖:牧童。竖,童仆。马洗厩养之徒:指养马的奴仆。

【译文】

杀人,贵于敢杀权贵;奖赏,贵于能奖卑贱者。杀掉权豪近要之臣,这说明社会最高层人士能受到惩罚;赏赐牧牛养马的奴仆,这说明卑贱阶层能得到赏赐。

励军

将,冬不服裘①,夏不操扇,雨不张盖②,名曰礼将;将不身服礼③,无以知士卒之寒暑。出隘塞,犯泥涂,将必先下步,名曰力将;将不身服力,无以知士卒之劳苦。军皆定次,将乃就舍④,炊者皆熟,将乃就食,军不举火,将亦不举,名曰止欲将;将不身服止欲,无以知士卒之饥饱。

————

①服:穿。裘:用毛皮制成的御寒衣服。

②盖:指遮雨挡阳的覆盖物。

③服:习惯于。

④舍:休息。

【译文】

当大将的,冬天不穿皮衣,夏天不拿扇子,下雨不撑开伞盖,能做到这些的可称为礼将;大将如果不以身作则,不习惯于遵循礼法,就无法了解士卒的冷暖。越过隘口关塞,走在泥泞的道路上,大将必须先下马步行,能做到这种的可称为力将;大将如果不以身作则,不习惯于耗费体力,就无法了解士卒的劳苦。大军都安顿宿营了,大将才进营房休息,军中饭菜全都做熟了,大将才能吃饭,军中没有生火做饭,大将就不能生火做饭,能做到这些的可称为止欲将;如果不以身作则,不习惯于遏制私欲,就无法了解士卒的饥饱。

军势

至事不语[①],用兵不言。

———

①至事:指军中机密之事。

【译文】

军中的机密事先不说,用兵的谋划事先不讲。

倏而往[①],忽而来,能独专而不制者,兵也。

———

①倏:迅速,极快。

【译文】

快速而来,突然而去,将领能够独自决断而不受他人控制,这是用兵的原则。

善战者,不待张军[①];善除患者,理于未生[②];善胜敌者,胜于无形;上战,无与战。

———

①张军:展开军队,在战场上摆好阵势。

②理:治理。

【译文】

擅长指挥作战的将领，早在战场上摆出阵势之前就已经谋划好了克敌方略；擅长除害的人，在祸患尚未生芽之时就已经着手治理了；善于战胜敌人的人，是在敌人看不出任何形迹的情况下取胜的；最高级的作战，是不与敌人作战便已取胜。

争胜于白刃之前者①，非良将也；设备于已失之后者②，非上圣也③；智与众同，非国师也④；技与众同，非国工也⑤。

———

①白刃：指在战场上与敌人格斗拼杀。

②设备：设防。

③上圣：指智慧最高的人。

④国师：一国的师表。

⑤国工：一国之中技艺特别高超的人。

【译文】

凭借着在战场上与敌人格斗拼杀而取得胜利的，不是好的将领；在战败之后才去设防的，不是智慧最高的人；智慧与众人相等的，不能称为一国师表；技艺与众人相同的，不能说是一国之中技艺特别高超的人。

事莫大于必克，用莫大于玄默①，动莫神于不意，谋莫善于不识。

———

①玄默：沉默不语，秘而不露。这里指暗中谋划。

【译文】

军中事务没有哪件事比克敌制胜更重要的了，用兵原则没有哪一条比暗中谋划更重要的了,军事行动没有哪一项比出其不意更神妙的了,将领谋略没有哪一种比未被敌人识破更好的了。

夫先胜者,先见弱于敌而后战者也,故事半而功倍焉。

【译文】

还未交战便已稳操胜券的将领,在战前先向敌人示弱,然后再作战,这样做有事半功倍之效。

善战者,居之不扰,见胜则起,不胜则止。

【译文】

善于征战的人,能坚持主见,不被敌人扰乱,一旦发现可胜之机就采取行动,可胜之机丧失就停止行动。

用兵之害,犹豫最大。三军之灾,莫过狐疑。善者见利不失,遇时不疑。失利后时,反受其殃。

【译文】

用兵的祸害,最大的就是犹豫不决。军队的灾难,没有哪一种能超过狐疑不定。善于打仗的人,发现有利战机就不要让它丧失,遇到良机时不要有疑虑。如果丧失有利时机之后再采取行动,反而会遭受灾祸。

疾雷不及掩耳,迅电不及瞑目。

【译文】

对敌进攻要像雷声一样忽然,使人来不及掩住耳朵;要像闪电一样迅速,使人来不及闭上眼睛。

赴之若惊,用之若狂,当之者破,近之者亡,孰能御之?

【译文】

军队奔赴前线时就像受了惊吓一样狂奔,在战场作战时就像发疯了一样拼命,阻挡它的会被击破,靠近它的会被消灭,谁能抵御这样的军队呢?

奇兵

战必以义者,所以励众胜敌也。

【译文】

必定根据正义之道发动战争,这是为了激励众人战胜强敌。

尊爵重赏者,所以劝用命也①;严刑罚者,所以进罢怠也②。

———

①劝:鼓励。

②进罢怠:意即使疲惫怠惰的士卒有所进步。罢,疲苦。

【译文】

对有功将士给予高爵重赏,这是为了鼓励士卒效命疆场;对有罪人员给予严刑重罚,这是为了使那些疲惫怠惰的士卒有所进步。

不知战攻之策,不可以语敌;不能分移①,不可以语奇;不通治乱,不可以语变。

———

①分移:指灵活机动地分散与整合兵力。

【译文】

将领若不了解战斗攻伐的基本策略,就不足以与他谈论如何战胜敌人;将领若不能灵活机动地分散与整合兵力,就不足以与他谈论奇谋诡道;将领若不懂得治乱兴衰之道,就不足以与他谈论部队的变革。

将不仁,则三军不亲;将不勇,则三军不锐;将不智,则三军大疑;将不明,则三军大倾①;将不精微②,则三军失其机;将不常戒,则三军失其备;将不强力③,则三军失其职。

———

①大倾:大败。倾,倒塌,倾覆,这里是失败的意思。

②精微:这里是洞察微妙的意思。

③强力:指坚强果断的治兵能力。

【译文】

将领如果没有仁爱之心,那么全体官兵就不会关系亲密;将领如果不够勇敢,那么全体官兵就会没有锐气;将领如果没有智慧,那么全体官兵就会深陷疑惑;将领如果不能明察秋毫,那么全体官兵就会遭遇大败;将领如果不能洞察微妙,那么全体官兵就会丧失克敌良机;将领如果不能经常保持戒备,那么全体官兵就会丧失防备意识;将领如果没有坚强果断的治兵能力,那么全体官兵就会玩忽职守。

得贤将者,兵强国昌,不得贤将者,兵弱国亡。

【译文】

若得到贤明的将领,就能兵力强大,国家昌盛;若得不到贤明的将领,就会兵力衰弱,国家灭亡。

兵征

凡三军悦怿^①,士卒畏法,敬其将命,相喜以破敌,相陈以勇猛,相贤以威武,此强征也;三军数惊,士卒不齐,相恐以敌强,相语以不利,耳目相属^②,妖言不止,众口相惑^③,不畏法令,不重其将,此弱征也。

———

①怿(yì):快乐。

②耳目相属(zhǔ):指士兵口耳相接,私下传播小道消息。耳目,一说指的是打探消息的人。属,连接。

③惑:迷惑,蛊惑。

【译文】

全军上下心情愉快,士卒畏惧军法,尊重将军命令,相互之间都以打败敌人为乐事,以作风勇猛为荣耀,以气势威武为美誉,这些都是军队强大的征兆;三军经常容易受惊,士卒军容不整,相互都为敌人的强大而感到恐惧,彼此说出的都是对自己军队不利的信息,私下传播小道消息,谣言不止,众口乱说,相互蛊惑,不惧怕法令,不尊重将军,这些都是军队衰弱的征兆。

虎韬

必出

三军勇斗,莫我能御。

【译文】

全军勇敢战斗,这样就谁也阻截不了我们了。

勇斗则生，不勇则死。

【译文】

只有勇敢战斗才有活路，不勇敢战斗就死路一条。

军略

凡帅师将众，虑不先设，器械不备，教不素信，士卒不习，若此，不可以为王者之兵也。

【译文】

凡是将帅领兵出征，如果作战计划不事先制定，装备器械不提前备好，军事训练平素不扎实管用，士卒不能熟练掌握各种武器装备，这样的军队就不能称作王者之师。

临境

击其不意，攻其无备。

【译文】

攻击它没有想到的地方，攻打它没有防备之处。

金鼓

以戒为固，以怠为败。

【译文】

只有保持戒备，才能坚不可摧；如果懈怠了，就会招致失败。

太公金匮

　　《太公金匮》，也作《金匮》，是一部战国时人托姜太公之名而作的兵书。金匮是古代用来收藏文献或文物的铜制柜子，故以指称书。《隋书》及《旧唐书》均著录《太公金匮》二卷，《新唐书》《宋史》著录为《金匮》二卷。又《文选·王文宪集序》注引刘向《别录》："《太公金版玉匮》虽近世之文，然多善者。"有学者认为《太公金匮》即《太公金版玉匮》的简称。其书虽已散佚，但诸书多有引用，清人洪颐煊、严可均、顾观光均有辑本。

　　本书选文据《全上古三代秦汉三国六朝文》。

知天者不怨天,知己者不怨人。

【译文】

懂得天意的人不会抱怨上天,有自知之明的人不会抱怨别人。

先谋后事者昌,先事后谋者亡。

【译文】

预先谋划然后再行动,国家就能昌盛;先行动然后再谋划,国家就会灭亡。

天与不取,反受其咎;时至不行,反受其殃;非时而生,是为妄成。

【译文】

上天给你机会却不抓紧,自己反而会遭遇不幸;时机来临却不采取行动,自己反而会遭受灾殃;如果不在合适的时机采取行动,只能碰巧成功。

一目视则不明,一耳听则不聪,一足步则不行。

【译文】

一只眼睛看不分明,一只耳朵听不清楚,一只脚没法走路。

夫人可以乐成,难以虑始。

【译文】

常人可以跟他享受成功,却难以跟他考虑开始。

明者见兆于未萌,智者避危于未形。

【译文】

聪明的人在事物还未萌生时就发现了兆头，智慧的人在危机还未显现时就规避了危险。

道自微而生，祸自微而成，慎终与始，完如金城。敬胜怠则吉，义胜欲则昌，日慎一日，寿终无殃。

【译文】

道从细微之处产生，祸自细微之事形成，慎终如始，就能像金城一样坚固。谨慎胜过懈怠就吉利，道义战胜欲望就昌隆，一天比一天谨慎，就能终身没有灾殃。

行必虑正，无怀侥幸。

【译文】

行动一定要考虑合乎正道，不要心怀侥幸。

安无忘危，有无忘亡。

【译文】

安全时不要忘记了危险，富有时不要忘记没有的时候。

敬遇宾客，贵贱无二。

【译文】

恭敬地对待宾客，无论贵贱都一视同仁。

忍之须臾，乃全汝躯。

【译文】

忍住一时之气,才能保全你的生命。

毋多言,毋多事,多言多败,多事多害。

【译文】

不要多说话,不要多做事,多说话会导致更多失败,多做事会招致更多危害。

黄石公三略

　　《黄石公三略》，又称《三略》。相传为秦汉之际隐士黄石公所撰，但恐为后人伪托之作。全书共三卷，即《上略》《中略》《下略》。《上略》所占篇幅最大，主要阐述民本、军本思想；《中略》着重探讨治国应以德行天下、用人应量才使能等问题；《下略》则主要论述为君者察安危、辨贤奸的重要性。

　　相比于《孙子兵法》《孙膑兵法》等兵书，《三略》更侧重于从政治战略的角度探讨战争，并引用大量古代军事谚语进行论证。东汉陈琳在《武军赋》中将《三略》与《孙子兵法》《吴子》《六韬》相提并论。北宋时，《三略》被列为"武经七书"之一。

　　本书选文据涵芬楼《续古逸丛书》影印宋刊《武经七书》。

上略

夫主将之法^①，务揽英雄之心，赏禄有功，通志于众。

———

①主：主帅，国家最高统帅。将：统军。

【译文】

国家最高统帅统军的方法，是务必要收揽天下英雄豪杰的心，把禄位赏赐给有功之人，使自己的意志与众人保持一致。

与众同好，靡不成；与众同恶，靡不倾^①。

———

①倾：倾覆，败亡。

【译文】

与众人有相同的喜好，就没有什么事是做不成的；与众人有相同的憎恶，就没有什么敌人是打不败的。

治国安家，得人也；亡国破家，失人也。

【译文】

国家大治，家邦安宁，是由于取得了人心；国家败亡，家邦破亡，是由于失去了人心。

因敌转化，不为事先，动而辄随。

【译文】

应根据敌情的变化转变对策，不要首先发难，敌人行动了就要随机应变。

莫不贪强，鲜能守微^①；若能守微，乃保其生。

———

①微：幽深精微。

【译文】

没有人不贪图强盛，却很少有人能把握住以柔克刚这一幽深精微的道理；如果能把握住以柔克刚这一幽深精微的道理，便可以保全自己的生命。

夫为国之道，恃贤与民。信贤如腹心，使民如四肢，则策无遗。

【译文】

治理国家的方法，在于依靠贤者和民众。如果像信任自己的腹心一样信任贤者，像使用自己的四肢一样使用民众，那么政策就不会失误。

军国之要，察众心，施百务。

【译文】

治国治军的要诀，在于明察民众的心理，采取各种合适的措施。

危者安之，惧者欢之，叛者还之，冤者原之^①，诉者察之，卑者贵之，强者抑之，敌者残之，贪者丰之，欲者使之，畏者隐之^②，谋者近之^③，谗者覆之^④，毁者复之^⑤，反者废之^⑥，横者挫之^⑦，满者损之，归者招之，服者居之^⑧，降者脱之。

———

①原：赦罪，宽宥。这里指昭雪。

②畏者：指有过错怕人知道的人。隐：隐瞒。

③近:亲近。

④覆:倾覆,这里指弃置不用。

⑤毁:诽谤。复:核实,验证。

⑥废:消灭,除掉,清除。

⑦横者:指凶残蛮横的人。

⑧居:安置。

【译文】

身陷险境的要使他们感到安全,心怀畏惧的要使他们感到快乐,逃亡背叛的要使他们情愿归来,含冤受屈的要给他们昭雪,上诉申告的要替他们清查,地位卑微的要提拔重用他们,强横施暴的要压制他们,与我为敌的要消灭他们,贪财的要使他们富裕,自愿效力的要使用他们,有过错怕人知道的要替他们隐瞒,有谋略的要亲近他们,好进谗言的要对他们弃置不用,诽谤他人的要对他们的话予以核实,谋反的要除掉他们,凶残蛮横的要挫败他们,骄傲自满的要批评他们,归顺的要招抚他们,被征服的要给他们安置,投降的要给他们脱罪。

敌动伺之①,敌近备之,敌强下之,敌佚去之②,敌陵待之③,敌暴绥之④,敌悖义之⑤,敌睦携之⑥。

———

①伺:侦察,监视。

②佚(yì):安逸,闲适。

③陵:侵犯,欺侮。

④绥:退军。

⑤悖:悖逆。

⑥携:分离,分化。

【译文】

敌人行动时要进行侦察，敌人靠近时要做好防备，敌人强大时要懂得示弱以麻痹他们，敌人闲逸时要想法调离他们，敌人来犯时要严阵以待，敌人凶暴时要适时退避，敌人悖逆时要伸张正义，敌人和睦时要离间分化他们。

英雄者，国之干；庶民者，国之本。得其干，收其本，则政行而无怨。

【译文】

英雄是国家的骨干，民众是国家的根本。取得国家的骨干，获得国家的根本，就会政令通行而没有仇怨。

夫用兵之要，在崇礼而重禄。礼崇则智士至，禄重则义士轻死。故禄贤不爱财，赏功不逾时，则下力并而敌国削。

【译文】

用兵的要诀，在于崇尚礼仪和厚赏利禄。礼仪得到崇尚，才智之士就会来到；利禄能够厚赏，忠义之士就会不怕牺牲。所以给贤人俸禄时不要吝惜钱财，奖赏立功之人时不要拖延时间，这样下属就会同心合力，敌国就能被削弱。

夫用人之道，尊以爵，赡以财，则士自来；接以礼，励以义，则士死之。

【译文】

用人的方法是，用封爵来尊重他，用赏财来赡养他，这样贤士就会自愿前来；用礼仪来接待他，用义理来勉励他，这样贤士就会为国拼死效力。

夫将帅者,必与士卒同滋味而共安危,敌乃可加^①。

————

①加:施加,实施。

【译文】

将帅必须与士卒同甘共苦、安危与共,才能对敌人实施攻击。

蓄恩不倦,以一取万。

【译文】

将帅始终积蓄恩德而不厌倦,就能凭借一人之力争取到千千万万人的拥戴。

将无还令^①,赏罚必信,如天如地,乃可御人。

————

①还令:收回成命,改变命令。

【译文】

将帅不得随意改变命令,要做到赏罚必行,就像天地有规律地运行一样,这样才能驾驭民众。

夫统军持势者,将也;制胜破敌者,众也。故乱将不可使保军^①,乖众不可使伐人^②。

————

①乱将:处事违背常理的将领。

②乖:背离。

【译文】

统帅军队、把握形势的是将领,夺取胜利、打败敌人的是部众。所以处事违背常理的将领不能让他去统帅军队,离心离德的部众不能让他们去攻打敌人。

士可下而不可骄,将可乐而不可忧,谋可深而不可疑。士骄则下不顺,将忧则内外不相信,谋疑则敌国奋。

【译文】

对士卒要谦恭而不可傲慢,对将领要让他愉悦而不能让他忧虑,制定谋略要深思熟虑而不能犹疑不决。对士卒傲慢,下属就会不服从;让将领忧虑,就会使朝廷内外互不信任;谋略制定犹疑不决,就会导致敌国乘隙进攻。

夫将者,国之命也。将能制胜,则国家安定。

【译文】

将领是国家的命脉。将领能战胜敌人,国家才会安定。

仁贤之智,圣明之虑①,负薪之言②,廊庙之语③,兴衰之事,将所宜闻。

———

①圣明:对帝王的谀称。

②负薪:背柴。借以指下层劳动者。

③廊庙:朝廷。这里指在朝廷当官的人。

【译文】

贤德之人的智慧,帝王的谋虑,下层民众的言论,官员的意见,兴盛衰亡的历史事迹,这些都是将领所应该知道的。

　　夫将拒谏,则英雄散;策不从,则谋士叛;善恶同,则功臣倦;专己,则下归咎;自伐^①,则下少功;信谗,则众离心;贪财,则奸不禁;内顾^②,则士卒淫。

──────

①自伐:自我夸耀。

②内顾:指迷恋女色。

【译文】

　　将领拒绝纳谏,英雄就会散去;计策未被采纳,谋士就会叛离;善恶混淆,功臣就会心灰意冷;专断独行,部下就会归咎于他;自夸其功,部下就会少立战功;听信谗言,众人就会离心离德;贪图钱财,奸邪就会无法禁止;迷恋女色,士卒就会淫乱无度。

　　礼者,士之所归;赏者,士之所死。招其所归,示其所死,则所求者至。

【译文】

　　礼义是士卒倾心向往的,奖赏是士卒情愿拼死争取的。用倾心向往的礼义来招引,用情愿拼死争取的奖赏来示好,那么寻求这些的人就会来到。

　　礼而后悔者,士不止;赏而后悔者,士不使。礼赏不倦,则士争死。

【译文】

　　以礼相待之后又后悔的,士卒就不愿在他那里停留下来;实行了奖赏之后又后悔的,士卒就不会听他驱使调遣。以礼待人、实行奖赏从不厌倦,士卒就会争先恐后地为他赴死。

良将之养士，不易于身，故能使三军如一心，则其胜可全。

【译文】

良将爱护士卒，就像爱护自己的身体一样，所以才能使全军上下同心同德，最终取得全面胜利。

谋及负薪①，功乃可述；不失人心，德乃洋溢。

———

①负薪：背柴。借以指下层劳动者。

【译文】

君主谋事时能征求下层民众的意见，功业就能载诸史册；不失去民心，功德就能广布天下。

中略

主不可以无德，无德则臣叛；不可以无威，无威则失权。臣不可以无德，无德则无以事君；不可以无威，无威则国弱，威多则身蹶①。

———

①蹶（jué）：失败。

【译文】

君主不可以没有道德，没有道德臣下就会背叛；君主也不可以没有威势，没有威势就会失去权力。官员不可以没有道德，没有道德就没有办法奉事君主；官员也不可以没有威势，没有威势国家就会衰弱，但如果威势过盛，就会身陷败亡。

非计策无以决嫌定疑^①，非谲奇无以破奸息寇^②，非阴谋无以成功。

————

①决嫌：判断疑惑难明之事。

②谲（jué）奇：诡诈出奇。

【译文】

不讲策略就没办法裁决疑惑，不诡诈出奇就没办法消灭奸人敌寇，不用阴谋诡计就没办法取得成功。

高鸟死，良弓藏；敌国灭，谋臣亡。亡者，非丧其身也，谓夺其威，废其权也。

【译文】

高空的飞鸟被射光了，制作精良的弓箭就会被收藏起来；敌对国家灭亡了，谋臣就要消亡。所谓消亡，不是说要杀死他，而是说要剥夺他的威势，废除他的权力。

人众一合而不可卒离^①，威权一与而不可卒移。

————

①卒（cù）：突然。

【译文】

民众一旦组建成军队，就不能突然解散；军队的大权一旦授予了，就不能突然改换。

下略

能扶天下之危者，则据天下之安；能除天下之忧者，则享天下之乐；能救天下之祸者，则获天下之福。

【译文】

能够扶助天下于危亡之际的，就能拥有天下的安宁；能够消除天下忧患的，就能享有天下的快乐；能够拯救天下于灾祸之中的，就能获得天下的福报。

泽及于民，则贤人归之；泽及昆虫①，则圣人归之。贤人所归，则其国强；圣人所归，则六合同②。求贤以德，致圣以道。贤去则国微③；圣去则国乖④。微者危之阶，乖者亡之征。

————

①泽及昆虫：恩泽惠及昆虫，形容恩泽遍及万物。

②六合同：意即天下统一。六合，指上下四方。同，归一，统一。

③微：衰微，衰弱。

④乖：乖戾，混乱。

【译文】

恩泽遍及民众，贤士就会归附于他；恩泽遍及万物，圣人就会归附于他。贤人归附于他，他的国家就会强盛；圣人归附于他，他就能统一天下。要凭借德行以求得贤人，凭借道义以使圣人到来。贤人离去，国家就会衰落；圣人离去，国家就会混乱。衰弱是通往危境的阶梯，混乱是灭亡的征兆。

贤人之政，降人以体①；圣人之政，降人以心。体降可以图始,心降可以保终。

———

①降人:服人,使人服从。

【译文】

贤人的政治,是让人的行为顺从;圣人的政治,是让人的内心顺从。行为顺从就可以开基创业,内心顺从就能保全至终。

乐人者,久而长;乐身者,不久而亡。

【译文】

能让民众快乐的,国家就能长治久安;只图自己快乐的,过不了多长时间国家就会灭亡。

释近谋远者①,劳而无功;释远谋近者,佚而有终②。佚政多忠臣③,劳政多怨民。

———

①释:舍弃。

②佚(yì):安逸,闲适。

③佚政:指清静无为的政治。

【译文】

舍近求远的人,会劳而无功;舍远求近的人,会安逸而善终。实行清静无为的政治,就会涌现很多忠臣;实行劳民扰众的政治,就会产生很多怨民。

务广地者荒,务广德者强。

【译文】

致力于扩张领土的,政务必定荒废;致力于广施恩德的,国家必定强盛。

能有其有者安,贪人之有者残。

【译文】

能拥有自己所应该拥有的,就会得到安宁;贪图别人所拥有的,就会招致祸败。

造作过制①,虽成必败。

———

①造作:制造,制作。制:制度。

【译文】

行为超出了制度的规定,即使一时取得成功,最终也必定失败。

舍己而教人者逆,正己而化人者顺。逆者乱之招,顺者治之要。

【译文】

不端正自己的言行而去教训别人,是违背常理而行不通的;先端正自己的言行而后再去感化别人,是顺乎常理而行得通的。违背常理会招致祸乱,顺乎常理是国家安定的关键。

道、德、仁、义、礼,五者一体也。道者人之所蹈①,德者人之所得,仁者人之所亲,义者人之所宜,礼者人之所体,不可无一焉。故夙兴夜寐②,礼之制也;讨贼报仇,义之决也;恻隐之心,仁之发也;得己得人,德之路也;使人均平,不失其所,道之化也。

———

①蹈:履行,遵循。

②凤兴夜寐:早起晚睡。这里指人每天从早到晚的生活行为。语出
《诗经·卫风·氓》:"凤兴夜寐,靡有朝矣。"凤,早。

【译文】

道、德、仁、义、礼,这五者是一个整体。道是人们所遵循的规律,德
是人们所持有的操守,仁是人们相互亲爱的依据,义是人们所应该坚持
的原则,礼是人们身体力行的规范,以上五者缺一不可。所以人们的日
常行为,要受到礼的制约;讨伐奸贼、报仇雪恨,是源于义的决定;同情之
心,是出自仁爱的表现;修己正人,是遵守道德的途径;使人平均,各得其
所,是由于道的教化。

千里迎贤,其路远;致不肖①,其路近。是以明王舍近而
取远,故能全功尚人②,而下尽力。

————

①不肖:指不正派的人。

②尚人:尊重贤人。尚,尊崇,注重。

【译文】

到千里之外迎聘贤人,路途遥远,很不方便;招致奸佞之徒,路途很
近,十分方便。所以英明的君主宁愿舍弃近处的方便,不辞辛苦以求得
远处的贤人,这样就能保全功业,尊重贤人,而普通百姓也会乐意效力。

废一善,则众善衰;赏一恶,则众恶归。善者得其祐①,恶
者受其诛,则国安而众善至。

————

①祐:保佑,保护。

【译文】

弃用一个好人，众多好人就会隐退消失；奖赏一个恶人，众多恶人就会蜂拥而至。好人得到君主的保护，坏人受到君主的惩罚，国家就会安宁，众多好人就会纷纷到来。

众疑无定国，众惑无治民。疑定惑还，国乃可安。

【译文】

民众有了疑虑，国家就不会安定；民众有了疑虑，就不会有守法的良民。疑虑解除，困惑消失，国家才能安宁。

一令逆则百令失，一恶施则百恶结。

【译文】

一项法令违背常理，就会导致许多法令失效；一件坏事干了，就会结下许多坏事的恶果。

治民使平，致平以清，则民得其所，而天下宁。

【译文】

用公平的原则治理民众，用清明的政治实现公平，这样民众就能各得其所，天下安宁。

清白之士不可以爵禄得；节义之士不可以威刑胁[1]。故明君求贤，必观其所以而致焉。致清白之士，修其礼；致节义之士，修其道。而后士可致，而名可保。

———

①威刑：严厉的刑罚。

【译文】

纯洁高尚的人是不能用爵禄收买的；高节正义的人是不能用重刑胁迫的。所以英明君主在求取贤人时，必定会先观察他们的志趣，再招揽他们。招揽纯洁高尚的人，要讲究礼仪；招揽高节正义的人，要讲究道义。只有这样做，贤士才能到来，君主的英名才能保全。

夫圣人君子，明盛衰之源，通成败之端，审治乱之机，知去就之节。

【译文】

圣人君子能明察盛衰的根源，通晓成败的端倪，清楚治乱的关键，了解进退的时机。

圣王之用兵，非乐之也，将以诛暴讨乱也。夫以义诛不义，若决江河而溉爝火①，临不测而挤欲堕，其克必矣。所以优游恬淡而不进者②，重伤人物也。

————

①爝(jué)火：微火，小火。

②优游：闲适。恬淡：恬静，清静淡泊。

【译文】

圣王发动战争，并不是因为喜欢战争，而是要用它来诛杀暴君、讨平叛乱。用正义之师消灭不义之师，就像掘开长江、黄河之水去浇灭一个小火把，又像靠近深不可测的悬崖去推下一个快要跌落的人，取得胜利是必然的。圣王之所以闲适恬静而不急于用兵，是因为很重视对人和物的伤害。

夫兵者，不祥之器，天道恶之。不得已而用之，是天道也。

【译文】

战争是用来杀人的不祥之器，天道憎恶它，在不得已的时候才发动战争，这是合乎天道的。

夫人之在道，若鱼之在水，得水而生，失水而死。故君子者常畏惧而不敢失道。

【译文】

人们遵循天道生活，就像鱼在水中，有水才能存活，失去了水就会死掉。所以君子要时常心怀戒惧，不敢悖逆天道。

伤贤者，殃及三世；蔽贤者，身受其害；嫉贤者，其名不全；进贤者，福流子孙。故君子急于进贤，而美名彰焉。

【译文】

伤害贤人的，灾祸会延及祖孙三代；埋没贤人的，自身就会受害；嫉妒贤人的，名誉会得不到保全；举荐贤人的，幸福会传给子孙后代。所以君子积极举荐贤人，这样就会美名远扬。

利一害百，民去城郭；利一害万，国乃思散。去一利百，人乃慕泽；去一利万，政乃不乱。

【译文】

对一个人有利，而对一百个人有害，民众就会离开城郭；对一个人有利，而对一万个人有害，国中就会人心涣散。除掉一个人，而对一百个人有利，人们就会思慕他的恩泽；除掉一个人，而对一万个人有利，政治就不会混乱。

医家

黄帝内经

　　《黄帝内经》，简称《内经》，我国现存最早的一部医学文献典籍。一般认为，《黄帝内经》成书于战国至秦汉时期，为后人假托黄帝而作。其内容包括《素问》和《灵枢》两部分，各十八卷，各八十一篇。《素问》以精气神、阴阳五行理论来论证人体的生理病理，《灵枢》则详于经络、针灸，许多内容与《素问》互为补充。

　　《黄帝内经》以黄帝和岐伯等人对话的形式展开，将天人合一、形神统一、阴阳和平等思想贯穿始终，系统全面地阐述了中医学理论体系的基本内容，为中医学的发展奠定了基础。中医学史上著名的医家和医学流派，都是在《黄帝内经》理论体系的基础上发展起来的。

　　本书选文据中华书局三全本《黄帝内经》。

素问

上古天真论篇

上古之人，其知道者^①，法于阴阳^②，知于术数^③，食饮有节，起居有常，不妄作劳，故能形与神俱，而尽终其天年^④，度百岁乃去。

———

①知道：懂得养生的道理。

②法：取法，效法。阴阳：天地变化的规律。

③术数：古代称各种技术为术数。这里指调养精气的养生方法。

④天年：人的自然寿命。

【译文】

上古时代的人，大都懂得养生之道，取法天地阴阳的变化规律，用保养精气的方法来调和，饮食有节制，起居有规律，不过分劳作，所以形体和精神能够协调统一，享尽自然的寿命，度过百岁才离开世间。

不知持满，不时御神^①，务快其心，逆于生乐，起居无节，故半百而衰也。

———

①御神：控制精神过度思虑，以免过度消耗精气。

【译文】

不懂得保持精气的盈满，不明白节省精神，一味追求感官快乐，违背了生命的真正乐趣，起居没有规律，所以五十岁左右就衰老了。

恬惔虚无^①,真气从之,精神内守,病安从来?

———

①恬惔(dàn):清静安闲。

【译文】

思想上清静安闲,无欲无求,真气深藏顺从,精神持守于内而不耗散,这样疾病怎么会发生呢?

志闲而少欲,心安而不惧,形劳而不倦。

【译文】

心志闲淑,私欲很少;心情安宁,没有恐惧;形体虽然劳动,但不过分疲倦。

愚智贤不肖,不惧于物^①,故合于道。

———

①不惧于物:即"不攫于物",不追求酒色等外物。

【译文】

无论愚笨聪明有能力无能力的,都不追求酒色等身外之物,所以合于养生之道。

男不过尽八八,女不过尽七七,而天地之精气皆竭矣^①。

———

①天地:指男女。

【译文】

一般情况下,男子不超过六十四岁,女子不超过四十九岁,到这个岁数男女的精气就都穷尽了。

夫道者,能却老而全形,身年虽寿,能生子也。

【译文】

善于养生的人,能够推迟衰老,保全身体如壮年,所以即使年寿很高,仍然能生育。

调于四时,去世离俗。积精全神,游行天地之间,视听八达之外。此盖益其寿命而强者也。

【译文】

适应四时气候的变迁,避开世俗的喧闹。聚精会神,悠游于天地之间,所见所闻,能够广及八方荒远之外。这是能够延长寿命、身体强健的人。

行不欲离于世,举不欲观于俗。

【译文】

行为不脱离世俗,但举动又不仿效世俗而保有自己独特的风格。

外不劳形于事,内无思想之患。

【译文】

在外不使身体为事务所劳,在内不使思想有过重负担。

以恬愉为务①,以自得为功。

———

①恬愉:清静愉悦。

【译文】

以清静愉悦为本务,以悠然自得为目的。

四气调神大论篇

　　春三月①,此谓发陈②。天地俱生,万物以荣。夜卧早起,广步于庭。被发缓形③,以使志生。生而勿杀,予而勿夺,赏而勿罚④。此春气之应,养生之道也。逆之则伤肝,夏为寒变⑤。奉长者少。

----

　　①春三月:指农历的正、二、三月。按节气为立春、雨水、惊蛰、春分、清明、谷雨。

　　②发陈:推陈出新。

　　③被发:披散开头发。被,同"披"。缓形:松解衣带,使身体舒缓。

　　④"生而"三句:"生""予""赏",象征顺应春阳生发之气的神志活动,"杀""夺""罚",指与春阳生发之气相悖的神志活动。

　　⑤寒变:夏月所患寒性疾病之总名。

【译文】

　　春季三个月,是万物复苏的季节。大自然生机勃发,草木欣欣向荣。适应这种环境,应当夜卧早起,在庭院里散步。披开束发,舒缓身体,以使神志随着生发之气而舒畅。神志活动要顺应春生之气,而不要违逆它。这就与春生之气相应,是养生的方法。违背了这个方法,会伤肝,到了夏天就要发生寒变。这是因为春天生养的基础差,供给夏天成长的条件也就差了。

　　夏三月①,此谓蕃秀②。天地气交,万物华实。夜卧早起,无厌于日。使志无怒,使华英成秀③。使气得泄,若所爱在外。此夏气之应,养长之道也。逆之则伤心,秋为痎疟④。奉收者少。

———

①夏三月：指农历的四、五、六月。按节气为立夏、小满、芒种、夏至、小暑、大暑。

②蕃（fán）秀：草木繁茂，华美秀丽。秀，华美。

③华英：这里指人的容貌面色。华，古"花"字。英，草之花。

④痎（jiē）疟：疟疾的总称。

【译文】

夏季三个月，是草木繁茂秀美的季节。天地阴阳之气上下交通，各种草木开花结果。适应这种环境，应该夜卧早起，不要厌恶白天太长。心中没有郁怒，使容色秀美。并使腠理宣通，如有为所爱之物吸引一样，使阳气疏泄于外。这就是与夏长之气相应，是养长的办法。如果违背了这个道理，会损伤心气，到了秋天就会患疟疾。这是因为夏天长养的基础差，供给秋天收敛的能力也就差了。

秋三月①，此谓容平②。天气以急，地气以明。早卧早起，与鸡俱兴。使志安宁，以缓秋刑。收敛神气，使秋气平。无外其志，使肺气清。此秋气之应，养收之道也。逆之则伤肺，冬为飧泄③。奉藏者少。

———

①秋三月：指农历的七、八、九月。按节气为立秋、处暑、白露、秋分、寒露、霜降。

②容平：盛满，草木到秋天已达成熟的景况。

③飧（sūn）泄：完谷不化的泄泻。飧，本意为夕食。引申有水浇饭之意。

【译文】

秋季三个月，是草木自然成熟的季节。天气劲急，地气清明。适应这种环境，应当早卧早起，和鸡同时活动。保持意志安定，从而舒缓秋天劲急之气对身体的影响。精神内守，不急不躁，使秋天肃杀之气得以平和。不使意志外驰，使肺气清和均匀。这就是与秋收之气相应，是养收的方法。如果违背了这个方法，会损伤肺气，到了冬天就要生飧泄病。这是因为秋天收敛的基础差，供给冬天潜藏之气的能力也就差了。

冬三月^①，此谓闭藏^②。水冰地坼^③，无扰乎阳。早卧晚起，必待日光。使志若伏若匿，若有私意。若已有得，去寒就温。无泄皮肤，使气亟夺^④。此冬气之应，养藏之道也。逆之则伤肾，春为痿厥^⑤。奉生者少。

――

①冬三月：指农历的十、十一、十二月。按节气为立冬、小雪、大雪、冬至、小寒、大寒。

②闭藏：密闭潜藏。指万物生机潜伏。

③坼（chè）：裂开。

④气：指"阳气"。亟（qì）：频繁，多次。夺：被耗伤。

⑤痿厥：四肢枯痿，软弱无力。

【译文】

冬季三个月，是万物生机潜伏闭藏的季节。寒冷的天气，使河水结冰，大地冻裂。这时不能扰动阳气。适应这种环境，应该早睡晚起，一定等到太阳出来时再起床。使意志如伏似藏，好像心里很充实。好像已经得到满足，还要避开寒凉，保持温暖。不要让皮肤开张出汗，而频繁耗伤阳气。这就是与冬藏之气相应，是养藏的方法。如果违背了这个道理，会损伤肾气,到了春天,就要得痿厥病。这是因为冬天闭藏的基础差,供给春季生养的能力也就差了。

万物不失,生气不竭。

【译文】

如果万物都不失保养之道,那么它的生命之气是不会衰竭的。

逆春气,则少阳不生①,肝气内变。逆夏气,则太阳不长,心气内洞②。逆秋气,则少阴不收,肺气焦满。逆冬气,则太阴不藏,肾气独沉③。

———

①少阳:指春季。根据阴阳学说春季为少阳,夏季为太阳,秋季为少阴,冬季为太阴。

②内洞:内虚。洞,空,虚。

③独沉:衰惫。

【译文】

如果违背了春天之气,那么少阳之气就不能生发,会使肝气内郁而发生病变。如果违背了夏天之气,那么太阳之气就不能生长,会使心气内虚。如果违背了秋天之气,那么少阴之气就不能收敛,会使肺热叶焦而胀满。如果违背了冬天之气,那么太阴之气就不能潜藏,会使肾气衰弱。

圣人春夏养阳,秋冬养阴,以从其根。

【译文】

圣人在春夏保养阳气,在秋冬保养阴气,以适应养生的根本原则。

阴阳四时者,万物之终始也,死生之本也。逆之则灾害生,从之则苛疾不起。

【译文】

四时阴阳的变化,是万物生长收藏的由来,死生的本源。违背它,就要发生灾害;顺从它,就不会得重病。

从阴阳则生,逆之则死,从之则治,逆之则乱。

【译文】

如果顺从阴阳变化的规律,就会生存,违背阴阳变化的规律,就会死亡;顺从这个规律就会安定,违背了,就要发生祸乱。

圣人不治已病治未病,不治已乱治未乱,此之谓也。夫病已成而后药之,乱已成而后治之,譬犹渴而穿井,斗而铸兵,不亦晚乎?

【译文】

圣人不治已发生的病而倡导未病先防,不治理已形成的动乱而注重在未乱之前的疏导,说的就是这种情况。假如疾病形成以后再去治疗,动乱形成以后再去治理,这就好像口渴才去挖井,发生战斗才去铸造兵器,那不是太晚了吗?

生气通天论篇

夫自古通天者,生之本,本于阴阳。

【译文】

自古以来人的生命活动与自然界的变化就是息息相通的,这是生命的根本,生命的根本就是阴阳。

阳气者,若天与日,失其所则折寿而不彰①。

①折寿:短寿。不彰:不明。

【译文】

人体的阳气,就像天上的太阳一样,太阳不能在其轨道上正常运行,万物就不能生存;人体的阳气不能正常运行于人体,就会缩短寿命而不能使生命成长壮大。

大怒则形气绝,而血菀于上①,使人薄厥②。

①血菀(yùn)于上:血淤于头部。菀,通"蕴",蕴淤。

②薄厥:即"暴厥",发病急骤之厥证。

【译文】

大怒时会造成形与气隔绝,血郁积头部,使人发生暴厥。

风者,百病之始也,清静则肉腠闭①,阳气拒,虽有大风苛毒②,弗之能害。

①肉腠(còu):肌腠,腠理,肌肉的组织间隙。

②苛毒:厉害的毒邪。

【译文】

风是引发各种疾病的始因,但是,只要精神安静,意志安定,腠理就能闭密,阳气就能卫外,即使有大风苛毒,也不能造成伤害。

阳气者,一日而主外,平旦阳气生,日中而阳气隆,日西而阳气已虚,气门乃闭①。是故暮而收拒,无扰筋骨,无见雾露。反此三时②,形乃困薄。

——

①气门:汗孔。中医认为肺主气,司呼吸,外合于皮毛。故皮肤的汗孔称为"气门"。

②三时:指平旦、日中、日暮。

【译文】

人身的阳气,白天都运行于人体外部,日出时人体的阳气开始生发,中午阳气最旺盛,到日落时阳气衰退,汗孔也就关闭了。这时,就应当休息,阳气收藏于内而拒邪气于外,不要扰动筋骨,不要冒犯雾露。如果违反了平旦、日中、日暮阳气的活动规律,形体就会为邪气所困,而日趋衰弱。

圣人陈阴阳①,筋脉和同,骨髓坚固,气血皆从。如是则内外调和,邪不能害,耳目聪明,气立如故。

——

①陈:陈列得宜,不使偏胜。

【译文】

圣人调整阴阳,使之各安其位,才能筋脉舒和,骨髓坚固,气血畅通。这样才能使内外阴阳之气调和,邪气不能侵害,耳聪目明,真气运行正常。

阴平阳秘,精神乃治;阴阳离决,精气乃绝。

【译文】

阴气和平,阳气固密,精神就会旺盛;阴阳分离而不相交,那精气也就随之而耗竭了。

阴之所生,本在五味①,阴之五宫②,伤在五味。

————

①五味:酸、苦、甘、辛、咸。这里指饮食的五味。

②五宫:五脏。

【译文】

阴精的产生,来源于饮食五味的营养,但是,贮藏精血的五脏,又因为过食五味而受伤害。

金匮真言论篇

夫精者①,身之本也。故藏于精者,春不病温。

————

①精:饮食所化之精华,人类生殖之原质都叫精。

【译文】

精对人体就如同树木的根,是生命的源泉。所以冬季善于保养精气的,春天就不易得温病。

阴阳应象大论篇

阴阳者,天地之道也,万物之纲纪,变化之父母,生杀之本始,神明之府也,治病必求于本。

【译文】

阴阳,是天地间的普遍规律,是一切事物的纲领,是万物发展变化的起源,是生长毁灭的根本,是万物发生发展变化的动力源泉,因此,治病必须寻求治本的方法。

喜怒伤气,寒暑伤形;暴怒伤阴,暴喜伤阳。

【译文】

过喜过怒会伤气,寒暑外侵会损伤形体;大怒会伤阴气,大喜会伤阳气。

喜怒不节,寒暑过度,生乃不固。

【译文】

不节制喜怒,不调适寒暑,生命就不会稳固。

冬伤于寒,春必温病;春伤于风,夏生飧泄[①];夏伤于暑,秋必痎疟[②];秋伤于湿,冬生咳嗽。

———

①飧(sūn)泄:完谷不化的泄泻。飧,本意为夕食。引申有水浇饭之意。

②痎(jiē)疟:疟疾的总称。

【译文】

冬天感受寒气过多,到了春天就容易发生热性病;春天感受风气过多,到了夏天就容易发生飧泄;夏天感受暑气过多,到了秋天就容易发生疟疾;秋天感受湿气过多,到了冬天就容易发生咳嗽。

智者察同[①],愚者察异[②];愚者不足,智者有余。

———

①同:指健康。

②异:指疾病衰老。

【译文】

聪明人在没病时就注意养生,愚蠢的人在发病时才知道调养;愚蠢的人常感到体力不足,聪明的人却感到精力有余。

圣人为无为之事,乐恬惔之能①,从欲快志于虚无之守,故寿命无穷,与天地终。

——

①恬惔(dàn):清净安闲。

【译文】

明达事理的人,顺乎自然而不做无益于养生的事,以恬静的心情为快乐,持守虚无之道,追寻心志的快乐与自由,因此,他的寿命无穷尽,与天地长存。

惟贤人上配天以养头,下象地以养足,中傍人事以养五脏①。

——

①人事:指日常饮食和情志。

【译文】

只有圣贤之人,对上与天气相配合来养护头;对下与地气相顺来养护足;居中,则依傍人事来养护五脏。

善治者治皮毛,其次治肌肤,其次治筋脉,其次治六腑,其次治五脏。治五脏者,半死半生也。

【译文】

善于治病的医生,能在病邪刚侵入皮毛时就给以治疗;医术稍差的,在病邪侵入到肌肤时才治疗;更差的,在病邪侵入到筋脉时才治疗;再差的,在病邪侵入到六腑时才治疗;最差的,在病邪侵入到五脏时才治疗。病邪侵入到五脏,治愈的希望与死亡的可能各占一半。

见微得过,用之不殆。

【译文】

发现病人的细微变化就能够诊断疾病,用来指导治疗实践就不会有危险了。

灵兰秘典论篇

主明则下安,以此养生则寿,殁世不殆,以为天下则大昌。

【译文】

心的功能正常,下边就能相安。依据这个道理来养生,就能长寿,终身不致有严重的疾病;根据这个道理来治理天下,国家就会繁荣昌盛。

恍惚之数①,生于毫氂②,毫氂之数,起于度量,千之万之,可以益大,推之大之,其形乃制。

———

①恍惚:似有似无。

②毫氂(lí):形容极微小。氂,同"厘"。

【译文】

事物发展的一般规律都是从似有似无极其微小开始的,虽然极其微小,也是可以度量的,千倍万倍地增加,事物就一步步地增大,扩大到一定程度它的形状就明显了。

六节脏象论篇

五日谓之候,三候谓之气;六气谓之时,四时谓之岁。

【译文】

五天叫一候,三候成为一个节气;六个节气叫一时,四时叫一年。

心者,生之本,神之处也。

【译文】

心是生命的根本,智慧的所在。

五脏别论篇

拘于鬼神者,不可与言至德①;恶于针石者,不可与言至巧②;病不许治者,病必不治,治之无功矣。

————

①至德:医学道理。

②至巧:针石技巧。

【译文】

如果病人为鬼神迷信所束缚,就无须向他说明医学理论;如果病人厌恶针石,就无须向他说明针石技巧;如果病人不同意治疗,病一定治不好,即使治疗也不会有效果。

移精变气论篇

去故就新,乃得真人。

【译文】

要去掉旧习的简陋知识，钻研新的学问，努力进取，就可以达到上古真人的水平。

汤液醪醴论篇

精神不进，志意不治，故病不可愈。

【译文】

如果病人的神气已经衰微，志意已经散乱，那病是不会好的。

病为本，工为标；标本不得，邪气不服。

【译文】

病人是本，医生是标，二者必须相得；病人和医生不能相互配合，病邪就不能驱除。

脉要精微论篇

头者，精明之府①，头倾视深②，精神将夺矣。背者，胸中之府，背曲肩随，府将坏矣。腰者，肾之府，转摇不能，肾将惫矣。膝者，筋之府，屈伸不能，行则偻附③，筋将惫矣。骨者，髓之府，不能久立，行则振掉④，骨将惫矣。

———

①精明之府：精气聚集的处所。

②头倾视深：头部侧垂，两目深陷无光。

③偻附：曲背低头。

④振掉：动摇。

【译文】

头是精明之府，如果头部下垂，眼胞内陷，说明精神要衰败了。背是胸之府，如果背弯曲而肩下垂，那是胸要坏了。腰是肾之府，如果腰部不能转动，那是肾气要衰竭了。膝是筋之府，如果屈伸困难，走路时曲背低头，那是筋要疲惫了。骨是髓之府，如果不能久立，行走动摇不定，那是骨要衰颓了。

平人气象论篇

人以水谷为本①，故人绝水谷则死。

———

①水谷：水与谷物等饮食的统称。

【译文】

人以水谷为生命的根本，所以断绝了水谷，就要死。

经脉别论篇

春秋夏冬，四时阴阳，生病起于过用，此为常也。

【译文】

春秋夏冬四季阴阳变化之中，生病的原因，多是由于体力与精神消耗过度、饮食过度等导致，这是一定的。

脏气法时论篇

毒药攻邪①，五谷为养②，五果为助③，五畜为益④，五菜为充⑤,气味合而服之,以补精益气。

———

①毒药:药物之统称。与今之毒药概念不同,药物性味各有所偏,这种药性所偏,古人称之谓"毒性"。

②五谷:粳米、小豆、麦、大豆、黄黍。

③五果:桃、李、杏、栗、枣。

④五畜:牛、羊、猪、鸡、犬。

⑤五菜:葵、藿、薤、葱、韭。

【译文】

凡药物用来攻邪,五谷提供营养,五果作为辅助,五畜用来补益,五菜用来充养,气味配合调和而服食,用来补益精气。

宣明五气篇

久视伤血,久卧伤气,久坐伤肉,久立伤骨,久行伤筋。

【译文】

久视伤心血,久卧伤肺气,久坐伤肌肉,久立则伤骨,久行则伤筋。

宝命全形论篇

天覆地载,万物悉备,莫贵于人。

【译文】

天地之间,万物俱全,但没有什么比人更为宝贵的。

人能应四时者,天地为之父母;知万物者,谓之天子。

【译文】

人如果能适应四时的变化,那么自然界的一切,都会成为他生命的泉源;如果能够了解万物的话,那就是天子了。

八正神明论篇

血气者,人之神,不可不谨养。

【译文】

血气是人的神气寄存之处,不可不谨慎调养。

阳明脉解篇

四支者①,诸阳之本也。阳盛则四支实,实则能登高也。

———

①四支:即四肢。

【译文】

四肢是阳气的根本。阳气盛则四肢充实,四肢充实所以能够登高。

评热病论篇

邪之所凑①,其气必虚。

———

①凑:聚合。引申为侵袭。

【译文】

邪气侵犯人体,是因为他的正气一定很虚弱。

举痛论篇

善言天者,必有验于人;善言古者,必有合于今;善言人者,必有厌于己^①。

———

①厌:合。

【译文】

善于谈论天道的,必能从人事上验证天道;善于谈论往古的,必能把过去与现在结合起来;善于谈论他人的,必能结合自己。

怒则气上^①,喜则气缓^②,悲则气消^③,恐则气下^④,寒则气收^⑤,炅则气泄^⑥,惊则气乱^⑦,劳则气耗^⑧,思则气结^⑨。

———

①气上:气上逆。

②气缓:气涣散不收。

③气消:气消沉。

④气下:气下陷。

⑤气收:气收聚。

⑥气泄:气外泄。

⑦气乱:气混乱。

⑧气耗:气耗散。

⑨气结:气郁结。

【译文】

暴怒则气上逆,大喜则气涣散,悲哀则气消散,恐惧则气下陷,遇寒则气收聚,受热则气外泄,过惊则气混乱,过劳则气耗损,思虑则气郁结。

痹论篇

饮食自倍①,肠胃乃伤。

———

①自:若,如果。

【译文】

假如饮食过多了,肠胃就要受伤。

标本病传论篇

有其在标而求之于标,有其在本而求之于本,有其在本而求之于标,有其在标而求之于本。故治有取标而得者,有取本而得者,有逆取得者,有从取而得者。

【译文】

有的病在标而治标,有的病在本而治本,有的病在本而治标,有的病在标而治本。所以在治疗上,有治标而取效的,有治本而取效的,有反治而取效的,有正治而取效的。

谨察间甚①,以意调之,间者并行②,甚者独行③。

———

①间:病轻浅。甚:病深重。

②并行:标本兼治。

③独行:单独用治标或治本的一种方法。

【译文】

要谨慎地观察病情的轻重,根据具体病情而进行治疗,病轻的可以标本兼治,病重的就要根据病情,或治本或治标。

天元纪大论篇

善言始者,必会于终;善言近者,必知其远。

【译文】

善于谈论事物起源的人,必然也能够知道它的结果;善于谈论近处事情的人,必定也知道推及远处的事理。

气交变大论篇

夫道者,上知天文,下知地理,中知人事,可以长久。

【译文】

研究医道的人,要上知天文,下知地理,中知人事,他的学说才能保持长久。

善言天者,必应于人;善言古者,必验于今。

【译文】

善于谈论天道的,必定能应验于人身;善于谈论古代的,必定能验证于现在。

五常政大论篇

生而勿杀,长而勿罚,化而勿制,收而勿害,藏而勿抑。

【译文】

万物生发时而不杀伤,成长时而不惩罚,化育时而不制止,收敛时而不残害,藏储时而不抑制。

暴虐无德,灾反及之。

【译文】

暴虐而毫无道德,灾害必然反加到自己身上。

不恒其德^①,则所胜来复,政恒其理,则所胜同化。

———

①不恒:失常。德,指正常的性能。

【译文】

不能保持正常的性能,横施暴虐,而欺侮被我所胜者,那么结果必有胜我者前来报复,若行使政令平和,即使所胜之气来侵,也能被同化。

无代化^①,无违时,必养必和,待其来复。

———

①无代化:不要用人力代替天地的气化。

【译文】

不要以人力来代替天地的气化,不要违反四时的运行规律,必须静养,必须安和,等待正气的恢复。

六元正纪大论篇

知其要者,一言而终;不知其要,流散无穷。

【译文】

懂得要领的,一句话就可以明白;如果不懂得要领,就会茫然无绪。

解精微论篇

人有德也^①,则气和于目;有亡^②,忧知于色。

———

①德:通"得"。

②亡:失去,失意。

【译文】

人有得意之事,则和悦之情显露于两目;而有所失意,则忧愁之情表现于面色。

刺法论篇

正气存内,邪不可干。

【译文】

正气充实于内,邪气就不能侵犯。

本病论篇

得守者生,失守者死;得神者昌,失神者亡。

【译文】

精神能够守藏则生存,不能守藏则死亡;得神的就会昌盛,失神的就要死亡。

灵枢

本神

智者之养生也,必顺四时而适寒暑,和喜怒而安居处,节阴阳而调刚柔,如是则僻邪不至,长生久视[1]。

———

①长生久视:使寿命延长,不易衰老之意。

【译文】

智者养生,必定顺着四时来适应寒暑的气候,调和喜怒而安定起居,节制房事,调和刚柔。这样,虚邪贼风就不能侵袭人体,自然可以延寿,不易衰老了。

喜乐者,神惮散而不藏[1];愁忧者,气闭塞而不行;盛怒者,迷惑而不治;恐惧者,神荡惮而不收。

———

①惮(dàn)散:涣散,耗散。

【译文】

喜乐过度,会导致喜极气散不能收藏;愁忧过度,就会使气机闭塞不能流畅;大怒,就会使神志昏迷,失去常态;恐惧过度,就会由于精神动荡而精气不能收敛。

口问

夫百病之始生也,皆生于风雨寒暑,阴阳喜怒,饮食居处,大惊卒恐。

【译文】

大凡疾病的发生,都是因为风雨寒暑,房事过度,喜怒不节,饮食不调,居处不适,大惊猝恐等。

悲哀愁忧则心动,心动则五脏六腑皆摇。

【译文】

悲哀忧愁等情志变化,就会扰动心神,心神扰动不安,五脏六腑就会受到影响而不安。

师传

夫治民与自治,治彼与治此,治小与治大,治国与治家,未有逆而能治之也,夫惟顺而已矣。顺者,非独阴阳脉论气之逆顺也,百姓人民皆欲顺其志也。

【译文】

治民和治己,治彼和治此,治小和治大,治国和治家,从来没有用逆行的方法而能治理好的,只有采取顺行的方法。但所说的顺,不仅是指阴阳经脉营卫的逆顺,对待人民百姓,也要顺着他们的意愿。

人之情,莫不恶死而乐生。

【译文】

人之常情,没有不怕死而喜爱活着的。

寒无凄怆^①,暑无出汗。

——

①凄怆：形容寒冷重。

【译文】

天寒时，多加衣服，不要着凉；天热时，要少穿，不要热得出汗。

食饮者，热无灼灼①，寒无沧沧②，寒温中适。

——

①灼灼：形容食物过热。灼，烧。

②沧沧：形容食物过凉。沧，寒冷。

【译文】

在饮食上，不要过热过凉，应寒温合适。

五乱

五行有序，四时有分，相顺则治，相逆则乱。

【译文】

五行的交替有一定秩序，四时气候的变化有季节的分别，经脉运行与四时五行的规律相适应，就能保持正常的活动，违反了这个规律，就会运行逆乱。

逆顺肥瘦

匠人不能释尺寸而意短长，废绳墨而起平木也；工人不能置规而为圆，去矩而为方。

【译文】

匠人不能丢掉尺寸而妄揣短长,放弃绳墨而要求木料平直;工人不能丢开规而去画圆,去了矩而去画方。

顺气一日分为四时

夫百病之所始生者,必起于燥湿、寒暑、风雨、阴阳、喜怒、饮食、居处。

【译文】

百病开始发生,一定起于燥湿、寒暑、风雨等外感,或是由于男女、喜怒、饮食、居处等内伤。

外揣

夫治国者,夫惟道焉。非道,何可小大深浅,杂合而为一乎?

【译文】

治理国事,就是要有一个一以贯之的"道"。没有"道",怎么能把小大、深浅的许多复杂的事务,综合为一个总纲呢?

本脏

持则安,减则病。

【译文】

注意调养,就仍能保持正常;如不善调理,有所伤损,就会发生疾病。

逆顺

上工治未病,不治已病。

【译文】

高明的医生是在未病之前预先防治,并不是已经发病才去治疗的。

玉版

圣人不能使化者,为之,邪不可留也。故两军相当①,旗帜相望,白刃陈于中野者,此非一日之谋也。能使其民,令行禁止,卒无白刃之难者,非一日之教也,须臾之得也。

———

①两军相当:两军相敌。当,相对,敌对。

【译文】

圣人不能使邪气消失自化,要及早治疗,因为病邪不可久留体内。譬如两军对敌,旗帜相望,刀光剑影遍于旷野,决不是一天策划的结果。能够使民众,有令必行,有禁必止,最终不致招致断头之祸,这也不是一天教育,顷刻就能实现的。

百病始生

毋逆天时,是谓至治。

【译文】

不违反四时气候规律,这就是最好的治疗原则。

大惑论

阳气尽则卧,阴气尽则寤。

【译文】

卫气在阳分行尽就入睡,在阴分行尽就起床。

伤寒论

《伤寒论》，东汉张仲景撰。张仲景，名机，字仲景，南阳（今属河南）人。曾著《伤寒杂病论》一书，但原书散佚，后经王叔和等人收集整理，分编为《伤寒论》与《金匮要略》两部。

《伤寒论》主要论述外感病的发病规律与治疗方法，为后世临床医学的发展奠定了坚实基础，为历代医家所重视，所提出的"六经辨证"方法，长期以来指导着中医学的辩证施治。

本书选文据刘渡舟编《伤寒论校注》。

伤寒卒病论集

上以疗君亲之疾,下以救贫贱之厄①,中以保身长全,以养其生。

———

①厄:灾难,困苦。

【译文】

上以医治君王双亲的疾病,下以救助贫苦百姓的危难,中以长久保全自身,养护生命。

伤寒例

君子春夏养阳,秋冬养阴,顺天地之刚柔也。

【译文】

懂得养生的人在春夏保养阳气,在秋冬保养阴气,顺应自然界的气候变化。

凡人有疾,不时即治①,隐忍冀差②,以成痼疾③。

———

①不时:随时,及时。

②冀:希望。差(chài):病除,病愈。

③痼(gù)疾:积久难治的病。

【译文】

凡是人得了病,就要及时医治,如果隐瞒忍耐而希望疾病可以自己痊愈,小病就会变成难以治愈的顽固疾病。

凡伤寒之病，多从风寒得之。始表中风寒，入里则不消矣，未有温覆而当不消散者①。

——

①温覆：用添衣、盖被的方式保温。

【译文】

凡是伤寒病，多由风寒引起。一开始风寒侵袭肌表，等到进入脏腑就难以消除了，但如果添衣、盖被使身体发汗，病邪就没有消散不了的。

智者之举错也①，常审以慎；愚者之动作也，必果而速。

——

①举错：举动，行为。错，通"措"。

【译文】

聪明人的一举一动，通常是十分小心谨慎的；愚蠢的人的行为，一定是盲目而追求速效的。

道教

太平经

《太平经》,据史料记载为东汉末期道士于吉、宫崇等人所编撰。于吉或称干吉,宫崇又作宫嵩,均系早期较著名的道士。

《太平经》共一百七十卷,现存三百六十三篇,此经假托神人(又称天师)与六方真人问答,演说原始道教教义和方术。大抵以奉天法道,顺应阴阳五行为宗旨,广述治世之道、伦理准则,以及长寿成仙、治病养生、通神占验之术。其说虽受汉代谶纬神学影响,宣扬灾异祥瑞,善恶报应观念,但亦自成体系,以顺天地之法,治政修身,达于天下太平为主旨。其中有代表下层民众反对统治者恃强凌弱,主张自食其力、周穷救急的思想,故为张角等早期民间道教领袖所利用,组织发动农民起义。《太平经》是中国宗教史和思想文化史上真正映现出道教特质与特色的第一部原始经典,标志着中国道教的正式产生。

本书选文据中华书局三全本《太平经》。

太平金阙帝晨后圣帝君师辅历纪岁次平气去来兆候贤圣功行种民定法本起

为恶则促[①]，为善则延。

———

①促：短命，早亡。

【译文】

干坏事就早亡，做善事就命长。

未能精进[①]，不能得道。

———

①精进：精勤上进。

【译文】

不能够精勤上进，就无法获得大道。

天道无亲，唯善是与[①]。

———

①"天道"二句：语出《老子·七十九章》。亲，偏私，偏爱。与，赞许。

【译文】

皇天的道法是没有任何偏私的，它只赞许那些积德行善的人。

合阴阳顺道法

顺天地者，其治长久；顺四时者[①]，其王日兴[②]。

──────

①四时:四季。即春夏秋冬。《管子·四时》云:"阴阳者,天地之大理也;四时者,阴阳之大经也。"《春秋繁露·四时之副》谓:"天之道,春暖以生,夏暑以养,秋清以杀,冬寒以藏。暖暑清寒,异气而同功,皆天之所以成岁也。"

②王:主宰天下之意。

【译文】

顺随天地的人,治理就长久;顺随四季变化规律的人,主宰天下就一天比一天更兴盛。

录身正神令人自知法

积善不止,道福起①,令人日吉。

──────

①道福:修道获得的福业。

【译文】

积累善行而不止息,修道获得的福业就会降临,让人一天比一天吉利。

不善养身,为诸神所咎①。

──────

①咎:憎恨。

【译文】

不妥善养身,就会被体内众神灵所憎恨。

为善不敢失绳缠[1]，不敢自欺。

———

[1]失绳缠：此三字中"缠"当作"墨"。绳墨，工匠以绳濡墨打直线的工具。喻指界线、法度。

【译文】

做善事不敢偏离法度，不敢自己骗自己。

为善亦神自知之，恶亦神自知之，非为他神，乃身中神也[1]。

———

[1]身中神：指寄居在人体各部位、诸器官内并起主宰作用的人格化的精灵与神灵。如五脏神之类。

【译文】

做善事，神灵自动就一清二楚；干坏事，神灵也自动就一清二楚。这并不是别的什么神灵，而是人体内的神灵。

端神靖身[1]，乃治之本也，寿之征也。

———

[1]端：端正。靖：安定。

【译文】

端正神思，安定身形，这是治国的根本，也是长寿的征象。

修一却邪法

离本求末祸不治。

【译文】

离开根基去追逐末节，灾祸就会无法挽救。

以乐却灾法

以乐治身守形顺念致思却灾①。

①致思：极思。思，谓思神，主要指体内五脏神。

【译文】

依仗和乐来修养自身，守持形体，理顺意念，极尽精思，却除灾害。

凡事默作也①，使人得道本也②。

①默作：意为非人为干预地进行。

②道本：真道的根基。

【译文】

任何事情都不人为地强加干预来进行，就会使人获取到真道的根基。

众贤聚，致治平；众文聚①，则治小乱；五兵聚②，其治大败。

①文：指浮华之士。

②五兵：谓矛、戟、斧、盾、剑。

【译文】

众多的贤人聚集在一起,就能实现天下太平;众多的浮华之士聚集在一起,国家的治理就会逐渐混乱。各种武力聚集在一起,国家的治理就会彻底毁败。

名为神诀书

皆知重其命,养其躯,即知尊其上,爱其下。

【译文】

世人全都懂得看重本人的寿命,养护自己的身躯,也就懂得尊敬他的上司,爱护他的下属了。

能养其性,即能养其民。

【译文】

能涵养自己的情性,也就能养护他的百姓。

夫天无私祐①,祐之有信②;夫神无私亲,善人为效③。

①私祐:谓出自私心而予以保佑的对象。

②有信:指专诚守道的人。

③效:意为验定的标准。

【译文】

上天并没有出自私心而要保佑的对象,它只保佑那些专诚守道的人;神灵也没有出自私心而要偏爱的对象,它只把善人作为验定的标准。

和三气兴帝王法

民气不上达,和气何从得兴?

【译文】

民气通达不到上面,协和气会从哪里得以兴起呢?

安乐王者法

守根者王^①,守茎者相^②,守浮华者善则乱而无常^③。

———

①根:根须。以喻道德治国。王:谓占据主宰地位。此据"五行休王"为说。

②茎:枝干。以喻仁义治国。相:谓处于强壮的状态。此亦据"五行休王"为说。

③浮华:与"根""茎"相对而言,意为叶片花朵。以喻礼、法或武力治国等。

【译文】

守行本根的人,就能占据主宰地位;守行茎干的人,就能处于强壮的状态;守行叶片花朵的人,即使很妥善,也会混乱而无常态。

解承负诀

习善言,不若习行于身也。

【译文】

熟知美好的治国主张,比不上亲身去熟练地推行。

阙题一

积习近成，思善近生。

【译文】

不断践行就会接近于功成道毕，总想做善事就会接近于长生。

分别贫富法

活人名为自活，杀人名为自杀。

【译文】

让别人活命，叫做自己得活命；杀害别人，叫做自己杀害自己。

夫好学而不得衣食之者，其学必懈而道止也[①]；而得衣食焉，则贤者学而不止也。

———

①道止：中途废止之意。

【译文】

喜好学习但衣食无着的人，他学习必定会松懈而中途废止；果真衣食不愁，贤能的人就会坚持学习而不止息。

守三实法

知之乃可说，不知而强说之，会自穷矣。

【译文】

心里真明白才可以谈出来，不明白却硬行去讲论它，到最后就连自己都无话可说了。

凡人所不及也，事无大小，不可强知也^①。

——

①强知：谓硬充知道。即不懂装懂之意。《老子·七十一章》云："不知却自以为知，病也。"

【译文】

但凡人们所不懂的事情，无论大小，不能硬充多明白。

六情所好^①，人人嬉之，而不自禁止，意转乐之，因以致祸，君子失其政令，小人盗劫刺^②，皆由此不急之物为召之也。

——

①六情：指人的六种感情。即喜、怒、哀、乐、爱、恶。

②盗劫刺：此三字《太平经钞》作下列八字："盗劫心生，家亡国败。"刺，谓杀人伤人。

【译文】

人人对六情所喜好的玩艺习以为常，不自行遏制，心里变得更喜爱它们，由此便造成祸殃，君子贯彻不了他的政令，小人偷盗、抢劫又杀人伤人，这全是由那并不紧迫的物品给世上招惹来的。

试文书大信法

夫人能深自养，乃能养人；夫人能深自爱，乃能爱人。有身且自忽，不能自养，安能厚养人乎哉？有身且不能自爱重而全形，谨守先人之祖统^①，安能爱人全人？

———

①祖统：指自先祖以下代代传衍的家族世系。

【译文】

世人能够自己把自己养护得特别好，才能够再去养护别人；世人能够自己把自己爱惜得特别深，才能够再去爱惜别人。自己生有一副身躯，却不能自己养护好自己，怎么能去厚重地养护别人呢？自己生有一副身躯，却不能爱惜和珍重自己，使它完好无损，谨慎地守护住自家代代传衍的家族世系，怎么能去爱惜别人，保全别人呢？

五事解承负法

上古得道，能平其治者，但工自养^①，守其本也。

———

①工：擅长，精通。

【译文】

上古得道而使本身治理特安平的人，只在于擅长自己养护好自己，持守那根本。

乐生得天心法

圣人治，常思太平，令刑格而不用也^①。

———

①格：格正。谓发挥刑罚约束世人行为的作用。汉陆贾《新语·无

为》称:"师旅不设,刑格法悬,而四海之内奉供来臻。"

【译文】

圣人治理天下,总想实现太平,只让刑罚发挥约束世人行为的作用而不去施用。

乐成他人善,如己之善。

【译文】

乐意协助他人成就好事,就像自己成就自己的好事一般。

四行本末诀

末穷者宜反本,行极者当还归。

【译文】

末稍已到顶端的东西,便应返归到根本的状态;行为发展到极端的人,便应返归到最初的情形。

大小谏正法

下亦革谏其上①,上亦革谏其下,各有所长短,因以相补。

———

①革谏:革正规谏。《周易·革卦》:"象曰:'……志不相得曰革。'"

【译文】

处在下面的,也革正规谏那上面的;处在上面的,也革正规谏那下面的,各自既有长处又有短处,随即用来相互补救。

大圣所短,不若贤者所长;人之所短,不若万物之所长。

【译文】

大圣人存在的短处,比不上贤士所独有的长处;世人存在的短处,比不上万物所独有的长处。

案书明刑德法

以刑治者,外恭谨而内叛,故士众日少也。

【译文】

依靠刑罚治国,世人在表面上显得很恭谨,但心里已经叛离他了,所以士众就一天比一天减少。

古者圣人君子,威人以道与德,不以筋力刑罚也①。

———

①筋力:体力。此处指暴力。

【译文】

古代的圣人君子,凭借真道和真德来威服世人,决不靠暴力和刑罚。

王道将兴①,取象于德;王道将衰,取象于刑。

———

①王道:意为称王天下的道法。

【译文】

称王天下的道法眼看着要兴起,必定会从阳德那方面去择取证象;称王天下的道法眼看着要衰败,必定会从阴刑那方面去选用证象。

伤一正气，天气乱；伤一顺气，地气逆；伤一儒，众儒亡^①；伤一贤，众贤藏。

---

①亡：逃离之意。

【译文】

伤害了一股正气，天气就随之混乱；伤害了一股顺气，地气就随之违逆；伤害了一名儒士，众儒士就随之逃离；伤害了一位贤人，众贤人就随之隐遁。

起土出书诀

四时之炁，天之按行也，而人逆之，则贼害其父；以地为母，得衣食养育，不共爱利之，反贼害之。

【译文】

春夏秋冬气候变迁，构成皇天所查照遵行的定律，可世人却违逆它，就等于暗害自己的父亲；把大地作为母亲，才有衣物和食物并得到养育，可世人却不共同爱护和有利地母，反而暗害它。

穿地见泉，地之血也；见石，地之骨也；土，地之肉也。取血，破骨，穿肉，复投瓦石坚木于地中，为疮。

【译文】

穿透大地看到泉水，这可属于大地的血液；看到岩石，这可属于大地的骨骼；土壤又属于大地的肌肉。抽取血液，敲破骨骼，穿透肌肉，又把瓦石和坚固的木料撑入地里面，就给大地造成疮疤。

夫人命乃在天地,欲安者乃当先安其天地,然后可得长安也。

【译文】

世人的性命掌握在天地那里,真想一生平安的人就应当首先使天地安定下来,然后才会获取到长久的平安。

道无价却夷狄法

赐国家千金,不若与其一要言可以治者也;与国家万双璧玉,不若进二大贤也①。

———

①二:与上文"万双"相比较而言。意谓大贤胜过万双璧玉的两倍。

【译文】

献给国家一千斤黄金,比不上向它进呈可以有效施治的一句要言;赠给国家一万对玉璧,比不上向它荐举胜过一万对璧玉两倍的一位大贤士。

古者圣贤帝王,未尝贫于财货也,乃常苦贫于士,愁大贤不至,人民不聚。

【译文】

古代圣明贤能的帝王,未曾在财货上感到过贫乏,而是常在人才缺乏上犯愁,愁虑大贤士不来到,人民不聚集。

服人以道不以威诀

君子胜服人者,但当以道与德,不可以寇害胜人、冤人也。

【译文】

君子征服人,只应依靠真道与真德,决不能凭仗残杀、戕害去压服人、冤枉人。

夫严畏智诈,但可以伏无状之人,不可以道德降服而欲为无道者①,当下此也②。

①无道者:指不行正道的坏人。

②下此:以此为下之意。即把"严畏智诈"置于最万般无奈方予动用的位置。

【译文】

严刑酷法和权术、武力,只能制服罪大无可名状的人,但绝对取代不了真道真德对坏人的感化力量,应当把那些手段放在最万般无奈才加以动用的位置上。

治欲得天地心者,乃行道与德也,故古者圣贤,乃贵用道与德、仁爱利胜人也①,不贵以严畏刑罚惊骇而胜服人也。

①爱利:厚爱他人、有利他人之意。

【译文】

治国打算获取到天地心意的人,就要行守真道与真德,所以古代的圣贤看重用真道、真德和仁慈、厚爱、有利于人去征服人,鄙弃用严刑酷法和权术、武力以及恫吓方式去压服人。

三合相通诀

治国之道,乃以民为本也①。

———

①以民为本:谓把民众视为国家的根本。此系传统的政治思想。其自夏朝已萌芽,至周初趋于明朗,历春秋、战国臻于成熟,迄两汉又得到大力申明,本经于此则复予继承和发挥。

【译文】

治国之道,正该把民众作为根本。

古者大圣贤共治事,但旦夕专以民为大急①。

———

①大急:犹言首要之务。

【译文】

古代的大圣人和大贤士共同执掌国政,只管从早到晚专门把民众问题作为头等大事来处理,忧虑治下的民众。

夫人言事,辞详善①,人即报之以善,响亦应之以善②;其言凶恶不祥,人亦报之以恶,响亦应之以恶也。凡事相应和者,悉天使之也。

———

①详善:吉祥美好。详,通"祥",吉祥。

②响:指皇天做出回应的雷鸣声。

【译文】

世人讲论事情,言辞吉祥美好,别人也用吉祥美好回应他,上天发出

太平经 *2283*

雷鸣声也用吉祥美好回应他；言辞凶狠恶毒不吉祥，别人也用凶狠恶毒回应他，皇天发出雷鸣声也用凶狠恶毒回应他。任何事情都相互应和，正来自上天的驱使。

急学真法

夫无德之人，天不爱，地不喜，人不欲亲近之。

【译文】

对无德之人，上天不爱护，大地不喜欢，人们不想和他们接近。

不学无求贤，不耕无求收。

【译文】

不去学习就甭想变贤明，不去耕作就甭想有收成。

夫古者圣贤见人，不即与其语，但精观占视其所好恶①，以知之矣。

———

①精观：精确地观察。占视：仔细地审视。

【译文】

古代的圣贤看到谁，并不立即同他讲话，只去精确地观察并仔细地审视他所喜爱和憎恶的事情，于是就断定出他究竟属于哪种人了。

生物方诀

夫天道恶杀而好生，蠕动之属皆有知①，无轻杀伤用之也。有可贼伤^②,方化^③,须以成事^④,不得已,乃后用之也。

①蠕动之属:即爬行动物。此处泛指自然界的所有动物。知:谓知觉和感情。

②有可贼伤:意为急需某一动物的特定部位入药。

③方化:谓正处于孵化孕育阶段。

④须:等待。成事:发育成熟之意。

【译文】

天道憎恨戕杀,喜好化生,一切动物都有知觉和感情,不要轻易就伤害和杀掉它们而去取用那个确能治病的特定部位。果真急需某一动物的特定部位来入药,如果它们还处在孵化孕育的阶段,就应等到它们发育成熟后再说,实在等不及,然后再去取用。

天文记诀

天道有常运^①,不以故人也^②,故顺之则吉昌,逆之则危亡。

①常运:谓按常规定律运行。

②不以故人:犹言势不由人或势在必行。以,因为。故人,老熟人。

【译文】

天道具有运行的常规定律,不会因人而改变,所以顺从它就吉昌,违逆它就危亡。

葬宅诀

录过以效今^①，去事之证以为来事^②。

——

①录：甄别之意。

②去事：往事。

【译文】

甄别以往的事情，用来验核当今的事情，把以往的事情作为将来事情的例证。

诸乐古文是非诀

凡事者，当得其人若神^①，不得其人若妄言。得其人，事无难易，皆可行矣；不得其人，事无大小，皆不可为也。

——

①若神：灵妙如神。

【译文】

任何事情，都应获取到合适的人选而灵妙如神；获取不到合适的人选，就全像胡诌一通的虚浮玩艺。获取到合适的人选，事情不分难易，都能施行开来；获取不到合适的人选，事情不分大小，一样也落不到实处。

胞胎阴阳规矩正行消恶图

积德累行道自成^①。

———

①累行:积累善行之意。

【译文】

积聚德业,积累善行,真道自动就修成。

贤者有里^①,不肖有乡^②,死生在身常定行^③。天无有过,人自求丧,详思其意,亦无妄行。

———

①里:古代基层行政单位,东汉则以百户为一里。《论语·里仁》:"子曰:'里仁为美(居住处须有仁德才好)。'"

②乡:汉以十里或十亭为一乡。此处指归宿。

③定行:谓专一行善。

【译文】

贤良的人具有美好的依托,邪恶的人具有凶险的归宿,死生取决于人自身,就要永远一门心思做善事。上天并不存在什么过错,是人自找丧命的恶果,仔细思索这要意,切莫随便去乱干胡来。

分别四治法

夫善恶各为其身,善者自利其身,恶者自害其躯。

【译文】

做善事或者干坏事,都是各自为了自身,做善事的人会自己使自己有利,干坏事的人会自己戕害自己的躯体。

使能无争讼法

天地之性，万物各自有宜，当任其所长，所能为；所不能为者，而不可强也。

【译文】

天地的本性，是万物各自具有它本身能适应的方面，应当发挥它们的长处，叫它们做力所能及的事情；凡属根本做不到的事情，就不要强迫它们去做。

古者大圣大贤将任人，必先试其所长，何所短，而后署其职事，因而任之；其人有过，因而责之，责问其所长，不过所短。

【译文】

古代的大圣人和大贤人准备任用哪个人，必定要首先验核他的长处及短处，然后安排他的具体职务，依此途径来进行任用；他若出现过失，也依此途径来责问他，但只责问他确有能力应该办好的事情，并不怪罪他力不胜任的事情。

一言不通，则有冤结；二言不通，辄有杜塞①；三言不通，转有隔绝。

————

①杜塞：阻塞。

【译文】

一句话不沟通，就会出现聚结的冤情；两句话不沟通，就会产生阻塞的现象；三句话不沟通，反转来就形成隔绝的情况。

知盛衰还年寿法

凡事不得其人，不可强行；非其有，不可强取；非其土地，不可强种。

【译文】

任何事情获取不到合适的人选，就无法硬行去做；东西不归他所有，就无法硬行夺取；不是那适宜的土地，就无法硬行耕种。

夫才不如力，力不如为而不息也。

【译文】

天赋相当高却比不上大力去践行，大力去践行却比不上永久坚持不懈。

夫天下之事，皆以试败①。

——

①败：意谓真相毕露。

【译文】

天下的事情，都通过验核而真相毕露。

兴衰由人诀

夫贤者好文，饥者好食，寒者好衣，为人君赐其臣子，务当各得其所欲，则天下厌服矣①。

——

①厌服：意谓得到满足而归服。厌，满足。

【译文】

　　贤能的人喜好书文，挨饿的人喜好食物，受冻的人喜好衣物。身为君主，赏赐自己的臣僚和百姓，也就务必要分别切中他们想得到的东西，于是全天下就都感到满足并且归服了。

　　天法，凡人兴衰，乃万物兴衰，贵贱一由人^①。

———

①一：完全。

【译文】

　　上天的法则，只要是由人做出兴衰决定来，万物就跟着兴衰，贵贱完全在人。

六罪十治诀

　　人生乐求真道，真人自来；为之不止，比若与神谋；日歌为善，善自归之；力事众贤，众贤共示教之，不复远也。

【译文】

　　世人活在世上，乐意去求索真道，真道自动就会修炼成；修炼而不止息，就如同与神灵一起商量事情；天天歌唱做善事，良善就自动归向他；大力侍奉众贤人，众贤人就共同开启教导他，不会再偏离真道。

　　小为德，或化千数百人；大为德，或化万人以上，因使万人转成德师，所化无极；为德不止，凡人莫不悦喜。

【译文】

　　初步地从事德业，有的会化导成数百上千人；盛大地从事德业，有的能化导成一万人以上,随后使这一万人转成真德师长,所化导的人也就不计其数了;从事德业不罢休,世人没有谁不感到喜悦。

学而不精,与梦何异?

【译文】

学习却不精思,这和做梦有什么两样呢?

学者得失诀

入学而日善,过其故者得道之①,是也;入学而反为日恶,不忠信者,非也,陷于大邪中也。

———

①过其故:意为将自己昔日的恶行视为罪过。

【译文】

开始步入学习了,一天比一天变得良善,把从前的恶行看成是罪过并公开承认的,这就属于真确的;开始步入学习了,反而变得一天比一天邪恶,既不忠诚又不信实的,就属于荒谬的,这是陷入大邪僻里面去了。

读书见其意,而守师求见诀示解者①,是也;读书不师诀,反自言深独知之者,非也,内失大道指意也②。

———

①守师:谓守住靠定师长。诀示:出示定论之意。诀,通"决"。解:加深理解之意。

②指意:即旨意。

【译文】

　　读书看出了其中的意旨，却仍紧紧守住靠定师长，请求出示定论而加深理解的，这就属于真确的；读书不请师长作出定论，反而自称本人深深了解掌握住的，就属于荒谬的，这纯粹是从内心失去了大道的意旨。

　　为善，不即见其身①，则流后生②，以明其行也；为恶，亦不即止其身③，必流后生，亦以谬见明其行也④。故夫为善恶者，会当见耳⑤。

————

　　①即见其身：谓本人获得善报。

　　②流：流及，延及。

　　③止其身：犹言丧命。

　　④谬见(xiàn)：意为荒唐举动出现。见，"现"的古字，显现，出现。

　　⑤会当：该当。见：得到报应之意。

【译文】

　　人做善事，即使不立即让他本人得到善报，也会泽及他的后代，用来验明他那行为可敬；人干坏事，即使不立即让他本人丧命，也必定会殃及他的子孙，同样是通过荒唐举动的出现来验明他那行为可憎。所以无论做善事还是干坏事，终归会遭到报应罢了。

来善集三道文书诀

天者常祐善人，道者思归有德。

【译文】

　　皇天总是佑助良善的人，真道只想付归给具有道德的人。

万二千国始火始气诀

人心善守道，则常与吉；人心恶不守道，则常衰凶矣。

【译文】

人心善良而守执真道，就经常得到吉福；人心邪恶而不守执真道，就总是衰落凶败。

国不可胜数诀

学而不力问，与不学者等耳。

【译文】

学习却不大力询问，就与根本不学习的人完全一样。

六极六竟孝顺忠诀

子不孝，则不能尽力养其亲；弟子不顺，则不能尽力修明其师道①；臣不忠，则不能尽力共敬事其君。

———

①修明：修习彰明。

【译文】

做儿子的不孝顺，就不能竭尽所有的力量来侍养自己的父母；做弟子的不谨顺，就不能竭尽所有的力量来修明自己师长的道法；做臣下的不忠诚，就不能竭尽所有的力量一起来恭敬地侍奉自己的君主。

好用刑罚者，其国常乱危而毁也。

【译文】

喜好施用刑罚的人，他的国家就经常混乱危险而毁败。

妒道不传处士助化诀

宜自慎不及，勿强妄语，其为害重。

【译文】

应对自己闹不懂的事情保持谨慎的态度，不要硬是乱说一通，这样构成的危害很严重。

学之人①，学之以恶，其人恶；学之以文②，其人文；学之以伪，其人伪；学之以巧，其人巧。

———

①学之人：叫人来学习之意。

②文：文饰。指浮华那套理论和做法。汉刘熙《释名·释言语》云："文者，会集众彩以成锦绣，会集众字以成辞义，如文绣然也。"

【译文】

叫人来学习，偏拿凶恶那一套让他跟着学，跟着学的人就凶恶；偏拿浮华那一套让他跟着学，跟着学的人就浮华；偏拿邪伪那一套让他跟着学，跟着学的人就邪伪；偏拿奸巧那一套让他跟着学，跟着学的人就奸巧。

东壁图

积德者富①，人爱好之，其善自日来也②。

——

①富:众多之意。指德行而言。

②善:谓所获得的益处。指回报而言。

【译文】

积累吉善的德行特别多,人们就喜爱他,他得到的美好回报就自动每天到来。

善者自兴,恶者自病,吉凶之事,皆出于身,以类相呼^①,不失其身^②。

——

①类:类属,类别。呼:呼应。

②不失其身:意谓无可逃匿。

【译文】

良善的人自动就兴盛,邪恶的人自动就遭殃,吉凶这类事情,都是由自身招来的,按照类属彼此呼应,谁也跑不掉。

西壁图

守柔者长寿^①,好斗者令人不存。

——

①柔:指与世无争的保身之道。《老子·七十六章》谓:"柔弱者,生之徒。"

【译文】

持守柔弱的处世原则,也就长寿;喜好争斗,也就让人活不成。

经文部数所应诀

饮食以时调之，不多不少，是其自爱自养也。

【译文】

按时调剂好饮食，既不过量，又不缺少，这毕竟算得上自己爱惜自己、自己养护自己了。

虚无无为自然图道毕成诫

详学于师[①]，亦毋妄言[②]；有师道明，无师难传。

———

①详学：意为周详审慎地去学习去修炼。师：指道术精深高明的师长。

②妄言：谓对道法道术轻易发表个人意见。

【译文】

从明师那里周详审慎地去学习去修炼，也不要轻易就发表个人意见；赖有明师，真道便得到彰明，没有明师，真道就很难传授。

瑞议训诀

善者致善，恶者致恶，正者致正，邪者致邪。

【译文】

人吉善，就招来吉善；人险恶，就招来险恶；人正直，就招来正直；人邪僻，就招来邪僻。

四吉四凶诀

为人上求士①,不可不详;为人下贡士②,不可不忠。

①人上:指帝王。

②人下:指地方长官。

【译文】

身为人们的上司,求取人才不可以不审慎;作为人家的下属,荐举人才不可以不忠实。

大功益年书出岁月戒

成人者为自成①。

①成人:成就他人。自成:成就自身。

【译文】

成就别人,等于是成就自己。

知善行善,知信行信,知忠行忠,知顺行顺,知孝行孝,恶无从得复前也。

【译文】

认识到良善,就去做善事;认识到诚信,就去做诚信事;认识到忠正,就去做忠正事;认识到谨顺,就去做谨顺事;认识到孝敬,就去做孝敬事,随后邪恶便无从再冒出来了。

不其文章^①，知命不怨天，行各自慎，勿非有邪，教人为善，复得天心意者，命自长。

————

①不其文章：指否定并抛弃浮华虚伪那套说法和做法。

【译文】

抛弃浮华虚伪那套说法和做法，深知自己的本命所在，不怨恨皇天，行为各自多加小心，决不出现过错，更不干邪恶的勾当，教导世人做善事而又获取到皇天的心意，性命自行就长存。

衣履欲好诫

恶不可施，人所怨咎。

【译文】

邪恶决不能施加给别人，这正属于人们所怨恨憎恶的行径。

不孝不可久生诫

动作言谈，辄有纲纪^①，有益父母，使得十肥^②，衣或复好，面目生光，是子孝行。

————

①纲纪：网上总绳曰纲，丝缕头绪曰纪。用以比喻事物的统领部分。此处谓做人准则和行为规范。

②十肥：异常肥腴之意。

【译文】

行动和言谈，一上来就有准则，给父母带来好处，使他们特别肥壮，衣服有的还穿得挺好,脸上闪出光泽,这才够得上做儿子的孝行。

性善之人,天所祐也。

【译文】

本性良善的人,是皇天所保佑的对象。

见诚不触恶诀

行且各为身计,勿益后生之患,是为中善之人①。

①中(zhòng)善:符合良善。

【译文】

说话办事要各自多为自身做打算,不要给后代增添祸患,这才够得上良善的人。

天报信成神诀

致重慎所言,以善为谈首①。

①谈首:指开口讲话的首要议题。

【译文】

要极为重视并谨慎对待自己平常所说的话语,把良善作为开口讲话的第一要务。

大寿诚

可无久苦自愁,令忧满腹。

【译文】

不要去长久苦闷,自找愁虑,使忧郁塞满一肚子。

病归天有费诀

努力为善,无入禁中①,可得生活,竟年之寿;不欲为善,自索不寿,自欲为鬼,不贪其生,无可奈何也。

————

①禁:指皇天的禁戒。

【译文】

努力做善事,决不陷入皇天禁忌的事情里,就能活下去,尽享天年。不想做善事,那就纯属自取亡命,自己想作鬼,不贪求生存,也就对他没有什么办法了。

卷一百三十七至一百五十三壬部

兴善者得善,兴恶者得恶。

【译文】

兴行良善的人就得到美好的结果,兴行邪恶的人就得到险恶的结果。

君子求弱不求强,求寡不求众,故天道祐之。

【译文】

君子追求柔弱而不追求刚强,追求数量少而不追求数量多,因而皇天的道法就佑助他。

常顺天所为者,长与天厚;轻逆之者,长与天为怨。

【译文】

总是顺从皇天所施行的事体,这种人就能长久和皇天保持和谐融洽的关系;轻易就去违逆它,这种人就会长久与皇天结下仇怨。

救迷辅帝王法

善人行成福,恶人行成灾。

【译文】

良善的人一做什么就形成吉福,歹恶的人一做什么就形成灾殃。

阴符经

《阴符经》，又称《黄帝阴符经》，自唐宋以来，关于此书之著作年代、作者、内容主旨等问题一直众说纷纭，莫衷一是。

《阴符经》全文仅三四百字，文简义玄，逻辑跳跃，颇为难懂，但大体上是以天道言人事，肯定人的主观能动性，因袭了老子的朴素辩证法思想，还包含一些身心炼养的方法，论述的多是普遍性的原理。因此，它有着广阔的阐释空间，自然界与人类社会的诸多问题大都可以运用或者附会这些普遍原理。因此，道家、儒家、释家、兵家、纵横家、医家等，都能从自家的思想立场出发来解释和运用它。《阴符经》在中国道教史和哲学史上具有重要的地位和影响，有人将《阴符经》与《道德经》相提并论。其文辞所具有的神秘和浪漫主义色彩，也是该书备受关注的原因。

本书选文据唐李筌《黄帝阴符经疏》。

演化篇

观天之道,执天之行①,尽矣②。

———

①执:持守、秉执、遵守。

②尽:竭尽,完全。

【译文】

观察天道变化的法则,以天道变化的法则行之于事,这是世间全部的奥秘所在。

天人篇

立天之道①,以定人也。

———

①立:确立,引申为掌握。

【译文】

掌握大自然运转变化的规则,从而奠定人行事的准则。

天人合发①,万变定基②。

———

①发:发动。

②定基:奠定立基。

【译文】

人顺合天道发动生杀造化之机,则万事万物的化生变化自然奠定立基。

修性篇

性有巧拙①,可以伏藏②。

————

①性:人的心性。巧拙:灵巧笨拙。

②伏藏:潜伏埋藏,不显露。

【译文】

人的心性,有灵巧也有笨拙,要加以修炼,掌控自己的心性,使巧拙之心性都潜藏不露。

时机篇

食其时,百骸理①;动其机,万化安。

————

①百骸:指身体各部位。理:治,安适。

【译文】

饮食适合时宜,身体各部位便可理顺安泰;人循天道而发生杀之机,如此则万般变化自然得安。

精专篇

绝利一源①,用师十倍②。

————

①绝利:断绝无关功能的干扰。一源:心识精纯专一于根本。

②师:兵、军队,引申为行事。

【译文】

断绝无关功能的干扰,心识精纯专一于根本,行事则可获得比常情高出十倍的效果。

寡欲篇

心生于物[①],死于物,机在目[②]。

———

①物:外物。

②机:关键、机要。

【译文】

人心因外物而动,也因外物而死,关键在于眼睛。

栖神篇

至乐性余[①],至静则廉[②]。

———

①至乐:最大的快乐。性:本性、心性。余:丰足,宽裕。

②至静:最深的宁静。廉:贞廉,正直廉洁,不贪求。

【译文】

人最大的快乐是内心无所忧惧,心性宽裕;最深的宁静是心性不被声色所扰乱,神志贞廉。

治世篇

愚人以天地文理^①，圣^②；我以时物文理^③，哲^④。

———

①天地文理：即自然现象所描绘出的规律。天地，指自然界、自然现象。文，纵横交错地描绘。理，道理，理论，规律。文理亦可直接指现象。

②圣：神圣。

③时物文理：当下社会现象所描绘出的规律。时物，当下事物，一定时间内的事物。

④哲：明白通达、有智慧。

【译文】

愚人以自然现象所描绘出的规律为神圣的道理；我以当下社会现象所描绘出的规律为明哲的道理。

附外篇

圣人知自然之不可为^①，因以制之^②。

———

①自然：自然之道。为：通"违"，违逆。

②因：因顺。制：制用。

【译文】

圣人知道自然之道不可违逆，因顺而制用之。

周易参同契

　　《周易参同契》，简称《参同契》，相传为东汉魏伯阳撰。魏伯阳（151—221），本名魏翱，字伯阳，道号云牙子，会稽上虞（今浙江绍兴）人。东汉时期黄老道家、炼丹理论家。

　　《周易参同契》共六千余字，内容广泛，涉及炼丹、冶金、天文、律历、御政、医药、养生、服食等诸多方面。它结合《周易》的天道之理，为炼丹术确立起形而上的哲学依据。其核心是"炼丹"，对炼丹术的药物、火候、鼎器等问题作了系统说明，还将《周易》之理、黄老之道、炉火之术三家之理结合，认为三者可以相参相同，从而阐明炼丹的原理和方法。

　　《周易参同契》是道教最早系统论述炼丹的典籍，被称为"万古丹经之王"，在中国道教史和易学史上都占有重要的地位。

　　本文选文据中华书局三全本《周易参同契》。

辰极受正章

内以养己①,安静虚无。

——

①己:指药,或指人之心性。

【译文】

摒除外在干扰,收心于内,安适恬淡,虚静无为。

黄中渐通理章

初正则终修,干立末可持。

【译文】

心正而后身修,本立而后道生。

上德无为章

上德无为,不以察求;下德为之,其用不休。

【译文】

上德之人安静虚无,法自然而无为;下德之人功不稍息,其有为之事不休止。

君子居其室章

君子居其室,出其言善,则千里之外应之。

【译文】

君子虽处于其居室之内,然于斗室之中,发一善言,则远在千里之外,都会有响应者。

世人好小术章

弃正从邪径①,欲速阏不通②。

———

①正:丹法之正道。

②阏(è):堵塞之意。

【译文】

放弃正道的学习,却宣扬歪理邪说;寻找所谓的疾径,务求速效,结果却欲速而不达,与正道相背离。

不得其理章

不得其理,难以妄言。

【译文】

如果不通晓事物之理,岂能臆测、妄言论之。

五行相克章

立竿见影,呼谷传响。

【译文】

立竿则影见,于山谷中大呼则能听见声音的回响。

主题分类索引

编写说明：

为方便读者查找相关主题的选文,特编制本索引。

一、索引分类。本索引根据选文内容将全书全部7618条选文分为89类,每条选文均只分入某一主题,不重复分类。类目设置既体现传统文化特点,又兼顾当代读者实用之需。

类目索引

二、索引排序。各类大体依治国、处世、齐家、修身及道理为序,而各类内部则依本书页码排序。

三、索引条目体例。各条均先列明原文,括注出处,标明册数及页码

（斜线/前为册数，后为页码）。例如：

有文事者必有武备，有武事者必有文备。（《孔子家语·相鲁》）　1/4

四、需要说明的是，在编写本索引的过程中，我们深感诸子著作的内容极其复杂，部分选文意蕴也极为丰富，合理设置类目并加以精准分类极为不易，本索引的分类只是力求为读者提供方便，类目设置及分类不当之处，在所难免，敬请海涵。

治国理政（340条）

有文事者必有武备，有武事者必有文备。（《孔子家语·相鲁》）　1/4

虽有国之良马，不以其道服乘之，不可以取道里。虽有博地众民，不以其道治之，不可以致霸王。（《孔子家语·王言解》）　1/4

至礼不让而天下治，至赏不费而天下士悦，至乐无声而天下民和。（《孔子家语·王言解》）　1/5

灾妖不胜善政，寤梦不胜善行。（《孔子家语·五仪解》）　1/10

制无度量，则事不成；其政晓察，则民不保。（《孔子家语·三恕》）　1/13

明主谲德而序位，所以为不乱也；忠臣诚能然后敢受职，所以为不穷也。（《荀子·儒效》）　1/69

修礼者王，为政者强，取民者安，聚敛者亡。（《荀子·王制》）　1/75

王夺之人，霸夺之与，强夺之地。（《荀子·王制》）　1/76

知强大者不务强也，虑以王命全其力，凝其德。（《荀子·王制》）　1/76

仁眇天下，故天下莫不亲也；义眇天下，故天下莫不贵也；威眇天下，故天下莫敢敌也。以不敌之威，辅服人之道，故不战而胜，不攻而得，甲兵不劳而天下服。（《荀子·王制》）　1/77

群道当则万物皆得其宜，六畜皆得其长，群生皆得其命。（《荀子·王制》）　1/78

政令时则百姓一，贤良服。（《荀子·王制》）　1/79

权谋倾覆之人退，则贤良知圣之士案自进矣；刑政平，百姓和，国俗节，则兵劲城固，敌国案自诎矣；务本事，积财物，而勿忘栖迟薛越也，是使群臣百姓皆以制度行，则财物积，国家案自富矣。（《荀子·王制》）　1/80

朝无幸位，民无幸生。（《荀子·富国》）　1/83

上得天时，下得地利，中得人和，则财货浑浑如泉源，汸汸如河海，暴暴

如丘山。(《荀子·富国》) 1/84

国者,重任也,不以积持之则不立。(《荀子·王霸》) 1/87

无国而不有治法,无国而不有乱法;无国而不有贤士,无国而不有罢士;无国而不有愿民,无国而不有悍民;无国而不有美俗,无国而不有恶俗。(《荀子·王霸》) 1/88

君人者立隆政本朝而当,所使要百事者诚仁人也,则身佚而国治,功大而名美,上可以王,下可以霸。(《荀子·王霸》) 1/89

以小人尚民而威,以非所取于民而巧,是伤国之大灾也。(《荀子·王霸》) 1/89

川渊者,龙鱼之居也;山林者,鸟兽之居也;国家者,士民之居也。川渊枯则龙鱼去之,山林险则鸟兽去之,国家失政则士民去之。(《荀子·致士》)
1/96

无土则人不安居,无人则土不守,无道法则人不至,无君子则道不举。故土之与人也,道之与法也者,国家之本作也。君子也者,道法之总要也,不可少顷旷也。(《荀子·致士》) 1/96

临事接民而以义,变应宽裕而多容,恭敬以先之,政之始也;然后中和察断以辅之,政之隆也;然后进退诛赏之,政之终也。(《荀子·致士》) 1/97

自四五万而往者强胜,非众之力也,隆在信矣;自数百里而往者安固,非大之力也,隆在修政矣。(《荀子·强国》) 1/106

有后而无先,则群众无门;有诎而无信,则贵贱不分;有齐而无畸,则政令不施;有少而无多,则群众不化。(《荀子·天论》) 1/113

听之经,明其请,参伍明谨施赏刑。显者必得,隐者复显民反诚。(《荀子·成相》) 1/129

执一无失,行微无怠,忠信无倦,而天下自来。(《荀子·尧问》) 1/145

据土子民,治国治众者,不可以图利,治产业,则教化不行,而政令不从。(《新语·怀虑》) 1/164

治道失于下,则天文变于上;恶政流于民,则螟虫生于野。(《新语·明诚》) 1/165

海内之势,如身之使臂,臂之使指,莫不从制。(《贾谊新书·五美》)
1/170

善不可谓小而无益,不善不可谓小而无伤。非以小善为一足以利天下,小不善为一足以乱国家也。(《贾谊新书·审微》) 1/170

天子如堂,群臣如陛,众庶如地,此其辟也。(《贾谊新书·阶级》)1/171

利在自惜,不在势居街衢;富在俭力趣时,不在岁司羽鸠也。(《盐铁论·通有》) 1/200

但居者不知负载之劳,从旁议者与当局者异忧。(《盐铁论·刺复》)
1/209

天下不平,庶国不宁,明王之忧

也。(《盐铁论·论儒》)　1/213

民流溺而弗救,非惠君也。国家有难而不忧,非忠臣也。(《盐铁论·忧边》)　1/214

夫欲安民富国之道,在于反本,本立而道生。(《盐铁论·忧边》)　1/214

顺天之理,因地之利,即不劳而功成。(《盐铁论·忧边》)　1/214

圣人上贤不离古,顺俗而不偏宜。(《盐铁论·忧边》)　1/215

水有猵獭而池鱼劳,国有强御而齐民消。(《盐铁论·轻重》)　1/217

政宽者民死之,政急者父子离。(《盐铁论·未通》)　1/219

无功之师,君子不行;无用之地,圣王不贪。(《盐铁论·地广》)　1/220

圣主用心,非务广地以劳众而已矣。(《盐铁论·地广》)　1/220

玉屑满箧,不为有宝;诗书负笈,不为有道。要在安国家,利人民,不苟繁文众辞而已。(《盐铁论·相刺》)　1/230

夫欲粟者务时,欲治者因世。(《盐铁论·遵道》)　1/237

夫文衰则武胜,德盛则备寡。(《盐铁论·备胡》)　1/256

力多则人朝,力寡则朝于人矣。(《盐铁论·诛秦》)　1/261

无手足则支体废,无边境则内国害。(《盐铁论·诛秦》)　1/262

知文而不知武,知一而不知二。(《盐铁论·和亲》)　1/264

夫文犹可长用,而武难久行也。(《盐铁论·繇役》)　1/264

饬四境所以安中国也,发戍漕所以审劳佚也。(《盐铁论·繇役》)1/265

地利不如人和,武力不如文德。(《盐铁论·险固》)　1/266

政宽则下亲其上,政严则民谋其主。(《盐铁论·周秦》)　1/278

国有封疆,犹家之有垣墙,所以合好覆恶也。(《新序·杂事三》)　1/291

君臣争以过为在己,且君下其臣犹如此,所谓上下一心,三军同力,未可攻也。(《新序·杂事四》)　1/295

有天下者,天下之主也;有一国者,一国之主也。(《新序·杂事五》)　1/297

知者作法,而愚者制焉;贤者更礼,不肖者拘焉。(《新序·善谋上》)　1/310

夫有文无武,无以威下;有武无文,民畏不亲;文武俱行,威德乃成。(《说苑·君道》)　1/316

立体有义矣,而孝为本;处丧有礼矣,而哀为本;战陈有队矣,而勇为本;治政有理矣,而农为本;居国有礼矣,而嗣为本;生才有时矣,而力为本。(《说苑·建本》)　1/322

政有三品:王者之政化之,霸者之政威之,强国之政胁之。(《说苑·政理》)　1/342

水浊则鱼困,令苛则民乱,城峭则必崩,岸竦则必陁。故夫治国譬若张

琴,大弦急则小弦绝矣。(《说苑·政理》) 1/343

政有三而已:一曰因民,二曰择人,三曰从时。(《说苑·政理》) 1/351

天生民,令有辨。有辨,人之义也,所以异于禽兽麋鹿也,君臣上下所以立也。(《说苑·权谋》) 1/376

内治未得,不可以正外;本惠未袭,不可以制末。(《说苑·指武》) 1/383

圣人之治天下也,先文德而后武力。(《说苑·指武》) 1/384

夫下愚不移,纯德之所不能化,而后武力加焉。(《说苑·指武》) 1/384

上不信,下不忠;上下不和,虽安必危。(《说苑·谈丛》) 1/390

为人上者,患在不明;为人下者,患在不忠。(《说苑·谈丛》) 1/405

非仁义刚武,无以定天下。(《说苑·谈丛》) 1/408

乘国者其如乘航乎!航安,则人斯安矣!(《法言·寡见》) 1/471

大作纲,小作纪。如纲不纲,纪不纪,虽有罗网,恶得一目而正诸?(《法言·先知》) 1/475

真伪则政核。如真不真,伪不伪,则政不核。(《法言·先知》) 1/475

天下为大,治之在道,不亦小乎?四海为远,治之在心,不亦迩乎?(《法言·孝至》) 1/484

龙无尺木,无以升天;圣人无尺土,无以王天下。(《新论·求辅篇》)1/493

凡为治之大体,莫善于抑末而务本,莫不善于离本而饰末。(《潜夫论·务本》) 1/498

夫用天之道,分地之利,六畜生于时,百物聚于野,此富国之本也。(《潜夫论·务本》) 1/501

今奸宄虽众,然其原少;君事虽繁,然其守约。(《潜夫论·断讼》) 1/527

知其原少奸易塞,见其守约政易持。(《潜夫论·断讼》) 1/527

塞其原则奸宄绝,施其术则远近治。(《潜夫论·断讼》) 1/528

夫治世者若登丘矣,必先蹑其卑者,然后乃得履其高。(《潜夫论·衰制》) 1/529

地不可无边,无边亡国。(《潜夫论·救边》) 1/532

边无患,中国乃得安宁。(《潜夫论·边议》) 1/536

先圣制法,亦务实边,盖以安中国也。(《潜夫论·实边》) 1/537

内人奉其养,外人御其难,蛮蛮距虚,更相恃仰,乃俱安存。(《潜夫论·实边》) 1/537

人君之称,莫大于明;人臣之誉,莫美于忠。(《潜夫论·明忠》) 1/550

惟先哲王之政,一曰承天,二曰正身,三曰任贤,四曰恤民,五曰明制,六曰立业。承天惟允,正身惟常,任贤惟固,恤民惟勤,明制惟典,立业惟敦,是谓政体也。(《申鉴·政体》) 1/561

俗乱则道荒,虽天地不得保其性

矣;法坏则世倾,虽人主不得守其度矣;轨越则礼亡,虽圣人不得全其道矣;制败则欲肆,虽四表不能充其求矣,是谓四患。(《申鉴·政体》)　1/562

兴农桑以养其生,审好恶以正其俗,宣文教以章其化,立武备以秉其威,明赏罚以统其法,是谓五政。(《申鉴·政体》)　　　　　1/563

惟修六则,以立道经。一曰中,二曰和,三曰正,四曰公,五曰诚,六曰通。以天道作中,以地道作和,以仁德作正,以事物作公,以身极作诚,以变数作通,是谓道实。(《申鉴·政体》)　　1/566

万物之本在身,天下之本在家。(《申鉴·政体》)　　　　　1/568

天下、国、家,一体也,君为元首,臣为股肱,民为手足。(《申鉴·政体》)　　　　　　　　　　1/569

水有源,治有本。(《中论·民数》)　　　　　　　　　　1/619

奸与天地俱生,自然之气也。人主以政御人,政宽则奸易禁,政急则奸难绝。(《物理论》)　　　1/637

无赦之国,其刑必平;多敛之国,其财必削。(《中说·王道篇》)　1/681

为无为,则无不治。(《老子·三章》)　　　　　　　　　2/702

大道废,有仁义;智慧出,有大伪;六亲不和,有孝慈;国家昏乱,有忠臣。(《老子·十八章》)　　2/709

大制不割。(《老子·二十八章》)　　　　　　　　　　2/716

执大象,天下往,往而不害,安平泰。(《老子·三十五章》)　2/720

取天下常以无事,及其有事,不足以取天下。(《老子·四十八章》)2/728

天下多忌讳,而民弥贫;人多利器,国家滋昏;人多伎巧,奇物滋起;法令滋彰,盗贼多有。(《老子·五十七章》)　　　　　　　　　2/732

其政闷闷,其民淳淳;其政察察,其民缺缺。(《老子·五十八章》)2/733

治大国,若烹小鲜。(《老子·六十章》)　　　　　　　　　2/734

小国寡民。(《老子·八十章》)　　　　　　　　　　2/744

夫水浊者鱼噞,政苛者民乱,上多欲即下多诈,上烦扰即下不定,上多求即下交争。不治其本而救之于末,无以异于凿渠而止水,抱薪而救火。(《文子·精诚》)　　　　　　　　　2/750

田者不强,困仓不满;官御不励,诚心不精;将相不强,功烈不成;王侯懈怠,后世无名。(《文子·精诚》)　2/751

治不顺理则多责,事不顺时则无功。(《文子·符言》)　　　2/753

得在时,不在争;治在道,不在圣。(《文子·符言》)　　　2/754

与死同病者,难为良医;与亡国同道者,不可为忠谋。(《文子·上德》)2/767

高不可及者,不以为人量;行不可逮者,不可为国俗。(《文子·下德》)　　　　　　　　　2/785

上视下如子,必王四海;下事上如

父,必正天下。(《文子·上义》) 2/795

治身以及家,治家以及国。(《列子·杨朱》)　　　　　　　　　2/826

王天下者之道,有天焉,有地焉,又人焉。参者参用之,然后而有天下矣。(《黄帝四经·经法·六分》)2/881

逆则失本,乱则失职,逆则失天,暴则失人。(《黄帝四经·经法·四度》)　　　　　　　　　　2/882

静则安,正则治,文则明,武则强。(《黄帝四经·经法·四度》)2/882

参于天地,阖于民心,文武并立,命之曰上同。(《黄帝四经·经法·四度》)　　　　　　　　　　2/882

顺之所在,胃之生国。(《黄帝四经·经法·论》)　　　　　　2/884

三凶:一曰好凶器,二曰行逆德,三曰纵心欲。(《黄帝四经·经法·亡论》)　　　　　　　　　　2/884

昧天下之利,受天下之患;抹一国之利者,受一国之祸。(《黄帝四经·经法·亡论》)　　　　　　2/884

不循天常,不节民力,周迁而无功。(《黄帝四经·经法·论约》)2/885

圣人不以一己治天下,而以天下治天下;天下归功于圣人,圣人任功于天下。(《关尹子·极篇》)　2/902

一人之身,一国之象也:胸腹之位,犹宫室也;四肢之列,犹郊境也;骨节之分,犹百官也;神,犹君也;血,犹臣也;气,犹民也。故知治身,则能治国也。(《抱朴子内篇·地真》)　2/954

国多财,则远者来;地辟举,则民留处。(《管子·牧民》)　　2/964

知予之为取者,政之宝也。(《管子·牧民》)　　　　　　2/966

天下不患无财,患无人以分之。(《管子·牧民》)　　　　2/967

上下不和,令乃不行。(《管子·形势》)　　　　　　　2/971

持满者与天,安危者与人。(《管子·形势》)　　　　　　2/972

上下不和,虽安必危。(《管子·形势》)　　　　　　　2/972

顺天者有其功,逆天者怀其凶。(《管子·形势》)　　　　2/974

独王之国,劳而多祸。(《管子·形势》)　　　　　　　2/975

天下者,国之本也;国者,乡之本也;乡者,家之本也;家者,人之本也;人者,身之本也;身者,治之本也。(《管子·权修》)　　　　　　2/978

货财上流,赏罚不信,民无廉耻,而求百姓之安难,兵士之死节,不可得也。(《管子·权修》)　2/979

凡将举事,令必先出。(《管子·立政》)　　　　　　　2/981

凡立国都,非于大山之下,必于广川之上。高毋近旱而水用足,下毋近水而沟防省。因天材,就地利,故城郭不必中规矩,道路不必中准绳。(《管子·乘马》)　　　　　　2/983

市者,可以知治乱,可以知多寡。(《管子·乘马》)　　　2/985

非一令而民服之也,不可以为大善;非夫人能之也,不可以为大功。(《管子·乘马》)　2/986

治民有器,为兵有数,胜敌国有理,正天下有分。(《管子·七法》)　2/988

举所美必观其所终,废所恶必计其所穷。(《管子·版法》)　2/993

取人以己,成事以质。(《管子·版法》)　2/993

养长老,慈幼孤,恤鳏寡,问疾病,吊祸丧,此谓匡其急。(《管子·五辅》)　2/995

远近一心,则众寡同力;众寡同力,则战可以必胜,而守可以必固。(《管子·重令》)　2/1004

未有能多求而多得者也,未有能多禁而多止者也,未有能多令而多行者也。(《管子·法法》)　2/1005

令入而不出谓之蔽,令出而不入谓之壅,令出而不行谓之牵,令入而不至谓之瑕。(《管子·法法》)　2/1008

轻其税敛,则人不忧饥;缓其刑政,则人不惧死;举事以时,则人不伤劳。(《管子·霸形》)　2/1012

君人者有道,霸王者有时。(《管子·霸言》)　2/1012

天下有事,则圣王利也;国危,则圣人知矣。(《管子·霸言》)　2/1013

无土而欲富者忧,无德而欲王者危,施薄而求厚者孤。(《管子·霸言》)　2/1015

霸王之形:德义胜之,智谋胜之,兵战胜之,地形胜之,动作胜之,故王之。(《管子·霸言》)　2/1016

抟国不在敦古,理世不在善攻,霸王不在成曲。(《管子·霸言》)　2/1018

为人君者,修官上之道,而不言其中;为人臣者,比官中之事,而不言其外。(《管子·君臣上》)　2/1023

上惠其道,下敦其业,上下相希,若望参表,则邪者可知也。(《管子·君臣上》)　2/1024

君失其道,无以有其国;臣失其事,无以有其位。(《管子·君臣上》)　2/1025

君人也者,无贵如其言;人臣也者,无爱如其力。(《管子·君臣上》)　2/1025

上及下之事谓之矫,下及上之事谓之胜。为上而矫,悖也;为下而胜,逆也。(《管子·君臣上》)　2/1025

得天者,高而不崩;得人者,卑而不可胜。(《管子·侈靡》)　2/1034

殊形异埶,不与万物异理,故可以为天下始。(《管子·心术上》)　2/1034

正之服之,胜之饰之,必严其令,而民则之,曰政。(《管子·正》)　2/1044

令求不出谓之灭,出而道留谓之拥,下情求不上通谓之塞,下情上而道止谓之侵。(《管子·明法》)　2/1045

十至私人之门,不一至于庭;百虑其家,不一图国。属数虽众,非以尊君也;百官虽具,非以任国也。此之谓国无人。(《管子·明法》)　2/1047

强劫弱,众暴寡,此天下之所忧,万民之所患也。(《管子·正世》) 2/1049

事莫急于当务,治莫贵于得齐。(《管子·正世》) 2/1050

君人之道,莫贵于胜。胜故君道立;君道立,然后下从;下从,故教可立而化可成也。夫民不心服体从,则不可以礼义之文教也。(《管子·正世》) 2/1050

夫为国之本,得天之时而为经,得人之心而为纪,法令为维纲,吏为网罟,什伍以为行列,赏诛为文武。(《管子·禁藏》) 2/1062

夫动静顺然后和也,不失其时然后富,不失其法然后治。(《管子·禁藏》) 2/1063

国不虚富,民不虚治。(《管子·禁藏》) 2/1063

国多私勇者其兵弱,吏多私智者其法乱,民多私利者其国贫。(《管子·禁藏》) 2/1063

能宽裕纯厚而不苛忮,则民人附。(《管子·形势解》) 2/1066

君臣亲,上下和,万民辑,故主有令则民行之,上有禁则民不犯。(《管子·形势解》) 2/1072

臣不亲其主,百姓不信其吏,上下离而不和,故虽自安,必且危之。(《管子·形势解》) 2/1073

凡将为国,不通于轻重,不可为笼以守民;不能调通民利,不可以语制为大治。(《管子·国蓄》) 2/1081

币重而万物轻,币轻而万物重。(《管子·山至数》) 2/1083

人君操谷币金衡而天下可定也。(《管子·山至数》) 2/1083

圣人不易民而教,知者不变法而治。(《商君书·更法》) 2/1086

因民而教者,不劳而功成,据法而治者,吏习而民安。(《商君书·更法》) 2/1087

常官,则国治;壹务,则国富。国富而治,王之道也。(《商君书·农战》) 2/1091

国好力,曰以难攻;国好言,曰以易攻。(《商君书·去强》) 2/1093

民不逃粟,野无荒草,则国富,国富者强。(《商君书·去强》) 2/1094

国无怨民曰强国。(《商君书·去强》) 2/1095

治国之举,贵令贫者富,富者贫。(《商君书·说民》) 2/1096

民愚,则知可以胜之;世知,则力可以胜之。(《商君书·算地》) 2/1100

以知王天下者并刑,以力征诸侯者退德。(《商君书·开塞》) 2/1103

治国者,其抟力也,以富国强兵也;其杀力也,以事敌劝民也。(《商君书·壹言》) 2/1107

苟有道,里地足容身,士民可致也;苟容市井,财货可聚也。(《商君书·错法》) 2/1110

利出一空者其国无敌,利出二空者其国半利,利出十空者其国不守。

（《商君书·靳令》）　2/1115

圣人治国也，易知而难行也。（《商君书·赏刑》）　2/1121

法枉治乱，任善言多。治众国乱，言多兵弱。法明治省，任力言息。治省国治，言息兵强。（《商君书·弱民》）　2/1125

为国者，边利尽归于兵，市利尽归于农。边利归于兵者强；市利归于农者富。（《商君书·外内》）　2/1126

三寸之机运而天下定，方寸之基正而天下治。（《申子·君臣》）2/1131

立天子以为天下，非立天下以为天子也；立国君以为国，非立国以为君也；立官长以为官，非立官以为长也。（《慎子·威德》）　2/1133

孝子不生慈父之家，而忠臣不生圣君之下。（《慎子·知忠》）　2/1136

礼从俗，政从上。（《慎子》）2/1139

家务相益，不务厚国；大臣务相尊，而不务尊君；小臣奉禄养交，不以官为事。（《韩非子·有度》）　2/1150

君操其名，臣效其形，形名参同，上下和调也。（《韩非子·扬权》）2/1158

明于治之数，则国虽小，富；赏罚敬信，民虽寡，强。（《韩非子·饰邪》）　2/1172

邦以存为常，霸王其可也；身以生为常，富贵其可也。（《韩非子·喻老》）　2/1182

持危之功，不如存亡之德大。（《韩非子·说林上》）　2/1186

善之生如春，恶之死如秋，故民劝极力而乐尽情，此之谓上下相得。（《韩非子·守道》）　2/1192

夫小过不生，大罪不至，是人无罪而乱不生也。（《韩非子·内储说上七术》）　2/1202

君臣之利异，故人臣莫忠，故臣利立而主利灭。（《韩非子·内储说下六微》）　2/1205

公室卑则忌直言，私行胜则少公功。（《韩非子·外储说左下》）2/1211

若君欲夺之，则近贤而远不肖，治其烦乱，缓其刑罚，振贫穷而恤孤寡，行恩惠而给不足，民将归君。（《韩非子·外储说右上》）　2/1212

物众而智寡，寡不胜众，智不足以遍知物，故因物以治物。下众而上寡，寡不胜众者，言君不足以遍知臣也，故因人以知人。是以形体不劳而事治，智虑不用而奸得。（《韩非子·难三》）　2/1220

圣人之所以为治道者三：一曰利，二曰威，三曰名。夫利者，所以得民也；威者，所以行令也；名者，上下之所同道也。（《韩非子·诡使》）　2/1225

民用官治则国富，国富则兵强，而霸王之业成矣。（《韩非子·六反》）　2/1226

匹夫有私便，人主有公利。（《韩非子·八说》）　2/1228

凡治天下，必因人情。（《韩非子·八经》）　2/1230

夫治世之事,急者不得,则缓者非所务也。(《韩非子·五蠹》) 2/1238

今境内之民皆言治,藏商、管之法者家有之,而国愈贫,言耕者众,执耒者寡也;境内皆言兵,藏孙、吴之书者家有之,而兵愈弱,言战者多,被甲者少也。(《韩非子·五蠹》) 2/1239

治强不可责于外,内政之有也。(《韩非子·五蠹》) 2/1241

夫冰炭不同器而久,寒暑不兼时而至,杂反之学不两立而治。(《韩非子·显学》) 2/1242

力多则人朝,力寡则朝于人,故明君务力。(《韩非子·显学》) 2/1245

夫严家无悍虏,而慈母有败子。吾以此知威势之可以禁暴,而德厚之不足以止乱也。(《韩非子·显学》) 2/1245

民智之不可用,犹婴儿之心也。(《韩非子·显学》) 2/1246

治也者,治常者也;道也者,道常者也。(《韩非子·忠孝》) 2/1247

治民者,禁奸于未萌;而用兵者,服战于民心。(《韩非子·心度》) 2/1250

禁先其本者治,兵战其心者胜。(《韩非子·心度》) 2/1250

去微奸之道奈何?其务令之相规其情者也。(《韩非子·制分》) 2/1253

号令不时,命曰伤天;焚林斩木不时,命曰伤地;断狱立刑不当,命曰伤人。(《晁错新书》) 2/1255

夫风俗者国之脉诊也,年谷如其肌肤,肌肤虽和而脉诊不和,诚未足为

休。(《政论》) 2/1257

为国之道,有似理身,平则致养,疾则攻焉。(《政论》) 2/1259

水浊则无掉尾之鱼,政苛则无逸乐之士。(《邓析子·无厚篇》) 2/1275

君不可与臣业,臣不可侵君事;上下不相侵与,谓之名正。名正而法顺也。(《尹文子·大道上》) 2/1290

王者淳泽,不出宫中,则不能流国矣。(《墨子·亲士》) 3/1319

仓无备粟,不可以待凶饥;库无备兵,虽有义不能征无义。城郭不备全,不可以自守;心无备虑,不可以应卒。(《墨子·七患》) 3/1328

备者国之重也,食者国之宝也,兵者国之爪也,城者所以自守也,此三者国之具也。(《墨子·七患》) 3/1329

国离寇敌则伤,民见凶饥则亡,此皆备不具之罪也。(《墨子·七患》)3/1329

上之所以使下者,一物也;下之所以事上者,一术也。(《墨子·尚贤上》) 3/1331

国家治则刑法正,官府实则万民富。(《墨子·尚贤中》) 3/1334

有力者疾以助人,有财者勉以分人,有道者劝以教人。若此则饥者得食,寒者得衣,乱者得治。若饥则得食,寒则得衣,乱则得治,此安生生。(《墨子·尚贤下》) 3/1336

若苟上下不同义,赏誉不足以劝善,而刑罚不足以沮暴。(《墨子·尚同中》) 3/1338

古者圣王唯而审以尚同，以为正长，是故上下情请为通。(《墨子·尚同中》) 3/1338

上有隐事遗利，下得而利之；下有蓄怨积害，上得而除之。(《墨子·尚同中》) 3/1339

当尚同之为说也，尚用之天子，可以治天下矣；中用之诸侯，可而治其国矣；小用之家君，可而治其家矣。(《墨子·尚同下》) 3/1340

治天下之国若治一家，使天下之民若使一夫。(《墨子·尚同下》) 3/1341

今吾本原兼之所生，天下之大利者也；吾本原别之所生，天下之大害者也。(《墨子·兼爱下》) 3/1343

天下贫则从事乎富之，人民寡则从事乎众之，众而乱则从事乎治之。(《墨子·节葬下》) 3/1346

上不听治，刑政必乱；下不从事，衣食之财必不足。(《墨子·节葬下》) 3/1347

无积委，城郭不修，上下不调和，是故大国耆攻之。(《墨子·节葬下》) 3/1347

顺天意者，义政也；反天意者，力政也。(《墨子·天志上》) 3/1348

上强听治，则国家治矣；下强从事，则财用足矣。(《墨子·天志中》) 3/1349

戒之慎之，必为天之所欲，而去天之所恶。(《墨子·天志下》) 3/1350

政者，口言之，身必行之。(《墨子·公孟》) 3/1356

凡入国，必择务而从事焉。国家昏乱，则语之尚贤、尚同；国家贫，则语之节用、节葬；国家憙音湛湎，则语之非乐、非命；国家淫僻无礼，则语之尊天、事鬼；国家务夺侵凌，即语之兼爱、非攻。(《墨子·鲁问》) 3/1357

安国之道，道任地始，地得其任则功成，地不得其任则劳而无功。(《墨子·号令》) 3/1359

治天下有四术：一曰忠爱，二曰无私，三曰用贤，四曰度量。度量通，则财足矣；用贤，则多功矣；无私，百智之宗也；忠爱，父母之行也。(《尸子·治天下》) 3/1390

食，所以为肥也，壹饭而问人曰："奚若？"则皆笑之。夫治天下，大事也，今人皆壹饭而问"奚若"者也。(《尸子·处道》) 3/1395

避天下之逆，从天下之顺，天下不足取也；避天下之顺，从天下之逆，天下不足失也。(《尸子》) 3/1396

夫土广而任则国富，民众而制则国治。富治者，车不发轫，甲不出橐，而威制天下。(《尉缭子·兵谈》) 3/1406

吾用天下之用为用，吾制天下之制为制。(《尉缭子·制谈》) 3/1409

无变天之道，无绝地之理，无乱人之纪。(《吕氏春秋·孟春纪·孟春》) 3/1429

夫禁杀伤人者，天下之大义也。(《吕氏春秋·孟春纪·去私》) 3/1436

帝王之功，圣人之余事也，非所以完身养生之道也。(《吕氏春秋·仲春纪·贵生》) 3/1437

百仞之松，本伤于下而末槁于上；商、周之国，谋失于胸，令困于彼。(《吕氏春秋·季春纪·先己》) 3/1448

心得而听得，听得而事得，事得而功名得。(《吕氏春秋·季春纪·先己》) 3/1448

天下太平，万物安宁，皆化其上，乐乃可成。(《吕氏春秋·仲夏纪·大乐》) 3/1464

胜理以治身，则生全以，生全则寿长矣。胜理以治国，则法立，法立则天下服矣。故适心之务在于胜理。(《吕氏春秋·仲夏纪·适音》) 3/1467

天子之立也出于君，君之立也出于长，长之立也出于争。(《吕氏春秋·孟秋纪·荡兵》) 3/1472

国广巨，兵强富，未必安也；尊贵高大，未必显也：在于用之。(《吕氏春秋·孟冬纪·异用》) 3/1487

有天下者，天下之主也；有一国者，一国之主也。(《吕氏春秋·孟冬纪·异用》) 3/1488

《周书》曰："往者不可及，来者不可待，贤明其世，谓之天子。"(《吕氏春秋·有始览·听言》) 3/1500

凡为天下，治国家，必务本而后末。(《吕氏春秋·孝行览·孝行》) 3/1506

凡持国，太上知始，其次知终，其次知中。三者不能，国必危，身必穷。(《吕氏春秋·先识览·察微》) 3/1531

夫治身与治国，一理之术也。(《吕氏春秋·审分览·审分》) 3/1535

正名审分，是治之辔已。(《吕氏春秋·审分览·审分》) 3/1536

名不正，则人主忧劳勤苦，而官职烦乱悖逆矣。(《吕氏春秋·审分览·审分》) 3/1536

至治之务，在于正名。(《吕氏春秋·审分览·审分》) 3/1536

得道者必静，静者无知，知乃无知，可以言君道也。(《吕氏春秋·审分览·君守》) 3/1537

既静而又宁，可以为天下正。(《吕氏春秋·审分览·君守》) 3/1537

去听无以闻则聪，去视无以见则明，去智无以知则公。去三者不任则治，三者任则乱。(《吕氏春秋·审分览·任数》) 3/1540

至治之世，其民不好空言虚辞，不好淫学流说。(《吕氏春秋·审分览·知度》) 3/1543

义博利则无敌，无敌者安。(《吕氏春秋·审分览·慎势》) 3/1547

以大畜小吉，以小畜大灭，以重使轻从，以轻使重凶。(《吕氏春秋·审分览·慎势》) 3/1547

天下之民穷矣苦矣。民之穷苦弥甚，王者之弥易。(《吕氏春秋·审分览·慎势》) 3/1547

凡王也者，穷苦之救也。(《吕氏春

秋·审分览·慎势》）　　　3/1547

因其势也者令行,位尊者其教受,威立者其奸止,此畜人之道也。(《吕氏春秋·审分览·慎势》)　　　3/1547

治天下及国,在乎定分而已矣。(《吕氏春秋·审分览·慎势》)3/1548

礼烦则不庄,业烦则无功,令苛则不听,禁多则不行。(《吕氏春秋·离俗览·适威》)　　　3/1563

强国,令其民争乐用也;弱国,令其民争竞不用也。(《吕氏春秋·离俗览·为欲》)　　　3/1565

置君非以阿君也,置天子非以阿天子也。(《吕氏春秋·恃君览·恃君》)　　　3/1569

善者得之,不善者失之,古之道也。(《吕氏春秋·恃君览·长利》)　　　3/1571

强大未必王也,而王必强大。(《吕氏春秋·慎行论·壹行》)　　3/1585

上下不相知,则上非下,下怨上矣。(《吕氏春秋·似顺论·慎小》)3/1598

好得恶予,国虽大不为王,祸灾日至。(《吕氏春秋·士容论·士容》)　　　3/1600

夫峭法刻诛者,非霸王之业也;箠策繁用者,非致远之术也。(《淮南子·原道训》)　　　3/1607

世之主有欲利天下之心,是以人得自乐其间。(《淮南子·俶真训》)　　　3/1639

圣人法天顺情,不拘于俗,不诱于

人。(《淮南子·精神训》)　　3/1641

振困穷,补不足,则名生;兴利除害,伐乱禁暴,则功成。(《淮南子·本经训》)　　　3/1654

水浊则鱼唅,政苛则民乱。(《淮南子·主术训》)　　　3/1658

责少者易偿,职寡者易守,任轻者易权。(《淮南子·主术训》)　　3/1664

慧不足以大宁,智不足以安危。(《淮南子·主术训》)　　　3/1665

主精明于上,官劝力于下,奸邪灭迹,庶功日进。(《淮南子·主术训》)
　　　3/1669

有道之世,以人与国;无道之世,以国与人。(《淮南子·缪称训》)3/1699

水浊者鱼唅,令苛者民乱,城峭者必崩,岸崝者必陁。(《淮南子·缪称训》)　　　3/1701

治国辟若张瑟,大弦绲则小弦绝矣。(《淮南子·缪称训》)　　3/1701

水击则波兴,气乱则智昏;昏昏不可以为政,波水不可以为平。(《淮南子·齐俗训》)　　　3/1711

高不可及者,不可以为人量;行不可逮者,不可以为国俗。(《淮南子·齐俗训》)　　　3/1715

治国之道,上无苛令,官无烦治,士无伪行,工无淫巧,其事经而不扰,其器完而不饰。(《淮南子·齐俗训》)
　　　3/1717

为武者,则非文也;为文者,则非武也。文武更相非,而不知时世之用

也。此见隅曲之一指,而不知八极之广大也。(《淮南子·氾论训》)3/1728

为治之本,务在于安民;安民之本,在于足用;足用之本,在于勿夺时;勿夺时之本,在于省事;省事之本,在于节欲;节欲之本,在于反性;反性之本,在于去载。去载则虚,虚则平。平者道之素也,虚者道之舍也。(《淮南子·诠言训》)3/1741

能有天下者,必不失其国;能有其国者,必不丧其家;能治其家者,必不遗其身;能脩其身者,必不忘其心。(《淮南子·诠言训》)3/1741

无以天下为者,必能治天下者。(《淮南子·诠言训》)3/1743

非易不可以治大,非简不可以合众。(《淮南子·诠言训》)3/1750

顺道而动,天下为向;因民而虑,天下为斗。(《淮南子·兵略训》)3/1753

治国家,理境内,行仁义,布德惠;立正法,塞邪隧,群臣亲附,百姓和辑;上下一心,君臣同力,诸侯服其威,而四方怀其德;脩政庙堂之上,而折冲千里之外;拱揖指挥,而天下响应,此用兵之上也。(《淮南子·兵略训》)3/1754

四马不调,造父不能以致远;弓矢不调,羿不能以必中;君臣乖心,则孙子不能以应敌。(《淮南子·兵略训》)3/1768

治大者道不可以小,地广者制不可以狭,位高者事不可以烦,民众者教不可以苛。(《淮南子·泰族训》)3/1822

上无烦乱之治,下无怨望之心,则百残除而中和作矣。(《淮南子·泰族训》)3/1833

气和为治平,故太平之世多长寿人。(《论衡·气寿篇》)3/1839

王者则天不违,奉天之义也。(《论衡·初禀篇》)3/1843

知屋漏者在宇下,知政失者在草野,知经误者在诸子。(《论衡·书解篇》)3/1866

制不足,则引之无所至;礼无等,则用之不可依;法无常,则网罗当道路;教不明,则士民无所信。引之无所至,则难以致治,用之不可依,则无所取正,罗网当道路,则不可得而避,士民无所信,则其志不知所定,非治理之道也。(《昌言》)3/1887

有天下者,莫不君之以王,而治之以道。道有大中,所以为贵也,又何慕于空言高论、难行之术哉?(《昌言》)3/1889

问者曰:治天下者,壹之乎人事,抑亦有取诸天道也?曰:所取于天道者,谓四时之宜也;所壹于人事者,谓治乱之实也。(《昌言》)3/1890

利天下者,天下亦利之;害天下者,天下亦害之。(《傅子·安民》)3/1907

天地至神,不能同道而生万物;圣人至明,不能一检而治百姓。故以异治同者,天地之道也;因物制宜者,圣人之治也。(《傅子·假言》)3/1910

辨上下者,莫正乎位;兴国家者,

莫贵乎人;统内外者,莫齐乎分;宣德教者,莫明乎学。(《傅子》)　3/1911

金城汤池,未若人和。守在海外,匪山河也。(《抱朴子外篇·君道》)　4/1945

不使敦朴散于雕伪,不使一体浇于二端。(《抱朴子外篇·君道》)　4/1946

喻之元首,方之股肱,虽有尊卑之殊邈,实若一体之相赖也。(《抱朴子外篇·臣节》)　4/1949

莫不贵仁,而无能纯仁以致治也;莫不贱刑,而无能废刑以整民也。(《抱朴子外篇·用刑》)　4/1958

仁者养物之器,刑者惩非之具。(《抱朴子外篇·用刑》)　4/1959

天地之道,不能纯仁,故青阳阐陶育之和,素秋厉肃杀之威。(《抱朴子外篇·用刑》)　4/1959

温而无寒,则蠕动不蛰,根植冬荣;宽而无严,则奸宄并作,利器长守。(《抱朴子外篇·用刑》)　4/1960

明主留神于上,忠良尽诚于下。(《抱朴子外篇·用刑》)　4/1963

天地不交则不泰,上下不交即乖志。夫不泰则二气隔并矣,志乖则天下无国矣。(《抱朴子外篇·交际》)4/1969

备物致用,去害兴利。(《抱朴子外篇·诘鲍》)　4/2049

治国须如治家,所以自家刑国。(《金楼子·立言篇上》)　4/2066

千里之路,不可别以准绳;万家之邦,不可不明曲直。(《金楼子·立言篇下》)　4/2068

德义不相逾,材技不相掩,勇力不相犯,故力同而意和也。(《司马法·天子之义》)　4/2115

内修文德,外治武备。(《吴子·图国》)　4/2158

夫道者,所以反本复始;义者,所以行事立功;谋者,所以违害就利;要者,所以保业守成。(《吴子·图国》)　4/2159

夫安国家之道,先戒为宝。(《吴子·料敌》)　4/2163

以饵取鱼,鱼可杀;以禄取人,人可竭;以家取国,国可拔;以国取天下,天下可毕。(《太公六韬·文韬·文师》)　4/2182

顺者任之以德,逆者绝之以力。(《太公六韬·文韬·守土》)　4/2189

因其常而视之,则民安。(《太公六韬·文韬·守国》)　4/2189

利天下者,天下启之;害天下者,天下闭之;生天下者,天下德之;杀天下者,天下贼之;彻天下者,天下通之;穷天下者,天下仇之;安天下者,天下恃之;危天下者,天下灾之。(《太公六韬·文韬·顺启》)　4/2196

心以启智,智以启财,财以启众,众以启贤,贤之有启,以王天下。(《太公六韬·武韬·三疑》)　4/2197

军国之要,察众心,施百务。(《黄石公三略·上略》)　4/2214

危者安之,惧者欢之,叛者还之,

冤者原之,诉者察之,卑者贵之,强者抑之,敌者残之,贪者丰之,欲者使之,畏者隐之,谋者近之,逸者覆之,毁者复之,反者废之,横者挫之,满者损之,归者招之,服者居之,降者脱之。(《黄石公三略·上略》)　　　　4/2214

释近谋远者,劳而无功;释远谋近者,佚而有终。佚政多忠臣,劳政多怨民。(《黄石公三略·下略》)　　4/2223

造作过制,虽成必败。(《黄石公三略·下略》)　　　　4/2224

众贤聚,致治平;众文聚,则治小乱;五兵聚,其治大败。(《太平经·以乐却灾法》)　　　　4/2271

治乱兴衰(113条)

乱则国危,治则国安。(《荀子·王霸》)　　　　1/87

百乐者生于治国者也,忧患者生于乱国者也,急逐乐而缓治国者,非知乐者也。(《荀子·王霸》)　　1/88

君贤者其国治,君不能者其国乱。隆礼贵义者其国治,简礼贱义者其国乱。治者强,乱者弱,是强弱之本也。(《荀子·议兵》)　　　　1/99

善日者王,善时者霸,补漏者危,大荒者亡。故王者敬日,霸者敬时,仅存之国危而后戚之,亡国至亡而后知亡,至死而后知死,亡国之祸败不可胜悔也。(《荀子·强国》)　　1/107

义胜利者为治世,利克义者为乱世。(《荀子·大略》)　　　　1/132

国将兴,必贵师而重傅,贵师而重傅则法度存;国将衰,必贱师而轻傅,贱师而轻傅则人有快,人有快则法度坏。(《荀子·大略》)　　　　1/135

大者不能,小者不为,是弃国捐身之道也。(《荀子·大略》)　　1/138

疏必危,亲必乱。(《贾谊新书·亲疏危乱》)　　　　1/173

民之治乱在于吏,国之安危在于政。(《贾谊新书·大政下》)　　1/188

天下者,难得而易失也,难常而易亡也。(《贾谊新书·修政语下》)1/191

夫治乱之端,在于本末而已,不至劳其心而道可得也。(《盐铁论·忧边》)　　　　1/215

安不忘危,故能终而成霸功焉。(《说苑·君道》)　　　　1/318

夫有生者不讳死,有国者不讳亡。讳死者不可以得生,讳亡者不可以得存。(《说苑·正谏》)　　1/358

病之将死也,不可为良医;国之将亡也,不可为计谋。(《说苑·权谋》)　　　　1/377

贤则茂昌,不贤则速亡。(《说苑·至公》)　　　　1/380

夫士民之所以叛,由偏之也。(《说苑·至公》)　　　　1/380

当吉念凶,而存不忘亡也,卒以成霸焉。(《说苑·指武》)　　1/381

邦君将昌,天遗其道;大夫将昌,

天遗之士；庶人将昌，必有良子。(《说苑·谈丛》) 1/388

败军之将，不可言勇；亡国之臣，不可言智。(《说苑·谈丛》) 1/404

夫善恶之难分也，圣人独见疑，而况于贤者乎？是以圣贤罕合，诡谀常兴也。故有千岁之乱，而无百岁之治。(《说苑·杂言》) 1/423

习治则伤始乱也，习乱则好始治也。(《法言·孝至》) 1/485

处士不得直其行，朝臣不得直其言，此俗化之所以败，暗君之所以孤也。(《潜夫论·贤难》) 1/508

国之所以存者治也，其所以亡者乱也。(《潜夫论·思贤》) 1/511

人君莫不好治而恶乱，乐存而畏亡。(《潜夫论·思贤》) 1/511

夫与死人同病者，不可生也；与亡国同行者，不可存也。(《潜夫论·思贤》) 1/511

国以贤兴，以谄衰，君以忠安，以忌危。(《潜夫论·实贡》) 1/520

治国之日舒以长，故其民闲暇而力有余；乱国之日促以短，故其民困务而力不足。(《潜夫论·爱日》) 1/526

一国尽乱，无有安身。(《潜夫论·释难》) 1/543

忠厚积则致太平，奸薄积则致危亡。(《潜夫论·德化》) 1/555

治世所贵乎位者三：一曰达道于天下，二曰达惠于民，三曰达德于身。衰世所贵乎位者三：一曰以贵高人，

二曰以富奉身，三曰以报肆心。(《申鉴·政体》) 1/572

治世之臣，所贵乎顺者三：一曰心顺，二曰职顺，三曰道顺。衰世之臣，所贵乎顺者三：一曰体顺，二曰辞顺，三曰事顺。(《申鉴·政体》) 1/572

世治则愚者不得独乱，世乱则贤者不能独治。(《文子·道德》) 2/759

是而行之，谓之断；非而行之，谓之乱。(《文子·上德》) 2/768

夫忧者，所以昌也；喜者，所以亡也。(《文子·微明》) 2/776

人之将疾也，必先不甘鱼肉之味；国之将亡也，必先恶忠臣之语。(《文子·微明》) 2/781

顺天者昌，逆天者亡。(《黄帝四经·十大经·姓争》) 2/888

利莫大于治，害莫大于乱。(《管子·正世》) 2/1049

治国常富，而乱国必贫。(《管子·治国》) 2/1051

国之所以治者三：一曰法，二曰信，三曰权。(《商君书·修权》)2/1115

不胜而王，不败而亡者，自古及今，未尝有也。(《商君书·画策》) 2/1122

国乱者，民多私义；兵弱者，民多私勇。(《商君书·画策》) 2/1122

亡国之俗，贱爵轻禄。(《商君书·画策》) 2/1123

治则强，乱则弱。(《商君书·弱民》) 2/1125

强则物来,弱则物去。(《商君书·弱民》) 2/1125

夫名分定,势治之道也;名分不定,势乱之道也。(《商君书·定分》) 2/1129

亡国之君,非一人之罪也;治国之君,非一人之力也。(《慎子·知忠》) 2/1136

将治乱,在乎贤使任职,而不在于忠也。(《慎子·知忠》) 2/1137

廊庙之材,盖非一木之枝也;狐白之裘,盖非一狐之皮也;治乱安危存亡荣辱之施,非一人之力也。(《慎子·知忠》) 2/1137

以乱攻治者亡,以邪攻正者亡,以逆攻顺者亡。(《韩非子·初见秦》) 2/1144

忠臣之所以危死而不以其罪,则良臣伏矣;奸邪之臣安利不以功,则奸臣进矣:此亡之本也。(《韩非子·有度》) 2/1150

万乘之患,大臣太重;千乘之患,左右太信:此人主之所公患也。(《韩非子·孤愤》) 2/1163

简法禁而务谋虑,荒封内而恃交援者,可亡也。(《韩非子·亡征》) 2/1167

好宫室台榭陂池,事车服器玩,好罢露百姓,煎靡货财者,可亡也。(《韩非子·亡征》) 2/1167

缓心而无成,柔茹而寡断,好恶无决而无所定立者,可亡也。(《韩非子·亡征》) 2/1168

很刚而不和,愎谏而好胜,不顾社稷而轻为自信者,可亡也。(《韩非子·亡征》) 2/1168

大心而无悔,国乱而自多,不料境内之资而易其邻敌者,可亡也。国小而不处卑,力少而不畏强,无礼而侮大邻,贪愎而拙交者,可亡也。(《韩非子·亡征》) 2/1168

简侮大臣,无礼父兄,劳苦百姓,杀戮不辜者,可亡也。(《韩非子·亡征》) 2/1169

主多怒而好用兵,简本教而轻战攻者,可亡也。(《韩非子·亡征》) 2/1169

乱弱者亡,人之性也;治强者王,古之道也。(《韩非子·饰邪》) 2/1171

安则智廉生,危则争鄙起。(《韩非子·安危》) 2/1190

安危在是非,不在于强弱。(《韩非子·安危》) 2/1191

存亡在虚实,不在于众寡。(《韩非子·安危》) 2/1191

兵弱于外,政乱于内,此亡国之本也。(《韩非子·内储说上七术》)2/1203

夫治无小而乱无大。(《韩非子·内储说上七术》) 2/1203

战士怠于行陈者,则兵弱也;农夫惰于田者,则国贫也。兵弱于敌,国贫于内,而不亡者,未之有也。(《韩非子·外储说左上》) 2/1207

内宠并后,外宠贰政,枝子配适,大臣拟主,乱之道也。(《韩非子·说疑》) 2/1224

事智者众,则法败;用力者寡,则国贫:此世之所以乱也。(《韩非子·五蠹》)　2/1240

治强易为谋,弱乱难为计。(《韩非子·五蠹》)　2/1241

国平则养儒侠,难至则用介士。所养者非所用,所用者非所养,此所以乱也。(《韩非子·显学》)　2/1243

是而不用,非而不息,乱亡之道也。(《韩非子·显学》)　2/1243

夫国治则民安,事乱则邦危。(《韩非子·制分》)　2/1252

凡天下之所以不治者,常由世主承平日久,俗渐弊而不寤,政寖衰而不改,习乱安危,逸不自睹。(《政论》)　2/1257

凡国无常治,亦无常乱;欲治者治,不欲治者乱。(《世要论·臣不易》)　2/1264

国乱有三事:年饥民散,无食以聚之,则乱;治国无法,则乱;有法而不能用,则乱。有食以聚民,有法而能行,国不治,未之有也。(《尹文子·大道上》)　2/1291

天下兼相爱则治,交相恶则乱。(《墨子·兼爱上》)　3/1341

今天下之君子,忠实欲天下之富而恶其贫,欲天下之治而恶其乱,当兼相爱、交相利。(《墨子·兼爱中》)3/1343

王国富民,霸国富士,仅存之国富大夫,亡国富仓府。所谓上满下漏,患无所救。(《尉缭子·战威》)　3/1413

王者有嗜乎理义也,亡者亦有嗜乎暴慢也。所嗜不同,故其祸福亦不同。(《吕氏春秋·孟夏纪·诬徒》)　3/1460

治世之音安以乐,其政平也;乱世之音怨以怒,其政乖也;亡国之音悲以哀,其政险也。(《吕氏春秋·仲夏纪·适音》)　3/1467

天下大乱,无有安国;一国尽乱,无有安家;一家皆乱,无有安身。(《吕氏春秋·有始览·谕大》)　3/1505

众诈盈国,不可以为安,患非独外也。(《吕氏春秋·孝行览·义赏》)　3/1514

凡治乱存亡,安危强弱,必有其遇,然后可成。(《吕氏春秋·孝行览·长攻》)　3/1514

夫忧所以为昌也,而喜所以为亡也。(《吕氏春秋·慎大览·慎大》)　3/1519

凡国之亡也,有道者必先去,古今一也。(《吕氏春秋·先识览·先识》)　3/1526

国之兴也,天遗之贤人与极言之士;国之亡也,天遗之乱人与善谀之士。(《吕氏春秋·先识览·先识》)　3/1527

治乱存亡,其始若秋毫。察其秋毫,则大物不过矣。(《吕氏春秋·先识览·察微》)　3/1531

名正则治,名丧则乱。(《吕氏春秋·先识览·正名》)　3/1533

凡乱者,刑名不当也。(《吕氏春秋·先识览·正名》)   3/1533

疑生争,争生乱。(《吕氏春秋·审分览·慎势》)   3/1548

一则治,异则乱;一则安,异则危。(《吕氏春秋·审分览·不二》)   3/1549

一则治,两则乱。(《吕氏春秋·审分览·执一》)   3/1550

人主之患,存而不知所以存,亡而不知所以亡。(《吕氏春秋·离俗览·高义》)   3/1559

以私胜公,衰国之政也。(《吕氏春秋·离俗览·举难》)   3/1568

世治则愚者不得独乱,世乱则智者不能独治。(《淮南子·俶真训》)   3/1639

为惠者生奸,而为暴者生乱,奸乱之俗,亡国之风。(《淮南子·主术训》)   3/1664

治国乐其所以存,亡国亦乐其所以亡也。(《淮南子·缪称训》)   3/1698

情胜欲者昌,欲胜情者亡。(《淮南子·缪称训》)   3/1704

夫忧所以为昌也,而喜所以为亡也。(《淮南子·道应训》)   3/1719

数战则民罢,数胜则主骄,以骄主使罢民,而国不亡者,天下鲜矣。(《淮南子·道应训》)   3/1720

得王道者,虽小必大;有亡形者,虽成必败。(《淮南子·氾论训》)   3/1729

国之亡也,虽大不足恃;道之行也,虽小不可轻。(《淮南子·氾论训》)   3/1729

有在得道,而不在于大也;亡在失道,而不在于小也。(《淮南子·氾论训》)   3/1730

治未固于不乱,而事为治者必危;行未固于无非,而急求名者必剉也。(《淮南子·诠言训》)   3/1746

善恶同实:善祥出,国必兴;恶祥见,朝必亡。(《论衡·异虚篇》)3/1846

世之治乱,在时不在政;国之安危,在数不在教。(《论衡·治期篇》)   3/1859

危亡不可以怨天,微弱不可以尤人也。夫吉凶由己,汤、武岂一哉?(《抱朴子外篇·君道》)   4/1948

明治病之术者,杜未生之疾;达治乱之要者,遏将来之患。(《抱朴子外篇·用刑》)   4/1961

数胜得天下者稀,以亡者众。(《吴子·图国》)   4/2161

义胜欲则昌,欲胜义则亡;敬胜怠则吉,怠胜敬则灭。(《太公六韬·文韬·明传》)   4/2186

天下治,仁圣藏;天下乱,仁圣昌。(《太公六韬·文韬·守国》)   4/2189

先谋后事者昌,先事后谋者亡。(《太公金匮》)   4/2209

离本求末祸不治。(《太平经·修一却邪法》)   4/2270

王道将兴,取象于德;王道将衰,取象于刑。(《太平经·案书明刑德法》)   4/2278

史鉴（23条）

夫明镜所以察形，往古者所以知今。（《孔子家语·观周》）　　1/17

不知戒，后必有。（《荀子·成相》）　　1/128

观往事，以自戒，治乱是非亦可识。（《荀子·成相》）　　1/128

善言古者合之于今，能述远者考之于近。（《新语·术事》）　　1/157

先王者见终始之变，知存亡之由。是以牧之以道，务在安之而已矣。（《贾谊新书·过秦中》）　　1/167

鄙谚曰："前事之不忘，后之师也。"是以君子为国，观之上古，验之当世，参之人事，察盛衰之理，审权势之宜，去就有序，变化因时，故旷日长久而社稷安矣。（《贾谊新书·过秦下》）　　1/167

前车覆，后车戒。（《盐铁论·结和》）　　1/261

明镜所以照形也，往古所以知今也。（《说苑·尊贤》）　　1/355

执古之道，以御今之有。（《老子·十四章》）　　2/708

察其所以往者，即知其所以来矣。（《文子·符言》）　　2/755

欲知来者察往，欲知古者察今。（《鹖冠子·近迭》）　　2/807

前事不忘，将来之鉴也。（《抱朴子内篇·道意》）　　2/943

疑今者察之古；不知来者视之往。（《管子·形势》）　　2/973

上世亲亲而爱私，中世上贤而说仁，下世贵贵而尊官。（《商君书·开塞》）　　2/1102

古人亟于德，中世逐于智，当今争于力。（《韩非子·八说》）　　2/1228

上古竞于道德，中世逐于智谋，当今争于气力。（《韩非子·五蠹》）　　2/1234

度之往事，验之来事，参之平素，可则决之。（《鬼谷子·决篇》）　　3/1371

自古及今，未有不亡之国也。（《吕氏春秋·孟冬纪·安死》）　　3/1486

今之于古也，犹古之于后世也；今之于后世，亦犹今之于古也。（《吕氏春秋·仲冬纪·长见》）　　3/1491

审知今则可知古，知古则可知后，古今前后一也。（《吕氏春秋·仲冬纪·长见》）　　3/1492

述事者好高古而下今，贵所闻而贱所见。（《论衡·齐世篇》）　　3/1860

前事不忘，今之良鉴也。（《抱朴子外篇·崇教》）　　4/1943

录过以效今，去事之证以为来事。（《太平经·葬宅诀》）　　4/2285

时变（39条）

书不必起仲尼之门，药不必出扁鹊之方，合之者善，可以为法，因世而权行。（《新语·术事》）　　1/158

教与俗改，弊与世易。（《盐铁论·错币》）　　1/201

明者因时而变，知者随世而制。（《盐铁论·忧边》）　　1/215

世异则事变，事变则时移，时移则俗易。（《说苑·杂言》）　　1/421

夫物不因不生，不革不成。故知因而不知革，物失其则；知革而不知因，物失其均。革之匪时，物失其基；因之匪理，物丧其纪。（《太玄·太玄莹》）　　1/489

权无制，制其义，不制其事，巽以行权。（《申鉴·时事》）　　1/574

政有宜于古而不利于今，有长于彼而不行于此者。（《典语》）　　1/631

通其变，天下无弊法；执其方，天下无善教。（《中说·周公篇》）　　1/683

世异则事变，时移则俗易，论世立法，随时举事。（《文子·道德》）　　2/760

苟利于民，不必法古；苟周于事，不必循俗。（《文子·上义》）　　2/791

先王之制，不宜即废之；末世之事，善即著之。（《文子·上礼》）　　2/796

苟可以强国，不法其故；苟可以利民，不循其礼。（《商君书·更法》）　　2/1086

治世不一道，便国不必法古。（《商君书·更法》）　　2/1088

圣人不法古，不修今。法古则后于时，修今则塞于势。（《商君书·开塞》）　　2/1103

圣人知必然之理，必为之时势。（《商君书·画策》）　　2/1123

圣人不期修古，不法常可，论世之事，因为之备。（《韩非子·五蠹》）　　2/1233

事因于世，而备适于事。（《韩非子·五蠹》）　　2/1234

世异则事异。……事异则备变。（《韩非子·五蠹》）　　2/1234

夫古今异俗，新故异备。如欲以宽缓之政，治急世之民，犹无辔策而御骄马，此不知之患也。（《韩非子·五蠹》）　　2/1235

时移而治不易者乱，能众而禁不变者削。（《韩非子·心度》）　　2/1252

圣人能与世推移，而俗士苦不知变，以为结绳之约可复理乱秦之绪，干戚之舞足以解平城之围。（《政论》）　　2/1258

古之命多不通乎今之言者，今之法多不合乎古之法者。（《吕氏春秋·慎大览·察今》）　　3/1523

治国无法则乱，守法而弗变则悖，悖乱不可以持国。（《吕氏春秋·慎大览·察今》）　　3/1524

世易时移，变法宜矣。（《吕氏春

秋·慎大览·察今》）　　　3/1525

　　凡举事必循法以动，变法者因时而化，若此论则无过务矣。（《吕氏春秋·慎大览·察今》）　　　3/1525

　　因时变法者，贤主也。（《吕氏春秋·慎大览·察今》）　　　3/1525

　　世异即事变，时移即俗易。（《淮南子·齐俗训》）　　　3/1712

　　圣人论世而立法，随时而举事。（《淮南子·齐俗训》）　　　3/1712

　　不法其以成之法，而法其所以为法。所以为法者，与化推移者也。夫能与化推移为人者，至贵在焉尔。（《淮南子·齐俗训》）　　　3/1712

　　常故不可循，器械不可因也。（《淮南子·氾论训》）　　　3/1724

　　苟利于民，不必法古；苟周于事，不必循旧。（《淮南子·氾论训》）3/1724

　　变古未可非，而循俗未足多也。（《淮南子·氾论训》）　　　3/1725

　　当于世事，得于人理，顺于天地，祥于鬼神，则可以正治矣。（《淮南子·氾论训》）　　　3/1726

　　非今时之世而弗改，是行其所非也。（《淮南子·氾论训》）　3/1727

　　论世而为之事，权事而为之谋。（《淮南子·氾论训》）　　　3/1730

　　亡国之法，有可随者；治国之俗，有可非者。（《淮南子·说山训》）　　　3/1781

　　圣人事穷而更为，法弊而改制，非乐变古易常也，将以救败扶衰，黜淫济非，以调天地之气，顺万物之宜也。（《淮南子·泰族训》）　3/1820

　　作有利于时、制有便于物者，可为也；事有乖于数、法有玩于时者，可改也。故行于古有其迹，用于今无其功者，不可不变；变而不如前，易而多所败者，亦不可复也。（《昌言·损益篇》）　　　3/1884

　　常制不可以待变化，一涂不可以应无方；刻船不可以索遗剑，胶柱不可以谐清音。（《抱朴子外篇·广譬》）　　　4/2029

领导力（392条）

　　言足以法于天下而不伤于身，道足化于百姓而不伤于本。（《孔子家语·五仪解》）　　　1/9

　　春秋致其时而万物皆及，王者致其道而万民皆治。（《孔子家语·致思》）　　　1/11

　　仁人在上，则农以力尽田，贾以察尽财，百工以巧尽械器，士大夫以上至于公侯，莫不以仁厚知能尽官职，夫是之谓至平。（《荀子·荣辱》）　1/59

　　君人者欲安则莫若平政爱民矣，欲荣则莫若隆礼敬士矣，欲立功名则莫若尚贤使能矣，是君人者之大节也。（《荀子·王制》）　　　1/75

　　立身则从佣俗，事行则遵佣故，进退贵贱则举佣士，之所以接下之人百

姓者则庸宽惠,如是者则安存。(《荀子·王制》) 1/81

君国长民者欲趋时遂功,则和调累解,速乎急疾;忠信均辨,说乎赏庆矣;必先修正其在我者,然后徐责其在人者,威乎刑罚。(《荀子·富国》)1/85

上好礼义,尚贤使能,无贪利之心,则下亦将綦辞让,致忠信,而谨于臣子矣。(《荀子·君道》) 1/90

君者,仪也,仪正而景正;君者,槃也,槃圆而水圆;君者,盂也,盂方而水方。(《荀子·君道》) 1/91

君者,民之原也,原清则流清,原浊则流浊。故有社稷者而不能爱民、不能利民,而求民之亲爱己,不可得也。(《荀子·君道》) 1/91

天下者,至重也,非至强莫之能任;至大也,非至辨莫之能分;至众也,非至明莫之能和。(《荀子·正论》) 1/113

上重义则义克利,上重利则利克义。(《荀子·大略》) 1/133

上好羞,则民暗饰矣;上好富,则民死利矣。(《荀子·大略》) 1/133

人君所察者三,不可以不知。不知时与不时,譬犹春不耕也。不知行与不行,譬以方为轮也。不知宜与不宜,譬以锦缘荐也。(《鲁连子》) 1/147

仁者在位而仁人来,义者在朝而义士至。(《新语·思务》) 1/165

人主者,天下安、社稷固不耳。(《贾谊新书·益壤》) 1/170

大人者,不忧小廉,不牵小行,故立大便以成大功。(《贾谊新书·益壤》) 1/170

善为天下者,因祸而为福,转败而为功。(《贾谊新书·铜布》) 1/173

古者圣王居有法则,动有文章,位执戒辅,鸣玉以行。(《贾谊新书·容经》) 1/178

威胜德则淳,德胜威则施。威之与德,交若缪缪,且畏且怀,君道正矣。(《贾谊新书·容经》) 1/179

天子有道,守在四夷;诸侯有道,守在四邻。(《贾谊新书·春秋》)1/180

夫射而不中者,不求之鹄,而反修之于己。君国子民者,反求之己,而君道备矣。(《贾谊新书·君道》) 1/181

道者,圣王之行也;文者,圣王之辞也;恭敬者,圣王之容也;忠信者,圣王之教也。夫圣人也者,贤智之师也;仁义者,明君之性也。(《贾谊新书·大政上》) 1/186

有不能求士之君,而无不可得之士;故有不能治民之吏,而无不可治之民。故君明而吏贤矣,吏贤而民治矣。(《贾谊新书·大政下》) 1/187

天下者,非一家之有也,有道者之有也。(《贾谊新书·修政语下》)1/190

为人下者敬而肃,为人上者恭而仁,为人君者敬士爱民,以终其身。此道之要也。(《贾谊新书·修政语下》) 1/191

贤圣治家非一宝,富国非一道。

《盐铁论·力耕》）　　　1/198

善为国者，天下之下我高，天下之轻我重。（《盐铁论·力耕》）　1/198

夫上好珍怪，则淫服下流，贵远方之物，则货财外充。（《盐铁论·力耕》）
　　　1/198

上好礼则民闇饰，上好货则下死利也。（《盐铁论·错币》）　1/202

贤者得位，犹龙得水，腾蛇游雾也。（《盐铁论·刺复》）　1/211

无鞭策，虽造父不能调驷马。无势位，虽舜、禹不能治万民。（《盐铁论·论儒》）　1/211

人君敬事爱下，使民以时，天子以天下为家，臣妾各以其时供公职，古今之通义也。（《盐铁论·散不足》）1/245

贪鄙在率不在下，教训在政不在民也。（《盐铁论·疾贪》）　1/251

民乱反之政，政乱反之身，身正而天下定。（《盐铁论·后刑》）　1/253

行修于内，声闻于外，为善于下，福应于天。（《盐铁论·水旱》）　1/254

上清静而不欲，则下廉而不贪。（《盐铁论·执务》）　1/258

君仁莫不仁，君义莫不义。（《盐铁论·世务》）　1/263

夫善为政者，弊则补之，决则塞之。（《盐铁论·申韩》）　1/275

夫君，神之主也，而民之望也。（《新序·杂事一》）　1/284

为人君而侮其臣者，智者不为谋，辩者不为使，勇者不为斗。智者不为谋，则社稷危；辩者不为使，则使不通；勇者不为斗，则边境侵。（《新序·杂事一》）　1/285

其君仁者，其臣直。（《新序·杂事一》）　1/285

今君苟好士，则贤士至矣。（《新序·杂事一》）　1/285

居上位而不恤其下，骄也；缓令急诛，暴也；取人之言而弃其身，盗也。（《新序·杂事二》）　1/288

明主任计不任怒，暗主任怒不任计。计胜怒者强，怒胜计者亡。（《新序·杂事五》）　1/297

知天之天者，王事可成；不知天之天者，王事不可成。（《新序·善谋下》）
　　　1/311

人君之道：清净无为，务在博爱，趋在任贤；广开耳目，以察万方；不固溺于流俗，不拘系于左右。（《说苑·君道》）　1/315

人君之事，无为而能容下。夫事寡易从，法省易因。（《说苑·君道》）
　　　1/315

大道容众，大德容下，圣人寡为而天下理矣。（《说苑·君道》）　1/315

凡处尊位者，必以敬下：顺德规谏，必开不讳之门，蹲节安静以藉之。（《说苑·君道》）　1/315

夫上之化下，犹风靡草。东风则草靡而西，西风则草靡而东，在风所由，而草为之靡。是故人君之动不可不慎也。（《说苑·君道》）　1/316

夫树曲木者,恶得直影?人君不直其行、不敬其言者,未有能保帝王之号、垂显令之名者也。(《说苑·君道》)　1/316

明王圣主之治,若夫江海无不受,故长为百川之主;明王圣君无不容,故安乐而长久。(《说苑·君道》)　1/317

其君贤者也,而又有师者王;其君中君也,而又有师者霸;其君下君也,而群臣又莫若君者亡。(《说苑·君道》)　1/318

明主者有三惧:一曰处尊位而恐不闻其过;二曰得意而恐骄;三曰闻天下之至言而恐不能行。(《说苑·君道》)　1/318

春致其时,万物皆及生;君致其道,万人皆及治。(《说苑·君道》)　1/319

上下相亏也,犹水火之相灭也,人君不可不察。(《说苑·君道》)　1/319

贤君之治国,其政平,其吏不苛,其赋敛节,其自奉薄。(《说苑·政理》)　1/347

水广则鱼大,君明则臣忠。(《说苑·尊贤》)　1/357

有命之父母,不知孝子;有道之君,不知忠臣。(《说苑·尊贤》)　1/357

明君在上,下有直辞;君上好善,民无讳言。(《说苑·正谏》)　1/359

众人之智,可以测天。兼听独断,惟在一人。(《说苑·权谋》)　1/373

人主之务在乎善听而已矣。(《说苑·权谋》)　1/376

服义之君,不足于信;服战之君,不足于诈。(《说苑·权谋》)　1/378

明王之制国也,上不玩兵,下不废武。(《说苑·指武》)　1/381

善治国家者,不变故,不易常。(《说苑·指武》)　1/382

王者知所以临下而治众,则群臣畏服矣;知所以听言受事,则不蔽欺矣;知所以安利万民,则海内必定矣;知所以忠孝事上,则臣子之行备矣。(《说苑·谈丛》)　1/385

人君不困不成王,列士不困不成行。(《说苑·杂言》)　1/424

凡善之生也,皆学之所由。一室之中,必有主道焉,父母之谓也。故君正则百姓治,父母正则子孙孝慈。(《说苑·杂言》)　1/433

周公位尊愈卑,胜敌愈惧,家富愈俭。(《说苑·反质》)　1/445

德薄者恶闻美行,政乱者恶闻治言。(《潜夫论·贤难》)　1/508

国之所以治者君明也,其所以乱者君暗也。(《潜夫论·明暗》)　1/509

君之所以明者兼听也,其所以暗者偏信也。(《潜夫论·明暗》)　1/509

圣王之建百官也,皆以承天治地,牧养万民者也。(《潜夫论·考绩》)　1/510

天之所助者顺也,人之所尚者信也,履信思乎顺,又以尚贤,是以吉无不利也。(《潜夫论·慎微》)　1/520

天下本以民不能相治,故为立王

者以统治之。(《潜夫论·述赦》)1/523

一人伏正罪而万家蒙乎福者,圣主行之不疑。(《潜夫论·断讼》)1/528

夫制国者,必照察远近之情伪,预祸福之所从来,乃能尽群臣之筋力,而保兴其邦家。(《潜夫论·实边》)1/536

人君不开精诚以示贤忠,贤忠亦无以得达。(《潜夫论·明忠》)　1/550

君不明,则大臣隐下而遏忠,又群司舍法而阿贵。(《潜夫论·明忠》)1/550

善者求之于势,弗责于人。(《潜夫论·明忠》)　　　　1/551

人君之治,莫大于道,莫盛于德,莫美于教,莫神于化。(《潜夫论·德化》)　　　　　　　　1/552

圣深知之,皆务正己以为表,明礼义以为教,和德气于未生之前,正表仪于咳笑之后。(《潜夫论·德化》)1/553

德者所以修己也,威者所以治人也。(《潜夫论·德化》)　　1/555

世之善否,俗之薄厚,皆在于君。(《潜夫论·德化》)　　　1/555

在上者能不止下为善,不纵下为恶,则国治矣,是谓统法。(《申鉴·政体》)　　　　　　　　1/566

不驱之驱,驱之至者也。(《申鉴·政体》)　　　　　1/571

申天下之乐,故乐亦报之;屈天下之忧,故忧亦及之。(《申鉴·政体》)

　　　　　　　　1/571

在上者不受虚言,不听浮术,不采华名,不兴伪事,言必有用,术必有典,名必有实,事必有功。(《申鉴·俗嫌》)

　　　　　　　　1/576

在上者,必察乎违顺,审乎所为,慎乎所安。(《申鉴·杂言上》)　1/579

声气可范,精神可爱,俯仰可宗,揖让可贵,述作有方,动静有常,帅礼不荒,故为万夫之望也。(《中论·法象》)

　　　　　　　　1/598

不勤不俭,无以为人上也。(《中说·关朗篇》)

　　　　　　　　1/687

兴国之道,君思善则行之,君闻善则行之,君知善则行之。(《鬻子》)

　　　　　　　　2/695

位敬而常之,行信而长之,则兴国之道也。(《鬻子》)　　2/695

圣人处无为之事,行不言之教;万物作而弗始,生而弗有,为而弗恃,功成而弗居。夫唯弗居,是以不去。(《老子·二章》)　　　　　　　2/700

不尚贤,使民不争;不贵难得之货,使民不为盗;不见可欲,使民心不乱。(《老子·三章》)　　2/701

圣人之治,虚其心,实其腹,弱其志,强其骨。常使民无知无欲,使夫智者不敢为也。(《老子·三章》)　2/702

鱼不可脱于渊,国之利器不可以示人。(《老子·三十六章》)　2/721

不欲以静,天下将自正。(《老子·三十七章》)　　　　　2/721

上德无为而无以为,下德无为而有以为。(《老子·三十八章》)　2/721

我无为,而民自化;我好静,而民

自正;我无事,而民自富;我无欲,而民自朴。(《老子·五十七章》) 2/733

善为士者,不武;善战者,不怒;善胜敌者,不与;善用人者,为之下。(《老子·六十八章》) 2/738

受国之垢,是谓社稷主;受国不祥,是为天下王。(《老子·七十八章》) 2/743

有道德则夙夜不懈,战战兢兢,常恐危亡;无道德则纵欲怠惰,其亡无时。(《文子·道德》) 2/760

天下安宁,要在一人。(《文子·道德》) 2/761

明主之赏罚,非以为己,以为国也。适于己而无功于国者,不施赏焉;逆于己而便于国者,不加罚焉。(《文子·微明》) 2/778

善治国者,不变其故,不易其常。(《文子·下德》) 2/784

上有随君,下无直辞,君有骄行,民多讳言。(《鹖冠子·著希》) 2/800

寒者得衣,饥者得食,冤者得理,劳者得息,圣人之所期也。(《鹖冠子·天则》) 2/801

为而无害,成而不败,一人唱而万人和,如体之从心,此政之期也。(《鹖冠子·天则》) 2/802

主道所高,莫贵约束;得地失信,圣王弗据。(《鹖冠子·近迭》) 2/806

未尝闻身治而国乱者也,又未尝闻身乱而国治者也。(《列子·说符》) 2/831

观国者观主,观家者观父。能为国则能为主,能为家则能为父。(《黄帝四经·经法·六分》) 2/881

王者乐其所以王,亡者亦乐其所以亡。(《子华子》) 2/898

缓者后于事,吝于财者失所亲,信小人者失士。(《管子·牧民》) 2/968

上失其位,则下逾其节。(《管子·形势》) 2/971

君之所慎者四:一曰大德不至仁,不可以授国柄;二曰见贤不能让,不可与尊位;三曰罚避亲贵,不可使主兵;四曰不好本事,不务地利,而轻赋敛,不可与都邑。(《管子·立政》) 2/981

上为一,下为二。(《管子·乘马》) 2/987

居身论道行理,则群臣服教,百吏严断,莫敢开私焉。(《管子·七法》) 2/990

凡将立事,正彼天植,风雨无违,远近高下,各得其嗣。(《管子·版法》) 2/992

古之圣王,所以取明名广誉,厚功大业,显于天下,不忘于后世,非得人者未之尝闻。(《管子·五辅》) 2/994

毋访于佞,毋蓄于谄,毋育于凶,毋监于谗。(《管子·宙合》) 2/996

有道之君,行法修制,先民服也。(《管子·法法》) 2/1008

持社稷宗庙者,不让事,不广闲。(《管子·大匡》) 2/1011

观国者观君,观军者观将,观备者

观野。(《管子·霸言》)　　　2/1015

　　威无势也无所立,事无为也无所生。(《管子·君臣下》)　　2/1028

　　善罪身者,民不得罪也;不能罪身者,民罪之。(《管子·小称》)　2/1031

　　有过而反之身,则身惧;有善而归之民,则民喜。(《管子·小称》)2/1031

　　上离其道,下失其事。(《管子·心术上》)　　　2/1034

　　天不为一物枉其时,明君圣人亦不为一人枉其法。天行其所行而万物被其利,圣人亦行其所行而百姓被其利。(《管子·白心》)　　2/1037

　　上见成事而贵功,则民事接劳而不谋;上见功而贱,则为人下者直,为人上者骄。(《管子·四时》)　2/1042

　　重爱曰失德,重恶曰失威。(《管子·任法》)　　　2/1045

　　威不两错,政不二门。(《管子·明法》)　　　2/1046

　　善者圉之以害,牵之以利。能利害者,财多而过寡矣。(《管子·禁藏》)　　　　　　2/1061

　　善者势利之在,而民自美安,不推而往,不引而来,不烦不扰,而民自富。(《管子·禁藏》)　2/1062

　　圣人之处国者,必于不倾之地而择地形之肥饶者,乡山,左右经水若泽,内为落渠之写,因大川而注焉。(《管子·度地》)　　2/1065

　　人主之所以令则行,禁则止者,必令于民之所好,而禁于民之所恶也。

(《管子·形势解》)　　　2/1066

　　人主出言,顺于理,合于民情,则民受其辞。(《管子·形势解》)2/1068

　　天之裁大,故能兼覆万物;地之裁大,故能兼载万物;人主之裁大,故容物多而众人得比焉。(《管子·形势解》)　　　　　2/1069

　　明主之举事也,任圣人之虑,用众人之力,而不自与焉,故事成而福生。(《管子·形势解》)　　2/1071

　　上施厚,则民之报上亦厚;上施薄,则民之报上亦薄。(《管子·形势解》)　　　　　2/1072

　　人君唯毋听群徒比周,则群臣朋党,蔽美扬恶。(《管子·立政九败解》)　　　　　　2/1075

　　人君唯毋听谒请任誉,则群臣皆相为请。(《管子·立政九败解》)2/1075

　　与天下同利者,天下持之;擅天下之利者,天下谋之。(《管子·版法解》)　　　　　2/1078

　　善者委施于民之所不足,操事于民之所有余。(《管子·国蓄》)2/1081

　　圣人明君者,非能尽其万物也,知万物之要也。故其治国也,察要而已矣。(《商君书·农战》)　2/1091

　　主贵多变,国贵少变。(《商君书·去强》)　　　2/1092

　　以日治者王,以夜治者强,以宿治者削。(《商君书·去强》)　2/1094

　　凡世主之患:用兵者不量力,治草莱者不度地。(《商君书·算地》)2/1097

圣人非能以世之所易胜其所难也，必以其所难胜其所易。(《商君书·算地》)　　2/1100

圣人之治也，多禁以止能，任力以穷诈。(《商君书·算地》)　　2/1100

圣人之为国也，观俗立法则治；察国事本则宜。(《商君书·算地》)2/1100

治民能使大邪不生，细过不失，则国治。国治必强。(《商君书·开塞》)　　2/1105

夫圣人之治国也，能抟力，能杀力。(《商君书·壹言》)　　2/1107

圣人之为国也，不法古不修今，因世而为之治，度俗而为之法。(《商君书·壹言》)　　2/1108

圣王之治也，慎法、察务，归心于壹而已矣。(《商君书·壹言》)2/1109

古之明君，错法而民无邪；举事而材自练；行赏而兵强。(《商君书·错法》)　　2/1109

圣君之治人也，必得其心，故能用其力。(《商君书·靳令》)　　2/1115

惟明主爱权重信，而不以私害法。(《商君书·修权》)　　2/1116

圣人非能通，知万物之要也。故其治国举要以致万物，故寡教而多功。(《商君书·赏刑》)　　2/1120

昔之能制天下者，必先制其民者也；能胜强敌者，必先胜其民者也。(《商君书·画策》)　　2/1121

能壹民于战者，民勇；不能壹民于战者，民不勇。(《商君书·画策》)2/1122

恃天下者，天下去之；自恃者，得天下。(《商君书·画策》)　　2/1123

得天下者，先自得者也；能胜强敌者，先自胜者也。(《商君书·画策》)　　2/1123

明君动事分功必由慧，定赏分财必由法，行德制中必由礼。(《慎子·威德》)　　2/1134

谚云："不聪不明，不能为王；不聱不聋，不能为公。"(《慎子》)　　2/1139

久处无过之地，则世俗听矣。(《慎子》)　　2/1141

明君无为于上，群臣竦惧乎下。(《韩非子·主道》)　　2/1146

明君之道，使智者尽其虑，而君因以断事，故君不穷于智；贤者敕其材，君因而任之，故君不穷于能；有功则君有其贤，有过则臣任其罪，故君不穷于名。(《韩非子·主道》)　　2/1147

道在不可见，用在不可知；虚静无事，以暗见疵。(《韩非子·主道》)　　2/1147

人主之道，静退以为宝。(《韩非子·主道》)　　2/1147

明主之所导制其臣者，二柄而已矣。二柄者，刑德也。(《韩非子·二柄》)　　2/1153

越王好勇而民多轻死；楚灵王好细腰而国中多饿人。(《韩非子·二柄》)　　2/1155

事在四方，要在中央。圣人执要，四方来效。(《韩非子·扬权》)2/1156

圣人之道，去智与巧，智巧不去，难以为常。民人用之，其身多殃；主上用之，其国危亡。(《韩非子·扬权》) 2/1157

去喜去恶，虚心以为道舍。(《韩非子·扬权》) 2/1158

上不与共之，民乃宠之；上不与义之，使独为之。(《韩非子·扬权》) 2/1158

君人者，以群臣百姓为威强者也。群臣百姓之所善之，则君善之；非群臣百姓之所善，则君不善之。(《韩非子·八奸》) 2/1160

夫坚中，则足以为表；廉外，则可以大任；少欲，则能临其众；多信，则能亲邻国。(《韩非子·十过》) 2/1162

善任势者国安，不知因其势者国危。(《韩非子·奸劫弑臣》) 2/1165

人主之患在于信人。信人，则制于人。(《韩非子·备内》) 2/1169

民愚而不知乱，上懦而不能更，是治之失也。人主者，明能知治，严必行之，故虽拂于民，必立其治。(《韩非子·南面》) 2/1170

古者先王尽力于亲民，加事于明法。(《韩非子·饰邪》) 2/1171

战易胜敌，则兼有天下；论必盖世，则民人从。(《韩非子·解老》) 2/1177

有道之君，外无怨仇于邻敌，而内有德泽于人民。(《韩非子·解老》) 2/1179

人君无道，则内暴虐其民，而外侵欺其邻国。(《韩非子·解老》) 2/1179

制在己曰重，不离位曰静。重则能使轻，静则能使躁。故曰："重为轻根，静为躁君。"(《韩非子·喻老》) 2/1182

以有余补不足、以长续短之谓明主。(《韩非子·观行》) 2/1188

明主坚内，故不外失。失之近而不亡于远者无有。(《韩非子·安危》) 2/1191

君人者不轻爵禄，不易富贵，不可与救危国。(《韩非子·用人》) 2/1195

明君之所以立功成名者四：一曰天时，二曰人心，三曰技能，四曰势位。(《韩非子·功名》) 2/1195

夫有材而无势，虽贤不能制不肖。(《韩非子·功名》) 2/1196

人主之患在莫之应，故曰，一手独拍，虽疾无声。(《韩非子·功名》) 2/1196

上不天则下不遍覆，心不地则物不必载。(《韩非子·大体》) 2/1199

大人寄形于天地而万物备，历心于山海而国家富。(《韩非子·大体》) 2/1200

夫日兼烛天下，一物不能当也；人君兼烛一国人，一人不能拥也。(《韩非子·内储说上七术》) 2/1201

赏誉薄而谩者下不用也，赏誉厚而信者下轻死。(《韩非子·内储说上七术》) 2/1203

一听则愚智不纷，责下则人臣不

参。(《韩非子·内储说上七术》)2/1204

倒言反事以尝所疑则奸情得。(《韩非子·内储说上七术》)　2/1204

国害则省其利者,臣害则察其反者。(《韩非子·内储说下六微》)2/1205

国君好内则太子危,好外则相室危。(《韩非子·内储说下六微》)2/1205

人主多无用之辩,而少无易之言,此所以乱也。(《韩非子·外储说左上》)　　　　2/1206

孔子曰:"为人君者,犹盂也;民,犹水也。盂方水方,盂圜水圜。"(《韩非子·外储说左上》)　2/1207

信名,则群臣守职,善恶不逾,百事不怠;信事,则不失天时,百姓不逾;信义,则近亲劝勉而远者归之矣。(《韩非子·外储说左上》)　2/1208

有术之主,信赏以尽能,必罚以禁邪,虽有驳行,必得所利。(《韩非子·外储说左下》)　2/1209

明主者,不恃其不我叛也,恃吾不可叛也;不恃其不我欺也,恃吾不可欺也。(《韩非子·外储说左下》)2/1209

圣人不亲细民,明主不躬小事。(《韩非子·外储说右下》)　2/1214

凡明主之治国也,任其势。(《韩非子·难三》)　2/1220

君明而严,则群臣忠;君懦而暗,则群臣诈。(《韩非子·难四》)2/1222

贤智未足以服众,而势位足以屈贤者也。(《韩非子·难势》)　2/1222

势治者则不可乱,而势乱者则不可治也。(《韩非子·难势》)　2/1222

抱法处势则治,背法去势则乱。(《韩非子·难势》)　2/1222

有道之主,远仁义,去智能,服之以法。是以誉广而名威,民治而国安,知用民之法也。(《韩非子·说疑》)　2/1224

谨于听治,富强之法也。(《韩非子·八说》)　2/1229

仁人在位,下肆而轻犯禁法,偷幸而望于上;暴人在位,则法令妄而臣主乖,民怨而乱心生。(《韩非子·八说》)　2/1230

下君尽己之能,中君尽人之力,上君尽人之智。(《韩非子·八经》)2/1231

一用以务近习,重言以惧远使。(《韩非子·八经》)　2/1232

民者固服于势,寡能怀于义。(《韩非子·五蠹》)　2/1235

明主用其力,不听其言;赏其功,必禁无用。故民尽死力以从其上。(《韩非子·五蠹》)　2/1240

夫圣人之治国,不恃人之为吾善也,而用其不得为非也。(《韩非子·显学》)　2/1245

有术之君,不随适然之善,而行必然之道。(《韩非子·显学》)2/1246

王者独行谓之王,是以三王不务离合而正,五霸不待从横而察,治内以裁外而已矣。(《韩非子·忠孝》)2/1247

利出一空者,其国无敌;利出二空者,其兵半用;利出十空者,民不守。

（《韩非子·饬令》）　　　2/1249

圣人之治民也,先治者强,先战者胜。(《韩非子·心度》)　　　2/1251

圣人执权,遭时定制,步骤之差,各有云施,不强人以不能,背所急而慕所闻也。(《政论》)　　2/1257

常患贤佞难别,是非倒纷,始相去如毫氂,而祸福差以千里,故圣君明主其犹慎之。(《政论》)　　2/1258

昔明王之统黎元,盖济其欲而为之节度者也。凡人情之所通好,则恣己而足之。(《政论》)　　2/1261

善治国者,不尤斯民,而罪诸己;不责诸下,而求诸身。(《世要论·臣不易》)　　　2/1264

若君正于上,则吏不敢邪于下;吏正于下,则民不敢僻于野。(《世要论·政务》)　　　2/1264

夫负重者患涂远,据贵者忧民离。负重涂远者,身疲而无功;在上离民者,虽劳而不治。故智者量涂而后负,明君视民而出政。(《邓析子·无厚篇》)　　　2/1272

夫自见则明,借人见则暗也;自闻则聪,借人闻则聋也。(《邓析子·无厚篇》)　　　2/1275

为君者,当若冬日之阳,夏日之阴,万物自归,莫之使也。(《邓析子·无厚篇》)　　　2/1275

上之所以率下,乃治乱之所由也。(《尹文子·大道上》)　　2/1290

为人上者,必慎所令。(《尹文子·大道下》)　　　2/1292

天地不昭昭,大水不潦潦,大火不燎燎,王德不尧尧者,乃千人之长也。(《墨子·亲士》)　　3/1318

置本不安者,无务丰末;近者不亲,无务来远;亲戚不附,无务外交;事无终始,无务多业;举物而暗,无务博闻。(《墨子·修身》)　　3/1320

天子唯能壹同天下之义,是以天下治也。(《墨子·尚同上》)　　3/1337

上之为政,得下之情则治,不得下之情则乱。(《墨子·尚同下》)3/1339

上之为政,得下之情,则是明于民之善非也。(《墨子·尚同下》)3/1340

圣王为政,其发令兴事,使民用财也,无不加用而为者,是故用财不费,民德不劳,其兴利多矣。(《墨子·节用上》)　　　3/1345

天子为善,天能赏之;天子为暴,天能罚之。(《墨子·天志中》)3/1349

义人在上,天下必治。(《墨子·非命上》)　　　3/1351

善为政者,远者近之,而旧者新之。(《墨子·耕柱》)　　3/1354

人主不可不周,人主不周,则群臣生乱。(《鬼谷子·符言》)3/1372

明王之治民也,事少而功立,身逸而国治,言寡而令行。事少而功多,守要也;身逸而国治,用贤也;言寡而令行,正名也。(《尸子·分》)3/1384

孔子曰:"君者,盂也;民者,水也。盂方则水方,盂圆则水圆。"(《尸

子·处道》)   3/1394

君诚服之,百姓自然;卿大夫服之,百姓若逸;官长服之,百姓若流。(《尸子·处道》)   3/1394

政也者,正人者也,身不正则人不从。(《尸子·神明》)   3/1395

诛暴而不私,以封天下之贤者,故可以为王伯。(《吕氏春秋·孟春纪·去私》)   3/1436

凡为君,非为君而因荣也,非为君而因安也,以为行理也。(《吕氏春秋·仲春纪·当染》)   3/1439

水泉深则鱼鳖归之,树木盛则飞鸟归之,庶草茂则禽兽归之,人主贤则豪杰归之。(《吕氏春秋·仲春纪·功名》)   3/1440

先圣王成其身而天下成,治其身而天下治。(《吕氏春秋·季春纪·先己》)   3/1446

反其道而身善矣;行义则人善矣;乐备君道而百官已治矣,万民已利矣。三者之成也,在于无为。(《吕氏春秋·季春纪·先己》)   3/1446

无为之道曰胜天,义曰利身,君曰勿身。(《吕氏春秋·季春纪·先己》)   3/1447

勿身督听,利身平静,胜天顺性。(《吕氏春秋·季春纪·先己》) 3/1447

顺性则聪明寿长,平静则业进乐乡,督听则奸塞不皇。(《吕氏春秋·季春纪·先己》)   3/1447

上失其道,则边侵于敌;内失其行,名声堕于外。(《吕氏春秋·季春纪·先己》)   3/1448

不出于门户而天下治者,其唯知反于己身者乎!(《吕氏春秋·季春纪·先己》)   3/1449

主道约,君守近。太上反诸己,其次求诸人。(《吕氏春秋·季春纪·论人》)   3/1450

主执圜,臣处方,方圜不易,其国乃昌。(《吕氏春秋·季春纪·圜道》)   3/1452

禹立,勤劳天下,日夜不懈。(《吕氏春秋·仲夏纪·古乐》)   3/1468

凡为天下之民长也,虑莫如长有道而息无道,赏有义而罚不义。(《吕氏春秋·孟秋纪·振乱》)   3/1474

君虽尊,以白为黑,臣不能听;父虽亲,以黑为白,子不能从。(《吕氏春秋·有始览·应同》)   3/1498

人主之性,莫过乎所疑,而过于其所不疑;不过乎所不知,而过于其所以知。(《吕氏春秋·有始览·谨听》)   3/1502

主贤世治,则贤者在上;主不肖世乱,则贤者在下。(《吕氏春秋·有始览·谨听》)   3/1503

贤主愈大愈惧,愈强愈恐。(《吕氏春秋·慎大览·慎大》)   3/1518

贤主于安思危,于达思穷,于得思丧。(《吕氏春秋·慎大览·慎大》)   3/1518

礼士莫高乎节欲,欲节则令行矣。

（《吕氏春秋·慎大览·下贤》）3/1521

智无由接，而自知弗智，则不闻亡国，不闻危君。（《吕氏春秋·先识览·知接》）　　　　　3/1529

事治之立也，人主贤也。（《吕氏春秋·先识览·乐成》）　　　　3/1530

中主以之讻讻也止善，贤主以之讻讻也立功。（《吕氏春秋·先识览·乐成》）　　　　3/1530

夫贤不肖，善邪辟，可悖逆，国不乱，身不危，奚待也？（《吕氏春秋·先识览·正名》）　　　3/1534

善为君者无识，其次无事。（《吕氏春秋·审分览·君守》）　　3/1538

人主好以己为，则守职者舍职而阿主之为矣。阿主之为，有过则主无以责之，则人主日侵，而人臣日得。（《吕氏春秋·审分览·君守》）3/1539

古之王者，其所为少，其所因多。因者，君术也；为者，臣道也。为则扰矣，因则静矣。（《吕氏春秋·审分览·任数》）　　　　　3/1541

君道无知无为，而贤于有知有为，则得之矣。（《吕氏春秋·审分览·任数》）　　　　3/1541

人之意苟善，虽不知，可以为长。（《吕氏春秋·审分览·勿躬》）3/1542

用则衰，动则暗，作则倦。（《吕氏春秋·审分览·勿躬》）　　3/1542

圣王之所不能也，所以能之也；所不知也，所以知之也。（《吕氏春秋·审分览·勿躬》）　　　　3/1542

人主知能不能之可以君民也，则幽诡愚险之言无不职矣，百官有司之事毕力竭智矣。（《吕氏春秋·审分览·勿躬》）　　　　3/1542

夫君人而知无恃其能勇力诚信，则近之矣。（《吕氏春秋·审分览·勿躬》）　　　　3/1543

明君者，非遍见万物也，明于人主之所执也。（《吕氏春秋·审分览·知度》）　　　　3/1543

有术之主者，非一自行之也，知百官之要也。（《吕氏春秋·审分览·知度》）　　　　3/1543

君服性命之情，去爱恶之心，用虚无为本，以听有用之言。（《吕氏春秋·审分览·知度》）　　　3/1544

人主自智而愚人，自巧而拙人，若此则愚拙者请矣，巧智者诏矣。（《吕氏春秋·审分览·知度》）　　3/1544

有道之主，因而不为，责而不诏，去想去意，静虚以待，不伐之言，不夺之事，督名审实，官使自司，以不知为道，以奈何为宝。（《吕氏春秋·审分览·知度》）　　　　3/1545

听群众人议以治国，国危无日矣。（《吕氏春秋·审分览·不二》）3/1548

王者执一，而为万物正。（《吕氏春秋·审分览·执一》）　　3/1549

军必有将，所以一之也；国必有君，所以一之也；天下必有天子，所以一之也；天子必执一，所以抟之也。（《吕氏春秋·审分览·执一》）3/1549

为国之本，在于为身。(《吕氏春秋·审分览·执一》) 3/1550

人主出声应容，不可不审。(《吕氏春秋·审应览·审应》) 3/1551

凡主有识，言不欲先。人唱我和，人先我随。以其出为之入，以其言为之名，取其实以责其名，则说者不敢妄言，而人主之所执其要矣。(《吕氏春秋·审应览·审应》) 3/1551

无礼慢易而求敬，阿党不公而求令，烦号数变而求静，暴戾贪得而求定，虽黄帝犹若困。(《吕氏春秋·审应览·审应》) 3/1552

人主之言，不可不慎。(《吕氏春秋·审应览·重言》) 3/1552

圣人听于无声，视于无形。(《吕氏春秋·审应览·重言》) 3/1553

言心相离，而上无以参之，则下多所言非所行也，所行非所言也。(《吕氏春秋·审应览·淫辞》) 3/1555

威不可无有，而不足专恃。(《吕氏春秋·离俗览·用民》) 3/1561

爱利之心谕，威乃可行。(《吕氏春秋·离俗览·用民》) 3/1561

善为上者，能令人得欲无穷，故人之可得用亦无穷也。(《吕氏春秋·离俗览·为欲》) 3/1564

君道立则利出于群，而人备可完矣。(《吕氏春秋·恃君览·恃君》) 3/1569

贤者能得民，仁者能用人。(《吕氏春秋·恃君览·召类》) 3/1572

人主贤则人臣之言刻。(《吕氏春秋·恃君览·达郁》) 3/1574

凡事之本在人主，人主之患，在先事而简人。简人则事穷矣。(《吕氏春秋·恃君览·行论》) 3/1575

亡国之主，必自骄，必自智，必轻物。自骄则简士，自智则专独，轻物则无备。无备召祸，专独位危，简士壅塞。欲无壅塞，必礼士；欲位无危，必得众；欲无召祸，必完备。(《吕氏春秋·恃君览·骄恣》) 3/1575

人主之患，患在知能害人，而不知害人之不当而反自及也。(《吕氏春秋·恃君览·骄恣》) 3/1576

人主之患也，不在于自少，而在于自多。自多则辞受，辞受则原竭。(《吕氏春秋·恃君览·骄恣》) 3/1576

其威不威则不足以禁也，其利不利则不足以劝也。(《吕氏春秋·慎行论·壹行》) 3/1585

人主之患，欲闻枉而恶直言。是障其源而欲其水也，水奚自至？是贱其所欲而贵其所恶也，所欲奚自来？(《吕氏春秋·贵直论·贵直》) 3/1588

天子不处全，不处极，不处盈。全则必缺，极则必反，盈则必亏。(《吕氏春秋·不苟论·博志》) 3/1592

先王知物之不可两大，故择务当而处之。(《吕氏春秋·不苟论·博志》) 3/1593

先王不能尽知，执一而万物治。(《吕氏春秋·似顺论·有度》) 3/1596

谋出乎不可用,事出乎不可同,此为先王之所舍也。(《吕氏春秋·似顺论·处方》)　3/1598

人臣之情,不能为所怨;人主之情,不能爱所非。(《吕氏春秋·似顺论·慎小》)　3/1598

处上而民弗重,居前而众弗害,天下归之,奸邪畏之。以其无争于万物也,故莫敢与之争。(《淮南子·原道训》)　3/1606

圣人内修其本,而不外饰其末;保其精神,偃其智故,漠然无为而无不为也,澹然无治也而无不治也。(《淮南子·原道训》)　3/1612

夫任耳目以听视者,劳形而不明;以知虑为治者,苦心而无功。(《淮南子·原道训》)　3/1619

圣人在位,怀道而不言,泽及万民。(《淮南子·览冥训》)　3/1640

至人之治也,心与神处,形与性调,静而体德,动而理通,随自然之性,而缘不得已之化。(《淮南子·本经训》)　3/1653

洞然无为,而天下自和;憺然无欲,而民自朴。(《淮南子·本经训》)　3/1653

内能治身,外能得人。(《淮南子·本经训》)　3/1655

人主之术,处无为之事,而行不言之教;清静而不动,一度而不摇;因循而任下,责成而不劳。(《淮南子·主术训》)　3/1656

上多故则下多诈,上多事则下多能,上烦扰则下不定,上多求则下交争。(《淮南子·主术训》)　3/1658

待目而照见,待言而使令,其于为治,难矣。(《淮南子·主术训》)3/1659

君人者,其犹射者乎?于此豪末,于彼寻常矣,故慎所以感之也。(《淮南子·主术训》)　3/1660

清静无为,则天与之时;廉俭守节,则地生之财;处愚称德,则圣人之为谋。(《淮南子·主术训》)　3/1665

人主之听治也,清明而不暗,虚心而弱志,是故群臣辐凑并进,无愚智贤不肖,莫不尽其能。(《淮南子·主术训》)　3/1666

人主覆之以德,不行其智,而因万人之所利。(《淮南子·主术训》)3/1666

人主诚正,则直士任事,而奸人伏匿矣;人主不正,则邪人得志,忠者隐蔽矣。(《淮南子·主术训》)　3/1669

君德不下流于民,而欲用之,如鞭蹄马矣。是犹不待雨而求熟稼,必不可之数也。(《淮南子·主术训》)　3/1670

君人之道,处静以修身,俭约以率下,静则下不扰矣,俭则民不怨矣。(《淮南子·主术训》)　3/1670

非澹漠无以明德,非宁静无以致远,非宽大无以兼覆,非慈厚无以怀众,非平正无以制断。(《淮南子·主术训》)　3/1670

权势者,人主之车舆也;大臣者,人主之驷马也。体离车舆之安,而手

失驷马之心,而能不危者,古今未有也。(《淮南子·主术训》)　3/1675

君人者不任能,而好自为之,则智日困而自负其责也。(《淮南子·主术训》)　3/1676

无为而有守也,有为而无好也。(《淮南子·主术训》)　3/1677

有为则谗生,有好则谀起。(《淮南子·主术训》)　3/1677

古之君人者,其惨怛于民也,国有饥者食不重味,民有寒者而冬不被裘。(《淮南子·主术训》)　3/1680

有仁君明主,其取下有节,自养有度,则得承受于天地,而不离饥寒之患矣。(《淮南子·主术训》)　3/1680

志欲大者,兼包万国,壹齐殊俗,并覆百姓,若合一族,是非辐凑而为之毂。(《淮南子·主术训》)　3/1682

水下流而广大,君下臣而聪明。(《淮南子·缪称训》)　3/1698

地以德广,君以德尊,上也;地以义广,君以义尊,次也;地以强广,君以强尊,之下也。(《淮南子·缪称训》)　3/1704

未尝闻身治而国乱者也,未尝闻身乱而国治者也。(《淮南子·道应训》)　3/1721

圣人之道,宽而栗,严而温,柔而直,猛而仁。(《淮南子·氾论训》)　3/1727

得道以御者,身虽无能,必使能者为己用;不得其道,伎艺虽多,未有益

也。(《淮南子·诠言训》)　3/1743

好勇,则轻敌而简备,自偾而辞助。(《淮南子·诠言训》)　3/1748

君为无道,民之思兵也,若旱而望雨,渴而求饮。(《淮南子·兵略训》)　3/1752

德义足以怀天下之民,事业足以当天下之急,选举足以得贤士之心,谋虑足以知强弱之势,此必胜之本也。(《淮南子·兵略训》)　3/1755

上足仰,则下可用也;德足慕,则威可立也。(《淮南子·兵略训》)　3/1769

能因,则无敌于天下矣。(《淮南子·泰族训》)　3/1819

欲成霸王之业者,必得胜者也;能得胜,必强者也;能强者,必用人力者也;能用人力者,必得人心者也;能得人心者,必自得者也。(《淮南子·泰族训》)　3/1829

位高而道大者从,事大而道小者凶。(《淮南子·泰族训》)　3/1831

朝夕戒慎,则民化之。(《论衡·语增篇》)　3/1849

夫德不优者,不能怀远;才不大者,不能博见。(《论衡·别通篇》)　3/1856

王者以天下为家。(《论衡·指瑞篇》)　3/1858

人中诸毒,一身死之;中于口舌,一国溃乱。(《论衡·言毒篇》)　3/1861

世不危乱,奇行不见;主不悖惑,忠节不立。(《论衡·定贤篇》)　3/1863

忧德之不丰,不患爵之不尊;耻名之不白,不恶位之不迁。(《论衡·自纪篇》)　3/1868

教有道,禁不义,而身以先之,令德者也;身不能先,而总略能行之,严明者也。(《昌言》)　3/1888

肃礼容,居中正,康道德,履仁义,敬天地,恪宗庙,此吉祥之术也。不幸而有灾,则克己责躬之所复也。(《昌言》)　3/1888

推己心孝于父母,以及天下,则天下之为人子者,不失其事亲之道矣;推己心有乐于妻子,以及天下,则天下之为人父者,不失其室家之欢矣;推己之不忍于饥寒,以及天下之心,含生无冻馁之忧矣。(《傅子·仁论》)　3/1899

古之仁人,推所好以训天下,而民莫不尚德;推所恶以诫天下,而民莫不知耻。(《傅子·仁论》)　3/1900

上好德则下修行,上好言则下饰辩。修行则仁义兴焉,饰辩则大伪起焉,此必然之征也。(《傅子·戒言》)　3/1904

忠正仁理存乎心,则万品不失其伦矣;礼度仪法存乎体,则远迩内外,咸知所象矣。(《傅子·正心》)　3/1905

仁人在位,常为天下所归者,无他也,善为天下兴利而已矣。(《傅子·安民》)　3/1907

治人之谓治,正己之谓正。人不能自治,故设法以一之。身不正,虽明法,即民或不从,故必正己以先之。(《傅子·矫违》)　3/1909

明法者,所以齐众也;正己者,所以率人也。(《傅子·矫违》)　3/1909

无德则败,有德则昌,安屋犹惧,乃可不亡。(《博物志·地理略》)　3/1925

王者无外,天下为家。日月所照,雨露所及,皆其境也。(《抱朴子外篇·逸民》)　4/1938

君人者,必修诸己以先四海,去偏党以平王道,遣私情以标至公,拟宇宙以笼万殊。(《抱朴子外篇·君道》)　4/1944

民之饥寒,则哀彼责此;百姓有罪,则谓之在予。(《抱朴子外篇·君道》)　4/1946

黎民安之,若绿叶之缀修柯;左衽仰之,若众星之系北辰。(《抱朴子外篇·君道》)　4/1947

上圣兼策载驰,犹惧不逮前;而庸主缓步按辔,而自以为过之。(《抱朴子外篇·君道》)　4/1949

凤兴夜寐,戚庶事之不康也;俭躬约志,若策奔于薄冰也。(《抱朴子外篇·臣节》)　4/1950

夫君犹器也,臣犹物也,器小物大,不能相受矣。(《抱朴子外篇·官理》)　4/1954

当怒不怒,奸臣为虎;当杀不杀,大贼乃发。(《抱朴子外篇·用刑》)　4/1961

明君治难于其易,去恶于其微,不

伐善以长乱,不操柯而犹豫焉。(《抱朴子外篇·用刑》)　　　　　4/1962

夫明君恃己之不可欺,不恃人之不欺己也。(《抱朴子外篇·审举》)
　　　　　4/1968

主昏于上,臣欺于下。不党不得,不竞不进。(《抱朴子外篇·吴失》)
　　　　　4/2002

未有上好谦而下慢,主贱宝而俗贫。(《抱朴子外篇·广譬》)　　4/2028

诛贵所以立威,赏贱所以劝善。(《抱朴子外篇·广譬》)　　4/2028

盖我清静,则民自正;下疲怨,则智巧生也。(《抱朴子外篇·诘鲍》)
　　　　　4/2050

王者,临深履尾,不足喻危。(《抱朴子外篇·诘鲍》)　　4/2051

夫王者德及天,则有天瑞;德及地,则有地应。(《抱朴子外篇·诘鲍》)
　　　　　4/2051

仁见亲,义见说,智见恃,勇见身,信见信。(《司马法·仁本》)　　4/2112

天下非一人之天下,乃天下之天下也,同天下之利者,则得天下;擅天下之利者,则失天下。(《太公六韬·文韬·文师》)
　　　　　4/2182

为上唯临,为下唯沉。临而无远,沉而无隐。为上唯周,为下唯定。周则天也,定则地也。或天或地,大礼乃成。(《太公六韬·文韬·大礼》)
　　　　　4/2184

无借人国柄,借人国柄,则失其权。(《太公六韬·文韬·守土》)
　　　　　4/2187

无借人利器,借人利器则为人所害,而不终其正也。(《太公六韬·文韬·守土》)　　4/2188

大盖天下,然后能容天下;信盖天下,然后能约天下;仁盖天下,然后能怀天下;恩盖天下,然后能保天下;权盖天下,然后能不失天下;事而不疑,则天运不能移,时变不能迁。(《太公六韬·武韬·顺启》)　　4/2195

能扶天下之危者,则据天下之安;能除天下之忧者,则享天下之乐;能救天下之祸者,则获天下之福。(《黄石公三略·下略》)　　4/2222

千里迎贤,其路远;致不肖,其路近。是以明王舍近而取远,故能全功尚人,而下尽力。(《黄石公三略·下略》)　　　　　4/2225

主明则下安,以此养生则寿,殁世不殆,以为天下则大昌。(《黄帝内经·素问·灵兰秘典论篇》)　　4/2245

圣人不能使化者,为之,邪不可留也。故两军相当,旗帜相望,白刃陈于中野者,此非一日之谋也。能使其民,令行禁止,卒无白刃之难者,非一日之教也,须臾之得也。(《黄帝内经·灵枢·玉版》)　　　　　4/2260

能养其性,即能养其民。(《太平经·名为神诀书》)　　4/2272

为官(143条)

苟利国家,不求富贵。(《孔子家语·儒行解》)　1/7

思仁恕则树德,加严暴则树怨。(《孔子家语·致思》)　1/11

泽施于百姓,则富可也。(《孔子家语·致思》)　1/11

贵之不喜,贱之不怒;苟利于民矣,廉于行己;其事上也,以佑其下。(《孔子家语·弟子行》)　1/17

治官莫若平,临财莫如廉,廉平之守,不可改也。(《孔子家语·辩政》)　1/19

君子欲言之见信也,莫善乎先虚其内;欲政之速行也,莫善乎以身先之;欲民之速服也,莫善乎以道御之。(《孔子家语·入官》)　1/27

志行修,临官治,上则能顺上,下则能保其职,是士大夫之所以取田邑也。(《荀子·荣辱》)　1/57

凡听,威严猛厉而不好假道人,则下畏恐而不亲,周闭而不竭,若是,则大事殆乎弛,小事殆乎遂。和解调通,好假道人而无所凝止之,则奸言并至,尝试之说锋起,若是,则听大事烦,是又伤之也。(《荀子·王制》)　1/73

恭敬而逊,听从而敏,不敢有以私决择也,不敢有以私取与也,以顺上为志,是事圣君之义也。(《荀子·臣道》)1/93

曷谓罢?国多私,比周还主党与施。远贤近谗,忠臣蔽塞主势移。(《荀子·成相》)　1/127

臣下职,莫游食。(《荀子·成相》)　1/128

守其职,足衣食。(《荀子·成相》)　1/128

人臣于其所尊敬,不敢以节待,敬之至也。甚尊其主,敬慎其所掌职,而志厚尽矣。(《贾谊新书·礼》)　1/176

忠,臣之功也;臣之忠者,君之明也。臣忠君明,此之谓政之纲也。(《贾谊新书·大政下》)　1/188

夫臣富则相侈,下专利则相倾也。(《盐铁论·错币》)　1/202

志在匡君救民,故身死而不怨。(《盐铁论·非鞅》)　1/207

臣罪莫重于弑君,子罪莫重于弑父。(《盐铁论·晁错》)　1/207

有司之虑远,而权家之利近;令意所禁微,而僭奢之道著。(《盐铁论·刺权》)　1/208

夫食万人之力者,蒙其忧,任其劳。(《盐铁论·刺权》)　1/208

一人失职,一官不治,皆公卿之累也。(《盐铁论·刺权》)　1/208

君子之仕,行其义,非乐其势也。受禄以润贤,非私其利。(《盐铁论·刺权》)　1/209

无周公之德而有其富,无管仲之功而有其侈。(《盐铁论·刺权》)1/209

治大者不可以烦,烦则乱;治小者

不可以怠,怠则废。(《盐铁论·刺复》)
1/209

其政恢卓,恢卓可以为卿相。其政察察,察察可以为匹夫。(《盐铁论·刺复》)
1/210

夫守节死难者,人臣之职也;衣食饥寒者,慈父之道也。(《盐铁论·忧边》)
1/214

为人臣者尽忠以顺职,为人子者致孝以承业。(《盐铁论·忧边》)1/215

古者大夫思其仁义以充其位,不为权利以充其私也。(《盐铁论·贫富》)
1/223

今之在位者,见利不虞害,贪得不顾耻,以利易身,以财易死。(《盐铁论·毁学》)
1/226

触死亡以干主之过者,忠臣也;犯颜以匡公卿之失者,直士也。(《盐铁论·相刺》)
1/232

夫公族不正则法令不行,股肱不正则奸邪兴起。(《盐铁论·讼贤》)
1/235

一人之身,治乱在己。(《盐铁论·除狭》)
1/250

夫欲影正者端其表,欲下廉者先之身。(《盐铁论·疾贪》)1/251

主忧者臣劳,上危者下死。(《盐铁论·繇役》)
1/265

所贵良吏者,贵其绝恶于未萌,使之不为,非贵其拘之图圄而刑杀之也。(《盐铁论·申韩》)1/276

残材木以成室屋者,非良匠也。

残贼民人而欲治者,非良吏也。(《盐铁论·大论》)
1/281

公卿知任武可以辟地,而不知广德可以附远;知权利可以广用,而不知稼穑可以富国也。(《盐铁论·杂论》)
1/282

儒者在本朝则美政,在下位则美俗。(《新序·杂事五》)
1/298

官,事君者也,其交皆诚信,有好善如此者,事君日益,官职日进,此所谓吉人也。(《新序·杂事五》)
1/300

主暴不谏,非忠臣也;畏死不言,非勇士也。见过则谏,不用则死,忠之至也。(《新序·节士》)
1/302

受鱼失禄,无以食鱼;不受得禄,终身食鱼。(《新序·节士》)
1/303

不私其父,非孝也;不行君法,非忠也;以死罪生,非廉也。君赦之,上之惠也;臣不敢失法,下之行也。(《新序·节士》)
1/304

死君,义也;无勇,私也。不以私害公。(《新序·义勇》)
1/308

仁者无余爱,忠臣无余禄。(《新序·义勇》)
1/308

帝者之臣,其名臣也,其实师也;王者之臣,其名臣也,其实友也;霸者之臣,其名臣也,其实宾也;危国之臣,其名臣也,其实虏也。(《说苑·君道》)
1/317

人臣之术,顺从而复命,无所敢专;义不苟全,位不苟尊,必有益于国,必有补于君,故其身尊而子孙保。

（《说苑·臣术》）　　　　1/320

三公者，知通于大道，应变而不穷，辩于万物之情，通于天道者也。（《说苑·臣术》）　　　　1/320

九卿者，不失四时，通沟渠，修堤防，树五谷，通于地理者也。（《说苑·臣术》）　　　　1/320

国亡而不知，不智；知而不争，不忠；忠而不死，不廉。（《说苑·立节》）　　　　　　　　1/332

俗语云："画地作狱，议不可入；剜木为吏，期不可对。"此皆疾吏之风，悲痛之辞也。（《说苑·贵德》）　　1/336

事君以死，事主以勤，为其赐之多也。（《说苑·复恩》）　　　　1/341

人始入官，如入晦室，久而愈明，明乃治，治乃行。（《说苑·政理》）　1/348

恭以敬，可以摄勇；宽以正，可以容众；恭以洁，可以亲上。（《说苑·政理》）　　　　　　　　1/348

君有过失者，危亡之萌也；见君之过失而不谏，是轻君之危亡也。夫轻君之危亡者，忠臣不忍为也。（《说苑·正谏》）　　　　1/358

位已高而意益下，官益大而心益小，禄已厚而慎不敢取。（《说苑·敬慎》）　　　　　　　　1/363

夫大臣重禄而不极谏，近臣畏罪而不敢言，左右顾宠于小官而君不知，此诚患之大者也。（《说苑·善说》）1/370

智不知其士众，不智也；知而不言，不忠也；欲言之而不敢，无勇也；言

之而不听，不贤也。（《说苑·善说》）　　　　　　　　1/372

夫不以国私身，捐千乘而不恨，弃尊位而无忿，可以庶几矣！（《说苑·至公》）　　　　　　　　1/379

久固禄位者，贪也；不进贤达能者，诬也；不让以位者，不廉也。不能三者，不忠也。（《说苑·至公》）1/380

善为吏者树德，不善为吏者树怨。（《说苑·至公》）　　　　1/381

君子虽穷，不处亡国之势；虽贫，不受乱君之禄。（《说苑·谈丛》）1/412

好谏者思其君，食美者思其亲。（《说苑·反质》）　　　　1/445

惠以厚下，民忘其死；忠以卫上，君念其赏。（《法言·寡见》）　1/471

忠正以事君，信法以理下，所以居官也。（《潜夫论·务本》）　　1/503

衰世之士，志弥洁者身弥贱，佞弥巧者官弥尊也。（《潜夫论·本政》）　　　　　　　　1/514

君子任职则思利民，达上则思进贤。（《潜夫论·忠贵》）　　1/515

凡百君子，未可以富贵骄贫贱，谓贫贱之必我屈也。（《潜夫论·交际》）　　　　　　　　1/547

遭良吏则皆怀忠信而履仁厚，遇恶吏则皆怀奸邪而行浅薄。（《潜夫论·德化》）　　　　　　　　1/554

处其任者，必荷其责；在其任者，必知所职。（《典语》）　　1/631

受金行秽，非贞士之操；背主事

仇,非忠臣之节。(《典语》)　　　1/631

为国者不患学者之不农,患治民者之不学。(《谯子法训》)　　1/635

衣暖而忘百姓之寒,食美而忘百姓之饥,非人也。(《义记》)　　1/645

古之从仕者养人,今之从仕者养己。(《中说·事君篇》)　　1/683

古之仕也以行其道,今之仕也以逞其欲。(《中说·事君篇》)　1/683

治国之道,上忠于主,而中敬其士,而下爱其民。(《鹖子》)　2/696

德过其位者尊,禄过其德者凶。(《文子·上仁》)　　　2/789

君求之,则臣得之;君嗜之,则臣食之;君好之,则臣服之;君恶之,则臣匿之。(《管子·牧民》)　　2/967

全生之说胜,则廉耻不立。私议自贵之说胜,则上令不行。群徒比周之说胜,则贤不肖不分。金玉货财之说胜,则爵服下流。观乐玩好之说胜,则奸民在上位。请谒任举之说胜,则绳墨不正。谄谀饰过之说胜,则巧佞者用。(《管子·立政》)　　2/981

君知臣,臣亦知君知己也,故臣莫敢不竭力,俱操其诚以来。(《管子·乘马》)　　2/987

权重之人,不论才能而得尊位,则民倍本行而求外势。(《管子·八观》)　　　2/1001

以朋党为友,以蔽恶为仁,以数变为智,以重敛为忠,以遂忿为勇者,圣王之禁也。(《管子·法禁》)　2/1002

贤者诚信以仁之,慈惠以爱之,端政象,不敢以先人。(《管子·势》)　　　2/1043

大臣务相贵而不任国,小臣持禄养交,不以官为事,故官失其能。(《管子·明法》)　　2/1048

夫曲主虑私,非国利也。(《商君书·农战》)　　　2/1090

凡人臣之事君也,多以主所好事君。(《商君书·修权》)　　2/1118

君好法,则臣以法事君;君好言,则臣以言事君。(《商君书·修权》)　　2/1118

君好法,则端直之士在前;君好言,则毁誉之臣在侧。(《商君书·修权》)　　2/1118

忠未足以救乱世,而适足以重非。(《慎子·知忠》)　　2/1136

忠不得过职,而职不得过官。(《慎子·知忠》)　　2/1136

臣疑其君,无不危之国;孽疑其宗,无不危之家。(《慎子·德立》)　　2/1137

不知而言,不智;知而不言,不忠。(《韩非子·初见秦》)　　2/1144

去好去恶,臣乃见素;去旧去智,臣乃自备。(《韩非子·主道》)2/1146

明主之畜臣,臣不得越官而有功,不得陈言而不当。越官则死,不当则罪。(《韩非子·二柄》)　　2/1154

大臣之门,唯恐多人。(《韩非子·扬权》)　　2/1159

贪愎好利,则灭国杀身之本也。(《韩非子·十过》)　2/1161

凡奸臣皆欲顺人主之心以取亲幸之势者也。(《韩非子·奸劫弑臣》)　2/1164

有忠臣者,外无敌国之患,内无乱臣之忧,长安于天下,而名垂后世,所谓忠臣也。(《韩非子·奸劫弑臣》)　2/1167

人臣之忧在不得一,故曰:右手画圆,左手画方,不能两成。(《韩非子·功名》)　2/1197

孔子曰:"善为吏者树德,不能为吏者树怨。概者,平量者也;吏者,平法者也。治国者,不可失平也。"(《韩非子·外储说左下》)　2/1208

私仇不入公门。(《韩非子·外储说左下》)　2/1211

私怨不入公门。(《韩非子·外储说左下》)　2/1211

欲利而身,先利而君;欲富而家,先富而国。(《韩非子·外储说右下》)　2/1214

吏者,民之本、纲者也,故圣人治吏不治民。(《韩非子·外储说右下》)　2/1214

忠,所以爱其下也;信,所以不欺其民也。(《韩非子·难一》)　2/1216

君子尊贤以崇德,举善以观民。(《韩非子·难三》)　2/1218

忠臣尽忠于公,民土竭力于家,百官精克于上,侈倍景公,非国之患也。(《韩非子·难三》)　2/1220

任事者毋重,使其宠必在爵;处官者毋私,使其利必在禄;故民尊爵而重禄。(《韩非子·八经》)　2/1233

父之所以欲有贤子者,家贫则富之,父苦则乐之;君之所以欲有贤臣者,国乱则治之,主卑则尊之。(《韩非子·忠孝》)　2/1247

守职分使不乱,慎所任而无私,饥饱一心,毁誉同虑,赏亦不忘,罚亦不怨,此居下之节,可以为臣矣。(《尹文子·大道上》)　2/1291

爵位不高,则民弗敬;蓄禄不厚,则民不信;政令不断,则民不畏。(《墨子·尚贤上》)　3/1332

尚同义其上,而毋有下比之心。(《墨子·尚同中》)　3/1337

上有过则规谏之,下有善则傍荐之。(《墨子·尚同上》)　3/1337

凡闻见善者,必以告其上;闻见不善者,亦必以告其上。(《墨子·尚同中》)　3/1337

古者王公大人,情欲得而恶失,欲安而恶危,故当攻战而不可不非。(《墨子·非攻中》)　3/1344

夫仁人事上竭忠,事亲得孝,务善则美,有过则谏,此为人臣之道也。(《墨子·非儒下》)　3/1352

若以翟之所谓忠臣者,上有过则微之以谏;己有善则访之上,而无敢以告。外匡其邪而入其善,尚同而无下比,是以美善在上而怨仇在下,安乐在

上而忧戚在臣,此翟之所谓忠臣者也。(《墨子·鲁问》) 3/1356

农夫之耨,去害苗者也;贤者之治,去害义者也。(《尸子·恕》)3/1388

能官者必称事。(《尸子》) 3/1401

处大官者,不欲小察,不欲小智。(《吕氏春秋·孟春纪·贵公》)3/1434

忍所私以行大义,钜子可谓公矣。(《吕氏春秋·孟春纪·去私》) 3/1436

夫忠于治世易,忠于浊世难。(《吕氏春秋·仲冬纪·至忠》) 3/1489

苟便于主利于国,无敢辞违,杀身出生以徇之。(《吕氏春秋·仲冬纪·忠廉》) 3/1490

不私其亲,不可谓孝子;事君枉法,不可谓忠臣。(《吕氏春秋·离俗览·高义》) 3/1559

凡听于主,言人不可不慎。(《吕氏春秋·离俗览·举难》) 3/1568

忠臣廉士,内之则谏其君之过也,外之则死人臣之义也。(《吕氏春秋·恃君览·恃君》) 3/1570

忠臣察则君道固矣。(《吕氏春秋·恃君览·恃君》) 3/1570

执民之命,重任也,不得以快志为故。(《吕氏春秋·恃君览·行论》) 3/1575

以理督责于其臣,则人主可与为善,而不可与为非;可与为直,而不可与为枉。(《吕氏春秋·恃君览·骄恣》) 3/1577

贤人之不远海内之路,而时往来乎王公之朝,非以要利也,以民为务故也。(《吕氏春秋·开春论·爱类》) 3/1581

不忘恭敬,民之主也。(《吕氏春秋·贵直论·过理》) 3/1588

贤者之事也,虽贵不苟为,虽听不自阿,必中理然后动,必当义然后举。(《吕氏春秋·不苟论·不苟》)3/1589

善御者不忘其马,善射者不忘其弩,善为人上者不忘其下。(《淮南子·缪称训》) 3/1707

好进故自明,憎退故自陈。(《论衡·自纪篇》) 3/1867

不贪进以自明,不恶退以怨人。(《论衡·自纪篇》) 3/1868

立朝忘家,即戎忘身。(《风俗通义·过誉》) 3/1882

居官奉职者,坐而食于人。既食于人,不敢以私利经心。既受禄于官,而或营私利,则公法绳之于上,而显议废之于下矣。(《傅子·重爵禄》) 3/1902

先意承指者,佞谄之徒也;匡过弼违者,社稷之鲠也。(《抱朴子外篇·臣节》) 4/1950

出不辞劳,入不数功;归勋引过,让以先下。(《抱朴子外篇·臣节》) 4/1950

夫云翔者,不知泥居之洿;处贵者,鲜恕群下之劳。(《抱朴子外篇·广譬》) 4/2035

君臣之大,次于天地。思乐有道,

出处一情。(《抱朴子外篇·应嘲》)
4/2045

何必身居其位,然后乃言其事乎!(《抱朴子外篇·应嘲》) 4/2045

家犹国,国犹家;是以家贫则思良妻,国乱则思良相,其义一也。(《齐民要术·序》) 4/2098

若行不合道,举不合义,而处大居贵,患必及之。(《吴子·图国》)4/2160

为人上求士,不可不详;为人下贡士,不可不忠。(《太平经·四吉四凶诀》) 4/2296

公正(27条)

公平者,职之衡也;中和者,听之绳也。(《荀子·王制》) 1/74

主道利明不利幽,利宣不利周。(《荀子·正论》) 1/113

夫国君之所以致治者,公也,公法行则轨乱绝。佞臣之所以便身者,私也,私术用则公法夺。(《潜夫论·潜叹》) 1/515

官政专公,不虑私家。(《潜夫论·班禄》) 1/522

将而必诛,王法公也。无偏无颇,亲疏同也。大义灭亲,尊王之义也。(《潜夫论·释难》) 1/542

以正治国,以奇用兵,以无事取天下。(《老子·五十七章》) 2/732

政者,正也。正也者,所以正定万物之命也。是故圣人精德立中以生正,明正以治国。故正者,所以止过而逮不及也。过与不及也,皆非正也;非正,则伤国一也。(《管子·法法》) 2/1006

一言得而天下服,一言定而天下听,公之谓也。(《管子·内业》)2/1052

公之所加,罪虽重,下无怨气;私之所加,赏虽多,士不为欢。(《管子·禁藏》) 2/1059

毋以私好恶害公正,察民所恶,以自为戒。(《管子·桓公问》) 2/1064

公私之分明,则小人不疾贤,而不肖者不妒功。(《商君书·修权》)2/1118

夫爱人者,不阿;憎人者,不害。爱恶各以其正,治之至也。(《商君书·慎法》) 2/1128

天道无私,是以恒正;天道常正,是以清明。(《申子》) 2/1131

权衡,所以立公正也;书契,所以立公信也;度量,所以立公审也;法制礼籍,所以立公义也。凡立公,所以弃私也。(《慎子·威德》) 2/1134

私义行则乱,公义行则治,故公私有分。(《韩非子·饰邪》) 2/1174

昔先圣王之治天下也,必先公。公则天下平矣。平得于公。(《吕氏春秋·孟春纪·贵公》) 3/1433

有得天下者众矣,其得之以公,其失之必以偏。(《吕氏春秋·孟春纪·贵公》) 3/1433

天下,非一人之天下也,天下之天下也。阴阳之和,不长一类;甘露时

雨,不私一物;万民之主,不阿一人。(《吕氏春秋·孟春纪·贵公》)3/1433

平出于公,公出于道。(《吕氏春秋·仲夏纪·大乐》)　　3/1464

君君子则正,以行其德;君贱人则宽,以尽其力。(《吕氏春秋·仲秋纪·爱士》)　　3/1479

不偏一曲,不党一事。(《淮南子·主术训》)　　3/1669

治不谋功,要所用者是;行不责效,期所为者正。(《论衡·定贤篇》)
　　3/1864

圣人之制刑也,非以害民也,将以利民也,故民从而安之;非以陷民也,将以导民也,故民从而化之。断一人之狱,而天下义之,是安之也;断一人之狱,而天下伏之,是化之也。当于民

心,合于道理,所断于民者,不行于身,公之也。(《笃论》)　　3/1895

夫为人上,竭至诚开信以待下,则怀信者,欢然而乐进,不信者,赧然而回意矣。(《傅子·义信》)　　3/1901

政在去私。私不去,则公道亡;公道亡,则礼教无所立;礼教无所立,则刑赏不用情;刑赏不用情,而下从之者,未之有也。夫去私者,所以立公道也,唯公然后可正天下。(《傅子·问政》)
　　3/1908

立朝则以砥矢为操,居己则以羔羊为节。(《抱朴子外篇·臣节》)　4/1950

治民使平,致平以清,则民得其所,而天下宁。(《黄石公三略·下略》)
　　4/2226

纳谏(29条)

拒谏饰非,愚而上同国必祸。(《荀子·成相》)　　1/127

扁鹊不能治不受针药之疾,贤圣不能正不食谏诤之君。(《盐铁论·相刺》)　　1/231

山林不让椒桂,以成其崇;君子不辞负薪之言,以广其名。(《盐铁论·刺议》)　　1/241

多见者博,多闻者知,距谏者塞,专己者孤。(《盐铁论·刺议》)　1/242

谋及下者无失策,举及众者无顿功。(《盐铁论·刺议》)　1/242

愕愕者福也,谀谀者贼也。(《盐铁

论·国疾》)　　1/244

药酒,病之利也;正言,治之药也。(《盐铁论·能言》)　　1/259

瞽师不知白黑而善闻言,儒者不知治世而善誉议。(《盐铁论·诏圣》)　　1/280

独视不如与众视之明也,独听不如与众听之聪也。(《新序·杂事五》)
　　1/299

大臣重禄而不极谏,近臣畏罚而不敢言,下情不上通,此患之大者也。(《新序·杂事五》)　　1/300

夫人君无谏臣则失政,士无教友

则失听。狂马不释其策,操弓不返于
檠。(《说苑·建本》)　　　　　1/329

良药苦于口利于病,忠言逆于耳
利于行。(《说苑·正谏》)　　　1/360

有钳之钳,犹可解也;无钳之钳,
难矣哉。有塞之塞,犹可除也;无塞之
塞,其甚矣夫!(《申鉴·杂言上》)
　　　　　　　　　　　　　　1/578

若受谏不难,则进谏斯易矣。(《申
鉴·杂言下》)　　　　　　　　1/580

闻古扁鹊之治其病也,以刀刺骨;
圣人之救危国也,以忠拂耳。刺骨,故
小痛在体而长利在身;拂耳,故小逆在
心而久福在国。(《韩非子·安危》)
　　　　　　　　　　　　　　2/1191

夫良药苦于口,而智者劝而饮之,
知其入而已己疾也。忠言拂于耳,而
明主听之,知其可以致功也。(《韩非
子·外储说左上》)　　　　　2/1206

国之将兴,贵在谏臣;家之将盛,
贵在谏子。(《世要论·谏争》)2/1266

君必有弗弗之臣,上必有诤诤之
下。(《墨子·亲士》)　　　　3/1317

至忠逆于耳,倒于心,非贤主其
孰能听之?(《吕氏春秋·仲冬纪·至
忠》)　　　　　　　　　　　3/1488

夫恶闻忠言,乃自伐之精者也。
(《吕氏春秋·仲冬纪·至忠》)3/1488

有道者之言也,不可不重也。(《吕
氏春秋·先识览·先识》)　　　3/1527

细人之言,不可不察也。(《吕氏春
秋·先识览·去宥》)　　　　　3/1532

不可以直言,则过无道闻,而善
无自至矣。无自至则壅。(《吕氏春
秋·贵直论·壅塞》)　　　　　3/1589

尧有欲谏之鼓,舜有诽谤之木。
(《吕氏春秋·不苟论·自知》)3/1591

世主之患,耻不知而矜自用,好
愎过而恶听谏,以至于危。(《吕氏春
秋·似顺论·似顺》)　　　　　3/1595

明王所以立谏诤者,皆为重民而
求己失也。(《白虎通义·谏诤》)
　　　　　　　　　　　　　　3/1875

古之贤君,乐闻其过,故直言得
至,以补其阙;古之忠臣,不敢隐君之
过,故有过者,知所以改。(《傅子·信
直》)　　　　　　　　　　　3/1909

唯仁人能受至谏,不恶至情。(《太
公六韬·文韬·文师》)　　　　4/2181

下亦革谏其上,上亦革谏其下,各
有所长短,因以相补。(《太平经·大小
谏正法》)　　　　　　　　　4/2277

节用(34条)

务本节用财无极。(《荀子·成相》)
　　　　　　　　　　　　　　1/128

王者不珍无用以节其民,不爱奇
货以富其国。(《盐铁论·力耕》)1/199

王者禁溢利,节漏费。溢利禁则
反本,漏费节则民用给。是以生无乏
资,死无转尸也。(《盐铁论·通有》)
　　　　　　　　　　　　　　1/200

宇小者用菲,功巨者用大。(《盐铁论·园池》)   1/216

功积于无用,财尽于不急。(《盐铁论·散不足》)   1/246

寡功节用,则民自富。(《盐铁论·水旱》)   1/255

役烦则力罢,用多则财乏。(《盐铁论·备胡》)   1/257

上求寡而易赡,民安乐而无事。(《盐铁论·结和》)   1/260

过任之事,父不得于子;无已之求,君不得于臣。(《盐铁论·诏圣》)   1/280

圣人之衣也,便体以安身;其食也,安于腹。适衣节食,不听口目。(《说苑·谈丛》)   1/409

私求则下烦而无度,是谓伤清;私费则官耗而无限,是谓伤制;私使则民挠扰而无节,是谓伤义;私惠则下虚望而无准,是谓伤正;私怨则下疑惧而不安,是谓伤德。(《申鉴·政体》) 1/570

不求无益之物,不蓄难得之货,节华丽之饰,退利进之路,则民俗清矣。(《申鉴·时事》)   1/573

为治之本,务在安人;安人之本,在于足用;足用之本,在于不夺时;不夺时之本,在于省事;省事之本,在于节用;节用之本,在于去骄。(《文子·下德》)   2/784

杀无罪之民,养不义之主,害莫大也;聚天下之财,赡一人之欲,祸莫深焉;肆一人之欲,而长海内之患,此天伦所不取也。(《文子·上义》) 2/794

地之生财有时,民之用力有倦,而人君之欲无穷。以有时与有倦,养无穷之君,而度量不生于其间,则上下相疾也。(《管子·权修》)   2/977

取于民有度,用之有止,国虽小必安;取于民无度,用之不止,国虽大必危。(《管子·权修》)   2/977

黄金者,用之量也。辨于黄金之理,则知侈俭;知侈俭,则百用节矣。(《管子·乘马》)   2/985

国侈则用费,用费则民贫。(《管子·八观》)   2/1000

奸邪之所生,生于匮不足;匮不足之所生,生于侈;侈之所生,生于毋度。故曰:审度量,节衣服,俭财用,禁侈泰,为国之急也。(《管子·八观》)   2/1001

设用无度,国家踣。(《管子·七臣七主》)   2/1057

国富而贫治,曰重富,重富者强;国贫而富治,曰重贫,重贫者弱。(《商君书·去强》)   2/1092

畜积有腐弃之财,则人饥饿;宫中有怨女,则民无妻。(《韩非子·外储说右下》)   2/1215

上有积财,则民臣必匮乏于下;宫中有怨女,则有老而无妻者。(《韩非子·外储说右下》)   2/1215

凡政之务,务在节事。事节于上,则民有余力于下;下有余力,则无争讼之有乎民。(《世要论·政务》) 2/1265

先民以时生财,固本而用财,则财足。(《墨子·七患》) 3/1328

凡费财劳力,不加利者,不为也。(《墨子·辞过》) 3/1330

其用财节,其自养俭,民富国治。(《墨子·辞过》) 3/1330

俭节则昌,淫佚则亡。(《墨子·辞过》) 3/1330

去无用之费,圣王之道,天下之大利也。(《墨子·节用上》) 3/1346

诸加费不加于民利者,圣王弗为。(《墨子·节用中》) 3/1346

今唯无以厚葬久丧者为政,国家必贫,人民必寡,刑政必乱。(《墨子·节葬下》) 3/1346

今世俗大乱,之主愈侈其葬,则心非为乎死者虑也,生者以相矜尚也。(《吕氏春秋·孟冬纪·节丧》) 3/1484

先王之葬,必俭,必合,必同。(《吕氏春秋·孟冬纪·安死》) 3/1486

功不厌约,事不厌省,求不厌寡。功约易成也,事省易治也,求寡易赡也。(《淮南子·泰族训》) 3/1823

众人之力(43条)

夫以天下之力勤何不摧?以天下之士民何不服?(《盐铁论·结和》) 1/261

麋鹿成群,虎豹避之;飞鸟成列,鹰鹫不击;众人成聚,圣人不犯。(《说苑·杂言》) 1/422

大鹏之动,非一羽之轻也;骐骥之速,非一足之力也。(《潜夫论·释难》) 1/542

假天下之目以视,则四海毫末可见;借六合之耳以听,则八表之音可闻。(《义记》) 1/645

用众人之所爱,则得众人之力;举众人之所喜,则得众人之心。(《文子·微明》) 2/780

乘众人之智者,即无不任也;用众人之力者,即无不胜也。(《文子·自然》) 2/783

积力之所举,即无不胜也;众智之所为,即无不成也。(《文子·下德》) 2/786

以天下之目视,以天下之耳听,以天下之心虑,以天下之力争。(《文子·上仁》) 2/786

天下之事,非一人之所能独知也;海水广大,非独仰一川之流也。(《鹖冠子·道端》) 2/804

一人之智,不如众人之愚;一目之察,不如众目之明。(《任子》) 2/917

有事则用,无事则归之于民,唯圣人为善托业于民。(《管子·乘马》) 2/987

智者假众力以禁强虐,而暴人止;为民兴利除害,正民之德,而民师之。(《管子·君臣下》) 2/1027

以天下之目视,则无不见也;以天

下之耳听,则无不闻也;以天下之心虑,则无不知也。(《管子·九守》) 2/1064

夫救祸安危者,必待万民之为用也,而后能为之。(《管子·形势解》) 2/1073

以众人之力起事者,无不成也。(《管子·形势解》) 2/1074

能抟力而不能用者必乱,能杀力而不能抟者必亡。(《商君书·壹言》) 2/1108

以盛知谋,以盛勇战,其国必无敌。(《商君书·靳令》) 2/1115

弩弱而矰高者,乘于风也;身不肖而令行者,得助于众也。(《慎子·威德》) 2/1133

明主者,使天下不得不为己视,天下不得不为己听。(《韩非子·奸劫弑臣》) 2/1165

鄙谚曰:"莫众而迷。"(《韩非子·内储说上七术》) 2/1201

夫弩弱而矢高者,激于风也;身不肖而令行者,得助于众也。(《韩非子·难势》) 2/1222

人主以一国目视,故视莫明焉;以一国耳听,故听莫聪焉。(《韩非子·定法》) 2/1223

与其用一人,不如用一国,故智力敌而群物胜。(《韩非子·八经》)2/1231

助之视听者众,则其所闻见者远矣;助之言谈者众,则其德音之所抚循者博矣;助之思虑者众,则其谈谋度速得矣;助之动作者众,即其举事速成矣。(《墨子·尚同中》) 3/1339

一目之视也,不若二目之视也;一耳之听也,不若二耳之听也;一手之操也,不若二手之强也。(《墨子·尚同下》) 3/1341

凡君之所以立,出乎众也。立已定而舍其众,是得其末而失其本。得其末而失其本,不闻安居。(《吕氏春秋·孟夏纪·用众》) 3/1462

夫以众者,此君人之大宝也。(《吕氏春秋·孟夏纪·用众》) 3/1463

积力之所举,则无不胜也;众智之所为,则无不成也。(《淮南子·主术训》) 3/1662

君人者,不下庙堂之上,而知四海之外者,因物以识物,因人以知人也。(《淮南子·主术训》) 3/1662

千人之群无绝梁,万人之聚无废功。(《淮南子·主术训》) 3/1663

夫乘众人之智,则无不任矣;用众人之力,则无不胜也。(《淮南子·主术训》) 3/1666

千钧之重,乌获不能举也;众人相一,则百人有余力矣。(《淮南子·主术训》) 3/1667

积力之所举,无不胜也;而众智之所为,无不成也。(《淮南子·主术训》) 3/1667

以天下之目视,以天下之耳听,以天下之智虑,以天下之力争。(《淮南子·主术训》) 3/1671

七尺之桡,而制船之左右者,以水

为资。天子发号，令行禁止，以众为势也。(《淮南子·主术训》)　3/1679

用百人之所能，则得百人之力；举千人之所爱，则得千人之心。(《淮南子·缪称训》)　3/1692

百川异源，而皆归于海；百家殊业，而皆务于治。(《淮南子·氾论训》)　3/1725

一人之力，以围强敌，不杖众多而专用身才，必不堪也。(《淮南子·诠言训》)　3/1748

众之所助，虽弱必强；众之所去，虽大必亡。(《淮南子·兵略训》)　3/1752

千人同心，则得千人力；万人异心，则无一人之用。(《淮南子·兵略训》)　3/1759

夫五指之更弹，不若卷手之一挃；万人之更进，不如百人之俱至也。(《淮南子·兵略训》)　3/1765

众力并，则万钧不足举也；群智用，则庶绩不足康也。(《抱朴子外篇·务正》)　4/1955

一目视则不明，一耳听则不聪，一足步则不行。(《太公金匮》)　4/2209

民本（89条）

舟非水不行，水入舟则没；君非民不治，民犯上则倾。(《孔子家语·六本》)　1/22

世举则民亲之，政均则民无怨。(《孔子家语·入官》)　1/27

君者，舟也；庶人者，水也。水则载舟，水则覆舟。(《荀子·王制》)1/75

僭然要时务民，进事长功，轻非誉而恬失民，事进矣而百姓疾之，是又不可偷偏者也。(《荀子·富国》)　1/84

垂事养誉不可，以遂功而忘民亦不可。(《荀子·富国》)　1/85

得众动天，美意延年。(《荀子·致士》)　1/97

凡节奏欲陵，而生民欲宽，节奏陵而文，生民宽而安。(《荀子·致士》)　1/97

天之生民，非为君也；天之立君，以为民也。(《荀子·大略》)　1/133

夫忧民之忧者，民必忧其忧；乐民之乐者，民亦乐其乐。(《贾谊新书·礼》)　1/177

闻之于政也，民无不为本也。(《贾谊新书·大政上》)　1/185

灾与福也，非粹在天也，必在士民也。(《贾谊新书·大政上》)　1/185

夫民者，万世之本也，不可欺。(《贾谊新书·大政上》)　1/186

与民为敌者，民必胜之。(《贾谊新书·大政上》)　1/186

士民者，国家之所树而诸侯之本也，不可轻也。(《贾谊新书·大政上》)　1/186

夫民者，诸侯之本也；教者，政之本也；道者，教之本也。(《贾谊新书·大政下》)　1/188

大禹曰:"民无食也,则我弗能使也;功成而不利于民,我弗能劝也。"(《贾谊新书·修政语上》)　1/190

民人藏于家,诸侯藏于国,天子藏于海内。(《盐铁论·禁耕》)　1/202

山海有禁而民不倾,贵贱有平而民不疑。(《盐铁论·禁耕》)　1/202

利不从天来,不从地出,一取之民间。(《盐铁论·非鞅》)　1/204

下不安者,上不可居也。(《新序·杂事二》)　1/289

问善御者莫如马,问善治者莫如民。(《说苑·谈丛》)　1/407

金玉是贱,以人为宝。(《新论·离事篇》)　1/494

帝以天为制,天以民为心,民之所欲,天必从之。(《潜夫论·遏利》)1/503

无功庸于民而求盈者,未尝不力颠也;有勋德于民而谦损者,未尝不光荣也。(《潜夫论·遏利》)　1/504

天以民为心,民安乐则天心顺,民愁苦则天心逆。(《潜夫论·本政》)　1/513

帝王之所尊敬,天之所甚爱者,民也。(《潜夫论·忠贵》)　1/515

王者以四海为一家,以兆民为通计。(《潜夫论·浮侈》)　1/516

天之立君,非私此人也,以役民,盖以诛暴除害利黎元也。(《潜夫论·班禄》)　1/521

国之所以为国者,以有民也。(《潜夫论·爱日》)　1/525

凡民之所以奉事上者,怀义恩也。(《潜夫论·救边》)　1/533

国以民为基,贵以贱为本。(《潜夫论·边议》)　1/535

圣王之立卜筮也,不违民以为吉,不专任以断事。(《潜夫论·卜列》)　1/538

下有忧民,则上不尽乐;下有饥民,则上不备膳;下有寒民,则上不具服。(《申鉴·政体》)　1/569

足寒伤心,民寒伤国。(《申鉴·政体》)　1/569

民存则社稷存,民亡则社稷亡。(《申鉴·杂言上》)　1/577

使民劳而不至于困,逸而不至于荒。(《中论·谴交》)　1/615

为政者不可以不知民之情,知民然后民乃从令。(《体论·政》)　1/625

昔之君子所以为功者,以其民也。力生于民,而功最于吏,福归于君。(《鹖冠子·贵道》)　2/693

不可得而亲,不可得而疏;不可得而利,不可得而害;不可得而贵,不可得而贱。故为天下贵。(《老子·五十六章》)　2/732

圣人欲上民,必以言下之;欲先民,必以身后之。(《老子·六十六章》)　2/737

民不畏威,则大威至。(《老子·七十二章》)　2/739

无狎其所居,无厌其所生。夫唯不厌,是以不厌。(《老子·七十二章》)　2/740

与民同欲则和,与民同守则固,与民同念者知,得民力者富,得民誉者显。(《文子·微明》) 2/781

立在天下推己,胜在天下自服,得在天下与之,不在于自取。(《文子·上仁》) 2/789

治国有常,而利民为本。(《文子·上义》) 2/790

神明者,以人为本者也。(《鹖冠子·博选》) 2/799

夫爱其民,所以安其国;养其气,所以全其身。民散则国亡,气竭即身死。死者不可生也,亡者不可存也。(《抱朴子内篇·地真》) 2/955

莫乐之则莫哀之;莫生之则莫死之。(《管子·形势》) 2/972

欲为天下者,必重用其国;欲为其国者,必重用其民;欲为其民者,必重尽其民力。(《管子·权修》) 2/976

夫霸王之所始也,以人为本,本理则国固,本乱则国危。(《管子·霸言》) 2/1016

民别而听之则愚,合而听之则圣。(《管子·君臣上》) 2/1026

与民为一体,则是以国守国,以民守民也。(《管子·君臣上》) 2/1027

我有过为,而民毋过命。(《管子·小称》) 2/1030

民之观也察矣,不可遁逃,以为不善。(《管子·小称》) 2/1030

民者,服于威杀然后从,见利然后用,被治然后正,得所安然后静者也。(《管子·正世》) 2/1049

先王者,善为民除害兴利,故天下之民归之。(《管子·治国》) 2/1051

人主之所以使下尽力而亲上者,必为天下致利除害也。(《管子·形势解》) 2/1067

民者,所以守战也,故虽不守战,其治养民也,未尝解惰也。(《管子·形势解》) 2/1071

有道则民归之,无道则民去之。(《管子·形势解》) 2/1073

明王之动作虽异,其利民同也。(《管子·形势解》) 2/1073

不私近亲,不孽疏远,则无遗利,无隐治。(《管子·版法解》) 2/1076

民平则慎,慎则难变。(《商君书·垦令》) 2/1089

若民服而听上,则国富而兵胜。(《商君书·战法》) 2/1113

君必惠民而已。(《韩非子·外储说右上》) 2/1211

利人乎,即为;不利人乎,即止。(《墨子·非乐上》) 3/1351

饥者不得食,寒者不得衣,劳者不得息,三者民之巨患也。(《墨子·非乐上》) 3/1351

天子忘民则灭,诸侯忘民则亡。(《尸子》) 3/1397

宗庙之本在于民,民之治乱在于有司。(《吕氏春秋·有始览·务本》)3/1503

以爱利为本,以万民为义。(《吕氏春秋·离俗览·离俗》) 3/1558

人主有能以民为务者，则天下归之矣。(《吕氏春秋·开春论·爱类》)
3/1581

上世之王者众矣，而事皆不同，其当世之急、忧民之利、除民之害同。(《吕氏春秋·开春论·爱类》)3/1581

圣王通士，不出于利民者无有。(《吕氏春秋·开春论·爱类》)3/1581

民寒则欲火，暑则欲冰，燥则欲湿，湿则欲燥。寒暑燥湿相反，其于利民一也。利民岂一道哉！当其时而已矣。(《吕氏春秋·开春论·爱类》)
3/1582

防民之所害，开民之所利，威行也，若发城决塘。(《淮南子·主术训》)
3/1679

民迫其难，则求其便；困其患，则造其备。(《淮南子·氾论训》) 3/1723

治国有常，而利民为本；政教有经，而令行为上。(《淮南子·氾论训》)
3/1724

德有昌衰，风先萌焉。(《淮南子·氾论训》) 3/1729

为存政者，虽小必存；为亡政者，虽大必亡。(《淮南子·兵略训》) 3/1756

主之所求于民者二：求民为之劳也，欲民为之死也。民之所望于主者

三：饥者能食之，劳者能息之，有功者能德之。(《淮南子·兵略训》) 3/1769

因其性，则天下听从；拂其性，则法县而不用。(《淮南子·泰族训》)3/1819

图远必验之近，兴事必度之民。(《傅子·安民》) 3/1907

夫根深则末盛矣，下乐则上安矣。(《抱朴子外篇·君道》) 4/1948

图国家者，必先教百姓而亲万民。(《吴子·图国》) 4/2158

无取民者，民利之；无取国者，国利之；无取天下者，天下利之。(《太公六韬·武韬·发启》) 4/2193

天有常形，民有常生，与天下共其生，而天下静矣。(《太公六韬·武韬·文启》) 4/2195

众疑无定国，众惑无治民。疑定惑还，国乃可安。(《黄石公三略·下略》) 4/2226

民气不上达，和气何从得兴？(《太平经·和三气兴帝王法》) 4/2273

治国之道，乃以民为本也。(《太平经·三合相通诀》) 4/2282

古者大圣贤共治事，但旦夕专以民为大急。(《太平经·三合相通诀》)
4/2282

民心（29条）

先其本而后其末，顺其心而理其行。(《潜夫论·德化》) 1/552

上圣不务治民事而务治民心。(《潜夫论·德化》) 1/553

圣人常无心，以百姓心为心。(《老子·四十九章》) 2/728

为之以民,道之要也。唯民知极,弗之代也。(《鹖冠子·天则》)　2/803

田不因地形,不能成谷;为化不因民,不能成俗。(《鹖冠子·天则》)　2/803

民心不徙,与天合则。(《鹖冠子·王铁》)　2/808

号令阖于民心,则民听令。(《黄帝四经·经法·君正》)　2/880

政之所兴,在顺民心;政之所废,在逆民心。(《管子·牧民》)　2/966

得人之道,莫如利之。(《管子·五辅》)　2/995

民必得其所欲,然后听上,听上,然后政可善为也。(《管子·五辅》)　2/995

百姓不养,则众散亡。(《管子·宙合》)　2/997

明大数者得人,审小计者失人。(《管子·霸言》)　2/1013

审而出者彼自来。(《管子·白心》)　2/1040

得民则威立,失民则威废。(《管子·形势解》)　2/1066

治之本二:一曰人,二曰事。人欲必用,事欲必工。人有逆顺,事有称量。人心逆则人不用,事失称量则事不工。事不工则伤,人不用则怨。(《管子·版法解》)　2/1077

凡治国者,患民之散而不可抟也。(《商君书·农战》)　2/1091

夫国事务先而一民心,专举公而私不从,赏告而奸不生,明法而治不烦。(《韩非子·心度》)　2/1251

先王先顺民心,故功名成。夫以德得民心以立大功名者,上世多有之矣。失民心而立功名者,未之曾有也。(《吕氏春秋·季秋纪·顺民》)　3/1480

取民之所说而民取矣,民之所说岂众哉? 此取民之要也。(《吕氏春秋·季秋纪·顺民》)　3/1480

凡举事,必先审民心,然后可举。(《吕氏春秋·季秋纪·顺民》)3/1481

不达乎人心,位虽尊,何益于安也?(《吕氏春秋·先识览·察微》)　3/1532

能强者,必用人力者也;能用人力者,必得人心也。(《淮南子·诠言训》)　3/1742

西施、毛嫱,状貌不可同,世称其好,美钧也;尧、舜、禹、汤,法籍殊类,得民心一也。(《淮南子·说林训》)　3/1804

所谓有天下者,非谓其履势位,受传藉,称尊号也,言运天下之力,而得天下之心。(《淮南子·泰族训》) 3/1829

方虑极物,变嫌推疑,养力索巧,因心之动。(《司马法·定爵》)　4/2120

天下之人如流水,障之则止,启之则行,静之则清。(《太公六韬·武韬·文启》)　4/2195

治国安家,得人也;亡国破家,失人也。(《黄石公三略·上略》)　4/2213

谋及负薪,功乃可述;不失人心,德乃洋溢。(《黄石公三略·上略》)4/2220

贤人之政,降人以体;圣人之政,降人以心。体降可以图始,心降可以保终。(《黄石公三略·下略》) 4/2222

爱民(47条)

古之政,爱人为大。(《孔子家语·大婚解》)　　　　1/6

伤吾民甚,则吾民之恶我必甚矣;吾民之恶我甚,则日不欲为我斗。(《荀子·王制》)　　　　1/76

君必与众共焉,爱民而重弃之也。(《孔丛子·刑论》)1/151

德莫高于博爱人,而政莫高于博利人。(《贾谊新书·修政语上》)1/190

圣人之于天下百姓也,其犹赤子乎!饥者则食之,寒者则衣之;将之养之,育之长之;唯恐其不至于大也。(《说苑·贵德》)　　　　1/334

治国之道,爱民而已。(《说苑·政理》)　　　　1/346

善为国者,遇民如父母之爱子,兄之爱弟,闻其饥寒为之哀,见其劳苦为之悲。(《说苑·政理》)　　　1/347

天地之间,四海之内,善之则畜也,不善则仇也。(《说苑·政理》)　1/347

民苦则不仁,劳则诈生。安平则教,危则谋,极则反,满则损。故君子弗满弗极也。(《说苑·谈丛》)　1/420

君以恤民为本,臣忠良则君政善,臣奸枉则君政恶。(《潜夫论·本政》)　　　　　　　　　　　1/513

夫养秭稗者伤禾稼,惠奸宄者贼良民。(《潜夫论·述赦》)　　1/523

圣王之政,普覆兼爱,不私近密,不忽疏远。(《潜夫论·救边》)1/532

吉凶祸福,与民共之,哀乐之情,恕以及人。(《潜夫论·救边》)1/532

视民如赤子,救祸如引手烂。(《潜夫论·救边》)　　　　1/532

使民主养民,如蚕母之养蚕,则其用岂徒丝蚕而已哉?(《物理论》)1/637

为人下者敬而肃,为人上者恭而仁,为人君者敬士爱民,以终其身,此道之要也。(《鹖子》)　　2/695

与民同苦乐,即天下无哀民。(《文子·上仁》)　　　　2/788

为人君亲其民如子者,弗召自来。(《鹖冠子·道端》)　　2/805

无父之行,不得子之用;无母之德,不能尽民之力。(《黄帝四经·经法·君正》)　　　　　　2/880

人静则静,人作则作。(《黄帝四经·十大经·观》)　　　　2/886

用财不可以啬,用力不可以苦。(《管子·版法》)　　　　2/993

爱之生之,养之成之,利民不得,天下亲之,曰德。(《管子·正》)2/1044

海不辞水,故能成其大;山不辞土石,故能成其高;明主不厌人,故能

成其众;士不厌学,故能成其圣。(《管子·形势解》) 2/1070

凡众者,爱之则亲,利之则至。(《管子·版法解》) 2/1078

凡君所以有众者,爱施之德也。(《管子·版法解》) 2/1078

草茅弗去,则害禾谷;盗贼弗诛,则伤良民。(《管子·明法解》) 2/1079

夫惜草茅者耗禾穗,惠盗贼者伤良民。(《韩非子·难二》) 2/1217

夫民,善之则畜,恶之则雠,雠满天下,可不惧哉!是以有国有家者甚畏其民,既畏其怨,又畏其罚,故养之如伤病,爱之如赤子,兢兢业业,惧终始。(《政论》) 2/1260

凡使民尚同者,爱民不疾,民无可使。(《墨子·尚同下》) 3/1341

夫爱民,且利之也;爱而不利,则非慈母之德也。好士,且知之也;好而弗知,则众而无用也。力于朝,且治之也;力而弗治,则劳而无功矣。(《尸子·发蒙》) 3/1385

父母之所畜子者,非贤强也,非聪明也,非俊智也,爱之忧之,欲其贤己也。人利之与我利之无择也,此父母所以畜子也。然则爱天下,欲其贤己也,人利之与我利之无择也。(《尸子·治天下》) 3/1390

行德爱人,则民亲其上;民亲其上,则皆乐为其君死矣。(《吕氏春秋·仲秋纪·爱士》) 3/1480

圣人南面而立,以爱利民为心。

(《吕氏春秋·季秋纪·精通》) 3/1482

《周书》曰:"民,善之则畜也,不善则雠也"。(《吕氏春秋·离俗览·适威》) 3/1562

不善则不有。有必缘其心,爱之谓也。有其形不可谓有之。(《吕氏春秋·离俗览·适威》) 3/1562

仁人之于民也,可以便之,无不行也。(《吕氏春秋·开春论·爱类》) 3/1580

高台层榭,接屋连阁,非不丽也,然民无掘穴狭庐所以托身者,明主弗乐。肥酸甘脆,非不美也,然民有糟糠菽粟不接于口者,则明主弗甘也。(《淮南子·主术训》) 3/1679

慈父之爱子,非为报也,不可内解于心;圣人之养民,非求用也,性不能已。(《淮南子·缪称训》) 3/1692

金锡不消释则不流刑,上忧寻不诚则不法民。(《淮南子·缪称训》)3/1698

天地之间,四海之内,善之则吾畜也,不善则吾雠也。(《淮南子·道应训》) 3/1722

自养得其节,则养民得其心矣。(《淮南子·泰族训》) 3/1829

内得爱焉,所以守也;外得威焉,所以战也。(《司马法·仁本》) 4/2113

不违时,不历民病,所以爱吾民也。不加丧,不因凶,所以爱夫其民也。(《司马法·仁本》) 4/2113

善为国者,驭民如父母之爱子,如兄之爱弟,见其饥寒则为之忧,见其

劳苦则为之悲,赏罚如加于身,赋敛如取己物。此爱民之道也。(《太公六韬·文韬·国务》) 4/2184

与人同病相救,同情相成,同恶相助,同好相趋。故无甲兵而胜,无冲机而攻,无沟堑而守。(《太公六韬·武韬·发启》) 4/2193

惠施于民,必无爱财,民如牛马,数喂食之,从而爱之。(《太公六韬·武韬·三疑》) 4/2197

乐人者,久而长;乐身者,不久而亡。(《黄石公三略·下略》) 4/2223

富民(65条)

政之急者,莫大乎使民富且寿也。(《孔子家语·贤君》) 1/18

省力役,薄赋敛,则民富矣;敦礼教,远罪疾,则民寿矣。(《孔子家语·贤君》) 1/19

王者富民,霸者富士,仅存之国富大夫,亡国富筐箧,实府库。(《荀子·王制》) 1/75

足国之道,节用裕民而善臧其余。(《荀子·富国》) 1/82

知节用裕民,则必有仁义圣良之名,而且有富厚丘山之积矣。(《荀子·富国》) 1/82

量地而立国,计利而畜民,度人力而授事,使民必胜事,事必出利,利足以生民,皆使衣食百用出入相掩,必时臧余,谓之称数。(《荀子·富国》)1/83

不利而利之,不如利而后利之之利也;不爱而用之,不如爱而后用之之功也。利而后利之,不如利而不利者之利也;爱而后用之,不如爱而不用者之功也。(《荀子·富国》) 1/85

下贫则上贫,下富则上富。(《荀子·富国》) 1/86

百姓时和、事业得叙者,货之源也。(《荀子·富国》) 1/86

不富无以养民情,不教无以理民性。(《荀子·大略》) 1/132

民非足也,而可治之者,自古及今,未之尝闻。古人曰:"一夫不耕,或为之饥;一妇不织,或为之寒。"生之有时而用之无节,则物力必屈。古之为天下者至悉也,故其蓄积足恃。(《贾谊新书·无蓄》) 1/175

末修则民淫,本修则民悫。(《盐铁论·本议》) 1/195

民悫则财用足,民侈则饥寒生。(《盐铁论·本议》) 1/195

工不出,则农用乏;商不出,则宝货绝。农用乏,则谷不殖;宝货绝,则财用匮。(《盐铁论·本议》) 1/196

国有沃野之饶而民不足于食者,工商盛而本业荒也;有山海之货而民不足于财者,不务民用而淫巧众也。(《盐铁论·本议》) 1/196

衣食者民之本,稼穑者民之务也。二者修,则国富而民安也。(《盐铁论·力耕》) 1/198

异物内流则国用饶，利不外泄则民用给矣。（《盐铁论·力耕》）　1/198

天地之利无不赡，而山海之货无不富也；然百姓匮乏，财用不足，多寡不调，而天下财不散也。（《盐铁论·通有》）　1/200

农商交易，以利本末。（《盐铁论·通有》）　1/201

王者不畜聚，下藏于民，远浮利，务民之义。（《盐铁论·禁耕》）　1/202

山海者，财用之宝路也。（《盐铁论·禁耕》）　1/203

宝路开，则百姓赡而民用给，民用给则国富。（《盐铁论·禁耕》）　1/203

利蓄而怨积，地广而祸构。（《盐铁论·非鞅》）　1/205

制地足以养民，民足以承其上。（《盐铁论·园池》）　1/216

筑城者先厚其基而后求其高，畜民者先厚其业而后求其赡。（《盐铁论·未通》）　1/218

山岳有饶，然后百姓赡焉；河海有润，然后民取足焉。（《盐铁论·贫富》）　1/223

富则仁生，赡则争止。（《盐铁论·授时》）　1/254

为民爱力，不夺须臾。（《盐铁论·授时》）　1/254

薄赋敛则民富，无事则远罪，远罪则民寿。（《说苑·政理》）　1/346

夫为国者以富民为本，以正学为基。（《潜夫论·务本》）　1/499

民富乃可教，学正乃得义，民贫则背善，学淫则诈伪，入学则不乱，得义则忠孝。（《潜夫论·务本》）　1/499

夫富民者，以农桑为本，以游业为末；百工者，以致用为本，以巧饰为末；商贾者，以通货为本，以鬻奇为末：三者守本离末则民富，离本守末则民贫，贫则厄而忘善，富则乐而可教。（《潜夫论·务本》）　1/499

为政者，明督工商，勿使淫伪；困辱游业，勿使擅利；宽假本农，而宠遂学士，则民富国平矣。（《潜夫论·务本》）　1/501

冻馁之所在，民不得不去也；温饱之所在，民不得不居也。（《潜夫论·务本》）　1/503

礼义生于富足，盗窃起于贫穷；富足生于宽暇，贫穷起于无日。（《潜夫论·爱日》）　1/526

圣人深知，力者乃民之本也，而国之基，故务省役而为民爱日。（《潜夫论·爱日》）　1/526

苟有土地，百姓可富也；苟有市列，商贾可来也；苟有士民，国家可强也；苟有法令，奸邪可禁也。（《潜夫论·劝将》）　1/531

在上者，先丰民财，以定其志。（《申鉴·政体》）　1/563

甘其食，美其服，安其居，乐其俗。（《老子·八十章》）　2/744

衣食饶裕，奸邪不生；安乐无事，天下和平。（《文子·上义》）　2/795

人之本在地,地之本在宜,宜之生在时,时之用在民,民之用在力,力之用在节。(《黄帝四经·经法·君正》) 2/879

节民力以使,则财生。(《黄帝四经·经法·君正》) 2/879

赋敛厚,则下怨上矣;民力竭,则令不行矣。(《管子·权修》) 2/976

民不足,令乃辱;民苦殃,令不行。(《管子·版法》) 2/993

以天下之财,利天下之人。(《管子·霸言》) 2/1014

圣王本厚民生,审知祸福之所生。(《管子·君臣下》) 2/1027

凡治国之道,必先富民。(《管子·治国》) 2/1050

民富则易治也,民贫则难治也。(《管子·治国》) 2/1050

善为国者,必先富民,然后治之。(《管子·治国》) 2/1051

若岁凶旱水泆,民失本,则修宫室台榭,以前无狗、后无彘者为庸。故修宫室台榭,非丽其乐也,以平国策也。(《管子·乘马数》) 2/1080

王者藏于民,霸者藏于大夫,残国亡家藏于箧。(《管子·山至数》)2/1082

民不贱农,则勉农而不偷。(《商君书·垦令》) 2/1089

民不劳,则农多日。(《商君书·垦令》) 2/1089

民不偷营,则多力。多力,则国强。(《商君书·农战》) 2/1089

人非食不活,衣食足,然后可教以礼义,威以刑罚。(《政论》) 2/1261

太上神化,其次因物,其下在于无夺民时,无损民财。(《尉缭子·治本》) 3/1423

衣食饶溢,奸邪不生。(《淮南子·齐俗训》) 3/1717

夫民有余即让,不足则争;让则礼义生,争则暴乱起。(《淮南子·齐俗训》) 3/1718

让生于有余,争生于不足。(《论衡·问孔篇》) 3/1850

民富则安乡重家,敬上而从教;贫则危乡轻家,相聚而犯上。饥寒切身而不行非者,寡矣。(《傅子·安民》) 3/1906

度时宜而立制,量民力以役赋,役赋有常,上无横求,则事事有储,而并兼之隙塞。(《傅子·安民》) 3/1906

民恃衣食,犹鱼之须水;国之恃民,如人之倚足。鱼无水,则不可以生;人失足,必不可以步;国失民,亦不可以治。(《刘子·贵农章》) 4/2077

其耕不强者,无以养其生;其织不力者,无以盖其形。衣食饶足,奸邪不生,安乐无事,天下和平。(《刘子·贵农章》) 4/2077

人饶足者,非独人之足,亦国之足也;渴乏者,非独人之渴乏,亦国之渴乏也。(《刘子·爱民章》) 4/2077

以贫求富,农不如工,工不如商。(《齐民要术·货殖》) 4/2101

治民（58条）

水行者表深，表不明则陷；治民者表道，表不明则乱。（《荀子·天论》）
1/112

水行者表深，使人无陷；治民者表乱，使人无失。（《荀子·大略》）1/130

夫导民以德，则民归厚；示民以利，则民俗薄。（《盐铁论·本议》）
1/196

理民之道，在于节用尚本，分土井田而已。（《盐铁论·力耕》）　1/199

夫牧民之道，除其所疾，适其所安，安而不扰，使而不劳，是以百姓劝业而乐公赋。（《盐铁论·未通》）1/219

民知其利，莫不劝其功。（《盐铁论·遵道》）　1/237

民奢，示之以俭；民俭，示之以礼。（《盐铁论·救匮》）　1/247

无用之苗，苗之害也；无用之民，民之贼也。（《盐铁论·后刑》）1/252

利之而勿害，成之勿败，生之勿杀，与之勿夺，乐之勿苦，喜之勿怒。此治国之道。（《说苑·政理》）　1/346

《易》曰："不威小，不惩大，此小人之福也。"（《说苑·指武》）　1/384

夫民固随君之好，从利以生者也。（《潜夫论·务本》）　1/503

为国者，必先知民之所苦，祸之所起，然后设之以禁，故奸可塞国可安矣。（《潜夫论·述赦》）　1/522

圣王养民，爱之如子，忧之如家，危者安之，亡者存之，救其灾患，除其祸乱。（《潜夫论·救边》）　1/533

民之于徙，甚于伏法。（《潜夫论·实边》）　1/536

古之利其民，诱之以利，弗胁以刑。（《潜夫论·实边》）　1/538

人君身修正赏罚明者，国治而民安；民安乐者，天悦喜而增历数。（《潜夫论·巫列》）　1/540

民亲爱则无相害伤之意，动思义则无奸邪之心。（《潜夫论·德化》）
1/554

民不畏死，不可惧以罪；民不乐生，不可劝以善。（《申鉴·政体》）
1/563

自上御下，犹夫钓者焉，隐于手，应于钩，则可以得鱼；自近御远，犹夫御马焉，和于手而调于衔，则可以使马。（《申鉴·政体》）　1/571

主与民有三求：求其为己劳，求其为己死，求其为己生。（《典论》）1/588

圣王在上，则使民有时，而用之有节，则民无疠疾矣。（《鹖子》）　2/697

绝圣弃智，民利百倍；绝仁弃义，民复孝慈；绝巧弃利，盗贼无有。（《老子·十九章》）　2/710

民之饥，以其上食税之多，是以饥；民之难治，以其上之有为，是以难治；民之轻死，以其上求生之厚，是以轻死。（《老子·七十五章》）　2/741

物必有自然，而后人事有治也。故先王之制法，因民之性而为之节文。（《文子·自然》）　　　　　2/782

民恶忧劳，我佚乐之；民恶贫贱，我富贵之；民恶危坠，我存安之；民恶灭绝，我生育之。（《管子·牧民》）2/966

量民力，则事无不成；不强民以其所恶，则诈伪不生。（《管子·牧民》）
　　　　　　　　　　　　　　2/967

治人如治水潦，养人如养六畜，用人如用草木。（《管子·七法》）　2/990

为国者，反民性然后可以与民戚。民欲佚而教以劳，民欲生而教以死。劳教定而国富，死教定而威行。（《管子·侈靡》）　　　　　　2/1032

凡牧民者，必知其疾，而忧之以德，勿惧以罪，勿止以力。（《管子·小问》）　　　　　　　　　　2/1056

信也者，民信之；仁也者，民怀之；严也者，民畏之；礼也者，民美之。（《管子·小问》）　　　　　2/1056

居民于其所乐，事之于其所利，赏之于其所善，罚之于其所恶，信之于其所余财，功之于其所无诛。（《管子·禁藏》）　　　　　　　　2/1058

德莫若博厚，使民死之；赏罚莫若成必，使民信之。（《管子·禁藏》）2/1063

欲来民者，先起其利，虽不召而民自至；设其所恶，虽召之而民不来也。（《管子·形势解》）　　　2/1068

莅民如父母，则民亲爱之。道之纯厚，遇之有实，虽不言曰吾亲民，而民亲

矣。莅民如仇雠，则民疏之。道之不厚，遇之无实，诈伪并起，虽言曰吾亲民，民不亲也。（《管子·形势解》）　2/1068

民不可与虑始，而可与乐成。（《商君书·更法》）　　　　　　　2/1085

民胜其政，国弱；政胜其民，兵强。（《商君书·说民》）　　　　2/1095

名利之所凑，则民道之。（《商君书·算地》）　　　　　　　　　2/1099

立民之所乐，则民伤其所恶；立民之所恶，则民安其所乐。（《商君书·开塞》）　　　　　　　　　　2/1104

夫正民者，以其所恶，必终其所好；以其所好，必败其所恶。（《商君书·开塞》）　　　　　　　2/1104

人生而有好恶，故民可治也。（《商君书·错法》）　　　　　　2/1110

将使民者，若乘良马者，不可不齐也。（《商君书·战法》）　　　2/1113

政作民之所恶，民弱；政作民之所乐，民强。（《商君书·弱民》）2/1125

焚林而田，偷取多兽，后必无兽；以诈遇民，偷取一时，后必无复。（《韩非子·难一》）　　　　　　2/1215

今为众人法，而以上智之所难知，则民无从识之矣。（《韩非子·五蠹》）
　　　　　　　　　　　　　　2/1238

强令之笑不乐；强令之哭不悲；强令之为道也，可以成小，而不可以成大。（《吕氏春秋·仲春纪·功名》）3/1440

其于人也，忠信尽治而无求焉；乐正与为正，乐治与为治；不以人之坏自

成也，不以人之庫自高也。(《吕氏春秋·季冬纪·诚廉》) 3/1494

凡用民，太上以义，其次以赏罚。(《吕氏春秋·离俗览·用民》) 3/1560

民无常用也，无常不用也，唯得其道为可。(《吕氏春秋·离俗览·用民》) 3/1560

民之不用，赏罚不充也。(《吕氏春秋·离俗览·用民》) 3/1560

民之用也有故，得其故，民无所不用。(《吕氏春秋·离俗览·用民》) 3/1560

古之君民者，仁义以治之，爱利以安之，忠信以导之，务除其灾，思致其福。(《吕氏春秋·离俗览·适威》) 3/1562

治川者决之使导，治民者宣之使言。(《吕氏春秋·恃君览·达郁》) 3/1574

同言而民信，信在言前也。同令而民化，诚在令外也。(《淮南子·缪称训》) 3/1692

因民之所喜而劝善，因民之所恶以禁奸。(《淮南子·氾论训》) 3/1735

由其道而得之，民不以为奢；由其道而取之，民不以为劳。(《昌言·损益篇》) 3/1885

独任威刑而无德惠，则民不乐生；独任德惠而无威刑，则民不畏死。民不乐生，不可得而教也；民不畏死，不可得而制也。(《傅子·治体》) 3/1897

国以民为本，亲民之吏，不可以不留意也。(《傅子·安民》) 3/1907

利而勿害，成而勿败，生而勿杀，与而勿夺，乐而勿苦，喜而勿怒。(《太公六韬·文韬·国务》) 4/2183

农业粮食（70条）

强本而节用，则天不能贫；养备而动时，则天不能病。(《荀子·天论》) 1/108

本荒而用侈，则天不能使之富；养略而动罕，则天不能使之全；倍道而妄行，则天不能使之吉。(《荀子·天论》) 1/109

夫蓄积者，天下之大命也。苟粟多而财有余，何向而不济？以攻则取，以守则固，以战则胜，怀柔附远，何招而不至？(《贾谊新书·无蓄》) 1/174

古者尚力务本而种树繁，躬耕趣时而衣食足，虽累凶年而人不病也。(《盐铁论·力耕》) 1/197

夫男耕女绩，天下之大业也。(《盐铁论·园池》) 1/216

古者分地而处之，制田亩而事之。是以业无不食之地，国无乏作之民。(《盐铁论·园池》) 1/216

国病聚不足即政怠，人病聚不足则身危。(《盐铁论·散不足》) 1/246

赋敛省而农不失时，则百姓足，而流人归其田里。(《盐铁论·执务》) 1/258

一夫不耕，天下必受其饥者；一妇不织，天下必受其寒者。(《潜夫论·浮侈》) 1/517

民力不暇，谷何以生？百姓不足，君孰与足？(《潜夫论·爱日》) 1/527

夫土地者，民之本也，诚不可久荒以开敌心。(《潜夫论·实边》) 1/537

民为国基，谷为民命。(《潜夫论·叙录》) 1/556

生民之本，要当稼穑而食，桑麻以衣。(《颜氏家训·治家》) 1/653

食者，民之本也；民者，国之基也。(《文子·上仁》) 2/788

凡有地牧民者，务在四时，守在仓廪。(《管子·牧民》) 2/964

仓廪实，则知礼节；衣食足，则知荣辱。(《管子·牧民》) 2/964

不务天时，则财不生；不务地利，则仓廪不盈。(《管子·牧民》) 2/965

地之守在城，城之守在兵，兵之守在人，人之守在粟。(《管子·权修》) 2/978

地者，政之本也，是故地可以正政也。地不平均和调，则政不可正也；政不正，则事不可理也。(《管子·乘马》) 2/984

货多事治，则所求于天下者寡矣。(《管子·乘马》) 2/984

如以予人财者，不如毋夺时；如以予人食者，不如毋夺其事，此谓无外内之患。(《管子·侈靡》) 2/1033

粟也者，民之所归也；粟也者，财之所归也；粟也者，地之所归也。(《管子·治国》) 2/1051

粟多则天下之物尽至矣。(《管子·治国》) 2/1051

粟者，王之本事也，人主之大务，有人之途，治国之道也。(《管子·治国》) 2/1051

夫民之所生，衣与食也。(《管子·禁藏》) 2/1063

五谷食米，民之司命也；黄金刀币，民之通施也。(《管子·国蓄》) 2/1080

春十日不害耕事，夏十日不害芸事，秋十日不害敛实，冬二十日不害除田。此之谓时作。(《管子·山国轨》) 2/1082

一农不耕，民有为之饥者；一女不织，民有为之寒者。(《管子·揆度》) 2/1083

善为国者，仓廪虽满，不偷于农，国大民众，不淫于言，则民朴壹。(《商君书·农战》) 2/1090

国待农战而安，主待农战而尊。(《商君书·农战》) 2/1090

夫农者寡而游食者众，故其国贫危。(《商君书·农战》) 2/1091

圣人知治国之要，故令民归心于农。(《商君书·农战》) 2/1091

夫国庸民以言，则民不畜于农。(《商君书·农战》) 2/1092

塞私道以穷其志，启一门以致其欲。(《商君书·说民》) 2/1096

民胜其地，务开；地胜其民者，事徕。(《商君书·算地》) 2/1097

民过地，则国功寡而兵力少；地过

民,则山泽财物不为用。(《商君书·算地》)　　　　　　　　　　2/1098

夫地大而不垦者,与无地同;民众而不用者,与无民同。(《商君书·算地》)　　　　　　　　　　2/1098

为国之数,务在垦草;用兵之道,务在壹赏。(《商君书·算地》)2/1098

圣人之为国也,入令民以属农,出令民以计战。(《商君书·算地》)2/1099

事本抟,则民喜农而乐战。(《商君书·壹言》)　　　　　　　　2/1106

民壹务,其家必富,而身显于国。(《商君书·壹言》)　　　　　　2/1107

治国能抟民力而壹民务者,强;能事本而禁末者,富。(《商君书·壹言》)　　　　　　　　　　2/1107

治国者贵民壹,民壹则朴,朴则农,农则易勤,勤则富。(《商君书·壹言》)　　　　　　　　　2/1108

地诚任,不患无财;民诚用,不畏强暴。(《商君书·错法》)　2/1110

四海之内,六合之间,曰奚贵?曰贵土。土,食之本也。(《申子》)2/1131

不以小功妨大务,不以私欲害人事。(《韩非子·难二》)　　2/1218

国以民为根,民以谷为命。命尽则根拔,根拔则本颠,此最国家之毒忧,可为热心者也。(《政论》)　2/1260

食不可不务也,地不可不力也,用不可不节也。(《墨子·七患》)3/1327

时年岁善,则民仁且良;时年岁凶,则民吝且恶。(《墨子·七患》)3/1327

为者疾,食者众,则岁无丰。(《墨子·七患》)　　　　　　　3/1327

财不足则反之时,食不足则反之用。(《墨子·七患》)　　　3/1328

食者,圣人之所宝也。故《周书》曰:"国无三年之食者,国非其国也;家无三年之食者,子非其子也。"(《墨子·七患》)　　　　　　3/1329

无作大事,以妨农功。(《吕氏春秋·仲春纪·仲春》)　　3/1436

岁害则民饥,民饥必死。为人君而杀其民以自活也,其谁以我为君乎?(《吕氏春秋·季夏纪·制乐》)　　　　　　　　　3/1471

以众地者,公作则迟,有所匿其力也;分地则速,无所匿迟也。(《吕氏春秋·审分览·审分》)　　3/1535

敬时爱日,非老不休,非疾不息,非死不舍。(《吕氏春秋·士容论·上农》)　　　　　　　　　3/1600

当时之务,不兴土功,不作师徒。(《吕氏春秋·士容论·上农》)3/1601

知贫富利器,皆时至而作,渴时而止。(《吕氏春秋·士容论·任地》)　3/1601

亩欲广以平,甽欲小以深,下得阴,上得阳,然后咸生。(《吕氏春秋·士容论·辩土》)　　　　　3/1601

夫稼,为之者人也,生之者地也,养之者天也。(《吕氏春秋·士容论·审时》)　　　　　　　　　3/1602

得时之稼兴,失时之稼约。(《吕氏春秋·士容论·审时》)　3/1602

食者民之本也,民者国之本也。
(《淮南子·主术训》)　　　3/1681

夫去信存食,虽不欲信,信自生矣;去食存信,虽欲为信,信不立矣。
(《论衡·问孔篇》)　　　3/1850

人待君子然后化理,国待蓄积乃无忧患。君子非自农桑以求衣食者也,蓄积非横赋敛以取优饶者也。(《昌言·损益篇》)　　　3/1885

夫知礼在于廪实,施博由乎货丰;高出于有余,俭生乎不足。(《抱朴子外

篇·守塉》)　　　4/2003

凡耕之本,在于趣时,和土,务粪泽,早锄早获。(《氾胜之书》)　　4/2094

得时之和,适地之宜,田虽薄恶,收可亩十石。(《氾胜之书》)　4/2094

随节早晏,勿失其适。(《四民月令·二月》)　　　4/2096

若昧于田畴,则多匮乏。(《齐民要术·杂说》)　　　4/2099

耕锄不以水旱息功,必获丰年之收。(《齐民要术·杂说》)　　4/2099

生态(13条)

圣王之制也,草木荣华滋硕之时则斧斤不入山林,不夭其生,不绝其长也;鼋鼍、鱼鳖、鳅鳣孕别之时,罔罟毒药不入泽,不夭其生,不绝其长也。(《荀子·王制》)　　　1/79

春耕、夏耘、秋收、冬藏四者不失时,故五谷不绝而百姓有余食也;洿池、渊沼、川泽谨其时禁,故鱼鳖优多而百姓有余用也;斩伐养长不失其时,故山林不童而百姓有余材也。(《荀子·王制》)　　　1/79

取之有时,用之有节,则物蓄多。(《贾谊新书·礼》)　　　1/177

夫国必依山川,山崩川竭,亡之征也。(《说苑·辨物》)　　　1/435

育孕不杀,觳卵不探,鱼不长尺不得取,犬豕不期年不得食。(《文子·上仁》)　　　2/788

地者,万物之本原,诸生之根菀

也。(《管子·水地》)　　　2/1041

水者何也? 万物之本原也,诸生之宗室也。(《管子·水地》)　2/1042

野物不为牺牲。(《尉缭子·治本》)　　　3/1422

丘陵成而穴者安矣,大水深渊成而鱼鳖安矣,松柏成而涂之人已荫矣。(《吕氏春秋·季春纪·先己》)3/1449

竭泽而渔,岂不获得? 而明年无鱼;焚薮而田,岂不获得? 而明年无兽。(《吕氏春秋·孝行览·义赏》)3/1513

不涸泽而渔,不焚林而猎。(《淮南子·主术训》)　　　3/1681

勿惊勿骇,万物将自理;勿挠勿撄,万物将自清。(《淮南子·缪称训》)　　　3/1705

孟夏之月,无伐大树。(《齐民要术·伐木》)　　　4/2100

用人（270条）

弓调而后求劲焉，马服而后求良焉，士必悫而后求智能者。（《孔子家语·五仪解》） 1/10

无德不贵，无能不官，无功不赏，无罪不罚，朝无幸位，民无幸生。（《荀子·王制》） 1/77

赏不行，则贤者不可得而进也；罚不行，则不肖者不可得而退也。贤者不可得而进也，不肖者不可得而退也，则能不能不可得而官也。（《荀子·富国》） 1/83

能当一人而天下取，失当一人而社稷危，不能当一人而能当千百人者，说无之有也。（《荀子·王霸》） 1/89

法不能独立，类不能自行，得其人则存，失其人则亡。（《荀子·君道》） 1/90

明主急得其人，而暗主急得其势。（《荀子·君道》） 1/90

明分职，序事业，材技官能，莫不治理，则公道达而私门塞矣，公义明而私事息矣。（《荀子·君道》） 1/92

材人：愿悫拘录，计数纤啬而无敢遗丧，是官人使吏之材也；修饬端正，尊法敬分而无倾侧之心，守职循业，不敢损益，可传世也，而不可使侵夺，是士大夫官师之材也。（《荀子·君道》） 1/92

敬人有道：贤者则贵而敬之，不肖者则畏而敬之；贤者则亲而敬之，不肖者则疏而敬之。（《荀子·臣道》） 1/93

闻听而明誉之，定其当而当，然后士其刑赏而还与之，如是则奸言、奸说、奸事、奸谋、奸誉、奸愬莫之试也，忠言、忠说、忠事、忠谋、忠誉、忠愬莫不明通，方起以尚尽矣。（《荀子·致士》） 1/95

士有妒友，则贤交不亲；君有妒臣，则贤人不至。（《荀子·大略》） 1/131

口能言之，身能行之，国宝也。口不能言，身能行之，国器也。口能言之，身不能行，国用也。口言善，身行恶，国妖也。治国者敬其宝，爱其器，任其用，除其妖。（《荀子·大略》） 1/131

志卑者轻物，轻物者不求助；苟不求助，何能举？（《荀子·大略》） 1/132

学问不厌，好士不倦，是天府也。（《荀子·大略》） 1/134

无取健，无取诂，无取口啍。健，贪也；诂，乱也；口啍，诞也。（《荀子·哀公》） 1/144

士不信悫而有多知能，譬之其豺狼也，不可以身尔也。（《荀子·哀公》） 1/144

夫能用可用，则正治矣；敬可敬，则尚贤矣；畏可畏，则服刑恤矣。（《孔丛子·论书》） 1/149

彼人者，近则冀幸，疑则比争。是以等级分明，则下不得疑；权力绝尤，则

臣无冀志。(《贾谊新书·服疑》)1/168

擅退则让,上僭则诛。建法以习之,设官以牧之。是以天下见其服而知贵贱,望其章而知其势,孚人定其心,各著其目。(《贾谊新书·服疑》) 1/169

故爱人之道,言之者谓之其府;故爱人之道,行之者谓之其礼。(《贾谊新书·大政下》) 1/188

同声则处异而相应,意合则未见而相亲,贤者立于本朝,而天下之士相率而趋之。(《贾谊新书·胎教》)1/192

无常安之国,无宜治之民;得贤者显昌,失贤者危亡。(《贾谊新书·胎教》) 1/193

官得其人,人任其事,故官治而不乱,事起而不废。(《盐铁论·刺复》) 1/210

任能者责成而不劳,任己者事废而无功。(《盐铁论·刺复》) 1/210

有粟不食,无益于饥;睹贤不用,无益于削。(《盐铁论·相刺》) 1/231

朝无忠臣政暗,大夫无直士者位危。(《盐铁论·相刺》) 1/232

不好用人,自是之过也。(《盐铁论·殊路》) 1/234

疏远无失士,小大无遗功。(《盐铁论·除狭》) 1/249

非仁人不能任,非其人不能行。(《盐铁论·除狭》) 1/250

喻德示威,惟贤臣良相,不在犬马珍怪。(《盐铁论·崇礼》) 1/255

山有虎豹,葵藿为之不采;国有贤士,边境为之不害也。(《盐铁论·崇礼》) 1/255

能言而不能行者,国之宝也。能行而不能言者,国之用也。(《盐铁论·能言》) 1/259

圣人不困其众以兼国,良御不困其马以兼道。(《盐铁论·结和》)1/261

正近者不以威,来远者不以武,德义修而任贤良也。(《盐铁论·世务》) 1/263

夫道古者稽之今,言远者合之近。(《盐铁论·论菑》) 1/270

有国者选众而任贤,学者博览而就善。(《盐铁论·申韩》) 1/275

百羊之皮,不如一狐之腋。(《新序·杂事一》) 1/285

不肖嫉贤,愚者嫉智,是贤者之所以禸蔽也,所以千载不合者也。(《新序·杂事二》) 1/286

财者,君之所轻;死者,士之所重也。君不能施君之所轻,而求得士之所重,不亦难乎?(《新序·杂事二》) 1/287

察能而授官者,成功之君也;论行而结交者,立名之士也。(《新序·杂事三》) 1/292

仁人也者,国之宝也;智士也者,国之器也;博通士也者,国之尊也。(《新序·杂事四》) 1/294

语曰:"桓公任其贼,而文公用其盗。"(《新序·杂事五》) 1/297

势在人上,则王公之才也;在人下,则社稷之臣、国君之宝也。(《新序·杂事五》)　1/298

贤者得民,仁者能用人。(《新序·刺奢》)　1/301

一人举而万夫俛首,智者不为也;赏一人以惭万夫,义者不取也。(《新序·义勇》)　1/307

凡所以贵士君子者,以其仁而有德也。(《说苑·贵德》)　1/335

任力者固劳,任人者固佚。(《说苑·政理》)　1/348

左右善,则百僚各得其所宜而善恶分。(《说苑·政理》)　1/351

善进,则不善无由入矣;不善进,则善无由入矣。(《说苑·政理》)1/351

夫朝无贤人,犹鸿鹄之无羽翼也,虽有千里之望,犹不能致其意之所欲至矣。(《说苑·尊贤》)　1/352

游江海者托于船,致远道者托于乘,欲霸王者托于贤。(《说苑·尊贤》)　1/353

夫智不足以见贤,无可奈何矣;若智能见之,而强不能决,犹豫不用,而大者死亡,小者乱倾,此甚可悲哀也。(《说苑·尊贤》)　1/353

贤圣之接也,不待久而亲;能者之相见也,不待试而知矣。(《说苑·尊贤》)　1/353

一人之身,荣辱俱施焉,在所任也。(《说苑·尊贤》)　1/354

国无贤佐俊士,而能以成功立名、

安危继绝者,未尝有也。(《说苑·尊贤》)　1/354

无常安之国,无恒治之民,得贤者则安昌,失之者则危亡。(《说苑·尊贤》)　1/355

虽有贤者,而无以接之,贤者奚由尽忠哉!骥不自至千里者,待伯乐而后至也。(《说苑·尊贤》)　1/355

穷者达之,亡者存之,废者起之,四方之士则四面而至矣。穷者不达,亡者不存,废者不起,四方之士则四面而畔矣。(《说苑·尊贤》)　1/356

夫士存则君尊,士亡则君卑。(《说苑·尊贤》)　1/356

大功之效,在于用贤积道,浸章浸明。(《说苑·敬慎》)　1/363

明君之使人也,任之以事,不制以辞。(《说苑·奉使》)　1/372

夫远贤而近所爱,非社稷之长策也。(《说苑·奉使》)　1/372

观近臣,以其所为之主;观远臣,以其所主。(《说苑·至公》)　1/380

虽有广土众民,坚甲利兵,威猛之将,士卒不亲附,不可以战胜取功。(《说苑·指武》)　1/382

十步之泽,必有香草;十室之邑,必有忠士。(《说苑·谈丛》)　1/394

进贤受上赏,蔽贤蒙显戮,古之通义也。(《说苑·谈丛》)　1/416

依贤固不困,依富固不穷。(《说苑·杂言》)　1/431

君子择人与交,农人择田而田。

君子树人，农夫树田。田者择种而种之，丰年必得粟；士择人而树之，丰时必得禄矣。（《说苑·杂言》）　1/432

屈人者克，自屈者负。天曷故焉。（《法言·重黎》）　1/477

国之废兴，在于政事，政事得失，由于辅佐。（《新论·求辅篇》）　1/493

用士不患其非国士，而患其非忠；世非患无臣，而患其非贤。（《潜夫论·论荣》）　1/507

尊贤任能，信忠纳谏，所以为安也。（《潜夫论·思贤》）　1/511

夫十步之间，必有茂草，十室之邑，必有俊士。（《潜夫论·实贡》）　1/520

贤材任职，则上下蒙福，素餐委国，位无凶人。（《潜夫论·三式》）　1/524

牧守大臣者，诚盛衰之本原也，不可不选练也。（《潜夫论·三式》）1/525

正士怀冤结而不得信，猾吏崇奸宄而不痛坐。（《潜夫论·爱日》）1/527

折冲安民，要在任贤，不在促境。（《潜夫论·救边》）　1/533

惟恤十难，以任贤能。一曰不知，二曰不进，三曰不任，四曰不终，五曰以小怨弃大德，六曰以小过黜大功，七曰以小失掩大美，八曰以奸讦伤忠正，九曰以邪说乱正度，十曰以谗嫉废贤能，是谓十难。十难不除，则贤臣不用，用臣不贤，则国非其国也。（《申鉴·政体》）　1/567

非贤不可任，非智不可从。（《申鉴·杂言上》）　1/577

视不过垣墙之里，而见邦国之表；听不过阈阈之内，而闻千里之外，因人之耳目也。人之耳目尽为我用，则我之聪明，无敌于天下矣。（《中论·虚道》）　1/607

凡明君之用人也，未有不悟乎己心，而徒因众誉也。（《中论·审大臣》）　1/616

欲定天下而任小人者，犹欲捕麋鹿而张兔置，不可得也。（《物理论》）　1/638

民者，至卑也，而使之取吏焉，必取所爱。故十人爱之，则十人之吏也；百人爱之，则百人之吏也；千人爱之，则千人之吏也；万人爱之，则万人之吏也。（《鹖子·撰吏》）　2/692

贵以身为天下，若可寄天下；爱以身为天下，若可托天下。（《老子·十三章》）　2/707

山有猛兽，林木为之不斩；园有螫虫，葵藿为之不采；国有贤臣，折冲千里。（《文子·上德》）　2/764

百星之明，不如一月之光；十牖毕开，不如一户之明。（《文子·上德》）　2/768

仁莫大于爱人，智莫大于知人；爱人即无怨刑，知人即无乱政。（《文子·微明》）　2/775

以政教化，其势易而必成；以邪教化，其势难而必败。（《文子·微明》）　2/778

事不任贤，无功必败。（《鹖冠

子·道端》）　　　　　　　2/804

君道知人，臣术知事。（《鹖冠子·道端》）　　　　　　　2/805

择人而用之者王，用人而择之者亡。（《鹖冠子·近迭》）　　2/807

招高者高，招庳者庳。（《鹖冠子·泰录》）　　　　　　　2/809

有任一则重，任百则轻；人有其中，物又其刑，因之若成。（《黄帝四经·十大经·果童》）　　2/887

壹言而利之者，士也；壹言而利国者，国士也。（《黄帝四经·十大经·前道》）　　　　　　　　　　2/890

圣人之治天下，不我贤愚，故因人之贤而贤之，因人之愚而愚之；不我是非，故因事之是而是之，因事之非而非之。（《关尹子·极篇》）　　2/902

治己审，则可以治人；治人审，则可以治天下。（《任子》）　　2/917

鹰隼群飞，凤凰远游；小人成列，君子深藏。（《唐子》）　　2/920

訾訾之人，勿与任大。（《管子·形势》）　　　　　　　　　2/969

谦臣者可与远举，顾忧者可与致道。（《管子·形势》）　　2/969

其计也速而忧在近者，往而勿召也。（《管子·形势》）　　2/969

非诚贾不得食于贾，非诚工不得食于工，非诚农不得食于农，非信士不得立于朝。（《管子·乘马》）　2/986

论贤人，用有能，而民可使治。（《管子·五辅》）　　　　2/996

方明者察于事，故不官于物，而旁通于道。（《管子·宙合》）　2/998

夫争天下者，必先争人。（《管子·霸言》）　　　　　　　2/1013

才能之人去亡，则宜有外难；群臣朋党，则宜有内乱。（《管子·参患》）　　　　　　　　　　2/1021

始于患者不与其事，亲其事者不规其道。（《管子·君臣下》）　2/1028

今主释法以誉进能，则臣离上而下比周矣；以党举官，则民务交而不求用矣。（《管子·明法》）　　2/1047

明分任职，则治而不乱，明而不蔽矣。（《管子·小问》）　　2/1056

善为国者，官法明，故不任知虑；上作壹，故民不偷营，则国力抟。国力抟者强，国好言谈者削。（《商君书·农战》）　　　　　　　　　　2/1090

举劳任功曰强，虱害生必削。（《商君书·去强》）　　　　2/1093

凡仁者以爱利为务，而贤者以相出为道。（《商君书·开塞》）　2/1102

凡明君之治也，任其力不任其德。（《商君书·错法》）　　2/1111

不作而食，不战而荣，无爵而尊，无禄而富，无官而长，此之谓奸民。（《商君书·画策》）　　2/1123

用人之自为，不用人之为我，则莫不可得而用矣。（《慎子·因循》）2/1135

人主将欲禁奸，则审合刑名；刑名者，言与事也。（《韩非子·二柄》）　　　　　　　　　　2/1154

不以功伐决智行,不以参伍审罪过,而听左右近习之言,则无能之士在廷,而愚污之吏处官矣。(《韩非子·孤愤》)　2/1162

明主观人,不使人观己。(《韩非子·观行》)　2/1189

闻古之善用人者,必循天顺人而明赏罚。(《韩非子·用人》)　2/1193

明君使事不相干,故莫讼;使士不兼官,故技长;使人不同功,故莫争。(《韩非子·用人》)　2/1193

释法术而心治,尧不能正一国;去规矩而妄意度,奚仲不能成一轮;废尺寸而差短长,王尔不能半中。(《韩非子·用人》)　2/1193

观听不参则诚不闻,听有门户则臣壅塞。(《韩非子·内储说上七术》)　2/1200

不在所与居,在所与谋也。(《韩非子·外储说左下》)　2/1209

凡奸者,行久而成积,积成而力多,力多而能杀,故明主蚤绝之。(《韩非子·外储说右上》)　2/1212

禁奸之法,太上禁其心,其次禁其言,其次禁其事。(《韩非子·说疑》)　2/1224

行仁义者非所誉,誉之则害功;文学者非所用,用之则乱法。(《韩非子·五蠹》)　2/1238

宰相必起于州部,猛将必发于卒伍。(《韩非子·显学》)　2/1244

夫必恃自直之箭,百世无矢;恃自圜之木,千世无轮矣。(《韩非子·显学》)　2/1246

任功,则民少言;任善,则民多言。(《韩非子·饬令》)　2/1248

夫至治之国,善以止奸为务。(《韩非子·制分》)　2/1252

所美观其所终,所恶计其所穷。(《邓析子·无厚篇》)　2/1272

事有远而亲,近而疏,就而不用,去而反求。凡此四行,明主大忧也。(《邓析子·无厚篇》)　2/1274

夫任臣之法:暗则不任也,慧则不从也,仁则不亲也,勇则不近也,信则不信也。(《邓析子·转辞篇》)　2/1277

天下万事,不可备能。责其备能于一人,则贤圣其犹病诸。(《尹文子·大道上》)　2/1287

能鄙不相遗,则能鄙齐功;贤愚不相弃,则贤愚等虑。(《尹文子·大道上》)　2/1289

夫圣贤之所美,莫美乎聪明;聪明之所贵,莫贵乎知人。知人诚智,则众材得其序,而庶绩之业兴矣。(《人物志·原序》)　2/1297

国体之人,能言能行,故为众材之隽也。(《人物志·材能》)　2/1302

大权,似奸而有功;大智,似愚而内明;博爱,似虚而实厚;正言,似讦而情忠。(《人物志·八观》)　2/1304

良弓难张,然可以及高入深;良马难乘,然可以任重致远;良才难令,然可以致君见尊。(《墨子·亲士》)　3/1317

善为君者，劳于论人，而佚于治官。(《墨子·所染》)　3/1325

国有贤良之士众，则国家之治厚；贤良之士寡，则国家之治薄。故大人之务，将在于众贤而已。(《墨子·尚贤上》)　3/1330

官无常贵，而民无终贱，有能则举之，无能则下之，举公义，辟私怨。(《墨子·尚贤上》)　3/1332

得士则谋不困，体不劳，名立而功成，美章而恶不生，则由得士也。(《墨子·尚贤上》)　3/1332

自贵且智者，为政乎愚且贱者，则治；自愚贱者，为政乎贵且智者，则乱。(《墨子·尚贤中》)　3/1333

有一衣裳不能制也，必藉良工；有一牛羊不能杀也，必藉良宰。(《墨子·尚贤中》)　3/1335

王公大人有一罢马不能治，必索良医；有一危弓不能张，必索良工。(《墨子·尚贤下》)　3/1335

惟法其言，用其谋，行其道，上可而利天，中可而利鬼，下可而利人，是故推而上之。(《墨子·尚贤下》)　3/1336

古者之置正长也，将以治民也。譬之若丝缕之有纪，而罔罟之有纲也，将以运役天下淫暴，而一同其义也。(《墨子·尚同中》)　3/1338

古者天子之立三公、诸侯、卿之宰、乡长家君，非特富贵游佚而择之也，将使助治乱刑政也。(《墨子·尚同下》)　3/1340

夫仁人轻货，不可诱以利，可使出费；勇士轻难，不可惧以患，可使据危；智者达于数，明于理，不可欺以不诚，可示以道理，可使立功，是三才也。(《鬼谷子·谋篇》)　3/1369

亡不可以为存，而危不可以为安，然而无为而贵智矣。(《鬼谷子·谋篇》)　3/1371

待士不敬，举士不信，则善士不往焉；听言，耳目不瞿，视听不深，则善言不往焉。(《尸子·明堂》)　3/1382

河下天下之川故广，人下天下之士故大。(《尸子·明堂》)　3/1383

有大善者，必问孰进之；有大过者，必云孰任之，而行赏罚焉，且以观贤不肖也。(《尸子·发蒙》)　3/1387

弱子有疾，慈母之见秦医也，不争礼貌；在囹圄，其走大吏也，不爱资财。视天下若子，是故其见医者，不争礼貌；其奉养也，不爱资财。(《尸子·治天下》)　3/1391

凡治之道，莫如因智；智之道，莫如因贤。(《尸子·治天下》)　3/1392

仁者之于善也，无择也，无恶也，惟善之所在。(《尸子·仁意》)　3/1392

买马不论足力，而以白黑为仪，必无走马矣；买玉不论美恶，而以大小为仪，必无良宝矣；举士不论才，而以贵势为仪，则伊尹、管仲不为臣矣。(《尸子》)　3/1396

障贤者死。(《尸子》)　3/1398

圣人所贵，人事而已。(《尉缭

子·战威》）　　　　　　3/1414

良马有策，远道可致；贤士有合，大道可明。（《尉缭子·武议》）3/1419

明赏赉，严诛责，止奸之术也。审开塞，守一道，为政之要也。下达上通，至聪之听也。知国有无之数，用其仇也。知彼弱者，强之体也。知彼动者，静之决也。（《尉缭子·原官》）3/1421

先王之所传闻者，任正去诈，存其慈顺，决无留刑。（《尉缭子·战权》）

3/1424

立官者，以全生也。（《吕氏春秋·孟春纪·本生》）　　3/1429

智而用私，不若愚而用公。（《吕氏春秋·孟春纪·贵公》）　3/1434

惟不以天下害其生者也，可以托天下。（《吕氏春秋·仲春纪·贵生》）

3/1437

古之善为君者，劳于论人而佚于官事，得其经也。（《吕氏春秋·仲春纪·当染》）　　　3/1439

亲亲长长，尊贤使能。（《吕氏春秋·季春纪·先己》）　　3/1448

凡论人，通则观其所礼，贵则观其所进，富则观其所养，听则观其所行，止则观其所好，习则观其所言，穷则观其所不受，贱则观其所不为。喜之以验其守，乐之以验其僻，怒之以验其节，惧之以验其特，哀之以验其人，苦之以验其志。八观六验，此贤主之所以论人也。（《吕氏春秋·季春纪·论人》）

3/1450

论人者，又必以六戚四隐。何谓六戚？父、母、兄、弟、妻、子。何谓四隐？交友、故旧、邑里、门郭。（《吕氏春秋·季春纪·论人》）　　　3/1451

有之而不使，不若无有。（《吕氏春秋·季春纪·圜道》）　　3/1454

先王之立高官也，必使之方，方则分定，分定则下不相隐。（《吕氏春秋·季春纪·圜道》）　　　3/1454

背叛之人，贤主弗内之于朝，君子不与交友。（《吕氏春秋·孟夏纪·尊师》）　　　3/1458

能使士待千里者，其惟贤者也。（《吕氏春秋·季秋纪·知士》）3/1481

贤主必自知士，故士尽力竭智，直言交争，而不辞其患。（《吕氏春秋·季冬纪·不侵》）　　　3/1495

尊贵富大不足以来士矣，必自知之然后可。（《吕氏春秋·季冬纪·不侵》）　　　3/1495

愉易平静以待之，使夫自得之；因然而然之，使夫自言之。（《吕氏春秋·有始览·谨听》）　　3/1502

功名之立，由事之本也，得贤之化也。（《吕氏春秋·孝行览·本味》）

3/1508

临难用诈，足以却敌；反而尊贤，足以报德。（《吕氏春秋·孝行览·义赏》）　　　3/1513

信贤而任之，君之明也；让贤而下之，臣之忠也。（《吕氏春秋·孝行览·慎人》）　　　3/1515

人主之欲求士者,不可不务博也。(《吕氏春秋·孝行览·慎人》)3/1515

凡举人之本,太上以志,其次以事,其次以功。(《吕氏春秋·孝行览·遇合》)　3/1516

地从于城,城从于民,民从于贤。(《吕氏春秋·先识览·先识》)3/1526

有道之士,必礼必知,然后其智能可尽也。(《吕氏春秋·先识览·观世》)　3/1528

凡为善难,任善易。(《吕氏春秋·审分览·审分》)　3/1535

天无形,而万物以成;至精无象,而万物以化;大圣无事,而千官尽能。(《吕氏春秋·审分览·君守》)3/1538

治天下之要,存乎除奸;除奸之要,存乎治官;治官之要,存乎治道;治道之要,存乎知性命。(《吕氏春秋·审分览·知度》)　3/1544

人主之患,必在任人而不能用之,用之而与不知者议之也。(《吕氏春秋·审分览·知度》)　3/1545

绝江者托于船,致远者托于骥,霸王者托于贤。(《吕氏春秋·审分览·知度》)　3/1545

非其人而欲有功,譬之若夏至之日而欲夜之长也,射鱼指天而欲发之当也。(《吕氏春秋·审分览·知度》)　3/1545

人主之欲得廉士者,不可不务求。(《吕氏春秋·离俗览·离俗》)3/1558

赏不当,虽与之必辞;罚诚当,虽

赦之不外。度之于国,必利长久。(《吕氏春秋·离俗览·高义》)　3/1558

先王知务之不可全也,故择务而贵取一也。(《吕氏春秋·离俗览·举难》)　3/1567

以人之小恶,亡人之大美,此人主之所以失天下之士也已。(《吕氏春秋·离俗览·举难》)　3/1568

凡使贤不肖异:使不肖以赏罚,使贤以义。(《吕氏春秋·恃君览·知分》)　3/1572

能自为取师者王,能自取友者存,其所择而莫如己者亡。(《吕氏春秋·恃君览·骄恣》)　3/1576

凡国不徒安,名不徒显,必得贤士。(《吕氏春秋·开春论·期贤》)　3/1579

先王之索贤人,无不以也。极卑极贱,极远极劳。(《吕氏春秋·慎行论·求人》)　3/1586

贤主所贵莫如士。所以贵士,为其直言也。言直则枉者见矣。(《吕氏春秋·贵直论·贵直》)3/1587

欲知平直,则必准绳;欲知方圆,则必规矩;人主欲自知,则必直士。(《吕氏春秋·不苟论·自知》)3/1591

通乎君道,则能令智者谋矣,能令勇者怒矣,能令辩者语矣。(《吕氏春秋·似顺论·分职》)　3/1597

人得其宜,物得其安。(《淮南子·主术训》)　3/1663

所任者得其人,则国家治,上下

和，群臣亲，百姓附；所任非其人，则国家危，上下乖，群臣怨，百姓乱。（《淮南子·主术训》）　3/1668

有大略者，不可责以捷巧；有小智者，不可任以大功。（《淮南子·主术训》）　3/1671

其计乃可用，不羞其位；其主言可行，不责其辩。（《淮南子·主术训》）　3/1672

美者止于度，而不足者逮于用，故海内可一也。（《淮南子·主术训》）　3/1675

无故无新，惟贤是亲。（《淮南子·主术训》）　3/1684

通于一伎，察于一辞，可与曲说，未可与广应也。（《淮南子·缪称训》）　3/1701

地宜其事，事宜其械，械宜其用，用宜其人。（《淮南子·齐俗训》）　3/1709

得十利剑，不若得欧冶之巧；得百走马，不若得伯乐之数。（《淮南子·齐俗训》）　3/1713

圣人之处世，不逆有伎能之士。（《淮南子·道应训》）　3/1722

耳不知清浊之分者，不可令调音；心不知治乱之源者，不可令制法。（《淮南子·氾论训》）　3/1726

方正而不以割，廉直而不以切，博通而不以訾，文武而不以责。（《淮南子·氾论训》）　3/1732

一家失燧，百家皆烧；谗夫阴谋，百姓暴骸。（《淮南子·说林训》）　3/1796

以天下之大，托于一人之才，譬若悬千钧之重于木之一枝。（《淮南子·说林训》）　3/1800

凡用人之道，若以燧取火，疏之则弗得，数之则弗中，正在疏数之间。（《淮南子·说林训》）　3/1803

勇者可令进斗，而不可令持牢；重者可令填固，而不可令凌敌；贪者可令进取，而不可令守职；廉者可令守分，而不可令进取；信者可令持约，而不可令应变。（《淮南子·泰族训》）　3/1821

所以贵扁鹊者，非贵其随病而调药，贵其𪿨息脉血，知疾之所从生也；所以贵圣人者，非贵随罪而鉴刑也，贵其知乱之所由起也。（《淮南子·泰族训》）　3/1826

国之所以存者，非以有法也，以有贤人也；其所亡者，非以无法也，以无圣人也。（《淮南子·泰族训》）　3/1826

夫敬贤，弱国之法度，力少之强助也。（《论衡·非韩篇》）　3/1851

材不自能则须助，须助则待劲。（《论衡·程材篇》）　3/1854

人有所优，固有所劣；人有所工，固有所拙。（《论衡·书解篇》）3/1866

物有不求，未有无物之岁也；士有不用，未有少士之世也。（《昌言·损益篇》）　3/1885

夫任一人则政专，任数人则相倚。政专则和谐，相倚则违戾。和谐则太平之所兴也，违戾则荒乱之所起也。

（《昌言·法诫篇》） 3/1886

明主任人之道也专,治人之道也博。任人之道专,故邪不得间;治人之道博,故下无所壅。任人之道不专,则谗说起而异心生;致人之道不博,则殊涂塞而良材屈。(《傅子·举贤》)3/1898

不尊贤尚德,举善以教,而以一言之悦取人,则天下弃德饰辩以要其上者,不鲜矣。何者? 德难为而言易饰也。(《傅子·戒言》) 3/1904

进用忠直,社稷永康,教民以孝,舜化以彰。(《博物志·地理略》) 3/1925

害一介之士,则英杰不践其境。(《抱朴子外篇·逸民》) 4/1935

义不使高世之士,辱于污君之朝也。(《抱朴子外篇·逸民》) 4/1935

使规尽其圆,矩竭其方,绳肆其直,斤效其斫。器无量表之任,才无失授之用。(《抱朴子外篇·君道》) 4/1944

掩细瑕而录大用,忘近恶而念远功。(《抱朴子外篇·君道》) 4/1947

非贲、获之壮,不可以举兼人之重;非万夫之特,不可以总异言之局。(《抱朴子外篇·臣节》) 4/1951

夫危而不持,安用彼相?(《抱朴子外篇·良规》) 4/1953

良骏败于拙御,智士踬于暗世。(《抱朴子外篇·官理》) 4/1954

舍轻艘而涉无涯者,不见其必济也;无良辅而羡隆平者,未闻其有成也。(《抱朴子外篇·贵贤》) 4/1956

世有隐逸之民,而无独立之主者;

士可以嘉遁而无忧,君不可以无臣而致治。(《抱朴子外篇·贵贤》) 4/1956

疾步累趋,未若托乘乎逸足;寻飞逐走,未若假伎乎鹰、犬。(《抱朴子外篇·任能》) 4/1957

夫劲弩难彀,而可以摧坚捷远;大舟难乘,而可以致重济深;猛将难御,而可以折冲拓境;高贤难临,而可以攸叙彝伦。(《抱朴子外篇·任能》) 4/1957

华、霍所以能崇极天之峻者,由乎其下之厚也;唐、虞所以能臻巍巍之功者,实赖股肱之良也。(《抱朴子外篇·审举》) 4/1963

人君虽明并日、月,神鉴未兆,然万机不可以独统,曲碎不可以亲总,必假目以遐览,借耳以广听。(《抱朴子外篇·审举》) 4/1964

设官分职,其犹构室,一物不堪,则崩桡之由也。(《抱朴子外篇·审举》) 4/1965

夫铨衡不平,则轻重错谬;斗斛不正,则少多混乱;绳墨不陈,则曲直不分;准格倾侧,则淳杂实繁。(《抱朴子外篇·审举》) 4/1965

举善而教,则不仁者远矣;奸伪荣显,则英杰潜逝。(《抱朴子外篇·审举》) 4/1966

弹鸟,则千金不及丸泥之用;缝缉,则长剑不及数分之针。何必伏巨象而捕鼠,制大鹏以司晨乎?(《抱朴子外篇·备阙》) 4/1972

同乎己者,未必可用;异于我者,

未必可忽也。(《抱朴子外篇·清鉴》)

4/1979

咆哮者不必勇,淳淡者不必怯。或外候同而用意异,或气性殊而所务合。非若天地有常候,山川有定止也。(《抱朴子外篇·清鉴》)　　4/1980

夫物有似而实非,若然而不然。料之无惑,望形得神,圣者其将病诸,况乎常人?故用才取士,推昵结友,不可以不精择,不可以不详试也。(《抱朴子外篇·行品》)　　4/1991

夫论管穴者,不可问以九陔之无外;习拘阓者,不可督以拔萃之独见。(《抱朴子外篇·钧世》)　　4/1999

冲飙倾山,而不能效力于拔毫;火铄金石,而不能耀烈以起湿。(《抱朴子外篇·博喻》)　　4/2009

聪者贵于理遗音于千载之外,而得兴亡之迹;明者珍于鉴逸群于寒瘁之中,而抽匡世之器。(《抱朴子外篇·博喻》)　　4/2017

邈世之勋,必由绝伦之器;定倾之算,必吐冠俗之怀。(《抱朴子外篇·博喻》)　　4/2018

千羊不能扞独虎,万雀不能抵一鹰。(《抱朴子外篇·广譬》)　　4/2036

庸夫盈朝,不能使彝伦攸叙;英俊孤任,足以令庶事根长。(《抱朴子外篇·广譬》)　　4/2036

峻极之山,非一石所成;凌云之榭,非一木所构;狐白之裘,非一腋之毳;宇宙为宅,非一贤之治。(《刘子·荐贤章》)　　4/2078

才苟适治,不问世胄;智苟能谋,奚妨秕行。(《刘子·荐贤章》)　4/2078

人之情性,皆有细短。若其大略是也,虽有小过,不足以为累;若其大略非也,虽有衡门小操,未足与论大谋。(《刘子·妄瑕章》)　　4/2080

智小不可以谋大,狭德不可以处广。以小谋大必危,以狭处广必败。(《刘子·均任章》)　　4/2081

先王之治,顺天之道,设地之宜,官民之德。(《司马法·仁本》)4/2114

上贵不伐之士,不伐之士,上之器也。苟不伐则无求,无求则不争,国中之听,必得其情,军旅之听,必得其宜,故材技不相掩。(《司马法·天子之义》)　　4/2116

惟明君贤将,能以上智为间者,必成大功。此兵之要,三军之所恃而动也。(《孙子兵法·用间篇》)　　4/2156

以世俗之所誉者为贤,以世俗之所毁者为不肖,则多党者进,少党者退。(《太公六韬·文韬·举贤》)

4/2190

英雄者,国之干;庶民者,国之本。得其干,收其本,则政行而无怨。(《黄石公三略·上略》)　　4/2216

夫用人之道,尊以爵,赡以财,则士自来;接以礼,励以义,则士死之。(《黄石公三略·上略》)　4/2216

泽及于民,则贤人归之;泽及昆虫,则圣人归之。贤人所归,则其国强;圣人所归,则六合同。求贤以德,致圣以道。贤去则国微;圣去则国乖。微者危之阶,乖者亡之征。(《黄石公三略·下略》)　4/2222

废一善,则众善衰;赏一恶,则众恶归。善者得其祐,恶者受其诛,则国安而众善至。(《黄石公三略·下略》)　4/2225

利一害百,民去城郭;利一害万,国乃思散。去一利百,人乃慕泽;去一利万,政乃不乱。(《黄石公三略·下略》)　4/2228

大圣所短,不若贤者所长;人之所短,不若万物之所长。(《太平经·大小谏正法》)　4/2278

伤一正气,天气乱;伤一顺气,地气逆;伤一儒,众儒亡;伤一贤,众贤藏。(《太平经·案书明刑德法》)　4/2279

穿地见泉,地之血也;见石,地之骨也;土,地之肉也。取血,破骨,穿肉,复投瓦石坚木于地中,为疮。(《太平经·起土出书诀》)　4/2279

治欲得天地心者,乃行道与德也,故古者圣贤,乃贵用道与德、仁爱利胜人也,不贵以严畏刑罚惊骇而胜服人也。(《太平经·服人以道不以威诀》)　4/2281

凡事者,当得其人若神,不得其人若妄言。得其人,事无难易,皆可行矣;不得其人,事无大小,皆不可为也。(《太平经·诸乐古文是非诀》)4/2285

尚贤(76条)

仁者莫大乎爱人,智者莫大乎知贤,贤政者莫大乎官能。(《孔子家语·王言解》)　1/5

劳于取人,佚于治事。(《孔子家语·入官》)　1/27

贤能不待次而举,罢不能不待须而废。(《荀子·王制》)　1/73

贤不肖不杂则英杰至,是非不乱则国家治。(《荀子·王制》)　1/73

选贤良,举笃敬,兴孝弟,收孤寡,补贫穷,如是,则庶人安政矣。(《荀子·王制》)　1/74

尚贤使能而等位不遗,析愿禁悍而刑罚不过,百姓晓然皆知夫为善于家而取赏于朝也,为不善于幽而蒙刑于显也。(《荀子·王制》)　1/78

欲强固安乐,则莫若反之民;欲附下一民,则莫若反之政;欲修政美国,则莫若求其人。(《荀子·君道》)1/91

君人者不可以不慎取臣,匹夫不可以不慎取友。(《荀子·大略》)1/136

欲求士必至、民必附,惟恭与敬、忠与信,古今毋易矣。(《贾谊新书·大政下》)　1/187

无世而无圣,或不得知也;无国而无士,或弗能得也。故世未尝无圣也,而圣不得王则弗起也;国未尝无士也,不得君子则弗助也。(《贾谊新

书·大政下》）1/188

君子劳于求贤，逸于用之。（《盐铁论·刺复》）1/210

举善若不足，黜恶若仇雠。（《盐铁论·除狭》）1/250

知而不进，是不忠也；不知，是不智也。（《新序·杂事一》）1/284

外举不避仇雠，内举不回亲戚，可谓至公矣。（《新序·杂事一》）1/284

唯善，故能举其类。（《新序·杂事一》）1/284

良君将赏善而除民患，爱民如子，盖之如天，容之若地。民奉其君，爱之如父母，仰之如日月，敬之如神明，畏之若雷霆。（《新序·杂事一》）1/284

乐贤而哀不肖，守国之本也。（《说苑·贵德》）1/336

择人而树，毋已树而择之。（《说苑·复恩》）1/342

尊贤，先疏后亲，先义后仁也，此霸者之迹也。（《说苑·政理》）1/352

人君之欲平治天下而垂荣名者，必尊贤而下士。（《说苑·尊贤》）1/352

国不务大，而务得民心；佐不务多，而务得贤俊。得民心者民往之，有贤佐者士归之。（《说苑·尊贤》）1/354

养寿之士，先病服药；养世之君，先乱任贤，是以身常安而国永永也。（《潜夫论·思贤》）1/511

夫人治国，固治身之象。疾者身之病，乱者国之病也。身之病待医而愈，国之乱待贤而治。（《潜夫论·思贤》）1/512

夫治世不得真贤，譬犹治疾不得真药也。（《潜夫论·思贤》）1/513

国家存亡之本，治乱之机，在于明选而已矣。（《潜夫论·本政》）1/514

语曰："黄金累千，不如一贤。"（《物理论》）1/638

弧矢之利，以威天下，先王所以观德择贤，亦济身之急务也。（《颜氏家训·杂艺》）1/677

士民与之，明上举之；士民苦之，明上去之。（《鹖冠子·撰吏》）2/692

贤者任人，故年老而不衰，智尽而不乱。故治国之难在于知贤而不在自贤。（《列子·说符》）2/829

慎贵在举贤，慎民在置官，慎富在务地。（《管子·枢言》）2/999

闻贤而不举，殆；闻善而不索，殆；见能而不使，殆；亲人而不固，殆；同谋而离，殆；危人而不能，殆；废人而复起，殆；可而不为，殆；足而不施，殆；几而不密，殆。（《管子·法法》）2/1005

得道而导之，得贤而使之，将有所大期于兴利除害。（《管子·法法》）2/1006

举士而求贤智，为政而期适民，皆乱之端，未可与为治也。（《韩非子·显学》）2/1246

古者圣王之为政，列德而尚贤，虽在农与工肆之人，有能则举之。（《墨子·尚贤上》）3/1331

得意贤士不可不举，不得意贤士

不可不举。(《墨子·尚贤上》) 3/1333

夫尚贤者,政之本也。(《墨子·尚贤上》) 3/1333

古者圣王甚尊尚贤而任使能,不党父兄,不偏贵富,不嬖颜色。(《墨子·尚贤中》) 3/1334

贤者举而上之,富而贵之,以为官长;不肖者抑而废之,贫而贱之,以为徒役。(《墨子·尚贤中》) 3/1334

《汤誓》曰:"聿求元圣,与之戮力同心,以治天下。"(《墨子·尚贤中》) 3/1335

古者明王之求贤也,不避远近,不论贵贱,卑爵以下贤,轻身以先士。(《尸子·明堂》) 3/1382

下士者得贤,下敌者得友,下众者得誉。(《尸子·明堂》) 3/1383

若夫临官,治事者案其法,则民敬事;任士,进贤者保其后,则民慎举;议国,亲事者尽其实,则民敬言。(《尸子·发蒙》) 3/1384

国之所以不治者三:不知用贤,此其一也;虽知用贤,求不能得,此其二也;虽得贤,不能尽,此其三也。(《尸子·发蒙》) 3/1386

虑事而当,不若进贤;进贤而当,不若知贤;知贤又能用之,备矣。(《尸子·发蒙》) 3/1387

为人臣者,以进贤为功;为人君者,以用贤为功。(《尸子·发蒙》) 3/1387

内举不避亲,外举不避仇。(《尸子·仁意》) 3/1392

举贤任能,不时日而事利;明法审令,不卜筮而事吉;贵功养劳,不祷祠而得福。(《尉缭子·战威》) 3/1413

外举不避雠,内举不避子。(《吕氏春秋·孟春纪·去私》) 3/1435

贤主劳于求人,而佚于治事。(《吕氏春秋·季冬纪·士节》) 3/1493

贤主之求有道之士,无不以也;有道之士求贤主,无不行也。相得然后乐。(《吕氏春秋·孝行览·本味》) 3/1509

士其难知,唯博之为可,博则无所遁矣。(《吕氏春秋·慎大览·报更》) 3/1521

贤主得贤者而民得,民得而城得,城得而地得。(《吕氏春秋·先识览·先识》) 3/1526

得贤人,国无不安,名无不荣;失贤人,国无不危,名无不辱。(《吕氏春秋·慎行论·求人》) 3/1586

得十良马,不若得一伯乐;得十良剑,不若得一欧冶;得地千里,不若得一圣人。(《吕氏春秋·不苟论·赞能》) 3/1591

一目之罗,不可以得鸟;无饵之钓,不可以得鱼;遇士无礼,不可以得贤。(《淮南子·说林训》) 3/1796

弓先调而后求劲,马先驯而后求良,人先信而后求能。(《淮南子·说林训》) 3/1802

治国之道,本在得贤。得贤则治,

失贤则乱。(《白虎通义·贡士》)

3/1880

论道必求高明之士,干事必使良能之人。(《昌言》)　　　3/1890

构大厦者,先择匠然后简材;治国家者,先择佐然后定民。(《傅子·授职》)

3/1898

空谷有项领之骏者,孙阳之耻也;太平遗冠世之才者,赏真之责也。(《抱朴子外篇·嘉遁》)

4/1928

招贤用才者,人主之要务也;立功立事者,髦俊之所思也。(《抱朴子外篇·贵贤》)

4/1956

不吝金璧,不远千里,不惮屈己,不耻卑辞,以致贤为首务,得士为重宝。(《抱朴子外篇·钦士》)　4/1958

举之者受上赏,蔽之者为窃位。(《抱朴子外篇·钦士》)　　4/1958

圣君莫不根心招贤,以举才为首务。(《抱朴子外篇·审举》)　4/1965

劳于求人,逸于用能。(《抱朴子外篇·审举》)

为国入宝,不如能献贤。(《刘子·荐贤章》)

进不求名,退不避罪,唯人是保,而利合于主,国之宝也。(《孙子兵法·地形篇》)　　　　4/2151

君能使贤者居上,不肖者处下,则陈已定矣。民安其田宅,亲其有司,则守已固矣。百姓皆是吾君而非邻国,则战已胜矣。(《吴子·图国》)4/2162

世不绝圣,国不乏贤,能得其师者王,得其友者霸。(《吴子·图国》)

4/2163

举贤而不用,是有举贤之名而无用贤之实也。(《太公六韬·文韬·举贤》)　　　　4/2190

各以官名举人,按名督实,选才考能,令实当其名,名当其实。(《太公六韬·文韬·举贤》)　4/2191

夫为国之道,恃贤与民。信贤如腹心,使民如四肢,则策无遗。(《黄石公三略·上略》)　　4/2214

清白之士不可以爵禄得;节义之士不可以威刑胁。故明君求贤,必观其所以而致焉。致清白之士,修其礼;致节义之士,修其道。而后士可致,而名可保。(《黄石公三略·下略》)

4/2226

伤贤者,殃及三世;蔽贤者,身受其害;嫉贤者,其名不全;进贤者,福流子孙。故君子急于进贤,而美名彰焉。(《黄石公三略·下略》)　4/2228

赐国家千金,不若与其一要言可以治者也;与国家万双璧玉,不若进二大贤也。(《太平经·道无价却夷狄法》)　　　　4/2280

古者圣贤帝王,未尝贫于财货也,乃常苦贫于士,愁大贤不至,人民不聚。(《太平经·道无价却夷狄法》)

4/2280

观人（70条）

不知其子视其父，不知其人视其友，不知其君视其所使，不知其地视其草木。（《孔子家语·六本》）　1/20

不知其子视其友，不知其君视其左右。（《荀子·性恶》）　1/126

均薪施火，火就燥；平地注水，水流湿。夫类之相从也，如此之著也，以友观人，焉所疑？（《荀子·大略》）1/137

人既难知，非言问所及，观察所尽。（《孔丛子·记义》）　1/149

夫智不足与谋，而权不能举当世，民斯为下也。（《盐铁论·褒贤》）1/228

俎豆之间足以观礼，闺门之内足以论行。（《盐铁论·褒贤》）　1/229

察实者不留声，观行者不几辞。（《新序·节士》）　1/304

士之接也，非必与之临财分货乃知其廉也，非必与之犯难涉危乃知其勇也。（《说苑·尊贤》）1/353

举事决断，是以知其勇也；取与有让，是以知其廉也。（《说苑·尊贤》）　1/354

以所见可以占未发，睹小节固足以知大体矣。（《说苑·尊贤》）1/354

夫取人之术也，观其言而察其行。（《说苑·尊贤》）　1/357

欲知其子视其友，欲知其君视其所使。（《说苑·奉使》）　1/372

论士必定于志行，毁誉必参于效验。（《潜夫论·交际》）　1/547

不随俗而雷同，不逐声而寄论。（《潜夫论·交际》）　1/548

善恶要于功罪，毁誉效于准验。（《申鉴·政体》）　1/563

路不险，则无以知马之良；任不重，则无以知人之德。（《中论·修本》）　1/603

非有独见之明，专任众人之誉，不以己察，不以事考，亦何由获大贤哉！（《中论·审大臣》）　1/616

雄声而雌视者，虚伪人也；气急而声重者，敦实人也。（《物理论》）1/638

势弱于己，则虎步而凌之；势强于己，则鼠行而事之。此奸雄之才也，亦且小人。（《干子》）　1/643

临利而后可以见信，临财而后可以见仁，临难而后可以见勇，临事而后可以见术数之士。（《鹖冠子·天则》）　2/802

富者观其所予，足以知仁；贵者观其所举，足以知忠。（《鹖冠子·道端》）　2/805

贫者观其所不取，足以知廉；贱者观其所不为，足以知贤。（《鹖冠子·道端》）　2/805

色盛者骄，力盛者奋。（《列子·说符》）　2/829

狗不以善吠为良，人不以善言为贤。（《庄子·杂篇·徐无鬼》）　2/867

有人将来，唯目之瞻。言之壹，行

之壹,得而勿失;言之采,行之巸,得而勿以。(《黄帝四经·十大经·行守》)
2/891

言者,心之符也;色者,心之华也;气者,心之浮也。(《黄帝四经·十大经·行守》)
2/892

知人之浅深,实复未易,古人之难,诚有以也。(《抱朴子内篇·祛惑》)
2/957

审其所好恶,则其长短可知也;观其交游,则其贤不肖可察也。(《管子·权修》)
2/978

金心在中不可匿,外见于形容,可知于颜色。(《管子·心术下》) 2/1035

好名则无实,为高则不御。(《管子·小问》)
2/1058

圣人之与人约结也,上观其事君也,内观其事亲也,必有可知之理,然后约结。(《管子·形势解》) 2/1074

笑不乐,视不见,必为乱。(《韩非子·说林下》)
2/1187

夫视锻锡而察青黄,区冶不能以必剑;水击鹄雁,陆断驹马,则臧获不疑钝利。(《韩非子·显学》) 2/1243

发齿吻形容,伯乐不能以必马;授车就驾,而观其末涂,则臧获不疑驽良。(《韩非子·显学》) 2/1243

观容服,听辞言,仲尼不能以必士;试之官职,课其功伐,则庸人不疑于愚智。(《韩非子·显学》) 2/1244

言有信而不为信,言有善而不为善者,不可不察也。(《邓析子·转辞篇》)
2/1278

观人察质,必先察其平淡,而后求其聪明。(《人物志·九征》) 2/1298

诚仁必有温柔之色,诚勇必有矜奋之色,诚智必有明达之色。(《人物志·九征》)
2/1298

其为人也,质素平澹,中睿外朗,筋劲植固,声清色怿,仪正容直,则九征皆至,则纯粹之德也。(《人物志·九征》)
2/1298

听言信貌,或失其真。(《人物志·八观》)
2/1304

情变于内者,形见于外。(《鬼谷子·揣篇》)
3/1366

闻其声而知其风,察其风而知其志,观其志而知其德。(《吕氏春秋·季夏纪·音初》)
3/1469

论人无以其所未得,而用其所已得,可以知其所未得矣。(《吕氏春秋·有始览·务本》)
3/1504

凡人不可不熟论。(《吕氏春秋·离俗览·高义》)
3/1559

情系于中,行形于外。(《淮南子·缪称训》)
3/1690

骄溢之君无忠臣,口慧之人无必信。(《淮南子·缪称训》)
3/1705

言无常是,行无常宜者,小人也;察于一事,通于一伎者,中人也;兼覆盖而并有之,度伎能而裁使之者,圣人也。(《淮南子·缪称训》)
3/1708

圣人之论贤也,见其一行而贤不肖分矣。(《淮南子·氾论训》) 3/1733

见者可以论未发也,而观小节足以知大体矣。(《淮南子·氾论训》)3/1734

论人之道,贵则观其所举,富者观其所施,穷则观其所不受,贱则观其所不为,贫者观其所不取。(《淮南子·氾论训》)　　　　3/1734

视其更难,以知其勇;动以喜乐,以观其守;委以财货,以论其人;振以恐惧,以知其节。(《淮南子·氾论训》)　　　　3/1734

人之所指,动则有章;人之所视,行则有迹。(《淮南子·诠言训》)　　　　3/1737

情泄者中易测。(《淮南子·说林训》)　　　　3/1790

舟覆乃见善游,马奔乃见良御。(《淮南子·说林训》)　　3/1801

观其所举,而治乱可见也;察其党与,而贤不肖可论也。(《淮南子·泰族训》)　　　　3/1827

夫观逐者于其反也,而观行者于其终也。(《淮南子·泰族训》)3/1828

论人之法,取其行则弃其言,取其言则弃其行。(《论衡·问孔篇》)3/1849

夫欲知其子视其友,欲知其君视其所使。(《论衡·问孔篇》)　3/1850

善人称之,恶人毁之,毁誉者半,乃可有贤。(《论衡·定贤篇》)3/1863

坚强则能隐事而立义,软弱则诬时而毁节。(《论衡·定贤篇》)3/1864

听言不如观事,观事不如观行。(《傅子·通志》)　　　3/1906

欲知其人,视其朋友。(《邹子》)　　　　3/1919

知人则哲,上圣所难。(《抱朴子外篇·审举》)　　　　4/1966

知人之明,上圣所难。(《抱朴子外篇·交际》)　　　　4/1969

区别臧否,瞻形得神,存乎其人,不可力为。(《抱朴子外篇·清鉴》)4/1979

求之以貌,责之以妍,俗人徒睹其外形之粗简,不能察其精神之渊邈。(《抱朴子外篇·刺骄》)　　4/1998

肤表或不可以论中,望貌或不可以核能。(《抱朴子外篇·博喻》)　4/2021

士无乡曲之誉,则未可与论行;马无服舆之伎,则未可与决良。(《燕丹子·卷下》)　　　　4/2107

人有德也,则气和于目;有亡,忧知于色。(《黄帝内经·素问·解精微论篇》)　　　　4/2255

夫古者圣贤见人,不即与其语,但精观占视其所好恶,以知之矣。(《太平经·急学真法》)　　　4/2283

人尽其才(51条)

夫圣人之官人,犹大匠之用木也,取其所长,弃其所短。(《孔丛子·居卫》)　　　　1/153

智者之所短,不如愚者之所长。(《新语·辅政》)　　　　1/160

人固难全,权用其长者。(《新

序·杂事五》）　　　　　1/298

先君能以人之长续其短，以人之厚补其薄。（《说苑·君道》）　1/317

物各有短长。谨愿敦厚，可事主，不施用兵；骐骥騄骊，足及千里，置之宫室，使之捕鼠，曾不如小狸；干将为利，名闻天下，匠以治木，不如斤斧。（《说苑·杂言》）　　　　1/421

苟得其人，不患贫贱；苟得其材，不嫌名迹。（《潜夫论·本政》）　1/514

录人一善，则无弃人；采材一用，则无弃材。（《魏子》）　　　1/585

人有厚德，无问小节；人有大誉，无訾小故。（《体论·君》）　1/623

其计可用，不羞其位；其言可行，不责其辩。（《文子·上仁》）2/787

人有厚德，无间其小节；人有大誉，无疵其小故。（《文子·上义》）　2/792

夫人情莫不有所短，诚其大略是也，虽有小过，不以为累也。（《文子·上义》）　　　　　2/792

今志人之所短，忘人之所长，而欲求贤于天下，即难矣。（《文子·上义》）2/793

明君之举其下也，尽知其短长，知其所不能益，若任之以事；贤人之臣其主也，尽知短长与身力之所不至，若量能而授官。（《管子·君臣上》）2/1027

明主之官物也，任其所长，不任其所短，故事无不成，而功无不立。（《管子·形势解》）　　　2/1070

工不兼事则事省，事省则易胜；士不兼官则职寡，职寡则易守。（《慎

子·威德》）　　　　　2/1133

夫物者有所宜，材者有所施，各处其宜，故上无为。（《韩非子·扬权》）　　　　　　2/1156

使鸡司夜，令狸执鼠，皆用其能，上乃无事。（《韩非子·扬权》）2/1156

治世，位不可越，职不可乱，百官有司，各务其刑。（《邓析子·无厚篇》）　　　　　　2/1272

专用聪明，则功不成；专用晦昧，则事必悖。一明一晦，众之所载。（《尹文子》）　　　　　2/1293

人材各有所宜，非独大小之谓也。（《人物志·材能》）　　2/1301

人材不同，能各有异。（《人物志·材能》）　　　　2/1301

凡偏材之人，皆一味之美。故长于办一官，而短于为一国。（《人物志·材能》）　　　　　2/1302

君子不强听治，即刑政乱；贱人不强从事，即财用不足。（《墨子·非乐上》）　　　　　　3/1351

使人各得其所长，天下事当；钧其分职，天下事得，皆其所喜，天下事备；强弱有数，天下事具矣。（《墨子·杂守》）　　　　　3/1360

智者不用其所短，而用愚人之所长，不用其所拙，而用愚人之所工，故不困也。（《鬼谷子·权篇》）3/1367

百官各处其职，治其事以待主，主无不安矣；以此治国，国无不利矣；以此备患，患无由至矣。（《吕氏春秋·季

春纪·圜道》）   3/1454

人固难全，权而用其长者，当举也。（《吕氏春秋·离俗览·举难》）3/1569

圣人使人各处其位，守其职，而不得相干也。（《淮南子·原道训》）3/1626

工无二伎，士不兼官，各守其职，不得相奸。（《淮南子·主术训》） 3/1663

毋小大脩短，各得其宜，则天下一齐，无以相过也。（《淮南子·主术训》）   3/1668

兼而用之，故无弃才。（《淮南子·主术训》）   3/1668

无大小修短，各得其所宜。规矩方圆，各有所施。（《淮南子·主术训》）   3/1671

成国之道，工无伪事，农无遗力，士无隐行，官无失法。（《淮南子·缪称训》）   3/1696

愚者有所修，智者有所不足。（《淮南子·齐俗训》）   3/1709

各用之于其所适，施之于其所宜，即万物一齐，而无由相过。（《淮南子·齐俗训》）   3/1709

人固难合也，权而用其长者而已矣。（《淮南子·道应训》）   3/1721

辐之入毂，各值其凿，不得相通，犹人臣各守其职，不得相干。（《淮南子·说林训》）   3/1795

知者之所短，不若愚者之所脩；贤者之所不足，不若众人之有余。（《淮南子·脩务训》）   3/1814

猛虎浮水，不如凫鸭；骐骥登木，

不如猿猴。（《裴氏新言》）   3/1921

剑戟不长于缝缉，锥钻不可以击断，牛马不能吠守，鸡犬不任驾乘。役其所长，则事无废功；避其所短，则世无弃材矣。（《抱朴子外篇·务正》）   4/1955

能调和阴阳者，未必能兼百行，修简书也；能敷五迈九者，不必能全小洁，经曲碎也。（《抱朴子外篇·备阙》）   4/1971

若以所短弃所长，则逸侪拔萃之才不用矣；责具体而论细礼，则匠世济民之勋不著矣。（《抱朴子外篇·备阙》）   4/1971

华章藻蔚，非矇瞍所玩；英逸之才，非浅短所识。（《抱朴子外篇·擢才》）   4/1973

明者举大略细，不伎不求，故能取威定功，成天平地。（《抱朴子外篇·接疏》）   4/1999

偏才不足以经周用，只长不足以济众短。（《抱朴子外篇·博喻》）   4/2018

用得其长，则才无或弃；偏诘其短，则触物无可。（《抱朴子外篇·博喻》）   4/2022

小疵不足以损大器，短疢不足以累长才。（《抱朴子外篇·博喻》）   4/2022

大鹏无戒旦之用，巨象无驰逐之才。（《抱朴子外篇·广譬》）   4/2039

因能受职，各取所长，随时变化，以为纲纪。（《太公六韬·龙韬·王翼》）   4/2198

天地之性，万物各自有宜，当任其

所长,所能为;所不能为者,而不可强也。(《太平经·使能无争讼法》)4/2287

古者大圣大贤将任人,必先试其所长,何所短,而后署其职事,因而任之;其人有过,因而责之,责问其所长,不过所短。(《太平经·使能无争讼法》) 4/2287

考核(70条)

德必称位,位必称禄,禄必称用。(《荀子·富国》) 1/82

德不称位,能不称官,赏不当功,罚不当罪,不祥莫大焉。(《荀子·正论》) 1/114

图德而定次,量能而授官。(《荀子·正论》) 1/114

刑当罪则威,不当罪则侮;爵当贤则贵,不当贤则贱。(《荀子·君子》) 1/126

以誉为赏,以毁为罚,贤者不居焉。(《孔丛子·记问》) 1/151

官尊者禄厚,本美者枝茂。(《盐铁论·刺权》) 1/208

夫禄不过秉握者,不足以言治,家不满檐石者,不足以计事。(《盐铁论·地广》) 1/220

不赏无功,不养无用。(《盐铁论·散不足》) 1/246

为国之道,食有劳而禄有功,使有能而赏必行罚必当。(《说苑·政理》) 1/350

拊者大给利,不可尽用;健者必欲兼人,不可以为法也;口锐者多诞而寡信,后恐不验也。(《说苑·尊贤》) 1/356

奉公行法,可以得荣;能浅行薄,无望上位;不名仁智,无求显荣;才之所不著,无当其处。(《说苑·至公》) 1/380

凡吏胜其职则事治,事治则利生;不胜其职则事乱,事乱则害成也。(《说苑·谈丛》) 1/385

凡南面之大务,莫急于知贤;知贤之近途,莫急于考功。(《潜夫论·考绩》) 1/509

夫剑不试则利钝暗,弓不试则劲挠诬,鹰不试则巧拙惑,马不试则良驽疑。(《潜夫论·考绩》) 1/509

大人不考功,则子孙惰而家破穷;官长不考功,则吏怠傲而奸宄兴;帝王不考功,则直贤抑而诈伪胜。(《潜夫论·考绩》) 1/510

先主之制,官民必论其材,论定而后爵之,位定然后禄之。(《潜夫论·思贤》) 1/513

德不称其任,其祸必酷;能不称其位,其殃必大。(《潜夫论·忠贵》)1/516

以兹举者试其事,处斯职者考其绩。(《申鉴·时事》) 1/573

有事考功,有言考用,动则考行,静则考守。(《申鉴·时事》) 1/573

小能其职，以极登于大，故下位竞。大桡其任，以坠于下，故上位慎。（《申鉴·时事》）　　　　1/574

夫裁衣而知择其工，裁国而知索其人，此固世之所公哉。（《鹖冠子·天则》）　　　　　　　　2/801

察能授官，班禄赐予，使民之机也。（《管子·权修》）　　　　2/978

国有德义未明于朝者，则不可加于尊位；功力未见于国者，则不可授与重禄；临事不信于民者，则不可使任大官。（《管子·立政》）　　　2/980

授事以能，则人上功。（《管子·问》）　　　　　　　　　　2/1018

举德以就列，不类无德；举能以就官，不类无能；以德弇劳，不以伤年。（《管子·君臣下》）　　2/1028

称德度功，劝其所能，若稽之以众风，若任以社稷之任。（《管子·君臣下》）　　　　　　　　2/1029

明主度量人力之所能为而后使焉，故令于人之所能为则令行，使于人之所能为则事成。（《管子·形势解》）　　　　　　　　2/1074

任功，则民少言；任善，则民多言。（《商君书·靳令》）　　2/1114

明主之使其臣也，用必加于功，赏必尽其劳。（《商君书·弱民》）2/1126

不设一方以求于人，故所求者无不足也。（《慎子·民杂》）　2/1136

分已定，人虽鄙，不争。故治天下及国，在乎定分而已矣。（《慎子》）2/1140

群臣守职，百官有常，因能而使之，是谓习常。（《韩非子·主道》）　　　　　　　　　　　2/1146

今若以誉进能，则臣离上而下比周；若以党举官，则民务交而不求用于法。（《韩非子·有度》）　2/1149

明主使法择人，不自举也；使法量功，不自度也。（《韩非子·有度》）　　　　　　　　　2/1150

贤材者处厚禄，任大官；功大者有尊爵，受重赏。（《韩非子·八奸》）　　　　　　　　　　2/1160

明主之为官职爵禄也，所以进贤材劝有功也。（《韩非子·八奸》）　　　　　　　　　　　2/1160

官贤者量其能，赋禄者称其功。（《韩非子·八奸》）　　2/1161

循名实而定是非，因参验而审言辞。（《韩非子·奸劫弑臣》）　2/1164

凡功者，其入多，其出少，乃可谓功。（《韩非子·南面》）2/1170

法者，见功而与赏，因能而受官。（《韩非子·外储说左上》）2/1208

因能而受禄，录功而与官，则莫敢索官。（《韩非子·外储说左下》）2/1210

术者，因任而授官，循名而责实，操杀生之柄，课群臣之能者也。（《韩非子·定法》）　　　2/1223

听其言而求其当，任其身而责其功，则无术不肖者穷矣。（《韩非子·六反》）　　　　　　　　　　　2/1228

结智者事发而验，结能者功见而

谋成败。(《韩非子·八经》) 2/1232

言会众端,必揆之以地,谋之以天,验之以物,参之以人。(《韩非子·八经》) 2/1232

明主者,推功而爵禄,称能而官事,所举者必有贤,所用者必有能,贤能之士进,则私门之请止矣。(《韩非子·人主》) 2/1248

位必使当其德,禄必使当其功,官必使当其能。(《世要论·臣不易》) 2/1264

能出于材,材不同量。材能既殊,任政亦异。(《人物志·材能》) 2/1302

臣以自任为能,君以用人为能。臣以能言为能,君以能听为能。臣以能行为能,君以能赏罚为能。所能不同,故能君众材也。(《人物志·材能》) 2/1302

陈绳,则木之枉者有罪;措准,则地之险者有罪;审名分,则群臣之不审者有罪。(《尸子·发蒙》) 3/1385

凡人主必审分,然后治可以至,奸伪邪辟之涂可以息,恶气苛疾无自至。(《吕氏春秋·审分览·审分》)3/1534

按其实而审其名,以求其情;听其言而察其类,无使放悖。(《吕氏春秋·审分览·审分》) 3/1536

夫名多不当其实,而事多不当其用者,故人主不可以不审名分也。(《吕氏春秋·审分览·审分》) 3/1536

不正其名,不分其职,而数用刑罚,乱莫大焉。(《吕氏春秋·审分览·审分》) 3/1536

凡官者,以治为任,以乱为罪。(《吕氏春秋·审分览·任数》)3/1539

有职者安其职,不听其议;无职者责其实,以验其辞。(《吕氏春秋·审分览·知度》) 3/1543

有一形者处一位,有一能者服一事。(《淮南子·主术训》) 3/1667

力胜其任,则举之者不重也;能称其事,则为之者不难也。(《淮南子·主术训》) 3/1668

禄过其功者损,名过其实者蔽;情行合而名副之,祸福不虚至矣。(《淮南子·缪称训》) 3/1702

考功案第,守成之法也;拔奇取异,定社稷之事也。(《蒋子万机论·用奇》) 3/1893

爵非其德不授,禄非其功不与。(《傅子·重爵禄》) 3/1902

以誉取人,则权势移于下,而朋党之交用;以功进士,则有德者未必授,而凡下之材,人或见任也。(《傅子》) 3/1911

用人不当其才,闻贤不试以事,良可恨也。(《傅子·马先生传》)3/1917

夫选用失于上,则牧守非其人矣;贡举轻于下,则秀、孝不得贤矣。(《抱朴子外篇·审举》) 4/1966

明主官人,不令出其器;忠臣居位,不敢过其量。(《抱朴子外篇·博喻》) 4/2013

量才而授者,不求功于器外;揆能

而受者,不负责于力尽。(《抱朴子外篇·博喻》)　　　　　4/2024

大器不可小用,小士不可大任。(《金楼子·杂记篇》)　　4/2070

有名无实,出入异言,掩善扬恶,进退为巧,王者慎勿与谋。(《太公六韬·文韬·上贤》)　　4/2189

朴其身躬,恶其衣服,语无为以求名,言无欲以求利,此伪人也,王者慎勿近。(《太公六韬·文韬·上贤》)　　4/2190

民不尽力,非吾民也;士不诚信,非吾士也;臣不忠谏,非吾臣也;吏不平洁爱人,非吾吏也。(《太公六韬·文韬·上贤》)　　4/2190

法治(168条)

有法者以法行,无法者以类举,听之尽也;偏党而无经,听之辟也。(《荀子·王制》)　　1/74

法者,治之端也;君子者,法之原也。(《荀子·君道》)　　1/90

不知法之义而正法之数者,虽博,临事必乱。(《荀子·君道》)　1/90

刑称陈,守其银,下不得用轻私门。罪祸有律,莫得轻重威不分。(《荀子·成相》)　　　　1/128

不失有罪,其于怨寡矣;能远于狱,其于防深矣。寡怨近乎滥,防深治乎本。(《孔丛子·刑论》)　1/150

刑立则德散,佞用则忠亡。(《新语·术事》)　　　　1/159

为威不强还自亡,立法不明还自伤。(《新语·至德》)　　1/163

若夫经制不定,是犹渡江河无维楫,中流而遇风波也,船必覆矣。(《贾谊新书·俗激》)　　1/172

王者之法,国无九年之蓄谓之不足,无六年之蓄谓之急,无三年之蓄曰国非其国也。(《贾谊新书·忧民》)　　　　　　1/173

钼一害而众苗成,刑一恶而万民悦。(《盐铁论·后刑》)　1/252

圣人假法以成教,教成而刑不施。(《盐铁论·后刑》)　1/253

狱讼平,刑罚得,则阴阳调,风雨时。(《盐铁论·执务》)　1/257

法约而易辨,求寡而易供。(《盐铁论·论功》)　　　1/268

言远必考之迩,故内恕以行,是以刑罚若加于己,勤劳若施于身。(《盐铁论·论菑》)　　　1/270

法令者,治恶之具也,而非至治之风也。(《盐铁论·论菑》)　1/271

令者所以教民也,法者所以督奸也。(《盐铁论·刑德》)　1/271

令严而民慎,法设而奸禁。(《盐铁论·刑德》)　　　1/271

网疏则兽失,法疏则罪漏。(《盐铁论·刑德》)　　　1/272

道径众,人不知所由;法令众,民

不知所辟。(《盐铁论·刑德》)　1/272

王者之制法,昭乎如日月,故民不迷;旷乎若大路,故民不惑。(《盐铁论·刑德》)　1/272

德明而易从,法约而易行。(《盐铁论·刑德》)　1/273

法者,缘人情而制,非设罪以陷人也。(《盐铁论·刑德》)　1/274

非患铫耨之不利,患其舍草而芸苗也。非患无准平,患其舍枉而绳直也。(《盐铁论·申韩》)　1/276

民之仰法,犹鱼之仰水。(《盐铁论·诏圣》)　1/278

罢马不畏鞭棰,罢民不畏刑法。(《盐铁论·诏圣》)　1/279

法令可仰而不可逾,可临而不可入。(《盐铁论·诏圣》)　1/279

礼让不足禁邪,而刑法可以止暴。(《盐铁论·诏圣》)　1/279

与其刑不可逾,不若义之不可逾也。(《盐铁论·诏圣》)　1/279

高墙狭基,不可立也。严刑峻法,不可久也。(《盐铁论·诏圣》)　1/280

令者教也,所以导民人;法者刑罚也,所以禁强暴也。(《盐铁论·诏圣》)　1/281

法者,所以敬宗庙、尊社稷。(《说苑·至公》)　1/381

今日贼良民之甚者,莫大于数赦。(《潜夫论·述赦》)　1/522

赦赎数,则恶人昌而善人伤矣。(《潜夫论·述赦》)　1/522

夫立法之大要,必令善人劝其德而乐其政,邪人痛其祸而悔其行。(《潜夫论·断讼》)　1/528

义者君之政也,法者君之命也。(《潜夫论·衰制》)　1/529

夫法令者,君之所以用其国也。(《潜夫论·衰制》)　1/529

惟慎庶狱,以昭人情。(《申鉴·政体》)　1/568

善禁者,先禁其身而后人;不善禁者,先禁人而后身。善禁之至于不禁,令亦如之。(《申鉴·政体》)　1/570

法者主之柄,吏者民之命。法欲简而明,吏欲公而平。(《典论》)1/588

听讼不如使勿讼,善断不如使勿乱。(《周生烈子》)　1/621

多言数穷,不如守中。(《老子·五章》)　2/703

令虽明,不能独行,必待精诚。(《文子·精诚》)　2/749

法烦刑峻,即民生诈。(《文子·道德》)　2/761

衣服器械,各便其用;法度制令,各因其宜。(《文子·上义》)　2/791

夫制于法者,不可与达举;拘礼之人,不可使应变。(《文子·上义》)　2/791

法生于义,义生于众适,众适合乎人心。(《文子·上义》)　2/791

夫法者,天下之准绳也。(《文子·上义》)　2/791

犯法者,虽贤必诛;中度者,虽不

肖无罪。(《文子·上义》)　　2/791

无法不可以为治,不知礼义不可以行法。(《文子·上礼》)　2/796

法贵如言。(《鹖冠子·环流》)
2/803

法令者,主道治乱,国之命也。(《鹖冠子·学问》) 2/812

法者,将用民之死命者也。用民之死命者,则刑罚不可不审。刑罚不审,则有辟就;有辟就,则杀不辜而赦有罪;杀不辜而赦有罪,则国不免于贼臣矣。(《管子·权修》)　2/980

错仪画制,不知则不可;论材审用,不知象不可;和民一众,不知法不可;变俗易教,不知化不可;驱众移民,不知决塞不可;布令必行,不知心术不可;举事必成,不知计数不可。(《管子·七法》)　　2/989

常令不审,则百匿胜;官爵不审,则奸吏胜;符籍不审,则奸民胜;刑法不审,则盗贼胜。(《管子·七法》)
2/989

植固不动,倚邪乃恐;倚革邪化,令往民移。(《管子·版法》)　2/994

货财行于国,则法令毁于官;请谒得于上,则党与成于下。(《管子·八观》)　　2/1001

凡君国之重器,莫重于令。(《管子·重令》)　　2/1003

凡国之重也,必待兵之胜也,而国乃重;凡兵之胜也,必待民之用也,而兵乃胜;凡民之用也,必待令之行也,

而民乃用;凡令之行也,必待近者之胜也,而令乃行。(《管子·重令》)2/1003

国无常经,民力必竭。(《管子·法法》)　　2/1005

令重于宝,社稷先于亲戚,法重于民,威权贵于爵禄。(《管子·法法》)
2/1006

治国无法,则民朋党而下比,饰巧以成其私。(《管子·君臣上》)2/1025

难言宪术,须同而出。(《管子·白心》)　　2/1040

罪人不怨,善人不惊,曰刑。(《管子·正》)　　2/1043

如四时之不贷,如星辰之不变,如宵如昼,如阴如阳,如日月之明,曰法。(《管子·正》)　　2/1044

任法而不任智,任数而不任说,任公而不任私,任大道而不任小物。(《管子·任法》)　　2/1044

百官服事者离法而治,则不祥。(《管子·任法》)　　2/1045

法者,天下之至道也,圣君之实用也。(《管子·任法》)　2/1045

以法治国,则举错而已。(《管子·明法》)　　2/1046

法臣法断名决,无诽誉。(《管子·七臣七主》)　　2/1057

法者,所以兴功惧暴也;律者,所以定分止争也;令者,所以令人知事也。(《管子·七臣七主》)2/1057

私道行则法度侵,刑法繁则奸不禁。(《管子·七臣七主》)2/1058

以有刑至无刑者，其法易而民全；以无刑至有刑者，其刑烦而奸多。（《管子·禁藏》） 2/1059

国无法则众不知所为，无度则事无机。（《管子·版法解》） 2/1078

舍公法而行私惠，则是利奸邪而长暴乱也。（《管子·明法解》）2/1080

利不百，不变法；功不十，不易器。（《商君书·更法》） 2/1088

法古无过，循礼无邪。（《商君书·更法》） 2/1088

以法治者，强；以政治者，削。（《商君书·去强》） 2/1093

以刑去刑，国治；以刑致刑，国乱。（《商君书·去强》） 2/1094

民胜法，国乱；法胜民，兵强。（《商君书·说民》） 2/1095

重轻，则刑去事成，国强；重重而轻轻，则刑至而事生，国削。（《商君书·说民》） 2/1096

治明，则同；治暗，则异。同则行，异则止。行则治，止则乱。（《商君书·说民》） 2/1097

不观时俗，不察国本，则其法立而民乱，事剧而功寡。（《商君书·算地》） 2/1101

夫利天下之民者莫大于治，而治莫康于立君。立君之道莫广于胜法，胜法之务莫急于去奸，去奸之本莫深于严刑。（《商君书·开塞》） 2/1105

凡将立国，制度不可不察也，治法不可不慎也，国务不可不谨也，事本不可不抟也。（《商君书·壹言》） 2/1106

法不察民之情而立之，则不成；治宜于时而行之，则不干。（《商君书·壹言》） 2/1108

法无度数，而事日烦，则法立而治乱矣。（《商君书·错法》） 2/1111

度数已立，而法可修。故人君者不可不慎已也。（《商君书·错法》） 2/1111

君臣释法任私，必乱。故立法明分，而不以私害法，则治。（《商君书·修权》） 2/1116

法者，国之权衡也。（《商君书·修权》） 2/1117

圣王者，不贵义而贵法。（《商君书·画策》） 2/1124

法令者，民之命也，为治之本也，所以备民也。（《商君书·定分》） 2/1129

法虽不善，犹愈于无法。（《慎子·威德》） 2/1134

峻法，所以禁过外私也；严刑，所以遂令惩下也。（《韩非子·有度》）2/1151

威不贰错，制不共门。威、制共，则众邪彰矣；法不信，则君行危矣；刑不断，则邪不胜矣。（《韩非子·有度》） 2/1151

矫上之失，诘下之邪，治乱决缪，绌羡齐非，一民之轨，莫如法。（《韩非子·有度》） 2/1152

厉官威民，退淫殆，止诈伪，莫如刑。（《韩非子·有度》） 2/1152

人主释法用私，则上下不别矣。

（《韩非子·有度》）　　2/1153

主施其法，大虎将怯；主施其刑，大虎自宁。（《韩非子·扬权》）2/1159

夫严刑重罚者，民之所恶也，而国之所以治也；哀怜百姓轻刑罚者，民之所喜，而国之所以危也。（《韩非子·奸劫弑臣》）　　2/1165

夫严刑者，民之所畏也；重罚者，民之所恶也。故圣人陈其所畏以禁其邪，设其所恶以防其奸，是以国安而暴乱不起。（《韩非子·奸劫弑臣》）　　2/1166

操法术之数，行重罚严诛，则可以致霸王之功。（《韩非子·奸劫弑臣》）　　2/1167

家有常业，虽饥不饿；国有常法，虽危不亡。（《韩非子·饰邪》）2/1173

事大众而数摇之，则少成功；藏大器而数徙之，则多败伤；烹小鲜而数挠之，则贼其泽；治大国而数变法，则民苦之。是以有道之君贵静，不重变法。（《韩非子·解老》）　　2/1178

使天下皆极智能于仪表，尽力于权衡，以动则胜，以静则安。（《韩非子·安危》）　　2/1189

人不乐生，则人主不尊；不重死，则令不行也。（《韩非子·安危》）2/1189

法所以为国也，而轻之，则功不立，名不成。（《韩非子·安危》）2/1190

明主之道忠法，其法忠心，故临之而治，去之而思。（《韩非子·安危》）　　2/1192

圣王之立法也，其赏足以劝善，其

威足以胜暴，其备足以必完法。（《韩非子·守道》）　　2/1192

法分明，则贤不得夺不肖，强不得侵弱，众不得暴寡。（《韩非子·守道》）　　2/1193

明主之表易见，故约立；其教易知，故言用；其法易为，故令行。（《韩非子·用人》）　　2/1194

寄治乱于法术，托是非于赏罚，属轻重于权衡。（《韩非子·大体》）　　2/1197

爱多者则法不立，威寡者则下侵上。是以刑罚不必则禁令不行。（《韩非子·内储说上七术》）　　2/1201

重罚者，人之所恶也；而无弃灰，人之所易也。使人行之所易，而无离所恶，此治之道。（《韩非子·内储说上七术》）　　2/1202

行刑重其轻者，轻者不至，重者不来，是谓以刑去刑也。（《韩非子·内储说上七术》）　　2/1202

圣人之为法也，所以平不夷、矫不直也。（《韩非子·外储说右下》）2/1214

法者，编著之图籍，设之于官府，而布之于百姓者也。（《韩非子·难三》）　　2/1220

法者，宪令著于官府，刑罚必于民心，赏存乎慎法，而罚加乎奸令者也。（《韩非子·定法》）　　2/1223

君无术则弊于上，臣无法则乱于下。（《韩非子·定法》）　　2/1223

法有立而有难，权其难而事成，则

立之;事成而有害,权其害而功多,则
为之。(《韩非子·八说》)　　2/1228

无难之法,无害之功,无下无有
也。(《韩非子·八说》)　　2/1229

废置无度则权渎,赏罚下共则威
分。(《韩非子·八经》)　　2/1231

罚,所以禁也;民畏所以禁,则国
治矣。(《韩非子·八经》)　　2/1233

圣人议多少、论薄厚为之政。故
罚薄不为慈,诛严不为戾,称俗而行
也。(《韩非子·五蠹》)　　2/1234

夫垂泣不欲刑者,仁也;然而不
可不刑者,法也。先王胜其法,不听其
泣,则仁之不可以为治亦明矣。(《韩非
子·五蠹》)　　2/1235

明主之道,一法而不求智,固术而
不慕信,故法不败,而群官无奸诈矣。
(《韩非子·五蠹》)　　2/1239

明主之国,无书简之文,以法为教;
无先王之语,以吏为师;无私剑之捍,以
斩首为勇。(《韩非子·五蠹》) 2/1240

饬令,则法不迁;法平,则吏无奸。
(《韩非子·饬令》)　　2/1248

行刑,重其轻者,轻者不至,重者
不来,此谓以刑去刑。(《韩非子·饬
令》)　　2/1249

治民无常,唯法为治。(《韩非
子·心度》)　　2/1251

法与时转则治,治与世宜则有功。
(《韩非子·心度》)　　2/1251

夫治法之至明者,任数不任人。
(《韩非子·制分》)　　2/1253

令烦则民诈,政扰则民不安。(《邓
析子·无厚篇》)　　2/1275

道不足以治则用法。(《尹文
子·大道上》)　　2/1287

俗苟沴,必为法以矫之;物苟溢,
必立制以检之。(《尹文子·大道上》)
　　2/1290

为刑者,刑以辅教,服不听也。
(《尸子》)　　3/1397

欲生于无度,邪生于无禁。(《尉缭
子·治本》)　　3/1422

杀人者死,伤人者刑。(《吕氏春
秋·孟春纪·去私》)　　3/1435

令者,人主之所以为命也,贤不
肖、安危之所定也。(《吕氏春秋·季春
纪·圜道》)　　3/1453

家无怒笞,则竖子、婴儿之有过
也立见;国无刑罚,则百姓之相侵也立
见;天下无诛伐,则诸侯之相暴也立见。
(《吕氏春秋·孟秋纪·荡兵》) 3/1473

虽不疑,虽已知,必察之以法,揆
之以量,验之以数。(《吕氏春秋·有始
览·谨听》)　　3/1502

凡先王之法,有要于时也。(《吕氏
春秋·慎大览·察今》)　　3/1523

不杀不辜,不诬无罪。(《吕氏春
秋·审分览·勿躬》)　　3/1542

有金鼓,所以一耳也;同法令,所
以一心也。(《吕氏春秋·审分览·不
二》)　　3/1549

定分官,此古人之所以为法也。
(《吕氏春秋·不苟论·不苟》) 3/1590

法也者,众之所同也,贤不肖之所以其力也。(《吕氏春秋·似顺论·处方》) 3/1598

谨于权衡准绳,审乎轻重,足以治其境内矣。(《淮南子·本经训》)3/1654

法者天下之度量。(《淮南子·主术训》) 3/1673

县法者,法不法也;设赏者,赏当赏也。(《淮南子·主术训》) 3/1673

法生于义,义生于众适,众适合于人心,此治之要也。(《淮南子·主术训》) 3/1673

法者非天堕,非地生,发于人间,而反以自正。(《淮南子·主术训》) 3/1674

立于下者,不废于上;所禁于民者,不行于身。(《淮南子·主术训》) 3/1674

禁胜于身,则令行于民矣。(《淮南子·主术训》)3/1675

知法治所由生,则应时而变;不知法治之源,虽循古终乱。(《淮南子·氾论训》) 3/1726

不用之法,圣王弗行;不验之言,圣王不听。(《淮南子·氾论训》) 3/1727

法者,治之具也,而非所以为治也;而犹弓矢中之具,而非所以中。(《淮南子·泰族训》) 3/1824

有道以统之,法虽少,足以化矣;无道以行之,法虽众,足以乱矣。(《淮南子·泰族训》) 3/1825

法能杀不孝者,而不能使人为孔、曾之行;法能刑窃盗者,而不能使人为伯夷之廉。(《淮南子·泰族训》)3/1827

塞一蚁孔,而河决息;掩一车辙,而覆乘止。立法令者,亦宜举要。(《傅子》) 3/1913

怒不越法以加虐,喜不逾宪以厚遗。割情于所爱,而有犯者无赦;采善于所憎,而有劳者不遗。(《抱朴子外篇·君道》) 4/1946

夫匠石不舍绳墨,故无不直之木;明主不废戮罚,故无陵迟之政也。(《抱朴子外篇·用刑》) 4/1959

刑之为物,国之神器,君所自执,不可假人,犹长剑不可倒捉,巨鱼不可脱渊也。乃崇替之所由,安危之源本也。(《抱朴子外篇·用刑》) 4/1962

多仁则法不立,威寡则下侵上。(《抱朴子外篇·用刑》) 4/1963

夫法不立,则庶事汩矣;下侵上,则逆节明矣。(《抱朴子外篇·用刑》) 4/1963

刑由刃也,巧人以自成,拙者以自伤。(《抱朴子外篇·用刑》) 4/1963

人生之宜谓之法。(《司马法·定爵》) 4/2128

一令逆则百令失,一恶施则百恶结。(《黄石公三略·下略》) 4/2226

以刑治者,外恭谨而内叛,故士众日少也。(《太平经·案书明刑德法》) 4/2278

好用刑罚者,其国常乱危而毁也。(《太平经·六极六竟孝顺忠诀》)4/2292

执法严明(89条)

志善而违于法者免,志恶而合于法者诛。(《盐铁论·刑德》)　1/274

犀铫利锄,五谷之利而间草之害也。明理正法,奸邪之所恶而良民之福也。(《盐铁论·申韩》)　1/275

法能刑人而不能使人廉,能杀人而不能使人仁。(《盐铁论·申韩》)　1/275

世不患无法,而患无必行之法也。(《盐铁论·申韩》)　1/277

夫直士持法,柔而不挠,刚而不折。(《说苑·至公》)　1/381

且夫国无常治,又无常乱。法令行则国治,法令弛则国乱。(《潜夫论·述赦》)　1/524

法无常行,亦无常弛。君敬法则法行,君慢法则法弛。(《潜夫论·述赦》)　1/524

法令赏罚者,诚治乱之枢机也,不可不严行也。(《潜夫论·三式》)1/525

法之所以顺行者,国有君也;君之所以位尊者,身有义也。(《潜夫论·衰制》)　1/529

己令无违,则法禁必行矣。(《潜夫论·衰制》)　1/530

政令必行,宪禁必从,而国不治者,未尝有也。(《潜夫论·衰制》)　1/530

徒悬重利,足以劝善;徒设严威,可以惩奸。(《潜夫论·明忠》)　1/550

夫忠言所以为安也,不贡必危;法禁所以为治也,不奉必乱。(《潜夫论·明忠》)　1/551

惟圣人究道之情,唯道之法公政以明。(《鹖冠子·环流》)　2/803

贤君循成法,后世久长;惰君不从,当世灭亡。(《鹖冠子·道端》)　2/806

法者,天地之正器也,用法不正,玄德不成。(《鹖冠子·泰鸿》)　2/809

令则行,禁则止,宪之所及,俗之所被,如百体之从心,政之所期也。(《管子·立政》)　2/983

有一体之治,故能出号令、明宪法矣。(《管子·七法》)　2/992

法制不议,则民不相私;刑杀毋赦,则民不偷于为善。(《管子·法禁》)　2/1002

不法法则事毋常,法不法则令不行。(《管子·法法》)　2/1004

宪律制度必法道,号令必著明,赏罚必信密,此正民之经也。(《管子·法法》)　2/1006

规矩者,方圜之正也。虽有巧目利手,不如拙规矩之正方圜也。故巧者能生规矩,不能废规矩而正方圜。虽圣人能生法,不能废法而治国。故虽有明智高行,倍法而治,是废规矩而正方圜。(《管子·法法》)　2/1007

修旧法,择其善者,举而严用之。

（《管子·小匡》）　　　2/1011

　　君臣上下贵贱皆从法，此谓为大治。（《管子·任法》）　　2/1045

　　有法度之制者，不可巧以诈伪；有权衡之称者，不可欺以轻重；有寻丈之数者，不可差以长短。（《管子·明法》）2/1046

　　先王之治国也，使法择人，不自举也；使法量功，不自度也。（《管子·明法》）　　2/1048

　　法立令行，故群臣奉法守职，百官有常；法不繁匿，万民敦悫，反本而俭力。（《管子·正世》）　　2/1048

　　行法不道，众民不能顺；举错不当，众民不能成。（《管子·禁藏》）　　　　　　　2/1059

　　以规矩为方圜则成，以尺寸量长短则得，以法数治民则安。（《管子·形势解》）　　　　2/1071

　　虽已盛满，无德厚以安之，无度数以治之，则国非其国，而民无其民也。（《管子·形势解》）　　2/1073

　　凡法事者，操持不可以不正，操持不正则听治不公；听治不公则治不尽理，事不尽应。治不尽理，则疏远微贱者无所告诉；事不尽应，则功利不尽举。功利不尽举则国贫，疏远微贱者无所告诉则下饶。（《管子·版法解》）
　　　　　　　　　　　　2/1075

　　法度行则国治，私意行则国乱。（《管子·明法解》）　　2/1079

　　有法不胜其乱，与无法同。（《商君书·开塞》）　　2/1105

　　治法明，则官无邪。（《商君书·壹言》）　　2/1106

　　靳令，则治不留；法平，则吏无奸。（《商君书·靳令》）　　2/1114

　　世之为治者，多释法而任私议，此国之所以乱也。（《商君书·修权》）
　　　　　　　　　　　　2/1117

　　明王之治天下也，缘法而治，按功而赏。（《商君书·君臣》）2/1127

　　明主慎法制，言不中法者不听也，行不中法者不高也，事不中法者不为也。（《商君书·君臣》）　　2/1127

　　大君任法而弗躬，则事断于法矣。（《慎子·君人》）　　2/1138

　　无法之言，不听于耳；无法之劳，不图于功；无劳之亲，不任为官。（《慎子·君臣》）　　2/1138

　　官不私亲，法不遗爱，上下无事，唯法所在。（《慎子·君臣》）　2/1138

　　法之功，莫大使私不行；君之功，莫大使民不争。（《慎子》）　2/1139

　　民一于君，事断于法，是国之大道也。（《慎子》）　　2/1139

　　有权衡者，不可欺以轻重；有尺寸者，不可差以长短；有法度者，不可巧以诈伪。（《慎子》）　　2/1139

　　治国无其法则乱，守法而不变则衰，有法而行私，谓之不法。（《慎子》）
　　　　　　　　　　　　2/1140

　　以力役法者，百姓也；以死守法者，有司也；以道变法者，君长也。（《慎

子》） 2/1140

国无常强，无常弱。奉法者强，则国强；奉法者弱，则国弱。（《韩非子·有度》） 2/1149

其国乱弱矣，又皆释国法而私其外，则是负薪而救火也，乱弱甚矣！（《韩非子·有度》） 2/1149

当今之时，能去私曲就公法者，民安而国治；能去私行行公法者，则兵强而敌弱。（《韩非子·有度》） 2/1149

古者世治之民，奉公法，废私术，专意一行，具以待任。（《韩非子·有度》） 2/1150

明主使其群臣不游意于法之外，不为惠于法之内，动无非法。（《韩非子·有度》） 2/1151

法不阿贵，绳不挠曲。（《韩非子·有度》） 2/1152

法之所加，智者弗能辞，勇者弗敢争。（《韩非子·有度》） 2/1152

刑重，则不敢以贵易贱；法审，则上尊而不侵。（《韩非子·有度》） 2/1153

智术之士，必远见而明察，不明察，不能烛私；能法之士，必强毅而劲直，不劲直，不能矫奸。（《韩非子·孤愤》） 2/1162

人主使人臣虽有智能，不得背法而专制；虽有贤行，不得逾功而先劳；虽有忠信，不得释法而不禁：此之谓明法。（《韩非子·南面》） 2/1170

法明，则忠臣劝；罚必，则邪臣止。（《韩非子·饰邪》） 2/1171

小知不可使谋事，小忠不可使主法。（《韩非子·饰邪》） 2/1172

明法者强，慢法者弱。（《韩非子·饰邪》） 2/1173

夫摇镜则不得为明，摇衡则不得为正，法之谓也。（《韩非子·饰邪》） 2/1173

先王以道为常，以法为本。本治者名尊，本乱者名绝。（《韩非子·饰邪》） 2/1173

明主之道，必明于公私之分，明法制，去私恩。夫令必行，禁必止，人主之公义也。（《韩非子·饰邪》） 2/1174

公私不可不明，法禁不可不审。（《韩非子·饰邪》） 2/1175

治世使人乐生于为是，爱身于为非，小人少而君子多。故社稷常立，国家久安。（《韩非子·安危》） 2/1190

古之善守者，以其所重禁其所轻，以其所难止其所易。（《韩非子·守道》） 2/1192

释仪的而妄发，虽中小不巧；释法制而妄怒，虽杀戮而奸人不恐。（《韩非子·用人》） 2/1195

不引绳之外，不推绳之内；不急法之外，不缓法之内。（《韩非子·大体》） 2/1198

因道全法，君子乐而大奸止。澹然闲静，因天命，持大体。故使人无离法之罪，鱼无失水之祸。（《韩非子·大体》） 2/1199

不辟亲贵，法行所爱。（《韩非

子·外储说右上》）2/1213

治强生于法，弱乱生于阿。（《韩非子·外储说右下》）2/1213

以事遇于法则行，不遇于法则止；功当其言则赏，不当则诛。（《韩非子·难二》）2/1217

法莫如显，而术不欲见。（《韩非子·难三》）2/1221

道私者乱，道法者治。（《韩非子·诡使》）2/1225

圣人之治也，审于法禁，法禁明著，则官治；必于赏罚，赏罚不阿，则民用。（《韩非子·六反》）2/1225

法之为道，前苦而长利；仁之为道，偷乐而后穷。（《韩非子·六反》）2/1226

法明则内无变乱之患，计得则外无死虏之祸。（《韩非子·八说》）2/1229

为治者用众而舍寡，故不务德而务法。（《韩非子·显学》）2/1245

废常上贤则乱，舍法任智则危。（《韩非子·忠孝》）2/1247

圣人之治民，度于本，不从其欲，期于利民而已。（《韩非子·心度》）2/1249

法重者得人情，禁轻者失事实。（《韩非子·制分》）2/1252

先王之御世也，必明法度以闭民欲，崇堤防以御水害。法度替而民散

乱，堤防堕而水泛溢。（《政论》）2/1259

渔人张网于渊，以制吞舟之鱼；明主张法于天下，以制强梁之人。（《阮子政论》）2/1268

天下从事者不可以无法仪，无法仪而其事能成者，无有也。（《墨子·法仪》）3/1325

好善罚恶，正比法，会计民之具也。均地分，节赋敛，取与之度也。程工人，备器用，匠工之功也。分地塞要，珍怪禁淫之事也。守法稽断，臣下之节也。明法稽验，主上之操也。明主守，等轻重，臣主之权也。（《尉缭子·原官》）3/1420

明制度于前，重威刑于后。（《尉缭子·重刑令》）3/1425

衡之于左右，无私轻重，故可以为平。绳之于内外，无私曲直，故可以为正。人主之于用法，无私好憎，故可以为命。（《淮南子·主术训》）3/1661

尊贵者，不轻其罚；而卑贱者，不重其刑。犯法者，虽贤必诛；中度者，虽不肖者必无罪。（《淮南子·主术训》）3/1673

有法者而不与用，无法等。（《淮南子·主术训》）3/1675

绳曲，则奸回萌矣；法废，则祸乱滋矣。（《抱朴子外篇·用刑》）4/1960

赏罚（151条）

若不幸而过，宁僭无滥；与其害善，不若利淫。（《荀子·致士》） 1/98

言有节，稽其实，信诞以分赏罚必。（《荀子·成相》） 1/129

春夏生长，利以行仁。秋冬杀藏，利以施刑。（《盐铁论·论菑》） 1/270

亲近为过不必诛，是锄不用也；疏远有功不必赏，是苗不养也。（《盐铁论·申韩》） 1/276

非可刑而不刑，民莫犯禁也；非可赏而不赏，民莫不仁也。（《盐铁论·诏圣》） 1/278

喜者无赏，怒者无刑。（《新序·杂事二》） 1/287

吝则不能赏贤，不忍则不能罚奸。（《新序·杂事五》） 1/299

以至无欲至公之行示天下，故不赏而民劝，不罚而民畏。（《新序·节士》） 1/302

赏当则贤人劝，罚得则奸人止。赏罚不当，则贤人不劝，奸人不止。（《说苑·君道》） 1/319

夫有功而不赏，则善不劝；有过而不诛，则恶不惧。（《说苑·政理》） 1/343

善为国者，赏不过，刑不滥。（《说苑·善说》） 1/370

明君之制：赏从重，罚从轻；食人以壮为量，事人以老为程。（《说苑·谈丛》） 1/412

天子在于奉天威命，共行赏罚。（《潜夫论·述赦》） 1/523

夫天道赏善而刑淫。（《潜夫论·述赦》） 1/524

夫积怠之俗，赏不隆则善不劝，罚不重则恶不惩。（《潜夫论·三式》） 1/525

凡欲变风改俗者，其行赏罚者也，必使足惊心破胆，民乃易视。（《潜夫论·三式》） 1/525

小惩而大戒，此所以全小而济顽凶也。（《潜夫论·断讼》） 1/528

不利显名，则利厚赏也；不避耻辱，则避祸乱也。（《潜夫论·劝将》） 1/530

明刑审法，怜民惠下，生者不怨，死者不恨。（《正部论》） 1/559

荣辱者，赏罚之精华也。（《申鉴·政体》） 1/564

赏罚，政之柄也。（《申鉴·政体》） 1/565

明赏必罚，审信慎令。（《申鉴·政体》） 1/565

人主不妄赏，非徒爱其财也，赏妄行则善不劝矣；不妄罚，非徒慎其刑也，罚妄行则恶不惩矣。（《申鉴·政体》） 1/566

赏罚者，不在乎必重，而在于必行。必行则虽不重而民肃，不行则虽重而民怠。（《中论·赏罚》） 1/617

当赏者不赏,则为善者失其本望,而疑其所行;当罚者不罚,则为恶者轻其国法,而怙其所守。(《中论·赏罚》)
1/617

圣人不敢以亲戚之恩而废刑罚,不敢以怨仇之忿而留庆赏。夫何故哉? 将以有救也。(《中论·赏罚》)
1/618

赏罚不可以疏,亦不可以数。数则所及者多,疏则所漏者多。赏罚不可以重,亦不可以轻。赏轻则民不劝,罚轻则民亡惧;赏重则民徼倖,罚重则民无聊。(《中论·赏罚》) 1/618

赏罚之于万民,犹辔策之于驷马也,辔策不调,非徒迟速之分也,至于覆车而摧辕。(《中论·赏罚》) 1/619

与杀不辜,宁失有罪。无有无罪而见诛,无有有功而不赏。(《鬻子·周公》)
2/694

赏以劝战,罚以必众。(《鹖冠子·兵政》)
2/811

精公无私而赏罚信,所以治也。(《黄帝四经·经法·君正》) 2/880

明必死之路者,严刑罚也;开必得之门者,信庆赏也。(《管子·牧民》)
2/967

见其可也,喜之有征;见其不可也,恶之有刑。(《管子·权修》) 2/976

言是而不能立,言非而不能废,有功而不能赏,有罪而不能诛,若是而能治民者,未之有也。(《管子·七法》)
2/988

喜无以赏,怒无以杀。(《管子·版法》)
2/992

非号令毋以使下,非斧钺毋以威众,非禄赏毋以劝民。(《管子·重令》)
2/1004

杀生不违,而民莫遗其亲者,此唯上有明法而下有常事也。(《管子·君臣上》)
2/1024

有善者不留其赏,故民不私其利;有过者不宿其罚,故民不疾其威。(《管子·君臣上》)
2/1026

货之不足以为爱,刑之不足以为恶。货者爱之末也,刑者恶之末也。(《管子·心术下》)
2/1036

所死者非罪,所起者非功也,然则为人臣者,重私而轻公矣。(《管子·明法》)
2/1047

设人之所不利,欲以使,则民不尽力;立人之所不畏,欲以禁,则邪人不止。(《管子·正世》)
2/1049

赏不足劝,则士民不为用;刑罚不足畏,则暴人轻犯禁。(《管子·正世》)
2/1049

于下无诛者,必诛者也;有诛者,不必诛者也。(《管子·禁藏》) 2/1058

用赏者贵诚,用刑者贵必。刑赏信必于耳目之所见,则其所不见,莫不暗化矣。(《管子·九守》) 2/1064

重罚轻赏,则上爱民,民死上;重赏轻罚,则上不爱民,民不死上。(《商君书·去强》)
2/1093

怯民使以刑,必勇;勇民使以赏,

则死。怯民勇,勇民死,国无敌者,强。(《商君书·去强》) 2/1094

民勇,则赏之以其所欲;民怯,则杀之以其所恶。(《商君书·说民》) 2/1096

夫刑者,所以禁邪也;而赏者,所以助禁也。(《商君书·算地》) 2/1101

其国刑不可恶,而爵禄不足务也,此亡国之兆也。(《商君书·算地》) 2/1101

刑戮者所以止奸也,而官爵者所以劝功也。(《商君书·算地》) 2/1101

治国刑多而赏少。(《商君书·开塞》) 2/1104

夫过有厚薄,则刑有轻重;善有大小,则赏有多少。(《商君书·开塞》) 2/1104

刑不能去奸而赏不能止过者,必乱。(《商君书·开塞》) 2/1105

王者刑用于将过,则大邪不生;赏施于告奸,则细过不失。(《商君书·开塞》) 2/1105

道明,则国日强;道幽,则国日削。(《商君书·错法》) 2/1109

明君之使其臣也,用必出于其劳,赏必加于其功。(《商君书·错法》) 2/1110

好恶者,赏罚之本也。(《商君书·错法》) 2/1110

以刑治,以赏战,求过不求善。(《商君书·靳令》) 2/1114

民信其赏,则事功成;信其刑,则奸无端。(《商君书·修权》) 2/1116

上多惠言而不克其赏,则下不用;数加严令而不致其刑,则民傲死。(《商君书·修权》) 2/1116

赏诛之法不失其议,故民不争。(《商君书·修权》) 2/1117

授官予爵不以其劳,则忠臣不进;行赏赋禄不称其功,则战士不用。(《商君书·修权》) 2/1117

圣人之为国也,壹赏,壹刑,壹教。壹赏,则兵无敌;壹刑,则令行;壹教,则下听上。(《商君书·赏刑》) 2/1118

夫明赏不费,明刑不戮,明教不变,而民知于民务,国无异俗。(《商君书·赏刑》) 2/1119

善因天下之货,以赏天下之人。(《商君书·赏刑》) 2/1119

所谓壹刑者,刑无等级,自卿相、将军以至大夫、庶人,有不从王令、犯国禁、乱上制者,罪死不赦。(《商君书·赏刑》) 2/1119

有功于前,有败于后,不为损刑。有善于前,有过于后,不为亏法。(《商君书·赏刑》) 2/1119

禁奸止过,莫若重刑。刑重而必得,则民不敢试,故国无刑民。(《商君书·赏刑》) 2/1120

圣人以功授官予爵,故贤者不忧。(《商君书·赏刑》) 2/1121

圣人不宥过,不赦刑,故奸无起。(《商君书·赏刑》) 2/1121

圣人治国也,审壹而已矣。(《商君

书·赏刑》）　　　　2/1121

善治者,刑不善,而不赏善,故不刑而民善。（《商君书·画策》）2/1122

以刑治民,则乐用;以赏战民,则轻死。（《商君书·弱民》）　2/1125

其赏少,则听者无利也;威薄,则犯者无害也。（《商君书·外内》）

　　　　　　　　　　2/1126

赏多威严,民见战赏之多则忘死,见不战之辱则苦生。（《商君书·外内》）　　　　　　　　2/1126

言赏则不与,言罚则不行,赏罚不信,故士民不死也。（《韩非子·初见秦》）　　　　　　　　2/1144

功当其事,事当其言,则赏;功不当其事,事不当其言,则诛。（《韩非子·主道》）　　　　　　2/1148

明君无偷赏,无赦罚。赏偷,则功臣堕其业;赦罚,则奸臣易为非。（《韩非子·主道》）　　　　2/1148

诚有功,则虽疏贱必赏;诚有过,则虽近爱必诛。疏贱必赏,近爱必诛,则疏贱者不怠,而近爱者不骄也。（《韩非子·主道》）　　　　2/1148

刑过不避大臣,赏善不遗匹夫。（《韩非子·有度》）　　2/1152

杀戮之谓刑,庆赏之谓德。（《韩非子·二柄》）　　　2/1153

为人臣者畏诛罚而利庆赏,故人主自用其刑德,则群臣畏其威而归其利矣。（《韩非子·二柄》）　2/1154

功当其事,事当其言,则赏;功不当其事,事不当其言,则罚。（《韩非子·二柄》）　　　　　　2/1154

以赏者赏,以刑者刑,因其所为,各以自成。（《韩非子·扬权》）2/1158

圣人之治国也,赏不加于无功,而诛必行于有罪者也。（《韩非子·奸劫弑臣》）　　　　　　2/1165

夫有施与贫困,则无功者得赏;不忍诛罚,则暴乱者不止。（《韩非子·奸劫弑臣》）　　　　2/1165

无捶策之威,衔橛之备,虽造父不能以服马;无规矩之法,绳墨之端,虽王尔不能以成方圆;无威严之势,赏罚之法,虽尧舜不能以为治。（《韩非子·奸劫弑臣》）　　　2/1166

用赏过者失民,用刑过者民不畏。（《韩非子·饰邪》）　　2/1172

有赏不足以劝,有刑不足以禁,则国虽大,必危。（《韩非子·饰邪》）

　　　　　　　　　　2/1172

有功者必赏,有罪者必诛。（《韩非子·饰邪》）　　　　2/1172

赏刑明,则民尽死;民尽死,则兵强主尊。刑赏不察,则民无功而求得,有罪而幸免,则兵弱主卑。（《韩非子·饰邪》）　　　　2/1174

赏罚者,邦之利器也,在君则制臣,在臣则胜君。（《韩非子·喻老》）

　　　　　　　　　　2/1183

明主立可为之赏,设可避之罚。（《韩非子·用人》）　　2/1194

至治之国,有赏罚而无喜怒,故圣

110 诸子锦言录

人极；有刑法而死无螫毒，故奸人服。（《韩非子·用人》） 2/1195

太山之功长立于国家，而日月之名久著于天地。（《韩非子·功名》） 2/1197

有威足以服人，而利足以劝之，故能治之。（《韩非子·内储说上七术》） 2/1202

有过不罪，无功受赏，虽亡，不亦可乎？（《韩非子·内储说上七术》） 2/1203

赏罚者，利器也，君操之以制臣，臣得之以拥主。（《韩非子·内储说下六微》） 2/1204

利所禁，禁所利，虽神不行；誉所罪，毁所赏，虽尧不治。（《韩非子·外储说左下》） 2/1210

赏之誉之不劝，罚之毁之不畏，四者加焉不变，则其除之。（《韩非子·外储说右上》） 2/1211

信赏必罚，其足以战。（《韩非子·外储说右上》） 2/1213

赏罚共则禁令不行。（《韩非子·外储说右下》） 2/1213

爵禄生于功，诛罚生于罪。（《韩非子·外储说右下》） 2/1214

见知不悖于前，赏罚不弊于后。（《韩非子·难一》） 2/1216

夫赏无功，则民偷幸而望于上；不诛过，则民不惩而易为非。此乱之本也。（《韩非子·难二》） 2/1217

好利恶害，夫人之所有也。赏厚而信，人轻敌矣；刑重而必，夫人不北矣。（《韩非子·难二》） 2/1218

喜利畏罪，人莫不然。（《韩非子·难二》） 2/1218

今有功者必赏，赏者不得君，力之所致也；有罪者必诛，诛者不怨上，罪之所生也。（《韩非子·难三》） 2/1219

明君使人无私，以诈而食者禁；力尽于事归利于上者必闻，闻者必赏；污秽为私者必知，知者必诛。（《韩非子·难三》） 2/1219

赏厚，则所欲之得也疾；罚重，则所恶之禁也急。（《韩非子·六反》）2/1226

明主之治国也，适其时事以致财物，论其税赋以均贫富，厚其爵禄以尽贤能，重其刑罚以禁奸邪，使民以力得富，以事致贵，以过受罪，以功致赏，而不念慈惠之赐，此帝王之政也。（《韩非子·六反》） 2/1227

人情者，有好恶，故赏罚可用；赏罚可用，则禁令可立而治道具矣。（《韩非子·八经》） 2/1230

赏莫如厚，使民利之；誉莫如美，使民荣之；诛莫如重，使民畏之；毁莫如恶，使民耻之。（《韩非子·八经》） 2/1231

成败有征，赏罚随之。（《韩非子·八经》） 2/1232

明主之道，赏必出乎公利，名必在乎为上。（《韩非子·八经》） 2/1233

赏莫如厚而信，使民利之；罚莫如重而必，使民畏之；法莫如一而固，使

民知之。(《韩非子·五蠹》)　　2/1237

　　主施赏不迁,行诛无赦,誉辅其赏,毁随其罚,则贤、不肖俱尽其力矣。(《韩非子·五蠹》)　　2/1237

　　刑胜而民静,赏繁而奸生。(《韩非子·心度》)　　2/1250

　　治民者,刑胜,治之首也;赏繁,乱之本也。(《韩非子·心度》)　　2/1250

　　夫民之性,喜其乱而不亲其法。故明主之治国也,明赏,则民劝功;严刑,则民亲法。(《韩非子·心度》)　　2/1250

　　治乱之理,宜务分刑赏为急。(《韩非子·制分》)　　2/1252

　　喜不以赏,怒不以罚。(《邓析子·无厚篇》)　　2/1272

　　言有善者,明而赏之;言有非者,显而罚之。(《邓析子·转辞篇》)2/1280

　　由爵禄而后富,则人必争尽力于其君矣;由刑罚而后贫,则人咸畏罪而从善矣。(《尹文子·大道下》)2/1292

　　善人赏而暴人罚,则国必治。(《墨子·尚同下》)　　3/1340

　　禁必以武而成,赏必以文而成。(《尉缭子·治本》)　　3/1423

　　赏如山,罚如谿。太上无过,其次补过,使人无得私语。(《尉缭子·兵教下》)　　3/1426

　　为善者赏,为不善者罚。(《吕氏春秋·孟秋纪·禁塞》)　　3/1474

　　赏罚之所加,不可不慎。(《吕氏春秋·孝行览·义赏》)　　3/1512

　　善为国者,赏不过而刑不慢。赏过则惧及淫人,刑慢则惧及君子。与其不幸而过,宁过而赏淫人,毋过而刑君子。(《吕氏春秋·开春论·开春》)　　3/1578

　　凡行赏欲其本也,本则过无由生矣。(《吕氏春秋·不苟论·赞能》)　　3/1591

　　凡赏非以爱之也,罚非以恶之也,用观归也。所归善,虽恶之,赏;所归不善,虽爱之,罚。(《吕氏春秋·不苟论·当赏》)　　3/1592

　　无功而厚赏,无劳而高爵,则守职者懈于官,而游居者亟于进矣。(《淮南子·主术训》)　　3/1664

　　无罪者而死亡,行直而被刑,则修身者不劝善,而为邪者轻犯上矣。(《淮南子·主术训》)　　3/1664

　　喜不以赏赐,怒不以罪诛。(《淮南子·主术训》)　　3/1672

　　通于己而无功于国者,不施赏焉;逆于己便于国者,不加罚焉。(《淮南子·缪称训》)　　3/1700

　　前有轩冕之赏,不可以无功取也;后有斧钺之禁,不可以无罪蒙也。(《淮南子·缪称训》)　　3/1703

　　夫国家之危安,百姓之治乱,在君行赏罚。(《淮南子·道应训》)3/1722

　　善赏者,费少而劝众;善罚者,刑省而奸禁;善予者,用约而为德;善取者,入多而无怨。(《淮南子·氾论训》)　　3/1734

至赏不费，至刑不滥。(《淮南子·氾论训》) 3/1735

夫矢之所以射远贯牢者，弩力也；其所以中的剖微者，正心也。赏善罚暴者，政令也；其所以能行者，精诚也。(《淮南子·泰族训》) 3/1818

赏须功而加，罚待罪而施。(《论衡·非韩篇》) 3/1852

悬爵赏者，示有所劝也；设刑罚者，明有所惧也。(《白虎通义·五刑》) 3/1880

有善，虽疏贱必赏；有恶，虽贵近必诛。(《傅子·治体》) 3/1897

赏不避疏贱，罚不避亲贵。(《傅子》) 3/1912

功盖世者不赏，威震主者身危。(《抱朴子外篇·良规》) 4/1953

夫赏，贵当功而不必重；罚，贵得罪而不必酷也。(《抱朴子外篇·用刑》) 4/1961

明君赏犹春雨，而无霖淫之失；罚拟秋霜，而无诡时之严。(《抱朴子外篇·广譬》) 4/2028

用赏者贵信，用罚者贵必。赏信罚必于耳目之所闻见，则所不闻见者，莫不阴化矣。(《太公六韬·文韬·赏罚》) 4/2191

杀贵大，赏贵小。杀及当路贵重之臣，是刑上极也；赏及牛竖、马洗厩养之徒，是赏下通也。(《太公六韬·龙韬·将威》) 4/2199

夫贤者好文，饥者好食，寒者好衣，为人君赐其臣子，务当各得其所欲，则天下厌服矣。(《太平经·兴衰由人诀》) 4/2288

以德治国（105条）

案平政教，审节奏，砥砺百姓，为是之日，而兵刭天下劲矣；案然修仁义，伉隆高，正法则，选贤良，养百姓，为之日，而名声刭天下之美矣。(《荀子·王制》) 1/80

仁人之用国，非特将持其有而已也，又将兼人。(《荀子·富国》) 1/87

坚甲利兵不足以为胜，高城深池不足以为固，严令繁刑不足以为威，由其道则行，不由其道则废。(《荀子·议兵》) 1/104

上不仁则下不得其所，上不义则下乐为乱也，此为不利大矣。(《孔丛子·杂训》) 1/152

虐行则怨积，德布则功兴，百姓以德附，骨肉以仁亲，夫妇以义合，朋友以义信。(《新语·道基》) 1/156

天地之性，万物之类，怀德者众归之，恃刑者民畏之，归之则充其侧，畏之则去其域。(《新语·至德》) 1/163

治以道德为上，行以仁义为本。(《新语·本行》) 1/164

仁心不施，而攻守之势异也。(《贾谊新书·过秦上》) 1/167

易使喜、难使怒者，宜为君。识人之功而忘人之罪者，宜为贵。故曰：刑罚不可以慈民，简泄不可以得士。（《贾谊新书·大政下》）　　1/187

政莫大于信，治莫大于仁。（《贾谊新书·修政语上》）　　1/190

畜仁义以风之，广德行以怀之。（《盐铁论·本议》）　　1/195

夫治国之道，由中及外，自近者始。近者亲附，然后来远；百姓内足，然后恤外。（《盐铁论·地广》）1/219

师旷之调五音，不失宫商。圣王之治世，不离仁义。（《盐铁论·遵道》）　　1/237

王者崇礼施德，上仁义而贱怪力。（《盐铁论·崇礼》）　　1/255

君子立仁修义，以绥其民，故迩者习善，远者顺之。（《盐铁论·备胡》）1/256

为政而以德，非独辟害折冲也，所欲不求而自得。（《盐铁论·备胡》）　　1/256

地广而不德者国危，兵强而凌敌者身亡。（《盐铁论·击之》）　　1/260

以道德为城，以仁义为郭，莫之敢攻，莫之敢入。（《盐铁论·论勇》）　　1/266

以道德为胄，以仁义为剑，莫之敢当，莫之敢御。（《盐铁论·论勇》）1/267

义之服无义，疾于原马良弓；以之召远，疾于驰传重驿。（《盐铁论·论勇》）　　1/267

夫以智谋愚，以义伐不义，若因秋霜而振落叶。（《盐铁论·论功》）1/267

德教废而诈伪行，礼义坏而奸邪兴。（《盐铁论·刑德》）　　1/273

因人之力以弊之，不仁；失其所与，不知；以乱易整，不武。（《新序·善谋上》）　　1/309

有德则易以王，无德则易以亡。（《新序·善谋下》）　　1/311

仁人之德教也，诚恻隐于中，悃愊于内，不能已于其心。故其治天下也，如救溺人。（《说苑·贵德》）1/334

王者盛其德而远人归，故无忧。（《说苑·贵德》）　　1/336

王者尚其德而希其刑，霸者刑德并凑，强国先其刑而后德。（《说苑·政理》）　　1/343

道之所在，天下归之；德之所在，天下贵之；仁之所在，天下爱之；义之所在，天下畏之。（《说苑·谈丛》）　　1/393

德义在前，用兵在后。（《说苑·谈丛》）　　1/403

德不至，则不能文。（《说苑·修文》）　　1/437

教训者，以道义为本，以巧辩为末；辞语者，以信顺为本，以诡丽为末；列士者，以孝悌为本，以交游为末；孝悌者，以致养为本，以华观为末；人臣者，以忠正为本，以媚爱为末：五者守本离末则仁义兴，离本守末则道德崩。慎本略末犹可也，舍本务末则恶矣。（《潜夫论·务本》）　　1/500

忠信谨慎，此德义之基也；虚无谲

诡,此乱道之根也。(《潜夫论·务本》)
1/501

人君通必兼听,则圣日广矣;庸说偏信,则愚日甚矣。(《潜夫论·明暗》)
1/509

政教积德,必致安泰之福;举错数失,必致危亡之祸。(《潜夫论·慎微》)
1/518

夫道之本,仁义而已矣。(《申鉴·政体》)
1/561

凡政之大经,法教而已矣。教者,阳之化也;法者,阴之符也。仁也者,慈此者也;义也者,宜此者也;礼也者,履此者也;信也者,守此者也;智也者,知此者也。(《申鉴·政体》)
1/561

教初必简,刑始必略,事渐也。教化之隆,莫不兴行,然后责备。刑法之定,莫不避罪,然后求密。(《申鉴·时事》)
1/574

古之为政者,先德而后刑,故其人悦以恕;今之为政者,任刑而弃德,故其人怨以诈。(《中说·事君篇》)1/682

发政施令为天下福者,谓之道;上下相亲,谓之和;民不求而得所欲,谓之信;除去天下之害,谓之仁。仁与信,和与道,帝王之器。(《鹖冠子·道符》)
2/693

君子无德则下怨,无仁则下争,无义则下暴,无礼则下乱。(《文子·道德》)
2/759

德无所积而不忧者,亡其及也。(《文子·微明》)
2/776

道德者,则功名之本也,民之所怀也,民怀之则功名立。(《文子·自然》)
2/783

善为政者积其德,善用兵者畜其怒。(《文子·下德》)
2/786

义者,非能尽利于天下之民也,利一人而天下从之;暴者,非能尽害于海内也,害一人而天下叛之。(《文子·上义》)
2/792

子独不知至德之世乎?……甘其食,美其服,乐其俗,安其居,邻国相望,鸡狗之音相闻,民至老死而不相往来。若此之时,则至治已。(《庄子·外篇·胠箧》)
2/847

畜之以道,则民和;养之以德,则民合。(《管子·兵法》)
2/1010

慈于民,予无财,宽政役,敬百姓,则国富而民安矣。(《管子·小匡》)
2/1012

身立而民化,德正而官治。(《管子·君臣上》)
2/1025

欲民之怀乐己者,必服道德而勿厌也,而民怀乐之。(《管子·形势解》)
2/1069

仁义者,与天下共其所有而同其利者也。(《韩非子·外储说右上》)
2/1212

夫仁义者,忧天下之害,趋一国之患,不避卑辱谓之仁义。(《韩非子·难一》)
2/1216

忘民不可谓仁义。(《韩非子·难一》)
2/1217

杀不辜者，得不祥焉。(《墨子·法仪》)　3/1327

古者圣王之为政也，言曰：不义不富，不义不贵，不义不亲，不义不近。(《墨子·尚贤上》)　3/1331

凡天下祸篡怨恨，其所以起者，以不相爱生也，是以仁者非之。(《墨子·兼爱中》)　3/1342

兼相爱、交相利之法将奈何哉？子墨子言：视人之国若视其国，视人之家若视其家，视人之身若视其身。(《墨子·兼爱中》)　3/1342

仁人之事者，必务求兴天下之利，除天下之害。(《墨子·兼爱下》)3/1343

兴天下之利，除天下之害，令国家百姓之不治也，自古及今未尝之有也。(《墨子·节葬下》)　3/1346

天下有义则生，无义则死；有义则富，无义则贫；有义则治，无义则乱。(《墨子·天志上》)　3/1348

顺天意者，兼相爱，交相利，必得赏；反天意者，别相恶，交相贼，必得罚。(《墨子·天志上》)　3/1348

义不从愚且贱者出，必自贵且知者出。(《墨子·天志中》)　3/1348

天下有义则治，无义则乱。(《墨子·天志中》)　3/1348

今天下之王公大人士君子，中实将欲遵道利民，本察仁义之本，天之意不可不顺也。(《墨子·天志中》)　3/1349

顺天之意者，义之法也。(《墨子·天志中》)　3/1350

曰：顺天之意何若？曰：兼爱天下之人。(《墨子·天志下》)　3/1350

今天下之国，粒食之民，杀一不辜者，必有一不祥。(《墨子·天志下》)　3/1350

今用义为政于国家，人民必众，刑政必治，社稷必安。(《墨子·耕柱》)　3/1353

所为贵良宝者，可以利民也，而义可以利人。故曰：义，天下之良宝也。(《墨子·耕柱》)　3/1354

人君贵于一国，而不达于天下；天子贵于一世，而不达于后世；惟德行与天地相弊也。(《尸子·劝学》)3/1379

悦尼而来远。(《尸子》)　3/1397

国必有礼信亲爱之义，则可以饥易饱；国必有孝慈廉耻之俗，则可以死易生。(《尉缭子·战威》)　3/1411

君子反道以修德，正德以出乐，和乐以成顺。乐和而民乡方矣。(《吕氏春秋·季夏纪·音初》)　3/1470

义理之道彰，则暴虐、奸诈、侵夺之术息也。(《吕氏春秋·孟秋纪·怀宠》)　3/1475

兼爱天下，不可以虚名为也，必有其实。(《吕氏春秋·审应览·审应》)　3/1552

为天下及国，莫如以德，莫如行义。以德以义，不赏而民劝，不罚而邪止。(《吕氏春秋·离俗览·上德》)　3/1559

三代之道无二，以信为管。(《吕氏

春秋·离俗览·用民》）　　　3/1561

凡治国，令其民争行义也；乱国，令其民争为不义也。（《吕氏春秋·离俗览·为欲》）　　　3/1564

得在时，不在争；治在道，不在圣；土处下，不争高，故安而不危；水下流，不争先，故疾而不迟。（《淮南子·原道训》）　　　3/1611

德之所施者博，则威之所行者远；义之所加者浅，则武之所制者小。（《淮南子·缪称训》）　　　3/1700

身有丑梦，不胜正行；国有妖祥，不胜善政。（《淮南子·缪称训》）
　　　3/1702

乱国之君，务广其地，而不务仁义；务高其位，而不务道德，是释其所以存，而造其所以亡也。（《淮南子·氾论训》）　　　3/1730

脩政于境内，而远方慕其德；制胜于未战，而诸侯服其威。（《淮南子·兵略训》）　　　3/1752

大政不险，故民易道；至治宽裕，故下不相贼；至中复素，故民无匿情。（《淮南子·泰族训》）　　　3/1832

治国之道，所养有二：一曰养德，二曰养力。养德者，养名高之人，以示能敬贤；养力者，养气力之士，以明能用兵。（《论衡·非韩篇》）　　　3/1851

外以德自立，内以力自备。慕德者不战而服，犯德者畏兵而却。（《论衡·非韩篇》）　　　3/1851

夫德不可独任以治国，力不可直

任以御敌也。（《论衡·非韩篇》）
　　　3/1852

人君治一国，犹天地生万物。天地不为乱岁去春，人君不以衰世屏德。（《论衡·非韩篇》）　　　3/1852

夫治人不能舍恩，治国不能废德。（《论衡·非韩篇》）　　　3/1853

夫不以道进，必不以道出身；不以义止，必不以义立名。（《论衡·答佞篇》）　　　3/1853

教所以三何？法天、地、人。内忠，外敬，文饰之，故三而备也。（《白虎通义·三教》）　　　3/1877

天灾流行，开仓库以禀贷，不亦仁乎？衣食有余，损靡丽以散施，不亦义乎？（《昌言·损益篇》）　　　3/1885

德教者，人君之常任也，而刑罚为之佐助焉。（《昌言》）　　　3/1886

所惠者小，所感者大，仁心先之也。（《傅子》）　　　3/1911

使附德者，若潜萌之悦甘雨；见归者，犹行潦之赴大川。（《抱朴子外篇·君道》）　　　4/1947

古者，以仁为本，以义治之之谓正，正不获意则权。权出于战，不出于中人。（《司马法·仁本》）　　　4/2112

圣人绥之以道，理之以义，动之以礼，抚之以仁。（《吴子·图国》）4/2160

天有时，地有财，能与人共之者，仁也。仁之所在，天下归之。免人之死，解人之难，救人之患，济人之急者，德也。德之所在，天下归之。与人同忧同乐,同好同恶者,义也。义之所在,天下赴之。凡人恶死而乐生,好德而归利,能生利者,道也。道之所在,天下归之。(《太公六韬·文韬·文师》) 4/2183

主不可以无德,无德则臣叛;不可以无威,无威则失权。臣不可以无德,无德则无以事君;不可以无威,无威则国弱,威多则身蹶。(《黄石公三略·中略》) 4/2220

务广地者荒,务广德者强。(《黄石公三略·下略》) 4/2223

不恒其德,则所胜来复,政恒其理,则所胜同化。(《黄帝内经·素问·五常政大论篇》) 4/2254

暴虐无德,灾反及之。(《黄帝内经·素问·五常政大论篇》) 4/2254

夫治国者,夫惟道焉。非道,何可小大深浅,杂合而为一乎?(《黄帝内经·灵枢·外揣》) 4/2259

守根者王,守茎者相,守浮华者善则乱而无常。(《太平经·安乐王者法》) 4/2273

圣人治,常思太平,令刑格而不用也。(《太平经·乐生得天心法》)4/2276

夫严畏智诈,但可以伏无状之人,不可以道德降服而欲为无道者,当下此也。(《太平经·服人以道不以威诀》) 4/2281

礼乐(103条)

人无礼则不生,事无礼则不成,国家无礼则不宁。(《荀子·修身》) 1/43

以国齐义,一日而白。(《荀子·王霸》) 1/87

国无礼则不正。礼之所以正国也,譬之犹衡之于轻重也,犹绳墨之于曲直也,犹规矩之于方圆也,既错之而人莫之能诬也。(《荀子·王霸》) 1/87

隆礼至法则国有常,尚贤使能则民知方,纂论公察则民不疑,赏克罚偷则民不怠,兼听齐明则天下归之。(《荀子·君道》) 1/92

川渊深而鱼鳖归之,山林茂而禽兽归之,刑政平而百姓归之,礼义备而君子归之。(《荀子·致士》) 1/95

礼及身而行修,义及国而政明,能以礼挟而贵名白,天下愿,令行禁止,王者之事毕矣。(《荀子·致士》) 1/96

礼者,治辨之极也,强国之本也,威行之道也,功名之总也。(《荀子·议兵》) 1/103

厚德音以先之,明礼义以道之,致忠信以爱之,尚贤使能以次之,爵服庆赏以申之,时其事、轻其任以调齐之,长养之,如保赤子。(《荀子·议兵》)1/104

凝士以礼,凝民以政,礼修而士服,政平而民安。(《荀子·议兵》) 1/105

礼义则修,分义则明,举错则时,爱利则形,如是,百姓贵之如帝,高之如天,亲之如父母,畏之如神明,故赏

不用而民劝,罚不用而威行,夫是之谓道德之威。(《荀子·强国》)　1/105

人之命在天,国之命在礼。(《荀子·天论》)　1/112

使欲必不穷于物,物必不屈于欲,两者相持而长,是礼之所起也。(《荀子·礼论》)　1/115

礼有三本:天地者,生之本也;先祖者,类之本也;君师者,治之本也。无天地恶生? 无先祖恶出? 无君师恶治? 三者偏亡焉,无安人。故礼上事天,下事地,尊先祖而隆君师,是礼之三本也。(《荀子·礼论》)　1/115

乐者,圣王之所乐也,而可以善民心,其感人深,其移风易俗,故先王导之以礼乐而民和睦。(《荀子·乐论》)　1/117

穷本极变,乐之情也;著诚去伪,礼之经也。(《荀子·乐论》)　1/117

治之经,礼与刑,君子以修百姓宁。明德慎罚,国家既治四海平。(《荀子·成相》)　1/127

为政不以礼,政不行矣。(《荀子·大略》)　1/130

治民不以礼,动斯陷矣。(《荀子·大略》)　1/130

夫无礼则民无耻,而正之以刑,故民苟免。(《孔丛子·刑论》)　1/150

以礼齐民,譬之于御则辔也;以刑齐民,譬之于御则鞭也。执辔于此而动于彼,御之良也;无辔而用策,则马失道矣。(《孔丛子·刑论》)　1/150

制服之道,取至适至和以予民,至美至神进之帝。(《贾谊新书·服疑》)　1/169

卑尊已著,上下已分,则人伦法矣。(《贾谊新书·服疑》)　1/169

履虽鲜弗以加枕,冠虽弊弗以苴履。(《贾谊新书·阶级》)　1/172

礼者,所以固国家,定社稷,使君无失其民者也。(《贾谊新书·礼》)1/175

主主臣臣,礼之正也;威德在君,礼之分也;尊卑大小,强弱有位,礼之数也。礼,天子爱天下,诸侯爱境内,大夫爱官属,士庶各爱其家,失爱不仁,过爱不义。故礼者,所以守尊卑之经、强弱之称者也。(《贾谊新书·礼》)　1/175

礼者,所以节义而没不还。(《贾谊新书·礼》)　1/176

礼者,自行之义,养民之道也。(《贾谊新书·礼》)　1/177

礼,圣王之于禽兽也,见其生不忍见其死,闻其声不尝其肉,隐弗忍也。故远庖厨,仁之至也。(《贾谊新书·礼》)　1/177

仁人行其礼,则天下安而万里得矣。(《贾谊新书·礼》)　1/177

礼,介者不拜,兵车不式。不顾不言,反抑式以应武容也。(《贾谊新书·容经》)　1/178

礼义者,国之基也;而权利者,政之残也。(《盐铁论·轻重》)　1/217

礼所以防淫,乐所以移风,礼兴乐

正则刑罚中。(《盐铁论·论诽》)1/237

　　堤防成而民无水灾，礼义立而民无乱患。(《盐铁论·论诽》)　1/238

　　治国谨其礼，危国谨其法。(《盐铁论·论诽》)　1/238

　　礼义立，则耕者让于野；礼义坏，则君子争于朝。(《盐铁论·授时》)　1/253

　　闻礼义行而刑罚中，未闻刑罚行而孝悌兴也。(《盐铁论·诏圣》)1/279

　　上若无礼，无以使其下；下若无礼，无以事其上。(《新序·刺奢》)　1/301

　　夫谷者，国家所以昌炽，士女所以姣好，礼义所以行，而人心所以安也。(《说苑·建本》)　1/331

　　冠虽敝，宜加其上；履虽新，宜居其下。(《说苑·奉使》)　1/373

　　冠虽故，必加于首；履虽新，必关于足。上下有分，不可相倍。(《说苑·谈丛》)　1/392

　　移风易俗，莫善于乐；安上治民，莫善于礼。(《说苑·修文》)　1/437

　　礼者，所以御民也；辔者，所以御马也。(《说苑·修文》)　1/438

　　德者，性之端也。乐者，德之华也。金石丝竹，乐之器也。诗言其志，歌咏其声，舞动其容。(《说苑·修文》)　1/441

　　乐者，心之动也；声者，乐之象也；文彩节奏，声之饰也。(《说苑·修文》)　1/441

　　凡音之起，由人心生也。人心之动，物使之然也。感于物而后动，故形于声。声相应，故生变，变成方，谓之音。(《说苑·修文》)　1/441

　　乐者，音之所由生也。其本在人心之感于物。(《说苑·修文》)　1/442

　　凡音生人心者也。情动于中，而形于声，声成文谓之音。(《说苑·修文》)　1/442

　　乐者，德之风。(《说苑·修文》)　1/442

　　乐之动于内，使人易道而好良；乐之动于外，使人温恭而文雅。(《说苑·修文》)　1/443

　　中正则雅，多哇则郑。(《法言·吾子》)　1/451

　　八音广博，琴德最优。(《新论·琴道篇》)　1/495

　　圣人甚重卜筮，然不疑之事，亦不问也。甚敬祭祀，非礼之祈，亦不为也。(《潜夫论·卜列》)　1/538

　　礼教荣辱以加君子，化其情也；桎梏鞭扑以加小人，化其形也。君子不犯辱，况于刑乎？小人不忌刑，况于辱乎？(《申鉴·政体》)　1/564

　　上足以备礼，下足以备乐，夫是谓大道。(《申鉴·政体》)　1/569

　　刑者小人之防，礼者君子之耻。(《顾子新言》)　1/627

　　《礼》曰："君子无故不彻琴瑟。"古来名士，多所爱好。(《颜氏家训·杂艺》)　1/678

非修礼义,廉耻不立。民无廉耻,不可以治。不知礼义,法不能正。(《文子·上礼》) 2/796

失道则贱敢逆贵,不义则小敢侵大。(《鹖冠子·王铁》) 2/808

四维不张,国乃灭亡。(《管子·牧民》) 2/965

何谓四维? 一曰礼,二曰义,三曰廉,四曰耻。礼不逾节,义不自进,廉不蔽恶,耻不从枉。(《管子·牧民》) 2/965

衣冠不正,则宾者不肃;进退无仪,则政令不行。(《管子·形势》) 2/971

法者,所以爱民也;礼者,所以便事也。(《商君书·更法》) 2/1086

三代不同礼而王,五霸不同法而霸。(《商君书·更法》) 2/1087

拘礼之人不足与言事,制法之人不足与论变。(《商君书·更法》) 2/1087

礼、法以时而定,制、令各顺其宜。(《商君书·更法》) 2/1088

取之以力,持之以义。(《商君书·开塞》) 2/1103

合诸侯,不可无礼,此存亡之机也。(《韩非子·十过》) 2/1161

夫冠虽贱,头必戴之;屦虽贵,足必履之。(《韩非子·外储说左下》) 2/1209

冠虽穿弊,必戴于头;履虽五采,必践之于地。(《韩非子·外储说左下》) 2/1209

夫礼,天子爱天下,诸侯爱境内,大夫爱官职,士爱其家,过其所爱曰侵。(《韩非子·外储说右上》) 2/1212

国乱则治之,国治则为礼乐。国治则从事,国富则为礼乐。(《墨子·公孟》) 3/1355

凡乐,天地之和、阴阳之调也。(《吕氏春秋·仲夏纪·大乐》) 3/1464

凡古圣王之所为贵乐者,为其乐也。(《吕氏春秋·仲夏纪·侈乐》) 3/1465

乐不乐者,其民必怨,其生必伤。(《吕氏春秋·仲夏纪·侈乐》) 3/1465

凡音乐,通乎政而移风平俗者也,俗定而音乐化之矣。(《吕氏春秋·仲夏纪·适音》) 3/1467

乐无太,平和者是也。(《吕氏春秋·仲夏纪·适音》) 3/1467

有道之世,观其音而知其俗矣,观其俗而知其政矣,观其政而知其主矣。(《吕氏春秋·仲夏纪·适音》) 3/1468

先王之制礼乐也,非特以欢耳目、极口腹之欲也,将教民平好恶、行理义也。(《吕氏春秋·仲夏纪·适音》) 3/1468

乐所由来者尚也,必不可废。有节,有侈,有正,有淫矣。贤者以昌,不肖者以亡。(《吕氏春秋·仲夏纪·古乐》) 3/1468

盛衰、贤不肖、君子小人皆形于乐,不可隐匿。(《吕氏春秋·季夏

纪·音初》） 3/1469

凡音者，产乎人心者也。（《吕氏春秋·季夏纪·音初》） 3/1469

感于心则荡乎音，音成于外而化乎内。（《吕氏春秋·季夏纪·音初》） 3/1469

土弊则草木不长，水烦则鱼鳖不大，世浊则礼烦而乐淫。（《吕氏春秋·季夏纪·音初》） 3/1470

欲观至乐，必于至治。（《吕氏春秋·季夏纪·制乐》） 3/1470

其治厚者其乐治厚，其治薄者其乐治薄，乱世则慢以乐矣。（《吕氏春秋·季夏纪·制乐》） 3/1470

天生民而令有别，有别，人之义也，所异于禽兽麋鹿也，君臣上下之所以立也。（《吕氏春秋·先识览·先识》） 3/1526

乐不适则不可以存。（《吕氏春秋·贵直论·过理》） 3/1588

治国有礼，不在文辩。（《淮南子·道应训》） 3/1719

法制礼义者，治人之具也，而非所以为治也。（《淮南子·氾论训》） 3/1726

民不知礼义，法弗能正也。（《淮南子·泰族训》） 3/1826

治由文理，则无悖谬之事矣；刑不侵滥，则无暴虐之行矣。（《淮南子·泰族训》） 3/1833

情性者，人治之本，礼乐所由生也。故原情性之极，礼为之防，乐为之节。（《论衡·本性篇》） 3/1843

国之所以存者，礼义也。民无礼义，倾国危主。（《论衡·非韩篇》） 3/1851

化民须礼义，礼义须文章。（《论衡·效力篇》） 3/1855

谷足食多，礼义之心生；礼丰义重，平安之基立矣。（《论衡·治期篇》） 3/1859

礼乐者，何谓也？礼之为言履也，可履践而行。乐者，乐也，君子乐得其道，小人乐得其欲。（《白虎通义·礼乐》） 3/1873

乐以象天，礼以法地。（《白虎通义·礼乐》） 3/1873

礼者，盛不足，节有余，使丰年不奢，凶年不俭，贫富不相悬也。（《白虎通义·礼乐》） 3/1874

情无所止，礼为之俭；欲无所齐，法为之防。（《昌言》） 3/1888

礼法殊涂而同归，赏刑递用而相济。（《傅子·法刑》） 3/1902

爱，待敬而不败，故制礼以崇之；德，须威而久立，故作刑以肃之。（《抱朴子外篇·用刑》） 4/1961

礼与法表里也，文与武左右也。（《司马法·天子之义》） 4/2118

古之明王，必谨君臣之礼，饰上下之仪，安集吏民，顺俗而教，简募良材，以备不虞。（《吴子·图国》） 4/2162

教化（50条）

上敬老则下益孝，上尊齿则下益悌，上乐施则下益宽，上亲贤则下择友，上好德则下不隐，上恶贪则下耻争，上廉让则下耻节，此之谓七教。七教者，治民之本也。（《孔子家语·王言解》） 1/5

古之人有以一国取天下者，非往行之也，修政其所莫不愿，如是而可以诛暴禁悍矣。（《荀子·王制》） 1/81

上一则下一矣，上二则下二矣，辟之若中木，枝叶必类本。（《荀子·富国》） 1/85

仁人之用国，将修志意，正身行，伉隆高，致忠信，期文理。（《荀子·富国》） 1/86

暴悍勇力之属为之化而愿，旁辟曲私之属为之化而公，矜纠收缭之属为之化而调，夫是之谓大化至一。（《荀子·议兵》） 1/104

君子急于教，缓于刑。（《盐铁论·疾贪》） 1/251

夫上之化下，若风之靡草，无不从教。（《盐铁论·疾贪》） 1/251

政有不从之教，而世无不可化之民。（《盐铁论·和亲》） 1/264

治民之道，务笃其教已。（《盐铁论·刑德》） 1/272

上之变下，犹风之靡草也。故为人君者，明贵德而贱利以道下。（《说苑·贵德》） 1/338

化其心莫若教也。（《说苑·政理》） 1/352

王者统世，观民设教，乃能变风易俗，以致太平。（《潜夫论·浮侈》） 1/517

移风易俗之本，乃在开其心而正其精。（《潜夫论·卜列》） 1/539

夫化变民心也，犹政变民体也。（《潜夫论·德化》） 1/553

民蒙善化，则人有士君子之心；被恶政，则人有怀奸乱之虑。（《潜夫论·德化》） 1/554

教化之废，推中人而坠于小人之域；教化之行，引中人而纳于君子之涂，是谓章化。（《申鉴·政体》） 1/564

听其音则知其风，观其乐即知其俗，见其俗即知其化。（《文子·精诚》） 2/750

学而不厌，所以治身也；教而不倦，所以治民也。（《文子·上仁》） 2/790

仁于取予，备于教道，要于言语，信于约束。（《鹖冠子·王铁》） 2/807

一年之计，莫如树谷；十年之计，莫如树木；终身之计，莫如树人。（《管子·权修》） 2/979

智者知之，愚者不知，不可以教民；巧者能之，拙者不能，不可以教民。（《管子·乘马》） 2/986

利适，器之至也；用适，教之尽也。

不能致器者，不能利适；不能尽教者，不能用敌。(《管子·兵法》)　2/1010

效于古者，先德而治；效于今者，前刑而法。(《商君书·开塞》)　2/1104

当壮者务于战，老弱者务于守，死者不悔，生者务劝，此臣之所谓壹教也。(《商君书·赏刑》)　2/1120

明者不失，则微者敬矣。(《尸子·发蒙》)　3/1386

先王之教，莫荣于孝，莫显于忠。(《吕氏春秋·孟夏纪·劝学》)3/1454

善教者，义以赏罚而教成，教成而赏罚弗能禁。(《吕氏春秋·孝行览·义赏》)　3/1512

刑罚不足以移风，杀戮不足以禁奸，唯神化为贵，至精为神。(《淮南子·主术训》)　3/1658

民之化也，不从其所言而从其所行。(《淮南子·主术训》)　3/1660

至精之所动，若春气之生，秋气之杀也，虽驰传骛置，不若此其亟。(《淮南子·主术训》)　3/1660

太上神化，其次使不得为非，其次赏贤而罚暴。(《淮南子·主术训》)3/1661

小有教而大有存也，小有诛而大有宁也，唯恻隐推而行之，此智者之所独断也。(《淮南子·主术训》)　3/1686

圣人在上，民迁而化，情以先之也。(《淮南子·缪称训》)　3/1693

矜伪以惑世，侂行以违众，圣人不以为民俗。(《淮南子·齐俗训》)　3/1708

欲观九州之土，足无千里之行；心无政教之原，而欲为万民之上也，则难。(《淮南子·说林训》)　3/1795

先王之教也，因其所喜以劝善，因其所恶以禁奸。(《淮南子·泰族训》)　3/1819

不言而信，不施而仁，不怒而威，是以天心动化者也；施而仁，言而信，怒而威，是以精诚感之者也；施而不仁，言而不信，怒而不威，是以外貌为之者也。(《淮南子·泰族训》)3/1824

治国，太上养化，其次正法。(《淮南子·泰族训》)　3/1825

圣王之设政施教也，必察其终始；其县法立仪，必原其本末，不苟以一事备一物而已矣。见其造而思其功，观其源而知其流，故博施而不竭，弥久而不垢。(《淮南子·泰族训》)　3/1831

取儒生者，必轨德立化者也；取文吏者，必优事理乱者也。(《论衡·程材篇》)　3/1854

教者，效也。上为之，下效之。(《白虎通义·三教》)　3/1878

三纲者，何谓也？谓君臣、父子、夫妇也。六纪者，谓诸父、兄弟、族人、诸舅、师长、朋友也。(《白虎通义·三纲六纪》)　3/1878

君为臣纲，父为子纲，夫为妻纲。(《白虎通义·三纲六纪》)　3/1878

教化以礼义为宗，礼义以典籍为本，常道行于百世，权宜用于一时，所不可得而易者也。(《昌言》)　3/1887

表正则影直,范端则器良。行之于上,禁之于下,非元首之教也。(《昌言》) 3/1889

夫随俗树化,因世建业,慎在三而已:一曰择人,二曰因民,三曰从时。时移而不移,违天之祥也;民望而不因,违人之咎也;好善而不能择人,败官之患也。(《蒋子万机论·政略》) 3/1893

贵教之道行,士有仗节成义,死而不顾者矣。(《傅子·贵教》) 3/1903

立德之本,莫尚乎正心。心正而后身正,身正而后左右正,左右正而后朝廷正,朝廷正而后国家正,国家正而后天下正。(《傅子·正心》) 3/1904

以正德临民,犹树表望影,不令而行。(《傅子·正心》) 3/1905

事极修则百官给矣,教极省则民兴良矣,习贯成则民体俗矣,教化之至也。(《司马法·天子之义》) 4/2116

外交(18条)

存亡继绝,卫弱禁暴,而无兼并之心,则诸侯亲之矣;修友敌之道以敬接诸侯,则诸侯说之矣。所以亲之者,以不并也,并之见则诸侯疏矣;所以说之者,以友敌也,臣之见则诸侯离矣。(《荀子·王制》) 1/76

治外者必调内,平远者必正近。(《新语·怀虑》) 1/163

外无敌国之忧,而内自纵恣也。(《盐铁论·论功》) 1/269

小国之与大国从事也,有利,大国受福;有败,小国受祸。(《新序·善谋上》) 1/311

见不意可以生故,此小之所以事大也。(《说苑·权谋》) 1/379

大之伐小,强之伐弱,犹大鱼之吞小鱼也,若虎之食豚也。(《说苑·指武》) 1/382

凡交,近则必相靡以信,远则必忠之以言。(《庄子·内篇·人间世》) 2/840

夫国之存也,邻国有焉;国之亡也,邻国有焉。邻国有事,邻国得焉;邻国有事,邻国亡焉。(《管子·霸言》) 2/1013

诸侯合则强,孤则弱。(《管子·霸言》) 2/1016

国虽强,令必忠以义;国虽弱,令必敬以哀。强弱不犯,则人欲听矣。(《管子·侈靡》) 2/1032

政不若者,勿与战;食不若者,勿与久,敌众勿为客;敌尽不如,击之勿疑。(《商君书·战法》) 2/1112

大国之所索,小国必听;强兵之所加,弱兵必服。(《韩非子·八奸》)2/1160

敌国有贤者,国之忧也。(《韩非子·内储说下六微》) 2/1205

参伍既用于内,观听又行于外,则敌伪得。(《韩非子·内储说下六微》) 2/1205

从者,合众弱以攻一强也;而衡者,事一强以攻众弱也:皆非所以持国也。(《韩非子·五蠹》) 2/1240

胜其敌则多怨,小邻国则多患。多患多怨,国虽强大,恶得不惧? 恶得不恐?(《吕氏春秋·慎大览·慎大》) 3/1518

同患同利以合诸侯,比小事大以和诸侯。(《司马法·仁本》) 4/2114

凭弱犯寡则眚之,贼贤害民则伐之,(《司马法·仁本》) 4/2114

军事(156条)

凡用兵攻战之本在乎壹民。弓矢不调,则羿不能以中微;六马不和,则造父不能以致远;士民不亲附,则汤、武不能以必胜也。故善附民者,是乃善用兵者也。故兵要在乎善附民而已。(《荀子·议兵》) 1/98

好士者强,不好士者弱;爱民者强,不爱民者弱;政令信者强,政令不信者弱;民齐者强,民不齐者弱;赏重者强,赏轻者弱;刑威者强,刑侮者弱;械用兵革攻完便利者强,械用兵革窳楛不便利者弱;重用兵者强,轻用兵者弱;权出一者强,权出二者弱,是强弱之常也。(《荀子·议兵》) 1/99

兵大齐则制天下,小齐则治邻敌。(《荀子·议兵》) 1/100

战如守,行如战,有功如幸。(《荀子·议兵》) 1/102

敬谋无圹,敬事无圹,敬吏无圹,敬众无圹,敬敌无圹,夫是之谓五无圹。(《荀子·议兵》) 1/103

善克者不战,善战者不师,善师者不阵。(《盐铁论·本议》) 1/196

手足之勤,腹肠之养也;当世之务,后世之利也。(《盐铁论·结和》) 1/261

古之用师,非贪壤土之利,救民之患也。(《盐铁论·伐功》) 1/262

事不豫辨,不可以应卒。内无备,不可以御敌。(《盐铁论·世务》)1/263

有备则制人,无备则制于人。(《盐铁论·险固》) 1/266

君子为国,必有不可犯之难。(《盐铁论·险固》) 1/266

凡战,用兵之术,在于一民。(《新序·杂事三》) 1/290

善用兵者,务在于善附民而已。(《新序·杂事三》) 1/290

语曰:"强者善攻,而弱者不能守。"(《新序·善谋上》) 1/310

夫兵不可玩,玩则无威;兵不可废,废则召寇。(《说苑·指武》) 1/381

一人必死,十人弗能待也;十人必死,百人弗能待也;百人必死,千人不能待也;千人必死,万人弗能待也;万人必死,横行乎天下;令行禁止,王者之师也。(《说苑·指武》) 1/383

攻礼者为贼,攻义者为残,失其民制为匹夫。(《说苑·指武》) 1/384

兵不豫定,无以待敌;计不先虑,无以应卒。(《说苑·谈丛》) 1/402

折敌则能合变,众附爱则思力战,贤智集则英谋得,赏罚必则士尽力,勇气益则兵势自倍,威令一则惟将所使。(《潜夫论·劝将》)　　1/531

攻常不足,而守恒有余也。(《潜夫论·救边》)　　1/532

明君先尽人情,不独委夫良将,修己之备,无恃于人,故能攻必胜敌,而守必自全也。(《潜夫论·边议》)1/535

在上者,必有武备以戒不虞,以遏寇虐,安居则寄之内政,有事则用之军旅,是谓秉威。(《申鉴·政体》)　1/565

兵凶战危,非安全之道。(《颜氏家训·风操》)　　1/655

祸莫大于轻敌。(《老子·六十九章》)　　2/738

抗兵相若,哀者胜矣。(《老子·六十九章》)　　2/738

善用兵者,用其自为用;不能用兵者,用其为己用。用其自为用,天下莫不可用;用其为己用,无一人之可用也。(《文子·自然》)　　2/784

兵之胜败,皆在于政。(《文子·上义》)　　2/795

以政治国,以奇用兵。先为不可胜之政,而后求胜于敌。(《文子·上礼》)　　2/797

张军卫外,祸反在内;所备甚远,贼在所爱。(《鹖冠子·道端》)　2/804

兵者,百岁不一用,然不可一日忘也,是故人道先兵。(《鹖冠子·近迭》)　　2/806

地大者国实,民众者兵强。(《鹖冠子·近迭》)　　2/807

明将不倍时而弃利,勇士不怯死而灭名。(《鹖冠子·世兵》)　2/810

兵不刑天,兵不可动,不法地,兵不可昔;刑法不人,兵不可成。(《黄帝四经·十大经·兵容》)　2/889

不明于敌人之政,不能加也;不明于敌人之情,不可约也;不明于敌人之将,不先军也;不明于敌人之士,不先陈也。(《管子·七法》)　　2/990

以众击寡,以治击乱,以富击贫,以能击不能,以教卒练士击驱众白徒。故十战十胜,百战百胜。(《管子·七法》)　　2/991

蚤知敌,则独行;有蓄积,则久而不匮;器械巧,则伐而不费;赏罚明,则勇士劝也。(《管子·兵法》)　2/1009

举之必义,用之必暴,相形而知可,量力而知攻,攻得而知时。(《管子·霸言》)　　2/1016

兵事者,危物也,不时而胜,不义而得,未为福也。(《管子·问》)2/1018

得众而不得其心,则与独行者同实。(《管子·参患》)　　2/1021

兵不完利,与无操者同实。(《管子·参患》)　　2/1022

器滥恶不利者,以其士予人也;士不可用者,以其将予人也;将不知兵者,以其主予人也;主不积务于兵者,以其国予人也。(《管子·参患》)　2/1022

凡用兵者,攻坚则轫,乘瑕则神。

攻坚则瑕者坚,乘瑕则坚者瑕。(《管子·制分》)　2/1023

战事兵用而国强,战乱兵怠而国削。(《商君书·去强》)　2/1093

举力以成勇战,战以成知谋。(《商君书·去强》)　2/1095

凡战法必本于政。(《商君书·战法》)　2/1111

见敌如溃,溃而不止,则免。(《商君书·战法》)　2/1112

王者之兵,胜而不骄,败而不怨。胜而不骄者,术明也;败而不怨者,知所失也。(《商君书·战法》)　2/1112

强者必刚斗其意,斗则力尽,力尽则备,是故无敌于海内。(《商君书·立本》)　2/1113

四战之国贵守战,负海之国贵攻战。(《商君书·兵守》)　2/1113

围城之患,患无不尽死。(《商君书·兵守》)　2/1114

民勇者,战胜;民不勇者,战败。(《商君书·画策》)　2/1122

兵易弱难强,民乐生安佚。(《商君书·弱民》)　2/1124

兵行敌之所不敢行,强;事兴敌之所羞为,利。(《商君书·弱民》)2/1124

夫一人奋死可以对十,十可以对百,百可以对千,千可以对万,万可以克天下矣。(《韩非子·初见秦》)　2/1144

夫战者,万乘之存亡也。(《韩非子·初见秦》)　2/1144

凡兵革者,所以备害也。(《韩非子·解老》)　2/1180

人主说贤能之行,而忘兵弱地荒之祸,则私行立而公利灭矣。(《韩非子·五蠹》)　2/1237

虑不先定,不可以应卒;兵不闲习,不可以当敌。(《邓析子·无厚篇》)　2/1273

战胜于外,备主于内。胜备相应,犹合符节,无异故也。(《尉缭子·兵谈》)　3/1406

独出独入者,王霸之兵也。(《尉缭子·制谈》)　3/1408

务耕者民不饥,务守者地不危,务战者城不围。(《尉缭子·战威》)　3/1412

信在期前,事在未兆。(《尉缭子·攻权》)　3/1416

众已聚不虚散,兵已出不徒归。(《尉缭子·攻权》)　3/1417

凡兵不攻无过之城,不杀无罪之人。夫杀人之父兄,利人之货财,臣妾人之子女,此皆盗也。故兵者,所以诛暴乱禁不义也。(《尉缭子·武议》)　3/1418

夫提天下之节制,而无百货之官,无谓其能战也。(《尉缭子·武议》)　3/1419

精诚在乎神明,战权在乎道之所极。(《尉缭子·战权》)　3/1424

兵有五致:为将忘家,逾垠忘亲,指敌忘身,必死则生,急胜为下。(《尉缭子·兵教下》)　3/1425

兵者,以武为植,以文为种。武为

表,文为里。能审此二者,知胜败矣。文所以视利害、辨安危,武所以犯强敌、力攻守也。专一则胜,离散则败。(《尉缭子·兵令上》) 3/1426

夫兵不可偃也,譬之若水火然,善用之则为福,不能用之则为祸;若用药者然,得良药则活人,得恶药则杀人。义兵之为天下良药也亦大矣。(《吕氏春秋·孟秋纪·荡兵》) 3/1473

兵诚义,以诛暴君而振苦民,民之说也,若孝子之见慈亲也,若饥者之见美食也。(《吕氏春秋·孟秋纪·荡兵》) 3/1473

攻无道而伐不义,则福莫大焉,黔首利莫厚焉。(《吕氏春秋·孟秋纪·振乱》) 3/1474

兵苟义,攻伐亦可,救守亦可;兵不义,攻伐不可,救守不可。(《吕氏春秋·孟秋纪·禁塞》) 3/1474

夫兵有本干:必义,必智,必勇。(《吕氏春秋·仲秋纪·决胜》)3/1477

夫民无常勇,亦无常怯。有气则实,实则勇;无气则虚,虚则怯。(《吕氏春秋·仲秋纪·决胜》) 3/1477

勇则战,怯则北。(《吕氏春秋·仲秋纪·决胜》) 3/1478

军大卒多而不能斗,众不若其寡也。(《吕氏春秋·仲秋纪·决胜》) 3/1478

凡敌人之来也,以求利也。(《吕氏春秋·仲秋纪·爱士》) 3/1480

敌得生于我,则我得死于敌;敌得死于我,则我得生于敌。(《吕氏春秋·仲秋纪·爱士》) 3/1480

凡兵之用也,用于利,用于义。攻乱则服,服则攻者利;攻乱则义,义则攻者荣。(《吕氏春秋·有始览·应同》) 3/1499

繁战之君,不足于诈。(《吕氏春秋·孝行览·义赏》) 3/1512

义兵不攻服,仁者食饥饿。(《吕氏春秋·孝行览·长攻》) 3/1514

用武则以力胜,用文则以德胜。文武尽胜,何敌之不服?(《吕氏春秋·慎大览·不广》) 3/1523

乱则用,治则止。治而攻之,不祥莫大焉;乱而弗讨,害民莫长焉。(《吕氏春秋·恃君览·召类》) 3/1572

将失一令,而军破身死;主过一言,而国残名辱。(《吕氏春秋·似顺论·慎小》) 3/1599

兵者所以讨暴,非所以为暴也。(《淮南子·本经训》) 3/1656

用兵有术矣,而义为本。(《淮南子·本经训》) 3/1656

败军之卒,勇武遁逃,将不能止也;胜军之陈,怯者死行,惧不能走也。(《淮南子·齐俗训》) 3/1717

用兵者,先为不可胜,以待敌之可胜也;治国者,先为不可夺,以待敌之可夺也。(《淮南子·诠言训》)3/1745

圣人之用兵,若栉发耨苗,所去者少,而所利者多。(《淮南子·兵略训》) 3/1751

兵失道而弱,得道而强;将失道而拙,得道而工;国得道而存,失道而亡。(《淮南子·兵略训》)　3/1752

刑,兵之极也;至于无刑,可谓极之矣。(《淮南子·兵略训》)　3/1752

夫战而不胜者,非鼓之日也,素行无刑久矣。(《淮南子·兵略训》)3/1753

明王之用兵也,为天下除害,而与万民共享其利。(《淮南子·兵略训》)　3/1753

兵之胜败,本在于政。(《淮南子·兵略训》)　3/1755

政胜其民,下附其上,则兵强矣;民胜其政,下畔其上,则兵弱矣。(《淮南子·兵略训》)　3/1755

德之所施者博,则威之所制者广;威之所制者广,则我强而敌弱矣。(《淮南子·兵略训》)　3/1756

全兵先胜而后战,败兵先战而后求胜。(《淮南子·兵略训》)　3/1757

德均,则众者胜寡;力敌,则智者胜愚;者伴,则有数者禽无数。(《淮南子·兵略训》)　3/1757

民诚从其令,虽少无畏;民不从令,虽众为寡。(《淮南子·兵略训》)　3/1760

下不亲上,其心不用;卒不畏将,其刑不战。(《淮南子·兵略训》)　3/1761

胜定而后战,铃县而后动。(《淮南子·兵略训》)　3/1761

众聚而不虚散,兵出而不徒归。(《淮南子·兵略训》)　3/1761

兵之所隐议者,天道也;所图画者,地形也;所明言者,人事也;所以决胜者,铃势也。(《淮南子·兵略训》)　3/1766

百人之必死也,贤于万人之必北也。(《淮南子·兵略训》)　3/1767

兵之所以强者,民也;民之所以必死者,义也;义之所以能行者,威也。(《淮南子·兵略训》)　3/1768

盖闻善用兵者,必先脩诸己,而后求诸人;先为不可胜,而后求胜。(《淮南子·兵略训》)　3/1770

善战者不在少,善守者不在小。(《淮南子·兵略训》)　3/1771

一人必死,十人不能当;百人必死,千人不能当;千人必死,万人不能当;万人必死,横行天下。(《白虎通义·三军》)　3/1875

杀人安人,杀之可也;攻其国爱其民,攻之可也;以战止战,虽战可也。(《司马法·仁本》)　4/2112

知终知始,是以明其智也。(《司马法·仁本》)　4/2114

兵不杂则不利。(《司马法·天子之义》)　4/2117

军旅之固,不失行列之政,不绝人马之力,迟速不过诚命。(《司马法·天子之义》)　4/2118

见物与伴,是谓两之。(《司马法·定爵》)　4/2122

凡战,智也;斗,勇也;陈,巧也。(《司马法·定爵》)　4/2123

凡战：有天，有财，有善。时日不迁，龟胜微行，是谓有天。众有，有因生美，是谓有财。人习陈利，极物以豫，是谓有善。(《司马法·定爵》)　4/2123

军无小听，战无小利。(《司马法·定爵》)　4/2129

教约人轻死，道约人死正。(《司马法·严位》)　4/2131

凡战：若胜、若否、若天、若人。(《司马法·严位》)　4/2132

凡大善用本，其次用末。执略守微，本末唯权，战也。(《司马法·严位》)　4/2132

凡众寡，既胜若否。兵不告利，甲不告坚，车不告固，马不告良，众不自多，未获道。(《司马法·严位》)4/2133

善用兵者，役不再籍，粮不三载。取用于国，因粮于敌，故军食可足也。(《孙子兵法·作战篇》)　4/2137

兵贵胜，不贵久。(《孙子兵法·作战篇》)　4/2138

知胜有五：知可以战与不可以战者胜，识众寡之用者胜，上下同欲者胜，以虞待不虞者胜，将能而君不御者胜。(《孙子兵法·谋攻篇》)　4/2140

见胜不过众人之所知，非善之善者也；战胜而天下曰善，非善之善者也。故举秋毫不为多力，见日月不为明目，闻雷霆不为聪耳。(《孙子兵法·形篇》)　4/2142

善战者，立于不败之地，而不失敌之败也。(《孙子兵法·形篇》) 4/2142

胜兵先胜而后求战，败兵先战而后求胜。(《孙子兵法·形篇》) 4/2143

知战之地，知战之日，则可千里而会战。(《孙子兵法·虚实篇》) 4/2147

其疾如风，其徐如林，侵掠如火，不动如山，难知如阴，动如雷震。(《孙子兵法·军争篇》)　4/2149

当敌而不进，无逮于义；僵尸而哀之，无逮于仁矣。(《吴子·图国》)4/2158

不和于国，不可以出军；不和于军，不可以出陈；不和于陈，不可以进战；不和于战，不可以决胜。(《吴子·图国》)　4/2158

有道之主，将用其民，先和而造大事。(《吴子·图国》)　4/2159

战胜易，守胜难。(《吴子·图国》)　4/2161

凡兵之所起者有五：一曰争名，二曰争利，三曰积恶，四曰内乱，五曰因饥。(《吴子·图国》)　4/2162

凡兵战之场，立尸之地，必死则生，幸生则死。(《吴子·治兵》)4/2166

师出之日，有死之荣，无生之辱。(《吴子·论将》)　4/2169

夫发号布令而人乐闻，兴师动众而人乐战，交兵接刃而人乐死，此三者，人主之所恃也。(《吴子·励士》) 4/2172

一人投命，足惧千夫。(《吴子·励士》)　4/2173

夫兵者，非士恒执也。(《孙膑兵法·见威王》)　4/2175

城小而守固者，有委也；卒寡而兵

强者，有义也。(《孙膑兵法·见威王》)
4/2175

夫权者，所以聚众也；势者，所以令士必斗也；谋者，所以令適无备也；诈者，所以困適也。(《孙膑兵法·威王问》)
4/2176

兵之胜在于篡卒，其勇在于制，其巧在于势，其利在于信，其德在于道，其富在于亟归，其强在于休民，其伤于数战。(《孙膑兵法·篡卒》) 4/2176

天时、地利、人和，三者不得，虽胜有央。(《孙膑兵法·月战》)　4/2178

凡兵之道，莫过乎一。一者能独往独来。(《太公六韬·文韬·兵道》)
4/2192

争其强，强可胜也。(《太公六韬·武韬·发启》)　4/2192

鸷鸟将击，卑飞敛翼；猛兽将搏，弭耳俯伏；圣人将动，必有愚色。(《太公六韬·武韬·发启》)　4/2194

善战者，居之不扰，见胜则起，不胜则止。(《太公六韬·龙韬·军势》)
4/2203

赴之若惊，用之若狂，当之者破，近之者亡，孰能御之？(《太公六韬·龙韬·军势》)　4/2204

战必以义者，所以励众胜敌也。(《太公六韬·龙韬·奇兵》)　4/2204

凡三军悦怿，士卒畏法，敬其将命，相喜以破敌，相陈以勇猛，相贤以威武，此强征也；三军数惊，士卒不齐，相恐以敌强，相语以不利，耳目相属，妖言不止，众口相惑，不畏法令，不重其将，此弱征也。(《太公六韬·龙韬·兵征》)　4/2206

三军勇斗，莫我能御。(《太公六韬·虎韬·必出》)　4/2206

勇斗则生，不勇则死。(《太公六韬·虎韬·必出》)　4/2207

凡帅师将众，虑不先设，器械不备，教不素信，士卒不习，若此，不可以为王者之兵也。(《太公六韬·虎韬·军略》)　4/2207

以戒为固，以怠为败。(《太公六韬·虎韬·金鼓》)　4/2207

与众同好，靡不成；与众同恶，靡不倾。(《黄石公三略·上略》) 4/2213

士可下而不可骄，将可乐而不可忧，谋可深而不可疑。士骄则下不顺，将忧则内外不相信，谋疑则敌国奋。(《黄石公三略·上略》)　4/2218

圣王之用兵，非乐之也，将以诛暴讨乱也。夫以义诛不义，若决江河而溉爝火，临不测而挤欲堕，其克必矣。所以优游恬淡而不进者，重伤人物也。(《黄石公三略·下略》)　4/2227

慎战(41条)

数战则民劳，久师则兵弊，此百姓所疾苦，而拘儒之所忧也。(《盐铁论·复古》)　1/204

夫用军于外，政败于内，备为所患，

增主所忧。(《盐铁论·备胡》)　1/256

一人行而乡曲恨,一人死而万人悲。(《盐铁论·执务》)　1/258

兵者凶器,不可轻用也。(《盐铁论·论功》)　1/268

数战则民疲,数胜则主骄。以骄主治疲民,此其所以亡也。(《新序·杂事五》)　1/299

君子不为匹夫兴师。(《新序·善谋上》)　1/309

好战之臣,不可不察也。羞小耻以构大怨,贪小利以亡大众。(《说苑·敬慎》)　1/364

兵者,凶器也;争者,逆德也。(《说苑·指武》)　1/382

先登陷阵,赴死严敌,民之祸也。(《潜夫论·劝将》)　1/530

以道佐人主者,不以兵强天下。(《老子·三十章》)　2/717

夫兵者,不祥之器,物或恶之,故有道者不处。(《老子·三十一章》)　2/718

兵者不祥之器,非君子之器,不得已而用之,恬淡为上。胜而不美,而美之者,是乐杀人。夫乐杀人者,则不可得志于天下矣。(《老子·三十一章》)　2/718

天下虽大,好用兵者亡;国虽安,好战者危。(《文子·符言》)　2/759

兵者,涉死而取生,陵危而取安。(《鹖冠子·天权》)　2/813

至善不战,其次一之。(《管子·兵法》)　2/1010

智士俭用其财则家富,圣人爱宝

其神则精盛,人君重战其卒则民众,民众则国广。(《韩非子·解老》)　2/1181

圣人之用兵也,将以利物,不以害物也;将以救亡,非以危存也。故不得已而用之耳。(《世要论·兵要》)2/1266

兵起非可以忿也,见胜则兴,不见胜则止。(《尉缭子·兵谈》)　3/1407

战不必胜,不可以言战;攻不必拔,不可以言攻。(《尉缭子·攻权》)　3/1416

兵者凶器也,争者逆德也,将者死官也。故不得已而用之。(《尉缭子·武议》)　3/1419

凡兴师必审内外之权,以计其去。(《尉缭子·兵教下》)　3/1426

凡兵,天下之凶器也;勇,天下之凶德也。(《吕氏春秋·仲秋纪·论威》)　3/1476

骤战则民罢,骤胜则主骄。以骄主使罢民,然而国不亡者,天下少矣。骄则恣,恣则极物;罢则怨,怨则极虑。(《吕氏春秋·离俗览·适威》)3/1563

兵不必胜,不苟接刃;攻不必取,不为苟发。(《淮南子·兵略训》)　3/1761

劲兵锐卒,拨乱之神物也;用者非明哲,则速自焚之祸焉。(《抱朴子外篇·博喻》)　4/2013

国虽大,好战必亡;天下虽安,忘战必危。(《司马法·仁本》)　4/2113

兵者,国之大事,死生之地,存亡之道,不可不察也。(《孙子兵法·计篇》)　4/2136

其用战也胜，久则钝兵挫锐，攻城则力屈，久暴师则国用不足。(《孙子兵法·作战篇》)　　　4/2137

兵闻拙速，未睹巧之久也。夫兵久而国利者，未之有也。(《孙子兵法·作战篇》)　　　4/2137

不尽知用兵之害者，则不能尽用兵之利也。(《孙子兵法·作战篇》)　　　4/2137

凡用兵之法：全国为上，破国次之；全军为上，破军次之；全旅为上，破旅次之；全卒为上，破卒次之；全伍为上，破伍次之。(《孙子兵法·谋攻篇》)　　　4/2139

百战百胜，非善之善者也；不战而屈人之兵，善之善者也。(《孙子兵法·谋攻篇》)　　　4/2139

上兵伐谋，其次伐交，其次伐兵，其下攻城。攻城之法，为不得已。(《孙子兵法·谋攻篇》)　　　4/2139

善用兵者，屈人之兵而非战也，拔人之城而非攻也，毁人之国而非久也，必以全争于天下，故兵不顿而利可全，此谋攻之法也。(《孙子兵法·谋攻篇》)　　　4/2140

非利不动，非得不用，非危不战。(《孙子兵法·火攻篇》)　　　4/2155

主不可以怒而兴师，将不可以愠而致战；合于利而动，不合于利而止。怒可以复喜，愠可以复悦，亡国不可以复存，死者不可以复生。(《孙子兵法·火攻篇》)　　　4/2155

天下战国，五胜者祸，四胜者弊，三胜者霸，二胜者王，一胜者帝。(《吴子·图国》)　　　4/2161

乐兵者亡，而利胜者辱。(《孙膑兵法·见威王》)　　　4/2175

全胜不斗，大兵无创。(《太公六韬·武韬·发启》)　　　4/2192

善战者，不待张军；善除患者，理于未生；善胜敌者，胜于无形；上战，无与战。(《太公六韬·龙韬·军势》)　　　4/2201

夫兵者，不祥之器，天道恶之。不得已而用之，是天道也。(《黄石公三略·下略》)　　　4/2228

将帅(66条)

制号政令，欲严以威；庆赏刑罚，欲必以信；处舍收藏，欲周以固；徙举进退，欲安以重，欲疾以速；窥敌观变，欲潜以深，欲伍以参；遇敌决战，必道吾所明，无道吾所疑，夫是之谓六术。(《荀子·议兵》)　　　1/100

无欲将而恶废，无急胜而忘败，无威内而轻外，无见其利而不顾其害，凡虑事欲孰而用财欲泰，夫是之谓五权。(《荀子·议兵》)　　　1/101

可杀而不可使处不完，可杀而不可使击不胜，可杀而不可使欺百姓，夫是之谓三至。(《荀子·议兵》)　　　1/101

凡受命于主而行三军，三军既定，

百官得序,群物皆正,则主不能喜,敌不能怒,夫是之谓至臣。(《荀子·议兵》) 1/102

将者,士之心也;士者,将之枝体也。心犹与则枝体不用。(《说苑·指武》) 1/383

若敌强兵弱,将贤则胜,将不如则败。(《商君书·战法》) 2/1112

将者,上不制于天,下不制于地,中不制于人。宽不可激而怒,清不可事以财。夫心狂、目盲、耳聋,以三悖率人者,难矣。(《尉缭子·兵谈》) 3/1407

善用兵者,能夺人而不夺于人,夺者心之机也。(《尉缭子·战威》)3/1410

战者必本乎率身以励众士,如心之使四肢也。(《尉缭子·战威》) 3/1411

夫勤劳之师,将必先己。暑不张盖,寒不重衣,险必下步,军井成而后饮,军食熟而后饭,军垒成而后舍,劳佚必以身同之。(《尉缭子·战威》) 3/1414

将帅者心也,群下者支节也。其心动以诚,则支节必力;其心动以疑,则支节必背。夫将不心制,卒不节动,虽胜,幸胜也,非攻权也。(《尉缭子·攻权》) 3/1415

夫不爱说其心者,不我用也;不严畏其心者,不我举也。爱在下顺,威在上立。爱故不二,威故不犯。故善将者爱与威而已。(《尉缭子·攻权》) 3/1416

威在于不变。惠在于因时。机在于应事。战在于治气。攻在于意表。守在于外饰。无过在于度数。无困在于豫备。慎在于畏小。智在于治大。除害在于敢断。得众在于下人。(《尉缭子·十二陵》) 3/1417

悔在于任疑。孽在于屠戮。偏在于多私。不祥在于恶闻己过。不度在于竭民财。不明在于受间。不实在于轻发。固陋在于离贤。祸在于好利。害在于亲小人。亡在于无所守。危在于无号令。(《尉缭子·十二陵》)3/1418

将受命之日忘其家,张军宿野忘其亲,援枹而鼓忘其身。(《尉缭子·武议》) 3/1420

善用兵者,用其自为用也;不能用兵者,用其为己用也。用其自为用,则天下莫不可用也;用其为己用,所得者鲜矣。(《淮南子·兵略训》) 3/1754

良将之所以必胜者,恒有不原之智,不道之道,难以众同也。(《淮南子·兵略训》) 3/1754

将以民为体,而民将为心,心诚则支体亲刃,心疑则支体挠北。(《淮南子·兵略训》) 3/1760

心不专一,则体不节动;将不诚必,则卒不勇敢。(《淮南子·兵略训》) 3/1760

将必与卒同甘苦,俟饥寒,故其死可得而尽也。(《淮南子·兵略训》) 3/1768

古之善将者,必以其身先之。(《淮

南子・兵略训》）　　　　3/1769

　　夫将者必独见独知。独见者，见人所不见也；独知者，知人所不知也。（《淮南子・兵略训》）　3/1770

　　主固勉若，视敌而举。（《司马法・定爵》）　　　　4/2122

　　将心，心也；众心，心也。（《司马法・定爵》）　　　　4/2122

　　将军，身也；卒，支也；伍，指拇也。（《司马法・定爵》）　　4/2123

　　作兵义，作事时，使人惠。（《司马法・定爵》）　　　　4/2125

　　见敌静，见乱暇，见危难，无忘其众。（《司马法・定爵》）　4/2125

　　容色积威，不过改意，凡此道也。（《司马法・定爵》）　　　4/2127

　　敬则慊，率则服。（《司马法・严位》）　　　　4/2131

　　上烦轻，上暇重。（《司马法・严位》）　　　　4/2131

　　上同无获，上专多死，上生多疑，上死不胜。（《司马法・严位》）4/2131

　　三军一人，胜。（《司马法・严位》）　　　　4/2133

　　胜则与众分善。……若使不胜，取过在己。（《司马法・严位》）4/2133

　　让以和，人自洽。自予以不循，争贤以为人。（《司马法・严位》）4/2134

　　知兵之将，生民之司命，国家安危之主也。（《孙子兵法・作战篇》）4/2138

　　将者，国之辅也。辅周则国必强，辅隙则国必弱。（《孙子兵法・谋攻篇》）　　　　4/2140

　　善用兵者，携手若使一人，不得已也。（《孙子兵法・九地篇》）　4/2153

　　将军之事，静以幽，正以治。（《孙子兵法・九地篇》）　　　　4/2153

　　其善将者，如坐漏船之中，伏烧屋之下，使智者不及谋，勇者不及怒，受敌可也。（《吴子・治兵》）　4/2166

　　夫总文武者，军之将也。兼刚柔者，兵之事也。（《吴子・论将》）4/2168

　　勇之于将，乃数分之一尔。（《吴子・论将》）　　　　4/2168

　　将之所慎者五：一曰理，二曰备，三曰果，四曰戒，五曰约。理者，治众如治寡。备者，出门如见敌。果者，临敌不怀生。戒者，虽克如始战。约者，法令省而不烦。（《吴子・论将》）4/2168

　　受命而不辞，敌破而后言返，将之礼也。（《吴子・论将》）　　　　4/2169

　　凡兵有四机：一曰气机，二曰地机，三曰事机，四曰力机。三军之众，百万之师，张设轻重，在于一人，是谓气机。路狭道险，名山大塞，十夫所守，千夫不过，是谓地机。善行间谍，轻兵往来，分散其众，使其君臣相怨，上下相咎，是谓事机。车坚管辖，舟利橹楫，士习战陈，马闲驰逐，是谓力机。知此四者，乃可为将。（《吴子・论将》）

　　　　　　　　　　　　4/2169

　　然其威、德、仁、勇，必足以率下安众，怖敌决疑，施令而下不敢犯，所在寇不敢敌。（《吴子・论将》）　4/2170

得之国强，去之国亡，是谓良将。（《吴子·论将》）　4/2171

凡战之要，必先占其将而察其才，因形用权，则不劳而功举。（《吴子·论将》）　4/2171

不忠于王，不敢用其兵；不信于赏，百生弗德；不敢去不善，百生弗畏。（《孙膑兵法·篡卒》）　4/2178

知不足，将兵，自恃也；勇不足，将兵，自广也；不知道，数战不足，将兵，幸也。（《孙膑兵法·八阵》）　4/2178

知道者，上知天之道，下知地之理，内得其民之心，外知適之请，陈则知八陈之经，见胜而战，弗见而诤，此王者之将也。（《孙膑兵法·八阵》）　4/2179

所谓五材者：勇、智、仁、信、忠也。勇则不可犯，智则不可乱，仁则爱人，信则不欺，忠则无二心。（《太公六韬·龙韬·论将》）　4/2198

二心不可以事君，疑志不可以应敌。（《太公六韬·龙韬·立将》）4/2199

将，冬不服裘，夏不操扇，雨不张盖，名曰礼将；将不身服礼，无以知士卒之寒暑。出隘塞，犯泥涂，将必先下步，名曰力将；将不身服力，无以知士卒之劳苦。军皆定次，将乃就舍，炊者皆熟，将乃就食，军不举火，将亦不举，名曰止欲将；将不身服止欲，无以知士卒之饥饱。（《太公六韬·龙韬·励军》）　4/2200

争胜于白刃之前者，非良将也；

设备于已失之后者，非上圣也；智与众同，非国师也；技与众同，非国工也。（《太公六韬·龙韬·军势》）　4/2202

不知战攻之策，不可以语敌；不能分移，不可以语奇；不通治乱，不可以语变。（《太公六韬·龙韬·奇兵》）4/2204

将不仁，则三军不亲；将不勇，则三军不锐；将不智，则三军大疑；将不明，则三军大倾；将不精微，则三军失其机；将不常戒，则三军失其备；将不强力，则三军失其职。（《太公六韬·龙韬·奇兵》）　4/2205

得贤将者，兵强国昌，不得贤将者，兵弱国亡。（《太公六韬·龙韬·奇兵》）　4/2205

夫主将之法，务揽英雄之心，赏禄有功，通志于众。（《黄石公三略·上略》）　4/2213

夫将帅者，必与士卒同滋味而共安危，敌乃可加。（《黄石公三略·上略》）　4/2217

蓄恩不倦，以一取万。（《黄石公三略·上略》）　4/2217

将无还令，赏罚必信，如天如地，乃可御人。（《黄石公三略·上略》）　4/2217

夫统军持势者，将也；制胜破敌者，众也。故乱将不可使保军，乖众不可使伐人。（《黄石公三略·上略》）　4/2217

夫将者，国之命也。将能制胜，则国家安定。（《黄石公三略·上略》）　4/2218

仁贤之智，圣明之虑，负薪之言，廊庙之语，兴衰之事，将所宜闻。(《黄石公三略·上略》)　　4/2218

夫将拒谏，则英雄散；策不从，则谋士叛；善恶同，则功臣倦；专己，则下归咎；自伐，则下少功；信谗，则众离心；贪财，则奸不禁；内顾，则士卒淫。(《黄石公三略·上略》)　　4/2219

良将之养士，不易于身，故能使三军如一心，则其胜可全。(《黄石公三略·上略》)　　4/2220

治军（72条）

将死鼓，御死辔，百吏死职，士大夫死行列。(《荀子·议兵》)　　1/103

闻鼓声而进，闻金声而退，顺命为上，有功次之。(《荀子·议兵》)　　1/103

慈于子者不敢绝衣食，慈于身者不敢离法度，慈于方圆者不敢舍规矩。故临兵而慈于士吏则战胜敌，慈于器械则城坚固。故曰："慈，于战则胜，以守则固。"(《韩非子·解老》)　　2/1182

选厉锐卒，慎无使顾，审赏行罚，以静为故，从之以急，无使生虑。(《墨子·杂守》)　　3/1360

凡兵，制必先定。制先定则士不乱，士不乱则刑乃明。(《尉缭子·制谈》)　　3/1407

民非乐死而恶生也。号令明，法制审，故能使之前。明赏于前，决罚于后，是以发能中利，动则有功。(《尉缭子·制谈》)　　3/1408

明其制，一人胜之，则十人亦以胜之也；十人胜之，则百千万人亦以胜之也。(《尉缭子·制谈》)　　3/1408

便吾器用，养吾武勇，发之如鸟击，如赴千仞之谿。(《尉缭子·制谈》)　　3/1409

令之法，小过无更，小疑无申。(《尉缭子·战威》)　　3/1410

上无疑令，则众不二听；动无疑事，则众不二志。(《尉缭子·战威》)　　3/1410

未有不信其心，而能得其力者；未有不得其力，而能致其死战者也。(《尉缭子·战威》)　　3/1411

志不励则士不死节，士不死节则众不战。(《尉缭子·战威》)　　3/1411

励士之道，民之生不可不厚也；爵列之等，死丧之亲，民之所营不可不显也。必也，因民所生而制之，因民所营而显之。(《尉缭子·战威》)　　3/1412

先王专于兵有五焉：委积不多则士不行，赏禄不厚则民不劝，武士不选则众不强，备用不便则力不壮，刑赏不中则众不畏。务此五者，静能守其所固，动能成其所欲。(《尉缭子·战威》)　　3/1412

杀一人而三军震者杀之，赏一人而万人喜者赏之。(《尉缭子·武议》)　　3/1419

乞人之死不索尊,竭人之力不责礼。(《尉缭子·武议》)　3/1420

军无二令,二令者诛,留令者诛,失令者诛。(《尉缭子·将令》)3/1425

其令强者其敌弱,其令信者其敌诎。(《吕氏春秋·仲秋纪·论威》)　3/1475

上视下如子,则下视上如父;上视下如弟,则下视上如兄。(《淮南子·兵略训》)　3/1768

虽有明君,士不先教,不可用也。(《司马法·天子之义》)　4/2115

国容不入军,军容不入国,故德义不相逾。(《司马法·天子之义》)4/2115

从命为士上赏,犯命为士上戮,故勇力不相犯。(《司马法·天子之义》)　4/2116

以礼为固,以仁为胜。(《司马法·天子之义》)　4/2117

师多务威则民诎,少威则民不胜。(《司马法·天子之义》)　4/2117

军容入国则民德废,国容入军则民德弱。(《司马法·天子之义》)　4/2118

赏不逾时,欲民速得为善之利也;罚不迁列,欲民速睹为不善之害也。(《司马法·天子之义》)　4/2118

大捷不赏,上下皆不伐善。上苟不伐善,则不骄矣;下苟不伐善,必亡等矣。上下不伐善若此,让之至也。(《司马法·天子之义》)　4/2119

大败不诛,上下皆以不善在己。

上苟以不善在己,必悔其过;下苟以不善在己,必远其罪。上下分恶若此,让之至也。(《司马法·天子之义》)　4/2119

凡战:定爵位,著功罪,收游士,申教诏,讯厥众,求厥技。(《司马法·定爵》)　4/2119

小罪乃杀,小罪胜,大罪因。(《司马法·定爵》)　4/2121

教惟豫,战惟节。(《司马法·定爵》)　4/2122

人勉及任,是谓乐人。(《司马法·定爵》)　4/2124

大军以固,多力以烦,堪物简治,见物应卒,是谓行豫。(《司马法·定爵》)　4/2124

居国惠以信,在军广以武,刃上果以敏。(《司马法·定爵》)　4/2125

居国和,在军法,刃上察。(《司马法·定爵》)　4/2126

人教厚静乃治,威利章。(《司马法·定爵》)　4/2126

相守义,则人勉;虑多成,则人服。时中服,厥次治。(《司马法·定爵》)　4/2126

进退无疑,见敌无谋,听诛。(《司马法·定爵》)　4/2126

凡人之形,由众之求,试以名行,必善行之。若行不行,身以将之。若行而行,因使勿忘,三乃成章。(《司马法·定爵》)　4/2127

凡治乱之道:一曰仁,二曰信,三

曰直,四曰一,五曰义,六曰变,七曰专。(《司马法·定爵》)　　4/2128

立法:一曰受,二曰法,三曰立,四曰疾,五曰御其服,六曰等其色,七曰百官无淫服。(《司马法·定爵》)
4/2128

使法在己曰专,与下畏法曰法。(《司马法·定爵》)　　4/2129

正不行则事专,不服则法,不相信则一。(《司马法·定爵》)　　4/2129

若怠则动之,若疑则变之,若人不信上,则行其不复。(《司马法·定爵》)
4/2130

舍谨甲兵,行慎行列,战谨进止。(《司马法·严位》)　　4/2130

三军之戒,无过三日;一卒之警,无过分日;一人之禁,无过皆息。(《司马法·严位》)　　4/2132

凡民:以仁救,以义战,以智决,以勇斗,以信专,以利劝,以功胜。(《司马法·严位》)　　4/2133

杀敌者,怒也;取敌之利者,货也。(《孙子兵法·作战篇》)　　4/2138

善用兵者,修道而保法,故能为胜败之政。(《孙子兵法·形篇》)　4/2143

视卒如婴儿,故可与之赴深谿;视卒如爱子,故可与之俱死。(《孙子兵法·地形篇》)　　4/2152

凡制国治军,必教之以礼,励之以义,使有耻也。夫人有耻,在大,足以战;在小,足以守矣。(《吴子·图国》)
4/2160

进有重赏,退有重刑。(《吴子·治兵》)　　4/2164

以治为胜。(《吴子·治兵》)
4/2164

若法令不明,赏罚不信,金之不止,鼓之不进,虽有百万,何益于用?(《吴子·治兵》)　　4/2164

所谓治者,居则有礼,动则有威,进不可当,退不可追,前却有节,左右应麾,虽绝成陈,虽散成行。(《吴子·治兵》)　　4/2164

与之安,与之危,其众可合而不可离,可用而不可疲,投之所往,天下莫当。名曰父子之兵。(《吴子·治兵》)
4/2165

任其上令,则治之所由生也。(《吴子·治兵》)　　4/2166

上令既废,以居则乱,以战则败。(《吴子·治兵》)　　4/2166

人常死其所不能,败其所不便。(《吴子·治兵》)　　4/2167

用兵之法,教戒为先。(《吴子·治兵》)　　4/2167

夫鼙鼓金铎,所以威耳;旌旗麾帜,所以威目;禁令刑罚,所以威心。(《吴子·论将》)　　4/2171

将之所麾,莫不从移;将之所指,莫不前死。(《吴子·论将》)　4/2171

三军服威,士卒用命,则战无强敌,攻无坚陈矣。(《吴子·应变》)
4/2172

举有功而进飨之,无功而励之。

（《吴子·励士》）　　　　　4/2173

夫赏者，所以喜众，令士忘死也；罚者，所以正乱，令民畏上也。（《孙膑兵法·威王问》）　　　4/2175

士未坐勿坐，士未食勿食，寒暑必同。（《太公六韬·龙韬·立将》）4/2199

国不可从外治，军不可从中御。（《太公六韬·龙韬·立将》）　　4/2199

尊爵重赏者，所以劝用命也；严刑罚者，所以进罢怠也。（《太公六韬·龙韬·奇兵》）　　　　　4/2204

夫用兵之要，在崇礼而重禄。礼崇则智士至，禄重则义士轻死。故禄贤不爱财，赏功不逾时，则下力并而敌国削。（《黄石公三略·上略》）4/2216

礼者，士之所归；赏者，士之所死。招其所归，示其所死，则所求者至。（《黄石公三略·上略》）　　　4/2219

礼而后悔者，士不止；赏而后悔者，士不使。礼赏不倦，则士争死。（《黄石公三略·上略》）　　　4/2219

人众一合而不可卒离，威权一与而不可卒移。（《黄石公三略·中略》）
　　　　　　　　　　　　　4/2221

战术（121条）

上得天时，下得地利，后之发，先之至，此用兵之要术也。（《新序·杂事三》）　　　　　　　　1/290

夫兵之所贵者，势利也；所上者，变诈攻夺也。（《新序·杂事三》）1/290

夫君子善用兵也，不见其形，而攻已成，其此之谓也。（《新序·杂事五》）
　　　　　　　　　　　　　1/298

夫与人斗，而不搤其亢、拊其背，未全胜也。（《新序·善谋下》）　1/312

遍知天下，审御机数，则独行而无敌矣。（《管子·七法》）　2/990

善攻者，料众以攻众，料食以攻食，料备以攻备。（《管子·霸言》）
　　　　　　　　　　　　　2/1017

释实而攻虚，释坚而攻脆，释难而攻易。（《管子·霸言》）　2/1017

计必先定而兵出于竟，计未定而兵出于竟，则战之自败，攻之自毁者也。（《管子·参患》）　　2/1021

善用兵者，无沟垒而有耳目。（《管子·制分》）　　　　　2/1022

厉吾锐卒，慎无使顾，守者重下，攻者轻去。（《墨子·杂守》）3/1359

养勇高奋，民心百倍，多执数少，卒乃不殆。（《墨子·杂守》）3/1359

恚高愤，民心百倍，多执数赏，卒乃不怠。（《墨子·杂守》）3/1360

气实则斗，气夺则走。（《尉缭子·战威》）　　　　　3/1409

刑未加，兵未接，而所以夺敌者五：一曰庙胜之论，二曰受命之论，三曰逾垠之论，四曰深沟高垒之论，五曰举陈加刑之论。（《尉缭子·战威》）
　　　　　　　　　　　　　3/1409

兵以静胜，国以专胜。力分者弱，

心疑者背。(《尉缭子·攻权》) 3/1415

夫民无两畏也。畏我侮敌,畏敌侮我。见侮者败,立威者胜。凡将能其道者,吏畏其将也;吏畏其将者,民畏其吏也;民畏其吏者,敌畏其民也。是故知胜败之道者,必先知畏侮之权。(《尉缭子·攻权》) 3/1415

求敌若求亡子,击敌若救溺人。(《尉缭子·攻权》) 3/1417

胜兵似水。夫水至柔弱者也,然所触丘陵必为之崩,无异也,性专而触诚也。(《尉缭子·武议》) 3/1420

兵贵先,胜于此,则胜彼矣;弗胜于此,则弗胜彼矣。(《尉缭子·战权》) 3/1423

知道者,必先图不知止之败,恶在乎必往有功?(《尉缭子·战权》) 3/1424

凡夺者无气,恐者不守,败者无人,兵无道也。意往而不疑则从之,夺敌而无败则加之,明视而高居则威之,兵道极矣。(《尉缭子·战权》) 3/1424

凡军,欲其众也;心,欲其一也。三军一心,则令可使无敌矣。(《吕氏春秋·仲秋纪·论威》) 3/1475

凡兵,欲急疾捷先。(《吕氏春秋·仲秋纪·论威》) 3/1476

夫兵有大要,知谋物之不谋之不禁也,则得之矣。(《吕氏春秋·仲秋纪·论威》) 3/1476

凡兵势险阻,欲其便也;兵甲器械,欲其利也;选练角材,欲其精也;统

率士民,欲其教也。(《吕氏春秋·仲秋纪·简选》) 3/1477

凡兵,贵其因也。因也者,因敌之险以为己固,因敌之谋以为己事。能审因而加,胜则不可穷矣。(《吕氏春秋·仲秋纪·决胜》) 3/1478

夫兵,贵不可胜。不可胜在己,可胜在彼。(《吕氏春秋·仲秋纪·决胜》) 3/1478

凡兵之胜,敌之失也。胜失之兵,必隐必微,必积必抟。(《吕氏春秋·仲秋纪·决胜》) 3/1479

凡战必悉熟偏备,知彼知己,然后可也。(《吕氏春秋·先识览·察微》) 3/1531

善守者无与御,而善战者无与斗,明于禁舍开塞之道,乘时势、因民欲,而取天下。(《淮南子·兵略训》) 3/1756

善用兵者,先弱敌而后战者也,故费不半而功自倍也。(《淮南子·兵略训》) 3/1756

善用兵者,见敌之虚,乘而勿假也,追而勿舍也,迫而勿去也;击其犹犹,陵其与与;疾雷不及塞耳,疾霆不暇掩目。(《淮南子·兵略训》) 3/1757

凌人者胜,待人者败,为人杓者死。(《淮南子·兵略训》) 3/1758

兵静则固,专一则威,分决则勇,心疑则北,力分则弱。(《淮南子·兵略训》) 3/1758

能分人之兵,疑人之心,则锱铢有余;不能分人之兵,疑人之心,则数倍

不足。(《淮南子·兵略训》)　3/1758

将卒吏民,动静如身,乃可以应敌合战。(《淮南子·兵略训》)　3/1759

计定而发,分决而动,将无疑谋,卒无二心,动无堕容,口无虚言,事无尝试,应敌必敏,发动必亟。(《淮南子·兵略训》)　3/1759

静以合躁,治以持乱,无形而制有形,无为而应变,虽未能得胜于敌,敌不可得,胜之道也。(《淮南子·兵略训》)　3/1762

形见则胜可制也,力罢则威可立也。(《淮南子·兵略训》)　3/1762

视其所为,因与之化;观其邪正,以制其命。(《淮南子·兵略训》)　3/1762

饵之以所欲,以罢其足;彼若有间,急填其隙。(《淮南子·兵略训》)　3/1762

敌若反静,为之出奇;彼不吾应,独尽其调;若动而应,有见所为;彼持后节,与之推移。(《淮南子·兵略训》)　3/1763

彼有所积,必有所亏,精若转左,陷其右陂。(《淮南子·兵略训》)　3/1763

诸有象者,莫不可胜也;诸有形者,莫不可应也。(《淮南子·兵略训》)　3/1763

善用兵者,当击其乱,不攻其治;不袭堂堂之寇,不击填填之旗;容未可见,以数相持;彼有死形,因而制之。

(《淮南子·兵略训》)　3/1764

或将众而用寡者,势不齐也;将寡而用众者,用力谐也。(《淮南子·兵略训》)　3/1766

神莫贵于天,势莫便于地,动莫急于时,用莫利于人。(《淮南子·兵略训》)　3/1766

上将之用兵也,上得天道,下得地利,中得人心,乃行之以机,发之以势,是以无破军败兵。(《淮南子·兵略训》)　3/1766

用兵之道,示之以柔,而迎之以刚;示之以弱,而乘之以强;为之以歙,而应之以张;将欲西,而示之以东;先忤而后合,前冥而后明;若鬼之无迹,若水之无创。(《淮南子·兵略训》)　3/1767

若雷之击,不可为备;所用不复,故胜可百全。(《淮南子·兵略训》)　3/1767

良将之用兵也,常以积德击积怨,以积爱击积憎,何故而不胜?(《淮南子·兵略训》)　3/1769

兵贵谋之不测也,形之隐匿也,出于不意,不可以设备也。(《淮南子·兵略训》)　3/1770

谋见则穷,形见则制。(《淮南子·兵略训》)　3/1770

胜在得威,败在失气。(《淮南子·兵略训》)　3/1771

善者能实其民气,以待人之虚也;不能者虚其民气,以待人之实也。(《淮

南子·兵略训》)　　3/1771

逐奔不远，纵绥不及。不远则难诱，不及则难陷。(《司马法·天子之义》)　　4/2117

军旅以舒为主，舒则民力足。(《司马法·天子之义》)　　4/2118

凡战：固众、相利、治乱、进止、服正、成耻、约法、省罚。(《司马法·定爵》)　　4/2120

顺天、阜财、怿众、利地、右兵，是谓五虑。顺天，奉时；阜财，因敌；怿众，勉若；利地，守隘险阻；右兵，弓矢御，殳矛守，戈戟助。(《司马法·定爵》)　　4/2121

用其所欲，行其所能，废其不欲不能，于敌反是。(《司马法·定爵》)　　4/2123

凡战：间远，观迩，因时，因财，贵信，恶疑。(《司马法·定爵》)　　4/2125

灭厉之道：一曰义，被之以信，临之以强，成基，一天下之形，人莫不说，是谓兼用其人；一曰权，成其溢，夺其好，我自其外，使自其内。(《司马法·定爵》)　　4/2127

以力久，以气胜；以固久，以危胜；本心固，新气胜；以甲固，以兵胜。(《司马法·严位》)　　4/2130

击其微静，避其强静；击其倦劳，避其闲窕；击其大惧，避其小惧。(《司马法·严位》)　　4/2134

兵者，诡道也。故能而示之不能，用而示之不用，近而示之远，远而示之

近。利而诱之，乱而取之，实而备之，强而避之，怒而挠之，卑而骄之，佚而劳之，亲而离之，攻其无备，出其不意。(《孙子兵法·计篇》)　　4/2136

多算胜，少算不胜，而况于无算乎！(《孙子兵法·计篇》)　　4/2136

用兵之法，十则围之，五则攻之，倍则分之，敌则能战之，少则能逃之，不若则能避之。故小敌之坚，大敌之擒也。(《孙子兵法·谋攻篇》)　　4/2140

知彼知己者，百战不殆；不知彼而知己，一胜一负，不知彼不知己，每战必败。(《孙子兵法·谋攻篇》)　　4/2141

昔之善战者，先为不可胜，以待敌之可胜。不可胜在己，可胜在敌。故善战者，能为不可胜，不能使敌之可胜。故曰：胜可知，而不可为。(《孙子兵法·形篇》)　　4/2141

不可胜者，守也；可胜者，攻也。守则不足，攻则有余。善守者藏于九地之下，善攻者动于九天之上，故能自保而全胜也。(《孙子兵法·形篇》)　　4/2142

凡治众如治寡，分数是也；斗众如斗寡，形名是也；三军之众，可使必受敌而无败者，奇正是也；兵之所加，如以碫投卵者，虚实是也。(《孙子兵法·势篇》)　　4/2143

凡战者，以正合，以奇胜。故善出奇者，无穷如天地，不竭如江河。终而复始，日月是也；死而复生，四时是也。(《孙子兵法·势篇》)　　4/2144

声不过五,五声之变,不可胜听也。色不过五,五色之变,不可胜观也。味不过五,五味之变,不可胜尝也。战势不过奇正,奇正之变,不可胜穷也。(《孙子兵法·势篇》)　4/2144

乱生于治,怯生于勇,弱生于强。治乱,数也;勇怯,势也;强弱,形也。(《孙子兵法·势篇》)　4/2144

善动敌者,形之,敌必从之;予之,敌必取之。(《孙子兵法·势篇》)4/2145

凡先处战地而待敌者佚,后处战地而趋战者劳。故善战者,致人而不致于人。能使敌人自至者,利之也;能使敌人不得至者,害之也。故敌佚能劳之,饱能饥之,安能动之。出其所不趋,趋其所不意。(《孙子兵法·虚实篇》)　4/2145

攻而必取者,攻其所不守也;守而必固者,守其所不攻。故善攻者,敌不知其所守;善守者,敌不知其所攻。(《孙子兵法·虚实篇》)　4/2146

进而不可御者,冲其虚也;退而不可追者,速而不可及也。故我欲战,敌虽高垒深沟,不得不与我战者,攻其所必救也;我不欲战,画地而守之,敌不得与我战者,乖其所之也。(《孙子兵法·虚实篇》)　4/2146

形人而我无形,则我专而敌分。我专为一,敌分为十,是以十攻其一也,则我众而敌寡;能以众击寡者,则吾之所与战者,约矣。(《孙子兵法·虚实篇》)　4/2146

寡者,备人者也;众者,使人备己者也。(《孙子兵法·虚实篇》)　4/2147

胜可为也。敌虽众,可使无斗。(《孙子兵法·虚实篇》)　4/2147

策之而知得失之计,作之而知动静之理,形之而知死生之地,角之而知有余不足之处。(《孙子兵法·虚实篇》)　4/2147

夫兵形象水,水之形,避高而趋下,兵之形,避实而击虚。水因地而制流,兵因敌而制胜。故兵无常势,水无常形。能因敌变化而取胜者,谓之神。(《孙子兵法·虚实篇》)　4/2148

兵以诈立,以利动,以分合为变者也。(《孙子兵法·军争篇》)　4/2148

三军可夺气,将军可夺心。是故朝气锐,昼气惰,暮气归。故善用兵者,避其锐气,击其惰归,此治气者也。以治待乱,以静待哗,此治心者也。以近待远,以佚待劳,以饱待饥,此治力者也。无邀正正之旗,勿击堂堂之陈,此治变者也。(《孙子兵法·军争篇》)　4/2149

用兵之法,无恃其不来,恃吾有以待也;无恃其不攻,恃吾有所不可攻也。(《孙子兵法·九变篇》)　4/2150

凡军好高而恶下,贵阳而贱阴,养生而处实,军无百疾,是谓必胜。(《孙子兵法·行军篇》)　4/2150

兵非益多也,惟无武进,足以并力、料敌、取人而已。夫惟无虑而易敌者,必擒于人。(《孙子兵法·行军

篇》）　　　　　　　　4/2151

　　夫地形者,兵之助也。料敌制胜,计险厄远近,上将之道也。(《孙子兵法·地形篇》)　　　　　4/2151

　　知彼知己,胜乃不殆;知天知地,胜乃不穷。(《孙子兵法·地形篇》)
　　　　　　　　　　　4/2152

　　所谓古之善用兵者,能使敌人前后不相及,众寡不相恃,贵贱不相救,上下不相收,卒离而不集,兵合而不齐。(《孙子兵法·九地篇》)　4/2152

　　兵之情主速,乘人之不及,由不虞之道,攻其所不戒也。(《孙子兵法·九地篇》)　　　　　　4/2152

　　投之无所往,死且不北;死焉不得? 士人尽力。(《孙子兵法·九地篇》)　　　　　　　　4/2153

　　投之亡地然后存,陷之死地然后生。(《孙子兵法·九地篇》)　4/2154

　　夫众陷于害,然后能为胜败。(《孙子兵法·九地篇》)　　　4/2154

　　为兵之事,在于顺详敌之意,并敌一向,千里杀将,此谓巧能成事者也。(《孙子兵法·九地篇》)　　4/2154

　　始如处女,敌人开户;后如脱兔,敌不及拒。(《孙子兵法·九地篇》)
　　　　　　　　　　　4/2154

　　先知者,不可取于鬼神,不可象于事,不可验于度,必取于人,知敌之情者也。(《孙子兵法·用间篇》) 4/2155

　　见可而进,知难而退。(《吴子·料敌》)　　　　　　　4/2163

　　用兵必须审敌虚实而趋其危。(《吴子·料敌》)　　　　4/2163

　　凡行军之道,无犯进止之节,无失饮食之适,无绝人马之力。(《吴子·治兵》)　　　　　　　　4/2165

　　用兵之害,犹豫最大;三军之灾,生于狐疑。(《吴子·治兵》) 4/2167

　　以近待远,以佚待劳,以饱待饥。(《吴子·治兵》)　　　4/2167

　　用众者务易,用少者务隘。(《吴子·应变》)　　　　　4/2172

　　恒胜有五:得主专制,胜。知道,胜。得众,胜。左右和,胜。量适计险,胜。(《孙膑兵法·篡卒》) 4/2177

　　外乱而内整,示饥而实饱,内精而外钝。(《太公六韬·文韬·兵道》)
　　　　　　　　　　　4/2192

　　道在不可见,事在不可闻,胜在不可知。(《太公六韬·武韬·发启》)
　　　　　　　　　　　4/2194

　　夫攻强必养之使强,益之使张,太强必折,太张必缺。(《太公六韬·武韬·三疑》)　　　　　4/2197

　　攻强以强,离亲以亲,散众以众。(《太公六韬·武韬·三疑》) 4/2197

　　凡谋之道,周密为宝。(《太公六韬·武韬·三疑》)　　　4/2197

　　见其虚则进,见其实则止。(《太公六韬·龙韬·立将》)　4/2199

　　至事不语,用兵不言。(《太公六韬·龙韬·军势》)　　4/2201

　　倏而往,忽而来,能独专而不制

者,兵也。(《太公六韬·龙韬·军势》)
4/2201

事莫大于必克,用莫大于玄默,动莫神于不意,谋莫善于不识。(《太公六韬·龙韬·军势》)　4/2202

夫先胜者,先见弱于敌而后战者也,故事半而功倍焉。(《太公六韬·龙韬·军势》)　4/2203

用兵之害,犹豫最大。三军之灾,莫过狐疑。善者见利不失,遇时不疑。失利后时,反受其殃。(《太公六韬·龙韬·军势》)　4/2203

疾雷不及掩耳,迅电不及瞑目。(《太公六韬·龙韬·军势》)　4/2203

击其不意,攻其无备。(《太公六韬·虎韬·临境》)　4/2207

因敌转化,不为事先,动而辄随。(《黄石公三略·上略》)　4/2213

敌动伺之,敌近备之,敌强下之,敌佚去之,敌陵待之,敌暴绥之,敌悖义之,敌睦携之。(《黄石公三略·上略》)　4/2215

非计策无以决嫌定疑,非谲奇无以破奸息寇,非阴谋无以成功。(《黄石公三略·中略》)　4/2221

处世(246条)

同己不与,异己不非。(《孔子家语·儒行解》)　1/7

若夫智士仁人,将身有节,动静以义,喜怒以时,无害其性,虽得寿焉,不亦可乎?(《孔子家语·五仪解》)1/10

刚折者不终,径易者则数伤,浩倨者则不亲,就利者则无不弊。(《孔子家语·三恕》)　1/13

从轻勿为先,从重勿为后,见像而勿强,陈道而勿怫。(《孔子家语·三恕》)　1/13

夫君子居必择处,游必择方,仕必择君。(《孔子家语·六本》)　1/21

乐之方至,乐而勿骄;患之将至,思而勿忧。(《孔子家语·子路初见》)　1/25

毋以其所不能疑人,毋以其所能骄人。(《孔子家语·子路初见》)1/25

君子居必择乡,游必就士,所以防邪僻而近中正也。(《荀子·劝学》)　1/34

强自取柱,柔自取束。(《荀子·劝学》)　1/35

老老而壮者归焉,不穷穷而通者积焉,行乎冥冥而施乎无报,而贤不肖一焉。(《荀子·修身》)　1/47

斗者,忘其身者也,忘其亲者也,忘其君者也。行其少顷之怒而丧终身之躯,然且为之,是忘其身也;家室立残,亲戚不免乎刑戮,然且为之,是忘其亲也;君上之所恶也,刑法之所大禁也,然且为之,是忘其君也。(《荀子·荣辱》)　1/55

人有三必穷:为上则不能爱下,为

下则好非其上，是人之一必穷也。乡则不若，偕则谩之，是人之二必穷也。知行浅薄，曲直有以相县矣，然而仁人不能推，知士不能明，是人之三必穷也。(《荀子·非相》)　1/60

信信，信也；疑疑，亦信也。贵贤，仁也；贱不肖，亦仁也。言而当，知也；默而当，亦知也。(《荀子·非十二子》)　1/63

遇君则修臣下之义，遇乡则修长幼之义，遇长则修子弟之义，遇友则修礼节辞让之义，遇贱而少者则修告导宽容之义。(《荀子·非十二子》) 1/64

贵而不为夸，信而不处谦，任重而不敢专，财利至则善而不及也，必将尽辞让之义然后受，福事至则和而理，祸事至则静而理，富则施广，贫则用节，可贵可贱也，可富可贫也，可杀而不可使为奸也，是持宠处位终身不厌之术也。(《荀子·仲尼》)　1/66

知者之举事也，满则虑嗛，平则虑险，安则虑危，曲重其豫，犹恐及其祸，是以百举而不陷也。(《荀子·仲尼》)　1/67

位尊则必危，任重则必废，擅宠则必辱，可立而待也，可炊而傹也。是何也? 则堕之者众而持之者寡矣。(《荀子·仲尼》)　1/67

虽以见侮为辱也，不恶则不斗；虽知见侮为不辱，恶之则必斗。(《荀子·正论》)　1/114

凡观物有疑，中心不定，则外物不

清。吾虑不清，则未可定然否也。(《荀子·解蔽》)　1/121

为之无益于成也，求之无益于得也，忧戚之无益于几也，则广焉能弃之矣。不以自妨也，不少顷干之胸中。(《荀子·解蔽》)　1/121

蓝苴路作，似知而非。偄弱易夺，似仁而非。悍戆好斗，似勇而非。(《荀子·大略》)　1/137

无用吾之所短遇人之所长，故塞而避所短，移而从所仕。(《荀子·大略》)　1/139

制事者因其则，服药者因其良。(《新语·术事》)　1/158

怀刚者久而缺，持柔者久而长。(《新语·辅政》)　1/160

怀异虑者不可以立计，持两端者不可以定威。(《新语·怀虑》)　1/163

若夫大变之应，大约以权决塞，因宜而行，不可豫形。(《贾谊新书·匈奴》)　1/173

弗顺弗敬，天下不定，忘敬而怠，人必乘之。(《贾谊新书·礼容语下》)　1/192

缟素不能自分于缁墨，贤圣不能自理于乱世。(《盐铁论·非鞅》)1/206

道悬于天，物布于地，智者以衍，愚者以困。(《盐铁论·贫富》)　1/225

富贵不能荣，谤毁不能伤也。(《盐铁论·贫富》)　1/225

德薄而位高，力少而任重，鲜不及矣。(《盐铁论·毁学》)　1/227

夫行者先全己而后求名,仕者先辟害而后求禄。(《盐铁论·褒贤》)
1/229

居则为人师,用则为世法。(《盐铁论·相刺》)
1/232

任大者思远,思远者忘近。(《盐铁论·散不足》)
1/245

语曰:"仁不轻绝,智不轻怨。"(《新序·杂事三》)
1/291

谚曰:"厚者不损人以自益,仁者不危躯以要名。"故覆人之邪者,厚之行也;救人之过者,仁之道也。(《新序·杂事三》)
1/291

夫免身而全功,以明先王之迹,臣之上计也;离亏辱之诽,堕先王之明,臣之大恐也。临不测之罪,以幸为利,义之所不敢出也。(《新序·杂事三》)
1/292

生于乱世,不得正行;劫于暴上,不得道义。(《新序·义勇》)
1/306

贱不谋贵,外不谋内,疏不谋亲。(《说苑·臣术》)
1/321

入知亲其亲,出知尊其君;内有男女之别,外有朋友之际。(《说苑·建本》)
1/326

物之难矣,小大多少,各有怨恶,数之理也,人而得之,在于外假之也。(《说苑·复恩》)
1/342

得全者全昌,失全者全亡。(《说苑·正谏》)
1/359

恭敬忠信,可以为身。恭则免于祸,敬则人爱之,忠则人与之,信则人

恃之。人所爱、人所与、人所恃,必免于患矣。(《说苑·敬慎》)
1/366

敬人者,非敬人也,自敬也;贵人者,非贵人也,自贵也。(《说苑·敬慎》)
1/367

谋有二端:上谋知命,其次知事。(《说苑·权谋》)
1/374

知命知事而能于权谋者,必察诚诈之原,而以处身焉,则是亦权谋之术也。(《说苑·权谋》)
1/374

夫非知命知事者,孰能行权谋之术?(《说苑·权谋》)
1/374

夫知者举事也,满则虑溢,平则虑险,安则虑危,曲则虑直。(《说苑·权谋》)
1/375

不能令则莫若从。(《说苑·权谋》)
1/378

百方之事,万变锋出。或欲持虚,或欲持实;或好浮游,或好诚必;或行安舒,或为飘疾。(《说苑·谈丛》)
1/386

不富无以为人,不予无以合亲。(《说苑·谈丛》)
1/387

智莫大于阙疑,行莫大于无悔。(《说苑·谈丛》)
1/394

富必念贫,壮必念老。年虽幼少,虑之必早。(《说苑·谈丛》) 1/400

广大在好利,恭敬在事亲。(《说苑·谈丛》)
1/406

欲贤者莫如下人,贪财者莫如全身。(《说苑·谈丛》)
1/407

道微而明,淡而有功。非道而得,

非时而生,是谓妄成。得而失之,定而复倾。(《说苑·谈丛》)　　1/416

枝无忘其根,德无忘其报,见利必念害身。故君子留精神寄心于三者,吉祥及子孙矣。(《说苑·谈丛》)1/417

两高不可重,两大不可容,两势不可同,两贵不可双。夫重、容、同、双,必争其功。故君子节嗜欲,各守其足,乃能长久。(《说苑·谈丛》)　　1/417

吞舟之鱼,荡而失水,制于蝼蚁者,离其居也;猿猴失木,禽于狐貉者,非其处也。腾蛇游雾而升,腾龙乘云而举,猿得木而挺,鱼得水而骛,处地宜也。(《说苑·谈丛》)　　1/418

世以易矣,不更其仪,譬如愚人之学远射。目察秋毫之末者,视不能见太山;耳听清浊之调者,不闻雷霆之声。何也?唯其意有所移也。(《说苑·杂言》)　　1/422

夫贫者,士之常也;死者,民之终也。处常待终,当何忧乎?(《说苑·杂言》)　　1/427

不仕而敬上,不祀而敬鬼,直能曲于人。(《说苑·杂言》)　　1/429

君子居必择处,游必择士。居必择处,所以求士也;游必择士,所以修道也。(《说苑·杂言》)　　1/429

非其地而树之,不生也;非其人而语之,弗听也。得其人,如聚沙而雨;非其人,如聚聋而鼓。(《说苑·杂言》)　　1/431

丹之所藏者赤,乌之所藏者黑,君子慎所藏。(《说苑·杂言》)　　1/431

夫外厉者必内折;色胜而心自取之者,必为人役。是故君子德行成而容不知,闻识博而辞不争,知虑微达而能不愚。(《说苑·修文》)　　1/440

有机知之巧,必有机知之败。(《说苑·反质》)　　1/444

妄誉,仁之贼也;妄毁,义之贼也。贼仁近乡原,贼义近乡讪。(《法言·渊骞》)　　1/478

上医医国,其次下医医疾。(《潜夫论·思贤》)　　1/512

休斯承,否斯守。(《申鉴·杂言下》)　　1/582

谚曰:"己是而彼非,不当与非争;彼是而己非,不当与是争。"(《魏子》)　　1/585

夫明哲之士者,威而不慑,困而能通,决嫌定疑,辨物居方,禳祸于忽秒,求福于未萌,见变事则达其机,得经事则循其常,巧言不能推,令色不能移,动作可观则,出辞为师表。(《中论·智行》)　　1/613

临死修善,于计已晚;事迫乃归,于救已微。(《周生烈子》)　　1/621

人之涉世,譬如奕棋,苟不尽道,谁无死地,但不幸耳。(《物理论》)　　1/637

士君子之处世,贵能有益于物耳,不徒高谈虚论,左琴右书,以费人君禄位也。(《颜氏家训·涉务》)　　1/667

君子处世,贵能克己复礼,济时益

物。(《颜氏家训·归心》)　　　1/675

欲刚,必以柔守之;欲强,必以弱保之。积于柔必刚,积于弱必强。(《鹖子》)　　　2/694

强胜不若己,至于若己者刚。柔胜出于己者,其力不可量。(《鹖子》)　　　2/695

上善若水。水善利万物而不争,处众人之所恶,故几于道。(《老子·八章》)　　　2/704

知"常"容,容乃公,公乃全,全乃天,天乃道,道乃久,没身不殆。(《老子·十六章》)　　　2/709

众人熙熙,如享太牢,如春登台;我独泊兮,其未兆。(《老子·二十章》)　　　2/711

虽有荣观,燕处超然。(《老子·二十六章》)　　　2/714

知其雄,守其雌。(《老子·二十八章》)　　　2/716

将欲歙之,必固张之;将欲弱之,必固强之;将欲废之,必固举之;将欲取之,必固与之。(《老子·三十六章》)　　　2/720

挫其锐,解其纷,和其光,同其尘,是谓"玄同"。(《老子·五十六章》)　2/731

牝常以静胜牡,以静为下。(《老子·六十一章》)　　　2/734

人之生也柔弱,其死也坚强;草木之生也柔脆,其死也枯槁。故坚强者死之徒,柔弱者生之徒。(《老子·七十六章》)　　　2/742

强大处下,柔弱处上。(《老子·七十六章》)　　　2/742

弱之胜强,柔之胜刚,天下莫不知,莫能行。(《老子·七十八章》)　　　2/743

圣人不积,既以为人,己愈有;既以与人,己愈多。(《老子·八十一章》)　　　2/745

欲刚者,必以柔守之;欲强者,必以弱保之。积柔即刚,积弱即强,观其所积,以知存亡。(《文子·道原》)　　　2/748

赈穷补急则名生,起利除害即功成。(《文子·精诚》)　　　2/751

善怒者必多怨,善与者必善夺。(《文子·符言》)　　　2/756

人有三怨:爵高者人妒之,官大者主恶之,禄厚者人怨之。夫爵益高者意益下,官益大者心益小,禄益厚者施益博,修此三者怨不作。(《文子·符言》)　　　2/757

狡兔得而猎犬烹,高鸟尽而良弓藏。名成功遂身退,天道然也。(《文子·上德》)　　　2/765

圣人安贫乐道,不以欲伤生,不以利累己,故不违义而妄取。(《文子·上仁》)　　　2/789

信符不合,事举不成。不死不生,不断不成。(《鹖冠子·博选》)　2/799

有知者不以相欺役也,有力者不以相臣主也。(《鹖冠子·备知》)2/811

强,先不己若者;柔,先出于己者。

《列子·黄帝》) 2/818

强胜不若己，至于若己者刚；柔胜出于己者，其力不可量。(《列子·黄帝》) 2/819

无乐无知，是真乐真知；故无所不乐，无所不知，无所不忧，无所不为。(《列子·仲尼》) 2/820

得意者无言，进知者亦无言。用无言为言亦言，无知为知亦知。(《列子·仲尼》) 2/820

知而亡情，能而不为，真知真能也。(《列子·仲尼》) 2/821

迎天意，揣利害，不如其已。(《列子·力命》) 2/822

举世而誉之而不加劝，举世而非之而不加沮，定乎内外之分，辩乎荣辱之境。(《庄子·内篇·逍遥游》)2/834

忘年忘义，振于无竟，故寓诸无竟。(《庄子·内篇·齐物论》) 2/837

为善无近名，为恶无近刑；缘督以为经，可以保身，可以全生，可以养亲，可以尽年。(《庄子·内篇·养生主》) 2/838

名也者，相札也；知也者，争之器也。二者凶器，非所以尽行也。(《庄子·内篇·人间世》) 2/839

有人之形，无人之情。有人之形，故群于人；无人之情，故是非不得于身。(《庄子·内篇·德充符》) 2/843

泉涸，鱼相与处于陆，相呴以湿，相濡以沫，不如相忘于江湖。与其誉尧而非桀也，不如两忘而化其道。(《庄子·内篇·大宗师》) 2/844

不刻意而高，无仁义而修，无功名而治，无江海而闲，不道引而寿，无不忘也，无不有也，澹然无极而众美从之。(《庄子·外篇·刻意》) 2/851

大知观于远近，故小而不寡，大而不多，知量无穷；证向今故，故遥而不闷，掇而不跂，知时无止；察乎盈虚，故得而不喜，失而不忧，知分之无常也；明乎坦涂，故生而不说，死而不祸，知终始之不可故也。(《庄子·外篇·秋水》) 2/856

知道者必达于理，达于理者必明于权，明于权者不以物害己。(《庄子·外篇·秋水》) 2/859

无以人灭天，无以故灭命，无以得殉名。(《庄子·外篇·秋水》) 2/859

夫水行不避蛟龙者，渔父之勇也；陆行不避兕虎者，猎夫之勇也；白刃交于前，视死若生者，烈士之勇也；知穷之有命，知通之有时，临大难而不惧者，圣人之勇也。(《庄子·外篇·秋水》) 2/859

人能虚己以游世，其孰能害之！(《庄子·外篇·山木》) 2/862

圣人处物不伤物。不伤物者，物亦不能伤也。唯无所伤者，为能与人相将迎。(《庄子·外篇·知北游》) 2/865

巧者劳而知者忧，无能者无所求，饱食而敖游，泛若不系之舟，虚而敖游者也。(《庄子·杂篇·列御寇》)2/873

公而不当,易而无私,决然无主,趣物而不两,不顾于虑,不谋于知,于物无择,与之俱往。(《庄子·杂篇·天下》) 2/874

功成而不止,身危又央。(《黄帝四经·经法·国次》) 2/879

当天时,与之皆断;当断不断,反受其乱。(《黄帝四经·十大经·观》) 2/887

直木伐,直人杀。(《黄帝四经·十大经·行守》) 2/892

天下有参死:忿不量力,死;耆欲无穷,死;寡不辟众,死。(《黄帝四经·称》) 2/896

未有当繁,简可;当戒,忍可;当勤,惰可。(《关尹子·药篇》) 2/907

谋之于事,断之于理;作之于人,成之于天。(《关尹子·药篇》) 2/914

圆尔道,方尔德,平尔行,锐尔事。(《关尹子·药篇》) 2/915

暴至之荣,智者不居。(《唐子》) 2/921

泰尔有余欢于无为之场,忻然齐贵贱于不争之地。(《抱朴子内篇·畅玄》) 2/929

人各有意,安可求此以同彼乎?(《抱朴子内篇·辨问》) 2/946

不为不可成,不求不可得,不处不可久,不行不可复。(《管子·牧民》) 2/966

贤人之处乱世也,知道之不可行,则沉抑以辟罚,静默以侔免。(《管子·宙合》) 2/997

谋无主则困,事无备则废。(《管子·霸言》) 2/1015

事,有适而无适,若有适。(《管子·白心》) 2/1040

贤者安徐正静,柔节先定,行于不敢,而立于不能,守弱节而坚处之。(《管子·势》) 2/1043

不作无补之功,不为无益之事。(《管子·禁藏》) 2/1060

为而不知所成,成而不知所用,用而不知所利害,谓之妄举。妄举者,其事不成,其功不立。(《管子·版法解》) 2/1077

疑行无名,疑事无功。(《商君书·更法》) 2/1085

论至德者不和于俗,成大功者不谋于众。(《商君书·更法》) 2/1086

黄鹄之飞,一举千里,有必飞之备也。(《商君书·画策》) 2/1123

顾小利,则大利之残也。(《韩非子·十过》) 2/1161

德也者,人之所以建生也;禄也者,人之所以持生也。(《韩非子·解老》) 2/1178

见必行之道则明,其从事亦不疑,不疑之谓勇。(《韩非子·解老》) 2/1181

起事于无形,而要大功于天下,"是谓微明"。(《韩非子·喻老》) 2/1183

随时以举事,因资而立功,用万物

之能而获利其上。(《韩非子·喻老》)
2/1185

因可势,求易道,故用力寡而功名立。(《韩非子·观行》)　2/1189

得天时,则不务而自生;得人心,则不趣而自劝;因技能,则不急而自疾;得势位,则不推进而名成。(《韩非子·功名》)　2/1196

不逆天理,不伤情性。(《韩非子·大体》)　2/1198

不吹毛而求小疵,不洗垢而察难知。(《韩非子·大体》)　2/1198

守成理,因自然。(《韩非子·大体》)　2/1198

狡兔尽则良犬烹,敌国灭则谋臣亡。(《韩非子·内储说下六微》)
2/1205

挟夫相为则责望,自为则事行。(《韩非子·外储说左上》)　2/1206

因事之理,则不劳而成。(《韩非子·外储说右下》)　2/1215

既知一时之权,又知万世之利。(《韩非子·难一》)　2/1216

圣人不求无害之言,而务无易之事。(《韩非子·八说》)　2/1229

高鸟相木而集,智士择土而翔。(《阮子政论》)　2/1268

不困在早图,不穷在早豫。(《邓析子·转辞篇》)　2/1276

非所宜言勿言,以避其患。非所宜为勿为,以避其危。非所宜取勿取,以避其咎。非所宜争勿争,以避其声。

(《邓析子·转辞篇》)　2/1277

泛爱万物,天地一体也。(《惠子·历物》)　2/1285

今世之人,行欲独贤,事欲独能,辩欲出群,勇欲绝众。独贤之行,不足以成化。独能之事,不足以周务。出群之辩,不可为户说。绝众之勇,不可与征阵。凡此四者,乱之所由生。(《尹文子·大道上》)　2/1288

智不能得夸愚,好不能得嗤丑。(《尹文子·大道上》)　2/1289

善攻强者,下其盛锐。(《人物志·材理》)　2/1301

智用于众人之所不能知,而能用于众人之所不能见。既用,见可,否择事而为之,所以自为也;见不可,择事而为之,所以为人也。(《鬼谷子·谋篇》)　3/1371

孔子曰:"诎寸而信尺,小枉而大直,吾为之也。"(《尸子》)　3/1400

凡斗争者,是非已定之用也。(《吕氏春秋·孟冬纪·安死》)　3/1486

夫悖者之患,固以不悖为悖。(《吕氏春秋·仲冬纪·长见》)　3/1492

天下轻于身,而士以身为人。(《吕氏春秋·季冬纪·不侵》)　3/1495

善持胜者,以术强弱。(《吕氏春秋·慎大览·慎大》)　3/1519

得道之人,贵为天子而不骄倨,富有天下而不骋夸,卑为布衣而不瘁摄,贫无衣食而不忧慑。(《吕氏春秋·慎大览·下贤》)　3/1520

三代所宝莫如因，因则无敌。(《吕氏春秋·慎大览·贵因》)　　3/1523

因则功，专则拙。(《吕氏春秋·慎大览·贵因》)　　3/1523

莫之必，则信尽矣；莫之誉，则名尽矣；莫之爱，则亲尽矣；行者无粮，居者无食，则财尽矣；不能用人，又不能自用，则功尽矣。(《吕氏春秋·先识览·先识》)　　3/1527

诚能决善，众虽喧哗，而弗为变。功之难立也，其必由讻讻邪！(《吕氏春秋·先识览·乐成》)　　3/1530

夫不可激者，其唯先有度。(《吕氏春秋·先识览·去宥》)　　3/1532

变化应求而皆有章，因性任物而莫不宜当。(《吕氏春秋·审分览·执一》)　　3/1550

凡能全国完身者，其唯知长短赢绌之化邪！(《吕氏春秋·审分览·执一》)　　3/1550

天下之士也者，虑天下之长利，而固处之以身若也。(《吕氏春秋·恃君览·长利》)　　3/1570

利虽倍于今，而不便于后，弗为也；安虽长久，而以私其子孙，弗行也。(《吕氏春秋·恃君览·长利》)3/1570

将欲毁之，必重累之；将欲踣之，必高举之。(《吕氏春秋·恃君览·行论》)　　3/1575

天下之事不可为也，因其自然而推之。(《淮南子·原道训》)　　3/1604

体道者逸而不穷，任数者劳而无功。(《淮南子·原道训》)　　3/1607

循天者，与道游者也；随人者，与俗交者也。(《淮南子·原道训》)　　3/1610

欲刚者，必以柔守之；欲强者，必以弱保之。(《淮南子·原道训》)　　3/1613

强胜不若己者，至于若己者而同；柔胜出于己者，其力不可量。(《淮南子·原道训》)　　3/1613

知大己而小天下，则几于道矣。(《淮南子·原道训》)　　3/1622

能至于无乐者，则无不乐；无不乐，则至极乐矣。(《淮南子·原道训》)　　3/1623

得道者，穷而不慑，达而不荣；处高而不机，持盈而不倾。(《淮南子·原道训》)　　3/1626

天下时有盲妄自失之患，此膏烛之类也，火逾然而消逾亟。(《淮南子·原道训》)　　3/1627

夫天不定，日月无所载；地不定，草木无所植；所立于身者不宁，是非无所形。(《淮南子·俶真训》)　　3/1631

视天下之间，犹飞羽浮芥也。(《淮南子·俶真训》)　　3/1634

贱之而弗憎，贵之而弗喜，随其天资而安之不极。(《淮南子·精神训》)　　3/1645

审乎无瑕，而不与物糅；见事之乱，而能守其宗。(《淮南子·精神训》)　　3/1648

轻天下，则神无累矣；细万物，则心不惑矣；齐死生，则志不慑矣；同变化，则明不眩矣。（《淮南子·精神训》）　3/1649

无累之人，不以天下为贵矣。（《淮南子·精神训》）　3/1650

清目而不以视，静耳而不以听；钳口而不以言，委心而不以虑，弃聪明而反太素，休精神而弃知故；觉而若昧，以生而若死；终则反本未生之时，而与化为一体，死之与生，一体也。（《淮南子·精神训》）　3/1651

知宇宙之大，则不可劫以死生；知养生之和，则不可县以天下。（《淮南子·精神训》）　3/1652

有诸己，不非诸人；无诸己，不求诸人。（《淮南子·主术训》）　3/1674

事可权者多，愚之所权者少，此愚者之所多患也。（《淮南子·主术训》）　3/1687

物之可备者，智者尽备之；可权者，尽权之，此智者所以寡患也。（《淮南子·主术训》）　3/1687

体道者，不哀不乐，不怒不喜，其坐无虑，其寝无梦，物来而名，事来而应。（《淮南子·缪称训》）　3/1689

世治则以义卫身，世乱则以身卫义。（《淮南子·缪称训》）　3/1695

天下有至贵而非势位也，有至富而非金玉也，有至寿而非千岁也。原心反性，则贵矣；适情知足，则富矣；明死生之分，则寿矣。（《淮南子·缪称

训》）　3/1707

事有合于己者，而未始有是也；有忤于心者，而未始有非也。（《淮南子·齐俗训》）　3/1714

忤于我，未必不合于人也；合于我，未必不非于俗也。（《淮南子·齐俗训》）　3/1714

各乐其所安，致其所�，谓之成人。（《淮南子·齐俗训》）　3/1716

诎寸而伸尺，圣人为之；小枉而大直，君子行之。（《淮南子·氾论训》）　3/1731

圣人审动静之变，而适受与之度，理好憎之情，和喜怒之节。夫动静得，则患弗过也；受与适，则罪弗累也；好憎理，则忧弗近也；喜怒节，则怨弗犯也。（《淮南子·氾论训》）　3/1736

达道之人，不苟得，不让福；其有弗弃，非其有弗索；常满而不溢，恒虚而易足。（《淮南子·氾论训》）　3/1736

人莫不贵其所有，而贱其所短，然而皆溺其所贵，而极其所贱。所贵者有形，所贱者无朕也。故虎豹之强来射，猿狖之捷来措。人能贵其所贱，贱其所贵，可与言至论矣。（《淮南子·诠言训》）　3/1738

原天命，治心术，理好憎，适情性，则治道通矣。原天命，则不惑祸福；治心术，则不忘喜怒；理好憎，则不贪无用；适情性，则欲不过节。不惑祸福，则动静循理；不妄喜怒，则赏罚不阿；不贪无用，则不以欲用害性；欲不过

节,则养性知足。(《淮南子·诠言训》)
3/1739

强胜不若己者,至于与同则格;柔胜出于己者,其力不可度。(《淮南子·诠言训》) 3/1742

善游者,不学刺舟而便用之;劲筋者,不学骑马而便居之;轻天下者,身不累于物,故能处之。(《淮南子·诠言训》) 3/1743

成者非所为也,得者非所求也。(《淮南子·诠言训》) 3/1744

不为善,不避丑,遵天之道;不为始,不专己,循天之理;不豫谋,不弃时,与天为期;不求得,不辞福,从天之则。(《淮南子·诠言训》) 3/1747

巧者善度,知者善豫。(《淮南子·说山训》) 3/1777

好弋者先具缴与矰,好鱼者先具罟与罭,未有无其具而得其利。(《淮南子·说山训》) 3/1780

知己者,不可诱以物;明于死生者,不可却以危。(《淮南子·说林训》) 3/1788

天下有三危:少德而多宠,一危也;才下而位高,二危也;身无大功而有厚禄,三危也。(《淮南子·人间训》) 3/1807

趋舍不可不审也。(《淮南子·人间训》) 3/1808

非其事者勿仞也,非其名者勿就也,无故有显名者勿处也,无功而富贵者勿居也。(《淮南子·人间训》)3/1809

逍遥一世之上,睥睨天地之间。(《昌言》) 3/1891

己是而彼非,不当与非争;彼是而己非,不当与是平。(《傅子》) 3/1913

藏器者珍于变通随时,英逸者贵于吐奇拨乱。(《抱朴子外篇·嘉遁》) 4/1929

至人无为,栖神冲漠。不役志于禄利,故害辱不能加也;不躇跱于险途,故倾坠不能为患也。(《抱朴子外篇·嘉遁》) 4/1930

其贵不以爵也,富不以财也。(《抱朴子外篇·嘉遁》) 4/1931

聊且优游以自得,安能苦形于外物哉!(《抱朴子外篇·嘉遁》) 4/1931

达者以身非我有,任乎所值。隐显默语,无所必固。时止则止,时行则行。(《抱朴子外篇·嘉遁》) 4/1934

士能为可贵之行,而不能使俗必贵之也;能为可用之才,而不能使世必用之也。(《抱朴子外篇·任命》) 4/1977

夫藏多者亡厚,好谦者忌盈;含夜光者速剖,循覆车者必倾;过载者沉其舟,欲胜者杀其生。(《抱朴子外篇·安贫》) 4/2006

怀英逸之量者,不务风格以示异;体邈俗之器者,不恤小誉以徇通。(《抱朴子外篇·博喻》) 4/2015

英儒硕生,不饰细辩于浅近之徒;达人伟士,不变皎察于流俗之中。(《抱朴子外篇·博喻》) 4/2020

循理处情,虽愚蠢可以立名;反道

为务,虽贤哲犹有祸害。(《刘子·思顺章》)　4/2076

宿不树惠,临难而施恩;本不防萌,害成而修慎。是以临渴而穿井,方饥而植禾,虽疾,无所及也。(《刘子·言苑章》)　4/2089

安徐而静,柔节先定,善与而不争,虚心平志,待物以正。(《太公六韬·文韬·大礼》)　4/2185

柔而静,恭而敬,强而弱,忍而刚,此四者道之所起也。(《太公六韬·文韬·明传》)　4/2186

何忧何啬,万物皆得;何啬何忧,万物皆遒。(《太公六韬·武韬·文启》)　4/2194

安无忘危,有无忘亡。(《太公金匮》)　4/2210

忍之须臾,乃全汝躯。(《太公金匮》)　4/2210

莫不贪强,鲜能守微;若能守微,乃保其生。(《黄石公三略·上略》)　4/2214

高鸟死,良弓藏;敌国灭,谋臣亡。亡者,非丧其身也,谓夺其威,废其权也。(《黄石公三略·中略》)　4/2221

能有其有者安,贪人之有者残。(《黄石公三略·下略》)　4/2224

行不欲离于世,举不欲观于俗。(《黄帝内经·素问·上古天真论篇》)　4/2234

上以疗君亲之疾,下以救贫贱之厄,中以保身长全,以养其生。(《伤寒论·伤寒卒病论集》)　4/2263

凡事默作也,使人得道本也。(《太平经·以乐却灾法》)　4/2271

凡事不得其人,不可强行;非其有,不可强取;非其土地,不可强种。(《太平经·知盛衰还年寿法》)4/2288

守柔者长寿,好斗者令人不存。(《太平经·西壁图》)　4/2294

上德无为,不以察求;下德为之,其用不休。(《周易参同契·上德无为章》)　4/2307

时机(72条)

道虽贵,必有时而后重,有势而后行。(《孔子家语·致思》)　1/11

君子之行己,期于必达于己。可以屈则屈,可以伸则伸。(《孔子家语·屈节解》)　1/28

君子时诎则诎,时伸则伸也。(《荀子·仲尼》)　1/68

不慕往,不闵来。(《荀子·解蔽》)　1/122

当时则动,物至而应,事起而辨。(《荀子·解蔽》)　1/122

顺风而呼者易为气,因时而行者易为力。(《盐铁论·论功》)　1/268

夫神蛟济于渊,而凤鸟乘于风,圣人因于时。(《新序·善谋下》)　1/312

力之顺之,因天之时,无夺无伐,

无暴无盗。(《说苑·政理》)　　1/349

夫善亦有道,而遇亦有时。(《说苑·善说》)　　1/369

求以其道,则无不得;为以其时,则无不成。(《说苑·谈丛》)　　1/390

时不至,不可强生也;事不究,不可强成也。(《说苑·谈丛》)　　1/391

时在应之,为在因之。所伐而当,其福五之;所伐不当,其祸十之。(《说苑·谈丛》)　　1/393

因时易以为仁,因道易以达人。(《说苑·谈丛》)　　1/406

五圣之谋,不如逢时;辩智明慧,不如遇世。(《说苑·谈丛》)　　1/408

道有时而后重,有势而后行。(《说苑·杂言》)　　1/421

贤、不肖者,才也;为、不为者,人也;遇、不遇者,时也;死、生者,命也。有其才不遇其时,虽才不用。苟遇其时,何难之有?(《说苑·杂言》)1/424

时来则来,时往则往。能来能往者,朱鸟之谓与!(《法言·问明》)　　1/468

非其时而望之,非其道而行之,亦不可以至矣。(《法言·寡见》)　1/471

阴不极则阳不生,乱不极则德不形。君子修德以俟时,不先时而起,不后时而缩。(《太玄·太玄文》)　1/489

遇不遇,非我也,其时也。(《中论·修本》)　　1/604

夫事生者应变而动,变生于时,知时者无常之行。(《文子·道原》)2/747

时之变,则间不容息,先之则太过,后之则不及。(《文子·道原》)　2/748

时难得而易失,故圣人随时而举事,因资而立功。(《文子·道原》)2/749

事或不可前规,物或不可预虑,故圣人畜道待时也。(《文子·上德》)　　2/764

冬冰可折,夏木可结,时难得而易失。(《文子·上德》)　　2/769

事周于世即功成,务合于时即名立。(《文子·上义》)　　2/794

时之至也,即间不容息。(《文子·上义》)　　2/794

得时者昌,失时者亡。(《列子·说符》)　　2/829

投隙抵时,应事无方,属乎智。(《列子·说符》)　　2/830

当时命而大行乎天下,则反一无迹;不当时命而大穷乎天下,则深根宁极而待,此存身之道也。(《庄子·外篇·缮性》)　　2/854

静作得时,天地与之;静作失时,天地夺之。(《黄帝四经·十大经·姓争》)　　2/888

不臧故,不挟陈。(《黄帝四经·十大经·名刑》)　　2/893

乡者已去,至者乃新,新故不翏,我有所周。(《黄帝四经·十大经·名刑》)　　2/893

时若可行,亟应勿言;时若未可,涂其门,毋见其端。(《黄帝四经·称》)　　2/894

毋先天成，毋非时而荣；先天成则毁，非时而荣则不果。(《黄帝四经·称》)　　　　　　2/895

圣人能辅时，不能违时。(《管子·霸言》)　　　　　　　　2/1014

知者善谋，不如当时。(《管子·霸言》)　　　　　　　　　2/1015

精时者，日少而功多。(《管子·霸言》)　　　　　　　　　2/1015

王者乘时，圣人乘易。(《管子·山至数》)　　　　　　　　2/1082

因势而发誉，则行等而名殊；人齐而得时，则力敌而功倍。其所以然者，乘势之在外。(《邓析子·无厚篇》)
2/1273

世无可抵，则深隐而待时；时有可抵，则为之谋。(《鬼谷子·抵巇》)
3/1365

圣人之于事，似缓而急，似迟而速，以待时。(《吕氏春秋·孝行览·首时》)　　　　　　　　3/1510

有汤武之贤，而无桀纣之时，不成；有桀纣之时，而无汤武之贤，亦不成。(《吕氏春秋·孝行览·首时》)
3/1510

圣人之见时，若步之与影不可离。(《吕氏春秋·孝行览·首时》)3/1511

有道之士未遇时，隐匿分窜，勤以待时。(《吕氏春秋·孝行览·首时》)
3/1511

圣人之所贵，唯时也。(《吕氏春秋·孝行览·首时》)　　　3/1511

人虽智而不遇时，无功。(《吕氏春秋·孝行览·首时》)　　3/1511

事之难易，不在小大，务在知时。(《吕氏春秋·孝行览·首时》)3/1511

天不再与，时不久留，能不两工，事在当之。(《吕氏春秋·孝行览·首时》)　　　　　　　　3/1511

时不合，必待合而后行。(《吕氏春秋·孝行览·遇合》)　　3/1516

无言无思，静以待时，时至而应，心暇者胜。(《吕氏春秋·审分览·任数》)　　　　　　　　3/1541

夫立功名亦有具，不得其具，贤虽过汤、武，则劳而无功矣。(《吕氏春秋·审应览·具备》)　　　3/1556

凡立功名，虽贤，必有其具，然后可成。(《吕氏春秋·审应览·具备》)
3/1556

事适于时者，其功大。(《吕氏春秋·恃君览·召类》)　　　3/1572

时之反侧，间不容息。(《淮南子·原道训》)　　　　　　　3/1615

因时以安其位，当世而乐其业。(《淮南子·精神训》)　　3/1646

事周于世则功成，务合于时则名立。(《淮南子·齐俗训》)　　3/1715

立功之人，简于行而谨于时。(《淮南子·齐俗训》)　　　　3/1716

事者应变而动，变生于时。故知时者无常行。(《淮南子·道应训》)
3/1722

事不须时，则无功。(《淮南子·诠

言训》）　　　　　　3/1747

圣人知时之难得,务之可趣也,苦身劳形,焦心怖肝,不避烦难,不违危殆。（《淮南子·脩务训》）　3/1815

术人能因时以立功,不能逆时以致安。（《论衡·定贤篇》）　3/1863

运屯,则沉沦于勿用;时行,则高竦乎天庭。（《抱朴子外篇·任命》）
　　　　　　　　　　4/1976

君子藏器以有待也,稸德以有为也;非其时不见也,非其君不事也;穷达任所值,出处无所系。（《抱朴子外篇·任命》）　4/1976

夫睹机而不作,不可以言明;安土而不移,众庶之常事。（《抱朴子外篇·守塉》）　4/2003

事无身后之功,物无违时之盛。（《抱朴子外篇·安贫》）　4/2006

超俗拔萃之德,不能立功于未至之时。（《抱朴子外篇·广譬》）4/2032

一抑一扬者,轻鸿所以凌虚也;乍屈乍伸者,良才所以俟时也。（《抱朴子外篇·广譬》）
　　　　　　　　　　4/2034

明暗者,才也,自然而不可饰焉;穷达者,时也,有会而不可力焉。（《抱朴子外篇·广譬》）　4/2039

日中必彗,操刀必割,执斧必伐。日中不彗,是谓失时;操刀不割,失利之期;执斧不伐,贼人将来。（《太公六韬·文韬·守土》）　4/2187

天与不取,反受其咎;时至不行,反受其殃;非时而生,是为妄成。（《太公金匮》）　4/2209

食其时,百骸理;动其机,万化安。（《阴符经·时机篇》）　4/2303

命运（50条）

夫贤不肖者,材也;为不为者,人也;遇不遇者,时也;死生者,命也。（《荀子·宥坐》）　1/141

贤者不遇时,常恐不终焉。（《说苑·敬慎》）　1/365

圣人乐天知命。乐天则不勤,知命则不忧。（《法言·修身》）　1/455

命者,天之命也,非人为也。人为不为命。（《法言·问明》）　1/467

凡人吉凶,以行为主,以命为决。（《潜夫论·巫列》）　1/539

行者,己之质也;命者,天之制也。

（《潜夫论·巫列》）　1/539

在于己者,固可为也;在于天者,不可知也。（《潜夫论·巫列》）1/539

凡不求而自得,求而不得者,焉可胜算乎!（《颜氏家训·涉务》）1/669

通道者不惑,知命者不忧。（《文子·符言》）　2/757

趣舍同,即非誉在俗;意行均,即穷达在时。（《文子·上义》）　2/794

信命者,亡寿夭;信理者,亡是非;信心者,亡逆顺;信性者,亡安危。（《列子·力命》）　2/822

死生自命也,贫穷自时也。怨夭折者,不知命者也;怨贫穷者,不知时者也。当死不惧,在穷不戚,知命安时也。(《列子·力命》)　2/822

知不可奈何而安之若命,唯有德者能之。(《庄子·内篇·德充符》)　2/843

凡人之受命得寿,自有本数。(《抱朴子内篇·对俗》)　2/938

夫逝者无反期,既朽无生理,达道之士,良所悲矣!(《抱朴子内篇·至理》)　2/940

天有大命,人有大命。(《韩非子·扬权》)　2/1155

临难不惧,知天命也;贫穷无慑,达时序也。(《邓析子·无厚篇》)　2/1274

夫人所处异势,势有申压。富贵遂达,势之申也;贫贱穷匮,势之压也。(《人物志·七缪》)　2/1307

君子达于道之谓达,穷于道之谓穷。(《吕氏春秋·孝行览·慎人》)　3/1515

古之得道者,穷亦乐,达亦乐,所乐非穷达也。(《吕氏春秋·孝行览·慎人》)　3/1515

命也者,就之未得,去之未失。(《吕氏春秋·恃君览·知分》)3/1571

性遭命而后能行,命得性而后明。(《淮南子·俶真训》)　3/1639

知己者不怨人,知命者不怨天。(《淮南子·缪称训》)　3/1706

趋舍同,诽誉在俗;意行钧,穷达在时。(《淮南子·齐俗训》)　3/1715

通性之情者,不务性之所无以为;通命之情者,不忧命之所无奈何;通于道者,物莫不足滑其调。(《淮南子·诠言训》)　3/1739

骏马以抑死,直士以正穷。(《淮南子·说林训》)　3/1798

操行有常贤,仕宦无常遇。(《论衡·逢遇篇》)　3/1836

才高行洁,不可保以必尊贵;能薄操浊,不可保以必卑贱。(《论衡·逢遇篇》)　3/1836

禄有贫富,知不能丰杀;命有贵贱,才不能进退。(《论衡·命禄篇》)　3/1838

贵贱在命,不在智愚;贫富在禄,不在顽慧。(《论衡·命禄篇》)3/1839

寿命修短,皆禀于天;骨法善恶,皆见于体。(《论衡·命义篇》)3/1840

物之贵贱,不在丰耗;人之衰盛,不在贤愚。(《论衡·命义篇》)3/1840

操行善恶者,性也;祸福吉凶者,命也。(《论衡·命义篇》)3/1840

性自有善恶,命自有吉凶。(《论衡·命义篇》)　3/1841

贵贱贫富,命也;操行清浊,性也。(《论衡·骨相篇》)　3/1843

命有贵贱,性有善恶。(《论衡·本性篇》)　3/1844

人之死生,在于命之夭寿,不在行之善恶;国之存亡,在期之长短,不在于

政之得失。(《论衡·异虚篇》) 3/1846

天地所罚，小大犹发；鬼神所报，远近犹至。(《论衡·祸虚篇》) 3/1847

凡人穷达祸福之至，大之则命，小之则时。(《论衡·祸虚篇》) 3/1847

穷之与达，不能求也。(《抱朴子外篇·交际》) 4/1968

通塞有命，道贵正直，否泰付之自然，津涂何足多咨！(《抱朴子外篇·交际》) 4/1968

时至道行，器大者不悦；天地之间，知命者不忧。(《抱朴子外篇·任命》) 4/1977

乐天知命，何虑何忧！安时处顺，何怨何尤哉！(《抱朴子外篇·名实》) 4/1978

有德无时，有自来耳。(《抱朴子外篇·吴失》) 4/2002

时命不可以力求，遭遇不可以智违。(《抱朴子外篇·博喻》) 4/2023

绵驹吞声，则与喑人为群；逸才沉抑，则与凡庸为伍。(《抱朴子外篇·广譬》) 4/2031

乐天任命，何怨何尤！(《抱朴子外篇·广譬》) 4/2039

夫器业不异，而有抑有扬者，无知己也。故否泰，时也；通塞，命也。(《抱朴子外篇·穷达》) 4/2056

修德而道不行，藏器而时不会。(《抱朴子外篇·穷达》) 4/2057

怨不肖者，不通性也；伤不遇者，不知命也。如能临难而不慑，贫贱而不忧，可为达命者矣。(《刘子·遇不遇章》) 4/2079

交际（133条）

父有争子，不陷无礼；士有争友，不行不义。(《孔子家语·三恕》) 1/15

爱人者则人爱之，恶人者则人恶之。(《孔子家语·贤君》) 1/19

匿人之善，斯谓蔽贤；扬人之恶，斯为小人。(《孔子家语·辩政》) 1/19

言人之善，若己有之；言人之恶，若己受之。(《孔子家语·辩政》) 1/19

以富贵而下人，何人不尊？以富贵而爱人，何人不亲？(《孔子家语·六本》) 1/21

草木畴生，禽兽群焉，物各从其类也。(《荀子·劝学》) 1/35

非我而当者，吾师也；是我而当者，吾友也；谄谀我者，吾贼也。故君子隆师而亲友，以致恶其贼。(《荀子·修身》) 1/42

无不爱也，无不敬也，无与人争也，恢然如天地之苞万物，如是则贤者贵之，不肖者亲之。(《荀子·非十二子》) 1/65

有谏而无讪，有亡而无疾，有怨而无怒。(《荀子·大略》) 1/131

欲人之从己，不能以己从人，莫视而自见，莫贾而自贵。(《盐铁论·讼贤》) 1/235

室不能相和,出讼邻家,未为通计也;怨恶未见,而明弃之,未为尽厚也。(《新序·杂事三》) 1/291

君子绝交无恶言,去臣无恶声。(《新序·杂事三》) 1/293

明月之珠、夜光之璧,以暗投人于道路,众无不按剑相眄者,何则?无因至前也。蟠木根柢,轮囷离奇,而为万乘器者,以左右先为之容也。(《新序·杂事三》) 1/293

无因而至前,虽出随侯之珠,夜光之璧,只足以结怨而不见得。(《新序·杂事三》) 1/294

夫姜桂因地而生,不因地而辛;妇人因媒而嫁,不因媒而亲。(《新序·杂事五》) 1/300

食其食者,不毁其器;荫其树者,不折其枝。(《新序·杂事五》) 1/301

直而不枉,不可与往;方而不圆,不可与长存。(《新序·节士》) 1/304

与人者有以责之也,受人者有以易之也。(《说苑·臣术》) 1/321

受人者畏人,予人者骄人。(《说苑·立节》) 1/333

妄与不如遗弃物于沟壑。(《说苑·立节》) 1/333

吾不能以春风风人,吾不能以夏雨雨人,吾穷必矣!(《说苑·贵德》) 1/338

施德者贵不德,受恩者尚必报。(《说苑·复恩》) 1/340

为一人言施一人,犹为一块土下雨也,土亦不生之矣。(《说苑·复恩》) 1/340

惠君子,君子得其福;惠小人,小人尽其力。夫德一人活其身,而况置惠于万人乎?故曰德无细,怨无小。(《说苑·复恩》) 1/341

唯贤者为能报恩,不肖者不能。夫树桃李者,夏得休息,秋得食焉;树蒺藜者,夏不得休息,秋得其刺焉。(《说苑·复恩》) 1/341

匿人之善者,是谓蔽贤也;扬人之恶者,是谓小人也;不内相教,而外相谤者,是谓不足亲也。(《说苑·政理》) 1/349

言人之善者,有所得而无所伤也;言人之恶者,无所得而有所伤也。(《说苑·政理》) 1/349

缕因针而入,不因针而急;嫁女因媒而成,不因媒而亲。(《说苑·善说》) 1/368

上士可以托色,中士可以托辞,下士可以托财。(《说苑·善说》) 1/369

以财事人者,财尽而交疏;以色事人者,华落而爱衰。(《说苑·权谋》) 1/378

孝于父母,信于交友。(《说苑·谈丛》) 1/394

怨生不报,祸生于福。(《说苑·谈丛》) 1/396

好称人恶,人亦道其恶;好憎人者,亦为人所憎。(《说苑·谈丛》) 1/400

直而不能枉,不可与大任;方而不

能圆,不可与长存。(《说苑·谈丛》) 1/402

言人之善,泽于膏沐;言人之恶,痛于矛戟。(《说苑·谈丛》) 1/403

自请绝易,请人绝难。(《说苑·谈丛》) 1/404

积德无细,积怨无大;多少必报,固其势也。(《说苑·谈丛》) 1/409

狎甚则相简也,庄甚则不亲。(《说苑·谈丛》) 1/410

德泽不加,则君子不享其质;政令不施,则君子不臣其人。(《说苑·辨物》) 1/436

上交不谄,下交不骄,则可以有为矣。(《法言·修身》) 1/456

夫以人言善我,亦必以人言恶我。(《新论·闵友篇》) 1/494

同明相见,同听相闻,惟圣知圣,惟贤知贤。(《潜夫论·本政》) 1/514

夫与富贵交者,上有称举之用,下有货财之益。与贫贱交者,大有赈贷之费,小有假借之损。(《潜夫论·交际》) 1/544

夫交利相亲,交害相疏。(《潜夫论·交际》) 1/545

长誓而废,必无用者也。交渐而亲,必有益者也。(《潜夫论·交际》) 1/545

当其欢也,父子不能间;及其乖也,怨仇不能先。(《潜夫论·交际》) 1/546

富贵未必可重,贫贱未必可轻。(《潜夫论·交际》) 1/546

苟善所在,不讥贫贱,苟恶所错,不忌富贵。(《潜夫论·交际》) 1/548

不谄上而慢下,不厌故而敬新。(《潜夫论·交际》) 1/548

事富贵如奴仆,视贫贱如佣客。(《潜夫论·交际》) 1/548

见贱如贵,视少如长。(《潜夫论·交际》) 1/548

恩意无不答,礼敬无不报。(《潜夫论·交际》) 1/549

不拒直辞,不耻下问。(《申鉴·政体》) 1/568

有财不济交,非有财也;有位不举能,非有位也。(《谯子法训》) 1/633

怒如烈冬,喜如温春。(《太元经》) 1/641

借人典籍,皆须爱护,先有缺坏,就为补治,此亦士大夫百行之一也。(《颜氏家训·治家》) 1/653

南人宾至不迎,相见捧手而不揖,送客下席而已;北人迎送并至门,相见则揖,皆古之道也,吾善其迎揖。(《颜氏家训·风操》) 1/654

门不停宾,古所贵也。(《颜氏家训·风操》) 1/656

用其言,弃其身,古人所耻。凡有一言一行,取于人者,皆显称之,不可窃人之美,以为己力;虽轻虽贱者,必归功焉。(《颜氏家训·慕贤》) 1/657

善者,吾善之;不善者,吾亦善之,德善。信者,吾信之;不信者,吾亦信

之,德信。(《老子·四十九章》) 2/728

其施厚者其报美,其怨大者其祸深。(《文子·符言》) 2/755

兽同足者相从游,鸟同翼者相从翔。(《文子·上德》) 2/769

树黍者不获稷,树怨者无报德。(《文子·上德》) 2/775

希人者无悖其情,希世者无缪其宾。(《鹖冠子·著希》) 2/799

举善不以宵宵,拾过不以冥冥。(《鹖冠子·天则》) 2/802

人不尊己,则危辱及之矣。(《列子·说符》) 2/829

利出者实及,怨往者害来。(《列子·说符》) 2/832

好面誉人者,亦好背而毁之。(《庄子·杂篇·盗跖》) 2/871

利害心愈明,则亲不睦;贤愚心愈明,则友不交;是非心愈明,则事不成;好丑心愈明,则物不契。(《关尹子·极篇》) 2/903

勿以我心揆彼,当以彼心揆彼。(《关尹子·鉴篇》) 2/905

随时同俗,先机后事,捐忿塞欲,简物恕人,权其轻重,而为之自然,合神不测,契道无方。(《关尹子·药篇》)2/911

不可非世是己,不可卑人尊己,不可以轻忽道己,不可以讪谤德己,不可以鄙猥才己。(《关尹子·药篇》)2/912

操之以诚,行之以简,待之以恕,应之以默。(《关尹子·药篇》) 2/913

舍亲就疏,舍本就末,舍贤就愚,舍近就远,可暂而已,久则害生。(《关尹子·药篇》) 2/914

惟善听者,不泥不辩。(《关尹子·药篇》) 2/914

物莫之与,则伤之者至焉。(《抱朴子内篇·塞难》) 2/942

毋与不可,毋强不能,毋告不知。(《管子·形势》) 2/974

爱人甚,而不能利也;憎人甚,而不能害也。(《管子·枢言》) 2/999

善人者,人亦善之。(《管子·霸形》) 2/1012

毛嫱、西施,天下之美人也,盛怨气于面,不能以为可好。(《管子·小称》) 2/1030

善气迎人,亲如弟兄;恶气迎人,害于戈兵。(《管子·心术下》) 2/1036

人言善亦勿听,人言恶亦勿听。持而待之,空然勿两之,淑然自清。(《管子·白心》) 2/1039

行天道,出公理,则远者自亲;废天道,行私为,则子母相怨。(《管子·形势解》) 2/1074

凡人之大体,取舍同者则相是也,取舍异者则相非也。(《韩非子·奸劫弑臣》) 2/1164

圣人之游世也,无害人之心,则必无人害;无人害,则不备人。(《韩非子·解老》) 2/1181

人行事施予,以利之为心,则越人易和;以害之为心,则父子离且怨。(《韩非子·外储说左上》) 2/1206

夫直议者不为人所容,无所容则危身。(《韩非子·外储说左下》) 2/1211

远而亲者,志相应也;近而疏者,志不合也。就而不用者,策不得也;去而反求者,无违行也;近而不御者,心相乖也;远而相思者,合其谋也。(《邓析子·无厚篇》) 2/1276

明者不以其短疾人之长,不以其拙病人之工。(《邓析子·转辞篇》) 2/1280

夫爱人者,人必从而爱之;利人者,人必从而利之;恶人者,人必从而恶之;害人者,人必从而害之。(《墨子·兼爱中》) 3/1343

爱人利人,顺天之意,得天之赏者有之;憎人贼人,反天之意,得天之罚者亦有矣。(《墨子·天志中》) 3/1349

弗钩以爱则不亲,弗揣以恭则速狎,狎而不亲则速离。(《墨子·鲁问》) 3/1358

交相爱,交相恭,犹若相利也。(《墨子·鲁问》) 3/1358

同声相呼,实理同归。(《鬼谷子·反应》) 3/1364

相益则亲,相损则疏。(《鬼谷子·谋篇》) 3/1368

无以人之所不欲而强之于人,无以人之所不知而教之于人。(《鬼谷子·谋篇》) 3/1370

人之有好也,学而顺之;人之有恶也,避而讳之。(《鬼谷子·谋篇》)3/1370

救拘执,穷者不忘恩也。(《鬼谷子·中经》) 3/1373

夫龙门,鱼之难也;太行,牛之难也;以德报怨,人之难也。(《尸子》) 3/1403

得之于身者得之人,失之于身者失之人。(《吕氏春秋·季春纪·先己》) 3/1449

衣人以其寒也,食人以其饥也。(《吕氏春秋·仲秋纪·爱士》)3/1479

神出于忠而应乎心,两精相得,岂待言哉?(《吕氏春秋·季秋纪·精通》) 3/1483

同则来,异则去。(《吕氏春秋·有始览·应同》) 3/1498

同气贤于同义,同义贤于同力,同力贤于同居,同居贤于同名。(《吕氏春秋·有始览·应同》) 3/1498

审近所以知远也,成己所以成人也。(《吕氏春秋·孝行览·本味》) 3/1510

受人之养而不死其难,则不义。(《吕氏春秋·先识览·观世》)3/1529

事亲则孝,事君则忠,交友则信,居乡则悌。(《吕氏春秋·先识览·正名》) 3/1534

君子责人则以人,自责则以义。责人以人则易足,易足则得人;自责以义则难为非,难为非则行饰。(《吕氏春秋·离俗览·举难》) 3/1566

责人以义则难瞻,难瞻则失亲;自责以人则易为,易为则行苟。(《吕氏春秋·离俗览·举难》) 3/1567

凡乱人之动也,其始相助,后必相

恶。为义者则不然，始而相与，久而相信，卒而相亲，后世以为法程。(《吕氏春秋·慎行论·慎行》)　3/1584

贤者善人以人，中人以事，不肖者以财。(《吕氏春秋·不苟论·赞能》)　3/1590

薄施而厚望，畜怨而无患者，古今未之有也。(《淮南子·缪称训》)　3/1690

不强人之所不能为，不绝人之所能已。(《淮南子·齐俗训》)　3/1711

趣舍合，即言忠而益亲；身疏，即谋当而见疑。(《淮南子·齐俗训》)　3/1714

入者有受而无取，出者有授而无予。(《淮南子·诠言训》)　3/1744

人举其疵则怨人，鉴见其丑则善鉴。人能接物而不与己焉，则免于累矣。(《淮南子·诠言训》)　3/1747

同利相死，同情相成，同欲相助。(《淮南子·兵略训》)　3/1753

行合趋同，千里相从；趣不合，行不同，对门不通。(《淮南子·说山训》)　3/1777

君子不容非其类也。(《淮南子·说山训》)　3/1777

今人放烧，或操火往益之，或接水往救之，两者皆未有功，而怨德相去亦远矣。(《淮南子·说山训》)　3/1782

刺我行者，欲与我交；訾我货者，欲与我市。(《淮南子·说林训》)　3/1798

以不道遇人，人亦以不道报之，人仇之，天绝之。行无道，未有不亡者也。(《傅子·问刑》)　3/1908

谤讟不可以巧言弭，实恨不可以虚事释。(《抱朴子外篇·博喻》)　4/2013

善言居室，则靡远不应；枉直不中，则无近不离。(《抱朴子外篇·博喻》)　4/2020

受人之施，必皆久久渐有以报之，不令觉也。非类，则不妄受其馈致焉。(《抱朴子外篇·自叙》)　4/2059

未尝论评人物之优劣，不喜诃谴人交之好恶。(《抱朴子外篇·自叙》)　4/2060

怨不在大，亦不在小，多召悔吝，不足为也。(《抱朴子外篇·自叙》)　4/2061

子夏曰："与人以实，虽疏必密；与人以虚，虽戚必疏。"(《金楼子·戒子篇》)　4/2064

心向意，投身不顾；情有异，一毛不拔。(《燕丹子·卷中》)　4/2107

源深而水流，水流而鱼生之，情也；根深而木长，木长而实生之，情也；君子情同而亲合，亲合而事生之，情也。(《太公六韬·文韬·文师》)　4/2181

勿妄而许，勿逆而拒。许之则失守，拒之则闭塞。(《太公六韬·文韬·大礼》)　4/2185

敬遇宾客，贵贱无二。(《太公金匮》)　4/2210

成人者为自成。(《太平经·大功益年书出岁月戒》)　4/2296

交友（47条）

儒有合志同方,营道同术,并立则乐,相下不厌。(《孔子家语·儒行解》) 1/8

与善人居,如入芝兰之室,久而不闻其香,即与之化矣;与不善人居,如入鲍鱼之肆,久而不闻其臭,亦与之化矣。(《孔子家语·六本》) 1/21

君子之于朋友也,心必有非焉,而弗能谓,吾不知其仁人也。不忘久德,不思久怨,仁矣夫。(《孔子家语·颜回》) 1/24

兰槐之根是为芷,其渐之滫,君子不近,庶人不服,其质非不美也,所渐者然也。(《荀子·劝学》) 1/34

友者,所以相有也。道不同,何以相有也?(《荀子·大略》) 1/136

同声者相求,同志者相好。(《孔丛子·杂训》) 1/152

谚曰:"有白头而新,倾盖而故。"何则? 知与不知也。(《新序·杂事三》) 1/293

布衣也,其交皆孝悌,笃谨畏令,如此者其家必日益,身必日安,此所谓吉人也。(《新序·杂事五》) 1/300

士为知己者死,而况为之哀乎?(《说苑·复恩》) 1/341

养及亲者,身更其难。(《说苑·复恩》) 1/341

声同,则处异而相应;德合,则未见而相亲。(《说苑·尊贤》) 1/355

一死一生,乃知交情;一贫一富,乃知交态;一贵一贱,交情乃见;一浮一没,交情乃出。(《说苑·谈丛》) 1/403

与人交者,推其长者,违其短者,故能久长矣。(《说苑·杂言》) 1/429

朋而不心,面朋也;友而不心,面友也。(《法言·学行》) 1/450

夫志道者少友,逐俗者多俦。(《潜夫论·实贡》) 1/520

恩有所结,终身无解;心有所矜,贱而益笃。(《潜夫论·交际》) 1/545

君子之交人也,欢而不媟,和而不同,好而不佞诈,学而不虚行,易亲而难媚,多怨而寡非,故无绝交,无畔朋。(《中论·法象》) 1/597

古之交也近,今之交也远;古之交也寡,今之交也众;古之交也为求贤,今之交也为名利。(《中论·谴交》) 1/615

必得其人,千里同好,固于胶漆,坚于金石,穷达不阻其分,毁誉不疑其实。(《谯子法训·齐交》) 1/633

四海之人,结为兄弟,亦何容易。必有志均义敌,令终如始者,方可议之。(《颜氏家训·风操》) 1/655

与善人居,如入芝兰之室,久而自芳也;与恶人居,如入鲍鱼之肆,久而自臭也。(《颜氏家训·慕贤》) 1/656

以势交者,势倾则绝;以利交

者,利穷则散。故君子不与也。(《中说·礼乐篇》)　1/685

夫同利者相死,同情者相成,同行者相助。(《文子·自然》)　2/784

凡知则死之,不知则弗死,此直道而行者也。(《列子·说符》)　2/831

夫以利合者,迫穷祸患害相弃也;以天属者,迫穷祸患害相收也。(《庄子·外篇·山木》)　2/863

君子之交淡若水,小人之交甘若醴;君子淡以亲,小人甘以绝。(《庄子·外篇·山木》)　2/863

归同契合者,则不言而信著;途殊别务者,虽忠告而见疑。(《抱朴子内篇·微旨》)　2/940

乌鸟之狡,虽善不亲;不重之结,虽固必解。(《管子·形势》)　2/974

见与之交,几于不亲;见哀之役,几于不结;见施之德,几于不报。(《管子·形势》)　2/975

未之见而亲焉,可以往矣;久而不忘焉,可以来矣。(《管子·形势》)　2/975

布衣相与交,无富厚以相利,无威势以相惧也,故求不欺之士。(《韩非子·五蠹》)　2/1239

据财不能以分人者,不足与友;守道不笃、偏物不博,辩是非不察者,不足与游。(《墨子·修身》)　3/1322

周公旦曰:"不如吾者,吾不与处,累我者也;与我齐者,吾不与处,无益我者。"惟贤者必与贤于己者处。(《吕氏春秋·先识览·观世》)　3/1527

人皆知说镜之明己也,而恶士之明己也。镜之明己也功细,士之明己也功大。(《吕氏春秋·恃君览·达郁》)　3/1574

钟子期死而伯牙绝弦破琴,知世莫赏也;惠施死而庄子寝说言,见世莫可为语者也。(《淮南子·脩务训》)　3/1816

朋友之道有四焉,通财不在其中,近则正之,远则称之,乐则思之,患则死之。(《白虎通义·谏诤》)　3/1875

朋友之际,五常之道,有通财之义,振穷救急之意,中心好之,欲饮食之,故财币者所以副至意也。(《白虎通义·瑞贽》)　3/1877

朋友之交,近则谤其言,远则不相讪。一人有善,其心好之;一人有恶,其心痛之。货则通而不计,共忧患而相救。生不属,死不托。(《白虎通义·三纲六纪》)　3/1879

友饥为之减餐,友寒为之不重裘。(《白虎通义·三纲六纪》)　3/1879

朋友师傅,尤宜精简。必取寒素德行之士,以清苦自立,以不群见惮者。(《抱朴子外篇·崇教》)　4/1943

朋友之交,不宜浮杂。(《抱朴子外篇·交际》)　4/1968

详交者不失人,而泛结者多后悔。(《抱朴子外篇·交际》)　4/1969

夫厚则亲爱生焉,薄则嫌隙结焉,自然之理也,可不详择乎!(《抱朴子外

篇·交际》） 4/1969

善交狎而不慢，和而不同，见彼有失，则正色而谏之；告我以过，则速改而不惮。（《抱朴子外篇·交际》） 4/1970

君子之交也，以道义合，以志契亲，故淡而成焉。（《抱朴子外篇·疾谬》） 4/1995

适心者，交浅而爱深；忤神者，

接久而弥乖。是以声同，则倾盖而居昵；道异，则白首而无爱。（《抱朴子外篇·博喻》） 4/2012

志合者，不以山海为远；道乖者，不以咫尺为近。故有跋涉而游集，亦或密迩而不接。（《抱朴子外篇·博喻》） 4/2017

明察（33条）

水至清则无鱼，人至察则无徒。（《孔子家语·入官》） 1/27

夫明于形者，分则不过于事；察于动者，用则不失于利；审于静者，恬则免于患。（《新序·善谋下》） 1/312

谋利而得害，由不察也。（《说苑·奉使》） 1/373

镜以精明，美恶自服；衡平无私，轻重自得。（《说苑·谈丛》） 1/397

见亡知存，见霜知冰。（《说苑·谈丛》） 1/406

贤人君子者，通乎盛衰之时，明乎成败之端，察乎治乱之纪，审乎人情，知所去就。（《说苑·杂言》） 1/420

明于祸福之实者，不可以虚论惑也；察于治乱之情者，不可以华饰移也。（《潜夫论·边议》） 1/534

听言责事，举名察实，无或诈伪以荡众心。（《申鉴·政体》） 1/564

细事不察，不得言大。（《黄帝四经·称》） 2/894

无以旁言为事成，察而征之，无

听辩，万物归之，美恶乃自见。（《管子·白心》） 2/1039

能以所闻瞻察，则事必明矣。（《管子·禁藏》） 2/1061

虚以静后，未尝用己。（《韩非子·扬权》） 2/1157

夫明于形者，分不过于事；察于动者，用不失于利。（《邓析子·无厚篇》） 2/1272

视昭昭，知冥冥，推未运，睹未然。（《邓析子·转辞篇》） 2/1279

言无务为多而务为智，无务为文而务为察。（《墨子·修身》） 3/1324

听言不可不察，不察则善不善不分。（《吕氏春秋·有始览·听言》） 3/1500

善不善不分，乱莫大焉。（《吕氏春秋·有始览·听言》） 3/1500

不知事，恶能听言？不知情，恶当言？（《吕氏春秋·有始览·听言》） 3/1501

凡人必别宥然后知，别宥则能全

其天矣。(《吕氏春秋·先识览·去宥》) 3/1533

小大、轻重、少多、治乱，不可不察，此祸福之门也。(《吕氏春秋·审分览·慎势》) 3/1546

察而以达理明义，则察为福矣；察而以饰非惑愚，则察为祸矣。(《吕氏春秋·审应览·不屈》) 3/1556

凡论人心，观事传，不可不熟，不可不深。(《吕氏春秋·恃君览·观表》) 3/1577

圣人之所以过人以先知，先知必审征表。(《吕氏春秋·恃君览·观表》) 3/1577

凡闻言必熟论，其于人必验之以理。(《吕氏春秋·慎行论·察传》) 3/1587

凡智之贵也，贵知化也。(《吕氏春秋·贵直论·知化》) 3/1588

有度而以听，则不可欺矣，不可

惶矣，不可恐矣，不可喜矣。(《吕氏春秋·似顺论·有度》) 3/1595

物动而知其反，事萌而察其变，化则为之象，运则为之应，是以终身行而无所困。(《淮南子·氾论训》) 3/1731

利害之反，祸福之接，不可不审也。(《淮南子·氾论训》) 3/1735

凡天下之事，不可增损，考察前后，效验自列。(《论衡·语增篇》) 3/1848

人有不能行，行无不可检；人有不能考，情无不可知。(《论衡·答佞篇》) 3/1853

用明察非，非无不见；用理铨疑，疑无不定。(《论衡·定贤篇》) 3/1865

夫料盛衰于未兆，探机事于无形，指倚伏于理外，距浸润于根生者，明之功也。(《抱朴子外篇·仁明》) 4/2007

杀身成仁之行可力为而至，鉴玄测幽之明难妄假。(《抱朴子外篇·仁明》) 4/2007

防微(49条)

祸之所由生也，生自纤纤也，是故君子蚤绝之。(《荀子·大略》) 1/138

明者之感奸由也蚤，其除乱谋也远，故邪不前达。(《贾谊新书·审微》) 1/171

圣人从事于未然，故乱原无由生。(《盐铁论·大论》) 1/281

良医之治疾也，攻之于腠理，此事皆治之于小者也。夫事之祸福，亦有腠理之地，故圣人蚤从事矣。(《新

序·杂事二》) 1/289

忧患生于所忽，祸起于细微；污辱难湔洒，败事不可复追；不深念远虑，后悔当几何。(《说苑·敬慎》) 1/366

知命者，预见存亡祸福之原，早知盛衰废兴之始，防事之未萌，避难于无形。(《说苑·权谋》) 1/374

明者视于冥冥，智者谋于未形，聪者听于无声，虑者戒于未成。(《说苑·谈丛》) 1/405

江河大溃从蚁穴,山以小阤而大崩。(《说苑·谈丛》) 1/405

积微伤行,怀安败名。(《潜夫论·叙录》) 1/556

其安易持,其未兆易谋;其脆易泮,其微易散。(《老子·六十四章》) 2/735

为之于未有,治之于未乱。(《老子·六十四章》) 2/736

凡人皆轻小害,易微事,以至于大患。(《文子·微明》) 2/776

其作始也简,其将毕也必巨。(《庄子·内篇·人间世》) 2/841

勿轻小事,小隙沉舟;勿轻小物,小虫毒身;勿轻小人,小人贼国。(《关尹子·药篇》) 2/907

至人消未起之患,治未病之疾,医之于无事之前,不追之于既逝之后。(《抱朴子内篇·地真》) 2/955

微邪者,大邪之所生也。微邪不禁,而求大邪之无伤国,不可得也。(《管子·权修》) 2/980

古之隳国家、陨社稷者,非故为之也,必少有乐焉,不知其陷于恶也。(《管子·中匡》) 2/1011

圣人畏微而愚人畏明。(《管子·霸言》) 2/1014

不能兆其端者,灾及之。(《管子·侈靡》) 2/1032

千丈之堤,以蝼蚁之穴溃;百尺之室,以突隙之烟焚。(《韩非子·喻老》) 2/1184

明君见小奸于微,故民无大谋;行小诛于细,故民无大乱。(《韩非子·难三》) 2/1219

善埋川者必杜其源,善防奸者必绝其萌。(《政论》) 2/1260

经起秋毫之末,挥之于太山之本。(《鬼谷子·抵巇》) 3/1365

美生事者,几之势也。(《鬼谷子·揣篇》) 3/1366

墙坏于其隙,木毁于其节。(《鬼谷子·谋篇》) 3/1368

事有适然,物有成败,机危之动,不可不察。(《鬼谷子·本经阴符七术》) 3/1372

心欲小者,虑患未生,备祸未发,戒过慎微,不敢纵其欲也。(《淮南子·主术训》) 3/1682

积羽沉舟,群轻折轴,故君子禁于微。(《淮南子·缪称训》) 3/1703

良医者,常治无病之病,故无病;圣人者,常治无患之患,故无患也。(《淮南子·说山训》) 3/1774

事之成败,必由小生,言有渐也。(《淮南子·说山训》) 3/1777

蠹众则木折,隙大则墙坏。(《淮南子·说林训》) 3/1793

人者轻小害,易微事,以多悔。(《淮南子·人间训》) 3/1806

患至而后忧之,是由病者已惓,而索良医也,虽有扁鹊、俞跗之巧,犹不能生也。(《淮南子·人间训》) 3/1806

不务使患无生,患生而救之,虽有

圣知,弗能为谋。(《淮南子·人间训》)
3/1810

圣人者,常从事于无形之外,而不留思尽虑于成事之内,是故患祸弗能伤也。(《淮南子·人间训》) 3/1810

积微致著,累浅成深,鸿羽所以沉龙舟,群轻所以折劲轴,寸飙所以燔百寻之室,蠹蝎所以仆连抱之木也。(《抱朴子外篇·疾谬》) 4/1994

夫百寻之室,焚于分寸之飙;千丈之陂,溃于一蚁之穴。(《抱朴子外篇·百里》) 4/1998

潜朽之木,不能当倾山之风;含隙之崖,难以值滔天之涛。(《抱朴子外篇·广譬》) 4/2030

智者料事于倚伏之表,伐木于毫末之初。(《抱朴子外篇·知止》) 4/2055

小过之来,出于意表;积怨之成,在于虑外。(《刘子·慎隙章》) 4/2083

祸之所伤,甚于邑室,将防其萌,急于水火。(《刘子·慎隙章》) 4/2084

涓涓不塞,将为江河;荧荧不救,炎炎奈何;两叶不去,将用斧柯。(《太公六韬·文韬·守土》) 4/2188

明者见兆于未萌,智者避危于未形。(《太公金匮》) 4/2209

圣人不治已病治未病,不治已乱治未乱,此之谓也。夫病已成而后药之,乱已成而后治之,譬犹渴而穿井,斗而铸兵,不亦晚乎?(《黄帝内经·素问·四气调神大论篇》) 4/2239

善治者治皮毛,其次治肌肤,其次治筋脉,其次治六腑,其次治五脏。治五脏者,半死半生也。(《黄帝内经·素问·阴阳应象大论篇》) 4/2244

见微得过,用之不殆。(《黄帝内经·素问·阴阳应象大论篇》)4/2245

恍惚之数,生于毫氂,毫氂之数,起于度量,千之万之,可以益大,推之大之,其形乃制。(《黄帝内经·素问·灵兰秘典论篇》) 4/2245

上工治未病,不治已病。(《黄帝内经·灵枢·逆顺》) 4/2260

凡人有疾,不时即治,隐忍冀差,以成痼疾。(《伤寒论·伤寒例》)
4/2263

祸福（75条）

存亡祸福,皆己而已。(《孔子家语·五仪解》) 1/10

神莫大于化道,福莫长于无祸。(《荀子·劝学》) 1/33

材悫者常安利,荡悍者常危害;安利者常乐易,危害者常忧险;乐易者常寿长,忧险者常夭折,是安危利害之常体也。(《荀子·荣辱》) 1/57

祸与福邻,莫知其门。(《荀子·大略》) 1/130

行之者在身,命之者在人,此福灾之本也。道者,福之本;祥者,福之荣也。无道者必失福之本,不祥者必失福之荣。(《贾谊新书·大政上》)1/185

知利而不知害,知进而不知退,故果身死而众败。(《盐铁论·非鞅》) 1/206

蝉高居悲鸣饮露,不知螳螂在其后也;螳螂委身曲附欲取蝉,而不知黄雀在其傍也;黄雀延颈欲啄螳螂,而不知弹丸在其下也。此三者,皆务欲得其前利,而不顾其后之有患也。(《说苑·正谏》) 1/358

凡为不善遍于物不自知者,无天祸必有人害。(《说苑·正谏》) 1/359

福生有基,祸生有胎。纳其基,绝其胎,祸何从来哉!(《说苑·正谏》) 1/360

存亡祸福皆在己而已,天灾地妖,亦不能杀也。(《说苑·敬慎》) 1/362

福生于隐约,而祸生于得意,此得失之效也。(《说苑·敬慎》) 1/363

福不重至,祸必重来。(《说苑·权谋》) 1/377

无方之礼,无功之赏,祸之先也。(《说苑·权谋》) 1/379

位高道大者从,事大道小者凶。(《说苑·谈丛》) 1/395

祸福非从地中出,非从天上来,己自生之。(《说苑·谈丛》) 1/404

义胜患则吉,患胜义则灭。(《说苑·谈丛》) 1/408

君子虑福不及,虑祸百之。(《说苑·谈丛》) 1/413

福者,祸之门也;是者,非之尊也;治者,乱之先也。事无终始而患不及者,未之闻也。(《说苑·谈丛》) 1/416

吉人凶其吉,凶人吉其凶。(《法言·问明》) 1/467

以邪取于前者,衰之于后。(《潜夫论·遏利》) 1/505

世有莫盛之福,又有莫痛之祸。(《潜夫论·忠贵》) 1/515

祸福无门,惟人所召。(《潜夫论·慎微》) 1/519

凡人道见瑞而修德者,福必成,见瑞而纵恣者,福转为祸;见妖而骄侮者,祸必成,见妖而戒惧者,祸转为福。(《潜夫论·梦列》) 1/541

福从善来,祸由德痛,吉凶之应,与行相须。(《潜夫论·叙录》) 1/557

善则祥,祥则福;否则眚,眚则咎。(《申鉴·杂言上》) 1/579

世之治也,行善者获福,为恶者得祸。及其乱也,行善者不获福,为恶者不得祸,变数也。知者不以变数疑常道,故循福之所自来,防祸之所由至也。(《中论·修本》) 1/604

善恶之行,祸福所归。(《颜氏家训·归心》) 1/674

好动者多难。小不忍,致大灾。(《中说·问易篇》) 1/685

祸兮,福之所倚;福兮,祸之所伏。(《老子·五十八章》) 2/733

好憎繁多,祸乃相随。(《文子·道原》) 2/749

欲福先无祸,欲利先远害。(《文子·符言》) 2/754

福莫大于无祸,利莫大于不丧。(《文子·符言》)　2/755

誉见即毁随之,善见即恶从之。利为害始,福为祸先。不求利即无害,不求福即无祸。(《文子·符言》)2/756

君子能为善,不能必得其福;不忍而为非,而未必免于祸。(《文子·符言》)　2/758

愚者惑于小利而忘大害,故事有利于小而害于大,得于此而忘于彼。(《文子·微明》)　2/775

夫祸之至也,人自生之;福之来也,人自成之。(《文子·微明》)2/777

事或欲利之,适足以害之;或欲害之,乃足以利之。(《文子·微明》)　2/779

寿夭贫富,无徒归也。(《管子·形势》)　2/968

誉不虚出,而患不独生。(《管子·禁藏》)　2/1061

爱小利而不虑其害。(《韩非子·十过》)　2/1161

人有祸,则心畏恐;心畏恐,则行端直;行端直,则思虑熟;思虑熟,则得事理。(《韩非子·解老》)　2/1176

人有福,则富贵至;富贵至,则衣食美;衣食美,则骄心生;骄心生,则行邪僻而动弃理。(《韩非子·解老》)　2/1176

夫智者,知祸难之地而辟之者也,是以身不及于患也。(《韩非子·难二》)　2/1217

鬼神之所赏,无小必赏之;鬼神之所罚,无大必罚之。(《墨子·明鬼下》)3/1350

圣人权福则取重,权祸则取轻。(《尸子》)　3/1401

夫死殃残亡,非自至也,惑召之也。(《吕氏春秋·孟春纪·重己》)　3/1431

毕数之务,在乎去害。(《吕氏春秋·季春纪·尽数》)　3/1442

众正之所积,其福无不及也;众邪之所积,其祸无不逮也。(《吕氏春秋·季夏纪·明理》)　3/1472

善否,我也;祸福,非我也。(《淮南子·缪称训》)　3/1699

福生于无为,患生于多欲,害生于弗备,秽生于弗耨。(《淮南子·缪称训》)　3/1706

福由己发,祸由己生。(《淮南子·缪称训》)　3/1707

欲福者或为祸,欲利者或离害。(《淮南子·诠言训》)　3/1737

不能使祸不至,信己之不迎也;不能使福必来,信己之不攘也。(《淮南子·诠言训》)　3/1744

祸之至也,非其求所生,故穷而不忧;福之至,非其求所成,故通而弗矜。(《淮南子·诠言训》)　3/1745

福莫大无祸,利莫美不丧。(《淮南子·诠言训》)　3/1746

利则为害始,福则为祸先。唯不求利者为无害,唯不求福者为无祸。

《淮南子·诠言训》 3/1750

为善，不能使富必来；不为非，而不能使祸无至。（《淮南子·诠言训》） 3/1751

失火而遇雨，失火则不幸，遇雨则幸也。故祸中有福也。（《淮南子·说林训》） 3/1787

祸与福同门，利与害与邻。（《淮南子·人间训》） 3/1807

福之为祸，祸之为福，化不可极，深不可测也。（《淮南子·人间训》） 3/1808

修身正行，不能来福；战栗戒慎，不能避祸。（《论衡·累害篇》） 3/1837

得非己力，故谓之福；来不由我，故谓之祸。（《论衡·累害篇》） 3/1837

俱行道德，祸福不钧；并为仁义，利害不同。（《论衡·幸偶篇》） 3/1840

祸福不在善恶，善恶之证不在祸福。（《论衡·治期篇》） 3/1859

福至不谓己所得，祸到不谓己所为。故时进意不为丰，时退志不为亏。（《论衡·自纪篇》） 3/1867

同安危而齐死生，钧吉凶而一败成。（《论衡·自纪篇》） 3/1868

常人贪荣，不虑后患，身既倾溺，而祸逮君亲，不亦哀哉！（《抱朴子外篇·臣节》） 4/1952

利丰者害厚，质美者召灾。（《抱朴子外篇·博喻》） 4/2020

不避其祸，岂智者哉！（《抱朴子外篇·知止》） 4/2053

夫饮酒者不必尽乱，而乱者多焉；富贵者岂其皆危，而危者有焉。（《抱朴子外篇·知止》） 4/2054

知进而不知退，则践盈满之危；处存而不忘危，必履泰山之安。（《刘子·诫盈章》） 4/2084

人有祸必惧，惧必有敬，敬则有福，福则有喜，喜则有骄，骄有祸。（《刘子·祸福章》） 4/2087

智者见利而思难，暗者见利而忘患。思难而难不至，忘患而患反生。（《刘子·利害章》） 4/2087

达人睹祸福之机，鉴成败之原，不以苟得自伤，不以过吝自害。（《刘子·贪爱章》） 4/2088

行且各为身计，勿益后生之患，是为中善之人。（《太平经·见诫不触恶诀》） 4/2298

韬光养晦（33条）

象以齿焚身，蚌以珠剖体；匹夫无辜，怀璧其罪。（《潜夫论·遏利》）1/503

强梁者亡，掘强者折，大健者跋，大利者缺。（《太元经》） 1/641

夫唯不争，故无尤。（《老子·八章》） 2/704

方而不割，廉而不刿，直而不肆，光而不耀。（《老子·五十八章》）2/734

知不知，尚矣；不知知，病也。（《老子·七十一章》） 2/739

勇于敢则杀,勇于不敢则活。(《老子·七十三章》) 2/740

兵强则灭,木强则折。(《老子·七十六章》) 2/742

先唱者穷之路,后动者达之原。(《文子·道原》) 2/748

其文好者皮必剥,其角美者身必杀,甘泉必竭,直木必伐。(《文子·符言》) 2/754

圣人虚无因循,常后而不先,譬若积薪,燎后者处上。(《文子·上德》) 2/761

鸣铎以声自毁,膏烛以明自煎,虎豹之文来射,猿狄之捷来格。(《文子·上德》) 2/761

质的张而矢射集,林木茂而斧斤入。(《文子·上德》) 2/769

兵强则灭,木强则折。柔弱者生之徒,坚强者死之徒。(《列子·黄帝》) 2/819

善持胜者以强为弱。(《列子·说符》) 2/831

先者恒凶,后者恒吉。(《黄帝四经·十大经·雌雄节》) 2/888

智之极者,知智果不足以周物,故愚;辩之极者,知辩果不足以喻物,故讷;勇之极者,知勇果不足以胜物,故怯。(《关尹子·药篇》) 2/908

函坚,则物必毁之,刚斯折矣;刀利,则物必摧之,锐斯挫矣。(《关尹子·药篇》) 2/910

困天下之智者,不在智而在愚;穷天下之辩者,不在辩而在讷;伏天下之勇者,不在勇而在怯。(《关尹子·药篇》) 2/912

少言者,不为人所忌;少行者,不为人所短;少智者,不为人所劳;少能者,不为人所役。(《关尹子·药篇》) 2/913

兰以芳自烧,膏以肥自炳;翠以羽殃身,蚌以珠破体。(《苏子》) 2/923

毒而无怒,怨而无言,欲而无谋。(《管子·宙合》) 2/996

柔弱者生之干也,而坚强者死之徒也;先唱者穷之路也,后动者达之原也。(《淮南子·原道训》) 3/1614

先者难为知,而后者易为攻也。(《淮南子·原道训》) 3/1614

先者上高,则后者攀之;先者谕下,则后者蹴之;先者陷陷,则后者以谋;先者败绩,则后者违之。(《淮南子·原道训》) 3/1614

所谓后者,非谓其底滞而不发,凝结而不流,贵其周于数而合于时也。(《淮南子·原道训》) 3/1615

善持胜者,以强为弱。(《淮南子·道应训》) 3/1720

智不足免患,愚不足以至于失宁。(《淮南子·诠言训》) 3/1744

智者藏其器以有待也,隐其身而有为也。(《抱朴子外篇·良规》) 4/1952

金以刚折,水以柔全;山以高陊,谷以卑安。(《抱朴子外篇·广譬》) 4/2034

刃利则先缺,弦哀则速绝。(《抱朴子外篇·广譬》)　　4/2038

溺于情者,忘月满之亏;在乎道者,知日损之为贵。(《金楼子·立言篇上》)　　4/2065

夫翠饰羽而体分,象美牙而身丧,蚌怀珠而致剖,兰含香而遭焚,膏以明而自煎,桂以蠹而成疾,并求福而得祸。(《金楼子·立言篇下》)　　4/2068

古之有德者,韬迹隐智,以密其外;澄心封情,以定其内。内定则神府不乱,处密则形骸不扰。以此处身,不亦全乎?(《刘子·韬光章》)　　4/2073

齐家(30条)

有此父,斯有此子,道之常也。(《孔丛子·居卫》)　　1/153

慈母有败子,小不忍也。严家无悍虏,笃责急也。(《盐铁论·周秦》)　　1/277

子孙若贤,不待多富,若其不贤,则多以征怨。(《潜夫论·遏利》)1/505

父母威严而有慈,则子女畏慎而生孝矣。(《颜氏家训·教子》)　1/648

俗谚曰:"教妇初来,教儿婴孩。"诚哉斯语!(《颜氏家训·教子》)1/649

父子之严,不可以狎;骨肉之爱,不可以简。简则慈孝不接,狎则怠慢生焉。(《颜氏家训·教子》)　1/649

人之爱子,罕亦能均;自古及今,此弊多矣。贤俊者自可赏爱,顽鲁者亦当矜怜。(《颜氏家训·教子》)1/649

夫有人民而后有夫妇,有夫妇而后有父子,有父子而后有兄弟:一家之亲,此三而已矣。(《颜氏家训·兄弟》)　　1/650

兄弟者,分形连气之人也。(《颜氏家训·兄弟》)　　1/650

二亲既殁,兄弟相顾,当如形之与影,声之与响;爱先人之遗体,惜己身之分气,非兄弟何念哉?(《颜氏家训·兄弟》)　　1/650

人之事兄,不可同于事父,何怨爱弟不及爱子乎? 是反照而不明也。(《颜氏家训·兄弟》)　　1/651

悲夫! 自古奸臣佞妾,以一言陷人者众矣!(《颜氏家训·后娶》)1/651

凡庸之性,后夫多宠前夫之孤,后妻必虐前妻之子;非唯妇人怀嫉妒之情,丈夫有沉惑之僻,亦事势使之然也。(《颜氏家训·后娶》)　　1/651

异姓宠则父母被怨,继亲虐则兄弟为仇,家有此者,皆门户之祸也。(《颜氏家训·后娶》)　　1/652

夫风化者,自上而行于下者也,自先而施于后者也。是以父不慈则子不孝,兄不友则弟不恭,夫不义则妇不顺矣。(《颜氏家训·治家》)　　1/652

笞怒废于家,则竖子之过立见;刑罚不中,则民无所措手足。(《颜氏家训·治家》)　　1/653

凡亲属名称,皆须粉墨,不可滥也。(《颜氏家训·风操》)　1/654

子当以养为心,父当以学为教。(《颜氏家训·勉学》)　1/662

夫有子孙,自是天地间一苍生耳,何预身事?而乃爱护,遗其基址,况于己之神爽,顿欲弃之哉?(《颜氏家训·归心》)　1/674

有父不能孝,有兄不能敬,而论人父子之义,昆弟之节,犹弯弓而自射也。(《唐子》)　2/919

为人父而不明父子之义以教其子而整齐之,则子不知为人子之道以事其父矣。(《管子·形势解》)　2/1072

一家二贵,事乃无功;夫妻持政,子无适从。(《韩非子·扬权》)　2/1159

母厚爱处,子多败,推爱也;父薄爱教笞,子多善,用严也。(《韩非子·六反》)　2/1226

夫当家之爱子,财货足用,货财足用则轻用,轻用则侈泰。亲爱之则不

忍,不忍则骄恣。侈泰则家贫,骄恣则行暴。(《韩非子·六反》)　2/1227

父子相爱则慈孝,兄弟相爱则和调。(《墨子·兼爱中》)　3/1343

父母之于子也,子之于父母也,一体而两分,同气而异息,若草莽之有华实也,若树木之有根心也。虽异处而相通,隐志相及,痛疾相救,忧思相感,生则相欢,死则相哀,此之谓骨肉之亲。(《吕氏春秋·季秋纪·精通》)3/1482

孝子之重其亲也,慈亲之爱其子也,痛于肌骨,性也。(《吕氏春秋·孟冬纪·节丧》)　3/1484

父虽死,孝子之重之不怠;子虽死,慈亲之爱之不懈。(《吕氏春秋·孟冬纪·节丧》)　3/1485

父行其慈,子竭其孝。(《淮南子·本经训》)　3/1656

夫妇一体,荣耻共之。(《白虎通义·谏诤》)　3/1875

修身(244条)

儒有博学而不穷,笃行而不倦,幽居而不淫,上通而不困。(《孔子家语·儒行解》)　1/7

强毅以与人,博学以知服。(《孔子家语·儒行解》)　1/8

好学则智,恤孤则惠,恭则近礼,勤则有继。(《孔子家语·弟子行》)　1/17

欲能则学,欲知则问,欲善则详,

欲给则豫。(《孔子家语·弟子行》)　1/18

一言而有益于智,莫如豫;一言而有益于仁,莫如恕。(《孔子家语·颜回》)　1/23

木受绳则直,人受谏则圣。(《孔子家语·子路初见》)　1/24

不强不达,不劳无功,不忠无亲,不信无复,不恭失礼。(《孔子家语·子

路初见》）　　　　　　1/24

凡治气养心之术，莫径由礼，莫要得师，莫神一好。（《荀子·修身》）1/43

体恭敬而心忠信，术礼义而情爱人，横行天下，虽困四夷，人莫不贵。（《荀子·修身》）　　　1/44

劳苦之事则争先，饶乐之事则能让，端悫诚信，拘守而详，横行天下，虽困四夷，人莫不任。（《荀子·修身》）1/44

行而供冀，非渍淖也；行而俯项，非击戾也；偶视而先俯，非恐惧也。然夫士欲独修其身，不以得罪于比俗之人也。（《荀子·修身》）　　　1/45

孝弟原悫，軥录疾力，以敦比其事业而不敢怠傲，是庶人之所以取暖衣饱食，长生久视，以免于刑戮也。（《荀子·荣辱》）　　　　　1/57

相形不如论心，论心不如择术。形不胜心，心不胜术。术正而心顺之，则形相虽恶而心术善，无害为君子也；形相虽善而心术恶，无害为小人也。（《荀子·非相》）　　　1/59

佚而不惰，劳而不侵，宗原应变，曲得其宜，如是，然后圣人也。（《荀子·非十二子》）　　　1/66

能小而事大，辟之是犹力之少而任重也，舍粹折无适也。（《荀子·儒效》）　　　　　　　1/69

井井兮其有理也，严严兮其能敬己也，分分兮其有终始也，猒猒兮其能长久也，乐乐兮其执道不殆也，炤炤兮其用知之明也，修修兮其用统类之行

也，绥绥兮其有文章也，熙熙兮其乐人之臧也，隐隐兮其恐人之不当也，如是，则可谓圣人矣。（《荀子·儒效》）　　　　　　　　　　　1/70

不学问，无正义，以富利为隆，是俗人者也。（《荀子·儒效》）　　1/70

志忍私然后能公，行忍情性然后能修，知而好问然后能才。（《荀子·儒效》）　　　　　　　　1/73

凡人好敖慢小事，大事至然后兴之务之，如是则常不胜夫敦比于小事者矣。（《荀子·强国》）　　1/107

恶之者众则危。（《荀子·正论》）　　　　　　　　　　　1/113

量食而食之，量要而带之。（《荀子·礼论》）　　　　　　　1/116

同游而不见爱者，吾必不仁也；交而不见敬者，吾必不长也；临财而不见信者，吾必不信也。（《荀子·法行》）　　　　　　　　　　1/142

求远者不可失于近，治影者不可忘其容。（《新语·术事》）　1/159

察察者有所不见，恢恢者何所不容。（《新语·辅政》）　　1/160

朴质者近忠，便巧者近亡。（《新语·辅政》）　　　　　　1/160

夫建大功于天下者，必先修于闺门之内；垂大名于万世者，必先行之于纤微之事。（《新语·慎微》）　1/162

修之于内，著之于外；行之于小，显之于大。（《新语·慎微》）　1/162

缘道者之辞而与为道已，缘巧者

之事而学为巧已,行仁者之操而与为仁已。故节仁之器以修其躬,而身专其美矣。(《贾谊新书·修政语上》) 1/189

动莫若敬,居莫若俭,德莫若让,事莫若资。(《贾谊新书·礼容语下》) 1/191

学者所以防固辞,礼者所以文鄙行也。(《盐铁论·毁学》) 1/226

学以辅德,礼以文质。(《盐铁论·毁学》) 1/227

志善者忘恶,谨小者致大。(《盐铁论·褒贤》) 1/229

至美素璞,物莫能饰也。至贤保真,伪文莫能增也。故金玉不琢,美珠不画。(《盐铁论·殊路》) 1/233

非学无以治身,非礼无以辅德。(《盐铁论·殊路》) 1/233

嫚于礼而笃于信,略于文而敏于事。(《盐铁论·论功》) 1/268

千仞之高,人不轻凌,千钧之重,人不轻举。(《盐铁论·刑德》) 1/273

诸侯梦恶则修德,大夫梦恶则修官,士梦恶则修身,如是而祸不至矣。(《新序·杂事二》) 1/287

好学,智也;受规谏,仁也。(《新序·杂事四》) 1/295

人知粪其田,莫知粪其心。粪田莫过利苗得粟,粪心易行而得其所欲。何谓粪心?博学多闻。何谓易行?一性止淫也。(《说苑·建本》) 1/327

卑贱贫穷,非士之耻也。夫士之所耻者,天下举忠而士不与焉,举信而士不与焉,举廉而士不与焉。(《说苑·立节》) 1/332

知得之己者,亦知得之人。(《说苑·政理》) 1/344

敢于不善人。(《说苑·政理》) 1/347

将治大者不治小,成大功者不小苟。(《说苑·政理》) 1/350

小忠,大忠之贼也;小利,大利之残也。(《说苑·敬慎》) 1/364

修身正行,不可以不慎。(《说苑·敬慎》) 1/366

微事不通,粗事不能者,必劳;大事不得,小事不为者,必贫;大者不能致人,小者不能至人之门者,必困。(《说苑·奉使》) 1/373

贤士不事所非,不非所事。(《说苑·谈丛》) 1/389

义士不欺心,廉士不妄取。(《说苑·谈丛》) 1/400

毒智者莫甚于酒,留事者莫甚于乐,毁廉者莫甚于色,摧刚者反己于弱。(《说苑·谈丛》) 1/402

初沐者必拭冠,新浴者必振衣。(《说苑·谈丛》) 1/404

端身正行,全以至今。(《说苑·谈丛》) 1/406

营利者多患,轻诺者寡信。(《说苑·谈丛》) 1/406

修身者,智之府也;爱施者,仁之端也;取予者,义之符也;耻辱者,勇之

决也;立名者,行之极也。(《说苑·谈丛》) 1/415

夫子见人之一善,而忘其百非,是夫子之易事也。夫子见人有善,若己有之,是夫子之不争也。闻善必躬亲行之,然后道之,是夫子之能劳也。(《说苑·杂言》) 1/428

夫君子爱口,孔雀爱羽,虎豹爱爪,此皆所以治身法也。(《说苑·杂言》) 1/432

服不成象,而内心不变。内心修德,外被礼文,所以成显令之名也。(《说苑·修文》) 1/439

射者必心平体正,持弓矢,审固,然后射者能以中。(《说苑·修文》) 1/439

丹漆不文,白玉不雕,宝珠不饰。何也? 质有余者,不受饰也。(《说苑·反质》) 1/443

食必常饱,然后求美;衣必常暖,然后求丽;居必常安,然后求乐。为可长,行可久,先质而后文,此圣人之务。(《说苑·反质》) 1/444

吾未见好斧藻其德若斧藻其窠者也。(《法言·学行》) 1/449

珍其货而后市,修其身而后交,善其谋而后动,成道也。(《法言·修身》) 1/455

言重则有法,行重则有德,貌重则有威,好重则有观。(《法言·修身》) 1/458

实无华则野,华无实则贾,华实副则礼。(《法言·修身》) 1/458

或问哲。曰:"旁明厥思。"问行。曰:"旁通厥德。"(《法言·问明》) 1/468

非正不视,非正不听,非正不言,非正不行。夫能正其视听言行者,昔吾先师之所畏也。(《法言·渊骞》) 1/479

尽孝悌于父母,正操行于闺门,所以为列士也。(《潜夫论·务本》)1/502

人不可多忌,多忌妄畏,实致妖祥。(《潜夫论·巫列》) 1/540

夫觚而弗琢,不成于器;士而弗仕,不成于位。(《潜夫论·相列》) 1/541

见人谦让,因而嗤之,见人恭敬,因而傲之。(《潜夫论·交际》) 1/549

弗修其行,福禄不臻。(《潜夫论·叙录》) 1/556

贱求欲而崇克济,贵求己而荣华誉。(《申鉴·政体》) 1/572

学必至圣,可以尽性;寿必用道,所以尽命。(《申鉴·俗嫌》) 1/575

衣裳爱焉,而不爱其容止,外矣;容止爱焉,而不爱其言行,末矣;言行爱焉,而不爱其明,浅矣。(《申鉴·杂言下》) 1/579

人之所以立德者三:一曰贞,二曰达,三曰志。贞以为质,达以行之,志以成之,君子哉!(《申鉴·杂言下》) 1/579

人之所以立检者四:诚其心,正其志,实其事,定其分。心诚则神明应

之,况于万民乎?志正则天地顺之,况于万物乎?事实则功立,分定则不淫。(《申鉴·杂言下》) 1/580

莫不为言,要其至矣;莫不为德,玄其奥矣。(《申鉴·杂言下》) 1/581

权为茂矣,其几不若经;辩为美矣,其理不若绌;文为显矣,其中不若朴;博为盛矣,其正不若约。(《申鉴·杂言下》) 1/581

德比于上,故知耻;欲比于下,故知足。耻而知之,则圣贤其可几;知足而已,则固陋其可安也。(《申鉴·杂言下》) 1/583

源静则流清,本正则末茂,内修则外理,形端则影直。(《魏子》) 1/585

酒以成礼,过则败德。(《典论·酒诲》) 1/587

夫容貌者,人之符表也。符表正,故情性治;情性治,故仁义存;仁义存,故盛德著;盛德著,故可以为法象,斯谓之君子矣。(《中论·法象》) 1/595

民之过,在于哀死而不爱生,悔往而不慎来,喜语乎已然,好争乎遂事,堕于今日,而懈于后旬,如斯以及于老。故野人之事,不胜其悔,君子之悔,不胜其事。(《中论·修本》) 1/601

小人朝为而夕求其成,坐施而立望其反,行一日之善,而求终身之誉。誉不至,则曰善无益矣。遂疑圣人之言,背先王之教,存其旧术,顺其常好,是以身辱名贱,而不免为人役也。(《中论·修本》) 1/601

怀疾者,人不使为医,行秽者,人不使书法,以无验也。(《中论·修本》) 1/602

好学以崇智,故得广业;力行而卑体,故能崇德。(《谯子法训》) 1/634

夫圣贤之书,教人诚孝,慎言检迹,立身扬名,亦已备矣。(《颜氏家训·序致》) 1/647

夫老、庄之书,盖全真养性,不肯以物累己也。(《颜氏家训·勉学》) 1/662

廉者常乐无求,贪者常忧不足。(《中说·王道篇》) 1/681

处贫贱而不慑,可以富贵矣;僮仆称其恩,可以从政矣;交游称其信,可以立功矣。(《中说·问易篇》) 1/684

罪莫大于好进,祸莫大于多言,痛莫大于不闻过,辱莫大于不知耻。(《中说·关朗篇》) 1/687

圣人后其身而身先,外其身而身存。以其无私,故能成其私。(《老子·七章》) 2/703

致虚极,守静笃。(《老子·十六章》) 2/708

见素抱朴,少私寡欲,绝学无忧。(《老子·十九章》) 2/710

俗人昭昭,我独昏昏;俗人察察,我独闷闷。(《老子·二十章》) 2/711

大丈夫处其厚,不居其薄;处其实,不居其华。(《老子·三十八章》) 2/722

不欲琭琭如玉,珞珞如石。(《老

子·三十九章》） 2/722

塞其兑,闭其门,终身不勤;开其兑,济其事,终身不救。(《老子·五十二章》) 2/730

用其光,复归其明,无遗身殃。(《老子·五十二章》) 2/730

为无为,事无事,味无味。(《老子·六十三章》) 2/735

我有三宝,持而保之:一曰慈,二曰俭,三曰不敢为天下先。慈,故能勇;俭,故能广;不敢为天下先,故能成器长。(《老子·六十七章》) 2/737

原天命即不惑祸福,治心术即不妄喜怒,理好憎即不贪无用,适情性即欲不过节。(《文子·符言》) 2/755

欲尊于人者,先尊于人;欲胜人者,先自胜。(《文子·符言》) 2/758

非规矩不能定方圆,非准绳无以正曲直。用规矩者,亦有规矩之心。(《文子·上德》) 2/770

天行不已,终而复始,故能长久;轮得其所转,故能致远。(《文子·上德》) 2/771

大道坦坦,去身不远;修之于身,其德乃真。(《文子·上德》) 2/772

凡人之道,心欲小,志欲大,智欲圆,行欲方;能欲多,事欲少。(《文子·微明》) 2/778

心小者,禁于微也;志大者,无不怀也;智圆者,无不知也;行方者,有不为也;能多者,无不治也;事少者,约所持也。(《文子·微明》) 2/778

人多欲即伤义,多忧即害智。(《文子·微明》) 2/779

非恢漠无以明德,非宁静无以致远,非宽大无以并覆,非正平无以制断。(《文子·上仁》) 2/786

毋易天生,毋散天朴;自若则清,动之则浊。(《鹖冠子·泰鸿》) 2/808

夫得道者务无大失,凡人者务有小善。(《鹖冠子·世兵》) 2/810

人者,莫不蔽于其所不见,离于其所不闻,塞于其所不开,诎于其所不能,制于其所不胜。(《鹖冠子·天权》) 2/813

凡事者,生于虑,成于务,失于惊。(《鹖冠子·天权》) 2/813

克德者不诡命,得要者其言不众。(《鹖冠子·武灵王》) 2/814

静也虚也,得其居矣;取也与也,失其所矣。(《列子·天瑞》) 2/817

凡重外者拙内。(《列子·黄帝》) 2/817

外游者,求备于物;内观者,取足于身。取足于身,游之至也;求备于物,游之不至也。(《列子·仲尼》) 2/820

夫善治外者,物未必治,而身交苦;善治内者,物未必乱,而性交逸。(《列子·杨朱》) 2/826

汝不知夫螳螂乎?怒其臂以当车辙,不知其不胜任也,是其才之美者也。戒之,慎之!(《庄子·内篇·人间世》) 2/841

夫不自见而见彼,不自得而得彼

者,是得人之得而不自得其得者也,适人之适而不自适其适者也。夫适人之适而不自适其适,虽盗跖与伯夷,是同为淫僻也。(《庄子·外篇·骈拇》)　2/846

世俗之人,皆喜人之同乎己而恶人之异于己也。同于己而欲之,异于己而不欲者,以出乎众为心也。夫以出乎众为心者,曷常出乎众哉!因众以宁所闻,不如众技众矣。(《庄子·外篇·在宥》)　2/848

有机械者必有机事,有机事者必有机心。机心存于胸中,则纯白不备;纯白不备,则神生不定;神生不定者,道之所不载也。(《庄子·外篇·天地》)　2/849

夫虚静、恬淡、寂漠、无为者,天地之平而道德之至,故帝王、圣人休焉。(《庄子·外篇·天道》)　2/850

朴素而天下莫能与之争美。(《庄子·外篇·天道》)　2/850

夫鹄不日浴而白,乌不日黔而黑。黑白之朴,不足以为辩;名誉之观,不足以为广。(《庄子·外篇·天运》)　2/851

圣人休休焉则平易矣,平易则恬惔矣。平易恬惔,则忧患不能入,邪气不能袭,故其德全而神不亏。(《庄子·外篇·刻意》)　2/852

悲乐者,德之邪;喜怒者,道之过;好恶者,德之失。故心不忧乐,德之至也;一而不变,静之至也;无所于忤,虚之至也;不与物交,惔之至也;无所于逆,粹之至也。(《庄子·外篇·刻意》)　2/852

丧己于物,失性于俗者,谓之倒置之民。(《庄子·外篇·缮性》)　2/855

忘足,屦之适也;忘要,带之适也;知忘是非,心之适也;不内变,不外从,事会之适也;始乎适而未尝不适者,忘适之适也。(《庄子·外篇·达生》)　2/861

养志者忘形,养形者忘利,致道者忘心矣。(《庄子·杂篇·让王》)2/869

好经大事,变更易常,以挂功名,谓之叨;专知擅事,侵人自用,谓之贪;见过不更,闻谏愈甚,谓之很;人同于己则可,不同于己,虽善不善,谓之矜。此四患也。(《庄子·杂篇·渔父》)　2/872

动有事,事有害,曰逆,曰不称,不知所以用。(《黄帝四经·经法·道法》)　2/877

公者明,至明者有功;至正者静,至静者圣;无私者知,至知者为天下稽。(《黄帝四经·经法·道法》)2/878

知我无我,故同之以仁;知事无我,故权之以义;知心无我,故戒之以礼;知识无我,故照之以智;知言无我,故守之以信。(《关尹子·极篇》)2/902

人之少也,当佩乎父兄之教;人之壮也,当达乎朋友之箴;人之老也,当警乎少壮之说。(《关尹子·釜篇》)　2/906

能周小事,然后能成大事;能积小

物,然后能成大物;能善小人,然后能契大人。(《关尹子·药篇》)　2/907

虽应物,未尝有物;虽养我,未尝有我。(《关尹子·药篇》)　2/908

小谨者不大立,訾食者不肥体。(《管子·形势》)　2/970

事者生于虑,成于务,失于傲。不虑则不生,不务则不成,不傲则不失。(《管子·乘马》)　2/985

多言而不当,不如其寡也;博学而不自反,必有邪。(《管子·戒》)2/1020

圣人若天然,无私覆也;若地然,无私载也。(《管子·心术下》)　2/1035

私者,乱天下者也。(《管子·心术下》)　2/1035

外敬而内静者,必反其性。(《管子·心术下》)　2/1036

形不正,德不来;中不静,心不治。(《管子·内业》)　2/1052

人能正静,皮肤裕宽,耳目聪明,筋信而骨强,乃能戴大圆而履大方,鉴于大清,视于大明。(《管子·内业》)　2/1053

守礼莫若敬,守敬莫若静。(《管子·内业》)　2/1055

高山仰之,不可极也;深渊度之,不可测也。(《管子·九守》)　2/1064

事主而不尽力则有刑,事父母而不尽力则不亲,受业问学而不加务则不成。(《管子·形势解》)　2/1071

中情信诚则名誉美矣,修行谨敬则尊显附矣。(《管子·形势解》)　2/1072

恭俭以立身,坚强以立志。　《慎子·慎子曰恭俭》)　2/1142

众人之用神也躁,躁则多费,多费之谓侈。圣人之用神也静,静则少费,少费之谓啬。(《韩非子·解老》)　2/1177

知治人者,其思虑静;知事天者,其孔窍虚。(《韩非子·解老》)　2/1177

目失镜,则无以正须眉;身失道,则无以知迷惑。(《韩非子·观行》)　2/1188

不以智累心,不以私累己。(《韩非子·大体》)　2/1197

善素朴、任惇荡而无失,未有修焉,此德之永也。(《邓析子·转辞篇》)　2/1278

为善使人不能得从,此独善也;为巧使人不能得从,此独巧也。未尽善巧之理。为善与众行之,为巧与众能之,此善之善者,巧之巧者也。(《尹文子·大道上》)　2/1288

精欲深微,质欲懿重,志欲弘大,心欲嗛小。(《人物志·七缪》)2/1307

君子战虽有陈,而勇为本焉;丧虽有礼,而哀为本焉;士虽有学,而行为本焉。(《墨子·修身》)　3/1320

志不强者智不达,言不信者行不果。(《墨子·修身》)　3/1322

正体不动,欲人之利也,非恶人之害也。(《墨子·大取》)　3/1353

夫茧,舍而不治,则腐蠹而弃;使女工缲之,以为美锦,大君服而朝之。

身者，茧也，舍而不治，则知行腐蠹；使贤者教之，以为世士，则天下诸侯莫敢不敬。(《尸子·劝学》)　　3/1378

行有四仪，一曰志动不忘仁，二曰智用不忘义，三曰力事不忘忠，四曰口言不忘信。(《尸子·四仪》)　3/1381

志不忘仁，则中能宽裕；智不忘义，则行有文理；力不忘忠，则动无废功；口不忘信，则言若符节。(《尸子·四仪》)　　3/1381

因井中视星，所视不过数星；自丘上以视，则见其始出，又见其入。非明益也，势使然也。夫私心，井中也；公心，丘上也。故智载于私，则所知少；载于公，则所知多矣。(《尸子·广泽》)　　3/1393

小亡，则大者不成也。(《尸子》)　　3/1404

上为天子而不骄，下为匹夫而不惛。(《吕氏春秋·孟春纪·本生》)　　3/1430

日醉而饰服，私利而立公，贪戾而求王，舜弗能为。(《吕氏春秋·孟春纪·贵公》)　　3/1434

无以害其天则知精，知精则知神，知神之谓得一。(《吕氏春秋·季春纪·论人》)　　3/1450

得之无矜，失之无惭。(《吕氏春秋·孟夏纪·尊师》)　　3/1457

知以人之所恶为己之所喜，此有道者之所以异乎俗也。(《吕氏春秋·孟冬纪·异宝》)　　3/1487

人知之不为劝，人不知不为沮，行无高乎此矣。(《吕氏春秋·仲冬纪·至忠》)　　3/1489

士患不勇耳，奚患于不能？(《吕氏春秋·仲冬纪·忠廉》)　　3/1490

夫私视使目盲，私听使耳聋，私虑使心狂。三者皆私设，精则智无由公。(《吕氏春秋·季冬纪·序意》)3/1496

智不公，则福日衰，灾日隆。(《吕氏春秋·季冬纪·序意》)　　3/1496

不知而自以为知，百祸之宗也。(《吕氏春秋·有始览·谨听》)3/1503

今有人于此，修身会计则可耻，临财物资尽则为己，若此而富者，非盗则无所取。(《吕氏春秋·有始览·务本》)　　3/1504

利不可两，忠不可兼。不去小利，则大利不得；不去小忠，则大忠不至。故小利，大利之残也；小忠，大忠之贼也。圣人去小取大。(《吕氏春秋·慎大览·权勋》)　　3/1519

自以为智，智必不接。(《吕氏春秋·先识览·知接》)　　3/1529

有所达则物弗能惑。(《吕氏春秋·恃君览·知分》)　　3/1571

事随心，心随欲。欲无度者，其心无度。(《吕氏春秋·恃君览·观表》)　　3/1577

士不偏不党，柔而坚，虚而实。(《吕氏春秋·士容论·士容》)3/1599

志必公，不能立功。(《吕氏春秋·士容论·士容》)　　3/1600

愚之患,在必自用。(《吕氏春秋·士容论·士容》)　　3/1600

机械之心藏于胸中,则纯白不粹,神德不全,在身者不知,何远之所能怀!(《淮南子·原道训》)　　3/1606

达于道者,反于清静;究于物者,终于无为。(《淮南子·原道训》)　　3/1609

以恬养性,以漠处神,则入于天门。(《淮南子·原道训》)　　3/1610

得道者,志弱而事强,心虚而应当。(《淮南子·原道训》)　　3/1612

心不忧乐,德之至也;通而不变,静之至也;嗜欲不载,虚之至也;无所好憎,平之至也;不与物散,粹之至也。(《淮南子·原道训》)　　3/1620

天下之要,不在于彼而在于我,不在于人而在于我身,身得则万物备矣;彻于心术之论,则嗜欲好憎外矣。(《淮南子·原道训》)　　3/1624

夫得道已定,而不待万物之推移也;非以一时之变化,而定吾所以自得也。(《淮南子·原道训》)　　3/1625

虽有炎火洪水弥靡于天下,神无亏缺于胸臆之中矣。(《淮南子·俶真训》)　　3/1634

虚室生白,吉祥止也。(《淮南子·俶真训》)　　3/1635

鉴明者,尘垢弗能薶;神清者,嗜欲弗能乱。(《淮南子·俶真训》)　　3/1636

静漠恬澹,所以养性也;和愉虚无,所以养德也。(《淮南子·俶真训》)　　3/1637

夫静漠者,神明之宅也;虚无者,道之所居也。(《淮南子·精神训》)　　3/1642

精神澹然无极,不与物散而天下自服。(《淮南子·精神训》)　　3/1647

至精形于内,而好憎忘于外。(《淮南子·主术训》)　　3/1660

审毫厘之计者,必遗天下之大数;不失小物之选者,或于大事之举。(《淮南子·主术训》)　　3/1671

心欲小而志欲大,智欲员而行欲方,能欲多而事欲鲜。(《淮南子·主术训》)　　3/1682

心小者,禁于微也;志大者,无不怀也;知员者,无不知也;行方者,有不为也;能多者,无不治也;事鲜者,约所持也。(《淮南子·主术训》)　　3/1684

虽有材能,其施之不当,其处之不宜,适足以辅伪饰非,伎艺之众,不如其寡也。(《淮南子·主术训》)　　3/1688

释己之所得为,而责于其所不得制,悖矣。(《淮南子·主术训》)3/1689

能善小,斯能善大矣。(《淮南子·缪称训》)　　3/1690

无勇者,非先慑也,难至而失其守也。贪婪者,非先欲也,见利而忘其害也。(《淮南子·缪称训》)　　3/1695

人多欲亏义,多忧害智,多惧害勇。(《淮南子·缪称训》)　　3/1697

凡将举事,必先平意神清。意平物

乃可正。(《淮南子·齐俗训》)　3/1710

夫重生者不以利害己,立节者见难不苟免,贪禄者见利不顾身,而好名者非义不苟得。(《淮南子·齐俗训》)
3/1716

小谨者无成功,訾行者不容于众。(《淮南子·氾论训》)　3/1732

佷者类知而非知,愚者类仁而非仁,戆者类勇而非勇也。(《淮南子·氾论训》)　3/1733

自信者,不可以诽誉迁也;知足者,不可以势利诱也。(《淮南子·诠言训》)　3/1738

慎守而内,周闭而外;多知为败,毋视毋听;抱神以静,形将自正。(《淮南子·诠言训》)　3/1742

不为可非之行,不憎人之非己也;脩足誉之德,不求人之誉己也。(《淮南子·诠言训》)　3/1744

人不小学,不大迷;不小慧,不大愚。(《淮南子·说山训》)　3/1771

人无为则治,有为则伤。(《淮南子·说山训》)　3/1771

画者谨毛而失貌,射者仪小而遗大。(《淮南子·说林训》)　3/1792

白玉不雕,美珠不文,质有余也。(《淮南子·说林训》)　3/1803

清净恬愉,人之性也;仪表规矩,事之制也。知人之性,其自养不勃;知事之制,其举措不或。(《淮南子·人间训》)　3/1805

其所能者,受之勿辞也;其所不能者,与之勿喜也。辞而能则�,欲所不能则惑,辞所不能而受所能则得。(《淮南子·人间训》)　3/1809

治身,太上养神,其次养形。(《淮南子·泰族训》)　3/1825

小快害义,小慧害道,小辩害治,苟削伤德。(《淮南子·泰族训》)　3/1832

夫养实者不育华,调行者不饰辞。(《论衡·自纪篇》)　3/1868

目短于自见,故以镜观面;智短于自知,故以道正己。(《傅子·镜总叙》)
3/1910

面失镜,则无以正须眉;身失道,则无以知迷惑。(《傅子·镜总叙》)
3/1910

夫七尺之骸,禀之以所生,不可受全而归残也;方寸之心,制之在我,不可放之于流遁也。(《抱朴子外篇·嘉遁》)　4/1933

居其所长,以全其所短耳。(《抱朴子外篇·嘉遁》)　4/1934

士之所贵,立德立言。(《抱朴子外篇·逸民》)　4/1936

履信思顺,天人攸赞;畏盈居谦,乃终有庆。(《抱朴子外篇·臣节》)
4/1951

笃隘者,执束于滓涅;达妙者,逍遥于玄清。(《抱朴子外篇·任命》)
4/1975

计得则能忍之心全矣,道胜则害性之事弃矣。(《抱朴子外篇·酒诫》)
4/1992

出门有见宾之肃，闲居有敬独之戒。(《抱朴子外篇·讥惑》)　4/1996

与夺不汩其神者，至粹者也；利害不染其和者，极醇者也。(《抱朴子外篇·广譬》)　4/2037

人之为行，不可不恒。(《金楼子·立言篇上》)　4/2065

夫聪明疏通者，戒于太察；寡闻少见者，戒于壅蔽；勇猛刚强者，戒于太暴；仁爱温良者，戒于无断也。(《金楼子·立言篇上》)　4/2067

高山仰之，不可极也；深渊度之，不可测也。(《太公六韬·文韬·大礼》)　4/2185

见善而怠，时至而疑，知非而处，此三者道之所止也。(《太公六韬·文韬·明传》)　4/2186

以恬愉为务，以自得为功。(《黄帝内经·素问·上古天真论篇》)4/2234

不善养身，为诸神所咎。(《太平经·录身正神令人自知法》)　4/2269

以乐治身守形顺念致思却灾。(《太平经·以乐却灾法》)　4/2271

凡人所不及也，事无大小，不可强知也。(《太平经·守三实法》)4/2275

天法，凡人兴衰，乃万物兴衰，贵贱一由人。(《太平经·兴衰由人诀》)　4/2289

宜自慎不及，勿强妄语，其为害重。(《太平经·妒道不传处士助化诀》)　4/2293

不其文章，知命不怨天，行各自慎，勿非有邪，教人为善，复得天心意者，命自长。(《太平经·大功益年书出岁月戒》)　4/2297

内以养己，安静虚无。(《周易参同契·辰极受正篇》)　4/2307

弃正从邪径，欲速阏不通。(《周易参同契·世人好小术章》)　4/2308

君子(187条)

君子祸至不惧，福至不喜。(《孔子家语·始诛》)　1/4

所谓君子者，言必忠信而心不怨，仁义在身而色无伐，思虑通明而辞不专。(《孔子家语·五仪解》)　1/9

君子之恶恶道不甚，则好善道亦不甚。(《孔子家语·五仪解》)　1/10

夫君子成人之善，不成人之恶。(《孔子家语·五仪解》)　1/10

君子少思其长则务学，老思其死则务教，有思其穷则务施。(《孔子家语·三恕》)　1/12

君子以心导耳目，立义以为勇；小人以耳目导心，不逊以为勇。(《孔子家语·好生》)　1/16

君子有三患：未之闻，患不得闻；既闻之，患弗得学；既得学之，患弗能行。(《孔子家语·好生》)　1/16

有其德而无其言，君子耻之；有其言而无其行，君子耻之。(《孔子家

语·好生》） 1/16

君子而强气，则不得其死；小人而强气，则刑戮荐臻。（《孔子家语·好生》） 1/17

爱近仁，度近智，为己不重，为人不轻，君子也夫。（《孔子家语·颜回》）1/23

登高而招，臂非加长也，而见者远；顺风而呼，声非加疾也，而闻者彰。假舆马者，非利足也，而致千里；假舟楫者，非能水也，而绝江河。君子生非异也，善假于物也。（《荀子·劝学》） 1/33

君子知夫不全不粹之不足以为美也，故诵数以贯之，思索以通之，为其人以处之，除其害者以持养之，使目非是无欲见也，使耳非是无欲闻也，使口非是无欲言也，使心非是无欲虑也。（《荀子·劝学》） 1/41

天见其明，地见其光，君子贵其全也。（《荀子·劝学》） 1/42

君子役物，小人役于物。（《荀子·修身》） 1/44

君子之求利也略，其远害也早，其避辱也惧，其行道理也勇。（《荀子·修身》） 1/47

君子贫穷而志广，富贵而体恭，安燕而血气不惰，劳勌而容貌不枯，怒不过夺，喜不过予。（《荀子·修身》）1/48

君子能则宽容易直以开道人，不能则恭敬缚绌以畏事人；小人能则倨傲僻违以骄溢人，不能则妒嫉怨诽以倾覆人。（《荀子·不苟》） 1/49

君子能则人荣学焉，不能则人乐告之；小人能则人贱学焉，不能则人羞告之。（《荀子·不苟》） 1/49

君子宽而不僈，廉而不刿，辩而不争，察而不激，寡立而不胜，坚强而不暴，柔从而不流，恭敬谨慎而容，夫是之谓至文。（《荀子·不苟》） 1/50

君子大心则天而道，小心则畏义而节；知则明通而类，愚则端悫而法；见由则恭而止，见闭则敬而齐；喜则和而理，忧则静而理；通则文而明，穷则约而详。（《荀子·不苟》） 1/50

君子至德，嘿然而喻，未施而亲，不怒而威。（《荀子·不苟》） 1/51

君子位尊而志恭，心小而道大，所听视者近而所闻见者远。（《荀子·不苟》） 1/52

君子者，信矣，而亦欲人之信己也；忠矣，而亦欲人之亲己也；修正治辨矣，而亦欲人之善己也。（《荀子·荣辱》） 1/58

君子之度己则以绳，接人则用抴。度己以绳，故足以为天下法则矣；接人用抴，故能宽容，因求以成天下之大事矣。（《荀子·非相》） 1/61

君子贤而能容罢，知而能容愚，博而能容浅，粹而能容杂，夫是之谓兼术。（《荀子·非相》） 1/62

君子能为可贵，不能使人必贵己；能为可信，不能使人必信己；能为可用，不能使人必用己。（《荀子·非十二子》） 1/65

君子耻不修,不耻见污;耻不信,不耻不见信;耻不能,不耻不见用。(《荀子·非十二子》) 1/65

君子务修其内而让之于外,务积德于身而处之以遵道,如是,则贵名起如日月,天下应之如雷霆。(《荀子·儒效》) 1/69

人知谨注错,慎习俗,大积靡,则为君子矣;纵性情而不足问学,则为小人矣。(《荀子·儒效》) 1/72

君子以德,小人以力。(《荀子·富国》) 1/83

恭敬,礼也;调和,乐也;谨慎,利也;斗怒,害也。故君子安礼乐利,谨慎而无斗怒,是以百举不过也。(《荀子·臣道》) 1/94

朋党比周之誉,君子不听;残贼加累之谮,君子不用;隐忌雍蔽之人,君子不近;货财禽犊之请,君子不许。(《荀子·致士》) 1/94

凡流言、流说、流事、流谋、流誉、流愬,不官而衡至者,君子慎之。(《荀子·致士》) 1/94

天不为人之恶寒也辍冬,地不为人之恶辽远也辍广,君子不为小人匈匈也辍行。(《荀子·天论》) 1/110

天有常道矣,地有常数矣,君子有常体矣。(《荀子·天论》) 1/111

君子道其常而小人计其功。(《荀子·天论》) 1/111

君子敬其在己者,而不慕其在天者;小人错其在己者,而慕其在天者。

君子敬其在己者而不慕其在天者,是以日进也;小人错其在己者而慕其在天者,是以日退也。(《荀子·天论》) 1/111

生,人之始也;死,人之终也。终始俱善,人道毕矣。故君子敬始而慎终。终始如一,是君子之道,礼义之文也。(《荀子·礼论》) 1/116

君子之言,涉然而精,俛然而类,差差然而齐。(《荀子·正名》) 1/122

化师法,积文学,道礼义者为君子;纵性情,安恣睢,而违礼义为小人。(《荀子·性恶》) 1/124

君子疑则不言,未问则不立,道远日益矣。(《荀子·大略》) 1/135

君子博学、深谋、修身、端行以俟其时。(《荀子·宥坐》) 1/141

君子,其未得也,则乐其意;既已得之,又乐其治。(《荀子·子道》) 1/142

君子正身以俟,欲来者不距,欲去者不止。(《荀子·法行》) 1/143

所谓君子者,言忠信而心不德,仁义在身而色不伐,思虑明通而辞不争,故犹然如将可及者,君子也。(《荀子·哀公》) 1/143

君子直道而行,知必屈辱而不避也。(《新语·辨惑》) 1/161

君子笃于义而薄于利,敏于行而慎于言。(《新语·本行》) 1/164

君子恭敬、撙节、退让以明礼。(《贾谊新书·礼》) 1/175

君子能行是不能御非。(《盐铁

君子重伤其类者也。(《说苑·权谋》) 1/375

君子善谋,小人善意。(《说苑·权谋》) 1/376

君子以其不杀为仁,以其不取国为义。(《说苑·至公》) 1/379

君子得时如水,小人得时如火。(《说苑·谈丛》) 1/398

君子行德以全其身,小人行贪以亡其身。(《说苑·谈丛》) 1/407

君子择人而取,不择人而与。(《说苑·谈丛》) 1/413

君子实如虚,有如无。(《说苑·谈丛》) 1/413

君子乐得其志,小人乐得其事。君子不以其所不爱,及其所爱也。(《说苑·谈丛》) 1/414

君子有终身之忧,而无一朝之患。(《说苑·谈丛》) 1/414

君子博学,患其不习。既习之,患其不能行之。既能行之,患其不能以让也。(《说苑·谈丛》) 1/418

君子穷则善其身,达则利于天下。(《说苑·杂言》) 1/420

君子疾学,修身端正,以须其时也。(《说苑·杂言》) 1/425

君子之修其行,未得,则乐其意;既已得,又乐其知。是以有终身之乐,无一日之忧。(《说苑·杂言》) 1/427

君子之道四:强于行己,弱于受谏,怵于待禄,慎于持身。(《说苑·杂言》) 1/428

君子不急断,不意使,以为乱源。(《说苑·杂言》) 1/430

君子修礼以立志,则贪欲之心不来;君子思礼以修身,则怠惰慢易之节不至;君子修礼以仁义,则忿争暴乱之辞远。(《说苑·修文》) 1/441

夫诚者,一也;一者,质也。君子虽有外文,必不离内质矣。(《说苑·反质》) 1/444

君子之道有四易:简而易用也,要而易守也,炳而易见也,法而易言也。(《法言·吾子》) 1/453

君子之所慎:言、礼、书。(《法言·修身》) 1/456

君子谨于言,慎于好,亟于时。(《法言·问明》) 1/467

好尽其心于圣人之道者,君子也。人亦有好尽其心矣,未必圣人之道也。(《法言·寡见》) 1/469

君子绝德,小人绝力。(《法言·渊骞》) 1/478

君子于仁也,柔;于义也,刚。(《法言·君子》) 1/479

水避碍则通于海,君子避碍则通于理。(《法言·君子》) 1/479

君子好人之好,而忘己之好;小人好己之恶,而忘人之好。(《法言·君子》) 1/480

君子在上,则明而光其下;在下,则顺而安其上。(《法言·孝至》) 1/484

君子动则拟诸事,事则拟诸礼。(《法言·孝至》) 1/485

君子强梁以德，小人强梁以力。（《太玄·强》）　1/488

君子宽裕足以长众，和柔足以安物。（《太玄·太玄文》）　1/490

琴之言，禁也，君子守以自禁也。（《新论·琴道篇》）　1/494

君子者，性非绝世，善自托于物也。（《潜夫论·赞学》）　1/497

财贿不多，衣食不赡，声色不妙，威势不行，非君子之忧也；行善不多，申道不明，节志不立，德义不彰，君子耻焉。（《潜夫论·遏利》）　1/504

贤人君子，推其仁义之心，爱之君犹父母也，爱居世之民犹子弟也。（《潜夫论·释难》）　1/543

君子之举，履德而荣光；小人之动，陷恶而伤刑。（《正部论》）　1/559

君子有三鉴，鉴乎前，鉴乎人，鉴乎镜。世人镜鉴。前惟顺，人惟贤，镜惟明。（《申鉴·杂言上》）　1/576

为世忧乐者，君子之志也；不为世忧乐者，小人之志也。（《申鉴·杂言上》）　1/578

君子所恶乎异者三：好生事也，好生奇也，好变常也。好生事则多端而动众，好生奇则离道而惑俗，好变常则轻法而乱度。（《申鉴·杂言下》）1/581

君子乐天知命，故不忧；审物明辨，故不惑；定心致公，故不惧。（《申鉴·杂言下》）　1/582

君子审乎自耻。（《申鉴·杂言下》）　1/582

君子表不隐里，明暗同度。（《魏子》）　1/585

君子谨乎约己，弘乎接物。（《典论》）　1/589

法象立，所以为君子。（《中论·法象》）　1/595

人性之所简也，存乎幽微；人情之所忽也，存乎孤独。夫幽微者，显之原也；孤独者，见之端也，胡可简也？胡可忽也？是故君子敬孤独而慎幽微。（《中论·法象》）　1/596

君子居身也谦，在敌也让，临下也庄，奉上也敬。四者备，而怨咎不作，福禄从之。（《中论·法象》）　1/596

君子之治之也，先务其本，故德建而怨寡；小人之治之也，先近其末，故功废而仇多。（《中论·修本》）　1/599

君子之于己也，无事而不惧焉：我之有善，惧人之未吾好也；我之有不善，惧人之必吾恶也；见人之善，惧我之不能修也；见人之不善，惧我之必若彼也。（《中论·修本》）　1/600

一尺之锦，足以见其巧，一仞之身，足以见其治，是以君子慎其寡也。（《中论·修本》）　1/603

君子日强其所重，以取福；小人日安其所轻，以取祸。（《中论·修本》）　1/603

君子之于善道也，大则大识之，小则小识之，善无大小，咸载于心，然后举而行之。我之所有，既不可夺，而我之所无，又取于人。是以功常前人，而

人后之也。(《中论·虚道》)　　1/606

人之所难者二:乐攻其恶者难,以恶告人者难。夫惟君子,然后能为己之所难,能致人之所难。(《中论·虚道》)　　1/607

君子非仁不立,非义不行,非艺不治,非容不庄,四者无愆,而圣贤之器就矣。(《中论·艺纪》)　　1/612

君子仁以博爱,义以除恶,信以立情,礼以自节,聪以自察,明以观色,谋以行权,智以辨物。(《中论·智行》)　　1/612

君子者能成其心,心成则内定,内定则物不能乱,物不能乱则独乐其道,独乐其道则不闻为闻,不显为显。(《中论·考伪》)　　1/614

夫君子直道以耦世,小人枉行以取容;君子掩人之过以长善,小人毁人之善以为功;君子宽贤容众以为道,小人徼讦怀诈以为智;君子下学而无常师,小人耻学而羞不能。(《体论·行》)　　1/623

君子心有所定,计有所守;智不务多,行其所知;行不务多,务审其所由;安之若性,行之如不及。(《体论·行》)　　1/624

君子当守道崇德,蓄价待时,爵禄不登,信由天命。(《颜氏家训·涉务》)　　1/669

国之兴亡,兵之胜败,博学所至,幸讨论之。入帷幄之中,参庙堂之上,不能为主尽规以谋社稷,君子所耻也。(《颜氏家训·诫兵》)　　1/671

过而不文,犯而不校,有功而不伐,君子人哉!(《中说·天地篇》)　　1/682

君子不受虚誉,不祈妄福,不避死义。(《中说·礼乐篇》)　　1/686

君子不责人所不及,不强人所不能,不苦人所不好。(《中说·魏相篇》)　　1/686

君子之谋,能必用道,而不能必见受;能必忠,而不能必入;能必信,而不能必见信。(《鬻子·撰吏》)　　2/692

君子非人者,不出之于辞,而施之于行。(《鬻子·撰吏》)　　2/693

兰芷不为莫服而不芳,舟浮江海不为莫乘而沉,君子行道不为莫知而止,性之有也。(《文子·上德》)　　2/763

君子日汲汲以成辉,小人日快快以至辱。(《文子·上德》)　　2/773

山致其高而云雨起焉,水致其深而蛟龙生焉,君子致其道而德泽流焉。(《文子·上德》)　　2/774

君子惧失义,小人惧失利。(《文子·微明》)　　2/779

君子之道,静以修身,俭以养生。(《文子·上仁》)　　2/786

夫君子之过,犹日月之蚀,不害于明。(《文子·上义》)　　2/793

夫君子者,易亲而难狎,畏祸而难却,嗜利而不为非,时动而不苟作。(《鹖冠子·著希》)　　2/800

君子守真仗信,遭时不容,虽有讪辱之耻、幽垢之谤,犹伤体毛耳。(《唐子》) 2/920

君子不以昏行易操,不以夜昧易容。(《唐子》) 2/920

君子绳绳乎慎其所先。(《管子·宙合》) 2/998

君子不怵乎好,不迫乎恶,恬愉无为,去智与故。(《管子·心术上》) 2/1035

君子上观绝理者以自恐也,下观不及者以自隐也。(《管子·禁藏》) 2/1061

君子恶称人之恶,恶不忠而怨妒,恶不公议而名当称,恶不位下而位上,恶不亲外而内放。(《管子·版法解》) 2/1079

小人食于力,君子食于道。(《慎子》) 2/1141

夫君子取情而去貌,好质而恶饰。(《韩非子·解老》) 2/1175

君子不蔽人之美,不言人之恶。(《韩非子·内储说上七术》) 2/1201

树橘柚者,食之则甘,嗅之则香;树枳棘者,成而刺人。故君子慎所树。(《韩非子·外储说左下》) 2/1210

君子不听窕言,不受窕货。(《韩非子·难二》) 2/1218

君子暇豫则思义,小人暇豫则思邪。(《阮子政论》) 2/1268

君子接物,犯而不校。不校,则无不敬下,所以避其害也。(《人物志·八观》) 2/1306

君子自难而易彼,众人自易而难彼。(《墨子·亲士》) 3/1316

君子进不败其志,内究其情,虽杂庸民,终无怨心,彼有自信者也。(《墨子·亲士》) 3/1316

君子之道也,贫则见廉,富则见义,生则见爱,死则见哀,四行者不可虚假,反之身者也。(《墨子·修身》) 3/1321

君子量才而受爵,量功而受禄。(《尸子》) 3/1401

君子诚乎此而谕乎彼,感乎己而发乎人,岂必强说乎哉?(《吕氏春秋·季秋纪·精通》) 3/1482

君子之自行也,敬人而不必见敬,爱人而不必见爱。(《吕氏春秋·孝行览·必己》) 3/1517

君子必在己者,不必在人者也。必在己,无不遇矣。(《吕氏春秋·孝行览·必己》) 3/1517

君子屈乎不己知者,而伸乎己知者。(《吕氏春秋·先识览·观世》) 3/1528

君子之自行也,动必缘义,行必诚义。(《吕氏春秋·离俗览·高义》) 3/1558

君子当功以受禄。(《吕氏春秋·离俗览·高义》) 3/1559

人之所乘船者,为其能浮而不能沈也。世之所以贤君子者,为其能行义而不能行邪辟也。(《吕氏春秋·慎

行论·壹行》） 3/1585

君子非仁义无以生,失仁义,则失其所以生。小人非嗜欲无以活,失嗜欲,则失其所以活。(《淮南子·缪称训》) 3/1689

君子惧失义,小人惧失利。(《淮南子·缪称训》) 3/1689

君子见过忘罚,故能谏;见贤忘贱,故能让;见不足忘贫,故能施。(《淮南子·缪称训》) 3/1690

君子者乐有余而名不足,小人乐不足而名有余。(《淮南子·缪称训》) 3/1697

善生乎君子,诱然与日月争光,天下弗能遏夺。(《淮南子·缪称训》) 3/1697

君子时则进,得之以义,何幸之有! 不时则退,让之以义,何不幸之有!(《淮南子·缪称训》) 3/1700

义载乎宜之谓君子,宜遗乎义之谓小人。(《淮南子·缪称训》) 3/1700

山致其高而云起焉,水致其深而蛟龙生焉,君子致其道而福禄归焉。(《淮南子·人间训》) 3/1808

君子积志委正,以趣明师;励节亢高,以绝世俗。(《淮南子·脩务训》) 3/1814

君子修美,虽未有利,福将在后至。(《淮南子·脩务训》) 3/1818

君子不为无益之事,不履辱身之行。(《论衡·知实篇》) 3/1863

君子上德而下功。(《白虎通义·礼乐》) 3/1874

君子欲正其末,必端其本;欲辍其流,则遏其源。故道德之功建,而侈靡之门闭矣。(《抱朴子外篇·守塉》) 4/2004

君子之升腾也,则推贤而散禄;庸人之得志也,则矜贵而忽士。(《抱朴子外篇·广譬》) 4/2042

君子当去二轻,取四重。言重则有法,行重则有德,貌重则有威,好重则有观。言轻则招罪,貌轻则招辱。(《金楼子·立言篇上》) 4/2065

君子之用心也,恒须以济物为本,加之以立功,重之以修德,岂不美乎?(《金楼子·立言篇下》) 4/2069

君子胜服人者,但当以道与德,不可以寇害胜人、冤人也。(《太平经·服人以道不以威诀》) 4/2280

君子求弱不求强,求寡不求众,故天道祐之。(《太平经》) 4/2299

君子居其室,出其言善,则千里之外应之。(《周易参同契·君子居其室章》) 4/2307

人格(144条)

仁人不过乎物,孝子不过乎亲。(《孔子家语·大婚解》) 1/6

智者使人知己,仁者使人爱己。(《孔子家语·三恕》) 1/14

智者知人,仁者爱人。(《孔子家语·三恕》)　1/14

智者自知,仁者自爱。(《孔子家语·三恕》)　1/15

好法而行,士也;笃志而体,君子也;齐明而不竭,圣人也。(《荀子·修身》)　1/46

彼学者,行之,曰士也;敦慕焉,君子也;知之,圣人也。(《荀子·儒效》)　1/68

知者之言也,虑之易知也,行之易安也,持之易立也,成则必得其所好而不遇其所恶焉。(《荀子·正名》)1/123

知者明于事,达于数,不可以不诚事也。(《荀子·大略》)　1/138

流丸止于瓯、臾,流言止于知者。(《荀子·大略》)　1/138

所谓贤人者,行中规绳而不伤于本,言足法于天下而不伤于身,富有天下而无怨财,布施天下而不病贫。如此,则可谓贤人矣。(《荀子·哀公》)　1/143

守道者谓之士,乐道者谓之君子,知道者谓之明,行道者谓之贤,且明且贤,此谓圣人。(《贾谊新书·道术》)　1/183

圣人异涂同归,或行或止,其趣一也。(《盐铁论·论儒》)　1/212

所以贵术儒者,贵其处谦推让,以道尽人。(《盐铁论·国疾》)　1/244

圣人非仁义不载于己,非正道不御于前。(《盐铁论·散不足》)　1/246

大仁者恩及四海,小仁者止于妻子。(《说苑·贵德》)　1/336

圣人之听于无声,视于无形。(《说苑·权谋》)　1/376

圣人转祸为福,报怨以德。(《说苑·权谋》)　1/377

圣人不言而知,非圣人者,虽言不知。(《说苑·指武》)　1/385

义士不欺心,仁人不害生。(《说苑·谈丛》)　1/389

至神无不化也,至贤无不移也。(《说苑·谈丛》)　1/390

夫所谓至圣之士,必见进退之利、屈伸之用者也。(《说苑·杂言》)1/425

夫檃括之旁多枉木,良医之门多疾人,砥砺之旁多顽钝。(《说苑·杂言》)　1/425

夫仁者好合人,不仁者好离人。故君子居人间则治,小人居人间则乱。(《说苑·杂言》)　1/433

圣人抑其文而抗其质,则天下反矣。(《说苑·反质》)　1/444

圣人虎别,其文炳也;君子豹别,其文蔚也。(《法言·吾子》)　1/453

天下有三好:众人好己从,贤人好己正,圣人好己师。(《法言·修身》)　1/459

圣人之言,似于水火。或问水火曰:"水,测之而益深,穷之而益远;火,用之而弥明,宿之而弥壮。"(《法言·问道》)　1/462

龙以不制为龙,圣人以不手为圣人。(《法言·问神》)　1/464

众人愈利而后钝,圣人愈钝而后利。(《法言·五百》)　1/472

圣人之言远如天,贤人之言近如地。(《法言·五百》)　　1/473

通天、地、人,曰儒;通天、地而不通人,曰伎。(《法言·君子》)　1/481

圣人之于天下,耻一物之不知;仙人之于天下,耻一日之不生。(《法言·君子》)　1/482

知哲圣人之谓俊,秀颖德行之谓洪。(《法言·孝至》)　　1/484

圣人之言,天之心也;贤者之所说,圣人之意也。(《潜夫论·考绩》)　1/511

不疑之事,圣人不谋;浮游之说,圣人不听。(《潜夫论·边议》)　1/534

夫仁者恕己以及人,智者讲功而处事。(《潜夫论·边议》)　1/535

贤人君子,既忧民,亦为身作。夫盖满于上,沾溥在下;栋折榱崩,惧有厥患。(《潜夫论·释难》)　1/543

大人不华,君子务实。(《潜夫论·叙录》)　　1/555

知者举甚轻之事,以任天下之重;行甚迩之路,以穷天下之远。(《中论·修本》)　　1/600

道有本末,事有轻重,圣人之异乎人者无他焉,盖如此而已矣。(《中论·务本》)　　1/616

智者乐,其存物之所为乎! 仁者寿,其忘我之所为乎!(《中说·天地篇》)　　1/682

圣人常善救人,故无弃人;常善救物,故无弃物。(《老子·二十七章》)
　　2/716

圣人去甚,去奢,去泰。(《老子·二十九章》)　　2/717

圣人在上,则民乐其治;在下,则民慕其意,志不忘乎欲利人也。(《文子·精诚》)　　2/751

圣人不胜其心,众不胜其欲。君子行正气,小人行邪气。(《文子·符言》)　　2/756

地势深厚,水泉入聚;地道方广,故能久长;圣人法之,德无不容。(《文子·上德》)　　2/772

圣人不耻身之贱,恶道之不行也;不忧命之短,忧百姓之穷也。(《文子·自然》)　　2/783

智者不妄为,勇者不妄杀。(《文子·上义》)　　2/793

德万人者谓之俊,德千人者谓之豪,德百人者谓之英。(《鹖冠子·能天》)　　2/814

圣人不察存亡而察其所以然。(《列子·说符》)　　2/829

圣人之言先迕后合。(《列子·说符》)　　2/831

至人无己,神人无功,圣人无名。(《庄子·内篇·逍遥游》)　2/835

古之真人,不逆寡,不雄成,不谟士。若然者,过而弗悔,当而不自得也;若然者,登高不栗,入水不濡,入火不热。是知之能登假于道者也若此。(《庄子·内篇·大宗师》)　　2/843

众人重利,廉士重名,贤人尚志,圣人贵精。(《庄子·外篇·刻意》)　2/853

圣人力行,犹之发矢,因彼而行,我不自行;圣人坚守,犹之握矢,因彼而守,我不自守。(《关尹子·宇篇》)

2/900

小人之权归于恶,君子之权归于善,圣人之权归于无所得。(《关尹子·宇篇》)

2/901

天不能冬莲春菊,是以圣人不违时;地不能洛橘汶貉,是以圣人不违俗;圣人不能使手步足握,是以圣人不违我所长;圣人不能使鱼飞鸟驰,是以圣人不违人所长。(《关尹子·药篇》)

2/913

世人以人所尤长、众所不及者,便谓之"圣"。(《抱朴子内篇·辨问》)

2/945

圣人博闻多见,畜道以待物。(《管子·宙合》)

2/997

圣人将动必知,愚人至危乃辞。(《管子·霸言》)

2/1014

圣人与时变而不化,从物而不移。(《管子·内业》)

2/1052

愚者暗于成事,知者见于未萌。(《商君书·更法》)

2/1085

仁者能仁于人,而不能使人仁;义者能爱于人,而不能使人爱。(《商君书·画策》)

2/1124

若地若天,孰疏孰亲?能象天地,是谓圣人。(《韩非子·扬权》)2/1158

圣人者,审于是非之实,察于治乱之情也。(《韩非子·奸劫弑臣》)2/1165

所谓方者,内外相应也,言行相称

也。(《韩非子·解老》)　2/1176

所谓廉者,必生死之命也,轻恬资财也。(《韩非子·解老》)　2/1176

所谓直者,义必公正,公心不偏党也。(《韩非子·解老》)　2/1177

知者不以言谈教,而慧者不以藏书箧。(《韩非子·喻老》)　2/1184

仁者,慈惠而轻财者也;暴者,心毅而易诛者也。(《韩非子·八说》)

2/1229

明白之士,达动之机而暗于玄虑;玄虑之人,识静之原而困于速捷。(《人物志·九征》)　2/1298

兼德而至,谓之中庸。中庸也者,圣人之目也。具体而微,谓之德行。德行也者,大雅之称也。(《人物志·九征》)　2/1299

夫草之精秀者为英,兽之特群者为雄。故人之文武茂异,取名于此。是故聪明秀出谓之英,胆力过人谓之雄,此其大体之别名也。(《人物志·英雄》)　2/1303

夫聪明者英之分也,不得雄之胆,则说不行;胆力者雄之分也,不得英之智,则事不立。是故英以其聪谋始,以其明见机,待雄之胆行之;雄以其力服众,以其勇排难,待英之智成之。然后乃能各济其所长也。(《人物志·英雄》)　2/1303

江河不恶小谷之满己也,故能大。圣人者,事无辞也,物无违也,故能为天下器。(《墨子·亲士》)　3/1317

圣人恶疾病,不恶危难。(《墨子·大取》) 3/1353

圣人无常与,无不与;无所听,无不听。成于事而合于计谋,与之为主。(《鬼谷子·忤合》) 3/1366

仁则人亲之,义则人尊之,智则人用之也。(《尸子》) 3/1399

凡圣人之动作也,必察其所以之与其所以为。(《吕氏春秋·仲春纪·贵生》) 3/1437

圣人于物也无不材。(《吕氏春秋·孟冬纪·异用》) 3/1488

圣人之道要矣,岂越越多业哉?(《吕氏春秋·孝行览·本味》)3/1510

夫一能应万,无方而出之务者,唯有道者能之。(《吕氏春秋·审分览·君守》) 3/1538

圣人之事,广之则极宇宙,穷日月,约之则无出乎身者也。(《吕氏春秋·审分览·执一》) 3/1550

爱恶循义,文武有常,圣人之元也。(《吕氏春秋·恃君览·召类》) 3/1572

圣人不以人滑天,不以欲乱情;不谋而当,不言而信,不虑而得,不为而成;精通于灵府,与造化者为人。(《淮南子·原道训》) 3/1611

圣人不以身役物,不以欲滑和。(《淮南子·原道训》) 3/1622

与至人居,使家忘贫,使王公简其贵富而乐卑贱,勇者衰其气,贪者消其欲。(《淮南子·俶真训》) 3/1629

圣人内修道术,而不外饰仁义。(《淮南子·俶真训》) 3/1632

神无所掩,心无所载,通洞条达,恬漠无事,无所凝滞,虚寂以待,势利不能诱也,辩者不能说,声色不能淫也,美者不能滥也,智者不能动也,勇者不能恐也,此真人之道也。(《淮南子·俶真训》) 3/1637

圣若镜,不将不迎,应而不藏,故万化而无伤。(《淮南子·览冥训》) 3/1640

圣人以无应有,必究其理;以虚受实,必穷其节;恬愉虚静,以终其命。(《淮南子·精神训》) 3/1648

仁者爱其类也,智者不可或也。仁者虽在断割之中,其所不忍之色可见也;智者虽烦难之事,其不暗之效可见也。(《淮南子·主术训》) 3/1685

圣人制其�材,无所不用矣。(《淮南子·缪称训》) 3/1691

圣人为善,非以求名,而名从之。(《淮南子·缪称训》) 3/1694

圣人不求誉,不辟诽,正身直行,众邪自息。(《淮南子·缪称训》) 3/1707

圣人财制物也,犹工匠之斫削凿枘也,宰庖之切割分别也,曲得其宜而不折伤。(《淮南子·齐俗训》) 3/1712

圣人见化以观其征。(《淮南子·氾论训》) 3/1729

圣人以文交于世,而以实从事于宜,不结于一迹之涂,凝滞而不化。

（《淮南子·氾论训》）　　3/1730

圣人掩明于不形，藏迹于无为。（《淮南子·诠言训》）　　3/1738

圣人不以行求名，不以智见誉。（《淮南子·诠言训》）　　3/1747

圣人掩迹于为善，而息名于为仁也。（《淮南子·诠言训》）　　3/1748

圣人藏形于无，而游心于虚，风雨可障蔽，而寒暑不可开闭，以其无形故也。（《淮南子·兵略训》）　　3/1763

圣人贵静。静则能应躁，后则能应先，数则能胜疏，博则能禽缺。（《淮南子·兵略训》）　　3/1765

圣人无止无以，岁贤昔、日愈昨也。（《淮南子·说山训》）　　3/1779

仁者不以欲伤生，知者不以利害义。（《淮南子·人间训》）　　3/1809

圣人行之于小，则可以覆大矣；审之于近，则可以怀远矣。（《淮南子·人间训》）　　3/1811

圣人之从事也，殊体而合于理，其所由异路而同归，其存危定倾若一，志不忘于欲利人。（《淮南子·脩务训》）　　3/1812

圣人之心，日夜不忘乎欲利人，其泽之所及者，效亦大矣。（《淮南子·脩务训》）　　3/1813

圣人见是非，若白黑之于目辨，清浊之于耳听。（《淮南子·脩务训》）　　3/1817

居寂寞之无为，蹈修直而执平者，道人也。（《抱朴子外篇·行品》）4/1981

尽烝尝于存亡，保发肤以扬名者，孝人也。（《抱朴子外篇·行品》）4/1981

垂恻隐于有生，恒恕己以接物者，仁人也。（《抱朴子外篇·行品》）4/1981

端身命以徇国，经险难而一节者，忠人也。（《抱朴子外篇·行品》）4/1982

量理乱以卷舒，审去就以保身者，智人也。（《抱朴子外篇·行品》）4/1982

顺通塞而一情，任性命而不滞者，达人也。（《抱朴子外篇·行品》）4/1982

不枉尺以直寻，不降辱以苟合者，雅人也。（《抱朴子外篇·行品》）4/1983

据体度以动静，每清详而无悔者，重人也。（《抱朴子外篇·行品》）4/1983

体冰霜之粹素，不染洁于势利者，清人也。（《抱朴子外篇·行品》）4/1984

笃始终于寒暑，虽危亡而不猜者，义人也。（《抱朴子外篇·行品》）4/1984

守一言于久要，历岁衰而不渝者，信人也。（《抱朴子外篇·行品》）4/1984

摛锐藻以立言，辞炳蔚而清允者，文人也。（《抱朴子外篇·行品》）4/1985

奋果毅之壮烈，骋干戈以静难者，武人也。（《抱朴子外篇·行品》）4/1985

锐乃心于精义，吝寸阴以进德者，益人也。（《抱朴子外篇·行品》）4/1985

识多藏之厚亡，临禄利而如遗者，廉人也。（《抱朴子外篇·行品》）4/1985

不改操于得失，不倾志于可欲者，贞人也。（《抱朴子外篇·行品》）4/1986

洁皎分以守终，不逊避而苟免者，节人也。（《抱朴子外篇·行品》）4/1986

每居卑而推功，虽处泰而滋恭者，谦人也。(《抱朴子外篇·行品》)4/1986

临凝结而能断，操绳墨而无私者，干人也。(《抱朴子外篇·行品》)4/1987

凌强御而无惮，虽险逼而不沮者，黠人也。(《抱朴子外篇·行品》)4/1987

执匪懈于夙夜，忘劳瘁于深峻者，勤人也。(《抱朴子外篇·行品》)4/1987

闻荣誉而不欢，遭忧难而不变者，审人也。(《抱朴子外篇·行品》)4/1988

知事可而必行，不犹像于群疑者，果人也。(《抱朴子外篇·行品》)4/1988

不原本于枉直，苟好胜而肆怒者，暴人也。(《抱朴子外篇·行品》)4/1988

言不计于反覆，好轻诺而无实者，虚人也。(《抱朴子外篇·行品》)4/1989

见成事而疑惑，动失计而多悔者，暗人也。(《抱朴子外篇·行品》)4/1989

被抑枉而自诬，事无苦而振慑者，怯人也。(《抱朴子外篇·行品》)4/1989

情局碎而偏党，志唯务于盈利者，小人也。(《抱朴子外篇·行品》)4/1990

既无心于修尚，又怠惰于家业者，懒人也。(《抱朴子外篇·行品》)4/1990

捐贫贱之故旧，轻人士而踞傲者，骄人也。(《抱朴子外篇·行品》)4/1990

当交颜而面从，至析离而背毁者，伪人也。(《抱朴子外篇·行品》)4/1990

达者贵其知变，智士验乎不匮。(《抱朴子外篇·安贫》) 4/2005

夫圣人君子，明盛衰之源，通成败之端，审治乱之机，知去就之节。(《黄石公三略·下略》) 4/2227

古者圣人君子，威人以道与德，不以筋力刑罚也。(《太平经·案书明刑德法》) 4/2278

圣人知自然之不可为，因以制之。(《阴符经·附外篇》) 4/2305

修德（163条）

敬也者，敬身为大。(《孔子家语·大婚解》) 1/6

恭则远于患，敬则人爱之，忠则和于众，信则人任之。(《孔子家语·贤君》) 1/18

侨泄者，人之殃也；恭俭者，偋五兵也。虽有戈矛之刺，不如恭俭之利也。(《荀子·荣辱》) 1/54

凡百事之成也必在敬之，其败也必在慢之。(《荀子·议兵》) 1/102

凡得胜者必与人也，凡得人者必与道也。道也者何也？曰：礼让忠信是也。(《荀子·强国》) 1/106

人莫贵乎生，莫乐乎安，所以养生安乐者莫大乎礼义。人知贵生乐安而弃礼义，辟之是犹欲寿而歾颈也，愚莫大焉。(《荀子·强国》) 1/106

在天者莫明于日月，在地者莫明于水火，在物者莫明于珠玉，在人者莫明于礼义。(《荀子·天论》) 1/111

绳墨诚陈矣，则不可欺以曲直；衡诚县矣，则不可欺以轻重；规矩诚设矣，则不可欺以方圆；君子审于礼，则不可欺以诈伪。故绳者，直之至；衡者，平之至；规矩者，方圆之至；礼者，人道之极也。(《荀子·礼论》) 1/116

礼也者，贵者敬焉，老者孝焉，长者弟焉，幼者慈焉，贱者惠焉。(《荀子·大略》) 1/130

礼者，人之所履也，失所履，必颠蹶陷溺。(《荀子·大略》) 1/131

仁义礼善之于人也，辟之若货财粟米之于家也，多有之者富，少有之者贫，至无有者穷。(《荀子·大略》) 1/137

仁无隐而不著，无幽而不彰者。(《新语·道基》) 1/156

夫谋事不并仁义者后必败，殖不固本而立高基者后必崩。(《新语·道基》) 1/156

德盛者威广，力盛者骄众。(《新语·道基》) 1/156

仁者道之纪，义者圣之学。学之者明，失之者昏，背之者亡。(《新语·道基》) 1/157

君子以义相褒，小人以利相欺，愚者以力相乱，贤者以义相治。(《新语·道基》) 1/157

立事者不离道德，调弦者不失宫商。(《新语·术事》) 1/158

怀德者应以福，挟恶者报以凶，德薄者位危，去道者身亡，万世不易法，古今同纪纲。(《新语·术事》) 1/158

道莫大于无为，行莫大于谨敬。(《新语·无为》) 1/161

谨守伦纪，则乱无由生。(《贾谊新书·服疑》) 1/169

君仁臣忠，父慈子孝，兄爱弟敬，夫和妻柔，姑慈妇听，礼之至也。(《贾谊新书·礼》) 1/176

谚曰："君子重袭，小人无由入；正人十倍，邪辟无由来。"(《贾谊新书·容经》) 1/178

有阴德者，天报以福。(《贾谊新书·春秋》) 1/180

物莫不仰恃德，此德之高，故曰："密者，德之高也。"(《贾谊新书·道德说》) 1/184

人能修德之理，则安利之谓福。(《贾谊新书·道德说》) 1/184

至道不可过也，至义不可易也。(《贾谊新书·修政语上》) 1/189

君子执德秉义而行，故造次必于是，颠沛必于是。(《盐铁论·论儒》) 1/212

不以道进者必不以道退，不以义得者必不以义亡。(《盐铁论·褒贤》) 1/228

富贵而无礼，不如贫贱之孝悌。(《盐铁论·孝养》) 1/240

德行求福，故祭祀而宽。仁义求吉，故卜筮而希。(《盐铁论·散不足》) 1/245

仁者，爱之效也；义者，事之宜也。(《盐铁论·刑德》) 1/273

夫神果不胜道，而妖亦不胜德，

奈何其无究理而任天也？应之以德而已。(《新序·杂事二》)　1/288

天道无亲,惟德是辅。(《新序·杂事四》)　1/295

人之所以贵于禽兽者,以有礼也。(《新序·刺奢》)　1/301

夫仁者,必恕然后行。(《说苑·贵德》)　1/335

人之斗,诚愚惑失道者也。(《说苑·贵德》)　1/339

有阴德者必飨其乐,以及其子孙。(《说苑·复恩》)　1/340

河以委蛇故能远,山以陵迟故能高,道以优游故能化,德以纯厚故能豪。(《说苑·谈丛》)　1/403

众人以毁形为耻,君子以毁义为辱。(《说苑·谈丛》)　1/412

君子比义,农夫比谷。(《说苑·谈丛》)　1/415

聪者耳闻,明者目见。聪明形则仁爱著,廉耻分矣。(《说苑·杂言》)　1/422

夫富而能富人者,欲贫而不可得也。贵而能贵人者,欲贱而不可得也。达而能达人者,欲穷而不可得也。(《说苑·杂言》)　1/430

敏其行,修其礼,千里之外,亲如兄弟。若行不敏,礼不合,对门不通矣。(《说苑·杂言》)　1/434

穷神知化,德之盛也。(《说苑·辨物》)　1/434

积恩为爱,积爱为仁,积仁为灵。

灵台之所以为灵者,积仁也。神灵者,天地之本,而为万物之始也。(《说苑·修文》)　1/437

德弥盛者文弥缛,中弥理者文弥章。(《说苑·修文》)　1/437

夫德者,得于我,又得于彼,故可行。(《说苑·反质》)　1/445

修身以为弓,矫思以为矢,立义以为的,奠而后发,发必中矣。(《法言·修身》)　1/454

仁,宅也;义,路也;礼,服也;智,烛也;信,符也。处宅,由路,正服,明烛,执符,君子不动,动斯得矣。(《法言·修身》)　1/457

千钧之轻,乌获力也;箪瓢之乐,颜氏德也。(《法言·修身》)　1/458

上士之耳训乎德,下士之耳顺乎己。(《法言·修身》)　1/460

一人而兼统四体者,其身全乎!(《法言·问道》)　1/461

礼,体也。人而无礼,焉以为德?(《法言·问道》)　1/461

在德不在星。(《法言·五百》)　1/473

行,有之也;病,曼之也。(《法言·五百》)　1/474

夫进也者,进于道,慕于德,殷之以仁义。(《法言·君子》)　1/480

群言之长,德言也;群行之宗,德行也。(《法言·孝至》)　1/485

无德而赂丰,祸之胎也。(《潜夫论·遏利》)　1/505

仁重而势轻,位蔑而义荣。(《潜夫论·论荣》)　　　　1/506

德辖如毛,为仁由己。(《潜夫论·慎微》)　　　　1/519

德义无违,鬼神乃享;鬼神受享,福祚乃隆。(《潜夫论·巫列》)　1/539

夫恕者仁之本也,平者义之本也,恭者礼之本也,守者信之本也。(《潜夫论·交际》)　　　　1/547

善人之忧我也,故先劳人,恶人之忘我也,故常念人。(《潜夫论·交际》)　　　　1/547

己无礼而责人敬,己无恩而责人爱。(《潜夫论·交际》)　1/547

将修德行,必慎其原。(《潜夫论·叙录》)　　　　1/556

有一言而可常行者,恕也;有一行而可常履者,正也。恕者,仁之术也;正者,义之要也。(《申鉴·政体》)　　　　1/568

夫礼也者,人之急也,可终身蹈,而不可须臾离忘也。须臾离,则惰慢之行臻焉;须臾忘,则惰慢之心生焉,况无礼而可以终始乎?(《中论·法象》)　　　　1/597

夫礼也者,敬之经也;敬也者,礼之情也。无敬无以行礼,无礼无以节敬,道不偏废,相须而行。是故能尽敬以从礼者,谓之成人。(《中论·法象》)　　　　1/598

德弥高而基弥固,胜弥众而爱弥广。(《中论·修本》)　1/600

琴瑟鸣,不为无听而失其调;仁义行,不为无人而灭其道。(《中论·修本》)　　　　1/603

艺者德之枝叶也,德者人之根干也。(《中论·艺纪》)　1/611

轮者,车之迹;楫者,舟之羽。身之须道,如此二物。(《通语》)　1/629

名之与实,犹形之与影。德艺周厚,则名必善焉;容色姝丽,则影必美焉。(《颜氏家训·名实》)　1/666

孔德之容,惟道是从。(《老子·二十一章》)　　　　2/712

同于道者,道亦乐得之;同于德者,德亦乐得之;同于失者,失亦乐得之。(《老子·二十三章》)　2/713

生而不有,为而不恃,长而不宰,是谓"玄德"。(《老子·五十一章》)　　　　2/729

含德之厚,比于赤子。(《老子·五十五章》)　　　　2/731

夫慈,以战则胜,以守则固。(《老子·六十七章》)　　2/737

人之情,心服于德,不服于力。德在与,不在来。(《文子·符言》)2/757

德积则福生,怨积则祸生。(《文子·符言》)　　　　2/758

夫罪莫大于无道,怨莫深于无德,天道然也。(《文子·道德》)　2/759

夫道德者,所以相生养也,所以相畜长也,所以相亲爱也,所以相敬贵也。(《文子·道德》)　2/760

夫有阴德者,必有阳报;有隐行

者,必有昭名。(《文子·上德》) 2/774

有功离仁义者即见疑,有罪有仁义者必见信。(《文子·微明》) 2/779

体虽安之,而弗敢处,然后礼生;心虽欲之,而弗敢信,然后义生。(《鹖冠子·著希》) 2/800

人而无义,唯食而已,是鸡狗也。(《列子·说符》) 2/829

德有所长,而形有所忘。人不忘其所忘,而忘其所不忘,此谓诚忘。(《庄子·内篇·德充符》) 2/843

古之得道者,穷亦乐,通亦乐,所乐非穷通也。道德于此,则穷通为寒暑风雨之序矣。(《庄子·杂篇·让王》) 2/870

势为天子,未必贵也;穷为匹夫,未必贱也。贵贱之分,在行之美恶。(《庄子·杂篇·盗跖》) 2/871

人勤于礼者,神不外驰,可以集神;人勤于智者,精不外移,可以摄精。(《关尹子·符篇》) 2/904

仁则阳而明,可以轻魂;义则阴而冥,可以御魄。(《关尹子·符篇》)
2/904

所以贵德者,以其闻毁而不惨,见誉而不悦也。(《抱朴子内篇·塞难》)
2/942

人必知礼然后恭敬,恭敬然后尊让。(《管子·五辅》) 2/996

仁,故不以天下为利;义,故不以天下为名。(《管子·戒》) 2/1019

道德当身,故不以物惑。(《管子·戒》) 2/1020

以善胜人者,未有能服人者也;以善养人者,未有不服人者也。(《管子·戒》) 2/1020

泽命不渝,信也;非其所欲,勿施于人,仁也;坚中外正,严也;质信以让,礼也。(《管子·小问》) 2/1056

为主而惠,为父母而慈,为臣下而忠,为子妇而孝,四者,人之高行也。(《管子·形势解》) 2/1069

圣人之求事也,先论其理义,计其可否。故义则求之,不义则止;可则求之,不可则止。(《管子·形势解》) 2/1070

圣人之诺已也,先论其理义,计其可否。义则诺,不义则已;可则诺,不可则已。(《管子·形势解》) 2/1070

度恕者,度之于己也,己之所不安,勿施于人。(《管子·版法解》)
2/1078

仁者,谓其中心欣然爱人也;其喜人之有福,而恶人之有祸也;生心之所不能已也,非求其报也。(《韩非子·解老》) 2/1175

倒义,则事之所以败也;逆德,则怨之所以聚也。(《韩非子·难四》)
2/1221

贵仁者寡,能义者难也。(《韩非子·五蠹》) 2/1235

人道之极,莫过爱敬。(《人物志·八观》) 2/1305

夫仁者,德之基也;义者,德之节也;礼者,德之文也;信者,德之固也;

智者，德之帅也。（《人物志·八观》）
2/1306

天亦何欲何恶？天欲义而恶不义。（《墨子·天志上》）　3/1347

仁，体爱也。（《墨子·经上》）
3/1352

万事莫贵于义。（《墨子·贵义》）
3/1355

大义，天下之大器也，何以视人必强为之？（《墨子·公孟》）　3/1355

爵列，私贵也；德行，公贵也。（《尸子·劝学》）　3/1379

夫德义也者，视之弗见，听之弗闻，天地以正，万物以遍，无爵而贵，不禄而尊也。（《尸子·劝学》）　3/1380

爱得分，曰仁；施得分，曰义；虑得分，曰智；动得分，曰适；言得分，曰信。皆得其分，而后为成人。（《尸子·分》）
3/1383

虑之无益于义而虑之，此心之秽也；道之无益于义而道之，此言之秽也；为之无益于义而为之，此行之秽也。（《尸子·恕》）　3/1388

虑中义，则智为上；言中义，则言为师；事中义，则行为法。（《尸子·恕》）　3/1389

草木无大小，必待春而后生，人待义而后成。（《尸子》）　3/1400

众以亏形为辱，君子以亏义为辱。（《尸子》）　3/1400

辱莫大于不义。（《吕氏春秋·仲春纪·贵生》）　3/1438

德也者，万民之宰也。（《吕氏春秋·季秋纪·精通》）　3/1482

夫月形乎天，而群阴化乎渊；圣人行德乎己，而四荒咸饬乎仁。（《吕氏春秋·季秋纪·精通》）　3/1482

夫爱人者众，知爱人者寡。（《吕氏春秋·孟冬纪·安死》）　3/1486

力则多矣，然而寡礼，安得无疵？（《吕氏春秋·先识览·悔过》）3/1530

从义断事，则谋不亏；谋不亏，则名实从之。（《吕氏春秋·恃君览·召类》）　3/1573

仁于他物，不仁于人，不得为仁；不仁于他物，独仁于人，犹若为仁。仁也者，仁乎其类者也。（《吕氏春秋·开春论·爱类》）　3/1580

义者，百事之始也，万利之本也。（《吕氏春秋·慎行论·无义》）3/1584

义，小为之则小有福，大为之则大有福。（《吕氏春秋·似顺论·别类》）
3/1595

唯通乎性命之情，而仁义之术自行矣。（《吕氏春秋·似顺论·有度》）
3/1596

圣亡乎治人，而在于得道；乐亡乎富贵，而在于德和。（《淮南子·原道训》）　3/1621

听善言便计，虽愚者知说之；称至德高行，虽不肖者知慕之。（《淮南子·原道训》）　3/1623

以道为竿，以德为纶，礼乐为钩，仁义为饵，投之于江，浮之于海，万物

纷纷,孰非其有?(《淮南子·俶真训》)
3/1628

偏知万物而不知人道,不可谓智;偏爱群生而不爱人类,不可谓仁。(《淮南子·主术训》)　3/1685

内恕反情,心之所欲,其不加诸人。(《淮南子·主术训》)　3/1686

由近知远,由己知人,此仁智之所合而行也。(《淮南子·主术训》)
3/1686

国无义,虽大必亡;人无善志,虽勇必伤。(《淮南子·主术训》)3/1688

义尊乎君,仁亲乎父。(《淮南子·缪称训》)　3/1693

至德,小节备,大节举。(《淮南子·缪称训》)　3/1698

素修正者,弗离道也。(《淮南子·缪称训》)　3/1703

所谓仁者,爱人也;所谓知者,知人也。(《淮南子·泰族训》)　3/1833

仁莫大于爱人,知莫大于知人。(《淮南子·泰族训》)　3/1833

儒者之在世,礼义之旧防也,有之无益,无之有损。(《论衡·非韩篇》)
3/1850

德弥盛者文弥缛,德弥彰者文弥明。(《论衡·书解篇》)　3/1865

人无不含天地之气,有五常之性者。故乐所以荡涤,反其邪恶也;礼所以防淫泆,节其侈靡也。(《白虎通义·礼乐》)　3/1873

屈己敬人,君子之心。(《白虎通义·礼乐》)　3/1874

由近以知远,推己以况人。(《傅子·礼乐》)　3/1901

割地利己,天下仇之;推心及物,天下归之。(《傅子》)　3/1915

形之正,不求影之直,而影自直;声之平,不求响之和,而响自和;德之崇,不求名之远,而名自远。(《傅子》)
3/1916

种一粟则千万之粟滋,种一仁则众行之美备。(《秦子》)　3/1923

高拱以观溺,非勿践之仁也;怀道以迷国,非作者之务也。(《抱朴子外篇·嘉遁》)　4/1930

大川滔漾,则虬、螭群游;日就月将,则德立道备。(《抱朴子外篇·勖学》)　4/1941

举足则蹈道度,抗手则奉绳墨,褒崇虽淹留,而悔辱亦必远矣。(《抱朴子外篇·臣节》)　4/1951

立人之道,唯仁与义。(《抱朴子外篇·用刑》)　4/1962

夫德盛操清,则虽深自挹降,而人犹贵之;若履蹈不高,则虽行凌暴,而人犹不敬。(《抱朴子外篇·疾谬》)4/1995

人之有礼,犹鱼之有水矣。鱼之失水,虽暂假息,然枯糜可必待也;人之弃礼,虽犹觍然,而祸败之阶也。(《抱朴子外篇·讥惑》)　4/1996

德行者,本也;文章者,末也。故四科之序,文不居上。(《抱朴子外篇·尚博》)　4/2000

播种有不收者矣，而稼穑不可废；仁义有遇祸者矣，而行业不可惰。（《抱朴子外篇·广譬》）　　4/2033

德行者，本也；文章者，末也。（《抱朴子外篇·文行》）　　4/2048

忠孝仁义，德之顺也；悖傲无礼，德之逆也。顺者福之门，逆者祸之府。（《刘子·思顺章》）　　4/2076

心中仁，行中义，堪物智也，堪大勇也，堪久信也。（《司马法·严位》）
　　4/2134

富之而不犯者仁也，贵之而不骄者义也，付之而不转者忠也，使之而不隐者信也，危之而不恐者勇也，事之而不穷者谋也。（《太公六韬·文韬·六守》）　　4/2187

道、德、仁、义、礼，五者一体也。道者人之所蹈，德者人之所得，仁者人之所亲，义者人之所宜，礼者人之所体，不可无一焉。故夙兴夜寐，礼之制也；讨贼报仇，义之决也；恻隐之心，仁之发也；得己得人，德之路也；使人均平，不失其所，道之化也。（《黄石公三略·下略》）　　4/2224

夫无德之人，天不爱，地不喜，人不欲亲近之。（《太平经·急学真法》）
　　4/2283

小为德，或化千数百人；大为德，或化万人以上，因使万人转成德师，所化无极；为德不止，凡人莫不悦喜。（《太平经·六罪十治诀》）　　4/2289

子不孝，则不能尽力养其亲；弟子不顺，则不能尽力修明其师道；臣不忠，则不能尽力共敬事其君。（《太平经·六极六竟孝顺忠诀》）　　4/2292

行善去恶（110条）

君子行善必有报，小人行不善必有报。（《公孙尼子》）　　1/30

物类之起，必有所始；荣辱之来，必象其德。（《荀子·劝学》）　　1/34

邪秽在身，怨之所构。（《荀子·劝学》）　　1/35

见善，修然必以自存也；见不善，愀然必以自省也。善在身，介然必以自好也；不善在身，菑然必以自恶也。（《荀子·修身》）　　1/42

人污而修之者，非案污而修之之谓也，去污而易之以修。（《荀子·不苟》）　　1/50

快快而亡者，怒也；察察而残者，忮也；博而穷者，訾也；清之而俞浊者，口也；豢之而俞瘠者，交也；辩而不说者，争也；直立而不见知者，胜也；廉而不见贵者，刿也；勇而不见惮者，贪也；信而不见敬者，好剸行也。此小人之所务而君子之所不为也。（《荀子·荣辱》）　　1/54

圣人者，人之所积而致矣。（《荀子·性恶》）　　1/125

为善者天报之以福，为不善者天

报之以祸。(《荀子·宥坐》) 1/140

安危之要,吉凶之符,一出于身;存亡之道,成败之事,一起于善行。(《新语·明诫》) 1/164

语曰:"祸出者祸反,恶人者人亦恶之。"(《贾谊新书·春秋》) 1/179

见祥而为不可,祥反为祸。(《贾谊新书·春秋》) 1/180

见妖而迎以德,妖反为福也。(《贾谊新书·春秋》) 1/180

爱出者爱反,福往者福来。(《贾谊新书·春秋》) 1/180

目见正而口言枉则害,阳言吉错之民而凶则败,倍道则死,障光则晦,诬神而逆人,则天必败其事。(《贾谊新书·耳痹》) 1/180

行之善也,粹以为福己矣;行之恶也,粹以为灾己矣。(《贾谊新书·大政上》) 1/185

知善而弗行,谓之不明;知恶而弗改,必受天殃。(《贾谊新书·大政上》) 1/185

功莫美于去恶而为善,罪莫大于去善而为恶。(《贾谊新书·修政语上》) 1/189

从善不求胜,服义不耻穷。(《盐铁论·论诽》) 1/238

以正辅人谓之忠,以邪导人谓之佞。(《盐铁论·刺议》) 1/242

未闻善往而有恶来者。(《盐铁论·和亲》) 1/264

行善则昌,行恶则亡。(《盐铁论·险固》) 1/266

苟虑害人,人亦必虑害之;苟虑危人,人亦必虑危之。(《新序·杂事五》) 1/298

于人之功无所记,于人之过无所忘。(《新序·善谋下》) 1/311

务施而不腐余财者,圣人也。(《说苑·贵德》) 1/337

愚者行间而益固,鄙人饰诈而益野。(《说苑·谈丛》) 1/390

为善者天报以德,为不善者天报以祸。(《说苑·谈丛》) 1/398

为善者得道,为恶者失道。(《说苑·谈丛》) 1/399

为善不直,必终其曲;为丑不释,必终其恶。(《说苑·谈丛》) 1/403

夫智者不妄为,勇者不妄杀。(《说苑·谈丛》) 1/415

凡人为善者,天报以福;为不善者,天报以祸。(《说苑·杂言》) 1/424

多所知者出于利人即善矣,出于害人即不善也。(《说苑·杂言》)1/432

人之性也善恶混。修其善则为善人,修其恶则为恶人。(《法言·修身》) 1/455

人之所好而不足者,善也;人之所丑而有余者,恶也。(《太玄·太玄攡》) 1/488

积正不倦,必生节义之志;积邪不止,必生暴弒之心。(《潜夫论·慎微》) 1/518

邪之与正,犹水与火不同原,不得

并盛。(《潜夫论·慎微》)　1/519

　　夫积恶习非久,致死亡非一也。(《潜夫论·慎微》)　1/519

　　夫君子闻善则劝乐而进德,闻恶则循省而改尤,故安静而多福。(《潜夫论·卜列》)　1/538

　　智者见祥,修善迎之,其有忧色,循行改尤。(《潜夫论·相列》)　1/541

　　人而好善,福虽未至,祸其远矣;人而不好善,祸虽未至,福其远矣。(《中论·修本》)　1/604

　　夫恶犹疾也,攻之则益悛,不攻则日甚。故君子之相求也,非特兴善也,将以攻恶也。恶不废则善不兴,自然之道也。(《中论·虚道》)　1/607

　　根深而枝叶茂,行久而名誉远。(《中论·贵验》)　1/609

　　染不积则人不观其色,行不积则人不信其事。(《中论·贵验》)　1/609

　　王子晋云:"佐饔得尝,佐斗得伤。"此言为善则预,为恶则去,不欲党人非义之事也。凡损于物,皆无与焉。(《颜氏家训·涉务》)　1/669

　　知善不行者,谓之狂;知恶不改者,谓之惑。(《鹖子·周公》)　2/694

　　居善地,心善渊,与善仁,言善信,政善治,事善能,动善时。(《老子·八章》)　2/704

　　为善即劝,为不善即观。(《文子·符言》)　2/756

　　积爱成福,积憎成祸。(《文子·微明》)　2/777

　　德之所施者博,即威之所行者远;义之所加者薄,则武之所制者小。(《文子·微明》)　2/780

　　见祥而不为善,则福不来;见不祥而行善,则祸不至。(《文子·微明》)　2/780

　　百川并流,不注海者不为谷;趋行殊方,不归善者不为君子。(《文子·上义》)　2/793

　　行善不以为名,而名从之;名不与利期,而利归之;利不与争期,而争及之:故君子必慎为善。(《列子·说符》)　2/832

　　去小知而大知明,去善而自善矣。(《庄子·杂篇·外物》)　2/867

　　观孺子之坠井,非仁者之意;视瞽人之触柱,非兼爱之谓耶?(《抱朴子内篇·明本》)　2/945

　　有谋议己者,必反自中伤。(《抱朴子内篇·遐览》)　2/956

　　适身行义,俭约恭敬,其唯无福,祸亦不来矣;骄傲侈泰,离度绝理,其唯无祸,福亦不至矣。(《管子·禁藏》)　2/1060

　　善无主于心者不留,行莫辩于身者不立。(《墨子·修身》)　3/1324

　　爱人利人者,天必福之;恶人贼人者,天必祸之。(《墨子·法仪》)　3/1326

　　有善不敢蔽,有罪不敢赦,简在帝心。万方有罪,即当朕身,朕身有罪,无及万方。(《墨子·兼爱下》)　3/1344

不义不处，非理不行。(《墨子·非儒下》) 3/1352

夫骥，惟伯乐独知之，不害其为良马也。行亦然，惟贤者独知之，不害其为善士也。(《尸子·恕》) 3/1389

惟善无基，义乃繁滋；敬灾与凶，祸乃不重。(《尸子》) 3/1400

祥者福之先者也，见祥而为不善，则福不至。妖者祸之先者也，见妖而为善，则祸不至。(《吕氏春秋·季夏纪·制乐》) 3/1471

善不善本于利，本于爱，爱利之为道大矣。(《吕氏春秋·有始览·听言》) 3/1500

苟虑害人，人亦必虑害之；苟虑危人，人亦必虑危之。(《吕氏春秋·慎大览·顺说》) 3/1522

凡作乱之人，祸希不及身。(《吕氏春秋·贵直论·原乱》) 3/1589

善积即功成，非积则祸极。(《淮南子·主术训》) 3/1682

夫圣人之于善也，无小而不举；其于过也，无微而不改。(《淮南子·主术训》) 3/1684

夫以正教化者，易而必成；以邪巧世者，难而必败。(《淮南子·主术训》) 3/1685

苟乡善，虽过无怨；苟不乡善，虽忠来患。(《淮南子·缪称训》) 3/1694

君子不谓小善不足为也而舍之，小善积而为大善；不为小不善为无伤也而为之，小不善积而为大不善。(《淮南子·缪称训》) 3/1703

圣人为善若恐不及，备祸若恐不免。(《淮南子·缪称训》) 3/1706

君子之于善也，犹采薪者，见一介掇之，见青葱则拔之。(《淮南子·说山训》) 3/1775

山生金，反自刻；木生蠹，反自食；人生事，反自贼。(《淮南子·说林训》) 3/1802

夫知者不妄发，择善而为之，计义而行之，故事成而功足赖也，身死而名足称也。(《淮南子·泰族训》) 3/1828

修善之义笃，故瑞应之福渥。(《论衡·异虚篇》) 3/1846

世论行善者福至，为恶者祸来。福祸之应，皆天也。人为之，天应之。(《论衡·福虚篇》) 3/1847

盗贼宿于秽草，邪心生于无道。(《论衡·别通篇》) 3/1856

以善驳恶，以恶惧善，告人之理，劝厉为善之道也。(《论衡·谴告篇》) 3/1858

闻一善言，见一善事，行之唯恐不及；闻一恶言，见一恶事，远之唯恐不速。(《傅子》) 3/1914

小善虽无大益，而不可不为；细恶虽无近祸，而不可不去也。(《抱朴子外篇·君道》) 4/1948

不苟且于干没，不投险于侥幸矣。(《抱朴子外篇·良规》) 4/1953

以毁誉为蚕织，以威福代稼穑。(《抱朴子外篇·吴失》) 4/2002

仁、忍有天渊之绝，善、否犹有无之觉。(《抱朴子外篇·博喻》)4/2022

凡夫朝为蜩翼之善，夕望丘陵之益，犹立植黍稷、坐索于丰收也。(《抱朴子外篇·广譬》)　4/2032

登山不以艰险而止，则必臻乎峻岭矣；积善不以穷否而怨，则必永其令问矣。(《抱朴子外篇·广譬》)4/2033

影响不能无形声以著，余庆不可以无德而招。(《抱朴子外篇·广譬》)　4/2040

为恶则促，为善则延。(《太平经》)　4/2268

天道无亲，唯善是与。(《太平经》)　4/2268

积善不止，道福起，令人日吉。(《太平经·录身正神令人自知法》)4/2269

为善不敢失绳缠，不敢自欺。(《太平经·录身正神令人自知法》)4/2270

为善亦神自知之，恶亦神自知之，非为他神，乃身中神也。(《太平经·录身正神令人自知法》)　4/2270

夫天无私祐，祐之有信；夫神无私亲，善人为效。(《太平经·名为神诀书》)　4/2272

积习近成，思善近生。(《太平经》)　4/2274

活人名为自活，杀人名为自杀。(《太平经·分别贫富法》)　4/2274

乐成他人善，如己之善。(《太平经·乐生得天心法》)　4/2277

积德累行道自成。(《太平经·胞胎阴阳规矩正行消恶图》)　4/2285

夫善恶各为其身，善者自利其身，恶者自害其躯。(《太平经·分别四治法》)　4/2286

人生乐求真道，真人自来；为之不止，比若与神谋；日歌为善，善自归之；力事众贤，众贤共示教之，不复远也。(《太平经·六罪十治诀》)　4/2289

为善，不即见其身，则流后生，以明其行也；为恶，亦不即止其身，必流后生，亦以谬见明其行也。故夫为善恶者，会当见耳。(《太平经·学者得失诀》)　4/2291

天者常祐善人，道者思归有德。(《太平经·来善集三道文书诀》)　4/2291

人心善守道，则常与吉；人心恶不守道，则常衰凶矣。(《太平经·万二千国始火始气诀》)　4/2292

积德者富，人爱好之，其善自日来也。(《太平经·东壁图》)　4/2293

善者自兴，恶者自病，吉凶之事，皆出于身，以类相呼，不失其身。(《太平经·东壁图》)　4/2294

善者致善，恶者致恶，正者致正，邪者致邪。(《太平经·瑞议训诀》)　4/2295

知善行善，知信行信，知忠行忠，知顺行顺，知孝行孝，恶无从得复前也。(《太平经·大功益年书出岁月戒》)　4/2296

恶不可施，人所怨咎。(《太平

经·衣履欲好诫》） 4/2297

性善之人，天所祐也。（《太平经·不孝不可久生诫》） 4/2298

努力为善，无人禁中，可得生活，竟年之寿；不欲为善，自索不寿，自欲为鬼，不贪其生，无可奈何也。（《太平经·病归天有费诀》） 4/2299

兴善者得善，兴恶者得恶。（《太平经》） 4/2299

善人行成福，恶人行成灾。（《太平经·救迷辅帝王法》） 4/2300

中和（18条）

夫其行己不过乎物，谓之成身。（《孔子家语·大婚解》） 1/6

君子行不贵苟难，说不贵苟察，名不贵苟传，唯其当之为贵。（《荀子·不苟》） 1/48

万物各得其和以生，各得其养以成。（《荀子·天论》） 1/109

君子尚宽舒以褒其身，行身中和以致疏远。（《新语·无为》） 1/161

过犹不及，有余犹不足也。（《贾谊新书·容经》） 1/178

语曰：“审乎明王，执中履衡。”言秉中适而据乎宜。（《贾谊新书·容经》） 1/179

君子执中以为本，务生以为基。（《说苑·修文》） 1/443

龙之潜亢，不获其中矣。是以过中则惕，不及中则跃。（《法言·先知》） 1/475

圣人之道，譬犹日之中矣。不及则未，过则昃。（《法言·先知》） 1/476

事得其宜之谓义。（《法言·重黎》） 1/477

过则生乱，乱则灾及其身。（《中论·法象》） 1/598

夫太刚则折，太柔则卷，道正在于刚柔之间。（《文子·上仁》） 2/788

凡言与行，思中以为纪。（《管子·弟子职》） 2/1066

饮过度者生水，食过度者生贪。（《慎子》） 2/1140

凡人之质量，中和最贵矣。中和之质，必平淡无味，故能调成五材，变化应节。（《人物志·九征》） 2/1297

夫妇节而天地和，风雨节而五谷孰，衣服节而肌肤和。（《墨子·辞过》） 3/1330

凡听说所胜不可不审也，故太上先胜。（《吕氏春秋·慎大览·权勋》） 3/1520

登峻者，戒在于穷高；济深者，祸生于舟重。（《抱朴子外篇·博喻》） 4/2011

孝道（42条）

夫树欲静而风不停，子欲养而亲不待。（《孔子家语·致思》） 1/12

往而不来者年也，不可再见者亲也。（《孔子家语·致思》） 1/12

万物本于天，人本乎祖。（《孔子家语·郊问》） 1/28

劳苦雕萃而能无失其敬，灾祸患难而能无失其义，则不幸不顺见恶而能无失其爱，非仁人莫能行。（《荀子·子道》） 1/141

善养者不必刍豢也，善供服者不必锦绣也。（《盐铁论·孝养》） 1/239

以己之所有尽事其亲，孝之至也。（《盐铁论·孝养》） 1/239

贵其礼，不贪其养，礼顺心和，养虽不备，可也。（《盐铁论·孝养》） 1/239

闺门之内尽孝焉，闺门之外尽悌焉，朋友之道尽信焉，三者，孝之至也。（《盐铁论·孝养》） 1/240

礼菲而养丰，非孝也。（《盐铁论·孝养》） 1/241

孝在实质，不在于饰貌；全身在于谨慎，不在于驰语也。（《盐铁论·孝养》） 1/241

言而不诚，期而不信，临难不勇，事君不忠，不孝之大者也。（《盐铁论·孝养》） 1/241

子者，亲之财也，无所推而不从命，推而不从命者，惟害亲者也。（《说苑·建本》） 1/323

人之行莫大于孝。孝行成于内，而嘉号布于外，是谓建之于本，而荣华自茂矣。（《说苑·建本》） 1/323

枯鱼衔索，几何不蠹？二亲之寿，忽如过隙！（《说苑·建本》） 1/324

草木欲长，霜露不使；贤者欲养，二亲不待！（《说苑·建本》） 1/324

小棰则待，大棰则走，以逃暴怒也。（《说苑·建本》） 1/324

夫三年之丧，固优者之所屈，劣者之所勉。（《说苑·修文》） 1/439

母怀，爱也；父怀，敬也。（《法言·问道》） 1/462

孝，至矣乎！一言而该，圣人不加焉！（《法言·孝至》） 1/482

不可得而久者，事亲之谓也。孝子爱日。（《法言·孝至》） 1/483

养生顺志，所以为孝也。（《潜夫论·务本》） 1/502

夫孝，百行之本，替本而求末者，未见有得之者也。（《谯子法训》）1/634

孝为百行之首，犹须学以修饰之，况余事乎！（《颜氏家训·勉学》） 1/662

四时祭祀，周、孔所教，欲人勿死其亲，不忘孝道也。（《颜氏家训·终制》） 1/679

人性苟有一孝，则无所不包，犹树根一植，百枝生焉。（《唐子》） 2/919

曾子曰："父母爱之，喜而不忘；父母恶之，惧而无怨。"（《尸子·劝学》）3/1379

生则谨养,谨养之道,养心为贵。(《吕氏春秋·孟夏纪·尊师》)3/1457

务本莫贵于孝。(《吕氏春秋·孝行览·孝行》)   3/1506

夫执一术而百善至、百邪去、天下从者,其惟孝也!(《吕氏春秋·孝行览·孝行》)   3/1506

爱其亲,不敢恶人;敬其亲,不敢慢人。(《吕氏春秋·孝行览·孝行》)3/1506

事君不忠,非孝也;莅官不敬,非孝也。(《吕氏春秋·孝行览·孝行》)   3/1507

《商书》曰:"刑三百,罪莫重于不孝。"(《吕氏春秋·孝行览·孝行》) 3/1507

和颜色,说言语,敬进退,养志之道也。(《吕氏春秋·孝行览·孝行》)   3/1507

父母全而生之,子全而归之,不亏其身,不损其形,可谓孝矣。(《吕氏春秋·孝行览·孝行》)   3/1507

民之本教曰孝,其行孝曰养。(《吕氏春秋·孝行览·孝行》)   3/1507

养可能也,敬为难;敬可能也,安为难;安可能也,卒为难。(《吕氏春秋·孝行览·孝行》)   3/1508

父母既没,敬行其身,无遗父母恶名,可谓能终矣。(《吕氏春秋·孝行览·孝行》)   3/1508

内能正己,外能正人,内外行备,孝道乃生。(《白虎通义·考黜》)   3/1876

士友有患,故待己而济,父母不欲其行,可违而往也。故不可违而违,非孝也;可违而不违,亦非孝也。(《昌言》)   3/1890

九日养亲,一日饿之,岂得言孝?(《傅子》)   3/1914

大孝养志,其次养形。养志者,尽其和;养形者,不失其敬。(《傅子》)3/1914

动作言谈,辄有纲纪,有益父母,使得十肥,衣或复好,面目生光,是子孝行。(《太平经·不孝不可久生诫》)   4/2297

真诚（27条）

君子养心莫善于诚,致诚则无它事矣。(《荀子·不苟》)   1/51

诚心守仁则形,形则神,神则能化矣;诚心行义则理,理则明,明则能变矣。(《荀子·不苟》)   1/51

天地为大矣,不诚则不能化万物;圣人为知矣,不诚则不能化万民;父子为亲矣,不诚则疏;君上为尊矣,不诚则卑。(《荀子·不苟》)   1/52

公生明,偏生暗,端悫生通,诈伪生塞,诚信生神,夸诞生惑。(《荀子·不苟》)   1/53

悲在心也,非在手也,非木非石也。悲于心而木石应之,以至诚故也。(《新序·杂事四》)   1/296

勇士一呼,三军皆辟,士之诚也。(《新序·杂事四》)   1/296

夫诈则乱,诚则平。(《说苑·权

谋》）　　　　　　　　1/374

善不可以伪来，恶不可以辞去。（《说苑·谈丛》）　　　　1/408

夫高论而相欺，不若忠论而诚实。（《潜夫论·实贡》）　　　1/521

人之虚实真伪在乎心，无不见乎迹，但察之未熟耳。一为察之所鉴，巧伪不如拙诚，承之以羞大矣。（《颜氏家训·名实》）　　　　　　　1/666

真者，精诚之至也。不精不诚，不能动人。故强哭者，虽悲不哀；强怒者，虽严不威；强亲者，虽笑不和。真悲无声而哀，真怒未发而威，真亲未笑而和。真在内者，神动于外，是所以贵真也。（《庄子·杂篇·渔父》）　2/872

圣人法天贵真，不拘于俗。（《庄子·杂篇·渔父》）　　　　2/873

礼繁者，实心衰也。（《韩非子·解老》）　　　　　　　　2/1175

忠实无真，不能知人。（《鬼谷子·忤合》）　　　　　　　3/1366

凡自行不可以幸为，必诚。（《吕氏春秋·审应览·屈》）　　3/1556

诚有诚乃合于情，精有精乃通于天。（《吕氏春秋·审应览·具备》）　3/1557

凡说与治之务莫若诚。（《吕氏春

秋·审应览·具备》）　　　3/1557

听言哀者，不若见其哭也；听言怒者，不若见其斗也。（《吕氏春秋·审应览·具备》）　　　3/1557

说与治不诚，其动人心不神。（《吕氏春秋·审应览·具备》）　3/1557

凡行戴情，虽过无怨；不戴其情，虽忠来恶。（《淮南子·缪称训》）3/1691

诚出于己，则所动者远矣。（《淮南子·缪称训》）　　　　3/1692

强哭者，虽病不哀；强亲者，虽笑不和。（《淮南子·齐俗训》）3/1711

礼丰不足以效爱，而诚心可以怀远。（《淮南子·齐俗训》）3/1711

以诈应诈，以谲应谲，若被蓑而救火，毁渎而止水，乃愈益多。（《淮南子·说林训》）　　　　3/1804

圣人养心，莫善于诚，至诚而能动化矣。（《淮南子·泰族训》）3/1818

信不由中，则屡盟无益；意得神至，则形器可忘。（《抱朴子外篇·疾谬》）　　　　　　　　4/1995

言语应对者，情之饰也；言至情者，事之极也。（《太公六韬·文韬·文师》）　　　　　　　　4/2181

诚信（38条）

诚信如神，夸诞逐魂。（《荀子·致士》）　　　　　　　　1/97

忠无不报，信不见疑。（《新序·杂事三》）　　　　　　　1/293

巧诈不如拙诚。（《说苑·贵德》）　　　　　　　　　　　1/339

务伪不长，喜虚不久。（《说苑·谈丛》）　　　　　　　　1/399

水倍源则川竭,人倍信则名不达。(《说苑·谈丛》) 1/408

君子忠人,况己乎?小人欺己,况人乎?(《法言·君子》) 1/482

信立乎千载之上,而名传乎百世之际。(《潜夫论·遏利》) 1/504

君子之养其心,莫善于诚。夫诚,君子所以怀万物也。天不言而人推高焉,地不言而人推厚焉,四时不言而人期焉,此以至诚者也。诚者,天地之大定,而君子之所守也。(《体论·行》) 1/624

信不足焉,有不信焉。(《老子·十七章》) 2/709

言而必信,期而必当。(《文子·道德》) 2/760

火之出也必待薪,大人之言必有信。有信而真,何往不成!(《文子·上德》) 2/773

夫至信之人,可以感物也。(《列子·黄帝》) 2/817

已若不信,则知大惑矣;已若必信,则处于度之内也。(《黄帝四经·经法·名理》) 2/886

必得之事,不足赖也;必诺之言,不足信也。(《管子·形势》) 2/969

言不得过实,实不得延名。(《管子·心术上》) 2/1035

小信成则大信立。(《韩非子·外储说左上》) 2/1208

原浊者流不清,行不信者名必耗。(《墨子·修身》) 3/1323

诈诬之道,君子不由。(《吕氏春秋·有始览·务本》) 3/1504

不谋而亲,不约而信。(《吕氏春秋·孝行览·本味》) 3/1509

诈伪之道,虽今偷可,后将无复,非长术也。(《吕氏春秋·孝行览·义赏》) 3/1513

成乎诈,其成毁,其胜败。(《吕氏春秋·孝行览·义赏》) 3/1513

凡人主必信,信而又信,谁人不亲?(《吕氏春秋·离俗览·贵信》) 3/1565

天行不信,不能成岁;地行不信,草木不大。(《吕氏春秋·离俗览·贵信》) 3/1565

君臣不信,则百姓诽谤,社稷不宁。处官不信,则少不畏长,贵贱相轻。赏罚不信,则民易犯法,不可使令。交友不信,则离散郁怨,不能相亲。百工不信,则器械苦伪,丹漆染色不贞。(《吕氏春秋·离俗览·贵信》) 3/1565

夫可与为始,可与为终,可与尊通,可与卑穷者,其唯信乎!(《吕氏春秋·离俗览·贵信》) 3/1566

信而又信,重袭于身,乃通于天。(《吕氏春秋·离俗览·贵信》) 3/1566

信者,诚也,专一不移也。(《白虎通义·性情》) 3/1880

天地著信,而四时不悖;日月著信,而昏明有常;王者体信,而万国以安;诸侯秉信,而境内以和;君子履信,而厥身以立。(《傅子·义信》) 3/1900

言出乎口,结乎心,守以不移,以立其身,此君子之信也。(《傅子·义信》)　　　3/1900

以信待人,不信思信;不信待人,信思不信。(《傅子·义信》)　3/1901

祸莫大于无信,无信则不知所亲,不知所亲,则左右尽己之所疑。(《傅子·义信》)　　　3/1901

以信接人,天下信之;不以信接人,妻子疑之。(《傅子》)　3/1915

声希者,响必巨;辞寡者,信必著。(《抱朴子外篇·广譬》)　4/2035

信者,行之基,行者,人之本。人非行无以成,行非信无以立。(《刘子·履信章》)　　　4/2075

虽欲为善而不知立行,犹无舟而济川也;知欲立行而不知立信,犹无楫而行舟也。(《刘子·履信章》)4/2075

君子知诚信之为贵,必抗信而后行。指麾动静,不失其符。以施教则立,以莅事则正,以怀远则附,以赏罚则明。(《刘子·履信章》)　　4/2075

唯仁有亲,有仁无信,反败厥身。(《司马法·定爵》)　4/2127

夫诚畅于天地,通于神明,而况于人乎?(《太公六韬·文韬·赏罚》)4/2192

谦逊(85条)

不临深而为高,不加少而为多。(《孔子家语·儒行解》)　1/7

聪明睿智,守之以愚;功被天下,守之以让;勇力振世,守之以怯;富有四海,守之以谦。(《孔子家语·三恕》)　　　1/14

满而不盈,实而如虚,过之如不及。(《孔子家语·弟子行》)　1/17

夫自损者必有益之,自益者必有决之。(《孔子家语·六本》)　1/20

夫学者损其自多,以虚受人,故能成其满博也。(《孔子家语·六本》)1/20

调其盈虚,不令自满,所以能久也。(《孔子家语·六本》)　1/20

高上尊贵不以骄人,聪明圣知不以穷人,齐给速通不争先人,刚毅勇敢不以伤人;不知则问,不能则学,虽能必让,然后为德。(《荀子·非十二子》)　　　1/64

争之则失,让之则至,遵道则积,夸诞则虚。(《荀子·儒效》)　1/69

知之曰知之,不知曰不知,内不自以诬,外不自以欺,以是尊贤畏法而不敢怠傲,是雅儒者也。(《荀子·儒效》)　　1/70

君子力如牛,不与牛争力;走如马,不与马争走;知如士,不与士争知。(《荀子·尧问》)　1/145

君子进必以道,退不失义,高而勿矜,劳而不伐,位尊而行恭,功大而理顺;故俗不疾其能,而世不妒其业。(《盐铁论·非鞅》)　　　1/206

满而不溢,泰而不骄。(《盐铁论·褒贤》)　　　1/230

俗人之有功则德,德则骄。(《新序·节士》)　　　　　　1/304

廉夫,刚哉!夫山锐则不高,水狭则不深,行特者其德不厚,志与天地疑者,其为人不祥。(《新序·节士》)1/305

为人下者,其犹土乎!种之则五谷生焉,掘之则甘泉出焉,草木植焉,禽兽育焉,生人立焉,死人入焉,多其功而不言。(《说苑·臣术》)　　1/321

《易》曰:有一道,大足以守天下,中足以守国家,小足以守其身,谦之谓也。(《说苑·敬慎》)　　　　1/361

天之道,成者未尝得久也。夫学者以虚受之,故曰得。苟接知持满,则天下之善言不得入其耳矣。(《说苑·敬慎》)　　　　　　1/361

持满之道,挹而损之。(《说苑·敬慎》)　　　　　　　　1/361

高上尊贵,无以骄人;聪明圣智,无以穷人;资给疾速,无以先人;刚毅勇猛,无以胜人。(《说苑·敬慎》)　　　　　　　　　　1/363

士虽聪明圣智,自守以愚;功被天下,自守以让;勇力距世,自守以怯;富有天下,自守以廉。此所谓高而不危,满而不溢者也。(《说苑·敬慎》)1/364

夫江河长百谷者,以其卑下也。(《说苑·敬慎》)　　　　1/365

以卑为尊,以屈为伸。(《说苑·谈丛》)　　　　　　　　1/407

贵于言者,华也;奋于行者,伐也;夫色智而有能者,小人也。(《说苑·杂言》)　　　　　　　　　　　1/426

自后者,人先之;自下者,人高之。(《法言·寡见》)　　　1/471

天锡之光,大开之疆,于谦有庆。(《太玄·盛》)　　　　1/488

君子常虚其心志,恭其容貌,不以逸群之才,加乎众人之上,视彼犹贤,自视犹不足也,故人愿告之而不厌,诲之而不倦。(《中论·虚道》)　　1/605

让一得百,争十失九。(《周生烈子》)　　　　　　　　1/621

孔子力翘门关,不以力闻,此圣证也。(《颜氏家训·诫兵》)　　1/671

夫唯不盈,故能蔽而新成。(《老子·十五章》)　　　　2/708

曲则全,枉则直,洼则盈,敝则新,少则得,多则惑。(《老子·二十二章》)　　　　　　　　　　2/712

不自见,故明;不自是,故彰;不自伐,故有功;不自矜,故长。(《老子·二十二章》)　　　　　　2/712

夫唯不争,故天下莫能与之争。(《老子·二十二章》)　　2/713

自见者,不明;自是者,不彰;自伐者,无功;自矜者,不长。(《老子·二十四章》)　　　　　　2/713

果而勿矜,果而勿伐,果而勿骄,果而不得已,果而勿强。(《老子·三十章》)　　　　　　　　　　2/718

江海所以能为百谷王者,以其善下之,故能为百谷王。(《老子·六十六章》)　　　　　　　　　　2/736

给无以先人，刚勇无以胜人。(《邓析子·转辞篇》) 2/1281

人情莫不欲处前，故恶人之自伐。自伐，皆欲胜之类也。是故自伐其善，则莫不恶也。(《人物志·八观》)2/1305

人情皆欲求胜，故悦人之谦。谦所以下之，下有推与之意，是故人无贤愚，接之以谦，则无不色怿。(《人物志·八观》) 2/1305

善以不伐为大，贤以自矜为损。(《人物志·释争》) 2/1308

君子知屈之可以为伸，故含辱而不辞；知卑让之可以胜敌，故下之而不疑。及其终极，乃转祸而为福，屈仇而为友。(《人物志·释争》) 2/1308

君子之求胜也，以推让为利锐，以自修为棚橹。(《人物志·释争》)2/1308

不伐者，伐之也；不争者，争之也；让敌者，胜之也；下众者，上之也。(《人物志·释争》) 2/1309

通乎己之不足，则不与物争矣。(《吕氏春秋·有始览·谨听》)3/1501

俗人有功则德，德则骄。(《吕氏春秋·先识览·观世》) 3/1528

贵者必以贱为号，而高者必以下为基。(《淮南子·原道训》) 3/1613

下者万物归之，虚者天下遗之。(《淮南子·主术训》) 3/1665

孔子劲钩国门之关，而不肯以力闻；墨子为守攻，公输般服，而不肯以兵知。(《淮南子·道应训》) 3/1720

江、河所以能长百谷者，能下之也。夫惟能下之，是以能上之。(《淮南子·说山训》) 3/1773

非夫超群之器，不辩于免盈溢之过也。盖劳谦虚己，则附之者众；骄慢倨傲，则去之者多。附之者众，则安之征也；去之者多，则危之诊也。(《抱朴子外篇·刺骄》) 4/1997

自尊重之道，乃在乎以贵下贱，卑以自牧。(《抱朴子外篇·刺骄》)4/1997

瑰货多藏，则不招怨而怨至矣；器盈志骄，则不召祸而祸来矣。(《抱朴子外篇·广譬》) 4/2038

富贵不可以傲贫，贤明不可以轻暗。(《金楼子·立言篇上》) 4/2067

圣人知盛满之难持，每居德而谦冲。虽聪明睿智而志愈下，富贵广大而心愈降，勋盖天下而情愈惕，不以德厚而矜物，不以身尊而骄民。(《刘子·诫盈章》) 4/2084

在贵而忘贵，故能以贵下民；处高而遗高，故能以高就卑。(《刘子·明谦章》) 4/2085

情常忘善，故能以善下物；情恒存善，故欲以善胜人。(《刘子·明谦章》) 4/2085

信让者，百行之顺也；诞伐者，百行之悖也。(《刘子·言苑章》) 4/2089

天地不自明，故能长生；圣人不自明，故能名彰。(《太公六韬·武韬·文启》) 4/2195

操守（81条）

见利不亏其义，见死不更其守。（《孔子家语·儒行解》）　1/6

儒有可亲而不可劫，可近而不可迫，可杀而不可辱。（《孔子家语·儒行解》）　1/7

儒有不陨获于贫贱，不充诎于富贵。（《孔子家语·儒行解》）　1/8

富贵不足以益，贫贱不足以损。（《孔子家语·五仪解》）　1/9

芝兰生于深林，不以无人而不芳；君子修道立德，不为穷困而败节。（《孔子家语·在厄》）　1/26

受屈而不毁其节，志达而不犯于义。（《孔子家语·屈节解》）　1/28

志意修则骄富贵，道义重则轻王公，内省而外物轻矣。（《荀子·修身》）　1/43

良农不为水旱不耕，良贾不为折阅不市，士君子不为贫穷怠乎道。（《荀子·修身》）　1/44

君子易知而难狎，易惧而难胁，畏患而不避义死，欲利而不为所非，交亲而不比，言辩而不辞。荡荡乎，其有以殊于世也。（《荀子·不苟》）　1/48

义之所在，不倾于权，不顾其利，举国而与之不为改视，重死持义而不桡，是士君子之勇也。（《荀子·荣辱》）　1/56

不诱于誉，不恐于诽，率道而行，端然正己，不为物倾侧，夫是之谓诚君子。（《荀子·非十二子》）　1/66

天下知之，则欲与天下同苦乐之；天下不知之，则傀然独立天地之间而不畏。（《荀子·性恶》）　1/126

君子临穷而不失，劳倦而不苟，临患难而不忘细席之言。岁不寒无以知松柏，事不难无以知君子无日不在是。（《荀子·大略》）　1/133

美女以贞显其行，烈士以义彰其名。（《新语·道基》）　1/156

孔子不饮盗泉之流，曾子不入胜母之间。（《盐铁论·晁错》）　1/207

亏义得尊，枉道取容，效死不为也。（《盐铁论·论儒》）　1/212

闻正道不行，释事而退，未闻枉道以求容也。（《盐铁论·论儒》）　1/213

夫贱不害智，贫不妨行。（《盐铁论·地广》）　1/221

古之君子，守道以立名，修身以俟时，不为穷变节，不为贱易志，惟仁之处，惟义之行。（《盐铁论·地广》）1/221

临财苟得，见利反义，不义而富，无名而贵，仁者不为也。（《盐铁论·地广》）　1/221

惟仁者能处约、乐，小人富斯暴，贫斯滥矣。（《盐铁论·地广》）　1/221

盛饰以朝者，不以私污义；砥砺名号者，不以利伤行。（《新序·杂事三》）　1/294

圣达节，次守节，下不失节。（《新

序·节士》）　　　　　1/302

新浴者必振衣，新沐者必弹冠。又恶能以其泠泠，更事之嘿嘿者哉？（《新序·节士》）　　1/304

君子之道，谒而得位，道士不居也；争而得财，廉士不受也。（《新序·节士》）　　　　1/305

孔子席不正不坐，割不正不食，不饮盗泉之水，积正也。（《新序·节士》）　　　　　　1/305

世不己知而行之不已者，是爽行也；上不己知而干之不止者，是毁廉也。行爽廉毁，然且不舍，惑于利者也。（《新序·节士》）　　1/305

君子不为危易行。（《新序·节士》）　　　　　　　　1/306

回以利而背其君者，非仁也；劫以刃而失其志者，非勇也。（《新序·义勇》）　　　　1/306

义死不避斧钺之罪，义穷不受轩冕之服。无义而生，不仁而富，不如烹。（《新序·义勇》）　　1/307

知命之士，见利不动，临死不恐。（《新序·义勇》）　　　1/307

见国而忘主，不仁也；劫白刃而失义，不勇也。（《新序·义勇》）　　1/308

节士不以辱生。（《新序·义勇》）　　　　　　　　1/308

士有杀身以成仁，触害以立义，倚于节理，而不议死地，故能身死名流于来世。非有勇断，孰能行之？（《说苑·立节》）　　　　1/331

能不失己，然后可与济难矣。（《说苑·立节》）　　　　1/332

忠不暴君，智不重恶，勇不逃死。（《说苑·立节》）　　　1/333

古之士怒则思理，危不忘义，必将正行以求之耳。（《说苑·立节》）1/333

廉士不辱名，信士不惰行。（《说苑·立节》）　　　　1/334

食其禄者死其事。（《说苑·立节》）　　　　　　　1/334

请而得其赏，廉者不受也；言尽而名至，仁者不为也。（《说苑·复恩》）　　　　　　1/340

士不以利移，不为患改，孝敏忠信之事立，虽死而不悔。（《说苑·谈丛》）　　　　　1/391

心如天地者明，行如绳墨者章。（《说苑·谈丛》）　　　1/395

君子不以愧食，不以辱得。（《说苑·谈丛》）　　　　1/414

芝兰生深林，非为无人而不香。故学者非为通也，为穷而不困也，忧而志不衰也，先知祸福之始而心不惑也。（《说苑·杂言》）　　1/424

吾不为人之恶我而改吾志，不为我将死而改吾义。（《说苑·修文》）　　　　　　　　1/440

圣人重其道而轻其禄，众人重其禄而轻其道。（《法言·五百》）1/472

独立不惧，遁世无闷。（《潜夫论·交际》）　　　　　1/549

以岁之有凶穰而荒其稼穑者，非

良农也;以利之有盈缩而弃其资货者,非良贾也;以行之有祸福而改其善道者,非良士也。(《中论·修本》) 1/605

君子者,行不媮合,立不易方,不以天下枉道,不以乐生害仁,安可以禄诱哉?(《中论·亡国》) 1/617

利物诱人,犹飘风之加草也,惟直慎者,然后不回。(《谯子法训》) 1/634

夫为义者,可迫以仁,而不可劫以兵;可正以义,不可悬以利。(《文子·九守》) 2/752

君子死义,不可以富贵留也;为义者,不可以死亡恐也。(《文子·九守》) 2/752

古之存己者,乐德而忘贱,故名不动志;乐道而忘贫,故利不动心。(《文子·符言》) 2/757

内省而不穷于道,临难而不失其德,天寒既至,霜雪既降,吾是以知松柏之茂也。(《庄子·杂篇·让王》) 2/870

非吾仪,虽利不为;非吾当,虽利不行;非吾道,虽利不取。(《管子·白心》) 2/1037

子夏曰:"君子渐于饥寒而志不僻,侉于五兵而辞不慑,临大事不忘昔席之言。"(《尸子》) 3/1399

守道固穷,则轻王公。(《尸子》) 3/1401

士议之不可辱者,大之也。大之则尊于富贵也,利不足以虞其意矣。(《吕氏春秋·仲冬纪·忠廉》) 3/1489

夫不仁不义,又且已辱,不可以生。(《吕氏春秋·仲冬纪·忠廉》) 3/1490

廉,故不以贵富而忘其辱。(《吕氏春秋·仲冬纪·忠廉》) 3/1490

士之为人,当理不避其难,临患忘利,遗生行义,视死如归。(《吕氏春秋·季冬纪·士节》) 3/1492

于利不苟取,于害不苟免。(《吕氏春秋·季冬纪·士节》) 3/1493

石可破也,而不可夺坚;丹可磨也,而不可夺赤。(《吕氏春秋·季冬纪·诚廉》) 3/1493

内省而不疚于道,临难而不失其德,大寒既至,霜雪既降,吾是以知松柏之茂也。(《吕氏春秋·孝行览·慎人》) 3/1515

大夫见侮而不斗,则是辱也。(《吕氏春秋·先识览·正名》) 3/1534

夫大寒至,霜雪降,然后知松柏之茂也;据难履危,利害陈于前,然后知圣人之不失道也。(《淮南子·俶真训》) 3/1628

君子义死而不可以富贵留也,义为而不可以死亡恐也。(《淮南子·精神训》) 3/1649

行欲方者,直立而不桡,素白而不污,穷不易操,通不肆志。(《淮南子·主术训》) 3/1683

有义者不可欺以利,有勇者不可劫以惧,如饥渴者不可欺以虚器也。(《淮南子·缪称训》) 3/1697

耀灵、光夜之珍，不为莫求而亏其质，以苟且于贱贾；洪钟、周鼎，不为委沦而轻其体，取见举于侏儒。(《抱朴子外篇·擢才》) 4/1974

虽穷贱，而不可胁以威；虽危苦，而不可动以利。(《抱朴子外篇·名实》) 4/1978

若力之不能，末如之何，且当竹柏其行，使岁寒而无改也。(《抱朴子外篇·刺骄》) 4/1998

刚柔有不易之质，贞桡有天然之性。是以百炼而南金不亏其真，危困而烈士不失其正。(《抱朴子外篇·博喻》) 4/2011

南金不为处幽而自轻，瑾瑶不以居深而止洁。志道者不以否滞而改图，守正者不以莫赏而苟合。(《抱朴子外篇·广譬》) 4/2025

非分之达，犹林卉之冬华也；守道之穷，犹竹柏之履霜也。(《抱朴子外篇·广譬》) 4/2036

瞻径路之远，而耻由之；知大道之否，而不改之。(《抱朴子外篇·穷达》) 4/2057

平路康衢，从容之道进；危途险径，忠贞之节兴。(《金楼子·著书篇》) 4/2069

从容之用，代不乏人；忠贞之概，时难屡有。(《金楼子·著书篇》) 4/2070

生苟背道，不以为利；死必合义，不足为害。(《刘子·大质章》) 4/2085

不可以威胁而变其操，不可以利诱而易其心。(《刘子·大质章》) 4/2086

丈夫所耻，耻受辱以生于世也；贞女所羞，羞见劫以亏其节也。故有刎喉不顾、据鼎不避者，斯岂乐死而忘生哉！其心有所守也。(《燕丹子·卷上》) 4/2106

修己(56条)

言人之恶，非所以美己；言人之枉，非所以正己。故君子攻其恶，无攻人之恶。(《孔子家语·颜回》) 1/24

自知者不怨人，知命者不怨天，怨人者穷，怨天者无志。(《荀子·荣辱》) 1/56

失之己，反之人，岂不迂乎哉！(《荀子·荣辱》) 1/56

未有不能自足而能足人者也，未有不能自治而能治人者也。(《盐铁论·贫富》) 1/224

善为人者，能自为者也；善治人者，能自治者也。(《盐铁论·贫富》) 1/224

所谓不出于环堵之室而知天下者，知反之己者也。(《说苑·政理》) 1/344

不修其身，求之于人，是谓失伦；不治其内，而修其外，是谓大废。(《说苑·谈丛》) 1/388

夫肉自生虫，而还自食也；木自生蠹，而还自刻也；人自兴妖，而还自贼也。（《说苑·辨物》）　1/436

修德束躬，以自申饬，所以检其邪心，守其正意也。（《说苑·修文》）
1/438

夫见畏与见侮，无不由己。（《法言·五百》）　1/474

人必其自爱也，而后人爱诸；人必其自敬也，而后人敬诸。自爱，仁之至也；自敬，礼之至也。（《法言·君子》）
1/481

事有本真，陈施于意。动不克咸，本诸身。（《法言·法言序》）　1/486

君子视内，小人视外。（《太玄·视》）　1/488

知己曰明，自胜曰强。（《潜夫论·慎微》）　1/519

圣人求之于己，不以责下。（《潜夫论·明忠》）　1/551

见人而不自见者谓之矇，闻人而不自闻者谓之聩，虑人而不自虑者谓之瞀。故明莫大乎自见，聪莫大乎自闻，睿莫大乎自虑。（《中论·修本》）
1/599

救寒莫如重裘，止谤莫如自修。（《中论·虚道》）　1/608

事自名也，声自呼也，貌自眩也，物自处也，人自官也，无非自己者。（《中论·贵验》）　1/609

念己之短，好人之长，近仁也。（《谯子法训》）　1/633

自见之谓明，此诚难也。（《颜氏家训·文章》）　1/664

自知者英，自胜者雄。（《中说·周公篇》）　1/684

知人者智，自知者明；胜人者有力，自胜者强。（《老子·三十三章》）
2/719

苟向善，虽过无怨；苟不向善，虽忠来恶。故怨人不如自怨，勉求诸人，不如求诸己。（《文子·上德》）　2/774

知其愚者，非大愚也；知其惑者，非大惑也。大惑者，终身不解；大愚者，终身不灵。（《庄子·外篇·天地》）
2/849

道固不小行，德固不小识。小识伤德，小行伤道。故曰：正己而已矣。（《庄子·外篇·缮性》）　2/854

心能善知人者如明镜，善自知者如渊蚌。镜以曜明，故鉴人；蚌以含珠，故内照。（《苻子》）　2/960

身不善之患，毋患人莫己知。（《管子·小称》）　2/1029

称身之过者，强也；治身之节者，惠也；不以不善归人者，仁也。（《管子·小称》）　2/1031

知之难，不在见人，在自见。故曰："自见之谓明。"（《韩非子·喻老》）
2/1185

志之难也，不在胜人，在自胜也。故曰："自胜之谓强。"（《韩非子·喻老》）　2/1185

古之人目短于自见，故以镜观

面;智短于自知,故以道正己。(《韩非子·观行》) 2/1187

祸福生乎道法,而不出乎爱恶;荣辱之责在乎己,而不在乎人。(《韩非子·大体》) 2/1198

见不修行,见毁,而反之身者也,此以怨省而行修矣。(《墨子·修身》) 3/1320

爱人不外己,己在所爱之中。己在所爱,爱加于己。(《墨子·大取》) 3/1353

恶诸人,则去诸己;欲诸人,则求诸己。(《尸子·恕》) 3/1388

射不善而欲教人,人不学也;行不修而欲谈人,人不听也。(《尸子·恕》) 3/1389

荣辱由中出,敬侮由外生。(《尸子》) 3/1402

往世不可及,来世不可待,求己者也。(《尉缭子·治本》) 3/1422

善响者不于响于声,善影者不于影于形,为天下者不于天下于身。(《吕氏春秋·季春纪·先己》) 3/1446

欲胜人者,必先自胜;欲论人者,必先自论;欲知人者,必先自知。(《吕氏春秋·季春纪·先己》) 3/1449

凡听必反诸己,审则令无不听矣。(《吕氏春秋·审应览·审应》) 3/1552

知不知,上矣。过者之患,不知而自以为知。(《吕氏春秋·似顺论·别类》) 3/1595

身曲而景直者,未之闻也。(《淮南子·缪称训》) 3/1691

闻善易,以正身难。(《淮南子·缪称训》) 3/1693

君子见善,则痛其身焉。(《淮南子·缪称训》) 3/1693

身苟正,怀远易矣。(《淮南子·缪称训》) 3/1693

怨人不如自怨,求诸人不如求诸己。(《淮南子·缪称训》) 3/1694

声自召也,貌自示也,名自命也,文自官也,无非己者。(《淮南子·缪称训》) 3/1695

责人以人力,易偿也;自脩以道德,难为也。(《淮南子·氾论训》) 3/1733

矩不正,不可以为方;规不正,不可以为员。身者事之规矩也,未闻枉己而能正人者也。(《淮南子·诠言训》) 3/1739

行生于己,名生于人。(《白虎通义·谥》) 3/1873

欲人之敬之,必见自敬焉。不修善事,则为恶人;无事于大,则为小人。(《抱朴子外篇·刺骄》) 4/1998

得人者,先得之于己者也;失人者,先失之于己者也。未有得己而失人,失己而得人者也。(《抱朴子外篇·广譬》) 4/2029

知天者不怨天,知己者不怨人。(《太公金匮》) 4/2209

舍己而教人者逆,正己而化人者

顺。逆者乱之招,顺者治之要。(《黄石公三略·下略》)　　　4/2224

贤者有里,不肖有乡,死生在身

常定行。天无有过,人自求丧,详思其意,亦无妄行。(《太平经·胞胎阴阳规矩正行消恶图》)　　　4/2286

改过(14条)

过失,人之情莫不有焉。过而改之,是为不过。(《孔子家语·执辔》)
　　　1/27

桡枉者以直,救文者以质。(《盐铁论·救匮》)　　　1/247

亡羊而固牢,未为迟;见兔而呼狗,未为晚。(《新序·杂事二》) 1/289

才敏过人,未足贵也;博辩过人,未足贵也;勇决过人,未足贵也。君子之所贵者,迁善惧其不及,改恶恐其有余。(《中论·虚道》)　　　1/606

闻过而不改,谓之丧心;思过而不改,谓之失体。失体丧心之人,祸乱之所及也。君子舍旃。(《中论·贵验》)
　　　1/609

君子好闻过而无过,小人恶闻过而有过。(《谯子法训》)　　1/634

惑而极反,失道不远。(《黄帝四经·称》)　　　2/896

至老不改,临死不悔,此亦天民之笃暗者也。(《抱朴子内篇·勤求》)
　　　2/953

过而不悛,亡之本也。(《韩非子·难四》)　　　2/1221

人喜闻己之美也,善能扬之;恶闻己之过也,善能饰之。(《尹文子·大道下》)　　　2/1292

日滔滔以自新,忘老之及己也。(《淮南子·缪称训》)　　3/1695

人莫不有过,而不欲其大也。(《淮南子·氾论训》)　　　3/1732

高世之士,望尘而旋迹;轻薄之徒,响赴而影集。(《抱朴子外篇·疾谬》)　　　4/1994

奔骥不能及既往之失,千金不能救斯言之玷。(《抱朴子外篇·广譬》)
　　　4/2039

立志(36条)

笃行信道,自强不息。(《孔子家语·五仪解》)　　　1/9

居下而无忧者,则思不远;处身而常逸者,则志不广。(《孔子家语·在厄》)　　　1/26

事不揣长,不揳大,不权轻重,亦

将志乎尔。(《荀子·非相》)　　1/60

君子立志如穷。(《荀子·大略》)
　　　1/133

居不隐者思不远,身不佚者志不广。(《荀子·宥坐》)　　　1/141

志大者遗小,用权者离俗。(《盐铁

论·复古》）　　　　1/204

挟管仲之智者，非为厮役之使也。怀陶硃之虑者，不居贫困之处。（《盐铁论·地广》）　　　　1/220

夫贤人君子，以天下为任者也。（《盐铁论·散不足》）　　　1/244

高山仰止，景行行止，虽不能及，离道不远也。（《盐铁论·执务》）1/257

养志者忘身，身且不爱，孰能累之？（《新序·节士》）　　　1/303

苟有志，则无非事者。（《说苑·君道》）　　　　　1/318

夫吞舟之鱼不游渊；鸿鹄高飞，不就污池；何则？其志极远也。黄钟大吕，不可从繁奏之舞，何则？其音疏也。（《说苑·政理》）　　1/350

居不幽则思不远，身不约则智不广。（《说苑·杂言》）　　　1/423

不言而信，不动而威，不施而仁，志也。（《说苑·修文》）　　1/440

人必先作，然后人名之；先求，然后人与之。（《法言·君子》）　1/481

心坚金石，志轻四海。（《潜夫论·交际》）　　　　1/549

不闻大论，则志不弘，不听至言，则心不固。（《申鉴·杂言下》）　1/583

虽有其才而无其志，亦不能兴其功也。学者不患才之不赡，而患志之不立。是以为之者亿兆，而成之者无几。故君子必立其志。（《中论·治学》）　　　　　1/594

君子不恤年之将衰，而忧志之有

倦。（《中论·修本》）　　　1/601

有志尚者，遂能磨砺，以就素业，无履立者，自兹堕慢，便为凡人。（《颜氏家训·勉学》）　　　　1/657

吞舟之鱼，不游枝流；鸿鹄高飞，不集洿池。（《列子·杨朱》）　2/827

志诚坚果，无所不济，疑则无功，非一事也。（《抱朴子内篇·微旨》）
　　　　　　　　　　　2/941

务在事，事在大。（《吕氏春秋·有始览·谕大》）　　　　3/1504

傲小物而志属于大。（《吕氏春秋·士容论·士容》）　　　3/1599

夫疾呼不过闻百步，志之所在，逾于千里。（《淮南子·主术训》）3/1659

处逸乐而欲不放，居贫苦而志不倦。（《论衡·自纪篇》）　　3/1867

不嫌亏以求盈，不违险以趋平。（《论衡·自纪篇》）　　　3/1867

鸿不学飞，飞则冲天；骥不学行，行则千里。（《傅子》）　　3/1916

夫锐志于雏鼠者，不识驳虞之用心；盛务于庭粒者，安知鸳鸾之远指？（《抱朴子外篇·逸民》）　4/1934

身名并全，谓之为上；隐居求志，先民嘉焉。（《抱朴子外篇·逸民》）
　　　　　　　　　　　4/1936

澄视于秋毫者，不见天文之焕炳；肆心于细务者，不觉儒道之弘远。（《抱朴子外篇·崇教》）　　4/1942

夫智大量远者，盘桓以山峙；器小志近者，蓬飞而萍浮。（《抱朴子外

篇·名实》) 4/1978

坚志者，功名之主也；不惰者，众善之师也。(《抱朴子外篇·广譬》)

4/2033

雷霆之骇，不能细其响；黄河之激，不能局其流；骐骥追风，不能近其

迹；鸿鹄奋翅，不能卑其飞。(《抱朴子外篇·喻蔽》) 4/2046

居不隐者，思不远也；身不危者，志不广也。(《刘子·激通章》) 4/2088

君子乐得其志，小人乐得其事。(《太公六韬·文韬·文师》) 4/2181

心性（34条）

心未尝不臧也，然而有所谓虚；心未尝不满也，然而有所谓一；心未尝不动也，然而有所谓静。(《荀子·解蔽》)

1/118

人心譬如槃水，正错而勿动，则湛浊在下而清明在上，则足以见须眉而察理矣。微风过之，湛浊动乎下，清明乱于上，则不可以得大形之正也。心亦如是矣。(《荀子·解蔽》) 1/120

水至平，端不倾，心术如此象圣人。(《荀子·成相》) 1/127

哀乐而乐哀，皆丧心也。心之精爽，是谓魂魄，魂魄已失，何以能久？(《贾谊新书·礼容语下》) 1/191

心之得，万物不足为也；心之失，独心不能守也。(《说苑·谈丛》)1/399

人心其神矣乎！操则存，舍则亡。(《法言·问神》) 1/463

贤愚在心，不在贵贱；信欺在性，不在亲疏。(《潜夫论·本政》) 1/514

末生于本，行起于心。(《潜夫论·德化》) 1/552

心精苟正，则奸匿无所生，邪意无所载矣。(《潜夫论·德化》) 1/553

能胜其心，于胜人乎何有？不能胜其心，如胜人何？(《中论·修本》)

1/602

万物之来，我皆对之以性，而不对之以心。(《关尹子·符篇》) 2/903

无一心，五识并驰，心不可一；无虚心，五行皆具，心不可虚；无静心，万化密移，心不可静。(《关尹子·鉴篇》)

2/904

能去忧乐喜怒欲利，心乃反济。(《管子·内业》) 2/1052

心无他图，正心在中，万物得度。(《管子·内业》) 2/1053

断事以理，虚气平心，乃去怒喜。(《管子·版法解》) 2/1076

心欲安静，虑欲深远。心安静则神策生，虑深远则计谋成。心不欲躁，虑不欲浅。心躁则精神滑，虑浅则百事倾。(《邓析子·转辞篇》) 2/1278

心必和平然后乐。(《吕氏春秋·仲夏纪·适音》) 3/1466

乐之务在于和心，和心在于行适。(《吕氏春秋·仲夏纪·适音》)3/1466

凡人亦必有所习其心，然后能听

说。不习其心,习之于学问。(《吕氏春秋·有始览·听言》)　　　3/1501

以中制外,百事不废;中能得之,则外能牧之。(《淮南子·原道训》)　　　3/1620

夫内不开于中而强学问者,不入于耳而不著于心。(《淮南子·原道训》)　　　3/1624

外不滑内,则性得其宜;性不动和,则德安其位。(《淮南子·俶真训》)　　　3/1637

心者形之主也,而神者心之宝也。(《淮南子·精神训》)　　　3/1647

正肝胆,遗耳目;心志专于内,通达耦于一。(《淮南子·精神训》)3/1648

圣人心平志易,精神内守,物莫足以惑之。(《淮南子·氾论训》)3/1737

无去之心,而心无丑;无取之美,而美不失。(《淮南子·诠言训》)3/1749

发一端,散无竟;周八极,总一筦,谓之心。(《淮南子·人间训》)3/1805

使人高贤称誉己者,心之力也;使人卑下诽谤己者,心之罪也。(《淮南子·人间训》)3/1806

人皆知涤其器,而莫知洗其心。(《傅子》)　　　3/1915

万物不能挠其和,四海不足汩其神。(《抱朴子外篇·嘉遁》)　4/1928

恬和养神,则自安于内;清虚栖心,则不诱于外。(《刘子·清神章》)　　　4/2072

心者,生之本,神之处也。(《黄帝内经·素问·六节脏象论篇》)4/2246

性有巧拙,可以伏藏。(《阴符经·修性篇》)　　　4/2303

至乐性余,至静则廉。(《阴符经·栖神篇》)　　　4/2304

专心（19条）

蟫无爪牙之利,筋骨之强,上食埃土,下饮黄泉,用心一也;蟹六跪而二螯,非蛇蟺之穴无可寄托者,用心躁也。(《荀子·劝学》)　　1/37

无冥冥之志者,无昭昭之明;无惛惛之事者,无赫赫之功。(《荀子·劝学》)　　　1/37

目不能两视而明,耳不能两听而聪。(《荀子·劝学》)　　　1/37

心不使焉,则白黑在前而目不见,雷鼓在侧而耳不闻。(《荀子·解蔽》)1/118

心枝则无知,倾则不精,贰则疑惑。(《荀子·解蔽》)　　　1/119

身尽其故则美,类不可两也,故知者择一而壹焉。(《荀子·解蔽》)1/119

好书者众矣,而仓颉独传者,壹也;好稼者众矣,而后稷独传者,壹也;好乐者众矣,而夔独传者,壹也;好义者众矣,而舜独传者,壹也。(《荀子·解蔽》)　　　1/120

自古及今,未尝有两而能精者也。

（《荀子·解蔽》）　1/121

　　思乃精,志之荣,好而壹之神以成。(《荀子·成相》)　1/128

　　夫亡箴者,终日求之而不得,其得之,非目益明也,眸而见之也。心之于虑亦然。(《荀子·大略》)　1/132

　　古人云:"多为少善,不如执一;鼫鼠五能,不成伎术。"(《颜氏家训·涉务》)　1/668

　　夫道不欲杂,杂则多,多则扰,扰则忧,忧而不救。(《庄子·内篇·人间世》)　2/839

　　怠倦者不及,无广者疑神。(《管子·形势》)　2/970

　　鹿驰走无顾,六马不能望其尘;所以及者,顾也。(《尸子·劝学》)3/1380

　　唯而听,唯止;听而视,听止:以言说一。(《吕氏春秋·季春纪·圜道》)　3/1453

　　壹于为,则无败事矣。(《吕氏春秋·先识览·乐成》)　3/1530

　　两心不可以得一人,一心可以得百人。(《淮南子·缪称训》)　3/1695

　　立不朽之言者,不以产业汩和;追下帷之绩者,不以窥园涓目。(《抱朴子外篇·守塉》)　4/2005

　　绝利一源,用师十倍。(《阴符经·精专篇》)　4/2303

勤勉(47条)

　　求之而后得,为之而后成,积之而后高,尽之而后圣。(《荀子·儒效》)　1/72

　　人苟生之为见,若者必死;苟利之为见,若者必害;苟怠惰偷懦之为安,若者必危;苟情说之为乐,若者必灭。(《荀子·礼论》)　1/115

　　勉之强之,其福必长。(《荀子·解蔽》)　1/118

　　怨人者穷,怨天者无识。(《荀子·法行》)　1/143

　　自古及今,不施而得报,不劳而有功者,未之有也。(《盐铁论·力耕》)　1/199

　　人将休,吾将不休;人将卧,吾不敢卧。(《说苑·建本》)　1/329

　　夫士欲立义行道,毋论难易,而后能行之;立身著名,无顾利害,而后能成之。(《说苑·立节》)　1/332

　　君子上比,所以广德也;下比,所以狭行也。比于善,自进之阶也;比于恶,自退之原也。(《说苑·杂言》)　1/426

　　夫有意而不至者有矣,未有无意而至者也。(《法言·修身》)　1/457

　　雷震乎天,风薄乎山,云徂乎方,雨流乎渊,其事矣乎!(《法言·寡见》)　1/470

　　事不厌,教不倦,焉得日?(《法言·五百》)　1/472

　　或曰:"子于天下则谁与?"曰:"与夫进者乎!"(《法言·君子》)　1/480

　　天下通道五,所以行之一,曰勉。

（《法言·孝至》）　　　　　1/483

苦躬,富贵之梯阶。（《魏子》）

1/585

如彼登山,乃勤以求高;如彼浮海,乃勤以求远。惟心弗勤,时亦靡克。（《典论》）　　　　　1/588

人生在世,会当有业:农民则计量耕稼,商贾则讨论货贿,工巧则致精器用,伎艺则沉思法术,武夫则惯习弓马,文士则讲议经书。（《颜氏家训·勉学》）　　　　　　　1/658

人生难得,无虚过也。（《颜氏家训·归心》）　　　　　1/675

天下未有不劳而成者也。（《中说·述史篇》）　　　　1/686

名可强立,功可强成。（《文子·精诚》）　　　　　2/751

耕者不强,无以养生;织者不力,无以衣形;有余不足,各归其身。（《文子·上义》）　　　　2/795

君子不惰,真人不怠。（《鹖冠子·世兵》）　　　　　2/810

曙戒勿怠,后稚逢殃;朝忘其事,夕失其功。（《管子·形势》）　2/970

今日不为,明日忘货。（《管子·乘马》）　　　　　2/988

朝不勉力务进,夕无见功。（《管子·形势解》）　　　　2/1072

学不勤则不知道,耕不力则不得谷。（《世要论》）　　　2/1266

为其所难者,必得其所欲焉;未闻为其所欲,而免其所恶也。（《墨子·亲士》）　　　　　3/1316

虽有贤君,不爱无功之臣;虽有慈父,不爱无益之子。（《墨子·亲士》）　　　　　3/1317

君子力事日强,愿欲日逾,设壮日盛。（《墨子·修身》）　3/1321

赖其力者生,不赖其力者不生。（《墨子·非乐上》）　　3/1351

高山仰之可极,深渊度之可测。（《鬼谷子·符言》）　　3/1372

孔子曰:"欲知则问,欲能则学,欲给则豫,欲善则肆。"（《尸子·处道》）

3/1394

智者之举事必因时,时不可必成,其人事则不广。（《吕氏春秋·慎大览·不广》）

壮而怠则失时,老而解则无名。（《吕氏春秋·恃君览·达郁》）3/1574

矢之速也,而不过二里,止也;步之迟也,而百舍,不止也。（《吕氏春秋·不苟论·博志》）　　3/1593

射者非矢不中也,学射者不治矢也;御者非辔不行,学御者不为辔也。（《淮南子·精神训》）　　3/1653

物之若耕织者,始初甚劳,终必利也众。（《淮南子·主术训》）　3/1687

积薄为厚,积卑为高,故君子日孳孳以成辉,小人日快快以至辱。（《淮南子·缪称训》）

3/1694

农夫力耕得谷多,商贾远行得利深。（《论衡·命禄篇》）　3/1839

精学不求贵,贵自至矣;力作不求

富,富自到矣。(《论衡·命禄篇》)3/1839

久忧为厚乐之本,暂劳为永逸之始。(《抱朴子外篇·广譬》)　4/2041

圣贤孜孜,勉之若彼;浅近跞跞,忽之如此。(《抱朴子外篇·循本》)　4/2044

惟诸戏,尽不如示一尺之书。(《抱朴子外篇·自叙》)　4/2062

以险而陟,然后为贵;以难而升,所以为贤。(《刘子·激通章》)　4/2088

力能胜贫,谨能胜祸。(《齐民要术·序》)　4/2098

勤力可以不贫,谨身可以避祸。(《齐民要术·序》)　4/2098

未能精进,不能得道。(《太平经》)　4/2268

不学无求贤,不耕无求收。(《太平经·急学真法》)　4/2283

节俭(16条)

自非圣人,得志而不骄佚者,未之有也。(《盐铁论·论功》)　1/269

饮食有量,衣服有节,宫室有度,畜聚有数,车器有限,以防乱之源也。(《说苑·杂言》)　1/429

俭者,省约为礼之谓也;吝者,穷急不恤之谓也。(《颜氏家训·治家》)　1/653

古人云:"膏粱难整。以其为骄奢自足,不能克励也。"(《颜氏家训·音辞》)　1/676

凡人既饱而后轻食,既暖而后轻衣。(《杜氏幽求新书》)　2/925

人惰而侈则贫,力而俭则富。(《管子·形势解》)　2/1067

侈而堕者贫,而力而俭者富。(《韩非子·显学》)　2/1242

历观有家有国,其得之也,莫不阶于俭约;其失之也,莫不由于奢侈。俭者节欲,奢者放情;放情者危,节欲者安。(《世要论·节欲》)　2/1265

畏俭则福生,骄奢而祸起。(《邓析子·转辞篇》)　2/1279

圣王之所以养性也,非好俭而恶费也,节乎性也。(《吕氏春秋·孟春纪·重己》)　3/1432

处不重席,食不贰味。(《吕氏春秋·季春纪·先己》)　3/1448

侈糜者以为荣,俭节者以为陋,不以便死为故,而徒以生者之诽誉为务。(《吕氏春秋·孟冬纪·节丧》)3/1485

廉则约省无极,贪则奢泰不止。(《论衡·非韩篇》)　3/1852

清者,福之所集也;奢者,祸之所赴也。(《抱朴子外篇·守塉》)4/2004

无或蕴财,忍人之穷;无或利名,罄家继己;度入为出,处厥中焉。(《四民月令·三月》)　4/2096

度入为出,处厥中焉。(《齐民要术·杂说》)　4/2100

谨慎(61条)

智不务多,必审其所知;言不务多,必审其所谓;行不务多,必审其所由。(《孔子家语·五仪解》)　1/8

怠慢忘身,祸灾乃作。(《荀子·劝学》)　1/35

言有召祸也,行有招辱也,君子慎其所立乎!(《荀子·劝学》)　1/35

声无小而不闻,行无隐而不形。(《荀子·劝学》)　1/38

见其可欲也,则必前后虑其可恶也者;见其可利也,则必前后虑其可害也者;而兼权之,孰计之,然后定其欲恶取舍。(《荀子·不苟》)　1/53

凡人之患,偏伤之也。见其可欲也,则不虑其可恶也者;见其可利也,则不顾其可害也者。(《荀子·不苟》)　1/53

虑必先事而申之以敬,慎终如始,终始如一,夫是之谓大吉。(《荀子·议兵》)　1/102

敬胜怠则吉,怠胜敬则灭;计胜欲则从,欲胜计则凶。(《荀子·议兵》)1/102

无稽之言,不见之行,不闻之谋,君子慎之。(《荀子·正名》)　1/124

玩细虞,不图大患,非所以为安。(《贾谊新书·势卑》)　1/174

天之处高,其听卑,其牧芒,其视察。故凡自行,不可不谨慎也。(《贾谊新书·耳痹》)　1/181

《易》曰:"正其本而万物理,失之毫厘,差以千里。"故君子慎始。(《贾谊新书·胎教》)　1/192

不慎其前,而悔其后,何可复得?(《新序·杂事五》)　1/301

不顺其初,虽欲悔之,难哉!(《说苑·建本》)　1/330

不慎其前而悔其后,虽悔无及矣。(《说苑·建本》)　1/330

懔懔焉,如以腐索御奔马。(《说苑·政理》)　1/345

存亡祸福,其要在身。圣人重诫敬慎所忽。(《说苑·敬慎》)　1/360

谚曰:"诫无垢,思无辱。"(《说苑·敬慎》)　1/361

得其所利,必虑其所害;乐其所成,必顾其所败。(《说苑·敬慎》)　1/362

衰灭之过,在于得意而怠,浸蹇浸亡。(《说苑·敬慎》)　1/363

怨生于不报,祸生于多福,安危存于自处,不困在于蚤豫,存亡在于得人。慎终如始,乃能长久。(《说苑·敬慎》)　1/366

声无细而不闻,行无隐而不明。(《说苑·谈丛》)　1/390

力胜贫,谨胜祸;慎胜害,戒胜灾。(《说苑·谈丛》)　1/398

慎终如始,常以为戒。(《说苑·谈丛》)　1/400

福生于微,祸生于忽。日夜恐惧,唯恐不卒。(《说苑·谈丛》)　1/401

先忧事者后乐,先惰事者后忧。(《说苑·谈丛》)   1/402

默无过言,悫无过事。木马不能行,亦不费食;骐骥日驰千里,鞭椎不去其背。(《说苑·谈丛》)   1/417

终日言,不遗己之忧;终日行,不遗己之患。唯智者有之。故恐惧所以除患也,恭敬所以越难也。终身为之,一言败之,可不慎乎?(《说苑·杂言》)   1/430

圣人常慎微以敦其终。(《潜夫论·交际》)   1/546

轻诺必寡信,多易必多难。(《老子·六十三章》)   2/735

慎终如始,则无败事。(《老子·六十四章》)   2/736

圣人不病,以其病病。夫唯病病,是以不病。(《老子·七十一章》)2/739

不为不可成,不求不可得,不处不可久,不行不可复。(《文子·精诚》)   2/752

善游者溺,善骑者堕,各以所好,反自为祸。(《文子·符言》)   2/754

智虑者,祸福之门户也;动静者,利害之枢机也,不可不慎察也。(《文子·微明》)   2/777

道者敬小慎微,动不失时。(《文子·微明》)   2/777

夫忧者所以为昌也,喜所以为亡也。(《列子·说符》)   2/830

贤者慎所出。(《列子·说符》)   2/832

人之自失也,以其所长者也。(《管子·枢言》)   2/999

善游者死于梁池,善射者死于中野。(《管子·枢言》)   2/1000

战战栗栗,日慎一日。苟慎其道,天下可有。(《韩非子·初见秦》)   2/1145

不慎其事,不掩其情,贼乃将生。(《韩非子·主道》)   2/1147

慎易以避难,敬细以远大。(《韩非子·喻老》)   2/1184

忠怠于宦成,病加于少瘳,祸生于懈慢,孝衰于妻子。察此四者,慎终如始也。(《邓析子·转辞篇》)   2/1280

君子不处幸,不为苟,必审诸己然后任,任然后动。(《吕氏春秋·孝行览·遇合》)   3/1516

行不可不孰。(《吕氏春秋·慎行论·慎行》)   3/1583

贤主谨小物以论好恶。(《吕氏春秋·似顺论·慎小》)   3/1598

善游者溺,善骑者堕;各以其所好,反自为祸。(《淮南子·原道训》)3/1611

小快害道,斯须害仪。(《淮南子·缪称训》)   3/1696

动之为物,不损则益,不成则毁,不利则病,皆险也,道之者危。(《淮南子·诠言训》)   3/1746

圣人谨慎其所积。(《淮南子·诠言训》)   3/1751

见之明白,处之如玉石;见之暗晦,必留其谋。(《淮南子·说林训》)   3/1800

圣人敬小慎微,动不失时;百射重戒,祸乃不滋;计福勿及,虑祸过之。(《淮南子·人间训》)　　3/1810

望在具瞻,毁誉尤速。得失之举,不在多也。(《抱朴子外篇·君道》)
　　4/1948

智者,识轻小之为害,故慎微细之危患,每畏轻微,懔懔焉若朽索之驭六马也。(《刘子·慎隙章》)　4/2083

祥至不深喜,逾敬慎以俭身;妖见不为戚,逾修德以为务。(《刘子·祸福章》)
　　4/2087

智者不冀侥幸以要功,明者不苟从志以顺心。事必成然后举,身必安而后行。故发无失举之尤,动无蹉跌之愧也。(《燕丹子·卷上》)　4/2106

智者之虑,必杂于利害。杂于利,而务可信也;杂于害,而患可解也。(《孙子兵法·九变篇》)　　4/2150

道自微而生,祸自微而成,慎终与始,完如金城。敬胜怠则吉,义胜欲则昌,日慎一日,寿终无殃。(《太公金匮》)　　4/2210

夫人之在道,若鱼之在水,得水而生,失水而死。故君子者常畏惧而不敢失道。(《黄石公三略·下略》)　4/2228

智者之举错也,常审以慎;愚者之动作也,必果而速。(《伤寒论·伤寒例》)　　4/2264

惜时（17条）

时难得而易失也。学者勉之乎!天禄不重。(《贾谊新书·劝说》)1/182

时乎时乎,间不及谋。至时之极,间不容息。(《说苑·谈丛》)　1/397

来事可追也,往事不可及。(《说苑·谈丛》)　　1/408

辰乎辰!曷来之迟,去之速也!君子竞诸。(《法言·问明》)　1/467

古人贱尺璧而重寸阴,惧乎时之过已。(《典论·论文》)　1/587

光阴可惜,譬诸逝水。当博览机要,以济功业;必能兼美,吾无间焉。(《颜氏家训·勉学》)　　1/662

日回月周,时不与人游,故圣人不贵尺之璧,而贵寸之阴。(《文子·道原》)　　2/748

来世不可待,往世不可追也。(《庄子·内篇·人间世》)　2/841

人生天地之间,若白驹之过郤,忽然而已。(《庄子·外篇·知北游》)
　　2/865

人生也,亦少矣;而岁往之,亦速矣。(《尸子》)　　3/1403

日回而月周,时不与人游。(《淮南子·原道训》)　　3/1616

圣人不贵尺之璧而重寸之阴,时难得而易失也。(《淮南子·原道训》)
　　3/1616

禹之趋时也,履遗而弗取,冠挂而弗顾,非争其先也,而争其得时也。

《淮南子·原道训》 3/1616

夫玄黄遐邈，而人生倏忽。《抱朴子外篇·嘉遁》 4/1931

昼竞羲和之末景，夕照望舒之余耀，道靡远而不究，言无微而不研。《抱朴子外篇·任命》 4/1974

驰光不留，逝川倏忽；尺石为宝，寸阴可惜。《金楼子·立言篇上》 4/2066

昔之君子，欲行仁义于天下，则与时竞驰，不吝盈尺之璧，而珍分寸之阴。《刘子·惜时章》 4/2089

积累（34条）

积土成山，风雨兴焉；积水成渊，蛟龙生焉；积善成德，而神明自得，圣心备焉。《荀子·劝学》 1/36

不积跬步，无以至千里；不积小流，无以成江海。《荀子·劝学》1/36

骐骥一跃，不能十步；驽马十驾，功在不舍。锲而舍之，朽木不折；锲而不舍，金石可镂。《荀子·劝学》1/36

夫骥一日而千里，驽马十驾则亦及之矣。《荀子·修身》 1/45

跬步而不休，跛鳖千里；累土而不辍，丘山崇成；厌其源，开其渎，江河可竭；一进一退，一左一右，六骥不致。《荀子·修身》 1/45

积土而为山，积水而为海，旦暮积谓之岁，至高谓之天，至下谓之地，宇中六指谓之极，涂之人百姓积善而全尽谓之圣人。《荀子·儒效》 1/72

积微，月不胜日，时不胜月，岁不胜时。《荀子·强国》 1/106

尽小者大，积微者著。《荀子·大略》 1/134

如垤而进，吾与之；如丘而止，吾已矣。《荀子·宥坐》 1/140

土积而成山阜，水积而成江海，行积而成君子。《盐铁论·执务》1/257

所以尚干将、莫邪者，贵其立断也；所以贵骐骥者，为其立至也。必且历日旷久乎？丝氂犹能挈石，驽马亦能致远。《新序·杂事二》 1/286

水积成川，则蛟龙生焉；土积成山，则豫樟生焉；学积成圣，则富贵尊显至焉。《说苑·建本》 1/326

顺针缕者成帷幕，合升斗者实仓廪，并小流而成江海。《说苑·政理》 1/344

夫太山不辞壤石，江海不逆小流，所以成大也。《说苑·尊贤》 1/357

太山之高，非一石也，累卑然后高也。《说苑·正谏》 1/360

积上不止，必致嵩山之高；积下不已，必极黄泉之深。《潜夫论·慎微》 1/518

天下难事，必作于易；天下大事，必作于细。《老子·六十三章》2/735

合抱之木，生于毫末；九层之台，起于累土；千里之行，始于足下。《老子·六十四章》 2/736

积德成王,积怨成亡,积石成山,积水成海,不积而能成者,未之有也。(《文子·道德》) 2/761

跬步不休,跛鳖千里;累由不止,丘山从成。(《文子·上德》) 2/770

积薄成厚,积卑成高。(《文子·上德》) 2/773

修涂之累,非移晷所臻;凌霄之高,非一篑之积。(《抱朴子内篇·极言》) 2/947

千仓万箱,非一耕所得;干天之木,非旬日所长。(《抱朴子内篇·极言》) 2/947

凡聚小所以就大,积一所以至亿也。(《抱朴子内篇·极言》) 2/949

有形之类,大必起于小;行久之物,族必起于少。(《韩非子·喻老》) 2/1183

凡数,十、百、千、万、亿、亿、万、千、百、十,皆起于一。(《尹文子》) 2/1293

为强者,积于弱也;为直者,积于曲也;有余者,积于不足也。(《鬼谷子·谋篇》) 3/1369

积于柔则刚,积于弱则强;观其所积,以知祸福之乡。(《淮南子·原道训》) 3/1613

壹快不足以成善,积快而为德;壹恨不足以成非,积恨而成怨。(《淮南子·缪称训》) 3/1704

运行潦而勿辍,必混流乎沧海矣;崇一篑而弗休,必钧高乎峻极矣。(《抱朴子外篇·勖学》) 4/1940

玄圃极天,盖由众石之积;南溟浩溔,实须群流之赴。(《抱朴子外篇·交际》) 4/1970

盈乎万钧,必起于锱铢;竦秀凌霄,必始于分毫。(《抱朴子外篇·博喻》) 4/2008

为山者基于一篑之土,以成千丈之峭;凿井者起于三寸之坎,以就万仞之深。(《刘子·崇学章》) 4/2074

悬岩滴溜,终能穿石;规车牵索,卒至断轴。水非石之钻,绳非木之锯,然而断穿者,积渐之所成也。(《刘子·崇学章》) 4/2074

言行(68条)

言必诚信,行必忠正。(《孔子家语·儒行解》) 1/6

奋于言者华,奋于行者伐。(《孔子家语·三恕》) 1/15

君子知之曰智,言之要也;不能曰不能,行之至也。言要则智,行至则仁。(《孔子家语·三恕》) 1/15

君子以行言,小人以舌言。(《孔子家语·颜回》) 1/23

终日言,无遗己忧;终日行,不遗己患。(《孔子家语·子路初见》) 1/25

言之善者,在所日闻;行之善者,在所能为。(《孔子家语·入官》) 1/26

庸言必信之,庸行必慎之,畏法流

俗而不敢以其所独甚,若是,则可谓悫士矣。(《荀子·不苟》)　　1/52

凡事行,有益于理者立之,无益于理者废之,夫是之谓中事。凡知说,有益于理者为之,无益于理者舍之,夫是之谓中说。(《荀子·儒效》)　　1/68

不足于行者说过,不足于信者诚言。(《荀子·大略》)　　1/134

不自嗛其行者,言滥过。(《荀子·大略》)　　1/136

君子知之曰知之,不知曰不知,言之要也;能之曰能之,不能曰不能,行之至也。(《荀子·子道》)　　1/142

礼接于人,人不敢慢;辞交于人,人不敢侮。(《孔丛子·居卫》)　　1/154

凡权重者必谨于事,令行者必谨于言,则过败鲜矣。(《贾谊新书·道术》)　　1/183

言之非难,行之为难。(《盐铁论·非鞅》)　　1/206

恶言不出于口,邪行不及于己。(《盐铁论·毁学》)　　1/227

终日言,无口过;终身行,无冤尤。(《盐铁论·毁学》)　　1/227

言之易而行之难。(《盐铁论·利议》)　　1/243

忠信者,士之行也;言语者,士之道路也。(《新序·杂事二》)　　1/289

欲人勿闻,莫若勿言;欲人勿知,莫若勿为。(《说苑·正谏》)　　1/359

无多言,多言多败;无多事,多事多患。安乐必戒,无行所悔。(《说苑·敬慎》)　　1/365

能言者未必能行,能行者未必能言。(《说苑·权谋》)　　1/377

衣虽弊,行必修;头虽乱,言必治。(《说苑·谈丛》)　　1/393

言疑者无犯,行疑者无从。(《说苑·谈丛》)　　1/395

言出于己,不可止于人;行发于迩,不可止于远。(《说苑·谈丛》)　　1/411

顺道而行,循理而言;喜不加易,怒不加难。(《说苑·谈丛》)　　1/414

君子知之为知之,不知为不知,言之要也。能之为能之,不能为不能,行之要也。言要则知,行要则仁。既知且仁,夫有何加矣哉?(《说苑·杂言》)　　1/426

事胜辞则伉,辞胜事则赋,事辞称则经。足言足容,德之藻矣!(《法言·吾子》)　　1/451

言不惭、行不耻者,孔子惮焉!(《法言·修身》)　　1/460

君子不言,言必有中也;不行,行必有称也。(《法言·君子》)　　1/479

夫言行在于美善,不在于众多。(《新论·言体篇》)　　1/493

心与言,言与事,参相应也。(《申鉴·政体》)　　1/573

君子口无戏谑之言,言必有防;身无戏谑之行,行必有检。(《中论·法象》)　　1/596

夫行异乎言,言之错也,无周于

智;言异乎行,行之错也,有伤于仁,是故君子务以行前言也。(《中论·修本》)　　　　　　　1/601

事莫贵乎有验,言莫弃乎无征。(《中论·贵验》)　　　　1/608

多言,德之贼也;多事,生之仇也。(《中说·问易篇》)　　1/685

多言不可与远谋,多动不可与久处。(《中说·魏相篇》)　1/686

言有宗,事有君。(《老子·七十章》)　　　　　　　　　2/739

言出于口,不可禁于人;行发于近,不可禁于远。(《文子·微明》)　2/776

行有召寇,言有致祸。(《文子·微明》)　　　　　　　　　2/781

善言贵乎可行,善行贵乎仁义。(《文子·上义》)　　　　2/793

居则有法,动作循名,其事若易成。(《黄帝四经·十大经·姓争》)　　　　　　　　　2/888

言而不可复者,君不言也;行而不可再者,君不行也。(《管子·形势》)　　　　　　　　　2/975

言必中务,不苟为辩;行必思善,不苟为难。(《管子·法法》)　2/1007

知静之修,居而自利;知作之从,每动有功。(《管子·势》)　2/1042

择言必顾其累,择行必顾其忧。(《管子·形势解》)　　　2/1069

言之不可复者,其言不信也;行之不可再者,其行贼暴也。(《管子·形势解》)　　　　　　　　　　2/1075

言无定术,行无常议。(《韩非子·显学》)　　　　　　2/1242

有理而无益于治者,君子弗言;有能而无益于事者,君子弗为。君子非乐有言,有益于治,不得不言;君子非乐有为,有益于事,不得不为。(《尹文子·大道上》)　　　　　　　　2/1288

藏于心者无以竭爱,动于身者无以竭恭,出于口者无以竭驯。(《墨子·修身》)　　　　　　3/1322

言必信,行必果,使言行之合犹合符节也,无言而不行也。(《墨子·兼爱下》)　　　　　　　　3/1344

言足以复行者,常之;不足以举行者,勿常。(《墨子·耕柱》)　3/1354

慎而言,将有和之;慎而行,将有随之。(《尸子》)　　　3/1402

至言去言,至为无为。(《吕氏春秋·审应览·精谕》)　3/1553

言行相诡,不祥莫大焉。(《吕氏春秋·审应览·淫辞》)　3/1555

夫天下之所以恶,莫恶于不可知也。(《吕氏春秋·慎行论·壹行》)　3/1586

言之易,行之难。(《吕氏春秋·不苟论·不苟》)　　　3/1590

言不得过其实,行不得逾其法。(《淮南子·主术训》)　3/1669

非道不言,非义不行,言不苟出,行不苟为,择善而后从事焉。(《淮南子·主术训》)　　　　　　3/1685

矜怛生于不足,华诬生于矜。(《淮

南子·缪称训》）　　　　3/1696

言有宗,事有本。（《淮南子·道应训》）　　　　　　　　3/1723

貂裘而杂,不若狐裘而粹,故人莫恶于无常行。（《淮南子·说山训》）
　　　　　　　　　　　　3/1782

百言百当,不若择趋而审行也。（《淮南子·人间训》）　　3/1809

善言归乎可行,善行归乎仁义。（《淮南子·泰族训》）　　3/1828

心辩则言丑而不违,口辩则辞好而无成。（《论衡·定贤篇》）3/1864

尊其辞令,敬其威仪,使言无口过,体无倨容,可法可观,可畏可爱。盖远辱之良术、全交之要道也。（《抱朴子外篇·疾谬》）　　　4/1993

枚叔有言:“欲人不闻,莫若不言。欲人不知,莫若勿为。”（《金楼子·戒子篇》）　　　　　　　4/2064

行必虑正,无怀侥幸。（《太公金匮》）　　　　　　　　4/2210

毋多言,毋多事,多言多败,多事多害。（《太公金匮》）　　4/2211

言语（108条）

君子遗人以财,不若善言。（《孔子家语·六本》）　　　1/21

发言不逆,可谓知言矣;言而众向之,可谓知时矣。（《孔子家语·六本》）1/22

不问而告谓之傲,问一而告二谓之嘈。傲,非也;嘈,非也。（《荀子·劝学》）　　　　　　　　　1/39

未可与言而言谓之傲,可与言而不言谓之隐,不观气色而言谓之瞽。故君子不傲,不隐,不瞽,谨顺其身。（《荀子·劝学》）　　　　1/40

与人善言,暖于布帛;伤人之言,深于矛戟。（《荀子·荣辱》）　1/54

赠人以言,重于金石珠玉;观人以言,美于黼黻、文章;听人以言,乐于钟鼓琴瑟。（《荀子·非相》）　1/61

谈说之术:矜庄以莅之,端诚以处之,坚强以持之,分别以喻之,譬称

以明之,欣欢芬芗以送之,宝之珍之,贵之神之,如是则说常无不受。（《荀子·非相》）　　　　　1/62

言而非仁之中也,则其言不若其默也,其辩不若其呐也;言而仁之中也,则好言者上矣,不好言者下也。（《荀子·非相》）　　　　1/63

先虑之,早谋之,斯须之言而足听,文而致实,博而党正,是士君子之辩者也。（《荀子·非相》）　　1/63

惟惟而亡者,诽也;博而穷者,訾也;清之而俞浊者,口也。（《荀子·非十二子》）　　　　　　　1/64

君子赠人以言,庶人赠人以财。（《荀子·大略》）　　　1/134

多言而类,圣人也;少言而法,君子也;多言无法而流喆然,虽辩,小人也。（《荀子·大略》）　　　1/139

夫言贵实,使人信之,舍实何称乎?(《孔丛子·记义》) 1/149

见教一高言,若饥十日而得大牢焉,是达若天地,行生后世。(《贾谊新书·劝学》) 1/182

歌者不期于利声,而贵在中节;论者不期于丽辞,而务在事实。(《盐铁论·相刺》) 1/231

善声而不知转,未可为能歌也;善言而不知变,未可谓能说也。(《盐铁论·相刺》) 1/231

文繁如春华,无效如抱风。(《盐铁论·遵道》) 1/236

饰虚言以乱实,道古以害今。(《盐铁论·遵道》) 1/236

君子慎言语矣,毋先己而后人;择言出之,令口如耳。(《说苑·政理》) 1/350

人而无辞,安所用之?(《说苑·善说》) 1/368

夫辞者,乃所以尊君、重身、安国、全性者也。故辞不可不修,而说不可不善。(《说苑·善说》) 1/368

夫说者,固以其所知谕其所不知,而使人知之。(《说苑·善说》) 1/368

有道者言,不可不重也。(《说苑·权谋》) 1/376

其言人之美也,隐而显;其言人之过也,微而著。(《说苑·权谋》) 1/378

一言而非,四马不能追;一言而急,四马不能及。(《说苑·谈丛》) 1/397

恶语不出口,苟言不留耳。(《说苑·谈丛》) 1/399

言善毋及身,言恶毋及人。(《说苑·谈丛》) 1/407

多易多败,多言多失。(《说苑·谈丛》) 1/409

口者关也,舌者机也,出言不当,四马不能追也。口者关也,舌者兵也,出言不当,反自伤也。(《说苑·谈丛》) 1/410

百行之本,一言也。一言而适,可以却敌;一言而得,可以保国。(《说苑·谈丛》) 1/411

君子之言寡而实,小人之言多而虚。(《说苑·谈丛》) 1/413

言不能达其心,书不能达其言,难矣哉!惟圣人得言之解,得书之体。(《法言·问神》) 1/464

言,心声也;书,心画也。(《法言·问神》) 1/465

夫辩也者,自辩也;如辩人,几矣。(《法言·重黎》) 1/477

议者,明之所见也;辞者,心之所表也。(《潜夫论·边议》) 1/535

士贵有辞,亦憎多口。(《潜夫论·交际》) 1/549

君子必贵其言,贵其言则尊其身,尊其身则重其道,重其道所以立其教。言费则身贱,身贱则道轻,道轻则教废。(《中论·贵言》) 1/610

君子之与人言也,使辞足以达其知虑之所至,事足以合其性情之所安,

弗过其任而强牵制也。(《中论·贵言》)　　　　　　1/610

君子将与人语大本之源,而谈性义之极者,必先度其心志,本其器量,视其锐气,察其堕衰,然后唱焉以观其和,导焉以观其随。(《中论·贵言》)　　　　　　　　1/611

夫辩者,求服人心也,非屈人口也。(《中论·核辩》)　　1/612

言者善,则谓之智矣;言者不善,则谓之愚矣。(《鹖子》)　2/696

知者不言,言者不知。(《老子·五十六章》)　　　2/731

出言不当,驷马不追。(《文子·微明》)　　　　　　2/781

夫知言之谓者,不以言言也。(《列子·说符》)　　　2/830

传其常情,无传其溢言,则几乎全。(《庄子·内篇·人间世》)　2/840

意之所随者,不可以言传也。(《庄子·外篇·天道》)　2/850

知者不言,言者不知。(《庄子·外篇·天道》)　　　2/851

荃者所以在鱼,得鱼而忘荃;蹄者所以在兔,得兔而忘蹄;言者所以在意,得意而忘言。(《庄子·杂篇·外物》)　　　　　　　　2/867

言无言,终身言,未尝言;终身不言,未尝不言。(《庄子·杂篇·寓言》)　　　　　　　　2/868

事必有言,言有害,曰不信,曰不知畏人,曰自诬,曰虚夸,以不足为有

余。(《黄帝四经·经法·道法》)2/877

百言有本,千言有要,万言有蒽。(《黄帝四经·十大经·成法》)2/889

凡说之难:在知所说之心,可以吾说当之。(《韩非子·说难》)2/1163

凡说之务,在知饰所说之所矜而灭其所耻。(《韩非子·说难》)2/1163

谏说谈论之士,不可不察爱憎之主而后说焉。(《韩非子·说难》)2/1163

人主亦有逆鳞,说者能无婴人主之逆鳞,则几矣。(《韩非子·说难》)　　　　　　　　2/1164

推辩说非所听也,虚言非所应也,无益之辞非所举也。(《邓析子·无厚篇》)　　　　　　　　2/1273

与智者言依于博,与博者言依于辩,与辩者言依于要,与贵者言依于势,与富者言依于豪,与贫者言依于利,与贱者言依于谦,与勇者言依于敢,与愚者言依于说。(《邓析子·转辞篇》)　　　　　　　　2/1276

一言而非,驷马不能追;一言而急,驷马不能及。(《邓析子·转辞篇》)　　　　　　　　2/1277

恶言不出口,苟语不留耳。(《邓析子·转辞篇》)　　　2/1277

善接论者,度所长而论之。历之不动,则不说也。傍无听达,则不难也。(《人物志·材理》)　2/1300

善喻者,以一言明数事;不善喻者,百言不明一意。百言不明一意,则不听也。(《人物志·材理》)　2/1301

潜慝之言，无入之耳；批扞之声，无出之口。(《墨子·修身》) 3/1321

夫辩者，将以明是非之分，审治乱之纪，明同异之处，察名实之理，处利害，决嫌疑。(《墨子·小取》) 3/1353

口者，心之门户也；心者，神之主也。志意、喜欲、思虑、智谋，皆由门户出入。(《鬼谷子·捭阖》) 3/1364

口可以食，不可以言。(《鬼谷子·权篇》) 3/1367

言多必有数短之处。(《鬼谷子·中经》) 3/1373

言美则响美，言恶则响恶；身长则影长，身短则影短。(《尸子》) 3/1402

凡说者，兑之也，非说之也。(《吕氏春秋·孟夏纪·劝学》) 3/1456

功先名，事先功，言先事。(《吕氏春秋·有始览·听言》) 3/1501

凡能听说者，必达乎论议者也。(《吕氏春秋·孝行览·遇合》) 3/1516

善说者，陈其势，言其方，见人之急也，若自在危厄之中，岂用强力哉？(《吕氏春秋·慎大览·报更》) 3/1521

善说者若巧士，因人之力以自为力，因其来而与来，因其往而与往，不设形象，与生与长，而言之与响。(《吕氏春秋·慎大览·顺说》) 3/1521

说淫则可不可而然不然，是不是而非不非。(《吕氏春秋·先识览·正名》) 3/1533

言不足以断小事，唯知言之谓者可为。(《吕氏春秋·审应览·精谕》) 3/1553

言者以谕意也。(《吕氏春秋·审应览·离谓》) 3/1553

夫辞者，意之表也。(《吕氏春秋·审应览·离谓》) 3/1555

凡言者以谕心也。(《吕氏春秋·审应览·淫辞》) 3/1555

坐而不教，立而不议，虚而往者实而归，故不言而能饮人以和。(《淮南子·俶真训》) 3/1630

得万人之兵，不如闻一言之当。(《淮南子·说山训》) 3/1780

或直于辞而不害于事者，或亏于耳以忤于心而合于实者。(《淮南子·人间训》) 3/1808

繁称文辞，无益于说，审其所由而已矣。(《淮南子·人间训》) 3/1811

所为言者，齐于众而同于俗。今不称九天之顶，则言黄泉之底，是两末之端义，何可以公论乎？(《淮南子·脩务训》) 3/1813

说者不在善，在所说者善之；才不待贤，在所事者贤之。(《论衡·逢遇篇》) 3/1836

言语之次，空生虚妄之美；功名之下，常有非实之加。(《论衡·书虚篇》) 3/1845

救火拯溺，义不得好；辩论是非，言不得巧。(《论衡·自纪篇》) 3/1869

情莫多妄，口莫多言。(《傅子》) 3/1914

病从口入,患自口出。(《傅子》)

3/1914

切论则秋霜春肃,温辞则冰条吐葩。(《抱朴子外篇·嘉遁》)　4/1929

非言之难也,谈之时难也。(《抱朴子外篇·时难》)　4/1953

枢机之发,荣辱之主。三缄之戒,岂欺我哉?(《抱朴子外篇·疾谬》)

4/1992

毫氂之失,有千里之差;伤人之语,有剑戟之痛。(《抱朴子外篇·疾谬》)　4/1993

善言之往,无远不悦;恶辞之来,靡近不忤。(《抱朴子外篇·博喻》)

4/2016

夫制器者,珍于周急,而不以采饰外形为善;立言者,贵于助教,而不以偶俗集誉为高。(《抱朴子外篇·应嘲》)　4/2045

言少,则至理不备;辞寡,即庶事不畅。(《抱朴子外篇·喻蔽》)　4/2047

未若希声以全大音,约说以俟识者矣。(《抱朴子外篇·重言》)　4/2059

出言之善,则千里应之;出言之恶,则千里违之。(《刘子·慎言章》)

4/2081

身亡不可复存,言出不可复追。(《刘子·慎言章》)　4/2081

明者慎言,故无失言;暗者轻言,身致害灭。(《刘子·慎言章》)　4/2081

礼然后动,则动如春风,人不厌其动;时然后言,则言如金石,人不厌其言。(《刘子·慎言章》)　4/2082

面之所以形,明镜之力也;发之所以理,玄栉之功也,行之所以荣,善言之益也。(《刘子·贵言章》)　4/2082

君子重正言之惠,贤于轩璧之赠;乐闻其过,胜于德义之名。(《刘子·贵言章》)　4/2082

明者纳规于未形,采言于意表,从善如转圆,遗恶如仇敌。(《刘子·贵言章》)　4/2083

知其要者,一言而终;不知其要,流散无穷。(《黄帝内经·素问·六元正纪大论篇》)　4/2254

知之乃可说,不知而强说之,会自穷矣。(《太平经·守三实法》)4/2274

夫人言事,辞详善,人即报之以善,响亦应之以善;其言凶恶不祥,人亦报之以恶,响亦应之以恶也。凡事相应和者,悉天使之也。(《太平经·三合相通诀》)　4/2282

一言不通,则有冤结;二言不通,辄有杜塞;三言不通,转有隔绝。(《太平经·使能无争讼法》)　4/2287

致重慎所言,以善为谈首。(《太平经·天报信成神诀》)　4/2298

不得其理,难以妄言。(《周易参同契·不得其理章》)　4/2308

笃行（33条）

知而弗为，莫如勿知；亲而弗信，莫如勿亲。（《孔子家语·子路初见》）1/25

道虽迩，不行不至；事虽小，不为不成。（《荀子·修身》）1/46

自大，而不修其所以大，不大矣；自异，而不修其所以异，不异矣。（《孔丛子·居卫》）1/153

马效千里，不必胡、代；士贵成功，不必文辞。（《盐铁论·论儒》）1/211

衣儒衣，冠儒冠，而不能行其道，非其儒也。（《盐铁论·刺议》）1/243

有舍其车而识其牛，贵其不言而多成事也。（《盐铁论·利议》）1/243

盲者口能言白黑，而无目以别之。儒者口能言治乱，而无能以行之。（《盐铁论·能言》）1/258

卑而言高，能言而不能行者，君子耻之矣。（《盐铁论·能言》）1/259

为者常成，行者常至。（《说苑·建本》）1/329

虽无能，君子务益。夫华多实少者，天也；言多行少者，人也。（《说苑·敬慎》）1/362

言之者，行之役也；行之者，言之主也。（《说苑·权谋》）1/377

好大而不为，大不大矣；好高而不为，高不高矣。（《法言·修身》）1/456

十种之地，膏壤虽肥，弗耕不获；千里之马，骨法虽具，弗策不致。（《潜夫论·相列》）1/541

欲人之信己也，则微言而笃行之。笃行之则用日久，用日久则事著明，事著明则有目者莫不见也，有耳者莫不闻也，其可诬哉！（《中论·贵验》）1/608

知之者不如行之者，行之者不如安之者。（《中说·礼乐篇》）1/686

闻道志而藏之，知道善而行之，上人矣；闻道而弗取藏也，知道而弗取行也，则谓之下人也。（《鹖子》）2/696

行者善，则谓之贤人矣；行者恶，则谓之不肖矣。（《鹖子》）2/696

竹木有火，不钻不熏；土中有水，不掘不出。（《文子·上德》）2/770

临河欲鱼，不若归而织网。（《文子·上德》）2/771

行其道者有其名，为其事者有其功。（《鹖冠子·泰录》）2/809

去善之言，为善之事，事成而顾反无名。（《管子·白心》）2/1038

务言而缓行，虽辩必不听；多力而伐功，虽劳必不图。（《墨子·修身》）3/1323

慧者心辩而不繁说，多力而不伐功，此以名誉扬天下。（《墨子·修身》）3/1323

治于神者，众人不知其功；争于明者，众人知之。（《墨子·公输》）3/1358

人无能作也，有能为也；有能为

也,而无能成也。(《淮南子·缪称训》)
3/1699

临河而羡鱼,不若归家织网。(《淮南子·说林训》) 3/1799

不能耕而欲黍梁,不能织而喜采裳,无事而求其功,难矣!(《淮南子·说林训》) 3/1801

虚谈则口吐冰霜,行己则浊于泥潦。(《抱朴子外篇·吴失》) 4/2002

蒿艾有火,不烧不燃;土中有水,

不掘无泉。(《金楼子·立言篇上》)
4/2067

指水不能赴其渴,望冶不能止其寒。(《金楼子·立言篇下》) 4/2069

智如禹汤,不如尝更。(《齐民要术·序》) 4/2098

习善言,不若习行于身也。(《太平经》) 4/2273

夫才不如力,力不如为而不息也。(《太平经·知盛衰还年寿法》) 4/2288

知足(34条)

不患其不足也,患其贪而无厌也。(《盐铁论·疾贪》) 1/250

富在知足,贵在求退。(《说苑·谈丛》) 1/402

非其道而行之,虽劳不至;非其有而求之,虽强不得。智者不为非其事,廉者不求非其有,是以远害而名章也。(《说苑·杂言》) 1/423

事处其劳,居从其陋,位安其卑,养甘其薄。(《潜夫论·交际》) 1/549

人有大惑而不能自知者,舍有而思无也,舍易而求难也。身之与家,我之有也,治之诚易,而不肯为也;人之与国,我所无也,治之诚难,而愿之也。(《中论·修本》) 1/602

《礼》云:"欲不可纵,志不可满。"宇宙可臻其极,情性不知其穷,唯在少欲知足,为立涯限尔。(《颜氏家训·止足》) 1/670

天地鬼神之道,皆恶满盈。谦虚

冲损,可以免害。人生衣趣以覆寒露,食趣以塞饥乏耳。形骸之内,尚不得奢靡,己身之外,而欲穷骄泰邪?(《颜氏家训·止足》) 1/670

持而盈之,不如其已;揣而锐之,不可长保。金玉满堂,莫之能守;富贵而骄,自遗其咎。功遂身退,天之道也。(《老子·九章》) 2/705

知止可以不殆。(《老子·三十二章》) 2/719

知足者富。(《老子·三十三章》)
2/719

知足不辱,知止不殆。(《老子·四十四章》) 2/725

祸莫大于不知足,咎莫大于欲得。(《老子·四十六章》) 2/727

知足之足,常足矣。(《老子·四十六章》) 2/727

无厌之性,阴阳之蠹也。(《列子·杨朱》) 2/828

古之所谓得志者,非轩冕之谓也,谓其无以益其乐而已矣。(《庄子·外篇·缮性》) 2/854

不为轩冕肆志,不为穷约趋俗,其乐彼与此同,故无忧而已矣。(《庄子·外篇·缮性》) 2/855

达生之情者,不务生之所无以为;达命之情者,不务知之所无奈何。(《庄子·外篇·达生》) 2/860

知足者不以利自累也,审自得者失之而不惧,行修于内者无位而不怍。(《庄子·杂篇·让王》) 2/869

生有害,曰欲,曰不知足。(《黄帝四经·经法·道法》) 2/877

知足者则能肥遁勿用,颐光山林。(《抱朴子内篇·畅玄》) 2/928

名满于天下,不若其已也。(《管子·白心》) 2/1041

人不能自止于足,而亡其富之涯乎!(《韩非子·说林下》) 2/1187

非无安居也,我无安心也;非无足财也,我无足心也。(《墨子·亲士》) 3/1316

啁噍巢于林,不过一枝;偃鼠饮于河,不过满腹。(《吕氏春秋·慎行论·求人》) 3/1586

吾所谓乐者,人得其得者。夫得其得者,不以奢为乐,不以廉为悲;与阴俱闭,与阳俱开。(《淮南子·原道训》) 3/1622

有以自得,乔木之下,空穴之中,足以适情;无以自得也,虽以天下为家,万民为臣妾,不足以养生也。(《淮南子·原道训》) 3/1623

夫有天下者,岂必摄权持势,操杀生之柄,而以行其号令邪?吾所谓有天下者,非谓此也,自得而已,自得则天下亦得我矣。(《淮南子·原道训》) 3/1625

自得者,全其身者也;全其身,则与道为一矣。(《淮南子·原道训》) 3/1625

所求多者所得少,所见大者所知小。(《淮南子·精神训》) 3/1643

守其分,循其理,失之不忧,得之不喜。(《淮南子·诠言训》) 3/1744

圣人守其所以有,不求其所未得;求其所无,则所有者亡矣;脩其所有,则所欲者至。(《淮南子·诠言训》) 3/1745

自乐于内,无急于外。(《淮南子·诠言训》) 3/1750

祸莫大于无足,福莫厚乎知止。(《抱朴子外篇·知止》) 4/2053

盖知足者,常足也;不知足者,无足也。常足者,福之所赴也;无足者,祸之所钟也。(《抱朴子外篇·知止》) 4/2053

名利（93条）

盗名不如盗货。（《荀子·不苟》）
1/54

争利如蚤甲而丧其掌。（《荀子·大略》）
1/136

不贪于财，不苟于利，分财取寡，服事取劳。（《新语·慎微》）
1/162

质美者以通为贵，才良者以显为能。（《新语·资质》）
1/162

夫乘爵禄以谦让者，名不可胜举也；因权势以求利者，入不可胜数也。（《盐铁论·贫富》）
1/222

无赫赫之势，亦无戚戚之忧。（《盐铁论·毁学》）
1/226

尊荣者士之愿也，富贵者士之期也。（《盐铁论·毁学》）
1/227

贤士徇名，贪夫死利。（《盐铁论·毁学》）
1/228

知其不可而强行之，欲以干名。所由不轨，果没其身。（《盐铁论·讼贤》）
1/235

富者以财贾官，勇者以死射功。（《盐铁论·除狭》）
1/249

谚曰："仁不轻绝，知不简功。"简功弃大者，仇也；轻绝厚利者，怨也。（《新序·杂事三》）
1/292

争名者于朝，争利者于市。（《新序·善谋上》）
1/310

凡人之性，莫不欲善其德，然而不能为善德者，利败之也。故君子羞言利名。（《说苑·贵德》）
1/338

才贤任轻则有名；不肖任大，身死名废。（《说苑·谈丛》）
1/391

人激于名，亦毁为声。（《说苑·谈丛》）
1/404

君子苟不求利禄，则不害其身。（《说苑·谈丛》）
1/410

先名实者，为人者也；后名实者，自为者也。（《说苑·杂言》）
1/421

夫形非为影也，而影随之。呼非为响也，而响和之。故君子功先成而名随之。（《说苑·杂言》）
1/425

不为名之名，其至矣乎！为名之名，其次也。（《法言·孝至》）
1/483

宠位不足以尊我，而卑贱不足以卑己。（《潜夫论·论荣》）
1/506

人皆智德，苦为利昏。（《潜夫论·叙录》）
1/556

求名有三：少而求多，迟而求速，无而求有。此三者不僻为幽昧，离乎正道，则不获也，固非君子之所能也。（《中论·考伪》）
1/614

夫名，所以名善者也，善修而名自随之，非好之之所能得也。（《体论·君》）
1/623

上士忘名，中士立名，下士窃名。（《颜氏家训·名实》）
1/666

吾见世人，清名登而金贝入，信誉显而然诺亏，不知后之矛戟，毁前之干橹也。（《颜氏家训·名实》）
1/666

以一伪丧百诚者，乃贪名不已故

也。(《颜氏家训·名实》) 1/667

四海悠悠,皆慕名者,盖因其情而致其善耳。(《颜氏家训·名实》)1/667

夫修善立名者,亦犹筑室树果,生则获其利,死则遗其泽。(《颜氏家训·名实》) 1/667

去名者无忧。(《鬻子》) 2/695

宠辱若惊,贵大患若身。何谓宠辱若惊? 宠为上,辱为下;得之若惊,失之若惊,是谓宠辱若惊。何谓贵大患若身? 吾所以有大患者,为吾有身;及吾无身,吾有何患?(《老子·十三章》) 2/707

夫好事者未尝不中,争利者未尝不穷。(《文子·符言》) 2/754

德少而宠多者讥,才下而位高者危,无大功而有厚禄者微。(《文子·符言》) 2/758

夫待利而登溺者,必将以利溺之矣。(《文子·上德》) 2/769

有荣华者,必有愁悴。(《文子·上德》) 2/771

事者,难成易败;名者,难立易废。(《文子·微明》) 2/776

不贵难得之货,不重无用之物。(《文子·上义》) 2/795

列士徇名,贪夫徇财。(《鹖冠子·世兵》) 2/811

名乃苦其身,燋其心。(《列子·杨朱》) 2/823

遑遑尔竞一时之虚誉,规死后之余荣;偊偊尔顺耳目之观听,惜身意之

是非;徒失当年之至乐,不能自肆于一时。(《列子·杨朱》) 2/824

善乐生者不窭,善逸身者不殖。(《列子·杨朱》) 2/825

生民之不得休息,为四事故:一为寿,二为名,三为位,四为货。(《列子·杨朱》) 2/827

不逆命,何羡寿? 不矜贵,何羡名? 不要势,何羡位? 不贪富,何羡货? 此之谓顺民也。天下无对,制命在内。(《列子·杨朱》) 2/827

物物而不物于物,则胡可得而累邪!(《庄子·外篇·山木》) 2/862

身在江海之上,心居乎魏阙之下。(《庄子·杂篇·让王》) 2/870

名功相抱,是故长久;名功不相抱,名进实退,是胃失道,其卒必有身咎。(《黄帝四经·经法·四度》)2/883

穷富极贵,不足以诱之焉,其余何足以悦之乎?(《抱朴子内篇·畅玄》) 2/929

盖世人之所为载驰企及,而达者之所为寒心而凄怆者也。(《抱朴子内篇·畅玄》) 2/929

世人饱食终日,复未必能勤儒墨之业,治进德之务,但共逍遥遨游,以尽年月。其所营也,非荣则利。(《抱朴子内篇·金丹》) 2/939

外物弃智,涤荡机变,忘富逸贵,杜遏劝沮,不恤乎穷,不荣乎达,不戚乎毁,不悦乎誉,道家之业也。(《抱朴子内篇·明本》) 2/944

凡人之所汲汲者,势利嗜欲也。(《抱朴子内篇·勤求》) 2/953

为道者日损而月章,为名者日章而月损。(《苻子》) 2/960

贤人之行其身也,忘其有名也;王主之行其道也,忘其成功也。(《管子·法法》) 2/1009

功未成者,不可以独名;事未道者,不可以言名。(《管子·侈靡》) 2/1032

欲利之心不除,其身之忧也。(《韩非子·解老》) 2/1180

凡人之有为也,非名之,则利之也。(《韩非子·内储说上七术》) 2/1203

名不徒生,而誉不自长,功成名遂,名誉不可虚假,反之身者也。(《墨子·修身》) 3/1323

名不可简而成也,誉不可巧而立也,君子以身戴行者也。(《墨子·修身》) 3/1324

贤不肖不可以相分,若命之不可易,若美恶之不可移。桀、纣贵为天子,富有天下,能尽害天下之民,而不能得贤名之。(《吕氏春秋·仲春纪·功名》) 3/1441

名固不可以相分,必由其理。(《吕氏春秋·仲春纪·功名》) 3/1441

名不徒立,功不自成。(《吕氏春秋·有始览·谨听》) 3/1503

重生则轻利。(《吕氏春秋·开春论·审为》) 3/1580

有知不利之利者,则可与言理矣。(《吕氏春秋·慎行论·慎行》) 3/1583

重以得之,轻必失之。(《吕氏春秋·慎行论·无义》) 3/1584

名号大显,不可强求,必繇其道。(《吕氏春秋·不苟论·贵当》) 3/1594

好事者未尝不中,争利者未尝不穷也。(《淮南子·原道训》) 3/1611

明于死生之分,达于利害之变,虽以天下之大,易骭一之毛,无所概于志也。(《淮南子·俶真训》) 3/1629

夫贵贱之于身也,犹条风之时丽也;毁誉之于己,犹蚊虻之一过也。(《淮南子·俶真训》) 3/1629

能有天下者,必无以天下为也;能有名誉者,必无以趋行求者也。(《淮南子·俶真训》) 3/1636

不观大义者,不知生之不足贪也;不闻大言者,不知天下之不足利也。(《淮南子·精神训》) 3/1650

至贵不待爵,至富不待财。(《淮南子·精神训》) 3/1650

学不宿习,无以明名;名不素著,无以遇主。(《论衡·逢遇篇》) 3/1837

身与草木俱朽,声与日月并彰。(《论衡·自纪篇》) 3/1870

人怀好利之心,则善端没矣。(《傅子·贵教》) 3/1903

寸胶不能治黄河之浊,尺水不能却萧丘之热。是以身名并全者甚稀,而先笑后号者多有也。(《抱朴子外篇·嘉遁》) 4/1932

夫安贫者以无财为富,甘卑者以不仕为荣。(《抱朴子外篇·嘉遁》) 4/1933

凡所谓志人者,不必在乎禄位,不必须乎勋伐也。太上无己,其次无名。(《抱朴子外篇·逸民》)　　4/1936

世人所畏唯势,所重唯利。盛德身滞,便谓庸人;器小任大,便谓高士。(《抱朴子外篇·逸民》)　　4/1937

今见比于桀、纣,则莫不怒焉;见拟于仲尼,则莫不悦焉。尔则贵贱果不在位也。(《抱朴子外篇·逸民》)　4/1937

官高者其责重,功大者人忌之,独有贫贱,莫与我争,可得长宝而无忧焉。(《抱朴子外篇·逸民》)　4/1938

名实虽漏于一世,德音可邈乎将来。(《抱朴子外篇·名实》)　4/1978

循名者,不以授命为难;重身者,不以近欲累情。(《抱朴子外篇·博喻》)　　4/2010

身与名难两济,功与神鲜并全。(《抱朴子外篇·博喻》)　　4/2015

得意于丘园者,身否而神泰;役己以恤物者,形逸而心劳。(《抱朴子外篇·博喻》)　　4/2022

徇身者,不以名汨和;修生者,不以物累己。(《抱朴子外篇·博喻》)　　4/2023

澄精神于玄一者,则形器可忘;邈高节以外物者,则富贵可遗。(《抱朴子外篇·广譬》)　　4/2024

短唱不足以致弘丽之和,势利不足以移淡泊之心。(《抱朴子外篇·广譬》)　　4/2035

好荣,故乐誉之欲多;畏辱,则憎毁之情急。(《抱朴子外篇·广譬》)　　4/2037

成功之下,未易久处也。(《抱朴子外篇·知止》)　　4/2054

永惟富贵可以渐得,而不可顿合,其间屑屑,亦足以劳人。(《抱朴子外篇·自叙》)　　4/2060

荣位势利,譬如寄客,既非常物,又其去不可得留也。(《抱朴子外篇·自叙》)　　4/2060

隆隆者绝,赫赫者灭,有若春华,须臾凋落。得之不喜,失之安悲?(《抱朴子外篇·自叙》)　　4/2061

悔吝百端,忧惧兢战,不可胜言,不足为也。(《抱朴子外篇·自叙》)　　4/2061

苟贪小利则大利必亡,不遗小吝则大祸必至。(《刘子·贪爱章》)　4/2088

义利(26条)

身劳而心安,为之;利少而义多,为之。(《荀子·修身》)　　1/44

先义而后利者荣,先利而后义者辱;荣者常通,辱者常穷;通者常制人,穷者常制于人,是荣辱之大分也。(《荀子·荣辱》)　　1/56

君子苟能无以利害义,则耻辱亦无由至矣。(《荀子·法行》)　1/142

审于辞者,不可惑以言。达于义者,不可动以利。(《新语·思务》)1/165

贵德而贱利,重义而轻财。(《盐铁论·错币》)　　1/201

崇利而简义,高力而尚功。(《盐铁论·非鞅》)　　1/205

苟先利而后义,取夺不厌。(《盐铁论·地广》)　　1/222

君子能修身以假道者,不能枉道而假财也。(《盐铁论·贫富》)　　1/224

君子求义,非苟富也。(《盐铁论·贫富》)　　1/225

不以利累己,故不违义而妄取。(《盐铁论·贫富》)　　1/225

贵何必财,亦仁义而已矣!(《盐铁论·贫富》)　　1/225

自古于今,上以天子,下至庶人,蔑有好利而不亡者,好义而不彰者也。(《潜夫论·遏利》)　　1/504

圣人上德而下功,尊道而贱物。(《管子·戒》)　　2/1020

礼义成君子,君子未必须礼义;名利治小人,小人不可无名利。(《尹文子·大道上》)　　2/1290

思利寻焉,忘名忽焉,可以为士于天下者,未尝有也。(《墨子·修身》)　　3/1325

杀一人以存天下,非杀一人以利天下也;杀己以存天下,是杀己以利天下。(《墨子·大取》)　　3/1352

临大利而不易其义。(《吕氏春秋·仲冬纪·忠廉》)　　3/1490

非其义,不受其利;无道之世,不践其土。(《吕氏春秋·离俗览·离俗》)　　3/1558

君子计行虑义,小人计行其利,乃不利。(《吕氏春秋·慎行论·慎行》)　　3/1583

君子思义而不虑利,小人贪利而不顾义。(《淮南子·缪称训》)　3/1697

天下大利也,比之身则小;身所重也,比之义则轻,义所全也。(《淮南子·泰族训》)　　3/1828

利义相伐,正邪相反。义动君子,利动小人。(《论衡·答佞篇》)　3/1853

为道不为己,故逢患而不恶;为民不为名,故蒙谤而不避。(《论衡·知实篇》)　　3/1863

丈夫重义如太山,轻利如鸿毛,可谓仁义也。(《傅子》)　　3/1913

不以其道,则富贵不足居;违仁舍义,虽期颐不足吝。　(《抱朴子外篇·博喻》)　　4/2012

争义不争利,是以明其义也。(《司马法·仁本》)　　4/2114

学习(199条)

君子不可以不学,其容不可以不饬。(《孔子家语·致思》)　　1/12

夫远而有光者,饬也;近而愈明者,学也。(《孔子家语·致思》)　　1/12

攻其所不能,补其所不备。(《孔子家语·子路初见》)　　1/25

君子曰：学不可以已。(《荀子·劝学》)　1/32

木受绳则直，金就砺则利，君子博学而日参省乎己，则知明而行无过矣。(《荀子·劝学》)　1/32

吾尝终日而思矣，不如须臾之所学也；吾尝跂而望矣，不如登高之博见也。(《荀子·劝学》)　1/33

真积力久则入，学至乎没而后止也。(《荀子·劝学》)　1/38

学数有终，若其义则不可须臾舍也。(《荀子·劝学》)　1/38

君子之学也，入乎耳，箸乎心，布乎四体，形乎动静，端而言，蠕而动，一可以为法则。(《荀子·劝学》)　1/38

君子之学也，以美其身；小人之学也，以为禽犊。(《荀子·劝学》)　1/39

方其人之习君子之说，则尊以遍矣，周于世矣。(《荀子·劝学》)　1/39

百发失一，不足谓善射；千里跬步不至，不足谓善御；伦类不通，仁义不一，不足谓善学。(《荀子·劝学》)1/40

学也者，固学一之也。一出焉，一入焉，涂巷之人也。(《荀子·劝学》)　1/41

多闻曰博，少闻曰浅；多见曰闲，少见曰陋。(《荀子·修身》)　1/43

礼然而然，则是情安礼也；师云而云，则是知若师也。(《荀子·修身》)　1/46

端悫顺弟，则可谓善少者矣；加好学逊敏焉，则有钧无上，可以为君子者

矣。(《荀子·修身》)　1/47

人之生固小人，无师无法则唯利之见耳。(《荀子·荣辱》)　1/58

不闻不若闻之，闻之不若见之，见之不若知之，知之不若行之，学至于行之而止矣。(《荀子·儒效》)　1/71

闻之而不见，虽博必谬；见之而不知，虽识必妄；知之而不行，虽敦必困。(《荀子·儒效》)　1/71

大巧在所不为，大智在所不虑。(《荀子·天论》)　1/110

农精于田而不可以为田师，贾精于市而不可以为贾师，工精于器而不可以为器师。有人也，不能此三技而可使治三官，曰：精于道者也，精于物者也。精于物者以物物，精于道者兼物物。(《荀子·解蔽》)　1/119

凡性者，天之就也，不可学，不可事；礼义者，圣人之所生也，人之所学而能，所事而成者也。(《荀子·性恶》)　1/125

善学者尽其理，善行者究其难。(《荀子·大略》)　1/133

多知而无亲，博学而无方，好多而无定者，君子不与。(《荀子·大略》)　1/135

君子壹教，弟子壹学，亟成。(《荀子·大略》)　1/135

学者非必为仕，而仕者必如学。(《荀子·大略》)　1/135

幼不能强学，老无以教之，吾耻之。(《荀子·宥坐》)　1/140

君子之学，非为通也；为穷而不困，忧而意不衰也，知祸福终始而心不惑也。(《荀子·宥坐》) 1/140

少而不学，长无能也。(《荀子·法行》) 1/143

学必由圣，所以致其材也；厉必由砥，所以致其刃也。(《孔丛子·杂训》) 1/151

吾尝深有思而莫之得也，于学则寤焉；吾尝企有望而莫之见也，登高则睹焉。是故虽有本性而加之以学，则无惑矣。(《孔丛子·杂训》) 1/152

砥所以致于刃，学所以尽其才也。(《盐铁论·殊路》) 1/234

夫丑者自以为姣，故饰；愚者自以为知，故不学。(《盐铁论·殊路》) 1/234

不学而能安国保民者，未尝闻也。(《新序·杂事五》) 1/296

夫不学不明古道，而能安国家者，未之有也。(《新序·杂事五》) 1/296

且夫天生人而使其耳可以闻，不学，其闻则不若聋；使其目可以见，不学，其见则不若盲；使其口可以言，不学，其言则不若喑；使其心可以智，不学，其智则不若狂。故凡学非能益之也，达天性也。能全天之所生而勿败之，可谓善学者矣。(《新序·杂事五》) 1/296

无财之谓贫，学而不能行之谓病。(《新序·节士》) 1/303

多闻而择焉，所以明智也。(《说苑·建本》) 1/322

时禁于其未发之曰预，因其可之曰时，相观于善之曰磨，学不陵节而施之曰驯。(《说苑·建本》) 1/325

孟子曰："人皆知以食愈饥，莫知以学愈愚。"故善材之幼者，必勤于学问，以修其性。(《说苑·建本》) 1/325

夫学者，崇名立身之本也。(《说苑·建本》) 1/325

骐骥虽疾，不遇伯乐不致千里；干将虽利，非人力不能自断焉；乌号之弓虽良，不得排檠不能自正；人才虽高，不务学问，不能致圣。(《说苑·建本》) 1/325

讯问者，智之本；思虑者，智之道也。(《说苑·建本》) 1/326

学所以益才也，砺所以致刃也。(《说苑·建本》) 1/327

可以与人终日而不倦者，其惟学乎！(《说苑·建本》) 1/328

君子不可以不学，见人不可以不饰。(《说苑·建本》) 1/328

少而好学，如日出之阳；壮而好学，如日中之光；老而好学，如炳烛之明。炳烛之明，孰与昧行乎？(《说苑·建本》) 1/328

惟学问可以广明德慧也。(《说苑·建本》) 1/329

学问不倦，所以治己也；教诲不厌，所以治人也。所以贵虚无者，得以应变而合时也。(《说苑·谈丛》)1/392

君子不羞学，不羞问。(《说苑·谈

丛》）　　　　　　　　　1/419

语不云乎？三折肱而成良医。（《说苑·杂言》）　　　　1/423

学，行之，上也；言之，次也；教人，又其次也；咸无焉，为众人。（《法言·学行》）　　　　　　　1/447

学不羡。（《法言·学行》）　1/447

学以治之，思以精之，朋友以磨之，名誉以崇之，不倦以终之，可谓好学也已矣！（《法言·学行》）　1/447

学者，所以修性也。视、听、言、貌、思，性所有也。学则正，否则邪。（《法言·学行》）　　　　　1/447

学之为王者事，其已久矣。（《法言·学行》）　　　　　1/449

人而不学，虽无忧，如禽何？（《法言·学行》）　　　　　1/449

学者，所以求为君子也。求而不得者有矣，夫未有不求而得之者也。（《法言·学行》）　　　　　1/450

大人之学也为道，小人之学也为利。（《法言·学行》）　　　1/450

诗人之赋丽以则，辞人之赋丽以淫。（《法言·吾子》）　　　1/450

观书者譬诸观山及水：升东岳而知众山之逦迤也，况介丘乎！浮沧海而知江河之恶沱也，况枯泽乎！舍舟航而济乎渎者，末矣！舍五经而济乎道者，末矣！（《法言·吾子》）　1/452

多闻则守之以约，多见则守之以卓。寡闻则无约也，寡见则无卓也。（《法言·吾子》）　　　　　1/453

万物纷错则悬诸天，众言淆乱则折诸圣。（《法言·吾子》）　　1/454

圣人之辞，可为也；使人信之，所不可为也。是以君子强学而力行。（《法言·修身》）　　　　1/455

日有光，月有明。三年不目日，视必盲；三年不目月，精必蒙。（《法言·修身》）　　　　　1/457

人病以多知为杂，惟圣人为不杂。（《法言·问神》）　　　1/465

书不经，非书也；言不经，非言也。言、书不经，多多赘矣。（《法言·问神》）　　　　　　1/465

多闻见而识乎正道者，至识也；多闻见而识乎邪道者，迷识也。（《法言·寡见》）　　　　　1/469

古者之学耕且养，三年通一。（《法言·寡见》）　　　　　1/469

赫赫乎日之光，群目之用也；浑浑乎圣人之道，群心之用也。（《法言·五百》）　　　　　1/473

言可闻而不可殚，书可观而不可尽。（《法言·五百》）　　　1/474

天地之所贵者人也，圣人之所尚者义也，德义之所成者智也，明智之所求者学问也。（《潜夫论·赞学》）1/497

虽有至圣，不生而知；虽有至材，不生而能。（《潜夫论·赞学》）　1/497

士欲宣其义，必先读其书。（《潜夫论·赞学》）　　　　1/497

夫道成于学而藏于书，学进于振而废于穷。（《潜夫论·赞学》）　1/497

夫是故道之于心也,犹火之于人目也。(《潜夫论·赞学》)　1/498

索物于夜室者,莫良于火;索道于当世者,莫良于典。(《潜夫论·赞学》)　1/498

圣人以其心来造经典,后人以经典往合圣心也,故修经之贤,德近于圣矣。(《潜夫论·赞学》)　1/498

凡欲显勋绩扬光烈者,莫良于学矣。(《潜夫论·赞学》)　1/498

诗赋者,所以颂善丑之德,泄哀乐之情也,故温雅以广文,兴喻以尽意。(《潜夫论·务本》)　1/502

耕种,生之本也;学问,业之末也。(《潜夫论·释难》)　1/543

博学多识,疑则思问。(《潜夫论·叙录》)　1/555

若不学,譬如无目而视,无胫而走,无翅而飞,无口而语,不可得也。(《正部论》)　1/559

生而知之者寡矣,学而知之者众矣。(《申鉴·杂言上》)　1/576

昔之君子成德立行,身没而名不朽,其故何哉?学也。学也者,所以疏神达思,怡情理性,圣人之上务也。(《中论·治学》)　1/591

学犹饰也,器不饰则无以为美观,人不学则无以有懿德。有懿德故可以经人伦,为美观故可以供神明。(《中论·治学》)　1/591

学者如登山焉,动而益高;如寤寐焉,久而愈足。顾所由来,则杳然

其远,以其难而懈之,误且非矣。(《中论·治学》)　1/592

倚立而思远,不如速行之必至也;矫首而徇飞,不如循雌之必获也;孤居而愿智,不如务学之必达也。(《中论·治学》)　1/592

君子心不苟愿,必以求学;身不苟动,必以从师;言不苟出,必以博闻。是以情性合人,而德音相继也。(《中论·治学》)　1/592

马虽有逸足,而不闲舆,则不为良骏;人虽有美质,而不习道,则不为君子。故学者求习道也。(《中论·治学》)　1/593

日习则学不忘,自勉则身不堕,亟闻天下之大言,则志益广。(《中论·治学》)　1/593

君子之于学也,其不懈,犹上天之动,犹日月之行,终身亹亹,没而后已。(《中论·治学》)　1/593

大乐之成,非取乎一音;嘉膳之和,非取乎一味;圣人之德,非取乎一道。故曰学者所以总群道也。(《中论·治学》)　1/594

独思则滞而不通,独为则困而不就。(《中论·治学》)　1/595

才贵精,学贵讲。(《通语》) 1/629

自古明王圣帝,犹须勤学,况凡庶乎!(《颜氏家训·勉学》)　1/657

谚曰:"积财千万,不如薄伎在身。"伎之易习而可贵者,无过读书也。世人不问愚智,皆欲识人之多,见事之

广，而不肯读书，是犹求饱而懒营馔，欲暖而惰裁衣也。(《颜氏家训·勉学》) 1/658

夫命之穷达，犹金玉木石也；修以学艺，犹磨莹雕刻也。(《颜氏家训·勉学》) 1/658

生而知之者上，学而知之者次。所以学者，欲其多知明达耳。(《颜氏家训·勉学》) 1/659

人见邻里亲戚有佳快者，使子弟慕而学之，不知使学古人，何其蔽也哉？(《颜氏家训·勉学》) 1/659

夫所以读书学问，本欲开心明目，利于行耳。(《颜氏家训·勉学》)1/659

学之所知，施无不达。(《颜氏家训·勉学》) 1/660

夫学者所以求益耳。(《颜氏家训·勉学》) 1/660

古之学者为己，以补不足也；今之学者为人，但能说之也。古之学者为人，行道以利世也；今之学者为己，修身以求进也。(《颜氏家训·勉学》) 1/660

夫学者犹种树也，春玩其华，秋登其实；讲论文章，春华也，修身利行，秋实也。(《颜氏家训·勉学》) 1/660

人生小幼，精神专利，长成已后，思虑散逸，固须早教，勿失机也。(《颜氏家训·勉学》) 1/661

然人有坎壈，失于盛年，犹当晚学，不可自弃。(《颜氏家训·勉学》) 1/661

幼而学者，如日出之光，老而学者，如秉烛夜行，犹贤乎瞑目而无见者也。(《颜氏家训·勉学》) 1/661

学之兴废，随世轻重。(《颜氏家训·勉学》) 1/662

《书》曰："好问则裕。"《礼》云："独学而无友，则孤陋而寡闻。"盖须切磋相起明也。(《颜氏家训·勉学》)1/663

谈说制文，援引古昔，必须眼学，勿信耳受。(《颜氏家训·勉学》)1/663

夫文字者，坟籍根本。(《颜氏家训·勉学》) 1/663

夫学者贵能博闻也。(《颜氏家训·勉学》) 1/663

观天下书未遍，不得妄下雌黄。(《颜氏家训·勉学》) 1/664

至于陶冶性灵，从容讽谏，入其滋味，亦乐事也。行有余力，则可习之。(《颜氏家训·文章》) 1/664

学问有利钝，文章有巧拙。(《颜氏家训·文章》) 1/664

但成学士，自足为人。(《颜氏家训·文章》) 1/664

凡为文章，犹人乘骐骥，虽有逸气，当以衔勒制之，勿使流乱轨躅，放意填坑岸也。(《颜氏家训·文章》) 1/665

文章当以理致为心肾，气调为筋骨，事义为皮肤，华丽为冠冕。(《颜氏家训·文章》) 1/665

沈隐侯曰："文章当从三易：易见事，一也；易识字，二也；易读诵，三

也。"(《颜氏家训·文章》)　　　　1/665

习五兵,便乘骑,正可称武夫尔。今世士大夫,但不读书,即称武夫儿,乃饭囊酒瓮也。(《颜氏家训·诫兵》)　　　　　　　　　　1/671

真草书迹,微须留意。江南谚云:"尺牍书疏,千里面目也。"(《颜氏家训·杂艺》)　　　　　　1/677

画绘之工,亦为妙矣;自古名士,多或能之。(《颜氏家训·杂艺》)1/677

凡射奇偶,自然半收,何足赖也。(《颜氏家训·杂艺》)　　　1/678

算术亦是六艺要事,自古儒士论天道,定律历者,皆学通之。(《颜氏家训·杂艺》)　　　　　1/678

弹棋亦近世雅戏,消愁释愤,时可为之。(《颜氏家训·杂艺》)　1/679

君子之学进于道,小人之学进于利。(《中说·天地篇》)　　1/682

广仁益智,莫善于问。(《中说·问易篇》)　　　　　　1/684

善人者不善人之师,不善人者善人之资。(《老子·二十七章》)2/716

学问不精,听道不深。(《文子·道德》)　　　　　　　2/759

知而好问者圣,勇而好问者胜。(《文子·自然》)　　　　2/783

吾生也有涯,而知也无涯,以有涯随无涯,殆已!已而为知者,殆而已矣。(《庄子·内篇·养生主》)2/838

大木百寻,根积深也;沧海万仞,众流成也;渊智达洞,累学之功也。

(《唐子》)　　　　　　2/919

不食八珍,何以知味之奇?不为学文,何以知世之资?(《苏子》)2/923

徒知饮河,而不得满腹。(《抱朴子内篇·退览》)　　　　2/955

先生施教,弟子是则。温恭自虚,所受是极。见善从之,闻义则服。温柔孝悌,毋骄恃力。志毋虚邪,行必正直。游居有常,必就有德。颜色整齐,中心必式。夙兴夜寐,衣带必饬。朝益暮习,小心翼翼。一此不解,是谓学则。(《管子·弟子职》)　　2/1065

夫学,所以成材也。(《人物志·体别》)　　　　　　2/1299

人材不同,成有早晚。(《人物志·七缪》)　　　　　　2/1307

学不倦,所以治己也;教不厌,所以治人也。(《尸子·劝学》)　3/1378

夫学,身之砺砥也。(《尸子·劝学》)　　　　　　　3/1379

未有不因学而鉴道,不假学而光身者也。(《尸子·劝学》)　3/1381

仲尼曰:"面貌不足观也。先祖,天下不见称也,然而名显天下,闻于四方,其惟学者乎!"(《尸子》)　3/1398

家有千金之玉而不知,犹之贫也,良工治之,则富弇一国;身有至贵而不知,犹之贱也,圣人告之,则贵最天下。(《尸子》)　　　　　　3/1398

孔墨之后学显荣于天下者众矣,不可胜数,皆所染者得当也。(《吕氏春秋·仲春纪·当染》)　　3/1440

不知理义,生于不学。(《吕氏春秋·孟夏纪·劝学》) 3/1455

学者师达而有材,吾未知其不为圣人。(《吕氏春秋·孟夏纪·劝学》) 3/1455

圣人生于疾学,不疾学而能为魁士名人者,未之尝有也。(《吕氏春秋·孟夏纪·劝学》) 3/1455

凡学,非能益也,达天性也。能全天之所生而勿败之,是谓善学。(《吕氏春秋·孟夏纪·尊师》) 3/1457

凡学,必务进业,心则无营。(《吕氏春秋·孟夏纪·尊师》) 3/1457

君子之学也,说义必称师以论道,听从必尽力以光明。(《吕氏春秋·孟夏纪·尊师》) 3/1458

教也者,义之大者也;学也者,知之盛者也。义之大者,莫大于利人,利人莫大于教。知之盛者,莫大于成身,成身莫大于学。(《吕氏春秋·孟夏纪·尊师》) 3/1458

人之情,不能亲其所怨,不能誉其所恶,学业之败也,道术之废也,从此生矣。(《吕氏春秋·孟夏纪·诬徒》) 3/1460

人之情,爱同于己者,誉同于己者,助同于己者,学业之章明也,道术之大行也,从此生矣。(《吕氏春秋·孟夏纪·诬徒》) 3/1461

善学者,假人之长以补其短。(《吕氏春秋·孟夏纪·用众》) 3/1461

无丑不能,无恶不知。丑不能,恶不知,病矣。不丑不能,不恶不知,尚矣。(《吕氏春秋·孟夏纪·用众》) 3/1461

戎人生乎戎、长乎戎而戎言,不知其所受之;楚人生乎楚、长乎楚而楚言,不知其所受之。今使楚人长乎戎,戎人长乎楚,则楚人戎言,戎人楚言矣。(《吕氏春秋·孟夏纪·用众》) 3/1462

太上知之,其次知其不知。不知则问,不能则学。(《吕氏春秋·有始览·谨听》) 3/1502

《周箴》曰:"夫自念斯学,德未暮。"(《吕氏春秋·有始览·谨听》) 3/1503

有便于学者,无不为也;有不便于学者,无肯为也。(《吕氏春秋·不苟论·博志》) 3/1593

达人之学也,欲以通性于辽廓,而觉于寂漠也。(《淮南子·俶真训》) 3/1633

略智博闻,以应无方。(《淮南子·主术训》) 3/1684

诵先王之《诗》《书》,不若闻得其言;闻得其言,不若得其所以言;得其所以言者,言弗能言也。(《淮南子·氾论训》) 3/1725

谓学不暇者,虽暇亦不能学矣。(《淮南子·说山训》) 3/1779

今以为学者之有过而非学者,则是以一饱之故,绝谷不食;以一蹲之难,辍足不行,惑也。(《淮南子·脩务训》) 3/1813

知人无务，不若愚而好学。自人君公卿至于庶人，不自强而功成者，天下未之有也。(《淮南子·脩务训》)

3/1814

人莫不知学之有益于己也，然而不能者，嬉戏害人也。(《淮南子·泰族训》)

3/1830

不学之与学也，犹喑聋之比于人也。(《淮南子·泰族训》)　3/1830

夫比不应事，未可谓喻；文不称实，未可谓是也。(《论衡·物势篇》)

3/1844

夫人之不学，犹谷未成粟，米未为饭也。(《论衡·量知篇》)　3/1854

学士简练于学，成熟于师，身之有益，犹谷成饭，食之生肌腴也。(《论衡·量知篇》)　3/1855

人有知学，则有力矣。文吏以理事为力，而儒生以学问为力。(《论衡·效力篇》)　3/1855

口辩者其言深，笔敏者其文沉。(《论衡·自纪篇》)　3/1868

文贵约而指通，言尚省而趋明。(《论衡·自纪篇》)　3/1870

学之为言觉也，以觉悟所不知也。故学以治性，虑以变情。故玉不琢，不成器；人不学，不知义。(《白虎通义·辟雍》)　3/1876

人之学者，如渴而饮河海也。大饮则大盈，小饮则小盈；大观则大见，小观则小见。(《傅子》)　3/1912

仰观俯察，于是乎在；人事王道，于是乎备。进可以为国，退可以保己。(《抱朴子外篇·勖学》)　4/1938

瑶华不琢，则耀夜之景不发；丹青不治，则纯钩之劲不就。火则不钻不生，不扇不炽；水则不决不流，不积不深。故质虽在我，而成之由彼也。(《抱朴子外篇·勖学》)　4/1939

不学而求知，犹愿鱼而无网焉，心虽勤而无获矣；广博以穷理，犹顺风而托焉，体不劳而致远矣。(《抱朴子外篇·勖学》)　4/1939

欲超千里于终朝，必假追影之足；欲凌洪波而遐济，必因�腴楫之器；欲见无外而不下堂，必由乎载籍；欲测渊微而不役神，必得之乎明师。(《抱朴子外篇·勖学》)　4/1939

学以聚之，问以辩之，进德修业，温故知新。(《抱朴子外篇·勖学》)

4/1941

少则志一而难忘，长则神放而易失。故修学务早。(《抱朴子外篇·勖学》)　4/1942

良田之晚播，愈于卒岁之荒芜也。(《抱朴子外篇·勖学》)　4/1942

饰治之术，莫良乎学。学之广在于不倦，不倦在于固志。(《抱朴子外篇·崇教》)　4/1943

学而不思，则疑阁实繁；讲而不精，则长惑丧功。(《抱朴子外篇·博喻》)　4/2015

音贵于雅韵克谐，著作珍乎判微析理。(《抱朴子外篇·辞义》)　4/2042

何必寻木千里,乃构大厦?鬼神之言,乃著篇章乎?(《抱朴子外篇·辞义》)　4/2043

夫才有清浊,思有修短,虽并属文,参差万品。(《抱朴子外篇·辞义》)　4/2043

古诗刺过失,故有益而贵;今诗纯虚誉,故有损而贱也。(《抱朴子外篇·辞义》)　4/2044

音为知者珍,书为识者传。(《抱朴子外篇·喻蔽》)　4/2047

正经为道义之渊海,子书为增深之川流。(《抱朴子外篇·百家》)　4/2048

作文章每一更字,辄自转胜。(《抱朴子外篇·自叙》)　4/2061

未有不因学而鉴道,不假学以光身者。(《刘子·崇学章》)　4/2073

耳形完而听不闻者,聋也;目形全而视不见者,盲也;人性美而不监道者,不学也。(《刘子·崇学章》)4/2074

去故就新,乃得真人。(《黄帝内经·素问·移精变气论篇》)　4/2246

夫好学而不得衣食之者,其学必懈而道止也;而得衣食焉,则贤者学而不止也。(《太平经·分别贫富法》)　4/2274

学而不精,与梦何异?(《太平经·六罪十治诀》)　4/2290

入学而日善,过其故者得道之,是也;入学而反为日恶,不忠信者,非也,陷于大邪中也。(《太平经·学者得失诀》)　4/2290

学而不力问,与不学者等耳。(《太平经·国不可胜数诀》)　4/2292

学之人,学之以恶,其人恶;学之以文,其人文;学之以伪,其人伪;学之以巧,其人巧。(《太平经·妒道不传处士助化诀》)　4/2293

师教(34条)

学莫便乎近其人。(《荀子·劝学》)　1/39

学之经莫速乎好其人。(《荀子·劝学》)　1/40

礼恭而后可与言道之方,辞顺而后可与言道之理,色从而后可与言道之致。(《荀子·劝学》)　1/40

不是师法而好自用,譬之是犹以盲辨色,以聋辨声也,舍乱妄无为也。(《荀子·修身》)　1/47

尊严而惮,可以为师;耆艾而信,可以为师;诵说而不陵不犯,可以为师;知微而论,可以为师。(《荀子·致士》)　1/98

人虽有性质美而心辩知,必将求贤师而事之,择良友而友之。(《荀子·性恶》)　1/126

良师不能饰戚施,香泽不能化嫫母也。(《盐铁论·殊路》)　1/234

夫子其犹大山林也,百姓各足其

材矣。(《说苑·善说》)　　　1/371

赐譬渴者之饮江海,知足而已。孔子犹江海也,赐则奚足以识之?(《说苑·善说》)　　　1/371

贤师良友在其侧,诗书礼乐陈于前,弃而为不善者,鲜矣。(《说苑·谈丛》)　　　1/389

师哉,师哉! 桐子之命也。务学不如务求师。师者,人之模范也。(《法言·学行》)　　　1/448

视日月而知众星之蔑也,仰圣人而知众说之小也。(《法言·学行》)　　　1/448

师之贵也,知大知也。小知之师,亦贱矣。(《法言·问明》)　　　1/466

谚言:"三岁学,不如一岁择师。"(《新论·启寤篇》)　　　1/494

夫教训者,所以遂道术而崇德义也。(《潜夫论·务本》)　　　1/502

性虽善,待教而成;性虽恶,待法而消。(《申鉴·杂言下》)　　　1/582

上智不教而成,下愚虽教无益,中庸之人,不教不知也。(《颜氏家训·教子》)　　　1/647

凡庶纵不能尔,当及婴稚,识人颜色,知人喜怒,便加教诲,使为则为,使止则止。(《颜氏家训·教子》)　1/648

爱及农商工贾,厮役奴隶,钓鱼屠肉,饭牛牧羊,皆有先达,可为师表,博学求之,无不利于事也。(《颜氏家训·勉学》)　　　1/659

学者之不勤,岂教者之为过?(《颜氏家训·归心》)　　　1/674

良匠能与人规、矩,不能使人必巧也;明师能授人方书,不能使人必为也。(《抱朴子内篇·极言》)　2/948

世无常贵,事无常师。(《鬼谷子·忤合》)　　　3/1365

尊师则不论其贵贱贫富矣。(《吕氏春秋·孟夏纪·劝学》)　3/1455

师之教也,不争轻重尊卑贫富,而争于道。(《吕氏春秋·孟夏纪·劝学》)　　　3/1455

疾学在于尊师。(《吕氏春秋·孟夏纪·劝学》)　　　3/1456

往教者不化,召师者不化;自卑者不听,卑师者不听。(《吕氏春秋·孟夏纪·劝学》)　　　3/1456

为师之务,在于胜理,在于行义。(《吕氏春秋·孟夏纪·劝学》)3/1456

师必胜理行义然后尊。(《吕氏春秋·孟夏纪·劝学》)　3/1456

达师之教也,使弟子安焉、乐焉、休焉、游焉、肃焉、严焉。(《吕氏春秋·孟夏纪·诬徒》)　　　3/1459

视徒如己,反己以教,则得教之情矣。所加于人,必可行于己。(《吕氏春秋·孟夏纪·诬徒》)　3/1460

不患性恶,患其不服圣教。(《论衡·率性篇》)　　　3/1842

朱绿所以改素丝,训诲所以移蒙蔽。(《抱朴子外篇·勖学》)4/1940

读书见其意,而守师求见诀示解者,是也;读书不师诀,反自言深独知

之者,非也,内失大道指意也。(《太平经·学者得失诀》) 4/2290

详学于师,亦毋妄言;有师道明,无师难传。(《太平经·虚无无为自然图道毕成诚》) 4/2295

致知(63条)

不登高山,不知天之高也;不临深溪,不知地之厚也。(《荀子·劝学》) 1/32

欲观千岁则数今日,欲知亿万则审一二。(《荀子·非相》) 1/61

以近知远,以一知万,以微知明。(《荀子·非相》) 1/61

万物为道一偏,一物为万物一偏,愚者为一物一偏,而自以为知道,无知也。(《荀子·天论》) 1/113

故为蔽:欲为蔽,恶为蔽;始为蔽,终为蔽;远为蔽,近为蔽;博为蔽,浅为蔽;古为蔽,今为蔽。(《荀子·解蔽》) 1/118

凡以知,人之性也;可以知,物之理也。(《荀子·解蔽》) 1/121

是非疑则度之以远事,验之以近物,参之以平心,流言止焉,恶言死焉。(《荀子·大略》) 1/139

将一曲而欲道九折,守一隅而欲知万方。(《盐铁论·论邹》) 1/269

未尝灼而不敢握火者,见其有灼也。未尝伤而不敢握刃者,见其有伤也。(《盐铁论·周秦》) 1/277

其知弥精,其取弥精;其知弥粗,其取弥粗。(《新序·节士》) 1/303

夫耳闻之不如目见之,目见之不如足践之,足践之不如手辨之。(《说苑·政理》) 1/348

贵因人知而知之,不贵独自用其知而知之。(《说苑·谈丛》) 1/419

天下有三检:众人用家检,贤人用国检,圣人用天下检。(《法言·修身》) 1/459

智也者,知也。夫智,用不用,益不益,则不赘亏矣。(《法言·问道》) 1/462

潜天而天,潜地而地。(《法言·问神》) 1/463

聪明,其至矣乎! 不聪,实无耳也;不明,实无目也。(《法言·问明》) 1/465

清之为明,杯水可见眸子;浊之为害,河水不见太山。(《文子·上德》) 2/763

视于无有则得所见,听于无声则得所闻。(《文子·上德》) 2/766

一叶蔽目,不见太山;两豆塞耳,不闻雷霆。(《鹖冠子·天则》) 2/803

无听之以耳而听之以心,无听之以心而听之以气。(《庄子·内篇·人间世》) 2/840

人之所知,不若其所不知;其生之时,不若未生之时;以其至小,求穷

其至大之域,是故迷乱而不能自得也。(《庄子·外篇·秋水》)　2/857

可以言论者,物之粗也;可以意致者,物之精也;言之所不能论,意之所不能察致者,不期精粗焉。(《庄子·外篇·秋水》)　2/857

知止乎其所不能知,至矣。(《庄子·杂篇·庚桑楚》)　2/866

虽有至明,而有形者不可毕见焉;虽禀极聪,而有声者不可尽闻焉。(《抱朴子内篇·论仙》)　2/930

聪之所去,则震雷不能使之闻;明之所弃,则三光不能使之见。(《抱朴子内篇·论仙》)　2/931

夫目之所曾见,当何足言哉?(《抱朴子内篇·论仙》)　2/933

怪于未尝知也,目察百步,不能了了,而欲以所见为有,所不见为无,则天下之所无者,亦必多矣。所谓以指测海,指极而云水尽者也。(《抱朴子内篇·论仙》)　2/934

事无固必,殆为此也。(《抱朴子内篇·论仙》)　2/935

天下之事,不可尽知,而以臆断之,不可任也。(《抱朴子内篇·论仙》)　2/935

夫明之所及,虽玄阴幽夜之地,豪厘芒发之物,不以为难见;苟所不逮者,虽日月丽天之焜灼,嵩、岱干云之峻峭,犹不能察焉。(《抱朴子内篇·微旨》)　2/940

夫听声者,莫不信我之耳焉;视形者,莫不信我之目焉。而或者所闻见,言是而非,然则我之耳目,果不足信也。(《抱朴子内篇·塞难》)　2/942

挟智而问,则不智者智;深智一物,众隐皆变。(《韩非子·内储说上七术》)　2/1204

往者可知,来者不可知。(《墨子·鲁问》)　3/1358

反以观往,覆以验来;反以知古,覆以知今。(《鬼谷子·反应》)3/1364

见骥一毛,不知其状;见画一色,不知其美。(《尸子》)　3/1404

屠者割肉,则知牛长少;弓人劈筋,则知牛长少;雕人裁骨,则知牛长少。各有辨焉。(《尸子》)3/1404

其知弥精,其所取弥精;其知弥粗,其所取弥粗。(《吕氏春秋·孟冬纪·异宝》)　3/1487

察己则可以知人,察今则可以知古。(《吕氏春秋·慎大览·察今》)　3/1524

有道之士,贵以近知远,以今知古,以所见知所不见。(《吕氏春秋·慎大览·察今》)　3/1524

审堂下之阴,而知日月之行,阴阳之变;见瓶水之冰,而知天下之寒,鱼鳖之藏也。(《吕氏春秋·慎大览·察今》)　3/1524

其出弥远者,其知弥少。(《吕氏春秋·审分览·君守》)　3/1537

凡耳之闻也藉于静,目之见也藉于昭,心之知也藉于理。(《吕氏春

秋·审分览·任数》） 3/1540

不至则不知，不知则不信。（《吕氏春秋·审分览·任数》） 3/1540

疑似之迹，不可不察，察之必于其人也。（《吕氏春秋·慎行论·疑似》） 3/1584

入于泽而问牧童，入于水而问渔师，奚故也？其知之审也。（《吕氏春秋·慎行论·疑似》） 3/1585

有真人然后有真知。（《淮南子·俶真训》） 3/1631

能知一，则无一之不知也。不能知一，则无一之能知也。（《淮南子·精神训》） 3/1645

欲知天道察其数，欲知地道物其树，欲知人道从其欲。（《淮南子·缪称训》） 3/1704

蛇举首尺，而脩短可知也；象见其牙，而大小可论也。（《淮南子·氾论训》） 3/1733

视方寸于牛，不知其大于羊。（《淮南子·说山训》） 3/1782

尝一脔肉，知一镬之味；悬羽与炭，而知燥湿之气，以小明大。（《淮南子·说山训》） 3/1783

见一叶落，而知岁之将暮；睹瓶中之冰，而知天下之寒，以近论远。（《淮南子·说山训》） 3/1784

见象牙乃知其大于牛，见虎尾而知其大于狸，一节见而百节知也。（《淮南子·说林训》） 3/1794

见虎一文，不知其武；见骥一毛，不知善走。（《淮南子·说林训》） 3/1796

审一足以见百，明恶足以照善。（《论衡·治期篇》） 3/1859

夫可知之事，推精思之，虽大无难；不可知之事，厉心学问，虽小无易。故智能之士，不学不成，不问不知。（《论衡·实知篇》） 3/1862

人才有高下，知物由学。学之乃知，不问不识。（《论衡·实知篇》） 3/1862

物亦故有远而易知，近而难料，譬犹眼能察天衢，而不能周项领之间；耳能闻雷霆，而不能识蚊虻之音也。（《抱朴子外篇·清鉴》） 4/1980

体粗者系形，知精者得神。（《抱朴子外篇·博喻》） 4/2014

可知者，小也；易料者，少也。（《抱朴子外篇·博喻》） 4/2021

鉴镜则辨形，鉴人则悬知善恶。（《金楼子·立言篇上》） 4/2067

善言天者，必有验于人；善言古者，必有合于今；善言人者，必有厌于己。（《黄帝内经·素问·举痛论篇》） 4/2251

善言始者，必会于终；善言近者，必知其远。（《黄帝内经·素问·天元纪大论篇》） 4/2253

养生（147条）

夫肌肤寒于外，腹心疾于内，内外之相劳，非相为赐也！（《盐铁论·诛秦》）　1/262

中不正，外淫作；外淫作者多怨怪，多怨怪者疾病生。故清净无为，血气乃平。（《说苑·谈丛》）　1/411

喜怒、哀乐、思虑必得其中，所以养神也。寒暄、虚盈、消息必得其中，所以养体也。（《申鉴·俗嫌》）　1/575

气宜宣而遏之，体宜调而矫之，神宜平而抑之，必有失和者矣。夫善养性者无常术，得其和而已矣。（《申鉴·俗嫌》）　1/576

人形性同于庶类，劳则早毙，逸则晚死。（《典论·论郤俭等事》）　1/587

君子爱其形体，故以成其德义也。（《中论·夭寿》）　1/615

人生居世，触途牵絷。（《颜氏家训·养生》）　1/672

若其爱养神明，调护气息，慎节起卧，均适寒暄，禁忌食饮，将饵药物，遂其所禀，不为夭折者，吾无间然。（《颜氏家训·养生》）　1/672

养生者先须虑祸，全身保性。有此生然后养之，勿徒养其无生也。（《颜氏家训·养生》）　1/672

余食赘行，物或恶之。（《老子·二十四章》）　2/714

出生入死。生之徒，十有三；死之徒，十有三；人之生，动之于死地，亦十有三。夫何故？以其生生之厚。（《老子·五十章》）　2/729

用心奢广，譬犹飘风暴雨，不可长久。（《文子·九守》）　2/752

精泄者，中易残；华非时者，不可食。（《文子·上德》）　2/767

能尊生，虽富贵不以养伤身，虽贫贱不以利累形。（《文子·上仁》）　2/787

一体之盈虚消息，皆通于天地，应于物类。故阴气壮，则梦涉大水而恐惧；阳气壮，则梦涉大火而燔焫；阴阳俱壮，则梦生杀。甚饱则梦与，甚饥则梦取。（《列子·周穆王》）　2/819

去废虐之主，熙熙然以俟死，一日、一月、一年、十年，吾所谓养。拘此废虐之主，录而不舍，戚戚然以至久生，百年、千年、万年，非吾所谓养。（《列子·杨朱》）　2/825

形劳而不休则弊，精用而不已则劳，劳则竭。水之性，不杂则清，莫动则平，郁闭而不流，亦不能清，天德之象也。故曰：纯粹而不杂，静一而不变，惔而无为，动而以天行，此养神之道也。（《庄子·外篇·刻意》）　2/853

余立于宇宙之中，冬日衣皮毛，夏日衣葛绵；春耕种，形足以劳动；秋收敛，身足以休食；日出而作，日入而息，逍遥于天地之间而心意自得。（《庄子·杂篇·让王》）　2/869

人上寿百岁，中寿八十，下寿

六十,除病瘦死丧忧患,其中开口而笑者,一月之中不过四五日而已矣。(《庄子·杂篇·盗跖》)　　2/871

昏而休,明而起,毋失天极,厩数而止。(《黄帝四经·称》)　2/895

动息知止,无往不足。(《抱朴子内篇·畅玄》)　　2/928

身劳则神散,气竭则命终。根竭枝繁,则青青去木矣;气疲欲胜,则精灵离身矣。(《抱朴子内篇·至理》)
　　2/939

若乃精灵困于烦扰,荣卫消于役用,煎熬形气,刻削天和。(《抱朴子内篇·道意》)　　2/943

明德惟馨,无忧者寿,啬宝不夭,多惨用老,自然之理。(《抱朴子内篇·道意》)　　2/943

人无少长,莫不有疾,但轻重言之耳。(《抱朴子内篇·极言》)　2/948

夫损之者如灯火之消脂,莫之见也,而忽尽矣;益之者如苗禾之播殖,莫之觉也,而忽茂矣。(《抱朴子内篇·极言》)　　2/948

治身养性,务谨其细,不可以小益为不平而不修,不可小损为无伤而不防。(《抱朴子内篇·极言》)　2/948

唯怨风冷与暑湿,不知风冷暑湿,不能伤壮实之人也,徒患体虚气少者,不能堪之,故为所中耳。(《抱朴子内篇·极言》)　　2/949

世人以觉病之日,始作为疾,犹以气绝之日,为身丧之候也。(《抱朴子内

篇·极言》)　　2/949

俱食一物,或独以结病者,非此物之有偏毒也;钧器齐饮,而或醒或醉者,非酒势之有彼此也;同冒炎暑,而或独以暍死者,非天热之有公私也。(《抱朴子内篇·极言》)　　2/950

苟能令正气不衰,形神相卫,莫能伤也。(《抱朴子内篇·极言》)　2/950

养生以不伤为本。(《抱朴子内篇·极言》)　　2/950

才所不逮,而困思之,伤也;力所不胜,而强举之,伤也;悲哀憔悴,伤也。(《抱朴子内篇·极言》)　2/950

养生之方,唾不及远,行不疾步;耳不极听,目不久视;坐不至久,卧不及疲;先寒而衣,先热而解;不欲极饥而食,食不过饱;不欲极渴而饮,饮不过多。(《抱朴子内篇·极言》)　2/951

邪气入内,正色乃衰。(《管子·形势》)　　2/971

圣人齐滋味而时动静,御正六气之变,禁止声色之淫,邪行亡乎体,违言不存口,静然定生,圣也。(《管子·戒》)　　2/1019

能正能静,然后能定。定心在中,耳目聪明,四枝坚固,可以为精舍。(《管子·内业》)　　2/1052

思之而不舍,内困外薄,不蚤为图,生将巽舍。(《管子·内业》)2/1053

食莫若无饱,思莫若勿致。(《管子·内业》)　　2/1054

平正擅匈,论治在心,此以长寿。

（《管子·内业》）　　　　2/1054

节其五欲，去其二凶，不喜不怒，平正擅匈。（《管子·内业》）　2/1054

立身于中，养有节。（《管子·禁藏》）　　　　　　　　2/1060

起居时，饮食节，寒暑适，则身利而寿命益。（《管子·形势解》）2/1067

昼动而夜息，天之道也。（《尸子》）　　　　　　　　3/1396

厚积不登，高台不处。高室多阳，大室多阴，故皆不居。（《尸子》）3/1403

物也者，所以养性也，非所以性养也。（《吕氏春秋·孟春纪·本生》）　　　　　　　　　　3/1429

圣人之于声色滋味也，利于性则取之，害于性则舍之，此全性之道也。（《吕氏春秋·孟春纪·本生》）3/1430

万物章章，以害一生，生无不伤；以便一生，生无不长。故圣人之制万物也，以全其天也。（《吕氏春秋·孟春纪·本生》）　　　　　　3/1430

贵富而不知道，适足以为患，不如贫贱。（《吕氏春秋·孟春纪·本生》）　　　　　　　　　　3/1431

今吾生之为我有，而利我亦大矣。（《吕氏春秋·孟春纪·重己》）3/1431

室大则多阴，台高则多阳；多阴则蹙，多阳则痿。（《吕氏春秋·孟春纪·重己》）　　　　　　3/1432

味不众珍，衣不燀热。（《吕氏春秋·孟春纪·重己》）　3/1432

功虽成乎外，而生亏乎内。（《吕氏春秋·仲春纪·情欲》）　3/1439

圣人察阴阳之宜，辨万物之利以便生，故精神安乎形，而年寿得长焉。（《吕氏春秋·季春纪·尽数》）3/1442

大甘、大酸、大苦、大辛、大咸，五者充形则生害矣。大喜、大怒、大忧、大恐、大哀，五者接神则生害矣。大寒、大热、大燥、大湿、大风、大霖、大雾，七者动精则生害矣。故凡养生，莫若知本，知本则疾无由至矣。（《吕氏春秋·季春纪·尽数》）　　　　3/1442

精气之来也，因轻而扬之，因走而行之，因美而良之，因长而养之，因智而明之。（《吕氏春秋·季春纪·尽数》）　　　　　　　　3/1443

形不动则精不流，精不流则气郁。（《吕氏春秋·季春纪·尽数》）3/1443

凡事之本，必先治身，啬其大宝。（《吕氏春秋·季春纪·先己》）3/1445

精气日新，邪气尽去，及其天年。此之谓真人。（《吕氏春秋·季春纪·先己》）　　　　　　　　3/1445

能以久处其适，则生长矣。（《吕氏春秋·仲夏纪·侈乐》）　3/1465

肌肤欲其比也，血脉欲其通也，筋骨欲其固也，心志欲其和也，精气欲其行也。（《吕氏春秋·恃君览·达郁》）　3/1573

身者，所为也；天下者，所以为也。（《吕氏春秋·开春论·审为》）3/1579

能尊生，虽贵富，不以养伤身；虽贫贱，不以利累形。（《吕氏春秋·开春论·审为》）　　　　　　3/1579

不能自胜而强不纵者,此之谓重伤,重伤之人无寿类矣。(《吕氏春秋·开春论·审为》)　　3/1580

中之得,则五藏宁,思虑平;筋力劲强,耳目聪明,疏达而不悖,坚强而不鞼;无所大过,而无所不逮。(《淮南子·原道训》)　　3/1621

夫形者非其所安也而处之,则废;气不当其所充而用之,则泄;神非其所宜而行之,则昧。(《淮南子·原道训》)
　　3/1626

圣人将养其神,和弱其气,平夷其形,而与道沉浮俯仰。(《淮南子·原道训》)　　3/1627

事其神者神去之,休其神者神居之。(《淮南子·俶真训》)　　3/1630

人之事其神而娆其精,营慧然而有求于外,此皆失其神明而离其宅也。(《淮南子·俶真训》)　　3/1632

有病于内者,必有色于外矣。(《淮南子·俶真训》)　　3/1632

夫人之拘于世也,必形系而神泄,故不免于虚。(《淮南子·俶真训》)
　　3/1633

养生以经世,抱德以终年,可谓能体道矣。(《淮南子·俶真训》)　3/1638

血气者,人之华也;而五藏者,人之精也。(《淮南子·精神训》)　3/1643

耳目淫于声色之乐,则五藏摇动而不定矣。五藏摇动而不定,则血气滔荡而不休矣。血气滔荡而不休,则精神驰骋于外而不守矣。精神驰骋于外而不守,则祸福之至,虽如丘山,无由识之矣。(《淮南子·精神训》)
　　3/1643

夫惟能无以生为者,则所以脩得生也。(《淮南子·精神训》)　3/1644

形劳而不休则蹶,精用而不已则竭,是故圣人贵而尊之,不敢越也。(《淮南子·精神训》)　　3/1647

精泄于目,则其视明;在于耳,则其听聪;留于口,则其言当;集于心,则其虑通。(《淮南子·本经训》)3/1655

喜怒形于心,者欲见于外。(《淮南子·主术训》)
　　3/1676

精神劳则越,耳目淫则竭。(《淮南子·主术训》)
　　3/1678

割痤疽,非不痛也;饮毒药,非不苦也;然而为之者,便于身也。渴而饮水,非不快也;饥而大飧,非不赡也,然而弗为者,害于性也。(《淮南子·诠言训》)
　　3/1749

凡治身养性,节寝处,适饮食,和喜怒,便动静,使在己者得,而邪气因而不生。(《淮南子·诠言训》)3/1749

念虑者不得卧,止念虑,则有为其所止矣。两者俱亡,则至德纯矣。(《淮南子·说山训》)　　3/1772

沮舍之下,不可以坐;倚墙之旁,不可以立。(《淮南子·说山训》)　3/1774

水浊而鱼噞,形劳则神乱。(《淮南子·说山训》)
　　3/1777

因日以动,因夜以息。(《淮南子·人间训》)
　　3/1811

神清志平，百节皆宁，养性之本也；肥肌肤，充肠腹，供嗜欲，养生之末也。(《淮南子·泰族训》) 3/1825

夫人以精神为寿命，精神不伤，则寿命长而不死。(《论衡·道虚篇》) 3/1848

体欲常少劳无过虚。食去肥浓，节酸咸，减思虑，损喜怒，除驰逐，慎房室。施泻，秋冬闭藏。(《博物志·方士》) 3/1925

生生之厚，杀哉生矣。(《抱朴子外篇·知止》) 4/2054

上古之人，其知道者，法于阴阳，知于术数，食饮有节，起居有常，不妄作劳，故能形与神俱，而尽终其天年，度百岁乃去。(《黄帝内经·素问·上古天真论篇》) 4/2232

恬惔虚无，真气从之，精神内守，病安从来？(《黄帝内经·素问·上古天真论篇》) 4/2233

志闲而少欲，心安而不惧，形劳而不倦。(《黄帝内经·素问·上古天真论篇》) 4/2233

男不过尽八八，女不过尽七七，而天地之精气皆竭矣。(《黄帝内经·素问·上古天真论篇》) 4/2233

夫道者，能却老而全形，身年虽寿，能生子也。(《黄帝内经·素问·上古天真论篇》) 4/2234

调于四时，去世离俗。积精全神，游行天地之间，视听八达之外。此盖益其寿命而强者也。(《黄帝内经·素问·上古天真论篇》) 4/2234

外不劳形于事，内无思想之患。(《黄帝内经·素问·上古天真论篇》) 4/2234

春三月，此谓发陈。天地俱生，万物以荣。夜卧早起，广步于庭。被发缓形，以使志生。生而勿杀，予而勿夺，赏而勿罚。此春气之应，养生之道也。逆之则伤肝，夏为寒变。奉长者少。(《黄帝内经·素问·四气调神大论篇》) 4/2235

夏三月，此谓蕃秀。天地气交，万物华实。夜卧早起，无厌于日。使志无怒，使华英成秀。使气得泄，若所爱在外。此夏气之应，养长之道也。逆之则伤心，秋为痎疟。奉收者少。(《黄帝内经·素问·四气调神大论篇》) 4/2235

秋三月，此谓容平。天气以急，地气以明。早卧早起，与鸡俱兴。使志安宁，以缓秋刑。收敛神气，使秋气平。无外其志，使肺气清。此秋气之应，养收之道也。逆之则伤肺，冬为飧泄。奉藏者少。(《黄帝内经·素问·四气调神大论篇》) 4/2236

冬三月，此谓闭藏。水冰地坼，无扰乎阳。早卧晚起，必待日光。使志若伏若匿，若有私意。若已有得，去寒就温。无泄皮肤，使气亟夺。此冬气之应，养藏之道也。逆之则伤肾，春为痿厥。奉生者少。(《黄帝内经·素问·四气调神大论篇》) 4/2237

万物不失,生气不竭。(《黄帝内经·素问·四气调神大论篇》)4/2238

逆春气,则少阳不生,肝气内变。逆夏气,则太阳不长,心气内洞。逆秋气,则少阴不收,肺气焦满。逆冬气,则太阴不藏,肾气独沉。(《黄帝内经·素问·四气调神大论篇》)4/2238

圣人春夏养阳,秋冬养阴,以从其根。(《黄帝内经·素问·四气调神大论篇》)　　　　4/2238

阴阳四时者,万物之终始也,死生之本也。逆之则灾害生,从之则苛疾不起。(《黄帝内经·素问·四气调神大论篇》)　　　　4/2239

从阴阳则生,逆之则死,从之则治,逆之则乱。(《黄帝内经·素问·四气调神大论篇》)　　　　4/2239

夫自古通天者,生之本,本于阴阳。(《黄帝内经·素问·生气通天论篇》)　　　　4/2239

阳气者,若天与日,失其所则折寿而不彰。(《黄帝内经·素问·生气通天论篇》)　　　　4/2240

风者,百病之始也,清静则肉腠闭,阳气拒,虽有大风苛毒,弗之能害。(《黄帝内经·素问·生气通天论篇》)　　　　4/2240

阳气者,一日而主外,平旦阳气生,日中而阳气隆,日西而阳气已虚,气门乃闭。是故暮而收拒,无扰筋骨,无见雾露。反此三时,形乃困薄。(《黄帝内经·素问·生气通天论篇》)　　　　4/2240

圣人陈阴阳,筋脉和同,骨髓坚固,气血皆从。如是则内外调和,邪不能害,耳目聪明,气立如故。(《黄帝内经·素问·生气通天论篇》)　　　　4/2241

阴平阳秘,精神乃治;阴阳离决,精气乃绝。(《黄帝内经·素问·生气通天论篇》)　　　　4/2241

阴之所生,本在五味,阴之五宫,伤在五味。(《黄帝内经·素问·生气通天论篇》)　　　　4/2242

夫精者,身之本也。故藏于精者,春不病温。(《黄帝内经·素问·金匮真言论篇》)　　　　4/2242

阴阳者,天地之道也,万物之纲纪,变化之父母,生杀之本始,神明之府也,治病必求于本。(《黄帝内经·素问·阴阳应象大论篇》)　　　　4/2242

喜怒不节,寒暑过度,生乃不固。(《黄帝内经·素问·阴阳应象大论篇》)　　　　4/2243

冬伤于寒,春必温病;春伤于风,夏生飧泄;夏伤于暑,秋必痎疟;秋伤于湿,冬生咳嗽。(《黄帝内经·素问·阴阳应象大论篇》)　　　　4/2243

智者察同,愚者察异;愚者不足,智者有余。(《黄帝内经·素问·阴阳应象大论篇》)　　　　4/2243

圣人为无为之事,乐恬憺之能,从欲快志于虚无之守,故寿命无穷,与天地终。(《黄帝内经·素问·阴阳应象大论篇》)　　　　4/2244

惟贤人上配天以养头,下象地以

养足,中傍人事以养五脏。(《黄帝内经·素问·阴阳应象大论篇》)　4/2244

拘于鬼神者,不可与言至德;恶于针石者,不可与言至巧;病不许治者,病必不治,治之无功矣。(《黄帝内经·素问·五脏别论篇》)　4/2246

精神不进,志意不治,故病不可愈。(《黄帝内经·素问·汤液醪醴论篇》)　4/2247

病为本,工为标;标本不得,邪气不服。(《黄帝内经·素问·汤液醪醴论篇》)　4/2247

头者,精明之府,头倾视深,精神将夺矣。背者,胸中之府,背曲肩随,府将坏矣。腰者,肾之府,转摇不能,肾将惫矣。膝者,筋之府,屈伸不能,行则偻附,筋将惫矣。骨者,髓之府,不能久立,行则振掉,骨将惫矣。(《黄帝内经·素问·脉要精微论篇》)　4/2247

春秋夏冬,四时阴阳,生病起于过用,此为常也。(《黄帝内经·素问·经脉别论篇》)　4/2248

久视伤血,久卧伤气,久坐伤肉,久立伤骨,久行伤筋。(《黄帝内经·素问·宣明五气篇》)　4/2249

人能应四时者,天地为之父母;知万物者,谓之天子。(《黄帝内经·素问·宝命全形论篇》)　4/2249

血气者,人之神,不可不谨养。(《黄帝内经·素问·八正神明论篇》)　4/2250

四支者,诸阳之本也。阳盛则四支实,实则能登高也。(《黄帝内经·素问·阳明脉解篇》)　4/2250

邪之所凑,其气必虚。(《黄帝内经·素问·评热病论篇》)　4/2250

有其在标而求之于标,有其在本而求之于本,有其在本而求之于标,有其在标而求之于本。故治有取标而得者,有取本而得者,有逆取得者,有从取而得者。(《黄帝内经·素问·标本病传论篇》)　4/2252

无代化,无违时,必养必和,待其来复。(《黄帝内经·素问·五常政大论篇》)　4/2254

正气存内,邪不可干。(《黄帝内经·素问·刺法论篇》)　4/2255

得守者生,失守者死;得神者昌,失神者亡。(《黄帝内经·素问·本病论篇》)　4/2255

智者之养生也,必顺四时而适寒暑,和喜怒而安居处,节阴阳而调刚柔,如是则僻邪不至,长生久视。(《黄帝内经·灵枢·本神》)　4/2256

夫百病之始生也,皆生于风雨寒暑,阴阳喜怒,饮食居处,大惊卒恐。(《黄帝内经·灵枢·口问》)　4/2256

寒无凄怆,暑无出汗。(《黄帝内经·灵枢·师传》)　4/2257

五行有序,四时有分,相顺则治,相逆则乱。(《黄帝内经·灵枢·五乱》)　4/2258

夫百病之所始生者,必起于燥湿、

寒暑、风雨、阴阳、喜怒、饮食、居处。（《黄帝内经·灵枢·顺气一日分为四时》）　4/2259

持则安，减则病。（《黄帝内经·灵枢·本脏》）　4/2259

毋逆天时，是谓至治。（《黄帝内经·灵枢·百病始生》）　4/2260

阳气尽则卧，阴气尽则寤。（《黄帝内经·灵枢·大惑论》）　4/2261

君子春夏养阳，秋冬养阴，顺天地之刚柔也。（《伤寒论·伤寒例》）　4/2263

凡伤寒之病，多从风寒得之。始表中风寒，入里则不消矣，未有温覆而当不消散者。（《伤寒论·伤寒例》）　4/2264

端神靖身，乃治之本也，寿之征也。（《太平经·录身正神令人自知法》）　4/2270

皆知重其命，养其躯，即知尊其上，爱其下。（《太平经·名为神诀书》）　4/2272

夫人能深自养，乃能养人；夫人能深自爱，乃能爱人。有身且自忽，不能自养，安能厚养人乎哉？有身且不能自爱重而全形，谨守先人之祖统，安能爱人全人？（《太平经·试文书大信法》）　4/2275

上古得道，能平其治者，但工自养，守其本也。（《太平经·五事解承负法》）　4/2276

饮食（21条）

五谷养性，而弃之于地，珠玉无用，而宝之于身。（《新语·术事》）　1/157

凡食过则结积聚，饮过则成痰癖。（《抱朴子内篇·极言》）　2/951

五味入口，不欲偏多，故酸多伤脾，苦多伤肺，辛多伤肝，咸多则伤心，甘多则伤肾，此五行自然之理也。（《抱朴子内篇·极言》）　2/951

凡食之道，大充，伤而形不臧，大摄，骨枯而血沍。充摄之间，此谓和成。（《管子·内业》）　2/1055

夫香美脆味，厚酒肥肉，甘口而疾形；曼理皓齿，说情而捐精。（《韩非子·扬权》）　2/1155

常酒者，天子失天下，匹夫失其身。（《韩非子·说林上》）　2/1186

好酒忘身。（《尸子》）　3/1398

肥肉厚酒，务以自强，命之曰"烂肠之食"。（《吕氏春秋·孟春纪·本生》）　3/1431

凡食，无强厚，烈味重酒，是之谓疾首。（《吕氏春秋·季春纪·尽数》）3/1443

食能以时，身必无灾。（《吕氏春秋·季春纪·尽数》）　3/1444

凡食之道，无饥无饱，是之谓五藏之葆。（《吕氏春秋·季春纪·尽数》）3/1444

口必甘味，和精端容，将之以神气，百节虞欢，咸进受气。（《吕氏春

秋·季春纪·尽数》）　3/1444

饮必小咽，端直无戾。（《吕氏春秋·季春纪·尽数》）　3/1445

所食逾少，心开逾益；所食逾多，心逾塞，年逾损焉。（《博物志·服食》）　3/1926

宜生之具，莫先于食。（《抱朴子外篇·酒诫》）　4/1992

夏至先后各十五日，薄滋味，勿多食肥酽。（《齐民要术·杂说》）4/2100

人以水谷为本，故人绝水谷则死。（《黄帝内经·素问·平人气象论篇》）　4/2248

毒药攻邪，五谷为养，五果为助，五畜为益，五菜为充，气味合而服之，以补精益气。（《黄帝内经·素问·脏气法时论篇》）　4/2248

饮食自倍，肠胃乃伤。（《黄帝内经·素问·痹论篇》）　4/2252

食饮者，热无灼灼，寒无沧沧，寒温中适。（《黄帝内经·灵枢·师传》）　4/2258

饮食以时调之，不多不少，是其自爱自养也。（《太平经·经文部数所应诀》）　4/2295

怡情（22条）

喜怒不当，是谓不明；暴虐不得，反受其贼。（《说苑·谈丛》）　1/396

夫民有血气心知之性，而无哀乐喜怒之常。（《说苑·修文》）　1/441

忿无恶言，怒无作色，是谓计得。（《文子·上德》）　2/773

能制一情者，可以成德；能忘一情者，可以契道。（《关尹子·鉴篇》）2/905

思索生知，慢易生忧，暴傲生怨，忧郁生疾，疾困乃死。（《管子·内业》）　2/1053

凡人之生也，必以平正；所以失之，必以喜怒忧患。（《管子·内业》）　2/1055

凡人之生也，必以其欢。忧则失纪，怒则失端。忧悲喜怒，道乃无处。（《管子·内业》）　2/1055

圣人之所以异者，得其情也。由贵生动，则得其情矣；不由贵生动，则失其情矣。（《吕氏春秋·仲春纪·情欲》）　3/1438

喜怒者，道之邪也；忧悲者，德之失也；好憎者，心之过也；嗜欲者，性之累也。（《淮南子·原道训》）　3/1619

人大怒破阴，大喜坠阳；薄气发喑，惊怖为狂；忧悲多恚，病乃成积；好憎繁多，祸乃相随。（《淮南子·原道训》）　3/1619

无所喜而无所怒，无所乐而无所苦，万物玄同也。（《淮南子·原道训》）　3/1624

夫悲乐者，德之邪也；而喜怒者，道之过也；好憎者，心之暴也。（《淮南子·精神训》）　3/1646

喜怒刚柔,不离其理。(《淮南子·本经训》) 3/1654

动静调于阴阳,喜怒和于四时。(《淮南子·本经训》) 3/1654

人之性,有浸犯则怒,怒则血充,血充则气激,气激则发怒,发怒则有所释憾矣。(《淮南子·本经训》) 3/1655

思眇眇焉若居乎虹霓之端,意飘飘焉若在乎倒景之邻。(《抱朴子外篇·嘉遁》) 4/1928

大怒则形气绝,而血菀于上,使人薄厥。(《黄帝内经·素问·生气通天论篇》) 4/2240

喜怒伤气,寒暑伤形;暴怒伤阴,暴喜伤阳。(《黄帝内经·素问·阴阳应象大论篇》) 4/2243

怒则气上,喜则气缓,悲则气消,恐则气下,寒则气收,炅则气泄,惊则气乱,劳则气耗,思则气结。(《黄帝内经·素问·举痛论篇》) 4/2251

喜乐者,神惮散而不藏;愁忧者,气闭塞而不行;盛怒者,迷惑而不治;恐惧者,神荡惮而不收。(《黄帝内经·灵枢·本神》) 4/2256

悲哀愁忧则心动,心动则五脏六腑皆摇。(《黄帝内经·灵枢·口问》) 4/2257

可无久苦自愁,令忧满腹。(《太平经·大寿诫》) 4/2299

节欲(51条)

欲虽不可尽,可以近尽也;欲虽不可去,求可节也。所欲虽不可尽,求者犹近尽;欲虽不可去,所求不得,虑者欲节求也。(《荀子·正名》) 1/123

无以淫泆弃业,无以贫贱自轻,无以所好害身,无以嗜欲妨生,无以奢侈为名,无以贵富骄盈。(《说苑·谈丛》) 1/396

祸生于欲得,福生于自禁。(《说苑·谈丛》) 1/405

凡人之有患祸者,生于淫泆暴慢。(《说苑·修文》) 1/442

五色令人目盲,五音令人耳聋,五味令人口爽,驰骋畋猎令人心发狂,难得之货令人行妨。(《老子·十二章》) 2/706

圣人为腹不为目。(《老子·十二章》) 2/707

甚爱必大费,多藏必厚亡。(《老子·四十四章》) 2/725

夫唯无以生为者,是贤于贵生。(《老子·七十五章》) 2/741

水之性欲清,沙石秽之;人之性欲平,嗜欲害之。(《文子·道原》) 2/747

日月欲明,浮云蔽之;河水欲清,沙土秽之;丛兰欲修,秋风败之;人性欲平,嗜欲害之。(《文子·上德》) 2/769

欲不可盈,乐不可极。(《文子·上德》) 2/773

人性欲平,嗜欲害之,唯有道者能

遗物反己。(《文子·下德》) 2/785

夫纵欲失性,动未尝正,以治生则失身,以治国则乱人。(《文子·下德》) 2/785

其耆欲深者,其天机浅。(《庄子·内篇·大宗师》) 2/844

人之所取畏者,衽席之上,饮食之间,而不知为之戒者,过也。(《庄子·外篇·达生》) 2/861

能克己,乃能成己;能胜物,乃能利物。(《关尹子·药篇》) 2/910

节欲之道,万物不害。(《管子·内业》) 2/1056

去甚去泰,身乃无害。(《韩非子·扬权》) 2/1156

祸难生于邪心,邪心诱于可欲。(《韩非子·解老》) 2/1179

可欲之类,进则教良民为奸,退则令善人有祸。(《韩非子·解老》) 2/1179

不以欲自害,则邦不亡,身不死。(《韩非子·喻老》) 2/1182

快情恣欲,必多侈侮。(《邓析子·转辞篇》) 2/1280

量腹而食,度身而衣。(《墨子·鲁问》) 3/1357

欲多则心散,心散则志衰,志衰则思不达。(《鬼谷子·本经阴符七术》) 3/1372

凡生之长也,顺之也;使生不顺者,欲也,故圣人必先适欲。(《吕氏春秋·孟春纪·重己》) 3/1432

圣人深虑天下,莫贵于生。夫耳目鼻口,生之役也。耳虽欲声,目虽欲色,鼻虽欲芬香,口虽欲滋味,害于生则止。(《吕氏春秋·仲春纪·贵生》) 3/1437

天生人而使有贪有欲。欲有情,情有节。圣人修节以止欲,故不过行其情也。(《吕氏春秋·仲春纪·情欲》) 3/1438

制乎嗜欲无穷,则必失其天矣。(《吕氏春秋·仲夏纪·侈乐》) 3/1466

夫嗜欲无穷,则必有贪鄙悖乱之心、淫佚奸诈之事矣。(《吕氏春秋·仲夏纪·侈乐》) 3/1466

欲不正,以治身则夭,以治国则亡。(《吕氏春秋·离俗览·为欲》) 3/1564

夫厚于味者薄于德,沈于乐者反于忧。(《吕氏春秋·恃君览·达郁》) 3/1574

圣人之不为私也,非爱费也,节乎己也。(《吕氏春秋·似顺论·有度》) 3/1596

节己,虽贪污之心犹若止。(《吕氏春秋·似顺论·有度》) 3/1596

约其所守则察,寡其所求则得。(《淮南子·原道训》) 3/1619

水之性真清,而土汩之;人性安静,而嗜欲乱之。(《淮南子·俶真训》) 3/1634

量腹而食,度形而衣,节于己而已。(《淮南子·俶真训》) 3/1636

五色乱目,使目不明;五声哗耳,使耳不聪;五味乱口,使口爽伤;趣舍滑心,使行飞扬。(《淮南子·精神训》)
3/1644

嗜欲者,使人之气越;而好憎者,使人之心劳。(《淮南子·精神训》)
3/1644

夫目妄视则淫,耳妄听则惑,口妄言则乱。夫三关者,不可不慎守也。(《淮南子·主术训》) 3/1657

中欲不出谓之扃,外邪不入谓之塞。中扃外闭,何事之不节?外闭中扃,何事之不成?(《淮南子·主术训》)
3/1678

有以欲多而亡者,未有以无欲而危者也;有以欲治而乱者,未有以守常而失者也。(《淮南子·诠言训》) 3/1743

心常无欲,可谓恬矣;形常无事,可谓佚矣。(《淮南子·诠言训》)
3/1750

智者严櫽括于性理,不肆神以逐物,检之以恬愉,增之以长算。(《抱朴子外篇·酒诫》)
4/1991

情不可极,欲不可满。达人以道制情,以计遣欲。(《抱朴子外篇·知止》)
4/2053

林之性静,所以动者,风摇之也;水之性清,所以浊者,土浑之也;人之性贞,所以邪者,欲眩之也。(《刘子·防欲章》)
4/2072

将收情欲,必在脆微。(《刘子·防欲章》)
4/2072

快于意者亏于行,甘于心者伤于性。(《燕丹子·卷上》) 4/2106

不知持满,不时御神,务快其心,逆于生乐,起居无节,故半百而衰也。(《黄帝内经·素问·上古天真论篇》)
4/2232

愚智贤不肖,不惧于物,故合于道。(《黄帝内经·素问·上古天真论篇》)
4/2233

六情所好,人人嬉之,而不自禁止,意转乐之,因以致祸,君子失其政令,小人盗劫刺,皆由此不急之物为召之也。(《太平经·守三实法》) 4/2275

心生于物,死于物,机在目。(《阴符经·寡欲篇》)
4/2304

生死(34条)

夫生不可不惜,不可苟惜。涉险畏之途,干祸难之事,贪欲以伤生,逸愍而致死,此君子之所惜哉;行诚孝而见贼,履仁义而得罪,丧身以全家,泯躯而济国,君子不咎也。(《颜氏家训·养生》)
1/673

含生之徒,莫不爱命;去杀之事,必勉行之。(《颜氏家训·归心》)1/675

死者,人之常分,不可免也。(《颜氏家训·终制》)
1/679

古人云:"五十不为夭。"吾已六十余,故心坦然,不以残年为念。(《颜氏

家训·终制》）　　　　1/679

生者，理之必终者也。终者不得不终，亦如生者之不得不生。而欲恒其生，画其终，惑于数也。（《列子·天瑞》）　　　　　　　　2/816

人胥知生之乐，未知生之苦；知老之惫，未知老之佚；知死之恶，未知死之息也。（《列子·天瑞》）　2/816

可以生而生，天福也；可以死而死，天福也。（《列子·力命》）　2/822

百年，寿之大齐。得百年者千无一焉。（《列子·杨朱》）　2/823

万物所异者生也，所同者死也。生则有贤愚、贵贱，是所异也；死则有臭腐、消灭，是所同也。虽然，贤愚、贵贱非所能也；臭腐、消灭亦非所能也。（《列子·杨朱》）　　　　　　2/824

十年亦死，百年亦死。仁圣亦死，凶愚亦死。生则尧舜，死则腐骨；生则桀纣，死则腐骨。（《列子·杨朱》）2/824

既生，则废而任之，究其所欲，以俟于死。将死，则废而任之，究其所之，以放于尽。无不废，无不任，何遽迟速于其间乎？（《列子·杨朱》）2/826

夫大块载我以形，劳我以生，佚我以老，息我以死。故善吾生者，乃所以善吾死也。（《庄子·内篇·大宗师》）　2/845

得者时也，失者顺也，安时而处顺，哀乐不能入也，此古之所谓县解也；而不能自解者，物有结之。（《庄子·内篇·大宗师》）　　　2/845

生也死之徒，死也生之始，孰知其

纪！人之生，气之聚也；聚则为生，散则为死。若死生为徒，吾又何患！（《庄子·外篇·知北游》）　　2/864

形骸，己所自有也，而莫知其心志之所以然焉；寿命，在我者也，而莫知其修短之能至焉。（《抱朴子内篇·论仙》）　　　　　　　2/934

百年之寿，三万余日耳。（《抱朴子内篇·勤求》）　　　　2/952

人在世间，日失一日，如牵牛羊以诣屠所，每进一步，而去死转近。（《抱朴子内篇·勤求》）　　　2/952

苟我身之不全，虽高官重权，金玉成山，妍艳万计，非我有也。（《抱朴子内篇·勤求》）　　　2/953

生之于我，利亦大焉。（《抱朴子内篇·勤求》）　　　2/953

生可惜也，死可畏也。（《抱朴子内篇·地真》）　　　2/954

审知生，圣人之要也；审知死，圣人之极也。（《吕氏春秋·孟冬纪·节丧》）　　　　　　　3/1483

知生也者，不以害生，养生之谓也；知死也者，不以害死，安死之谓也。（《吕氏春秋·孟冬纪·节丧》）3/1484

凡生于天地之间，其必有死，所不免也。（《吕氏春秋·孟冬纪·节丧》）
　　　　　　　3/1484

人之寿，久之不过百，中寿不过六十。（《吕氏春秋·孟冬纪·安死》）
　　　　　　　3/1486

达乎死生之分，则利害存亡弗能

惑矣。(《吕氏春秋·恃君览·知分》)
3/1571

定于死生之境,而通于荣辱之理。(《淮南子·俶真训》)　3/1634

其生我也,不强求已;其杀我也,不强求止。(《淮南子·精神训》)
3/1645

欲生而不事,憎死而不辞。(《淮南子·精神训》)
3/1645

吾生也物不以益众,吾死也土不以加厚,吾又安知所喜憎利害其间者乎?(《淮南子·精神训》)　3/1646

其生也天行,其死也物化。静

则与阴俱闭,动则与阳俱开。(《淮南子·精神训》)　3/1647

死生亦大矣,而不为变。(《淮南子·精神训》)　3/1648

以死生为一化,以万物为一方。(《淮南子·精神训》)　3/1649

精神通于死生,则物孰能惑之?(《淮南子·道应训》)　3/1723

年期奄冉而不久,托世飘迅而不再。智者履霜则知坚冰之必至,处始则悟生物之有终。(《抱朴子外篇·任命》)
4/1975

论道(33条)

道近不必出于久远,取其致要而有成。(《新语·术事》)　1/158

道者,所从接物也,其本者谓之虚,其末者谓之术。虚者,言其精微也,平素而无设施也;术也者,所从制物也,动静之数也。凡此皆道也。(《贾谊新书·道术》)　1/182

道者无形,平和而神。道物有载物者,毕以顺理和适行,故物有清而泽。(《贾谊新书·道德说》)　1/183

物所道始谓之道,所得以生谓之德。德之有也,以道为本,故曰:"道者,德之本也。"德生物又养物,则物安利矣。(《贾谊新书·道德说》)　1/184

道以数取之为明,以数行之为章,以数施之万姓为藏。(《贾谊新书·修政语上》)　1/190

道也者,物之动莫不由道也。是故发于一,成于二,备于三,周于四,行于五。(《说苑·辨物》)　1/434

或问道。曰:"道也者,通也,无不通也。"(《法言·问道》)　1/460

或问道。曰:"道若涂若川,车航混混,不舍昼夜。"(《法言·问道》)
1/461

道者气之根也,气者道之使也。必有其根,其气乃生;必有其使,变化乃成。(《潜夫论·本训》)　1/552

道可道,非常道;名可名,非常名。(《老子·一章》)　2/699

无,名天地之始;有,名万物之母。(《老子·一章》)　2/699

道之出口,淡乎其无味,视之不足见,听之不足闻,用之不足既。(《老

子·三十五章》）　　　　　　2/720

　　反者,道之动;弱者,道之用。(《老子·四十章》)　　　　　　2/723

　　大音希声,大象无形,道隐无名。(《老子·四十一章》)　　　2/724

　　道生一,一生二,二生三,三生万物。(《老子·四十二章》)　2/724

　　天之道,哀多益寡;地之道,损高益下;鬼神之道,骄溢与下;人之道,多者不与,圣人之道,卑而莫能上也。(《文子·上德》)　　　　2/772

　　天能覆之而不能载之,地能载之而不能覆之,大道能包之而不能辩之。知万物皆有所可,有所不可。故曰:选则不遍,教则不至,道则无遗者矣。(《庄子·杂篇·天下》)　2/874

　　夫玄道者,得之乎内,守之者外;用之者神,忘之者器,此思玄道之要言也。(《抱朴子内篇·畅玄》)　2/928

　　道者,万物之始,是非之纪也。(《韩非子·主道》)　　　　2/1145

　　夫道者,弘大而无形;德者,核理而普至。(《韩非子·扬权》)　2/1157

　　道者,下周于事,因稽而命,与时生死。(《韩非子·扬权》)　2/1157

　　虚静无为,道之情也;参伍比物,事之形也。(《韩非子·扬权》)2/1158

　　道者,万物之所然也,万理之所稽也。理者,成物之文也;道者,万物之所以成也。故曰:"道,理之者也。"

（《韩非子·解老》）　　　　2/1180

　　凡道之情,不制不形,柔弱随时,与理相应。万物得之以死,得之以生;万事得之以败,得之以成。(《韩非子·解老》)　　　　2/1180

　　太上之道,生万物而不有,成化像而弗宰。(《淮南子·原道训》)3/1604

　　清静者德之至也,而柔弱者道之要也,虚而恬愉者万物之用也。(《淮南子·原道训》)　　　　3/1617

　　音者,宫立而五音形矣;味者,甘立而五味亭矣;色者,白立而五色成矣;道者,一立而万物生矣。(《淮南子·原道训》)　　　　3/1618

　　大道坦坦,去身不远;求之近者,往而复反。(《淮南子·原道训》)
　　　　　　　　　　　　　3/1621

　　虚无者道之舍,平易者道之素。(《淮南子·俶真训》)　　3/1632

　　无为者道之宗。(《淮南子·主术训》)　　　　　　　　3/1662

　　道不可闻,闻而非也;道不可见,见而非也;道不可言,言而非也。(《淮南子·道应训》)　　　　3/1719

　　得道则愚者有余,失道则智者不足。(《淮南子·诠言训》)　3/1740

　　夫道者,上知天文,下知地理,中知人事,可以长久。(《黄帝内经·素问·气交变大论篇》)　　4/2253

天道（48条）

天道好生恶杀,好赏恶罪。(《盐铁论·论菑》) 1/271

唯天所相,不可与争。(《新序·善谋上》) 1/309

天将与之,必先苦之;天将毁之,必先累之。(《说苑·谈丛》) 1/393

阳贵而阴贱,阳尊而阴卑,天之道也。(《说苑·辨物》) 1/435

天神天明,照知四方。天精天粹,万物作类。(《法言·问神》) 1/463

天俄而可度,则其覆物也浅矣;地俄而可测,则其载物也薄矣。(《法言·问神》) 1/464

惟天为聪,惟天为明。夫能高其目而下其耳者,匪天也夫!(《法言·问明》) 1/466

天道不常盛,寒暑更进退。(《新论·琴道篇》) 1/495

天心顺则阴阳和,天心逆则阴阳乖。(《潜夫论·本政》) 1/513

夫妖不胜德,邪不伐正,天之经也。(《潜夫论·巫列》) 1/540

能走者夺其翼,善飞者减其指,有角者无上齿,丰后者无前足,盖天道不使物有兼焉也。(《颜氏家训·涉务》) 1/668

天长地久。天地所以能长且久者,以其不自生,故能长生。(《老子·七章》) 2/703

天之道,不争而善胜,不言而善应,不召而自来,繟然而善谋。(《老子·七十三章》) 2/740

天网恢恢,疏而不失。(《老子·七十三章》) 2/741

天之道,其犹张弓与? 高者抑之,下者举之;有余者损之,不足者补之。(《老子·七十七章》) 2/742

天之道,损有余而补不足;人之道则不然,损不足以奉有余。(《老子·七十七章》) 2/743

天道无亲,常与善人。(《老子·七十九章》) 2/744

天之道,利而不害;圣人之道,为而不争。(《老子·八十一章》) 2/745

夫天道无私就也,无私去也。能者有余,拙者不足,顺之者利,逆之者凶。(《文子·精诚》) 2/749

天之道抑高而举下,损有余补不足。(《文子·九守》) 2/753

再实之木,其根必伤;掘藏之家,其后必殃。夫大利者反为害,天之道也。(《文子·符言》) 2/758

君子用事,小人消亡,天地之道也。(《文子·上德》) 2/772

天之道,为者败之,执者失之。(《文子·上仁》) 2/789

天地虽大,其化均也;万物虽多,其治一也。(《庄子·外篇·天地》) 2/848

明以正者,天之道也;适者,天度也;信者,天之期也;极而反者,天之生

也;必者,天之命也。(《黄帝四经·经法·论》)　　2/883

天有恒日,民自则之,爽则损命,环自服之,天之道也。(《黄帝四经·十大经·三禁》)　　2/890

天有恒干,地有恒常。(《黄帝四经·十大经·行守》)　　2/891

天地之大德曰生,生,好物者也!(《抱朴子内篇·勤求》)　　2/952

变化者,乃天地之自然。(《抱朴子内篇·黄白》)　　2/953

天不变其常,地不易其则,春秋冬夏,不更其节,古今一也。(《管子·形势》)　　2/968

得天之道,其事若自然;失天之道,虽立不安。(《管子·形势》)　2/973

天之所助,虽小必大;天之所违,虽成必败。(《管子·形势》)　　2/974

天必欲人之相爱相利,而不欲人之相恶相贼也。(《墨子·法仪》)　3/1326

天地大矣,生而弗子,成而弗有,万物皆被其泽,得其利,而莫知其所由始。(《吕氏春秋·孟春纪·贵公》)　3/1433

天无私覆也,地无私载也,日月无私烛也,四时无私行也。行其德而万物得遂长焉。(《吕氏春秋·孟春纪·去私》)　　3/1435

天道圜,地道方。(《吕氏春秋·季春纪·圜道》)　　3/1452

精气一上一下,圜周复杂,无所稽留,故曰天道圜。(《吕氏春秋·季春纪·圜道》)　　3/1452

万物殊类殊形,皆有分职,不能相为,故曰地道方。(《吕氏春秋·季春纪·圜道》)　　3/1452

云气西行,云云然,冬夏不辍;水泉东流,日夜不休。(《吕氏春秋·季春纪·圜道》)　　3/1453

天道者,无私就也,无私去也;能者有余,拙者不足;顺之者利,逆之者凶。(《淮南子·览冥训》)　3/1640

以天为父,以地为母,阴阳为纲,四时为纪;天静以清,地定以宁,万物失之者死,法之者生。(《淮南子·精神训》)　　3/1641

天爱其精,地爱其平,人爱其情。(《淮南子·本经训》)　　3/1655

天道玄默,无容无则;大不可极,深不可测;尚与人化,知不能得。(《淮南子·主术训》)　　3/1657

自然无为,天之道也。(《论衡·初禀篇》)　　3/1843

善则逢吉,恶则遇凶,天道自然,非为人也。(《论衡·卜筮篇》)　3/1862

天居高而鉴卑,故其网虽疏而不漏;神聪明而正直,故其道赏真而罚伪。(《抱朴子外篇·广譬》)　　4/2040

夫天道恶杀而好生,蠕动之属皆有知,无轻杀伤用之也。有可贼伤,方化,须以成事,不得已,乃后用之也。(《太平经·生物方诀》)　　4/2283

天道有常运,不以故人也,故顺之则吉昌,逆之则危亡。(《太平经·天文记诀》)　　4/2284

天人（47条）

天行有常，不为尧存，不为桀亡。应之以治则吉，应之以乱则凶。（《荀子·天论》）　　　　1/108

明于天人之分，则可谓至人矣。（《荀子·天论》）　　　　1/109

天有其时，地有其财，人有其治，夫是之谓能参。（《荀子·天论》）1/109

所志于天者，已其见象之可以期者矣；所志于地者，已其见宜之可以息者矣；所志于四时者，已其见数之可以事者矣；所志于阴阳者，已其见知之可以治者矣。（《荀子·天论》）　　1/110

大天而思之，孰与物畜而制之？从天而颂之，孰与制天命而用之？望时而待之，孰与应时而使之？因物而多之，孰与骋能而化之？思物而物之，孰与理物而勿失之也？愿于物之所以生，孰与有物之所以成？故错人而思天，则失万物之情。（《荀子·天论》）　　1/112

夫善言天者合之人，善言古者考之今。（《盐铁论·诏圣》）　　1/280

天之应人，如影之随形，响之效声者也。（《说苑·君道》）　　1/318

天之所生，地之所养，莫贵于人。（《说苑·建本》）　　　　1/323

天之与人，必报有德。（《说苑·权谋》）　　　　　　　　　1/376

夫天地之气，不失其序。若过其序，民乱之也。（《说苑·辨物》）1/435

天不人不因，人不天不成。（《法言·重黎》）　　　　　　1/477

天本诸阳，地本诸阴，人本中和。三才异务，相待而成，各循其道，和气乃臻，机衡乃平。（《潜夫论·本训》）1/551

天道曰施，地道曰化，人道曰为。（《潜夫论·本训》）　　1/552

天地辟而万物生，万物生而人为政焉。（《鹖子·汤政》）　　2/694

人法地，地法天，天法道，道法自然。（《老子·二十五章》）2/714

知天而不知人，即无以与俗交；知人而不知天，即无以与道游。（《文子·微明》）　　　　2/779

天不能使人，人不能使天，因物之然，而穷、达存焉。（《鹖冠子·兵政》）　　　　　　　　2/812

财之生也，力之于地，顺之于天；兵之胜也，顺之于道，合之于人。（《鹖冠子·兵政》）　　2/812

天下莫大于秋豪之末，而太山为小；莫寿于殇子，而彭祖为夭。天地与我并生，而万物与我为一。（《庄子·内篇·齐物论》）　　　　　　　2/836

功洫于天，故有死刑；功不及天，退而无名；功合于天，名乃大成。（《黄帝四经·经法·论约》）2/885

闻道之后，有所为、有所执者，所以之人；无所为、无所执者，所以之天。（《关尹子·宇篇》）　　2/900

人与天调，然后天地之美生。（《管

子·五行》）　2/1042

天之行广而无私，其施厚而不德，其明久而不衰，故圣王法之。（《墨子·法仪》）　3/1325

既以天为法，动作有为必度于天，天之所欲则为之，天所不欲则止。（《墨子·法仪》）　3/1326

始生之者，天也；养成之者，人也。（《吕氏春秋·孟春纪·本生》）3/1429

万物之形虽异，其情一体也。故古之治身与天下者，必法天地也。（《吕氏春秋·仲春纪·情欲》）　3/1439

功名大立，天也。为是故，因不慎其人，不可。（《吕氏春秋·孝行览·慎人》）　3/1514

达于道者，不以人易天。外与物化，而内不失其情。（《淮南子·原道训》）　3/1605

举事而不顺天者，逆其生者也。（《淮南子·天文训》）　3/1639

天有风雨寒暑，人亦有取与喜怒。（《淮南子·精神训》）　3/1642

日月失其行，薄蚀无光；风雨非其时，毁折生灾；五星失其行，州国受殃。（《淮南子·精神训》）　3/1642

知天之所为，知人之所行，则有以任于世矣。（《淮南子·人间训》）3/1811

夫地势水东流，人必事焉，然后水潦得谷行；禾稼春生，人必加功焉，故五谷得遂长。（《淮南子·修务训》）　3/1812

仰取象于天，俯取度于地，中取法于人。（《淮南子·泰族训》）　3/1819

天地之性，人最为贵。（《论衡·无形篇》）　3/1841

天人同道，好恶均心。（《论衡·奇怪篇》）　3/1845

推人以知天，知天本于人。（《论衡·雷虚篇》）　3/1848

人道善善恶恶，施善以赏，加恶以罪，天道宜然。（《论衡·谴告篇》）　3/1858

人事为本，天道为末。（《昌言》）　3/1891

善言天者，必应于人；善言古者，必验于今。（《黄帝内经·素问·气交变大论篇》）　4/2253

顺天地者，其治长久；顺四时者，其王日兴。（《太平经·合阴阳顺道法》）　4/2268

四时之炁，天之按行也，而人逆之，则贼害其父；以地为母，得衣食养育，不共爱利之，反贼害之。（《太平经·起土出书诀》）　4/2279

夫人命乃在天地，欲安者乃当先安其天地，然后可得长安也。（《太平经·起土出书诀》）　4/2280

常顺天所为者，长与天厚；轻逆之者，长与天为怨。（《太平经》）　4/2300

观天之道，执天之行，尽矣。（《阴符经·演化篇》）　4/2302

立天之道，以定人也。（《阴符经·天人篇》）　4/2302

天人合发，万变定基。（《阴符经·天人篇》）　4/2302

人性（142条）

鸟穷则啄，兽穷则攫，人穷则诈，马穷则佚。（《孔子家语·颜回》）1/22

饥而欲食，寒而欲暖，劳而欲息，好利而恶害，是人之所生而有也，是无待而然者也。（《荀子·非相》） 1/61

性也者，吾所不能为也，然而可化也；情也者，非吾所有也，然而可为也。（《荀子·儒效》） 1/71

习俗移志，安久移质。（《荀子·儒效》） 1/72

水火有气而无生，草木有生而无知，禽兽有知而无义，人有气、有生、有知，亦且有义，故最为天下贵也。（《荀子·王制》） 1/78

人伦并处，同求而异道，同欲而异知，生也。（《荀子·富国》） 1/82

人之生，不能无群。（《荀子·富国》） 1/83

夫人之情，目欲綦色，耳欲綦声，口欲綦味，鼻欲綦臭，心欲綦佚。此五綦者，人情之所必不免也。（《荀子·王霸》） 1/88

人生而有欲，欲而不得，则不能无求；求而无度量分界，则不能不争；争则乱，乱则穷。（《荀子·礼论》）1/114

无性则伪之无所加，无伪则性不能自美。（《荀子·礼论》） 1/117

凡人之患，蔽于一曲而暗于大理。（《荀子·解蔽》） 1/117

欲不待可得，所受乎天也；求者从所可，受乎心也。（《荀子·正名》）1/123

人之所欲，生甚矣；人之所恶，死甚矣。（《荀子·正名》） 1/123

人之性恶，其善者伪也。（《荀子·性恶》） 1/124

今人之性恶，必将待师法然后正，得礼义然后治。（《荀子·性恶》）1/124

饥而欲饱，寒而欲暖，劳而欲休，此人之情性也。（《荀子·性恶》）1/125

饥寒切于民之肌肤，欲其无为奸邪盗贼，不可得也。（《贾谊新书·孽产子》） 1/172

世人不以肉为心则已，若以肉为心，人之心可知也。（《贾谊新书·淮难》） 1/174

性有刚柔，形有好恶，圣人能因而不能改。（《盐铁论·殊路》） 1/233

庸人安其故，而愚者果所闻。（《盐铁论·遵道》） 1/237

聪明捷敏，人之美材也。（《新序·杂事二》） 1/287

兽穷则触，鸟穷则啄，人穷则诈。自古及今，有穷其下能无危者，未之有也。（《新序·杂事五》） 1/299

通心则其言之略，懦则不能强谏。（《新序·善谋上》） 1/309

凡斗者，皆自以为是，而以他人为非。（《说苑·贵德》） 1/339

人之不善而能矫之者，难矣。（《说苑·善说》） 1/368

跂人日夜愿一起,盲人不忘视。(《说苑·谈丛》)　1/400

不肖人自贤也,愚者自多也,佞人者皆莫相其心。(《说苑·杂言》)1/432

衣服容貌者,所以悦目也。声音应对者,所以悦耳也。嗜欲好恶者,所以悦心也。(《说苑·修文》)　1/438

凡人所以肯赴死亡而不辞者,非为趋利,则因以避害也。(《潜夫论·劝将》)　1/530

痛则无耻,祸则不仁。(《潜夫论·救边》)　1/534

人心不同好,度量相万亿。(《潜夫论·交际》)　1/546

公人好人之公,私人好人之私。(《谯子法训》)　1/633

人含气而生,精尽而死,死犹渐也,灭也,譬如火焉,薪尽而火灭,则无光矣。故灭火之余,无遗炎矣,人死之后,无遗魂矣。(《物理论》)　1/637

孔子云“少成若天性,习惯如自然”是也。(《颜氏家训·教子》)1/648

人有忧疾,则呼天地父母,自古而然。(《颜氏家训·风操》)　1/655

夫物体自有精粗,精粗谓之好恶;人心有所去取,去取谓之好恶。(《颜氏家训·音辞》)　1/676

易乐者必多哀,轻施者必好夺。(《中说·王道篇》)　1/681

人以义爱,党以群强。(《文子·微明》)　2/780

兽穷即触,鸟穷即啄,人穷即诈。

(《文子·下德》)　2/785

所谓人者,恶死乐生者也。(《鹖冠子·博选》)　2/799

生相怜,死相捐。(《列子·杨朱》)　2/825

哀莫大于心死,而人死亦次之。(《庄子·外篇·田子方》)　2/864

凡人心险于山川,难于知天。(《庄子·杂篇·列御寇》)　2/873

临馔念戚,则旨酒失甘;对飨思哀,则嘉肴易味。(《杜氏幽求新书》)　2/925

有生最灵,莫过乎人。(《抱朴子内篇·论仙》)　2/933

人所好恶,各各不同,喻之以面,岂不信哉!(《抱朴子内篇·辨问》)　2/946

天道之数,至则反,盛则衰;人心之变,有余则骄,骄则缓怠。(《管子·重令》)　2/1003

民未尝可与虑始,而可与乐成功。(《管子·法法》)　2/1006

丹青在山,民知而取之;美珠在渊,民知而取之。(《管子·小称》)　2/1030

人之可杀,以其恶死也;其可不利,以其好利也。(《管子·心术上》)　2/1034

凡人之情,得所欲则乐,逢所恶则忧,此贵贱之所同有也。(《管子·禁藏》)　2/1059

凡人之情,见利莫能勿就,见害莫

能勿避。(《管子·禁藏》)　　2/1061

利之所在,虽千仞之山,无所不上;深源之下,无所不入焉。(《管子·禁藏》)　　2/1062

民之情,莫不欲生而恶死,莫不欲利而恶害。(《管子·形势解》)2/1067

民,利之则来,害之则去。(《管子·形势解》)　　2/1068

饥而求食,劳而求佚,苦则索乐,辱则求荣,此民之情也。(《商君书·算地》)　　2/1098

民生则计利,死则虑名。(《商君书·算地》)　　2/1099

利出于地,则民尽力;名出于战,则民致死。(《商君书·算地》)2/1099

羞辱劳苦者,民之所恶也;显荣佚乐者,民之所务也。(《商君书·算地》)　　2/1101

亲亲则别,爱私则险。(《商君书·开塞》)　　2/1102

民之生,不知则学,力尽而服。(《商君书·开塞》)　　2/1103

古之民朴以厚,今之民巧以伪。(《商君书·开塞》)　　2/1103

民杂处而各有所能,所能者不同,此民之情也。(《慎子·民杂》)2/1135

人臣之情非必能爱其君也,为重利之故也。(《韩非子·二柄》)2/1155

夫安利者就之,危害者去之,此人之情也。(《韩非子·奸劫弑臣》)　　2/1164

夫妻者,非有骨肉之恩也,爱则

亲,不爱则疏。(《韩非子·备内》)　　2/1170

众人之为礼也,人应则轻欢,不应则责怨。(《韩非子·解老》)　2/1175

人处疾则贵医,有祸则畏鬼。(《韩非子·解老》)　　2/1179

爱子者慈于子,重生者慈于身,贵功者慈于事。(《韩非子·解老》)　　2/1181

直于行者曲于欲。(《韩非子·说林下》)　　2/1187

利之所在,民归之;名之所彰,士死之。(《韩非子·外储说左上》)　　2/1207

人情皆喜贵而恶贱。(《韩非子·难三》)　　2/1219

凡人之生也,财用足则堕于用力,上懦则肆于为非。(《韩非子·六反》)　　2/1227

父母之爱不足以教子,必待州部之严刑者,民固骄于爱、听于威矣。(《韩非子·五蠹》)　　2/1236

糟糠不饱者不务粱肉,短褐不完者不待文绣。(《韩非子·五蠹》)　　2/1238

民之政计,皆就安利如辟危穷。(《韩非子·五蠹》)　　2/1241

夫民之性,恶劳而乐佚。(《韩非子·心度》)　　2/1251

民者好利禄而恶刑罚。(《韩非子·制分》)　　2/1252

父母者,性所爱也;妻子者,性所

亲也。(《政论》) 2/1261

小人之情,安土重迁,宁就饥馁,无适乐土之虑。(《政论》) 2/1262

同舟渡海,中流遇风,救患若一,所忧同也。(《邓析子·无厚篇》)
2/1274

夫人情,发言欲胜,举事欲成。(《邓析子·转辞篇》) 2/1279

凡人心有所思,则耳且不能听。(《人物志·材理》) 2/1301

爱善疾恶,人情所常。(《人物志·七缪》) 2/1306

夫人情莫不趣名利,避损害。(《人物志·七缪》) 2/1307

愚者易蔽也,不肖者易惧也,贪者易诱也。(《鬼谷子·谋篇》) 3/1369

人之少也愚,其长也智。(《吕氏春秋·孟春纪·贵公》) 3/1434

耳闻所恶,不若无闻;目见所恶,不若无见。(《吕氏春秋·仲春纪·贵生》) 3/1438

人之有形体四枝,其能使之也,为其感而必知也。感而不知,则形体四枝不使矣。(《吕氏春秋·季春纪·圜道》) 3/1453

人之情,不能乐其所不安,不能得于其所不乐。(《吕氏春秋·孟夏纪·诬徒》) 3/1459

为之而乐矣,奚待贤者?虽不肖者犹若劝之。为之而苦矣,奚待不肖者?虽贤者犹不能久。(《吕氏春秋·孟夏纪·诬徒》) 3/1459

人之情,恶异于己者。(《吕氏春秋·孟夏纪·诬徒》) 3/1460

欲与恶,所受于天也,人不得与焉,不可变,不可易。(《吕氏春秋·仲夏纪·大乐》) 3/1465

人之情:欲寿而恶夭,欲安而恶危,欲荣而恶辱,欲逸而恶劳。(《吕氏春秋·仲夏纪·适音》) 3/1466

人情欲生而恶死,欲荣而恶辱。(《吕氏春秋·仲秋纪·论威》)3/1475

民之于利也,犯流矢,蹈白刃,涉血盩肝以求之。(《吕氏春秋·孟冬纪·节丧》) 3/1485

诚辱则无为乐生。(《吕氏春秋·仲冬纪·忠廉》) 3/1490

人心之不同,岂不甚哉?(《吕氏春秋·季冬纪·介立》) 3/1493

性也者,所受于天也,非择取而为之也。(《吕氏春秋·季冬纪·诚廉》)
3/1494

人之情,莫不有重,莫不有轻。有所重则欲全之,有所轻则以养所重。(《吕氏春秋·季冬纪·诚廉》)3/1494

人之老也,形益衰而智益盛。(《吕氏春秋·先识览·去宥》) 3/1532

同恶同好,志皆有欲,虽为天子,弗能离矣。(《吕氏春秋·审应览·精谕》) 3/1553

惑者之患,不自以为惑。故惑惑之中有晓焉,冥冥之中有昭焉。(《吕氏春秋·审应览·离谓》) 3/1554

民之情,贵所不足,贱所有余。

（《吕氏春秋·离俗览·离俗》）3/1557

民进则欲其赏,退则畏其罪。(《吕氏春秋·离俗览·适威》)　3/1563

人之欲多者,其可得用亦多;人之欲少者,其得用亦少;无欲者,不可得用也。(《吕氏春秋·离俗览·为欲》)
3/1563

生不足以使之,则利曷足以使之矣? 死不足以禁之,则害曷足以禁之矣?(《吕氏春秋·恃君览·知分》)
3/1571

见乐则淫侈,见忧则诤治,此人之道也。(《吕氏春秋·似顺论·似顺》)
3/1594

人生而静,天之性也;感而后动,性之害也;物至而神应,知之动也;知与物接,而好憎生焉。(《淮南子·原道训》)　3/1605

人之情,于害之中争取小焉,于利之中争取大焉。(《淮南子·缪称训》)
3/1699

古人味而弗贪也,今人贪而弗味。(《淮南子·缪称训》)　3/1700

人之性无邪,久湛于俗则易。(《淮南子·齐俗训》)　3/1710

身安则恩及邻国,志为之灭;身危则忘其亲戚,而仁不能解也。(《淮南子·齐俗训》)　3/1717

凡听必有验,一听而弗复问,合其所以也。(《淮南子·道应训》)3/1721

人各以其所知,去其所害,就其所利。(《淮南子·氾论训》)　3/1724

志所欲则忘其为矣。(《淮南子·氾论训》)　3/1736

喜而相戏,怒而相害,天之性也。(《淮南子·兵略训》)　3/1751

执狱牢者无病,罪当死者肥泽,刑者多寿,心无累也。(《淮南子·说山训》)　3/1774

人之情,于利之中则争取大焉,于害之中则争取小焉。(《淮南子·说山训》)　3/1776

心所说,毁舟为杕;心所欲,毁钟为铎。(《淮南子·说林训》)　3/1797

待利而后拯溺人,亦必以利溺人矣。(《淮南子·说林训》)　3/1797

有符于中,则贵是而同今古;无以听其说,则所从来者远而贵之耳。(《淮南子·脩务训》)　3/1816

善渐于恶,恶化于善,成为性行。(《论衡·率性篇》)　3/1841

人之性,善可变为恶,恶可变为善。(《论衡·率性篇》)　3/1841

夫人之性犹蓬纱也,在所渐染而善恶变矣。(《论衡·率性篇》)3/1842

患不能化,不患人性之难率也。(《论衡·率性篇》)　3/1842

夫人所不能为,养使为之,不能使劝;人所能为,诛以禁之,不能使止。(《论衡·非韩篇》)　3/1852

五性者何谓? 仁、义、礼、智、信也。(《白虎通义·性情》)　3/1880

才性有优劣,思理有修短,或有夙知而早成,或有提耳而后喻。(《抱朴子

外篇·勖学》） 4/1941

清浊参差，所禀有主。朗昧不同科，强弱各殊气。（《抱朴子外篇·尚博》） 4/2000

孟子云："凡见赤子将入井，莫不趋而救之。"以此观之，则莫不有仁心，但厚薄之间。而聪明之分，时而有耳。（《抱朴子外篇·仁明》） 4/2008

志得则颜怡，意失则容戚。（《抱朴子外篇·博喻》） 4/2019

观听殊好，爱憎难同。（《抱朴子外篇·广譬》） 4/2042

夫有欲之性，萌于受气之初；厚己之情，著于成形之日。（《抱朴子外篇·诘鲍》） 4/2049

吉凶由人，可勿思乎？逆耳之言，乐之者希。（《抱朴子外篇·知止》） 4/2053

见善则喜，闻恶则忧，民之情也。（《金楼子·立言篇上》） 4/2066

人皆知就利而避害，莫知缘害而见利；皆识爱得而憎失，莫识由失以至得。（《刘子·利害章》） 4/2086

夫吴人与越人相恶也，当其同舟而济，遇风，其相救也如左右手。（《孙子兵法·九地篇》） 4/2153

人有短长，气有盛衰。（《吴子·励士》） 4/2173

夫人可以乐成，难以虑始。（《太公金匮》） 4/2209

天覆地载，万物悉备，莫贵于人。（《黄帝内经·素问·宝命全形论篇》） 4/2249

人之情，莫不恶死而乐生。（《黄帝内经·灵枢·师传》） 4/2257

世情（148条）

水广者鱼大，父尊者子贵。（《盐铁论·刺权》） 1/208

代马依北风，飞鸟翔故巢，莫不哀其生。（《盐铁论·未通》） 1/218

饭蔬粝者不可以言孝，妻子饥寒者不可以言慈，绪业不修者不可以言理。（《盐铁论·论诽》） 1/239

林中多疾风，富贵多谀言。（《盐铁论·国疾》） 1/244

孤子语孝，躄者语杖，贫者语仁，贱者语治。（《盐铁论·救匮》） 1/247

议不在己者易称，从旁议者易是，其当局则乱。（《盐铁论·救匮》）1/248

安者不能恤危，饱者不能食饥。（《盐铁论·取下》） 1/259

余粱肉者难为言隐约，处佚乐者难为言勤苦。（《盐铁论·取下》）1/259

不知味者，以芬香为臭，不知道者，以美言为乱耳。（《盐铁论·论菑》） 1/270

其曲弥高者，其和弥寡。（《新序·杂事一》） 1/286

穷乡多怪，曲学多辩。愚者之笑，知者哀焉；狂夫之乐，贤者忧焉。（《新

序·善谋上》）　　　　　　1/310

　　其言一也，言者异，则人心变矣。
（《新序·善谋上》）　　　　1/311

　　少事长，贱事贵，不肖事贤，此天
下之通义也。（《说苑·臣术》）　1/322

　　生而尊者骄，生而富者傲；生而富
贵，又无鉴而自得者鲜矣。（《说苑·建
本》）　　　　　　　　　　1/328

　　工者久而巧，色者老而衰。（《说
苑·建本》）　　　　　　　　1/330

　　有技者不累身而未尝灭，而色不
得以常茂。（《说苑·建本》）　1/330

　　夫一兔走于街，万人追之；一人得
之，万人不复走。分未定，则一兔走使
万人扰；分已定，则虽贪夫知止。（《说
苑·建本》）　　　　　　　　1/331

　　地广而不平，人将平之；财聚而不
散，人将争之。（《说苑·政理》）1/351

　　物之相得，固微甚矣。（《说苑·善
说》）　　　　　　　　　　1/369

　　小人得位，不争不义；君子在忧，
不救不祥。（《说苑·善说》）　1/369

　　救人之患者，行危苦而不避烦辱，
犹不能免。（《说苑·善说》）　1/370

　　衣新而不旧，则是修也；仓庾盈而
不虚，则是富也。（《说苑·善说》）
　　　　　　　　　　　　　1/370

　　乞火不得，不望其炮矣。（《说
苑·奉使》）　　　　　　　　1/372

　　官尊者忧深，禄多者责大。（《说
苑·谈丛》）　　　　　　　　1/409

　　君子未必富贵，小人未必贫贱，

　　或潜龙未用，或亢龙在天，从古以然。
（《潜夫论·论荣》）　　　　1/506

　　人之善恶，不必世族；性之贤鄙，
不必世俗。中堂生负苞，山野生兰芷。
（《潜夫论·论荣》）　　　　1/506

　　夫国不乏于妒男也，犹家不乏于
妒女也。（《潜夫论·贤难》）　1/508

　　谚曰：“一犬吠形，百犬吠声。”
（《潜夫论·贤难》）　　　　1/508

　　富者乘其材力，贵者阻其势要，以
钱多为贤，以刚强为上。（《潜夫论·考
绩》）　　　　　　　　　　1/510

　　宁见朽贯千万，而不忍赐人一钱；
宁积粟腐仓，而不忍贷人一斗。（《潜夫
论·忠贵》）　　　　　　　　1/516

　　富者竞欲相过，贫者耻不逮及。
（《潜夫论·浮侈》）　　　　1/517

　　攻玉以石，治金以盐，濯锦以鱼，
浣布以灰。夫物固有以贱治贵，以丑
治好者矣。（《潜夫论·实贡》）1/521

　　孝子见仇而不得讨，亡主见物而
不得取，痛莫甚焉。（《潜夫论·述赦》）
　　　　　　　　　　　　　1/523

　　义士且以徼其名，贪夫且以求其
赏尔。（《潜夫论·劝将》）　1/530

　　谚曰：“痛不著身言忍之，钱不出
家言与之。”（《潜夫论·救边》）1/533

　　代马望北，狐死首丘。（《潜夫
论·实边》）　　　　　　　　1/537

　　语曰：“人惟旧，器惟新。昆弟世
疏，朋友世亲。”（《潜夫论·交际》）
　　　　　　　　　　　　　1/544

多思远而忘近,背故而向新。(《潜夫论·交际》)　　1/544

富贵则人争附之,此势之常趣也;贫贱则人争去之,此理之固然也。(《潜夫论·交际》)　　1/544

富贵易得宜,贫贱难得适。(《潜夫论·交际》)　　1/545

富贵虽新,其势日亲;贫贱虽旧,其势日疏。(《潜夫论·交际》)　　1/545

匹夫匹妇,处畎亩之中,必礼乐存焉尔。(《申鉴·杂言上》)　　1/578

夫文人相轻,自古而然。(《典论·论文》)　　1/587

夫同言而信,信其所亲;同命而行,行其所服。(《颜氏家训·序致》)　　1/647

别易会难,古人所重;江南饯送,下泣言离。(《颜氏家训·风操》)1/654

北间风俗,不屑此事,歧路言离,欢笑分首。然人性自有少涕泪者,肠虽欲绝,目犹烂然;如此之人,不可强责。(《颜氏家训·风操》)　　1/654

古人云:"千载一圣,犹旦暮也;五百年一贤,犹比髆也。"言圣贤之难得,疏阔如此。(《颜氏家训·慕贤》)　　1/656

世人多蔽,贵耳贱目,重遥轻近。(《颜氏家训·慕贤》)　　1/656

古人欲知稼穑之艰难,斯盖贵谷务本之道也。夫食为民天,民非食不生矣,三日不粒,父子不能相存。(《颜氏家训·涉务》)　　1/668

凡人之信,唯耳与目;耳目之外,咸致疑焉。(《颜氏家训·归心》)1/673

山中人不信有鱼大如木,海上人不信有木大如鱼。(《颜氏家训·归心》)　　1/674

夫九州之人,言语不同,生民已来,固常然矣。(《颜氏家训·音辞》)　　1/675

南方水土和柔,其音清举而切诣,失在浮浅,其辞多鄙俗。北方山川深厚,其音沉浊而钝得其质直,其辞多古语。(《颜氏家训·音辞》)　　1/675

古今言语,时俗不同,著述之人,楚、夏各异。(《颜氏家训·音辞》)　　1/676

小人不激不励,不见利不劝。(《中说·王道篇》)　　1/681

天下有道,却走马以粪;天下无道,戎马生于郊。(《老子·四十六章》)　　2/727

其使多智之人量利害,料虚实,度人情,得亦中,亡亦中。其少智之人不量利害,不料虚实,不度人情,得亦中,亡亦中。(《列子·力命》)　2/823

察见渊鱼者不祥,智料隐匿者有殃。(《列子·说符》)　　2/830

爵高者,人妒之;官大者,主恶之;禄厚者,怨逮之。(《列子·说符》)　　2/831

大知闲闲,小知间间;大言炎炎,小言詹詹。(《庄子·内篇·齐物论》)　　2/835

彼窃钩者诛,窃国者为诸侯,诸侯之门而仁义存焉。(《庄子·外篇·胠箧》)　　　2/847

天下皆知求其所不知,而莫知求其所已知者。(《庄子·外篇·胠箧》)　　　2/847

夫尊古而卑今,学者之流也。(《庄子·杂篇·外物》)　2/867

谚云:"富不学奢而奢,贫不学俭而俭。"(《任子》)　2/917

士有高世之名,必有负俗之累;有绝群之节,必婴谤嗤之患。(《唐子》)
　　　2/921

常人之所爱,乃上士之所憎;庸俗之所贵,乃至人之所贱也。(《抱朴子内篇·论仙》)　　　2/934

夫所见少,则所怪多,世之常也。(《抱朴子内篇·论仙》)　2/937

盛阳不能荣枯朽,上智不能移下愚,书为晓者传,事为识者贵。(《抱朴子内篇·金丹》)　　　2/938

农夫得彤弓以驱鸟,南夷得衮衣以负薪。夫不知者,何可强哉?(《抱朴子内篇·金丹》)　　　2/938

世间浅近者众,而深远者少,少不胜众,由来久矣。(《抱朴子内篇·明本》)　　　2/944

至言逆俗耳,真语必违众。(《抱朴子内篇·辨问》)　2/945

诚合其意,虽小必为也;不合其神,虽大不学也。好苦憎甘,既皆有矣;嗜利弃义,亦无数焉。(《抱朴子内篇·辨问》)　　　2/946

好事者,因以听声而响集,望形而影附,云萃雾合,竞称叹之,馈饷相属,常余金钱。(《抱朴子内篇·祛惑》)
　　　2/957

天道之极,远者自亲;人事之起,近亲造怨。(《管子·形势》)　2/973

知子莫若父。(《管子·大匡》)
　　　2/1010

有高人之行者,固见负于世;有独知之虑者,必见骜于民。(《商君书·更法》)　　　2/1085

夫常人安于故习,学者溺于所闻。(《商君书·更法》)　2/1087

民愚,则力有余而知不足;世知,则巧有余而力不足。(《商君书·开塞》)　　　2/1102

智均不相使,力均不相胜。(《申子·大体》)　2/1131

两贵不相事,两贱不相使。(《慎子》)　2/1141

家富则疏族聚,家贫则兄弟离。非不相爱,利不足相容也。(《慎子》)
　　　2/1141

庸自卖裘而不售,士自誉辩而不信。(《韩非子·说林下》)　2/1187

饥岁之春,幼弟不饷;穰岁之秋,疏客必食。(《韩非子·五蠹》)2/1234

布帛寻常,庸人不释;铄金百溢,盗跖不掇。(《韩非子·五蠹》)2/1236

儒以文乱法,侠以武犯禁。(《韩非子·五蠹》)
　　　2/1237

物不竞,非无心;由名定,故无所措其心。私不行,非无欲;由分明,故无所措其欲。(《尹文子·大道上》)
2/1289

物奢则仁、智相屈,分定则贪、鄙不争。(《尹文子·大道上》) 2/1289

天下之人皆不相爱,强必执弱,富必侮贫,贵必敖贱,诈必欺愚。(《墨子·兼爱中》)
3/1342

窃一犬一彘则谓之不仁,窃一国一都则以为义。(《墨子·鲁问》)
3/1356

大寒既至,民暖是利;大热在上,民清是走。故民无常处,见利之聚,无之去。欲为天子,民之所走,不可不察。(《吕氏春秋·仲春纪·功名》)
3/1440

饥寒,人之大害也;救之,义也。(《吕氏春秋·仲秋纪·爱士》)3/1479

国弥大,家弥富,葬弥厚。(《吕氏春秋·孟冬纪·节丧》)
3/1485

死者弥久,生者弥疏。(《吕氏春秋·孟冬纪·节丧》)
3/1485

以贵富有人易,以贫贱有人难。(《吕氏春秋·季冬纪·介立》)3/1493

凡人之攻伐也,非为利则固为名也。(《吕氏春秋·有始览·应同》)
3/1499

世之听者,多有所尤。多有所尤,则听必悖矣。(《吕氏春秋·有始览·去尤》)
3/1499

所以尤者多故,其要必因人所喜,与因人所恶。(《吕氏春秋·有始览·去尤》) 3/1499

智者,其所能接远也;愚者,其所能接近也。(《吕氏春秋·先识览·知接》)
3/1529

权钧则不能相使,势等则不能相并,治乱齐则不能相正。(《吕氏春秋·审分览·慎势》)
3/1546

凡事人,以为利也。(《吕氏春秋·审应览·离谓》) 3/1555

群之可聚也,相与利之也。(《吕氏春秋·恃君览·恃君》) 3/1569

小人得位,不争不祥;君子在忧,不救不祥。(《吕氏春秋·开春论·开春》)
3/1578

凡人思虑,莫不先以为可而后行之;其是或非,此愚知之所以异。(《淮南子·主术训》)
3/1688

趋舍相非,嗜欲相反。(《淮南子·齐俗训》)
3/1716

世治则小人守正,而利不能诱也;世乱则君子为奸,而法弗能禁也。(《淮南子·齐俗训》)
3/1719

亡羊而得牛,则莫不利也;断指而免头,则莫不利为也。(《淮南子·说山训》)
3/1776

有为则议,多事固苟。(《淮南子·说林训》)
3/1794

未尝稼穑,粟满仓;未尝桑蚕,丝满囊。得之不以道,用之必横。(《淮南子·说林训》)
3/1795

夫瘠地之民多有心者,劳也;沃地

之民多不才者，饶也。(《淮南子·脩务训》) 3/1814

美人者，非必西施之种；通士者，不必孔、墨之类。(《淮南子·脩务训》) 3/1817

德鸿者招谤，为士者多口。(《论衡·累害篇》) 3/1838

天下善人寡，恶人众。善人顺道，恶人违天。(《论衡·福虚篇》) 3/1847

虚妄之俗，好造怪奇。(《论衡·雷虚篇》) 3/1848

夫为言不益，则美不足称；为文不渥，则事不足褒。(《论衡·语增篇》) 3/1849

俗人好奇，不奇，言不用也。故誉人不增其美，则闻者不快其意；毁人不益其恶，则听者不惬于心。(《论衡·艺增篇》) 3/1849

名生于高官，而毁起于卑位。(《论衡·状留篇》) 3/1857

夫歌曲妙者，和者则寡；言得实者，然者则鲜。(《论衡·定贤篇》) 3/1865

曲妙人不能尽和，言是人不能皆信。(《论衡·定贤篇》) 3/1865

达者未必知，穷者未必愚。(《论衡·自纪篇》) 3/1870

鸟无世凤皇，兽无种麒麟，人无祖圣贤，物无常嘉珍。(《论衡·自纪篇》) 3/1870

世之毁誉，莫能得实，审形者少，随声者多。(《风俗通义·正失》) 3/1882

乱世则小人贵宠，君子困贱。(《昌言·理乱篇》) 3/1884

世质则官少，时文则官多。(《傅子·官人》) 3/1897

曾子曰："好我者知吾美矣，恶我者知吾恶矣。"(《博物志·杂说上》) 3/1926

禄厚者责重，爵尊者神劳。(《抱朴子外篇·嘉遁》) 4/1932

尘羽之积，则沉舟折轴；三至之言，则市虎以成。(《抱朴子外篇·嘉遁》) 4/1932

俗之所患者，病乎躁于进趋，不务行业耳；不苦于安贫乐贱者之太多也。(《抱朴子外篇·逸民》) 4/1935

将为立身，非财莫可。(《抱朴子外篇·逸民》) 4/1935

物各有心，安其所长。莫不泰于得意，而惨于失所也。(《抱朴子外篇·逸民》) 4/1936

虽有好伤圣人者，岂能伤哉！(《抱朴子外篇·良规》) 4/1953

夫丰草不秀埆土，巨鱼不生小水，格言不吐庸人之口，高文不堕顽夫之笔。(《抱朴子外篇·审举》) 4/1967

学精而不仕，徇乎荣利者，万之一耳。(《抱朴子外篇·审举》) 4/1967

闻格言而不识者，非无耳也；见英异而不知者，非无目也；由乎聪不经妙，而明不逮奇也。(《抱朴子外篇·名实》) 4/1977

贵远贱近，有自来矣。(《抱朴子外

篇·钧世》）　　　　　4/2000

夫赏其快者，必誉之以好；而不得晓者，必毁之以恶，自然之理也。（《抱朴子外篇·尚博》）　　　4/2001

重所闻，轻所见，非一世之所患矣。（《抱朴子外篇·尚博》）　4/2001

官达者，才未必当其位；誉美者，实未必副其名。（《抱朴子外篇·博喻》）　　　　　　　　4/2017

进趋者以适世为奇，役御者以合时为妙。（《抱朴子外篇·广譬》）
　　　　　　　　　　　4/2027

世有雷同之誉，而未必贤也；俗有谳哗之毁，而未必恶也。（《抱朴子外篇·广譬》）　　　4/2030

贵远而贱近者，常人之用情也；信耳而疑目者，古今之所患也。（《抱朴子外篇·广譬》）　　　4/2030

财不丰，则其惠也不博；才不远，则其辞也不赡。（《抱朴子外篇·广

譬》）　　　　　　　　4/2031

五味舛而并甘，众色乖而皆丽。近人之情，爱同憎异，贵乎合己，贱于殊途。（《抱朴子外篇·辞义》）4/2043

民有所利，则有争心。富贵之家，所利重矣。（《抱朴子外篇·诘鲍》）
　　　　　　　　　　　4/2050

苟无可欲之物，虽无城池之固，敌亦不来者也。（《抱朴子外篇·诘鲍》）
　　　　　　　　　　　4/2052

夫可欲之物，何必金玉？锥刀之末，愚民竞焉。（《抱朴子外篇·诘鲍》）
　　　　　　　　　　　4/2052

古人六十笑五十九，不远迷复，乃觉有以也。（《抱朴子外篇·重言》）
　　　　　　　　　　　4/2058

世人多慕豫亲之好，推暗室之密。（《抱朴子外篇·自叙》）　4/2059

悦以使人，人忘其劳。（《齐民要术·杂说》）　　　　　4/2099

哲理（67条）

是是、非非谓之知，非是、是非谓之愚。（《荀子·修身》）　　1/43

夫本不正者末必陭，始不盛者终必衰。（《说苑·建本》）　1/322

万物并作，吾以观复。（《老子·十六章》）　　　　　　2/708

天下万物生于有，有生于无。（《老子·四十章》）　　　2/723

不言之教，无为之益，天下希及之。（《老子·四十三章》）2/725

信言不美，美言不信；善者不辩，辩者不善；知者不博，博者不知。（《老子·八十一章》）　2/745

天下之事，不可为也，因其自然而推之；万物之变，不可救也，秉其要而归之。（《文子·道原》）　2/747

所谓无为者，不先物为也；无治者，不易自然也；无不治者，因物之相然也。（《文子·道原》）　2/747

同而后可以见天，异而后可以见

人,变而后可以见时,化而后可以见
道。(《鹖冠子·天则》)　　2/801

至言去言,至为无为。齐智之所
知,则浅矣。(《列子·黄帝》)　2/818

物之终始,初无极已。始或为终,
终或为始。(《列子·汤问》)　2/821

均,天下之至理也。(《列子·汤
问》)　　2/822

相与于无相与,相为于无相为。
(《庄子·内篇·大宗师》)　2/846

无为为之之谓天,无为言之之谓
德,爱人利物之谓仁,不同同之之谓
大,行不崖异之谓宽,有万不同之谓
富。(《庄子·外篇·天地》)　2/849

以道观之,物无贵贱;以物观之,
自贵而相贱;以俗观之,贵贱不在己。
(《庄子·外篇·秋水》)　2/858

以功观之,因其所有而有之,则万
物莫不有;因其所无而无之,则万物莫
不无。(《庄子·外篇·秋水》)　2/858

以趣观之,因其所然而然之,则
物莫不然;因其所非而非之,则万物莫
不非。(《庄子·外篇·秋水》)　2/858

至乐无乐,至誉无誉。(《庄子·外
篇·至乐》)　　2/860

凡外重者内拙。(《庄子·外
篇·达生》)　　2/861

万物一也,是其所美者为神奇,其
所恶者为臭腐;臭腐复化为神奇,神奇
复化为臭腐。故曰:"通天下一气耳。"
(《庄子·外篇·知北游》)　2/864

天地有大美而不言,四时有明

法而不议,万物有成理而不说。(《庄
子·外篇·知北游》)　　2/865

无知无能者,固人之所不免也。
夫务免乎人之所不免者,岂不亦悲
哉! 至言去言,至为去为。齐知之所
知,则浅矣。(《庄子·外篇·知北游》)
　　2/865

有自也而可,有自也而不可;有自
也而然,有自也而不然。(《庄子·杂
篇·寓言》)　　2/868

物固有所然,物固有所可。(《庄
子·杂篇·寓言》)　　2/868

同类相从,同声相应,固天之理
也。(《庄子·杂篇·渔父》)　2/871

一尺之捶,日取其半,万世不竭。
(《庄子·杂篇·天下》)　2/875

不以一格不一,不以不一害一。
(《关尹子·宇篇》)　　2/900

玄者,自然之始祖,而万殊之大宗
也。(《抱朴子内篇·畅玄》)　2/927

玄之所在,其乐不穷;玄之所去,
器弊神逝。(《抱朴子内篇·畅玄》)
　　2/927

一能成阴生阳,推步寒暑;春得一
以发,夏得一以长,秋得一以收,冬得
一以藏。(《抱朴子内篇·地真》)2/954

物有多寡,而情不能等;事有成
败,而意不能同;行有进退,而力不能
两也。(《管子·禁藏》)　2/1060

"其出弥远者,其智弥少",此言智
周乎远,则所遗在近也。(《韩非子·喻
老》)　　2/1184

天与地卑,山与泽平。(《惠子·历物》)　2/1283

日方中方睨,物方生方死。(《惠子·历物》)　2/1284

有形者必有名,有名者未必有形。(《尹文子·大道上》)　2/1287

善名命善,恶名命恶。故善有善名,恶有恶名。(《尹文子·大道上》)　2/1287

其正者,正其所实也;正其所实者,正其名也。(《公孙龙子·名实论》)　2/1295

审其名实,慎其所谓。(《公孙龙子·名实论》)　2/1295

夫建事立义,莫不须理而定。(《人物志·材理》)　2/1299

理多品,则难通;人材异,则情诡。(《人物志·材理》)　2/1300

万物所出,造于太一,化于阴阳。(《吕氏春秋·仲夏纪·大乐》)3/1464

行数,循其理,平其私。(《吕氏春秋·季冬纪·序意》)　3/1496

天地合和,生之大经也。(《吕氏春秋·有始览·有始》)　3/1496

夫物合而成,离而生。(《吕氏春秋·有始览·有始》)　3/1497

知合知成,知离知生,则天地平矣。(《吕氏春秋·有始览·有始》)　3/1497

天地万物,一人之身也,此之谓大同。(《吕氏春秋·有始览·有始》)　3/1497

天斟万物,圣人览焉,以观其类。(《吕氏春秋·有始览·有始》)3/1497

物物而不物于物,则胡可得而累?(《吕氏春秋·孝行览·必己》)　3/1517

以天为法,以德为行,以道为宗,与物变化而无所终穷。(《吕氏春秋·慎大览·下贤》)　3/1520

理也者,是非之宗也。(《吕氏春秋·审应览·离谓》)　3/1554

性者,万物之本也,不可长,不可短,因其固然而然之,此天地之数也。(《吕氏春秋·不苟论·贵当》)3/1594

正则静,静则清明,清明则虚,虚则无为而无不为也。(《吕氏春秋·似顺论·有度》)　3/1597

所谓无为者,不先物为也;所谓不为者,因物之所为。所谓无治者,不易自然也;所谓无不治者,因物之相然也。(《淮南子·原道训》)　3/1612

天下之物,莫柔弱于水,然而大不可极,深不可测,脩极于无穷,远沦于无涯;息耗减益,通于不訾;上天则为雨露,下地则为润泽;万物弗得不生,百事不得不成。(《淮南子·原道训》)　3/1616

夫水之所以能成其至德于天下者,以其淖溺润滑也。(《淮南子·原道训》)　3/1617

夫无形者物之大祖也,无音者声之大宗也。(《淮南子·原道训》)3/1617

一之理,施四海;一之解,际天地。

（《淮南子·原道训》）　3/1618

万物之总，皆阅一孔；百事之根，皆出一门。（《淮南子·原道训》）3/1618

贵虚者，以毫末为宅也。（《淮南子·原道训》）　3/1627

以神为主者，形从而利；以形为制者，神从而害。（《淮南子·原道训》）　3/1627

无外之外，至大也；无内之内，至贵也。（《淮南子·精神训》）　3/1652

天地之气，莫大于和。和者阴阳调，日夜分而生物。（《淮南子·氾论训》）　3/1727

是非有处，得其处则无非，失其处则无是。（《淮南子·氾论训》）3/1728

大道无形，大仁无亲，大辩无声，大廉不嗛，大勇不矜。（《淮南子·诠言训》）　3/1750

月不知昼，日不知夜。（《淮南子·说山训》）　3/1775

至味不慊，至言不文，至乐不笑，至音不叫，大匠不斫，大豆不具，大勇不斗，得道而德从之矣。（《淮南子·说林训》）　3/1786

知夫至真，贵乎天然也。（《抱朴子外篇·辞义》）　4/2042

辩证（129条）

夫物恶有满而不覆哉？（《孔子家语·三恕》）　1/14

天道成而必变，凡持满而能久者，未尝有也。（《孔子家语·六本》）1/20

斩而齐，枉而顺，不同而一。（《荀子·荣辱》）　1/59

物极而衰，终始之运也。（《盐铁论·错币》）　1/201

利于彼者必耗于此，犹阴阳之不并曜，昼夜之有长短也。（《盐铁论·非鞅》）　1/204

欲安之适足以危之，欲救之适足以败之。（《盐铁论·忧边》）　1/215

刚者折，柔者卷。（《盐铁论·讼贤》）　1/235

夫尺有所短，寸有所长。（《新序·杂事五》）　1/301

物至则反，冬夏是也；致高则危，累棋是也。（《新序·善谋上》）　1/310

夫冲风之衰也，不能起毛羽；强弩之末力，不能入鲁缟。盛之有衰也，犹朝之必暮也。（《新序·善谋下》）1/313

意不并锐，事不两隆。盛于彼者必衰于此，长于左者必短于右，喜夜卧者不能蚤起也。（《说苑·谈丛》）1/386

贵必以贱为本，高必以下为基。（《说苑·谈丛》）　1/393

无不为者，无不能成也；无不欲者，无不能得也。（《说苑·谈丛》）　1/398

物之相反，复归于本。（《说苑·谈丛》）　1/401

人皆知取之为取也，不知与之为取之。（《说苑·谈丛》）　1/415

天地之道,极则反,满则损。五采曜眼,有时而渝;茂木丰草,有时而落。物有盛衰,安得自若?(《说苑·谈丛》) 1/419

有生者,必有死;有始者,必有终。自然之道也。(《法言·君子》) 1/482

极盛不救,天道反也。(《太玄·盛》) 1/488

夫贫生于富,弱生于强,乱生于治,危生于安。(《潜夫论·浮侈》) 1/517

物有盛衰,时有推移,事有激会,人有变化。(《潜夫论·边议》) 1/535

好成者,败之本也;愿广者,狭之道也。(《中说·周公篇》) 1/684

天下皆知美之为美,斯恶已;皆知善之为善,斯不善已。(《老子·二章》) 2/700

有无相生,难易相成,长短相形,高下相倾,音声相和,前后相随,恒也。(《老子·二章》) 2/700

三十辐共一毂,当其无,有车之用;埏埴以为器,当其无,有器之用;凿户牖以为室,当其无,有室之用。故有之以为利,无之以为用。(《老子·十一章》) 2/705

重为轻根,静为躁君。(《老子·二十六章》) 2/714

轻则失根,躁则失君。(《老子·二十六章》) 2/715

夫物,或行或随,或歔或吹,或强或羸,或载或隳。(《老子·二十九章》) 2/717

物壮则老,是谓不道,不道早已。(《老子·三十章》) 2/718

柔弱胜刚强。(《老子·三十六章》) 2/721

贵以贱为本,高以下为基。(《老子·三十九章》) 2/722

明道若昧,进道若退,夷道若纇。(《老子·四十一章》) 2/723

上德若谷,广德若不足,建德若偷,质真若渝。(《老子·四十一章》) 2/723

大白若辱,大方无隅,大器晚成。(《老子·四十一章》) 2/724

天下之至柔,驰骋天下之至坚。(《老子·四十三章》) 2/725

大成若缺,其用不弊;大盈若冲,其用不穷。(《老子·四十五章》) 2/726

大直若屈,大巧若拙,大辩若讷,大赢若绌。(《老子·四十五章》) 2/726

静胜躁,寒胜热。(《老子·四十五章》) 2/726

无为而无不为。(《老子·四十八章》) 2/728

天下莫柔弱于水,而攻坚强者莫之能胜,以其无以易之。(《老子·七十八章》) 2/743

天地之道,大以小为本,多以少为始。(《文子·精诚》) 2/750

夫物盛则衰,日中则移,月满则亏,乐终则悲。(《文子·九守》) 2/753

弦有缓急,然后能成曲;车有劳佚,然后能致远。(《文子·微明》) 2/775

夫物未尝有张而不弛，盛而不败者也。（《文子·上礼》） 2/796

美恶相饰，命曰复周，物极则反，命曰环流。（《鹖冠子·环流》） 2/804

得失不两张，成败不两立。（《鹖冠子·世兵》） 2/810

天地无全功，圣人无全能，万物无全用。（《列子·天瑞》） 2/816

天有所短，地有所长，圣有所否，物有所通。（《列子·天瑞》） 2/816

物损于彼者盈于此，成于此者亏于彼。（《列子·天瑞》） 2/817

不胜而自胜，不任而自任。（《列子·黄帝》） 2/818

物不至者则不反。（《列子·仲尼》） 2/821

物无非彼，物无非是。自彼则不见，自知则知之。故曰彼出于是，是亦因彼。（《庄子·内篇·齐物论》）2/836

自其异者视之，肝胆楚越也；自其同者视之，万物皆一也。（《庄子·内篇·德充符》） 2/842

来自至，去自往。（《黄帝四经·十大经·名刑》） 2/892

处明者不见暗中一物，而处暗者能见明中区事。（《关尹子·宇篇》） 2/901

是或化为非，非或化为是；恩或化为雠，雠或化为恩，是以圣人居常虑变。（《关尹子·釜篇》） 2/906

无所见，故能无不见；无所闻，故能无不闻。（《关尹子·药篇》） 2/909

乐极则哀集，至盈必有亏。故曲终则叹发，燕罢则心悲也。（《抱朴子内篇·畅玄》） 2/927

有始者必有卒，有存者必有亡。（《抱朴子内篇·论仙》） 2/930

存亡终始，诚是大体。（《抱朴子内篇·论仙》） 2/931

夫言始者必有终者多矣，混而齐之，非通理矣。（《抱朴子内篇·论仙》） 2/931

谓夏必长，而荠、麦枯焉；谓冬必凋，而竹、柏茂焉；谓始必终，而天、地无穷焉；谓生必死，而龟、鹤长存焉。（《抱朴子内篇·论仙》） 2/932

盛阳宜暑，而夏天未必无凉日也；极阴宜寒，而严冬未必无暂温也。（《抱朴子内篇·论仙》） 2/932

万殊之类，不可以一概断之，正如此也久矣。（《抱朴子内篇·论仙》） 2/933

有者，无之宫也；形者，神之宅也。（《抱朴子内篇·至理》） 2/939

失天之度，虽满必涸。（《管子·形势》） 2/972

功成者隳，名成者亏。（《管子·白心》） 2/1038

无成有贵其成也，有成贵其无成也。（《管子·白心》） 2/1038

日极则仄，月满则亏。（《管子·白心》） 2/1039

极之徒仄，满之徒亏，巨之徒灭。（《管子·白心》） 2/1039

先易者后难,先难而后易。(《管子·禁藏》)　　2/1059

虚则知实之情,静则知动者正。(《韩非子·主道》)　　2/1145

万物必有盛衰,万事必有弛张,国家必有文武,官治必有赏罚。(《韩非子·解老》)　　2/1181

时有满虚,事有利害,物有生死。(《韩非子·观行》)　　2/1189

天地气化,盈虚损益,道之理也。(《人物志·材理》)　　2/1300

去之者纵之,纵之者乘之。(《鬼谷子·谋篇》)　　3/1370

物固莫不有长,莫不有短。(《吕氏春秋·孟夏纪·用众》)　　3/1461

浑浑沌沌,离则复合,合则复离,是谓天常。(《吕氏春秋·仲夏纪·大乐》)　　3/1463

天地车轮,终则复始,极则复反,莫不咸当。(《吕氏春秋·仲夏纪·大乐》)　　3/1463

四时代兴,或暑或寒,或短或长,或柔或刚。(《吕氏春秋·仲夏纪·大乐》)　　3/1463

知美之恶,知恶之美,然后能知美恶矣。(《吕氏春秋·有始览·去尤》)　　3/1500

成则毁,大则衰,廉则剉,尊则亏,直则骫,合则离,爱则隳,多智则谋,不肖则欺,胡可得而必?(《吕氏春秋·孝行览·必己》)　　3/1517

不出者,所以出之也;不为者,所以为之也。(《吕氏春秋·审分览·君守》)　　3/1537

东海之极,水至而反;夏热之下,化而为寒。(《吕氏春秋·审分览·君守》)　　3/1538

至智弃智,至仁忘仁,至德不德。(《吕氏春秋·审分览·任数》)　3/1541

有知小之愈于大、少之贤于多者,则知无敌矣。(《吕氏春秋·审分览·慎势》)　　3/1548

冬与夏不能两刑,草与稼不能两成。(《吕氏春秋·不苟论·博志》)　　3/1592

夫执道理以耦变,先亦制后,后亦制先。(《淮南子·原道训》)　3/1615

有生于无,实出于虚。(《淮南子·原道训》)　　3/1617

其用之也以不用,其不用也而后能用之;其知也乃不知,其不知也而后能知之也。(《淮南子·俶真训》)　　3/1631

用也必假之于弗用也。(《淮南子·俶真训》)　　3/1635

弗用而后能用之,弗为而后能为之。(《淮南子·主术训》)　　3/1678

满如陷,实如虚,尽之者也。(《淮南子·缪称训》)　　3/1691

动而有益,则损随之。(《淮南子·缪称训》)　　3/1694

常欲在于虚,则有不能为虚矣。若夫不为虚而自虚者,此所慕而不能致也。(《淮南子·齐俗训》)　3/1714

夫物盛而衰,乐极则悲,日中而移,月盈而亏。(《淮南子·道应训》)　3/1723

积阴则沉,积阳则飞,阴阳相接,乃能成和。(《淮南子·氾论训》)　3/1728

事或欲之,适足以失之;或避之,适足以就之。(《淮南子·氾论训》)　3/1735

无为而宁者,失其所以宁,则危;无事而治者,失其所以治,则乱。(《淮南子·诠言训》)　3/1737

文胜则质掩,邪巧则正塞之也。(《淮南子·诠言训》)　3/1748

日之脩短有度也,有所在而短,有所在而脩也,则中不平。故以不平为平者,其平不平也。(《淮南子·说山训》)　3/1774

善射者发不失的,善于射矣,而不善所射。善钓者无所失,善于钓矣,而不善所钓。故有所善,则有不善矣。(《淮南子·说山训》)　3/1775

欲为邪者,必相明正;欲为曲者,必达直。(《淮南子·说山训》)　3/1780

嫫母有所美,西施有所丑。(《淮南子·说山训》)　3/1781

走不以手,缚手,走不能疾;飞不以尾,屈尾,飞不能远。物之用者,必待不用者。(《淮南子·说山训》)　3/1783

足以�者浅矣,然待所不�而后行;智所知者褊矣,然待所不知而后明。(《淮南子·说林训》)　3/1785

以水和水不可食,一弦之瑟不可听。(《淮南子·说林训》)　3/1798

异音者不可听以一律,异形者不可合于一体。(《淮南子·说林训》)　3/1799

有荣华者,必有憔悴;有罗纨者,必有麻蒯。(《淮南子·说林训》)　3/1801

物或损之而益,或益之而损。(《淮南子·人间训》)　3/1807

众人皆知利利而病病也,唯圣人知病之为利,知利之为病也。(《淮南子·人间训》)　3/1807

天地之道,极则反,盈则损。(《淮南子·泰族训》)　3/1820

夫圣人之屈者,以求伸也;枉者,以求直也。故虽出邪辟之道,行幽昧之涂,将欲以直大道,成大功。(《淮南子·泰族训》)　3/1827

事有利于小而害于大,得于此而亡于彼者。(《淮南子·泰族训》)　3/1832

不能相制,不能相使;不相贼害,不成为用。(《论衡·物势篇》)　3/1844

夫有始者必有终,有终者必有始。(《论衡·道虚篇》)　3/1848

事或无益,而益者须之;无效,而效者待之。(《论衡·非韩篇》)　3/1851

昌必有衰,兴必有废。(《论衡·治期篇》)　3/1859

至宝必有瑕秽,大简必有大好,良工必有不巧。(《论衡·自纪篇》)　3/1869

阳之道极则阴道受，阴之道极则阳道受。(《白虎通义·三正》)　3/1877

一阴一阳谓之道。阳得阴而成，阴得阳而序。(《白虎通义·三纲六纪》)　3/1879

否终，则承之以泰；晦极，则清辉晨耀。(《抱朴子外篇·博喻》)　4/2010

有用，人之用也；无用，我之用也。(《抱朴子外篇·博喻》)　4/2023

粗理不可浃全，能事不可毕兼。(《抱朴子外篇·广譬》)　4/2025

盈则有损，自然之理。(《抱朴子外篇·知止》)　4/2054

日中则昃，月盈则蚀；四时之序，成功者退。(《抱朴子外篇·知止》)　4/2055

岂觉崇替之相为首尾，哀乐之相为朝暮？(《抱朴子外篇·知止》)　4/2055

日月不齐光，参辰不并见，冰炭不同室，粉墨不同囊。(《金楼子·立言篇上》)　4/2066

大智不智，大谋不谋，大勇不勇，大利不利。(《太公六韬·武韬·发启》)　4/2193

末穷者宜反本，行极者当还归。(《太平经·四行本末诀》)　4/2277

纲目本末（40条）

治末者调其本，端其影者正其形，养其根者则枝叶茂，志气调者即道冲。(《新语·术事》)　1/159

本细末大，弛必至心。(《贾谊新书·大都》)　1/168

夫文繁则质衰，末盛则本亏。(《盐铁论·本议》)　1/195

四支强而躬体固，华叶茂而本根据。(《盐铁论·繇役》)　1/264

胫大于股者难以步，指大于臂者难以把。本小末大，不能相使也。(《说苑·君道》)　1/319

本伤者枝槁，根深者末厚。(《说苑·谈丛》)　1/399

圣人举事必反本。(《说苑·修文》)　1/439

举网以纲，千目皆张；振裘持领，万毛自整。(《新论·言体篇》)　1/493

秉纲而目自张，执本而末自从。(《物理论》)　1/639

末不可以强于本，枝不可以大于干。上重下轻，其覆必易。(《文子·上德》)　2/762

根深即本固，基厚即上安。(《文子·上义》)　2/790

舍源求流，无时得源，舍本就末，无时得本。(《关尹子·宇篇》)　2/901

善今者可以行古，善末者可以立本。(《关尹子·药篇》)　2/910

善张网者引其纲。(《韩非子·外储说右下》)　2/1214

审一之经，百事乃成；审一之纪，

百事乃理。(《尸子·发蒙》)　3/1386

求之其本，经旬必得；求之其末，劳而无功。(《吕氏春秋·孝行览·本味》)　3/1508

壹引其纪，万目皆起；壹引其纲，万目皆张。(《吕氏春秋·离俗览·用民》)　3/1561

凡乱也者，必始乎近而后及远，必始乎本而后及末。(《吕氏春秋·似顺论·处方》)　3/1597

本立而道行，本伤而道废。(《淮南子·本经训》)　3/1656

通于本者，不乱于末；睹于要者，不惑于详。(《淮南子·主术训》)　3/1674

枝不得大于干，末不得强于本，则轻重小大，有以相制也。(《淮南子·主术训》)　3/1678

根本不美，枝叶茂者，未之闻也。(《淮南子·缪称训》)　3/1699

根浅则末短，本伤则枝枯。(《淮南子·缪称训》)　3/1706

末不可以强于本，指不可以大于臂。(《淮南子·说山训》)　3/1772

食其食者不毁其器，食其实者不折其枝。塞其源者竭，背其本者枯。(《淮南子·说林训》)　3/1798

见本而知末，观指而睹归，执一而应万，握要而治详，谓之术。(《淮南子·人间训》)　3/1806

一动其本而百枝皆应。(《淮南子·泰族训》)　3/1818

失本则乱，得本则治；其美在调，其失在权。(《淮南子·泰族训》)　3/1820

未有能摇其本而静其末，浊其源而清其流者也。(《淮南子·泰族训》)　3/1829

末大于本则折，尾大于要则不掉矣。(《淮南子·泰族训》)　3/1831

秉纲而目自张，执本而末自从。(《傅子》)　3/1911

枝虽茂而无伤本之忧，流虽盛而无背源之势。石磐岳峙，式遏觊觎。(《抱朴子外篇·君道》)　4/1945

夫本不必皆珍，末不必悉薄。(《抱朴子外篇·尚博》)　4/2001

识远者贵本，见近者务末。(《抱朴子外篇·博喻》)　4/2014

本朽则末枯，源浅则流促。(《抱朴子外篇·博喻》)　4/2019

物贵济事，而饰为其末；化俗以德，而言非其本。(《抱朴子外篇·广譬》)　4/2028

莫或无本而能立焉。是以欲致其高，必丰其基；欲茂其末，必深其根。(《抱朴子外篇·循本》)　4/2044

舍本逐末，贤哲所非。(《齐民要术·序》)　4/2098

无掘壑而附丘，无舍本而治末。(《太公六韬·文韬·守土》)　4/2187

初正则终修，干立末可持。(《周易参同契·黄中渐通理章》)　4/2307

物理(85条)

青,取之于蓝而青于蓝;冰,水为之而寒于水。(《荀子·劝学》) 1/32

蓬生麻中,不扶而直。(《荀子·劝学》) 1/34

近河之地湿,而近山之木长者,以类相及也。(《新语·无为》) 1/161

川源不能实漏卮,山海不能赡溪壑。(《盐铁论·本议》) 1/197

冰炭不同器,日月不并明。(《盐铁论·刺复》) 1/211

茂林之下无丰草,大块之间无美苗。(《盐铁论·轻重》) 1/217

树木数徙则矮,虫兽徙居则坏。(《盐铁论·未通》) 1/218

葶历似菜而味殊,玉石相似而异类。(《盐铁论·刺议》) 1/243

鹖鸣夜鸣,无益于明。(《盐铁论·利议》) 1/243

蛟龙虽神,不能以白日去其伦;飘风虽疾,不能以阴雨扬其尘。(《说苑·谈丛》) 1/388

江河之溢,不过三日;飘风暴雨,须臾而毕。(《说苑·谈丛》) 1/401

响不能独为声,影不能倍曲为直。(《说苑·谈丛》) 1/412

高山之巅无美木,伤于多阳也;大树之下无美草,伤于多阴也。(《说苑·谈丛》) 1/415

船非水不可行,水入船中则其没也。(《说苑·杂言》) 1/431

春秋冬夏,伏见有时。失其常,离其时,则为变异;得其时,居其常,是谓吉祥。(《说苑·辨物》) 1/435

物之所以有而不绝者,以其动之时也。(《说苑·辨物》) 1/435

夫天地有德合,则生气有精矣;阴阳消息,则变化有时矣。时得而治矣,时得而化矣,时失而乱矣。(《说苑·辨物》) 1/435

木虽虫,无疾风不折;墙虽隙,无大雨不坏。(《说苑》) 1/445

仰天庭而知天下之居卑也哉!(《法言·修身》) 1/456

皓皓者,己也;引而高之者,天也。(《法言·渊骞》) 1/478

一昼一夜,然后作一日;一阴一阳,然后生万物。(《太玄·太玄图》) 1/490

日不南不北,则无冬无夏;月不往不来,则望晦不成。(《太玄·太玄告》) 1/490

夫和氏之璧,出于璞石;隋氏之珠,产于蜃蛤。(《潜夫论·论荣》) 1/507

夫鱼处水而生,鸟据巢而卵。(《潜夫论·卜列》) 1/538

遭和气则秀茂而成实,遇水旱则枯槁而生孽。(《潜夫论·德化》)1/554

今人所知,莫若天地。天为积气,地为积块,日为阳精,月为阴精,星为万物之精,儒家所安也。(《颜氏家

训·归心》) 1/673

玉在山而草木润，珠生渊而岸不枯。(《文子·上德》) 2/762

以清入浊，必困辱；以浊入清，必覆倾。(《文子·上德》) 2/763

使叶落者，风摇之也；使水浊者，物挠之也。(《文子·上德》) 2/765

金石有声，不动不鸣；管箫有音，不吹无声。(《文子·上德》) 2/771

地平则水不流，轻重均则衡不倾。(《文子·上德》) 2/774

江河之大溢，不过三日；飘风暴雨，日中不出须臾止。(《文子·微明》) 2/776

影则随形，响则应声。(《鹖冠子·泰录》) 2/809

水激则旱，矢激则远。(《鹖冠子·世兵》) 2/810

水之积也不厚，则其负大舟也无力。(《庄子·内篇·逍遥游》) 2/834

人莫鉴于流水而鉴于止水，唯止能止众止。(《庄子·内篇·德充符》) 2/842

木之折也必通蠹，墙之坏也必通隙。然木虽蠹，无疾风不折；墙虽隙，无大雨不坏。(《韩非子·亡征》) 2/1169

以肉去蚁，蚁愈多；以鱼驱蝇，蝇愈至。(《韩非子·外储说左下》) 2/1210

夫舟浮于水，车转于陆，此势自然者也。(《邓析子·无厚篇》) 2/1275

物归类，抱薪趋火，燥者先燃；平地注水，湿者先濡。(《鬼谷子·摩篇》) 3/1367

介虫之捍也，必为坚厚；螫虫之动也，必以毒螫。(《鬼谷子·权篇》) 3/1368

平地而注水，水流湿；均薪而施火，火从燥，召之类也。(《尸子·仁意》) 3/1393

流水不腐，户枢不蝼，动也。(《吕氏春秋·季春纪·尽数》) 3/1443

夫以汤止沸，沸愈不止，去其火则止矣。(《吕氏春秋·季春纪·尽数》) 3/1445

水出于山而走于海，水非恶山而欲海也，高下使之然也。(《吕氏春秋·季秋纪·审己》) 3/1481

凡味之本，水最为始。(《吕氏春秋·孝行览·本味》) 3/1509

调和之事，必以甘酸苦辛咸，先后多少，其齐甚微，皆有自起。(《吕氏春秋·孝行览·本味》) 3/1509

春气至则草木产，秋气至则草木落。(《吕氏春秋·孝行览·义赏》) 3/1512

江河之大也，不过三日；飘风暴雨，日中不须臾。(《吕氏春秋·慎大览·慎大》) 3/1518

激矢则远，激水则旱。(《吕氏春秋·先识览·去宥》) 3/1532

尺之木必有节目，寸之玉必有瑕瓋。(《吕氏春秋·离俗览·举难》) 3/1567

水郁则为污，树郁则为蠹，草郁则

为黄。(《吕氏春秋·恃君览·达郁》)
3/1573

时雨降,则草木育矣。(《吕氏春秋·开春论·开春》)
3/1578

火烛一隅,则室偏无光。(《吕氏春秋·士容论·士容》)
3/1599

橘树之江北,则化而为枳;鸲鹆不过济,貉度汶而死。(《淮南子·原道训》)
3/1609

今以涅染缁,则黑于涅;以蓝染青,则青于蓝。(《淮南子·俶真训》)
3/1630

人莫鉴于流沫,而鉴于止水者,以其静也;莫窥于生铁,而窥于明镜者,以睹其易也。夫唯易且静,形物之性也。(《淮南子·俶真训》)　3/1634

疾风而波兴,木茂而鸟集,相生之气也。(《淮南子·主术训》)　3/1669

火热而水灭之,金刚而火销之,木强而斧伐之,水流而土遏之,唯造化者,物莫能胜也。(《淮南子·主术训》)
3/1677

水定则清正,动则失平,故惟不动,则所以无不动也。(《淮南子·说山训》)
3/1773

泰山之容,巍巍然高,去之千里,不见埵堁,远之故也。(《淮南子·说山训》)
3/1773

矢之于十步贯兕甲,于三百步不能入鲁缟。(《淮南子·说山训》)　3/1778

使叶落者风摇之,使水浊者鱼挠之。(《淮南子·说林训》)　3/1792

清受尘,白取垢,青蝇所污,常在练素。(《论衡·累害篇》)　3/1837

湿堂不洒尘,卑屋不蔽风。(《论衡·累害篇》)　3/1838

风冲之物不得育,水湍之岸不得峭。(《论衡·累害篇》)　3/1838

蓬生麻间,不扶自直;白纱入缁,不练自黑。(《论衡·率性篇》)　3/1841

月毁于天,螺消于渊。风从虎,云从龙。同类通气,性相感动。(《论衡·偶会篇》)　3/1842

涛之起也,随月盛衰,小大满损不齐同。(《论衡·书虚篇》)　3/1845

寒不累时,则霜不降;温不兼日,则冰不释。(《论衡·感虚篇》)　3/1846

河冰结合,非一日之寒;积土成山,非斯须之作。(《论衡·状留篇》)
3/1857

金宝其重,羽矜其轻。(《抱朴子外篇·任命》)　4/1975

开源不亿仞,则无怀山之流;崇峻不凌霄,则无弥天之云。(《抱朴子外篇·广譬》)　4/2031

朱绿之藻,不秀于枯柯;倾山之流,不发乎涸源。(《抱朴子外篇·广譬》)　4/2032

沧海扬万里之涛,不能敛山峰之尘;惊风摧千仞之木,不能拔弱草之荄。(《抱朴子外篇·广譬》)　4/2032

微飙不能扬大海之波,毫芒不能动万钧之钟。(《抱朴子外篇·广譬》)
4/2034

风不辍则扇不用,日不入则烛不明,华不堕则实不结,岸不亏则谷不盈。(《抱朴子外篇·广譬》) 4/2037

洪涛之末,不能荡浮萍;冲风之后,不能飏轻尘。劲弩之余力,不能洞雾縠;西颓之落辉,不能照山东。(《抱朴子外篇·广譬》) 4/2041

山虽崩,犹峻于丘垤;虎虽瘁,犹猛于豺狼。(《抱朴子外篇·广譬》) 4/2041

云厚者雨必猛,弓劲者箭必远。(《抱朴子外篇·喻蔽》) 4/2047

悬象不丽天,则不能扬大明灼无外;嵩、岱不托地,则不能竦峻极概云霄。(《抱朴子外篇·穷达》) 4/2056

丰华俟发春而表艳,栖鸿待冲飙而轻戾。(《抱朴子外篇·穷达》) 4/2057

朝华之草,戒旦零落;松柏之茂,隆冬不衰。(《金楼子·戒子篇》) 4/2064

形动则影动,声出则响应。(《金楼子·杂记篇》) 4/2070

立竿见影,呼谷传响。(《周易参同契·五行相克章》) 4/2308

事理(474条)

天不言而人推高焉,地不言而人推厚焉,四时不言而百姓期焉。(《荀子·不苟》) 1/51

短绠不可以汲深井之泉,知不几者不可与及圣人之言。(《荀子·荣辱》) 1/58

长短、小大、善恶形相,非吉凶也。(《荀子·非相》) 1/60

以类行杂,以一行万,始则终,终则始,若环之无端也,舍是而天下以衰矣。(《荀子·王制》) 1/78

知莫大乎弃疑,行莫大乎无过,事莫大乎无悔。事至无悔而止矣,成不可必也。(《荀子·议兵》) 1/100

堂上不粪,则郊草不瞻旷芸;白刃扞乎胸,则目不见流矢;拔戟加乎首,则十指不辞断。非不以此为务也,疾养缓急之有相先者也。(《荀子·强国》) 1/107

可以为,未必能也;虽不能,无害可以为。(《荀子·性恶》) 1/125

白刃交前,不救流矢,急不暇缓也。(《鲁连子》) 1/147

百足之虫,断而不蹶,持之者众也。(《鲁连子》) 1/147

进取者不可不顾难,谋事者不可不尽忠。(《新语·术事》) 1/159

黄帝曰:"日中必熭,操刀必割。"(《贾谊新书·宗首》) 1/168

彼人也,登高则望,临深则窥,人之性非窥且望也,势使然也。(《贾谊新书·审微》) 1/171

鄙谚曰:"欲投鼠而忌器。"(《贾谊新书·阶级》) 1/171

富在术数,不在劳身;利在势居,不在力耕也。(《盐铁论·通有》) 1/199

宇栋之内，燕雀不知天地之高；坎井之蛙，不知江海之大；穷夫否妇，不知国家之虑；负荷之商，不知猗顿之富。(《盐铁论·复古》)　1/203

善凿者建周而不拔，善基者致高而不蹶。(《盐铁论·非鞅》)　1/205

狐刺之凿，虽公输子不能善其枘。奋土之基，虽良匠不能成其高。(《盐铁论·非鞅》)　1/205

追亡者趋，拯溺者濡。(《盐铁论·论儒》)　1/213

夫寻常之污，不能溉陂泽；丘阜之木，不能成宫室。(《盐铁论·贫富》)　1/223

小不能苞大，少不能赡多。(《盐铁论·贫富》)　1/223

行远道者假于车，济江海者因于舟。(《盐铁论·贫富》)　1/224

日月之光，而盲者不能见，雷电之声，而聋人不能闻。(《盐铁论·相刺》)　1/232

夫九层之台一倾，公输子不能正；本朝一邪，伊、望不能复。(《盐铁论·救匮》)　1/248

语曰："货赂下流，犹水之赴下，不竭不止。"(《盐铁论·疾贪》)　1/251

唇亡则齿寒，支体伤而心憯怛。(《盐铁论·诛秦》)　1/262

龟猬有介，狐貉不能禽；蝮蛇有螫，人忌而不轻。(《盐铁论·险固》)　1/265

事省而致用，易成而难弊。(《盐铁论·论功》)　1/268

辔衔不饬，虽王良不能以致远；维楫不设，虽良工不能以绝水。(《盐铁论·刑德》)　1/274

虎豹之居也，厌闲而近人，故得；鱼鳖之居也，厌深而之浅，故得。(《新序·杂事二》)　1/288

君独不闻海大鱼乎？网弗能止，缴不能牵，砀而失水，陆居则蝼蚁得意焉。(《新序·杂事二》)　1/289

善作者不必善成，善始者不必善终。(《新序·杂事三》)　1/292

虎豹在山林，其命在庖厨。驰不益生，缓不益死。(《新序·义勇》)　1/307

语曰："唇亡则齿寒矣。"(《新序·善谋上》)　1/309

利不什不易业，功不百不变常。(《新序·善谋下》)　1/312

夫草木之中霜雾，不可以风过；清水明镜，不可以形遁也；通方之人，不可以文乱。(《新序·善谋下》)　1/313

顺风而呼，声不加疾，而闻者众；登丘而招，臂不加长，而见者远。(《说苑·建本》)　1/327

鱼乘于水，鸟乘于风，草木乘于时。(《说苑·建本》)　1/328

急辔衔者，非千里御也；有声之声，不过百里；无声之声，延及四海。(《说苑·政理》)　1/344

夫短绠不可以汲深井，知鲜不可以与圣人之言；惠士可与辨物，智士

可与辨无方，圣人可与辨神明。（《说苑·政理》）　　　1/345

夫一仞之墙，民不能逾；百仞之山，童子升而游焉；凌迟故也。（《说苑·政理》）　　　1/346

欲汤之冷，令一人吹之，百人扬之，无益也，不如绝薪止火而已。不绝之于彼，而救之于此，譬犹抱薪救火也。（《说苑·正谏》）　　　1/359

夫狐者，人之所攻也；鼠者，人之所熏也。臣未尝见稷狐见攻，社鼠见熏也，何则？所托者然也。（《说苑·善说》）　　　1/368

今谓天高，无少长愚智皆知高。高几何？皆曰不知也。（《说苑·善说》）　　　1/371

事之可以之贫，可以之富者，其伤行者也；事之可以之生，可以之死者，其伤勇者也。（《说苑·权谋》）　1/375

夫水出于山而入于海，稼生于田而藏于廪。圣人见所生，则知其所归矣。（《说苑·谈丛》）　　　1/387

天道布顺，人事取予；多藏不用，是谓怨府。故物不可聚也。（《说苑·谈丛》）　　　1/387

谋泄则无功，计不设则事不成。（《说苑·谈丛》）　　　1/389

权取重，度取长。（《说苑·谈丛》）　　　1/391

万物得其本者生，百事得其道者成。（《说苑·谈丛》）　　　1/392

乘舆马不劳致千里，乘船楫不游

绝江海。（《说苑·谈丛》）　1/394

一噎之故，绝谷不食；一蹶之故，却足不行。（《说苑·谈丛》）　1/394

谋先事则昌，事先谋则亡。（《说苑·谈丛》）　　　1/396

劳而不休，亦将自息；有而不施，亦将自得。（《说苑·谈丛》）　　　1/397

知者始于悟，终于谐；愚者始于乐，终于哀。（《说苑·谈丛》）　1/400

循流而下易以至，倍风而驰易以远。（《说苑·谈丛》）　　　1/401

巧而好度必工，勇而好同必胜，知而好谋必成。（《说苑·杂言》）　1/430

予非能生死人也，特使夫当生者活耳。（《说苑·辨物》）　　　1/437

吾不见震风之能动聋聩也。（《法言·问明》）　　　1/468

器宝待人而后宝。（《法言·寡见》）　　　1/470

神怪茫茫，若存若亡，圣人曼云。（《法言·重黎》）　　　1/476

物以任用为要，以坚牢为资。（《潜夫论·务本》）　　　1/501

山林不能给野火，江海不能灌漏卮。（《潜夫论·浮侈》）　　　1/517

唇亡齿寒，体伤心痛，必然之事，又何疑焉？（《潜夫论·救边》）　1/533

危者易倾，疑者易化。（《潜夫论·救边》）　　　1/534

谚曰："何以服很？莫若听之。"（《潜夫论·边议》）　　　1/535

微安召辱，终必有凶。（《潜夫

论·叙录》) 1/556

太平备物,非极欲也;物损礼阙,非谦约也。(《申鉴·政体》) 1/570

损益之符,微而显也。(《申鉴·杂言上》) 1/577

夫登高而建旌,则其所视者广矣;顺风而振铎,则其所闻者远矣。非旌色之益明,铎声之益远也,所托者然也。(《中论·爵禄》) 1/614

近物者易验,而远数者难效。(《中论·务本》) 1/616

有阶者易成基,无因者难成时。(《周生烈子》) 1/621

凡病可治也,人不可治也。(《物理论》) 1/638

登高使人意远,临深使人志清。(《义记》) 1/645

古者,名以正体,字以表德。(《颜氏家训·风操》) 1/655

企者不立,跨者不行。(《老子·二十四章》) 2/713

善行,无辙迹;善言,无瑕谪;善数,不用筹策;善闭,无关楗而不可开;善结,无绳约而不可解。(《老子·二十七章》) 2/715

善建者不拔,善抱者不脱。(《老子·五十四章》) 2/730

一渊不两蛟,一雌不二雄;一即定,两即争。(《文子·上德》) 2/762

川广者鱼大,山高者木修,地广者德厚。(《文子·上德》) 2/763

鱼不可以无饵钓,兽不可以空器召。(《文子·上德》) 2/763

欲致鱼者先通谷,欲来鸟者先树木;水积而鱼聚,木茂而鸟集。为鱼得者,非挈而入渊也;为猿得者,非负而上木也,纵之所利而已。(《文子·上德》) 2/764

璧锾之器,礛硺之功也;镆铘断割,砥砺之力也。(《文子·上德》) 2/765

目见百步之外,而不能见其眦。(《文子·上德》) 2/766

沟池潦即溢,旱即枯;河海之源,渊深而不竭。(《文子·上德》) 2/766

步于林者,不得直道;行于险者,不得履绳。(《文子·上德》) 2/767

日不并出,狐不二雄,神龙不匹,猛兽不群,鸷鸟不双。(《文子·上德》) 2/767

三寸之管无当,天下不能满;十石而有塞,百斗而足。(《文子·上德》) 2/768

循绳而断即不过,悬衡而量即不差。(《文子·上德》) 2/768

水虽平,必有波;衡虽正,必有差。(《文子·上德》) 2/770

行一棋不足以见知,弹一弦不足以为悲。(《文子·上德》) 2/771

鼓不藏声,故能有声;镜不没形,故能有形。(《文子·上德》) 2/771

物莫不就其所利,避其所害。(《文子·自然》) 2/782

海不让水潦以成其大,山材不让

枉挠以成其崇,圣人不辞其负薪之言以广其名。(《文子·自然》) 2/782

夫乘舆马者,不劳而致千里;乘舟楫者,不游而济江海。(《文子·上仁》) 2/787

功约易成,事省易治,求寡易赡。(《文子·上仁》) 2/787

夫绳之为度也,可卷而怀也,引而申之,可直而布也,长而不横,短而不穷,直而不刚,故圣人体之。(《文子·上仁》) 2/788

物至而观其变,事来而应其化,近者不乱即远者治矣。(《文子·上义》) 2/790

得道则举,失道则废。(《文子·上礼》) 2/796

小不能制大,弱不能使强,天地之性也。(《文子·上礼》) 2/797

夫有余则让,不足则争:让则礼义生,争则暴乱起。故多欲则事不省,求赡则争不止。(《文子·上礼》) 2/797

石上不生五谷,秃山不游麋鹿,无所荫蔽也。(《文子·上礼》) 2/797

先定其利,待物自至;素次以法,物至辄合。(《鹖冠子·泰鸿》) 2/808

不提生于弗器,贱生于无所用。(《鹖冠子·学问》) 2/812

贵贱无常,时使物然。(《鹖冠子·学问》) 2/813

间不可觉,俟至后知。(《列子·天瑞》) 2/817

昼想夜梦,神形所遇。(《列子·周穆王》) 2/820

虽我之死,有子存焉;子又生孙,孙又生子;子又有子,子又有孙:子子孙孙,无穷匮也,而山不加增,何苦而不平?(《列子·汤问》) 2/821

将治大者不治细,成大功者不成小。(《列子·杨朱》) 2/827

胜非其难者也,持之,其难者也。(《列子·说符》) 2/830

小知不及大知,小年不及大年。(《庄子·内篇·逍遥游》) 2/834

朝菌不知晦朔,蟪蛄不知春秋。(《庄子·内篇·逍遥游》) 2/834

梦饮酒者,旦而哭泣;梦哭泣者,旦而田猎。方其梦也,不知其梦也。(《庄子·内篇·齐物论》) 2/837

有大觉而后知此其大梦也。而愚者自以为觉,窃窃然知之。(《庄子·内篇·齐物论》) 2/837

良庖岁更刀,割也;族庖月更刀,折也。(《庄子·内篇·养生主》)2/838

以无厚入有间,恢恢乎其于游刃必有余地矣。(《庄子·内篇·养生主》) 2/839

以火救火,以水救水,名之曰益多。(《庄子·内篇·人间世》) 2/840

山木自寇也,膏火自煎也。桂可食,故伐之;漆可用,故割之。人皆知有用之用,而莫知无用之用也。(《庄子·内篇·人间世》) 2/842

小惑易方,大惑易性。(《庄子·外篇·骈拇》) 2/846

井鼃不可以语于海者,拘于虚也;夏虫不可以语于冰者,笃于时也;曲士不可以语于道者,束于教也。(《庄子·外篇·秋水》)　2/855

自细视大者不尽,自大视细者不明。(《庄子·外篇·秋水》)　2/857

子非鱼,安知鱼之乐?(《庄子·外篇·秋水》)　2/860

褚小者不可以怀大,绠短者不可以汲深。(《庄子·外篇·至乐》)2/860

一雀适羿,羿必得之,威也;以天下为之笼,则雀无所逃。(《庄子·杂篇·庚桑楚》)　2/866

非以其所好笼之而可得者,无有也。(《庄子·杂篇·庚桑楚》)　2/867

称以权衡,参以天当,天下有事,必有巧验。(《黄帝四经·经法·道法》)　2/878

毋止生以死,毋御死以生。(《黄帝四经·经法·四度》)　2/882

养死伐生,命曰逆成;不有人僇,必有天刑。(《黄帝四经·经法·论约》)　2/885

两虎相争,奴犬制其余。(《黄帝四经·称》)　2/896

天下之物,无不成之难,而坏之易。(《关尹子·宇篇》)　2/901

谛毫末者,不见天地之大;审小音者,不闻雷霆之声。(《关尹子·药篇》)　2/909

见大者亦不见小,见迩者亦不见远;闻大者亦不闻小,闻迩者亦不闻远。(《关尹子·药篇》)　2/909

舟循川则游速,人顺路则不迷。(《唐子》)　2/919

裘以严霜见爱,葛以当暑见亲。(《杜氏幽求新书》)　2/925

万物云云,何所不有?(《抱朴子内篇·论仙》)　2/930

徒闻有先霜而枯瘁,当夏而凋青,含穗而不秀,未实而萎零,未闻有享于万年之寿、久视不已之期者矣。(《抱朴子内篇·论仙》)　2/930

天地之间,无外之大,其中殊奇,岂遽有限?(《抱朴子内篇·论仙》)　2/933

诣老戴天,而无知其上;终身履地,而莫识其下。(《抱朴子内篇·论仙》)　2/933

进趋犹有不达者焉,稼穑犹有不收者焉,商贩或有不利者焉,用兵或有无功者焉。(《抱朴子内篇·论仙》)　2/936

蚊嗜肤则坐不得安,虱群攻则卧不得宁。(《抱朴子内篇·论仙》)2/936

以分寸之瑕,弃盈尺之夜光;以蚊鼻之缺,捐无价之淳钧。(《抱朴子内篇·论仙》)　2/936

设令抱危笃之疾,须良药之救,而不肯即服,须知神农、歧伯所以用此草治此病本意之所由,则未免于愚也。(《抱朴子内篇·对俗》)　2/937

夫水土不与百卉同体,而百卉仰之以植焉;五谷非生人之类,而生人须

之以为命焉。脂非火种,水非鱼属,然脂竭则火灭,水竭则鱼死。(《抱朴子内篇·对俗》) 2/937

夫根荄不洞地,而求柯条干云;渊源不泓窈,而求汤流万里者,未之有也。(《抱朴子内篇·微旨》) 2/941

物以少者为贵,多者为贱。(《抱朴子内篇·明本》) 2/944

渊竭池漉,则蛟龙不游;巢倾卵拾,则凤凰不集。(《抱朴子内篇·明本》) 2/944

夫彀劲弩者,效力于发箭;涉大川者,保全于既济;井不达泉,则犹不掘也;一步未至,则犹不往也。(《抱朴子内篇·极言》) 2/946

夫有尽之物,不能给无已之耗;江河之流,不能盈无底之器也。(《抱朴子内篇·极言》) 2/947

世间乃定无所不有,五经虽不载,不可便以意断也。(《抱朴子内篇·黄白》) 2/954

凡探明珠,不于合浦之渊,不得骊龙之夜光也;采美玉,不于荆山之岫,不得连城之尺璧也。(《抱朴子内篇·祛惑》) 2/956

万物之于人也,无私近也,无私远也。巧者有余,而拙者不足。(《管子·形势》) 2/973

计缓急之事,则危危而无难。(《管子·幼官》) 2/994

千里之路,不可扶以绳,万家之都,不可平以准。(《管子·宙合》) 2/998

任之重者莫如身,涂之畏者莫如口,期而远者莫如年。(《管子·戒》) 2/1019

寡交多亲,谓之知人;寡事成功,谓之知用;闻一言以贯万物,谓之知道。(《管子·戒》) 2/1020

能以此制彼者,唯能以已知人者也。(《管子·禁藏》) 2/1058

物莫虚至,必有以也。(《管子·形势解》) 2/1067

事之先易者,人轻行之,人轻行之,则必困难成之事,始不足见者,人轻弃之,人轻弃之,则必失不可及之功。(《管子·版法解》) 2/1077

岁有凶穰,故谷有贵贱;令有缓急,故物有轻重。(《管子·国蓄》) 2/1081

今夫飞蓬遇飘风而行千里,乘风之势也;探渊者知千仞之深,县绳之数也。(《商君书·禁使》) 2/1127

托其势者,虽远必至;守其数者,虽深必得。(《商君书·禁使》) 2/1128

夫物至,则目不得不见;言薄,则耳不得不闻。(《商君书·禁使》) 2/1128

物至则变,言至则论。(《商君书·禁使》) 2/1128

众之胜寡,必也。(《慎子》) 2/1141

昼无事者,夜不梦。(《慎子》) 2/1141

计者,所以定事也,不可不察也。(《韩非子·存韩》) 2/1145

度量虽正,未必听也;义理虽全,未必用也。(《韩非子·难言》) 2/1145

一栖两雄,其斗喣喣。豺狼在牢,其羊不繁。(《韩非子·扬权》) 2/1159

夫事以密成,语以泄败。(《韩非子·说难》) 2/1163

镜执清而无事,美恶从而比焉;衡执正而无事,轻重从而载焉。(《韩非子·饰邪》) 2/1173

夫悬衡而知平,设规而知圆,万全之道也。(《韩非子·饰邪》) 2/1174

工人数变业则失其功,作者数摇徙则亡其功。(《韩非子·解老》) 2/1178

庄王不为小害善,故有大名;不蚤见示,故有大功。故曰:"大器晚成,大音希声。"(《韩非子·喻老》) 2/1185

失火而取水于海,海水虽多,火必不灭矣,远水不救近火也。(《韩非子·说林上》) 2/1186

千里之马时一,其利缓;驽马日售,其利急。(《韩非子·说林下》) 2/1186

天下有信数三:一曰智有所不能立,二曰力有所不能举,三曰强有所不能胜。(《韩非子·观行》) 2/1188

势有不可得,事有不可成。(《韩非子·观行》) 2/1188

举事无患者,尧不得也。(《韩非子·用人》) 2/1194

利莫长于简,福莫久于安。(《韩非子·大体》) 2/1199

太山不立好恶,故能成其高;江海不择小助,故能成其富。(《韩非子·大体》) 2/1200

夫火形严,故人鲜灼;水形懦,人多溺。(《韩非子·内储说上七术》) 2/1201

夫不可陷之盾与无不陷之矛,不可同世而立。(《韩非子·难一》) 2/1216

事以微巧成,以疏拙败。(《韩非子·难四》) 2/1221

人皆寐,则盲者不知;皆嘿,则喑者不知。(《韩非子·六反》) 2/1228

力不敌众,智不尽物。(《韩非子·八经》) 2/1231

十仞之城,楼季弗能逾者,峭也;千仞之山,跛牂易牧者,夷也。(《韩非子·五蠹》) 2/1236

鄙谚曰:"长袖善舞,多钱善贾。"此言多资之易为工也。(《韩非子·五蠹》) 2/1241

无参验而必之者,愚也;弗能必而据之者,诬也。(《韩非子·显学》) 2/1242

磐石千里,不可谓富;象人百万,不可谓强。(《韩非子·显学》) 2/1244

夫谋莫难于必听,事莫难以必成;成必合于数,听必合于情。(《邓析子·转辞篇》) 2/1281

己是而举世非之,则不知己之是;己非而举世是之,亦不知己所非。(《尹文子·大道上》) 2/1291

凡事不度,必有其故。(《人物

志·八观》）　　　　　　2/1304

经渐车之水,历绕轮之沙,趾迹高
下不可论。（《士纬》）　　　　2/1311

江河之水,非一源之水也;千镒之
裘,非一狐之白也。（《墨子·亲士》）
　　　　　　　　　　　　　3/1318

其直如矢,其平如砥,不足以覆万
物。（《墨子·亲士》）　　　　3/1319

谿陕者速涸,逝浅者速竭,硗埆者
其地不育。（《墨子·亲士》）　3/1319

君子不镜于水而镜于人。镜于
水,见面之容;镜于人,则知吉与凶。
（《墨子·非攻中》）　　　　　3/1345

今鸟闻热旱之忧则高,鱼闻热旱
之忧则下,当此虽禹汤为之谋,必不能
易矣。（《墨子·公孟》）　　　3/1355

所为功,利于人谓之巧,不利于人
谓之拙。（《墨子·鲁问》）　　3/1358

物有自然,事有合离。（《鬼谷
子·抵巇》）　　　　　　　　3/1364

谋莫难于周密,说莫难于悉听,事
莫难于必成。（《鬼谷子·摩篇》）3/1367

听贵聪,智贵明,辞贵奇。（《鬼谷
子·权篇》）　　　　　　　　3/1368

事贵制人,而不贵见制于人。制
人者,握权也;见制于人者,制命也。
（《鬼谷子·谋篇》）　　　　　3/1370

天地四方曰宇,往古来今曰宙。
（《尸子》）　　　　　　　　　3/1396

是其所谓非,非其所谓是,此之谓
大惑。（《吕氏春秋·孟春纪·重己》）
　　　　　　　　　　　　　3/1431

大匠不斫,大庖不豆,大勇不斗,
大兵不寇。（《吕氏春秋·孟春纪·贵
公》）　　　　　　　　　　　3/1434

其索之弥远者,其推之弥疏;其求
之弥强者,失之弥远。（《吕氏春秋·季
春纪·论人》）　　　　　　　3/1450

欢欣生于平,平生于道。（《吕氏春
秋·仲夏纪·大乐》）　　　　3/1465

凡生,非一气之化也;长,非一物
之任也;成,非一形之功也。（《吕氏春
秋·季夏纪·明理》）　　　　3/1472

夫众之为福也大,其为祸也亦大。
（《吕氏春秋·仲秋纪·决胜》）3/1478

凡物之然也,必有故。（《吕氏春
秋·季秋纪·审己》）　　　　3/1481

万物不同,而用之于人异也,此治
乱、存亡、死生之原。（《吕氏春秋·孟
冬纪·异用》）　　　　　　　3/1487

所贵辨者,为其由所论也;所贵信
者,为其遵所理也;所贵勇者,为其行
义也;所贵法者,为其当务也。（《吕氏
春秋·仲冬纪·当务》）　　　3/1491

智所以相过,以其长见与短见也。
（《吕氏春秋·仲冬纪·长见》）3/1491

天曰顺,顺维生;地曰固,固维宁;
人曰信,信维听。三者咸当,无为而
行。（《吕氏春秋·季冬纪·序意》）
　　　　　　　　　　　　　3/1495

类固相召,气同则合,声比则应。
（《吕氏春秋·有始览·应同》）3/1497

其智弥粗者,其所同弥粗;其智弥
精者,其所同弥精。（《吕氏春秋·有始

览·应同》） 3/1498

空中之无泽陂也，井中之无大鱼也，新林之无长木也。（《吕氏春秋·有始览·谕大》） 3/1505

凡谋物之成也，必由广大众多长久，信也。（《吕氏春秋·有始览·谕大》） 3/1505

小之定也必恃大，大之安也必恃小。（《吕氏春秋·有始览·谕大》） 3/1505

使之者至，物无不为；使之者不至，物无可为。古之人审其所以使，故物莫不为用。（《吕氏春秋·孝行览·义赏》） 3/1512

谋无不当，举必有功。（《吕氏春秋·孝行览·慎人》） 3/1515

外物不可必。（《吕氏春秋·孝行览·必己》） 3/1516

胜非其难者也，持之其难者也。（《吕氏春秋·慎大览·慎大》）3/1519

桃李之垂于行者，莫之援也；锥刀之遗于道者，莫之举也。（《吕氏春秋·慎大览·下贤》） 3/1520

因则贱贫可以胜富贵矣，小弱可以制强大矣。（《吕氏春秋·慎大览·顺说》） 3/1522

良剑期乎断，不期乎镆铘；良马期乎千里，不期乎骥骜。（《吕氏春秋·慎大览·察今》） 3/1525

居者无载，行者无埋。（《吕氏春秋·先识览·知接》） 3/1529

作者忧，因者平。（《吕氏春秋·审分览·君守》） 3/1539

十里之间，而耳不能闻；帷墙之外，而目不能见；三亩之宫，而心不能知。（《吕氏春秋·审分览·任数》） 3/1540

辨而不当理则伪，知而不当理则诈。（《吕氏春秋·审应览·离谓》） 3/1554

执一者至贵也，至贵者无敌。（《吕氏春秋·离俗览·为欲》） 3/1564

争术存，因争；不争之术存，因不争。（《吕氏春秋·离俗览·为欲》） 3/1564

救溺者濡，追逃者趋。（《吕氏春秋·离俗览·举难》） 3/1568

疏贱者知，亲习者不知，理无自然。（《吕氏春秋·离俗览·举难》） 3/1568

力贵突，智贵卒。（《吕氏春秋·开春论·贵卒》） 3/1582

得之同则速为上，胜之同则湿为下。（《吕氏春秋·开春论·贵卒》） 3/1582

是非之经，不可不分。（《吕氏春秋·慎行论·察传》） 3/1587

夫镜水之与形接也，不设智故，而方圆曲直弗能逃也。（《淮南子·原道训》） 3/1604

响不肆应，而景不一设，叫呼仿佛，默然自得。（《淮南子·原道训》） 3/1604

张天下以为之笼，因江海以为罟，又何亡鱼失鸟之有乎？故矢不若缴，

缴不若无形之像。(《淮南子·原道训》) 3/1606

革坚则兵利，城成则冲生，若以汤沃沸，乱乃逾甚。(《淮南子·原道训》) 3/1607

离朱之明，察箴末于百步之外，不能见渊中之鱼；师旷之聪，合八风之调，而不能听十里之外。(《淮南子·原道训》) 3/1608

各生所急，以备燥湿；各因所处，以御寒暑；并得其宜，物便其所。(《淮南子·原道训》) 3/1608

万物固以自然，圣人又何事焉？(《淮南子·原道训》) 3/1609

井鱼不可与语大，拘于隘也；夏虫不可与语寒，笃于时也；曲士不可与语至道，拘于俗，束于教也。(《淮南子·原道训》) 3/1610

从外入者，无主于中不止；从中出者，无应于外不行。(《淮南子·原道训》) 3/1623

使我可系羁者，必其有命在于外也。(《淮南子·俶真训》) 3/1633

夫夏日之不被裘者，非爱之也，燠有余于身也。冬日之不用翣者，非简之也，清有余于适也。(《淮南子·俶真训》) 3/1636

目察秋毫之末，耳不闻雷霆之音；耳调玉石之声，目不见太山之高，何则？小有所志而大有所忘。(《淮南子·俶真训》) 3/1638

盆水在庭，清之终日，未能见眉睫；浊之不过一挠，而不能察方员。人神易浊而难清，犹盆水之类也。(《淮南子·俶真训》) 3/1638

河九折注于海而流不绝者，昆仑之输也。(《淮南子·览冥训》) 3/1641

乞火不若取燧，寄汲不若凿井。(《淮南子·览冥训》) 3/1641

今赣人敖仓，予人河水，饥而飧之，渴而饮之，其入腹者，不过箪食瓢浆，则身饱而敖仓不为之减也，腹满而河水不为之竭也。(《淮南子·精神训》) 3/1650

至精之像，弗招而自来，不麾而自往。(《淮南子·主术训》) 3/1659

道有智则惑，德有心则险，心有目则眩。(《淮南子·主术训》) 3/1661

国有亡主，而世无废道；人有困穷，而理无不通。(《淮南子·主术训》) 3/1661

垝井之无鼋鼍，隘也；园中之无脩木，小也。夫举重鼎者，少力而不能胜也。(《淮南子·主术训》) 3/1662

推而不可为之势，而不修道理之数，虽神圣人不能以成其功。(《淮南子·主术训》) 3/1667

绳正于上，木直于下。(《淮南子·主术训》) 3/1668

假舆马者，足不劳而致千里；乘舟楫，不能游而绝江海。(《淮南子·主术训》) 3/1672

是非之所在，不可以贵贱尊卑论也。(《淮南子·主术训》) 3/1672

有术则制人,无术则制于人。(《淮南子·主术训》)　　　3/1676

与马竞走,筋绝而弗能及;上车执辔,则马死于衡下。(《淮南子·主术训》)　　　3/1676

循流而下,易以至;背风而驰,易以远。(《淮南子·主术训》)　3/1679

上因天时,下尽地财,中用人力,是以群生遂长,五谷蕃植。(《淮南子·主术训》)　　　3/1681

心之于九窍四肢也,不能一事焉,然而动静听视,皆以为主者,不忘于欲利之也。(《淮南子·主术训》)　3/1681

智欲员者,环复转运,终始无端,旁流四达,渊泉而不竭,万物并兴,莫不响应也。(《淮南子·主术训》)
　　　3/1683

智者先忤而后合,愚者始于乐而终于哀。(《淮南子·主术训》)　3/1688

送往者,非所以迎来也;施死者,非专为生也。(《淮南子·缪称训》)
　　　3/1692

急辔数策者,非千里之御也。(《淮南子·缪称训》)　　　3/1702

有声之声,不过百里;无声之声,施于四海。(《淮南子·缪称训》)　3/1702

察一曲者,不可与言化;审一时者,不可与言大。(《淮南子·缪称训》)
　　　3/1705

交拱之木,无把之枝;寻常之沟,无吞舟之鱼。(《淮南子·缪称训》)
　　　3/1705

事周于能,易为也。(《淮南子·齐俗训》)　　　3/1708

物无贵贱,因其所贵而贵之,物无不贵也;因其所贱而贱之,物无不贱也。(《淮南子·齐俗训》)　3/1709

播棋丸于地,员者走泽,方者处高,各从其所安,夫有何上下焉?(《淮南子·齐俗训》)　　　3/1709

衣服礼俗者,非人之性也,所受于外也。(《淮南子·齐俗训》)　3/1710

其见不远者,不可与语大;其智不闳者,不可与论至。(《淮南子·齐俗训》)　　　3/1713

异形殊类,易事而悖,失处而贱,得势而贵。(《淮南子·齐俗训》)
　　　3/1715

游者不能拯溺,手足有所急也;灼者不能救火,身体有所痛也。(《淮南子·齐俗训》)　　　3/1718

物丰则欲省,求瞻则争止。(《淮南子·齐俗训》)　　　3/1718

人与骥逐走,则不胜骥;托于车上,则骥不能胜人。(《淮南子·道应训》)　　　3/1720

得其精而忘其粗,在其内而忘其外,见其所见而不见其所不见,视其所视而遗其所不视。(《淮南子·道应训》)　　　3/1722

东面而望,不见西墙;南面而视,不睹北方。唯无所向者,则无所不通。(《淮南子·氾论训》)　　　3/1729

河上之丘冢,不可胜数,犹之为易

也。水激兴波，高下相临，差以寻常，犹之为平。(《淮南子·氾论训》)

3/1731

度水而无游数，虽强必沉；有游数，虽赢必遂。(《淮南子·诠言训》)

3/1740

虎豹不动，不入陷阱；麋鹿不动，不离置罘；飞鸟不动，不绁网罗；鱼鳖不动，不摲唇噱。物未有不以动而制者也。(《淮南子·兵略训》)　3/1764

循迹者，非能生迹者也。(《淮南子·说山训》)　3/1772

墙之坏，愈其立也；冰之泮，愈其凝也，以其反宗。(《淮南子·说山训》)

3/1773

两人俱溺，不能相拯，一人处陆则可矣。(《淮南子·说山训》)　3/1776

畏马之辟也，不敢骑；惧车之覆也，不敢乘，是以虚祸距公利也。(《淮南子·说山训》)　3/1776

止言以言，止事以事，譬犹扬堁而弭尘，抱薪而救火。(《淮南子·说山训》)　3/1778

骐骥一日千里，其出致释驾而僵。(《淮南子·说山训》)　3/1778

坏塘以取龟，发屋而求狸，掘室而求鼠，割唇而治龋，桀、跖之徒，君子不与。(《淮南子·说山训》)　3/1778

江出岷山，河出昆仑，济出王屋，颍出少室，汉出嶓冢，分流舛驰，注于东海。所行则异，所归则一。(《淮南子·说山训》)　3/1779

因高而为台，就下而为池，各就其势，不敢更为。(《淮南子·说山训》)

3/1780

美之所在，虽污辱，世不能贱；恶之所在，虽高隆，世不能贵。(《淮南子·说山训》)　3/1781

刀便剃毛，至伐大木，非斧不克。(《淮南子·说山训》)　3/1782

厉利剑者必以柔砥，击钟磬者必以濡木，毂强必以弱辐，两坚不能相和，两强不能相服。(《淮南子·说山训》)　3/1783

三人比肩，不能外出户；一人相随，可以通天下。(《淮南子·说山训》)

3/1784

物之先后，各有所宜也。(《淮南子·说山训》)　3/1784

物莫措其所脩，而用其所短也。(《淮南子·说山训》)　3/1784

今沐者堕发，而犹为之不止，以所去者少，所利者多。(《淮南子·说山训》)　3/1785

力贵齐，知贵捷。(《淮南子·说山训》)　3/1785

得之同，遨为上；胜之同，迟为下。(《淮南子·说山训》)　3/1785

夫随一隅之迹，而不知因天地以游，惑莫大焉。(《淮南子·说林训》)

3/1785

毋贻盲者镜，毋予躄者履。(《淮南子·说林训》)　3/1786

目见百步之外，不能自见其眦。

（《淮南子·说林训》） 3/1786

　　逐兽者目不见太山，嗜欲在外，则明所蔽矣。（《淮南子·说林训》）

3/1787

　　水火相憎，䀩在其间，五味以和；骨肉相爱，谗贼间之，而父子相危。（《淮南子·说林训》） 3/1787

　　川竭而谷虚，丘夷而渊塞，唇竭而齿寒。（《淮南子·说林训》） 3/1788

　　河水之深，其壤在山。（《淮南子·说林训》） 3/1788

　　金胜木者，非以一刀残林也；土胜水者，非以一璞塞江也。（《淮南子·说林训》） 3/1788

　　蹩者见虎而不走，非勇，势不便也。（《淮南子·说林训》） 3/1789

　　倾者易覆也，倚者易钳也，几易助也，湿易雨也。（《淮南子·说林训》）

3/1789

　　冬有雷电，夏有霜雪，然而寒暑之势不易，小变不足以妨大节。（《淮南子·说林训》） 3/1789

　　近敖仓者，不为之多饭；临江、河者，不为之多饮，其满腹而已。（《淮南子·说林训》） 3/1790

　　观射者遗其艺，观书者忘其爱；意有所在，则忘其所守。（《淮南子·说林训》） 3/1790

　　乳狗之噬虎也，伏鸡之搏狸也，恩之所加，不量其力。（《淮南子·说林训》） 3/1790

　　佳人不同体，美人不同面，而皆说于目；梨、橘、枣、栗不同味，而皆调于口。（《淮南子·说林训》） 3/1791

　　人有盗而富者，富者未必盗；有廉而贫者，贫者未必廉。（《淮南子·说林训》） 3/1791

　　海内其所出，故能大；轮复其所过，故能远。（《淮南子·说林训》）

3/1791

　　明月之光，可以远望，而不可以细书；甚雾之朝，可以细书，而不可以远望寻常之外。（《淮南子·说林训》）

3/1792

　　饥马在厩，寂然无声，投刍其傍，争心乃生。（《淮南子·说林训》）

3/1792

　　引弓而射，非弦不能发矢。弦之为射，百分之一也。（《淮南子·说林训》） 3/1792

　　循绳而斫则不过，悬衡而量则不差，植表而望则不惑。（《淮南子·说林训》） 3/1793

　　人不见龙之飞举而能高者，风雨奉之。（《淮南子·说林训》） 3/1793

　　有以饭死者，而禁天下之食；有以车为败者，禁天下之乘，则悖矣。（《淮南子·说林训》） 3/1794

　　田中之潦，流入于海；附耳之言，闻于千里。（《淮南子·说林训》）

3/1794

　　使人无度河，可；中河使无度，不可。（《淮南子·说林训》） 3/1796

　　鹤寿千岁，以极其游；蜉蝣朝生而

暮死,尽其乐。(《淮南子·说林训》)
3/1797

爱熊而食之盐,爱獭而饮之酒,虽欲养之,非其道。(《淮南子·说林训》)
3/1797

矢疾,不过二里也,步之迟,百舍不休,千里可致。(《淮南子·说林训》)
3/1799

舍茂木而集于枯,不弋鹄而弋乌,难与有图。(《淮南子·说林训》) 3/1799

负子而登墙,谓之不祥,为其一人陨而两人殇。(《淮南子·说林训》)
3/1800

嚼而无味者,弗能内于喉;视而无形者,不能思于心。(《淮南子·说林训》)
3/1801

逐鹿者不顾兔,决千金之货者,不争铢两之价。(《淮南子·说林训》)
3/1801

太山之高,背而弗见;秋毫之末,视之可察。(《淮南子·说林训》) 3/1802

巧冶不能铸木,工匠不能斫金者,形性然也。(《淮南子·说林训》) 3/1803

鸟不干防者,虽近弗射;其当道,虽远弗释。(《淮南子·说林训》) 3/1803

过府而负手者,希不有盗心。(《淮南子·说林训》)
3/1804

木大者根瞿,山高者基扶。(《淮南子·说林训》)
3/1805

同日被霜,蔽者不伤;愚者有备,与知者同功。(《淮南子·人间训》)
3/1810

通于物者不可惊怪,喻于道者不可动以奇,察于辞者不可耀以名,审于形者不可遁以状。(《淮南子·脩务训》)
3/1815

夫无规矩,虽奚仲不能以定方圆;无准绳,虽鲁班不能以定曲直。(《淮南子·脩务训》)
3/1815

生木之长,莫见其益,有时而修;砥砺礛䃴,莫见其损,有时而薄。(《淮南子·脩务训》)
3/1817

夫事有易成者名小,难成者功大。(《淮南子·脩务训》)
3/1817

天不一时,地不一利,人不一事,是以绪业不得不多端,趋行不得不殊方。(《淮南子·泰族训》)
3/1820

夫守一隅而遗万方,取一物而弃其余,则其所得者鲜,而所治者浅矣。(《淮南子·泰族训》)
3/1821

海不让水潦以成其大,山不让土石以成其高。(《淮南子·泰族训》)
3/1821

各有所适,物各有宜。(《淮南子·泰族训》)
3/1821

寸而度之,至丈必差;铢而称之,至石必过;石秤丈量,径而寡失;简丝数米,烦而不察。(《淮南子·泰族训》)
3/1822

大较易为智,曲辩难为惠。(《淮南子·泰族训》)
3/1822

小辩破言,小利破义,小义破道,小见不达。(《淮南子·泰族训》) 3/1823

河以逶蛇,故能远;山以陵迟,故

能高。(《淮南子·泰族训》)　3/1823

夫彻于一事,察于一辞,审于一技,可以曲说,而未可广应也。(《淮南子·泰族训》)　3/1824

夫物常见则识之,尝为则能之。(《淮南子·泰族训》)　3/1830

因其患则造其备,犯其难则得其便。(《淮南子·泰族训》)　3/1830

偷利不可以为行,而知术可以为法。(《淮南子·泰族训》)　3/1832

夫江、河之腐胔不可胜数,然祭者汲焉,大也;一杯酒白,蝇渍其中,匹夫弗尝者,小也。(《淮南子·要略》)
3/1834

道虽同,同中有异;志虽合,合中有离。(《论衡·逢遇篇》)　3/1836

世可希,主不可准也;说可转,能不可易也。(《论衡·逢遇篇》)　3/1836

处颠者危,势丰者亏。(《论衡·累害篇》)　3/1838

有求而不得者矣,未必不求而得之者也。(《论衡·命禄篇》)　3/1839

天地生物,物有不遂;父母生子,子有不就。(《论衡·气寿篇》)　3/1839

吉人举事,无不利者。(《论衡·初禀篇》)　3/1843

天生万物欲令相为用,不得不相贼害也。(《论衡·物势篇》)　3/1844

讼必有曲直,论必有是非。(《论衡·物势篇》)　3/1845

人目之视也,物大者易察,小者难审。(《论衡·书虚篇》)　3/1845

屋漏在上,知者在下。(《论衡·答佞篇》)　3/1853

病作而医用,祸起而巫使。(《论衡·程材篇》)　3/1854

牛刀可以割鸡,鸡刀难以屠牛。(《论衡·程材篇》)　3/1854

涉浅水者见虾,其颇深者察鱼鳖,其尤甚者观蛟龙。(《论衡·别通篇》)
3/1855

入道弥深,所见弥大。(《论衡·别通篇》)　3/1856

剑伎之术,有必胜之名;贤圣之书,有必尊之声。(《论衡·别通篇》)
3/1856

能知之也,凡石生光气;不知之也,金玉无润色。(《论衡·别通篇》)
3/1856

凡贵通者,贵其能用之也。(《论衡·超奇篇》)　3/1857

足不强则迹不远,锋不铦则割不深。(《论衡·超奇篇》)　3/1857

干将之剑,久在炉炭,铦锋利刃,百熟炼厉。久销乃见作留,成迟故能割断。(《论衡·状留篇》)　3/1858

望丰屋知名家,睹乔木知旧都。(《论衡·佚文篇》)　3/1860

丘山易以起高,渊洿易以为深。(《论衡·恢国篇》)　3/1860

事莫明于有效,论莫定于有证。(《论衡·薄葬篇》)　3/1861

天地之性,人物之力,少不胜多,小不厌大。(《论衡·询时篇》)　3/1861

敌力角气,能以小胜大者希;争强量功,能以寡胜众者鲜。(《论衡·调时篇》) 3/1861

天道人物,不能以小胜大者,少不能服多。(《论衡·调时篇》) 3/1862

鸿卓之义,发于颠沛之朝;清高之行,显于衰乱之世。(《论衡·定贤篇》) 3/1864

志有所存,顾不见泰山;思有所至,有身不暇徇也。(《论衡·书解篇》) 3/1866

两刃相割,利钝乃知;二论相订,是非乃见。(《论衡·案书篇》) 3/1866

才有浅深,无有古今;文有伪真,无有故新。(《论衡·案书篇》) 3/1866

不清不见尘,不高不见危,不广不见削,不盈不见亏。(《论衡·自纪篇》) 3/1867

丰草多华英,茂林多枯枝。(《论衡·自纪篇》) 3/1868

美色不同面,皆佳于目;悲音不共声,皆快于耳。(《论衡·自纪篇》) 3/1869

酒醴异气,饮之皆醉;百谷殊味,食之皆饱。(《论衡·自纪篇》) 3/1869

玉少石多,多者不为珍;龙少鱼众,少者固为神。(《论衡·自纪篇》) 3/1870

事众文饶,水大鱼多。(《论衡·自纪篇》) 3/1870

士贵,故孤兴;物贵,故独产。(《论衡·自纪篇》) 3/1871

醴泉有故源,而嘉禾有旧根也。(《论衡·自纪篇》) 3/1871

事莫不先有质性,后乃有文章也。(《白虎通义·三正》) 3/1877

语曰:"金不可作,世不可度。"(《风俗通义·正失》) 3/1882

愚役于智,犹枝之附干,此理天下之常法也。(《昌言·损益篇》) 3/1884

夫空言易设,但责其实事之效,则是非之验,立可见也。(《傅子》)3/1912

面歧路者,有行迷之患;仰高山者,有飞天之志。(《傅子》) 3/1916

或乘马,或乘车,而俱至秦者,所谓形异而实同也。(《傅子》) 3/1916

耀灵翳景于云表,则丽天之明不著;哮虎韬牙而握爪,则搏噬之捷不扬。(《抱朴子外篇·嘉遁》) 4/1929

金虽克木,而锥钻不可以伐邓林;水虽胜火,而升合不足以救焚山。(《抱朴子外篇·嘉遁》) 4/1932

天下不可以经时无日,不可以一旦无火,然其大小,不可同也。(《抱朴子外篇·逸民》) 4/1937

南溟引朝宗以成不测之深,玄圃崇本石以致极天之峻。大夏凌霄,赖群橑之积;轮曲辕直,无可阙之物。(《抱朴子外篇·务正》) 4/1954

虎狼见逼,不挥戈奋剑,而弹琴咏诗,吾未见其身可保也;燎火及室,不奔走灌注,而揖让盘旋,吾未见其焚之自息也。(《抱朴子外篇·审举》) 4/1967

天不能平其西北,地不能隆其东

南,日、月不能摛光于曲穴,冲风不能扬波于井底。(《抱朴子外篇·备阙》)
4/1972

眼不见,则美不入神焉;莫之与,则伤之者至焉。(《抱朴子外篇·擢才》)
4/1973

夫聩者不可督之以分雅、郑,瞽者不可责之以别丹漆;井蛙不可语以沧海,庸俗不中说以经术。(《抱朴子外篇·守塉》)
4/2003

北辰以不改为众星之尊,五岳以不迁为群望之宗。(《抱朴子外篇·守塉》)
4/2004

张鱼网于峻极之巅,施钓缗于修木之末,虽自以为得所,犹未免乎迂阔也。(《抱朴子外篇·安贫》) 4/2006

骋逸策迅者,虽遗景而不劳;因风凌波者,虽济危而不倾。(《抱朴子外篇·博喻》)
4/2009

冰炭不衔能于冷热,瑾瑜不证珍而体著。(《抱朴子外篇·博喻》) 4/2009

必死之病,不下苦口之药;朽烂之材,不受雕镂之饰。(《抱朴子外篇·博喻》)
4/2011

卑高不可以一概齐,餐廪不可以劝沮化。(《抱朴子外篇·博喻》) 4/2012

睹百抱之枝,则足以知其本之不细;睹汪涉之文,则足以觉其人之渊邃。(《抱朴子外篇·博喻》)
4/2014

昼见天地,未足称明;夜察分毫,乃为绝伦。(《抱朴子外篇·博喻》)
4/2015

影无违形之状,名无离实之文。故背源之水,必不能扬长流以东渐;非时之华,必不能稽辉藻于冰霜。(《抱朴子外篇·博喻》)
4/2016

锐锋产乎钝石,明火炽乎暗木。贵珠出乎贱蚌,美玉出乎丑璞。(《抱朴子外篇·博喻》)
4/2018

有诸中者,必形乎表;发乎迩者,必著乎远。(《抱朴子外篇·博喻》)
4/2019

价直万金者,不待见其物,而好恶可别矣;条枝连抱者,不俟围其木,而巨细可论矣。(《抱朴子外篇·博喻》)
4/2020

至大有所不能变,极细有所不能夺。(《抱朴子外篇·博喻》) 4/2021

论珍,则不可以细疵弃巨美;语大,则不可以少累废其多。(《抱朴子外篇·博喻》)
4/2024

灵龟之甲,不必为战施;麟角凤爪,不必为斗设。(《抱朴子外篇·广譬》)
4/2025

钩曲之形,无绳直之影;参差之上,无整齐之下。(《抱朴子外篇·广譬》)
4/2026

猛兽不奋搏于度外,鹰鹃不挥翮以妄击。(《抱朴子外篇·广譬》) 4/2026

覆头者,不必能令足不濡;蔽腹者,不必能令背不伤。(《抱朴子外篇·广譬》)
4/2026

人才无定珍,器用无常道。(《抱朴子外篇·广譬》) 4/2027

色不均而皆艳，音不同而咸悲；香非一而并芳，味不等而悉美。(《抱朴子外篇·广譬》) 4/2027

事有缘微而成著，物有治近而致远。(《抱朴子外篇·广譬》) 4/2028

人有识真之明者，不可欺以伪也；有揣深之智者，不可诳以浅也。(《抱朴子外篇·广譬》) 4/2029

声希所以为大音，和寡所以崇我贵。(《抱朴子外篇·广譬》) 4/2038

理尽者不可责有余，一至者不可求兼济。(《抱朴子外篇·广譬》) 4/2040

振翅有利钝，则翔集有高卑；骋迹有迟迅，则进趋有远近。(《抱朴子外篇·辞义》) 4/2044

两仪所以称大者，以其函括八荒、缅邈无表也；山海所以为富者，以其包笼旷阔、含受杂错也。(《抱朴子外篇·喻蔽》) 4/2046

玉以少贵，石以多贱。(《抱朴子外篇·喻蔽》) 4/2047

五材并生而异用，百药杂秀而殊治。(《抱朴子外篇·喻蔽》) 4/2047

犹彼操水者，器虽异而救火同焉；譬若针灸者，术虽殊而攻疾均焉。(《抱朴子外篇·百家》) 4/2048

犹枭鸣狐谨，人皆不喜，音响不改，易处何益？(《抱朴子外篇·弹祢》) 4/2048

乾坤定位，上下以形。(《抱朴子外篇·诘鲍》) 4/2049

贵贱有章，则慕赏畏罚；势齐力均，则争夺靡惮。(《抱朴子外篇·诘鲍》) 4/2049

网疏犹漏，可都无网乎？(《抱朴子外篇·诘鲍》) 4/2050

蜘蛛张网，蚕虿不馁；使人智巧，役用万物，食口衣身，何足剧乎！(《抱朴子外篇·诘鲍》) 4/2050

岂可以一蹶之故，而终身不行。(《抱朴子外篇·诘鲍》) 4/2051

夫见盈丈之尾，则知非咫尺之躯；睹寻仞之牙，则知非肤寸之口。(《抱朴子外篇·诘鲍》) 4/2051

兕之角也，凤之距也，天实假之，何必日用哉！(《抱朴子外篇·诘鲍》) 4/2052

可珍而不必见珍也，可用而不必见用也。(《抱朴子外篇·穷达》) 4/2056

小年之不知大年，井蛙之不晓沧海，自有来矣。(《抱朴子外篇·穷达》) 4/2058

夫玉之坚也，金之刚也，冰之冷也，火之热也，岂须自言然后明哉？(《抱朴子外篇·重言》) 4/2059

夫物速成而疾亡，晚就而善终。(《金楼子·戒子篇》) 4/2064

镂金石者难为力，摧枯朽者易为功。(《金楼子·立言篇上》) 4/2065

智者之谋，万有一失；狂夫之言，万有一得。(《金楼子·立言篇上》) 4/2065

金樽玉杯，不能使薄酒变厚；鸾舆凤驾，不能使驽马健捷。(《金楼子·立

言篇下》）　　　　　　4/2068

失火而取水于海，海水虽多，火必不灭矣，远水不可救近火也。（《金楼子·立言篇下》）　　　　4/2068

雨以时降则谓之甘，及其失节则谓之苦。（《金楼子·立言篇下》）4/2069

夫水澄之半日，必见目睫；动之半刻，已失方圆。静之胜动，诚非一事也。（《金楼子·立言篇下》）4/2069

登平路者易为功，涉险途者难为力。（《金楼子·著书篇》）　　4/2070

沿浅以及深，披暗而睹明。（《刘子·崇学章》）　　　　　　4/2073

处穴大呼，声郁数仞；顺风长叫，响通百里；入井望天，不过圆盖；登峰眺目，极于烟际。（《刘子·通塞章》）　　　　　　　　　　4/2079

物有美恶，施用有宜，美不常珍，恶不终弃。（《刘子·适才章》）4/2080

仰而贯针，望不见天；俯而拾虱，视不见地。（《刘子·观量章》）4/2086

注思于细者，必忘其大；锐精于近者，必略于远。（《刘子·观量章》）　　　　　　　　　　　4/2086

顺天时，量地利，则用力少而成功多。（《齐民要术·种谷》）　4/2099

任情返道，劳而无获。（《齐民要术·种谷》）　　　　　　4/2100

缗微饵明，小鱼食之；缗调饵香，中鱼食之；缗隆饵丰，大鱼食之。（《太公六韬·文韬·文师》）4/2182

五日谓之候，三候谓之气；六气谓之时，四时谓之岁。（《黄帝内经·素问·六节脏象论篇》）　　4/2246

谨察间甚，以意调之，间者并行，甚者独行。（《黄帝内经·素问·标本病传论篇》）　　　　　4/2252

生而勿杀，长而勿罚，化而勿制，收而勿害，藏而勿抑。（《黄帝内经·素问·五常政大论篇》）　　4/2253

夫治民与自治，治彼与治此，治小与治大，治国与治家，未有逆而能治之也，夫惟顺而已矣。顺者，非独阴阳脉论气之逆顺也，百姓人民皆欲顺其志也。（《黄帝内经·灵枢·师传》）　　　　　　　　　　4/2257

匠人不能释尺寸而意短长，废绳墨而起平木也；工人不能置规而为圆，去矩而为方。（《黄帝内经·灵枢·逆顺肥瘦》）　　　　　　　　4/2258

夫天下之事，皆以试败。（《太平经·知盛衰还年寿法》）4/2288

愚人以天地文理，圣；我以时物文理，哲。（《阴符经·治世篇》）　4/2305